Julius Gmelin

Schuld oder Unschuld des Templerordens

Kritischer Versuch zur Lösung der Frage

Julius Gmelin

Schuld oder Unschuld des Templerordens
Kritischer Versuch zur Lösung der Frage

ISBN/EAN: 9783743317499

Hergestellt in Europa, USA, Kanada, Australien, Japan

Cover: Foto ©ninafisch / pixelio.de

Manufactured and distributed by brebook publishing software (www.brebook.com)

Julius Gmelin

Schuld oder Unschuld des Templerordens

Schuld oder Unschuld

des

Templerordens.

Kritischer Versuch zur Lösung der Frage

von

Dr. phil. Julius Gmelin
Pfarrer in Großaltdorf.

———

Stuttgart.
Verlag von W. Kohlhammer.
1893.

Vorwort.

Vorliegende Arbeit verdankt ihre Entstehung der Anregung durch einen hochverehrten Lehrer, Professor Dr. B. v. Kugler, die mir vor einer Reihe von Jahren, nach Erscheinen der „Geheimlehre" von Prutz, zu teil geworden ist. Mancherlei besondere Amts- wie Familienereignisse ließen mich erst später, als ich gewünscht hätte, dazu kommen, jener Aufsehen erregenden, wenn auch flüchtigen, Arbeit von Prutz eine gründliche Widerlegung gegenüberzustellen, und verzögerten hernach die Vollendung auf unliebe Weise. In der Zwischenzeit sind — ein Beweis von der Wichtigkeit unserer Frage für die wissenschaftliche Welt — nicht nur eine ganze Reihe weiterer Autoren mit ihren im wesentlichen dasselbe Ziel, die Frage nach der templerischen Verschuldung zum Austrag zu bringen, verfolgenden Arbeiten auf den Plan getreten, sondern auch Prutz selber hat sich wiederholt vernehmen lassen, vor allem in seiner 1888 erschienenen „Entwicklung (und Untergang) des Tempelherren-Ordens", in der er seinen, von der „Geheimlehre" nur einen minimalen Rest wahrenden, neuerdings gewonnenen Standpunkt zum Ausdruck gebracht hat. In wiefern nun weder durch diese, trotz aller Verbesserungen seiner ersten Behauptungen nach meinem Urteil immer noch unhaltbare Auffassung, noch durch die im gleichen Jahr von dem Amerikaner Lea in seiner History of the Inquisition of the middle ages gegebene Darstellung, die mit den Ergebnissen vorliegender Arbeit sich so ziemlich deckt, diese selbst mir überflüssig geworden zu sein scheint, ist in der Einleitung dargelegt. Ebendort ist darauf hingewiesen, in welcher Richtung alle diese weiteren Arbeiten, vor allem Prutz mit seinem zweiten ungleich bedeutenderen Werk, meine eigene Arbeit beeinflussen mußten: wie ich dadurch gezwungen wurde, nicht allein das Ganze noch gründlicher zu erfassen, sondern auch der polemischen Auseinandersetzung mit Prutz einen um so breiteren Raum, wenigstens im ersten grundlegenden Teile dieses Werks, zu widmen.

Dem habe ich an dieser Stelle nur noch hinzuzufügen, daß für die Form, in welcher diese Arbeit auftritt, wie ihr Zweck so ihre Entstehung im Auge zu behalten ist. In letzterer Hinsicht dürfte schon die Absicht, die erst bestand, das Ganze in zwei aufeinanderfolgenden selbständigen Particeen erscheinen zu lassen, und die zwischen beiden Particeen liegende Zeit manche Ausführung, die den Eindruck der Wiederholung macht, erklären. Mehr noch dürfte der Wunsch, mit dieser Schrift die ganze, nun zu einer so gewaltigen Litteratur angeschwollene Templergeschichtschreibung zusammenzufassen und so zu einem endgültigen Abschlusse zu bringen, es rechtfertigen, wenn ich soviel als möglich den bedeutendsten der bisherigen Templerautoren unmittelbar das Wort gegönnt habe. In erster Linie gilt dies für Lea, dessen hieher gehöriger Abschnitt seines großen Werks neben der sachlichen Übereinstimmung in den meisten Particeen zugleich den Vorzug unnachahmlicher Kürze besitzt; dann aber auch von Havemann, der mit Unrecht manchem in den Hintergrund gedrängt scheint. An der Spitze der übrigen, in dritter Linie kommenden steht Schottmüller, neben dem von den Franzosen noch am meisten bleibende Beachtung Raynouard und Boutaric verdienen. Daß ich Prutz, der in dieser Arbeit als vornehmlichster Gegner behandelt worden ist, im 1. Teile, zumal im 1. Kapitel über die „Geheimlehre", so ausgiebig als thunlich habe zu Wort kommen lassen, geschah in dem Bestreben, soviel als möglich ihm Gerechtigkeit widerfahren zu lassen und den Vorwurf einseitig auszugsweiser Darstellung zu vermeiden. Dabei muß ich gestehen, daß die zahlreichen, auf meine handschriftlichen Gewohnheiten zurückzuführenden Sperrdrucke, die in diesem Teile vorkommen und auf welche ich von hochgeschätzter Seite aufmerksam gemacht worden bin, mir selber nicht wenig störend erschienen sind und daß ich gerne hierin eine Remedur vorgenommen haben würde, wenn der vorgeschrittene Druck es noch ohne unverhältnismäßige Kosten gestattet hätte.

Auch der Ton meiner Rede wird vielleicht nicht überall gefallen, manchem zu scharf und leidenschaftlich oder, wie man das gerne nennt, „subjektiv" vorkommen. Dem gegenüber ist meine Meinung, daß eben die wahrhafte „Objektivität", die Hingabe an den Gegenstand, verlangt, daß der Autor sich nicht in den künstlichen Mantel einer persönlichen Teilnahmlosigkeit hülle, die, wo sie vorhanden wäre, mir doch nur einen Mangel zu verbergen schiene, sondern daß er seinen persönlichen Anteil an dem, was er schafft, vollends seinen Zorn über ungerechte Vergewaltigung oder unwahre Verheimlichung sei es gegenüber Personen oder Thatsachen nicht weniger unverhüllt zu Tage treten lasse, wie seinen allgemeinen prinzipiellen Standpunkt und den Ausgangspunkt seines Denkens und Arbeitens überhaupt. Mögen andere es in dieser Hinsicht anders halten! Aber auch ein Anfänger oder ein noch unbekannterer Autor darf doch wohl nach Grundsätzen, d. h. nach seinen Grundsätzen, verfahren. Und für mich ist der erste Grundsatz, wenn keinen andern Ruhm, so doch jedenfalls den der Ehrlichkeit und Wahrhaftigkeit zu gewinnen, die ja auch für die wissenschaftliche Zuverlässigkeit die erste Bedingung ist.

Dagegen gebe ich solchen, denen die Arbeit zu umfangreich und allzusehr auf die Details eingehend ist, gerne zu, daß auch ich lieber nur ein kürzeres Resumé, eben als Zusammenfassung der bisherigen Arbeiten, geboten hätte; wäre mir nicht aus dem Umstand, daß die ganze Verwirrung in der Templerfrage eben durch die Fülle von Einzelnheiten, einseitig herausgerissenen und schief hingestellten Zeugnissen und Thatsachen, hereingetragen worden ist, die Pflicht erwachsen, ebenso auf vollständige Darreichung wenigstens alles wichtigeren Materials aus zu sein, als durch richtige Anordnung und Beleuchtung dieses wirken zu lassen. Als eines der wichtigsten Beweisstücke gehört so hieher die Templerregel, deren ausführliche Besprechung inzwischen in den Mitteilungen des Instituts für österreichische Geschichtsforschung Band XIV (S. 192—236) erschienen ist und auf welche ich auch an diesem Ort um so mehr verweisen zu dürfen glaube, je ungerner ich auf die vollständige Wiedergabe dieses wichtigen Beweismaterials in dieser zusammenfassenden Arbeit verzichtet habe.

Endlich kann ich nicht umhin, meinem lebhaften Schmerze Ausdruck zu geben über die Reihe von Gräbern, die sich seit Inangriffnahme dieser Arbeit für so viele von den bedeutendsten Männern, die sich um die Templerfrage ein besonderes Verdienst erworben haben oder für deren Beurteilung in erster Linie maßgebend gewesen wären, geöffnet haben. Ich erwähne von den allgemeiner bekannten Historikern, die sich näher auf das Drama des Templerordens eingelassen haben, in unserem deutschen Vaterlande nur Ranke, Reuter, Döllinger, Hefele, in Frankreich Renan; von den spezielleren Geschichtsschreibern des Templerordens aber an erster Stelle Schottmüller. Je mehr ich die Behandlung, die diesem verdienten Manne eben um seiner Templerarbeit willen von Prutz widerfahren ist, als eine ungerechte bezeichnen und die mancherlei Mängel, an denen Schottmüllers Werk krankt und die ich ja auch nicht verschwiegen habe, durch seine hervorragenden Verdienste und Entdeckungen auf unserem Gebiete mehr als ausgeglichen erkennen muß, um so mehr hatte ich mich gefreut, ihm, obgleich als ein persönlich völlig Unbekannter, mit dieser Arbeit eine Art Satisfaktion zu bereiten. Möge auch die verspätete Arbeit um so mehr in dieser Richtung wirken, als ein Kranz der Anerkennung auf sein frisches Grab!

Zum Schluß bleibt mir nur übrig, für die mancherlei Förderung, welche ich den Herren Professoren Dr. B. v. Kugler und Dr. Julius Hartmann zu verdanken habe, nicht zuletzt aber für die allbekannte Liberalität unserer K. Öffentlichen Bibliothek in Stuttgart und ihrer Beamten meinen schuldigen und herzlichen Dank auszusprechen.

Großaltdorf, Juli 1893.

Der Verfasser.

Inhaltsverzeichnis.

                              Seite

Einleitung . . . . 1—16.
 Veranlassung vorliegender Arbeit: Der Versuch von Loiseleur-Prutz, die Ketzerei des Templerordens nachzuweisen p. 1—2. Gegen diesen Versuch Schottmüllers „Untergang des Templerordens"; Mängel auch dieses Werks p. 3—5. Daher neuer Versuch von Prutz, Recht zu behalten in seiner „Entwicklung und Untergang des Tempelherren-Ordens": vollständig neuer Standpunkt dieses Werks, trotzdem unzulänglich p. 6—7. Verfehlter noch Lavocat p. 7. Anders dagegen H. Ch. Lea in seiner „History of the Inquisition of the middle ages": grundlegende Übereinstimmung mit unserer Arbeit p. 8—9. Warum trotzdem diese nicht gegenstandslos p. 10—12. Gang und Absicht unserer Untersuchung, sowie Bedeutung der ganzen Frage p. 13—16.

Erster Hauptteil.
Polemisch-kritischer Teil.   17—221.

1. Kapitel: Darstellung der Prutzschen Hypothese in der „Geheimlehre", des Proto-Prutz . . . . 17—57.
 Ausgangspunkt von Prutz seine „neue" Auffassung der Kreuzzüge, von dem ursprünglichen Verhältnis zwischen Christentum und Islam und der kulturellen Bedeutung des letzteren überhaupt, gipfelnd in der Behauptung von der Überlegenheit des Islam gegenüber dem orthodoxen Christentum des Mittelalters. Wirkung dieser Überlegenheit auf die Kreuzfahrer: Untergrabung der kirchlichen Autorität und Zweifel an der christlichen Lehre überhaupt. Aus dieser Stimmung auch die Häresie des Templerordens erklärt p. 17—20. Das nächste Motiv seines Sturzes freilich in der politischen Stellung des Ordens zu suchen: seiner Verweltlichung infolge seiner Gier nach Besitz und Hand in Hand damit seiner selbstsüchtigen Politik. Beweise dafür und Widerspruch dieser Politik gegenüber der ursprünglichen Ordensbestimmung p. 20—22. Der Orden daher frühzeitig antichristlicher Sympathien verdächtigt: Zeugnisse von Joh. v. Würzburg; Papst Innocenz III. „dämonische Lehren"; Kaiser Friedrichs II. Warnung vor Untersuchung durch Eugen IV. und seine Nachfolger und Verschmelzungsversuche von Templern und Johannitern auf dem Salzburger Konzil 1172. Nikolaus IV. schon 1290 mit Philipp dem Schönen in Verwerfung des Ordens einig? Allgemein schlechtes Renommee der Templer p. 23—24. Die Details ihrer Ketzerei

allerdings erst durch die Rücksichtslosigkeit des Prozeßverfahrens herausgebracht. Jedoch Anhaltspunkte dafür schon früher vorhanden in der Wirkung der Kreuzzüge, deren Ergebnis überhaupt eine entschieden „antipäpstlich-antikirchliche" Gesinnung p. 25—58. Diese Stimmung besonders im Templerorden, zumal seit seiner Ansiedlung in Südfrankreich. Die Päpste davon unterrichtet: warum sie trotzdem nicht einschritten, ja selbst die Prozeßakten zu verheimlichen strebten? p. 29. Trotzdem diese mit der Zeit bekannt geworden. Ihr Ergebnis: Zweifellosigkeit der Ordensschuld. Die Verurteilung des Ordens wider Willen des Papstes erfolgt p. 30. Resultate der Untersuchung: unsinnige Gerüchte darüber, von der Wahrheit doch nicht allzuweit entfernt. „Volksbeweise": der ärgerliche Wandel der Ordensritter; ihr Stolz, die Bedeutung von „Templerhaus", „bibere templariter", „osculum Templariorum"; Weglassung des Noviziats und Fehlen der Einsetzungsworte beim Abendmahl. Geheimnis bei Abhaltung von Kapiteln und furchtbare Eidschwüre p. 31—32. Unmöglichkeit der ferneren Ignorierung von seiten der Kurie. Vom Orden selbst eine Untersuchung gefordert, „natürlich" nur zum Schein. Ordensleitung und römische Kurie in stillschweigendem Einverständnis. Durchkreuzung durch Philipps des Schönen Gewaltverfahren, unsittlich weil perfid, aber gerechtfertigt vom politischen Standpunkt: „Zwangslage" Philipps? p. 32—33. Für die Grausamkeit des Verfahrens die Rohheit der Zeit verantwortlich. „Dieselben Ergebnisse auch in Ländern ohne Tortur" p. 34. Die 5 bewiesenen Hauptpunkte der Ketzerei. Dieselbe nur in einem einzigen Zweig des Ordens noch nicht allgemein p. 36. Diese Punkte Inhalt einer besonderen Geheimlehre und eines besonderen Ordensstatuts p. 37. Erklärung wie dieses geheim bleiben konnte p. 38. Darstellung der eigentlichen Templerhäresie: dieselbe eine Spezies der Katharer, nächstverwandt mit den Bogomilen, in einer Hinsicht mehr noch den Luzifer-rianern p. 39—43. Beweise dafür p. 43—45. Beschreibung der Luciferianer p. 45—46. Ähnlichkeit mit den Templern: ihr Materialismus und ihre Unsittlichkeit, von welchem ein Stück auch die schmutzigen Küsse p. 46—49. Idol und Idolkultus p. 49—51. Ursprung der templerischen Häresie und Maß ihrer Verbreitung p. 52—55. Am wenigsten auf der spanischen Halbinsel, nur wenig auch auf der britischen Insel trotz deren Abhängigkeit von dem französischen Hauptzweig p. 55—57. Daher Grundlosigkeit der freimaurerischen Tradition p. 57 Anm.

2. Kapitel: Beurteilung und Widerlegung der Geheimlehre.
Die Templerregel . . . . 58—111.

Erklärung, Widerlegung und Richtigstellung der Prutzschen Auffassung über den Ursprung der Kreuzzüge, ihr treibendes Motiv und ihre Wirkungen p. 58—64. Berichtigung seiner Erklärung über die Entstehung der Sekten, zumal der Katharer, seiner Entdeckungen bezüglich der Luciferianer und Stedinger p. 64—70. Absurdität des Prutzschen Templerbildes und Gegenüberstellung des wirklichen p. 70—76. Beleuchtung der Prutzschen Gründe, die der Orden für seine Ketzerei gehabt haben soll p. 76—78. Positive Gegenbeweise dagegen aus den Thatsachen der Geschichte p. 78 f., der Stimmung der Muhammedaner gegenüber dem Orden p. 79 f.; sein thatsächliches Verhältnis zu Südfrankreich: Bedeutung des provenzalischen Elements im Orden im Verhältnis zum nordfranzösischen erörtert nach der Einteilung des Ordensgebiets in Provinzen p. 80—82, der **Nationalität der Großmeister** p. 83—88. Vorherrschen des Franzosentums im Templerorden p. 89. Sein Gegensatz zu dem Provençalentum, das im **Johanniterorden** überwiegt p. 90—92. Mit diesen Ergebnissen stimmt überein die Statistik der gefangenen Templer in Cypern p. 93, wie der von Frankreich p. 94—98. Der beste Gegenbeweis gegen die Prutzsche „Geheimlehre" jedoch die **Templerregel**: kritische Untersuchung derselben (gegenüber Prutz' Arbeit in den „Königsberger Studien") p. 99—109. Schlußfolgerung und Verabschiedung der „Geheimlehre" p. 110—111.

3. **Kapitel: Besprechung und Beurteilung der „Entwicklung" des Deuteroprutz** . . . . 112—189.

Hauptgesichtspunkt der Untersuchung in diesem Kapitel p. 112—113. Abschnitt I der „Entwicklung" über „Die Anfänge des Templerordens". Anteil des h. Bernhard und sein Zeugnis für den Charakter der ersten Ordensritter. Verhältnis der Regel von Troyes zu den späteren Statuten p. 113 bis 118. II. „Entwicklung des Ordens und seines Besitzes, namentlich in Frankreich, während der ersten 35 Jahre seines Bestehens, also bis 1163. Das rasche Wachstum des Ordens „unerklärlich"? Äußerliche Verbreitung und innerpolitische Stellung des Ordens in Frankreich. Ausgestaltung der Ordenshierarchie. Stellung der Päpste und des Klerus zum Orden p. 118 bis 122. III. „Die kirchlichen Privilegien des Templerordens und insbesondere die große Exemtionsbulle Alexanders III. „Omne datum optimum". Gunst der Päpste, zumal gegenüber den Anfeindungen des Diöcesan-Klerus. Zweischneidigkeit jener Bulle von 1163, der „Magna charta" des Templerordens" p. 122—124. IV. „Entwicklung der privilegierten Stellung des Ordens bis zum Ende des 13. Jahrhunderts". Die Blüte des Ordens durch jene Bulle Alexanders III. veranlaßt? Die Stellung der Ordenskaplane in der früheren Zeit sehr verschieden von der späteren? Die Verwandlung der Erlaubnis zur Beichte bei Ordenspriestern in die Anweisung zu solcher gegen den Sinn der Kurie? Rücksichtslose Anwendung und um so größere Anfechtung der templerischen Privilegien p. 124—129. V. „Stellung des Ordens zur weltlichen Gewalt und seine Konkurrenz mit der Autorität des Staates": Streben nach einer staatlich selbständigen Existenz gleich dem Deutschorden? Seine immer größere Entfremdung gegenüber den Interessen der Nation p. 129—131. VI. „Philipp der Schöne und sein Verhältnis zum Templerorden bis 1307". Mancherlei Wandlungen seiner Politik gegenüber dem Orden: 3 Hauptphasen. Bündnisantrag an den Orden durch den Visitator Hugo de Peraud (Sonderpolitik desselben?) p. 132—136. VII. „Wandlungen in dem Urteil der Zeitgenossen über den Orden und die Pläne zu seiner Reform". Nicht mehr, wie in der „Geheimlehre", Verdächtigung der Rechtgläubigkeit des Ordens, sondern Klagen über äußerliche Dinge: Reichtum und Stolz, Habgier und eigennützige Politik. Wieviel an diesen Klagen berechtigt und wieviel die Schuld anderer sein mochte, z. B. der Päpste wegen der kirchlichen Exemtionsstellung des Ordens und seiner Einmischung in weltliche Händel. Nachlaß der strengen Zucht, Einreißen von Insubordination und Simonie? Streit mit der Kurie wegen des Ordensmarschalls Stephan be Sissy. Deutung der Pläne zur Reform des Ordens, d. h. zur Verschmelzung der Ritterorden überhaupt. Gutachten Molays dagegen. Resultat p. 136—145. VIII. Mancherlei Verdächtigungen der templerischen Sittlichkeit und — im Zusammenhang damit? — ihrer Rechtgläubigkeit. „Dämonische Lehren" des Papstes Innocenz III. und Reformforderungen, selbst aus der Mitte des Ordens heraus. Verleugnung des Heilands und Entweihung des Kreuzes, ursprünglich als Gehorsamsprobe gefordert. Die templerische Bibelübersetzung! Folgen des unglückseligen Ausgangs der Kreuzzüge in der Stimmung der Templer p. 145—155. IX. „Niederwerfung des Ordens und erster Prozeß gegen denselben". Bedeutung der Inquisition bei dem ganzen Prozeß und ihre Rolle im Mittelalter überhaupt. Echtheit und Zuverlässigkeit der Protokolle. Ein Beweis dafür Molay. Die Akten des Prozesses „beinahe" vom entgegengesetzten Standpunkt aus geführt? Nächste Veranlassung zur Einleitung des Prozesses: Philipp der Schöne nur der von der Inquisition Geschobene? Eigentliche Schuld der Templer: für den Orden als Ganzes nur noch Verleugnung Christi und Entweihung des Kreuzes. Schamlose Küsse, Sodomiterei, Idol verschwunden? Das Übrige „zwingende" Ergebnisse des ersten Verhörs? Grund der Entrüstung des Papstes. Anteil desselben an dem Verlauf des Prozesses: dessen Fortgang in den übrigen Ländern p. 155—166. X. „Der päpstliche Prozeß gegen den Orden". Bedeutung der „formellen" Zugeständnisse Philipps. Ursachen für den König, den Papst zu drängen, für diesen zu widerstehen: Gefahren des Ausgangs. Die Templersache ein Tauschobjekt? Versammlung der Reichsstände in Tours und Widerstand Klemens V. in Poitiers. Neues Verhör mit 72 Templern und auffallende (?) Übereinstimmung der Ergebnisse mit denen von Paris, trotz Mangel der Folter. Verstärkung durch das Verhör in Chinon. Trotzdem neue Verwicklung des Papstes mit Philipp. Schließliche Verständigung über Auslieferung der Personen der Templer an den König, der Güter an den Papst. Art und Bedeutung des „vollen Einvernehmens" zwischen König und Papst. Der Templer Los besiegelt mit Überlassung des weiteren Prozesses an die Bischöfe: verschiedene Behandlung von diesen. Die Ernennung Philipps von Marigny zum Erzbischof von Sens in keinem Zusammenhang mit der Templersache? Provinzialkonzil von Sens und seine Wirkung auf den Prozeß vor der päpstlichen Kommission. Die Protokolle dieser Kommission und ihr Wert. Päpstliche Entscheide für die Führung des Prozesses. Bedeutung der Personalfragen beim Ganzen. Durch die Untersuchungsergebnisse wenigstens eine häretische Tendenz bewiesen? Molays Verhalten unrühmlich? Seine Citation Klemens' V. vor den Richterstuhl Gottes „nur" ein Mythus? p. 167—181. XI. „Des Ordens Ausgang". Verschiedenheit der Ergebnisse in andern Ländern (anders als die „Geheimlehre" behauptete). Konzil von Vienne. Widerspruch der Prälaten. Lösung der Schwierigkeit auf dem Wege der Provision durch die Bulle Vox in excelso. Philipps Rechnung auf die Ordensgüter durch deren schließliches Geschick widerlegt? Molays Ende auf „überhitzten Glaubenseifer" Philipp des Schönen zurückzuführen? p. 181—185. „Anhänge" der „Entwicklung" besprochen p. 186—189.

4. **Kapitel: Quellen und bisherige Behandlungen** . . . 190—221.

I. **Primäre Quellen:** 1. Michelets „Procès des Templiers" (vor der päpstlichen Kommission). 2. Verhör in Paris vor dem Inquisitor von Frankreich. 3. Verhör von (Flue. Molbenhawers Übersetzung. 4. Wilkins, Conc. Brit. II, 329—401. 5. Excerpta processus Anglici bei Schottmüller II, 75—102. 6. Protokolle der Inquisition von Florenz (bei Loiseleur). 7. Inquesta facta et habita in Brundisio (Schottm. II, 103—140) und 8. im Patrimonium Petri (Schottm. II, 401—419). 9. Processus Pictaviensis (Schottm. II, 7—72) und 10. Processus Cypricus (Schottm. II, 141—400. 11. Die Templerregel. 12. Baluze Vitae paparum Avenionensium. 13. Boutaries Documents inédits relatifs à l'histoire de Philippe le Bel in „Not. et extr." Bd. XX, 2, p. 83—237. 14. Regesta Papae Clementis V. 7 Bde. 15. Villani und 16. Continuator Guilelmi Nangiaci u. a. Chronisten (vgl. Baluze und Bouquet Bd. XXI) p. 190—206.

II. **Sekundäre Quellen** (allgemeinerer Art): 1. Boutarie „La France sous Philippe le Bel" und „Clement V., Philippe le Bel et les Templiers" (Rev. des quest. hist. Bd. X u. XI). 2. Renan „La papauté hors de l'Italie" (Rev. des deux mondes 38. Bd.). 3. Wenck „Clemens V. und Heinrich VII.". 4. Molinier „L'inquisition dans le midi de la France au 13 et 14 siècle". 5. Hefeles Konziliengesch. (Bd. VI). 6. Franz Ehrles „Bruchstück aus den Akten des Konzils von Vienne (Archiv für Litteratur- und Kunstgeschichte des Mittelalters Bd. IV, p. 361—400). 7. C. Schmidt „Historie des Cathares ou Albigeois. 8. Bertots Hospitalitergesch. (7 Bde.) p. 207—212.

Bisherige Behandlungen: Ohne Kritik: 9. Dupuy samt 10. Gürtleri Hist. Templariorum (Grouvelle-Anton-Nicolai), 11. Wilde, 12. Loiseleur, 13. Prutz p. 212—218. Mit Kritik: 14. Le Jeune (Hist. crit. et apolog.), 15. Raynouard, 16. Soldan (Raumers hist. Taschenbuch 1845), 17. Havemann, 18. Schottmüller, (19. Lavocat), 20. Lea p. 219—221.

Zweiter Hauptteil.
Positiv-darstellender Teil.   222—511.

1. **Kapitel: Was waren die Templer?** . . . . 222—249.

Ein geistlicher Ritterorden, aber mit dem Zug zur Verweltlichung p. 222—224. Eigne Politik p. 225—227; aber das Bestreben zur Bildung eines eigenen Staats in Frankreich eine Legende p. 228—229; ebensowenig eine Gefahr für das französische Königtum p. 230. Vielfache Überschätzung der Macht der Templer wie ihrer Zahl p. 230—232. Verhältnis der Ritter zu den niederen Ordenselementen und Gesamtzahl der Ordensangehörigen überhaupt wie speziell in Frankreich p. 233—234. Keine Spur von Verschwörungsgedanken p. 235. Deshalb doch unbequem p. 236: Die Templer reich (per fas et nefas?) und habsüchtig p. 237—239, stolz und hochmütig p. 240. Heimlichtuerei und daher mancherlei Verdächtigungen des Ordens, Mangel eines Noviziats und Simonie bei der Aufnahme p. 241. Schwerere wirkliche Schäden: sittliche Defekte, aber seltener in der Form von Sodomie

p. 242—244. Parteiungen und sittliche Laxheit p. 245. Doch im allgemeinen keineswegs schlimmer Ruf, im Gegenteil vielfach besser als bei andern Orden p. 246—247. Gegen sittliche Verlumptheit schon ihre anerkannte Tapferkeit sprechend: zwar keine Märtyrer des Glaubens, aber noch weniger Häretiker. Zu letzterem gemacht nur durch die Inquisition p. 246—249.

2. Kapitel: Die Inquisition und ihre Bedeutung im Templerprozeß . . . . 250—267.

Erst durch Molinier-Lea in ihrer Furchtbarkeit erkannt: Schrankenlosigkeit (rechtlich und staatlich), Willkürlichkeit (daher Wertlosigkeit der Protokolle) und Unerbittlichkeit derselben (durch Verquickung mit dem Beichtsystem) p. 250—258. Hauptbeweismittel die Folter: ihre Bedeutung im Templerprozeß p. 258—264. Mitwirkung der königlichen Beamten und Kerkermeister p. 264 f. Anteil der Diöcesanbischöfe p. 265—266, unter Urheberschaft von Papst und König p. 267.

3. Kapitel: Philipp der Schöne und seine Politik . . . . 268—288.

Persönlichkeit Philipps: rücksichtsloser Absolutismus und persönliches Unfehlbarkeitsbewußtsein, auch in seiner Politik maßgebend p. 268 f. Dogmatische Korrektheit ein Mittel seiner Politik p. 270. Deren Unwahrhaftigkeit p. 270—272; ihre Größe in der rücksichtslosen Verfolgung des staatlichen Interesses, der Erhöhung der Monarchie p. 272 f. Mittel das erwachende Nationalbewußtsein, zumal des dritten Standes p. 273—275. Wie er den Klerus auf seine Seite bringt p. 276—279. Noch abhängiger die Inquisition p. 280—282. Ursachen des Eingreifens gegen den Orden: in erster Linie die Habsucht Philipps, aber auch politische Motive p. 282—285. Ketzerei nur Vorwand, ein wertvolles Mittel durch die Inquisition p. 286—288. Dagegen verrechnet im Papsttum p. 288.

4. Kapitel: Klemens V. und sein Charakter. Sein Verhältnis zu Philipp dem Schönen . . . . 289—305.

Charakteristik Klemens V.: sein Ehrgeiz, Geiz, Nepotismus; Persönlichkeit seiner Politik p. 289—296. Wahl Klemens V.: vorherige Verständigung mit Philipp, gipfelnd im Versprechen des Prozesses gegen Bonifacius VIII. p. 297—300. Wie Klemens dazu kam und Folgen dieses Versprechens p. 301—302. Grundzüge des Dramas p. 303—305.

5. Kapitel: Einleitung des Prozesses und erstes Stadium desselben. Inquisitionsthätigkeit und Anklage-Artikel 306—358.

Papstkrönung, Verhandlungen und Kardinalschub von Lyon p. 306—311. Beschwernis und Beschwerden der gallischen Kirche p. 312—313. Philipp des Schönen Wille auch in der Kirche maßgebend durch die Nachgiebigkeit des Papstes in Personalfragen p. 313—315. Warum Klemens V. in der Templerfrage trotzdem Schwierigkeiten macht p. 315 f. Verhandlungen in Poitiers p. 316—318. Vorladung des Templer- und Johannitermeisters und Antwort Molays auf den Vorschlag der Vereinigung beider Orden p. 319 ff. Philipp der Schöne in Poitiers p. 321. Verhaftung der Templer und ihre rechtliche Motivierung p. 322—324. Inquisitionsverhöre und Instruktion für diese p. 325—327. Volksbeschwichtigung und erste Geständnisse von Templern (Molays?) p. 328 f. Inquisitionsverhör im Tempel von Paris mit 138 Templern p. 329—336. Inquisitionsverhöre im übrigen Frankreich p. 336—339. Idol in Südfrankreich) p. 340—342. Verzeichnis der Anklage=Artikel und Analyse derselben p. 343—350. Empörung des Papstes über Philipps Vorgehen: Suspension der Inquisitionsvollmachten p. 351—354. Philipps Wut darüber. Erklärung der Sorbonne, Pamphlete Dubois', Nationalversammlung in Tours p. 354—356. Rückkehr des Königs nach Poitiers und Vereinbarung mit dem Papst dort p. 356—358.

6. **Kapitel: Zweite Phase des Prozesses: Weiterführung des= selben. Die Diöcesanuntersuchungen. Poitiers und Chinon** . . . . 359—386.

Verhör von Poitiers: keine „sorgfältige", sondern eine präparierte Untersuchung p. 359—367. Vollends das von Chinon reine Komödie p. 367—373. Vervollständigung durch die Diöcesanuntersuchungen p. 373 ff. Ihr Zweck Schaffung von Beweismaterial; warum trotzdem gerade sie eines der schwerwiegendsten Zeugnisse für die Unschuld des Ordens liefern p. 375 bis 382. Im Gegensatz zu diesen französischen Diöcesen das Verhör von Elne p. 383—386.

7. **Kapitel: Die päpstliche Kommission** . . . . 387—440.

Vielfach übertriebene Bedeutung dieses Teils des Prozesses und seiner Protokolle p. 387 f. Philipp der Schöne auch hier entscheidend schon durch die Zusammensetzung der Kommission p. 388—390, noch mehr durch die in seiner Hand befindlichen Objekte derselben: Vorladung der Gefangenen p. 390—392. Molay vor der Kommission p. 393—396. Erklärungen der übrigen Templer bei der ersten Vorladung p 397—401. Zweite allgemeine Vorladung der Templer von Frankreich und Erklärungen der Folgeleistenden p. 401—408. Verhandlungen über Prokuratorenwahl, Protesterklärungen und Beschwerden bei diesem Anlaß p. 409—422. Beginn des Verhörs contra ordinem: erste Phase bis 10. Mai 1310 p. 422—427. Philipp de Marigny von Sens und sein Provinzialkonzil, Autodafé vom 12. Mai 1310 p. 428—432. Wirkung desselben und Vertagung der Kommission p. 433. Weiterführung des Verhörs vom Dez. 1310 an: Wertlosigkeit dieser ferneren Zeugnisse p. 433 f. Beispiele Gerhard de Caux' und Raoul de Gisis Erklärungen p. 433—438. Verweisung auf und Bemerkungen zu den Tabellen p. 439 f.

8. **Kapitel: Der Prozeß in den anderen Ländern** . . . . 441—487.

A. Mit demselben oder annähernd ähnlichem Ergebnis wie in Frank= reich: 1. Nebenländer von Frankreich: Lothringen und Brabant p. 441, Pro= vence p. 442. 2. Italien: Neapel p. 443—446, Sizilien p. 446, (Achaja p. 446), Kirchenstaat p. 447—449; Oberitalien: Toskana=Florenz p. 449—451, Romagna=Ravenna p. 451—453. B. Mit wenigstens teilweisem Schein eines Schuldbeweises: 1. England p. 453—466, Irland p. 466, Schottland p. 467 f. 2. Deutschland p. 468—471. C. Mit anerkannt völligem Unschuldsbeweis: 1. Spanische Halbinsel: Aragonien = Catalonien p. 472—476, Majorca

p. 476 f., Kastilien-Portugal p. 478—479. Schicksal des Ordensguts in Spanien p. 480 f. 2. Cypern p. 481—487.

9. Kapitel: Konzil von Vienne. Ausgang des Ordens und der Hauptfaktoren. Zusammenfassung und Schluß . . 488—511.
Konzil von Vienne: Vorbereitung desselben, Auswahl der Prälaten und Beteiligung der Nationen p. 488—490. Widerstand des Konzils gegen die Forderung, den Orden ungehört zu verdammen p. 490—492. Versammlung der französischen Stände in Lyon und Ankunft Philipps des Schönen in Lyon: Ausweg in der Bulle „Vox in excelso" durch Aufhebung des Ordens auf dem Weg der Provision p. 493—494. Verfügung über das Templervermögen p. 495—496, über die Personen der Ordensangehörigen p. 497 f., über den Großmeister und die Oberen p. 488—499. Molays rühmliches Ende p. 500—502. Tod Klemens V. p. 503, Philipps des Schönen p. 504, Strafe Philipp de Marignys p. 505. Folgen der Ordensvernichtung für die französische Nation p. 506. Maß der Verschuldung des Ordens, Entstehung und Erklärung der Anklage gegen denselben p. 506—509. Der Orden überlebt, aber seine Unterdrückung wider Recht und Gerechtigkeit p. 510—511.

Schuld oder Unschuld

des

Templerordens.

Einleitung.

Die alte Streitfrage über die Schuld oder Unschuld des Templerordens ist durch Loiseleur-Prutz in ein neues Stadium gerückt worden. Wenn in den früheren zahlreichen Geschichtswerken, die sich mit Erörterung dieser Frage beschäftigten, welche Loiseleur die „Verzweiflung der Geschichtsschreiber" nennt[1]), das Ergebnis je nach der persönlichen Stellung der Verfasser gegenüber Papsttum und Königtum, dann aber auch insbesondere gegenüber dem durch seine eigentümliche Tradition mit dem Templerorden verquickten Freimaurertum, zwischen Schuld und Unschuld des Ordens noch schwankte, doch also, daß sich nicht bloß bei uns in Deutschland, sondern fast überall außerhalb Frankreichs die überwiegende Mehrheit wie der Gebildeten überhaupt so auch der eigentlich fachwissenschaftlichen Kreise auf die Seite der Unschuld des Ordens neigte: so glaubte Prutz dieses Verhältnis nicht allein umkehren, sondern für immer zu Ungunsten der Templer entscheiden zu können durch Wiedergabe der Loiseleurschen Arbeit: „La doctrine secrète des Templiers", Paris-Orléans 1872.

Durch diese Arbeit schien ihm nämlich das wenn auch nicht einzige, so doch seiner Meinung nach hauptsächlichste Hindernis, welches der allgemeinen Anerkennung der templerischen Schuld noch im Wege stände, nämlich die psychologische wie historische Unmöglichkeit einer derartigen Häresie, wie sie den Templern zum Vorwurf gemacht wurde, für immer beseitigt und nicht nur die Möglichkeit, sondern auch die Wahrscheinlichkeit und Wirklichkeit jener merkwürdigen Verirrung für immer nachgewiesen und so gleichsam das einzige noch fehlende Glied in der Kette von Beweisen für die Schuld des Ordens glücklich erbracht zu

[1] Loiseleur, Einl. p. 1.

Einleitung.

Die alte Streitfrage über die Schuld oder Unschuld des Templerordens ist durch Loiseleur-Prutz in ein neues Stadium gerückt worden. Wenn in den früheren zahlreichen Geschichtswerken, die sich mit Erörterung dieser Frage beschäftigten, welche Loiseleur die „Verzweiflung der Geschichtsschreiber" nennt [1]), das Ergebnis je nach der persönlichen Stellung der Verfasser gegenüber Papsttum und Königtum, dann aber auch insbesondere gegenüber dem durch seine eigentümliche Tradition mit dem Templerorden verquickten Freimaurertum, zwischen Schuld und Unschuld des Ordens noch schwankte, doch also, daß sich nicht bloß bei uns in Deutschland, sondern fast überall außerhalb Frankreichs die überwiegende Mehrheit wie der Gebildeten überhaupt so auch der eigentlich fachwissenschaftlichen Kreise auf die Seite der Unschuld des Ordens neigte: so glaubte Prutz dieses Verhältnis nicht allein umkehren, sondern für immer zu Ungunsten der Templer entscheiden zu können durch Wiedergabe der Loiseleurschen Arbeit: „La doctrine secrète des Templiers", Paris-Orléans 1872.

Durch diese Arbeit schien ihm nämlich das wenn auch nicht einzige, so doch seiner Meinung nach hauptsächlichste Hindernis, welches der allgemeinen Anerkennung der templerischen Schuld noch im Wege stände, nämlich die psychologische wie historische Unmöglichkeit einer derartigen Häresie, wie sie den Templern zum Vorwurf gemacht wurde, für immer beseitigt und nicht nur die Möglichkeit, sondern auch die Wahrscheinlichkeit und Wirklichkeit jener merkwürdigen Verirrung für immer nachgewiesen und so gleichsam das einzige noch fehlende Glied in der Kette von Beweisen für die Schuld des Ordens glücklich erbracht zu

[1] Loiseleur, Einl. p. 1.

sein. Daher die Siegeszuversicht, mit der Prutz die „vortreffliche"[1]) Arbeit Loiseleurs zu verbreiten suchte, indem er sie, vervollständigt mit seinen eigenen Zusätzen, dem deutschen Publikum wiedergab in seiner „Kritischen"[2]) Untersuchung: Geheimlehre und Geheimstatuten des Tempel= herren=Ordens", Berlin 1879. Wie stark diese Siegeszuversicht war, zeigen die Worte, mit denen Prutz die Ergebnisse Loiseleurs dort[3]) kurz zusammenfaßte: daß „angesichts dieses Materials an der Schuld des Tempelherren=Ordens auch nicht einen Augenblick mehr gezweifelt werden könne"; Worte, welche verdienen, angesichts der nachfolgenden Ereignisse zur Charakteristik von Prutz' Werken festgenagelt zu werden. Denn jene Schrift hat, weit entfernt, die Sache abzuschließen, wie Prutz meinte, vielmehr nur einem Alarmsignal gleich gewirkt, und eine Reihe von Veröffentlichungen über denselben Gegenstand zur Folge gehabt, vor welchen jenes mit solcher Zuversicht aufgestellte Gebäude von Prutz größtenteils wieder in die Brüche gegangen ist. Freilich nicht so rasch: denn wenn auch jener Bau auf allzu große Oberflächlichkeit und Willkürlichkeit gegründet war, als daß es mehr als eines kräftigen Wind= stoßes bedurft hätte ihn umzuwerfen, so handelte es sich doch eben nicht bloß ums Umwerfen, sondern mehr noch darum, ein besseres Gebäude an Stelle von jenem zu setzen. Und dazu gehörte bei einem solch umfang= reichen Probleme neben andern Erfordernissen vor allem Zeit, in einem Maße, wie sie nicht jedem zu Gebote stand. Daher mochte mancher, der Lust gehabt hätte, die Unhaltbarkeit der Prutzschen Hypothese nachzuweisen, im Drange anderer Arbeiten darauf verzichten, eine solche Arbeit zu unter= nehmen; wer sich aber daran machte, erst nach Jahr und Tag dazu ge= langen, mit seinem Widerspruch hervorzutreten. Prutz aber mochte darin ein weiteres Zeichen von der Unwiderlegbarkeit seiner Behauptungen er= blicken, und so ist es zu begreifen, wenn derselbe zunächst in der Zwischen= zeit die Resultate seiner ersten Schrift mit womöglich noch verstärkter Zuversicht wiederholt hat in den zwei nächsten größeren Veröffentlichungen, die er der „Geheimlehre" folgen ließ, nämlich nicht nur in seiner „Kultur= geschichte der Franken in Syrien" (Berlin 1883), aus deren Vorarbeiten die „Geheimlehre" herausgewachsen war, sondern auch in dem noch um= fangreicheren, binnen wenigen Jahren von diesem schnellschreibenden Autor herausgegebenen Werke „Staatengeschichte des Abendlands im

---

[1]) cf. Prutz, Geheiml., im Vorwort p. III. Nachdem Prutz es so bitter übel genommen hat, wenn von anderen Kritikern Schottmüllers Arbeit dieses selbe epitheton ornans erfahren hat, verdient diese seine eigene Zensur, die er Loiseleur giebt, um so mehr hervorgehoben zu werden. — [2]) Inwiefern diese Bezeichnung „Kritische Untersuchung" begründet ist, werden wir ja noch sehen. [3]) Prutz, Geheiml. p. 30 f.

Mittelalter" (in der Oncken'schen Sammlung: „Allgemeine Geschichte in Einzeldarstellungen" erschienen, Berlin 1885—1887).

Solcher Zuversicht gegenüber war es wohl an der Zeit, endlich einmal festzustellen, auf wie schwachen Füßen die Aufstellungen von Prutz samt und sonders beruhen, und wie viel ihnen fehlt, um für das, wofür sie jener gern eingeführt hätte, für unumstößliche Thatsachen der Geschichte, gelten zu können. Diesen Dienst glaubte der Verfasser, nachdem er, der Aufforderung eines von ihm hochverehrten Lehrers folgend, sich Jahr und Tag mit der vorliegenden Frage beschäftigt hatte, der Wissenschaft leisten zu dürfen. Doch sollten andere ihm zuvorkommen: vor allem Konrad Schottmüller mit seinem umfangreichen Werk: „Der Untergang des Templerordens", 2 Bde., Berlin 1887; ein Werk, welches der Verfasser selbst als die Frucht mehr als „fünfjähriger ununterbrochener Vorarbeit[1]) bezeichnet, nachdem derselbe schon seit dem Jahre 1878 den Widerspruch der bisherigen Anschauungen von der Aufhebung des Templerordens mit den darüber zu Gebot stehenden Quellen erkannt und später so glücklich gewesen war, unterstützt durch den weitreichenden Einfluß des „erhabenen Beschützers freier Forschung", Se. K. K. Hoheit den damaligen Kronprinzen des Deutschen Reichs — den inzwischen allzu früh aus dem Leben geschiedenen vielbeklagten Kaiser Friedrich III. — dem das Werk gewidmet ist und welchem er als Freimaurer besonders nahe stand, eine Reihe der allerwichtigsten Quellen, vor allem in der vatikanischen Bibliothek, aber auch in Frankreich, teils überhaupt erstmals aus Tageslicht zu fördern, teils durch sorgfältige Vergleichung im Original erst recht verwerten zu können. Von den Rezensionen, die hernach über dieses Werk erschienen sind, ist wohl die von K. Wenck in den Göttinger gelehrten Anzeigen (Nr. 12 und 13 vom 10. und 20. Juni 1888) gegebene die bedeutsamste, aber auch schärfste. Ich möchte mich dieser Kritik nur bedingt anschließen. Denn es scheint mir über dem Eifer der die nicht geringen Mängel des Buchs treffenden Kritik die verdiente Anerkennung seiner Vorzüge doch gar zu kurz wegzukommen. Auf jeden Fall ist Schottmüllers Buch nicht bloß das Werk unendlichen Fleißes und unermüdlicher Geduld, mit der er sich auch in die kleinsten Details versenkt hat, sondern, was noch mehr wert ist, eine wertvolle Sammlung des wichtigsten einschlägigen Materials und so für den künftigen Forscher eine bequeme Fundgrube wohl sämtlicher primären Quellen, die außer den bereits bekannten (Michelets Akten des Prozesses vor der päpstlichen Kommission in Paris und Wilkins' Darstellung des Prozesses in England in den

---

[1]) cf. Schottmüller, Vorwort.

Conc. Brit., wozu noch durch Loiseleur und Bini die Veröffentlichung des toskanischen Verhörs in Florenz gekommen ist) noch in Betracht kommen: darunter sind nicht bloß die Akten des cyprischen Prozesses und des Verhörs von Poitiers, sondern auch die päpstlicherseits gemachten Auszüge aus dem englischen Prozeß von hervorragender Bedeutung wegen des Schlaglichts, das daraus auf die Art fällt, wie man seitens der Kurie die Ergebnisse der Untersuchungen in den einzelnen Ländern verwertete. Welchen Wert aber solch vollständige Mitteilung und daraus folgende Kenntnis des gesamten Materials für die Beurteilung der Templerfrage hat, dürfte gerade die auch von Wenck angezogene Gegenüberstellung der Prutzschen Exzerpte (s. Kulturg. d. Kreuzz. p. 619—632, hauptsächlich eben Auszüge aus dem Verhör von Poitiers, p. 623—631) gegen Schottmüllers vollständige Wiedergabe zur Genüge erweisen. Wenn Wenck meint, daß die Exzerpte von Prutz vielleicht zu kurz abgebrochen gewesen seien, Schottmüller dagegen entschieden des Guten zu viel gethan habe, so können wir ihm hierin nicht beistimmen. Denn sieht man genauer zu, so liegt die Sache doch wohl so: daß Prutz' Auszüge, weil eben nur einseitig und willkürlich das ihm Zusagende wiedergebend[1]), überhaupt wertlos und gänzlich irreführend sind, während ein richtiges Urteil doch allein durch vollständige Mitteilung des Urkundenmaterials ermöglicht wird: und das giebt Schottmüller, wenigstens soviel er allemal kann.

Im übrigen und in der Hauptsache muß man freilich Wenck leider recht geben: so umfangreich Schottmüllers Werk ist und soviel Arbeit und bewunderungswürdige Geduld darauf verwendet ist, so erfüllt es doch seinen Hauptzweck: eine umfassende, unparteiische Würdigung der Motive, welche den Untergang des Templerordens herbeigeführt haben, zu geben, nur in höchst unvollkommener Weise. Und zwar nicht bloß wegen einer Reihe von Verstößen in Einzelnheiten, unter welchen die sprachlichen Übersetzungsfehler und die unselbständige Art in Benützung seiner Quellen — ohne doch diese immer deutlich zu nennen — Schottmüller von seiten seiner Kritiker manche besonders bittere Pille eingetragen haben, während für das Ganze von noch einschneidenderer Bedeutung die mancherlei gewagten oder schiefen Kombinationen sind, die sein Buch von Anfang bis zu Ende durchziehen, sondern vor allem durch die merkwürdige Auffassung der bei dem Prozeß maßgebenden Faktoren, welche Schottmüller verrät. Denn die fehlerhaften Schlüsse in den Einzelnheiten mögen aufgewogen scheinen durch die immerhin nicht geringe Zahl von Details, in denen Schottmüller die Forschung bereichert hat; die partien-

---

[1]) Sie erinnern darin an jene Exzerpte, die der Papst von dem englischen Prozeß-Protokoll machen ließ.

weise sehr mangelhafte Angabe seiner Quellen, die zu verübeln Wenck besondern Grund hat und welche freilich die Prüfung des umfangreichen Werkes nicht wenig erschwert, mögen wir ihm zu gute halten wegen der Länge der Zeit, in der er sich mit dieser Arbeit trug, und weil er wenigstens summarisch seine Hauptquellen erwähnt; dagegen giebt es für den dritten Mangel, die **merkwürdige Auffassung der maßgebenden Faktoren**, insbesondere der Rolle, welche Clemens V. bei dem Prozesse gespielt hat, kaum eine andere Entschuldigung als die auch von Wenck gegebene Erklärung, die allerdings schlimm genug ist, so nahe sie liegt: nämlich die **Unselbständigkeit Schottmüllers**, die sich für die Liebenswürdigkeit, mit der ihm die Hüter der vatikanischen Bibliothek, eingedenk der hohen Protektion, ihre seltenen Schätze erschlossen, dankbar erweisen zu sollen meint. Oder was sollen wir davon sagen, wenn z. B. Schottmüller, nachdem er mit allen Mitteln beschönigender Voreingenommenheit Papst Clemens V. weiß zu waschen versucht hat, im Bewußtsein, daß ihm dies doch nicht ganz gelungen sein und er bei einem Teil seiner Leser wenigstens schwerlich Glauben finden dürfte: wenn er da (bei Besprechung der Aufhebungsbullen des Templerordens, wo er nach seiner eigenen ganzen Darstellung nicht umhin kann, einen Unterschied zu machen zwischen des Papstes eigenem besseren Wissen und den nur als Vorwand benützten „Resultaten der Untersuchung") die böse Welt schilt, welche „**derartige historische Notwendigkeiten nicht versteht und stets nach einer dem Privatrecht entsprechenden Gerechtigkeit verlangt**"[1]). Gewiß verdient da Wenck unsern aufrichtigsten Dank und unsere wärmste Zustimmung, wenn er gegen diese Schönfärberei im Namen der deutschen Geschichtsforschung nachdrückliche Verwahrung einlegt[2]).

Durch solche Blößen und Unvollkommenheiten hat es Schottmüller selbst verschuldet, daß auch seine mühevolle Arbeit, statt allgemein als endgültige Lösung der Frage aufgenommen zu werden, von mancher Seite kaum als eine Förderung der Wissenschaft, was sie doch unstreitig ist, anerkannt, vielmehr nur als ein weiterer unglücklicher Versuch zur Lösung der Frage betrachtet wurde. Und zwar nicht bloß von demjenigen, dem

---

[1]) cf. Schottmüller I p. 532. — [2]) In ähnlichem Sinne wie dem hier von uns vertretenen ist auch die Rezension Schottmüllers durch Arnold Busson in den „Mitteilungen des Instituts für österr. Geschichtsforschung", IX. Bd., Innsbruck 1888, p. 496—514, gehalten. In der Hauptsache stimmen wir dessen Kritik gerne zu und acceptieren sie um so lieber, als sie, durchaus maßvoll gehalten, niemals zur Ungerechtigkeit gegen Schottmüller wird und vor allem auch den Wert des II. Bandes, des urkundlichen Teils, gebührend hervorhebt. Letzterem Teil lassen übrigens auch Kritiker, die sonst an Wenck sich anschließen, wie Lea (in der Engl. Hist. Review 1889, p. 149—154) und Langlois (Revue hist. 1889, 40. Bd., p. 168—179) volle Anerkennung widerfahren.

ja freilich diese Diskreditierung Schottmüllers am meisten angelegen sein und umsomehr zur persönlichen Genugthuung gereichen mußte, je tiefer er sich von demselben getroffen fühlte: Hans Prutz; sondern auch von andern zuständigeren und bei der Sache weniger persönlich beteiligten Forschern und Kritikern. Was Prutz zunächst betrifft, so boten ihm jene Blößen Handhaben genug zur Rehabilitierung seiner angegriffenen Autorität, indem ihm als das geeignetste Mittel hiezu erschien die Herausgabe eines neuen, umfangreicheren, seine frühere Leistung korrigierenden Werks, welches er unter dem Titel „Entwicklung und Untergang des Tempelherren-Ordens", Berlin 1888, binnen Jahresfrist auf Schottmüller folgen ließ. Wenn er nur hiebei sich hätte entschließen können, gründlich mit seinen Antezedentien zu brechen! So aber ist aus dem Bestreben, nicht nur Schottmüller durch etwas Besseres in den Hintergrund zu drängen, sondern auch um jeden Preis mit seinen früheren Behauptungen gegenüber diesem Recht zu behalten, ein Werk entstanden, welches, bei aller anzuerkennenden größeren Vorsicht und Umsicht dennoch zu den Fehlern, welche ganz abzustreifen Prutz niemals im stande scheint, noch den der Rechthaberei um jeden Preis hinzufügt und schon aus diesem Grund wieder nicht etwas Ganzes geworden ist, sondern nur erst recht als eine unglückliche Zwittergeburt sich herausstellt. Wie sehr dieser Vorwurf berechtigt ist, geht erst aus einer Vergleichung der beiden Prutzschen Werke mit Schottmüller deutlich genug hervor. Wenn Prutz im Vorwort seines letzten Werkes, der „Entwicklung", behauptet, daß er „in der Hauptsache", nämlich in Bezug auf die Frage nach der Schuld des Ordens, „noch dieselbe Position wie anfänglich einnehme", so widerspricht ihm hierin — man weiß nicht, ob zu seinem Glück oder Unglück? — sein eigenes so eingeführtes Buch. Oder man lese doch nur einmal die „Entwicklung" und vergleiche sie mit seiner „Geheimlehre" einer- und Schottmüller andererseits! Ob man nicht wird sagen müssen, daß, wenn da von Ähnlichkeit die Rede sein soll, diejenige viel größer ist, welche die „Entwicklung" mit Schottmüller, als welche ebendasselbe letzte Werk von Prutz mit seinem ersten, der „Geheimlehre", zeigt! Das beweist doch, daß, genau betrachtet, nicht Schottmüller gegen Prutz, sondern vielmehr Prutz gegenüber Schottmüller der Geschlagene ist, und alle Versuche von Prutz, diesen Thatbestand zu verhüllen oder umgekehrt darzustellen durch möglichste Hervorhebung der Blößen Schottmüllers und Absehen von seinem eigenen früher eingenommenen Standpunkt, können ihm selbst nur zum Vorwurf gereichen. Ehrenvoller wäre es gewesen, die Niederlage wieder gut zu machen durch unverhüllte und unbefangene Aufgebung des alten unrettbaren, aber auch Gewinnung und Behauptung eines neuen überlegenen und unangreifbaren Standpunkts. Weil Prutz das nicht fertig bringt, sondern ebenso zugleich einen neuen Standpunkt einnehmen als den alten halb und halb verteidigen will, so verurteilt er sein zweites Buch von Anfang an zu einer Halbheit, und das ist die Ursache, daß die Kritik, trotz aller Schonung und alles, im Vergleich zu Schottmüller, überreichlichen Lobs, das sie ihm, unserer Ansicht nach, unverdientermaßen, hat zu teil werden lassen[1]), dennoch auch dieses Werk wieder nicht als eine befriedigende Lösung der Frage, sondern nur als einen einseitigen Versuch dazu hat erklären können, so daß selbst ein Mann, der sich sonst, darin Wenck noch übertreffend, so rühmend über dieses zweite Werk von Prutz ausspricht wie Langlois[2]), trotzdem demselben in Bezug auf seine Schlußfolgerungen immer noch Schottmüller und selbst Lavocat[3]) vorziehen zu müssen erklärt, weil es „mehr ein geschickter, maßvoller, leidenschaftsloser, verführerischer Antrag, aber doch eben nur ein Antrag („une requisitoire"), und zwar gegen Unschuldige", als ein gerechter Urteilsspruch sei. Also — was für uns die Hauptsache ist —: brauchen, als endgültige Lösung der Frage verwerten, kann man auch dieses zweite Prutzsche Werk nicht, so wenig oder weniger noch als Schottmüller.

Sind somit jene beiden umfangreichen Veröffentlichungen nicht im stande gewesen, uns in der Absicht, die Frage nach der Schuld oder Unschuld des Templerordens zu einer befriedigenden Lösung zu bringen, zu beirren oder diese ganze Arbeit als eine überflüssige erscheinen zu lassen, so liegt dagegen die Sache wesentlich anders seit dem Auftreten eines dritten, die Templerfrage gründlicher zum Gegenstand seiner Untersuchung machenden Autors, nämlich zwar nicht des Franzosen Lavocat[4]), wohl

---

[1]) Vgl. darüber die Beurteilung von Wenck in den Gött. gel. Anz. 1890, Nr. 7, p. 253—274; sachlich durchaus mit unserem Ergebnis zusammenstimmend, aber formell mit einer Schonung, die gegenüber der Behandlung, die er Schottmüller angedeihen läßt, ein eigentümliches Gefühl von „zweierlei Maß" erweckt. — [2]) In der Revue hist. 1889, 40. Bd., p. 168—179. — [3]) Vgl. über diesen weiter unten. — [4]) Über diesen möge an diesem Ort das Nötige gesagt werden, wobei wir uns kurz fassen können. Denn, wie schon der merkwürdige Titel anzeigt „Procès des frères et de l'ordre du Temple, d'après des pièces inédites publiées par M. Michelet et des documents imprimés anciens et nouveaux", Paris 1888), so handelt es sich hier um ein Werk, das in sich selbst zu widerspruchsvoll ist, um besondere Beachtung in Anspruch nehmen zu können. Die Kritik hat es denn auch meist in ziemlich geringschätzigem Ton abgemacht: Langlois nennt den Autor kurzer Hand „absolument non avenu" (Revue hist. 1889, 40. Bd., p. 175). Damit können wir uns einverstanden erklären. Wie wenig dieser Autor auf der Höhe der Zeit steht, zeigt sich darin, daß er nicht einmal Deutsch kann und daher alle Werke unserer Landsleute, einen Havemann so gut wie einen Schottmüller, hat unverwertet lassen

aber des Anglo=Amerikaners H. C. Lea („History of the Inquisition of the Middle ages", 3 Bde., London 1888, darin die Templerfrage im III. Bd. p. 238—334 behandelt). Hier haben wir endlich einmal ein Werk, wie es die historische Kritik längst verlangt, aber weder durch Schottmüller noch vollends durch Prutz empfangen hat; hervorgegangen nicht allein aus einer gründlichen Kenntnis der gesamten Zeitverhältnisse, und zwar ebenso der kirchlichen wie der weltlichen Faktoren, hauptsächlich desjenigen Faktors, der bei dem Untergang des Templerordens die ein=

müssen, soweit er nicht durch französische Schriftsteller von ihnen Kenntnis hat: so kennt er Wilcke durch seinen Lobredner Loiseleur und mit diesem zugleich auch den ersten Standpunkt von Prutz, den der „Geheimlehre". Von andern deutschen Autoren polemisiert er einmal gegen — Schöll (p. 389). Unverzeihlicher noch ist seine Ignoranz in anderer Hinsicht, vor allem auf dem historisch=geographischen Gebiet: was er z. B. über den Prozeß auf der pyrenäischen Halbinsel berichtet (p. 319), ist nur erklärlich durch Unbekannt= schaft damit, daß in jener Zeit Castilien und Aragonien keineswegs zu einem und demselben Reiche gehörten. Angesichts solcher Verwechslung kann uns der „Hugnes de Wald - graff, comte de la forêt Noire et du Rhin", mit dem er den „comes Silvestris et Rheni" übersetzt (p. 320), nicht weiter befremden. Wohl aber nimmt uns wunder, daß derselbe Verfasser selbst in der historischen Geographie seines eigenen Vaterlandes so wenig bewandert ist, daß er nicht weiß, was er mit dem in den Prozeßakten öfters erscheinenden praeceptor „Pontivi" anfangen soll und vergeblich im Wörterbuch nach einer Lokalität dieses Namens sucht. Und doch liegt die ehemalige Grafschaft „Penthieu", die, weil damals noch im englischen Besitz, um so mehr ihren eigenen Präzeptor hat, nicht allzuweit von Rouen entfernt, wo der Verfasser seinen Wohnsitz zu haben scheint als „conseiller honoraire à la cour d'appel de Rouen". Letztere Überschrift, die den Verfasser als einen Mann des Rechts zeigt, erregte in uns erst besondere Er= wartungen, hier einmal eine gerechte Beurteilung der Templersache vom Standpunkt des Rechts zu finden. Auch in dieser Hoffnung enttäuscht uns Lavocat, indem es nicht leicht eine naivere und kritiklosere Rechtsprechung geben dürfte, als die uns dieser Richter, als ein wenig vorbildlicher Typus von Juristen, bietet. Denn er macht alles hübsch halb und halb: so glaubt er an den teilweisen Grund jener Anklagen, indem er, mathematisch einfach, die am meisten zugestandenen Punkte als erwiesen annimmt; nur soll auch bei diesen eben eine harmlose und auf keinen Fall allgemein geübte Zeremonie, als Gehorsamsprobe u. dgl. vorliegen; wirkliche Ketzerei will er noch viel bestimmter als Prutz auch jetzt absolut ausgeschlossen haben. Mag dieser Standpunkt auf den ersten Anschein auch als die naheliegendste Auskunft erscheinen, bei näherem Zusehen stellt er sich alsbald als der unhaltbarste heraus. Im übrigen gehen wir nicht weiter auf diesen Standpunkt ein, da er seine Abfertigung zugleich mit der zweiten Hypothese von Prutz, der „Entwicklung", der er innerlich am nächsten steht, erfährt. Trotz dieser gewichtigen Mängel sind dem Buch Lavocats doch auch Vorzüge zu eigen, die nicht verkannt werden sollen: bestehend in mancher treffender Bemerkung, die es giebt, z. B. über die Folgen der templerischen Katastrophe für den Einfluß der französischen Natio= nalität im Orient; sodann vor allem auch in seinen Beiträgen zur Kenntnis der lokalen Verbreitung der Templer über Frankreich. Solche Bemerkungen werden gelegentlich von uns zur Sprache gebracht und verwertet werden.

schneidendste Rolle spielt und zum Schaden der Geschichtschreibung bisher allzu wenig ins Auge gefaßt worden ist: der Inquisition; sondern auch, was bisher gleichfalls von den Geschichtschreibern des Templerordens insgesamt zu sehr versäumt und erst von Schottmüller einigermaßen ins Auge gefaßt worden ist, aus einer gründlicheren Durchsicht der Originalquellen, vor allem der bedeutsamsten, der Protokolle der päpstlichen Kommission in Paris. Giebt ihm ersteres, seine Bekanntschaft nicht nur mit den weltlichen, sondern auch den kirchlichen Faktoren jener Jahrhunderte, vor allem der Inquisition, deren Geschichtschreiber par excellence er zu heißen verdient, ein entschiedenes Übergewicht über die bisherigen, einseitig nur vom weltlichen oder auch nur kirchlichen Standpunkt ausgegangenen Historiker, so auch über Schottmüller so gut wie Prutz, so macht vollends letztere Eigenschaft, daß er als der erste der bisher an die Öffentlichkeit getretenen wirklich gründlich und kritisch die Protokolle auf ihren Inhalt hin angesehen hat, seine Arbeit zu einem unwiderleglichen und nach dieser Seite in der Hauptsache abschließenden Werke. Man wird daher verstehen, wenn wir mit sehr gemischten Gefühlen erst die Hinweisungen von Wenck[1]) und die Rezension von Langlois[2]), sodann Lea selber gelesen haben. Denn da findet sich, wenn auch in aller Kürze, so doch in der Hauptsache ziemlich vollständig alles das, was Verfasser dieser Arbeit als seine eigene Entdeckung schon vor Jahren einem bekannten Historiker mitteilen konnte und auf dessen Offenbarung vor der fachwissenschaftlichen Welt er sich am meisten gefreut hatte: die Entdeckung, welche auch Wenck als besonders wertvoll in seiner oben erwähnten Besprechung angeführt hat, von der merkwürdigen Verschiedenheit oder auch Übereinstimmung der Zeugen vor der päpstlichen Kommission, je nachdem sie früher von verschiedenen oder demselben Diözesanbischof verhört worden sind oder auch etwa einen und denselben Kerker geteilt haben, u. dgl. m. Angesichts dessen mußte Verfasser sich fragen, ob es noch einen Sinn habe, seine ganze Arbeit, so nahe dem Abschluß sie war, in Druck zu geben, auf die Gefahr hin, lauter Ergebnisse zu bringen, die schon von einem andern für die wissenschaftliche Welt gewonnen worden sind. Wenn Verfasser diese Bedenken zuletzt überwunden und sich zur Fortsetzung, unter entsprechender Umarbeitung, dieser Arbeit entschlossen hat, so haben ihn, neben anderweitiger Aufmunterung, vor allem zweierlei Erwägungen hiezu bestimmt:

1. Die Form, in welcher jene Lösung der Templerfrage bei Lea

---

[1]) In seiner Besprechung von Prutz' „Entwicklung und Untergang des Tempelherrenordens" in den Gött. gel. Anz. 1890 Nr. 7, p. 253—271. — [2]) An dem bereits oben (p. 7) genannten Ort (Revue hist. 1889, 40. Bd., p. 168 ff.).

zu finden ist. Denn enthalten in einem viel größeren, dreibändigen Werke in englischer Sprache, dürfte Leas Arbeit, schon wegen der bedeutenden Kosten des ganzen Werks, eine verhältnismäßig geringere Verbreitung, zumal auch bei uns, finden, als die Lösung dieser wichtigen Frage verdient. Sodann hat dies, daß dort das Problem im Zusammenhang mit der Geschichte der Inquisition abgehandelt wird, die Folge, daß bei aller Bekanntschaft mit den übrigen Faktoren doch diese Seite vor allem hervorgekehrt wird, die sonstigen Faktoren aber verhältnismäßig mehr zurücktreten. Und doch sind diese bedeutsam genug, um jedenfalls bei einer Arbeit, die es nicht sowohl mit der Frage nach dem Anteil der Inquisition als mit der nach dem Anteil aller Faktoren, in erster Linie der Templer selbst, an ihrem Untergang zu thun hat, eingehender ans Licht gestellt zu werden. Dazu kommt, daß Lea, in dem natürlichen Bestreben, sich durch den Templerprozeß nicht gar zu unverhältnismäßig viel Raum wegnehmen zu lassen — er ist schon jetzt dem Umfang nach weitaus am reichlichsten von den einzelnen Spezialfällen der Inquisition, mit denen es der 3. Band zu thun hat, bedacht — die Ergebnisse seiner Untersuchung doch kürzer und summarischer zusammenfaßt, als erforderlich scheint, um die Frage als eine endgültig abgemachte betrachten zu können. Denn dazu dürfte doch die summarische Darbietung der Resultate der Rechnung nicht genügen, sondern erst die Darlegung der Manipulationen selbst, die zu jenem Ergebnis der Rechnung führen, oder der einzelnen Posten, aus welchen sich die ganze Summe zusammensetzt. Erst wenn das ganze Material kritisch gesichtet dargeboten wird, also daß jedem sachverständigen Leser ermöglicht ist, selbst das Urteil zu fällen, das auf Grund des gesamten Materials gefällt werden muß, ist an einen definitiven Abschluß der Sache zu denken. Von solchen Erwägungen ausgehend, hat schon Schottmüller zu seinem umfangreichen Werke hin eine besondere Arbeit über den Prozeß vor der päpstlichen Kommission in Aussicht gestellt, sich aber wohl durch die geringe Ermunterung, die ihm die Kritik unter Anführung Wencks auf Grund der Mängel seines Hauptwerks dafür zu teil werden ließ, davon wieder abschrecken lassen: obgleich Wenck selbst eben bei der Rezension seines Werks das Verlangen nach einer zusammenfassenden, das gesamte Material statistisch — wie Schottmüller für einzelne Partien gethan hat — übersichtlich zusammenstellenden und so abschließenden Arbeit ausgesprochen hat. Eine solche statistische Zusammenstellung der Hauptpunkte ist von Anfang an eine der Hauptabsichten, die Verfasser bei dieser Arbeit vorschwebten, gewesen, verbunden mit einer kritischen Verwertung der bisherigen Arbeiten und Zusammenfassung des von ihnen allmählich überreichlich dargebotenen

Materials in einer abschließenden Arbeit. Und daß dieses Bedürfnis auch nach dem Erscheinen von Lea noch fortbesteht, dafür dürfen wir uns u. a. auch auf das Zeugnis von Langlois berufen, der, nachdem er (in der schon öfter zitierten Rezension in der Revue hist. 1889) der Reihe nach Schottmüller, Lavocat, Prutz und Lea nebst noch zwei anderen, speziellere Teile der Templergeschichte behandelnden Autoren[1]) besprochen hat, nun erst recht das Bedürfnis nach einer auf all dies Material gestützten abschließenden Arbeit empfindet. Möge es dem Verfasser am Schlusse gelungen sein, dieser hohen Aufgabe, zusammen mit der zweiten, die er sich gestellt hat, gerecht zu werden!

Diese zweite Aufgabe geht aus von der Beobachtung, die wir wiederholt anläßlich der Rezensionen dieser letzten Jahre über die templerischen Werke zu machen hatten, welch merkwürdiger Schonung sich da der Mann erfreut, der doch weitaus am nachhaltigsten und ausgiebigsten auf diesem ganzen Gebiet gesündigt und unter allen in Betracht kommenden Autoren die widerspruchsvollste Haltung eingenommen hat: Prutz! Eine gründliche Zurechtweisung dessen scheint uns nicht bloß eine Pflicht der Wahrheit und Gerechtigkeit, schon gegenüber Schottmüller, der unter jener Bevorzugung um so mehr zu leiden hat, zu sein, sondern was wichtiger ist, es erscheint auch eine endgültige Entscheidung der Templerfrage unmöglich, solange man Prutz noch so viel Ehre anthut, wie dermalen geschieht, solange man seine Aufstellungen so ernsthaft nimmt und ebendamit ihnen noch so viel Berechtigung oder nur auch Schein des Rechten zugesteht, als von mancher Seite jetzt noch der Fall ist. Zum endgültigen Abschluß der Frage nach der Schuld oder Unschuld der Templer scheint uns notwendig zu gehören der Nachweis, auf welch unverantwortliche Weise bisher seitens derer, welche die Schuld des Ordens behauptet haben, verfahren worden ist, wie luftig und widerspruchsvoll die Gebäude sind, die man in dieser Richtung bisher konstruiert hat. Und um diesen Nachweis zu liefern, giebt es nicht leicht einen dankbareren und glücklicheren Angriffspunkt als eben Prutz. Das macht, daß dieser nicht bloß zuletzt noch in jener Richtung das Wort ergriffen hat und somit in seinem Werke die Quintessenz der Früheren uns giebt; sondern mehr noch, weil Prutz in der That als der bedeutendste Vertreter

---

[1]) Nämlich 1. Henri de Curzon, La maison du Temple de Paris, histoire et description, avec deux planches, Paris, Hachette 1888, 356 p. in 8°; und 2. L. Delisle, Mémoire sur les opérations financières des Templiers, im XXXIII. Bo., 2. Teil der „Mém. de l'Académie des inscriptions et belles lettres", 248 p. in 4°.

von nicht bloß einer, sondern eigentlich zwei entgegenstehenden Auffassungen anzusehen ist: einmal derjenigen, welche in den Templern wirkliche und wahrhaftige Ketzer erblickt und ihre Verurteilung als solcher auf Grund der bekannten Artikel als eine rechtmäßige ansieht; und sodann derjenigen, nach welcher sie eigentlich keine Ketzer gewesen, sondern nur höchstens auf dem Weg dazu gewesen oder als solche erschienen wären auf Grund etlicher falsch gedeuteter absonderlicher Bräuche von an sich harmloser Art, die unter ihnen im Schwange gegangen seien. Gerade also, daß Prutz so in allen Farben schillert, das macht seine Bekämpfung zu einer so fruchtbaren Aufgabe: denn es lassen sich hiebei der Reihe nach alle die Gründe, welche für die Schuld der Templer, und zwar in verschiedenem Grad, vorgebracht worden sind, wie auch die Schriftsteller, welche für diese Seite eine Lanze eingelegt haben, einer um den andern abmachen; so insbesondere auch die beiden Franzosen, welche jedesmal als Sekundanten für seine Partei Prutz zur Seite stehen: nämlich für das erstemal Loiseleur, das zweitemal Lavocat[1]). Daher ist die Widerlegung von Prutz weder ein überflüssiges Werk — wie etwa einen Toten noch töter machen, denn als tot gebärdet sich Prutz weder selbst noch wird, daß er tot ist, allgemein genügend erkannt — noch auch überhaupt nur eine negative Arbeit: Der Leser wird dies alsbald bei der Lektüre dieses ersten Teils merken, wo wir eine Fülle von Fragen zu besprechen haben werden, die von der gegnerischen Seite aufgeworfen worden und wichtig genug sind, eine Antwort zu finden, vor allem auch solche, die von selbst zur Position werden und die deutlichsten Beweise für die Unschuld des Ordens darbieten, ohne daß bei der summarischen Art, mit der Lea sich begnügt hat, dieselben von ihm mehr als höchstens gestreift worden wären, oder überhaupt einer der Früheren gründlicher darauf gekommen wäre. Wir verweisen dafür nur auf unsere Ausführungen über die Templerregel, welche sich als eine Ergänzung und großenteils wieder Berichtigung einer dritten flüchtigen Arbeit von Prutz enthüllen werden, nämlich des von ihm in den Königsberger Studien[2]) über die Templerregel Bemerkten.

---

[1]) Allerdings in sehr verschiedener Weise; denn während, wie oben schon gesagt worden ist, ersterer die Grundlage seines ersten Standpunkts, der „Geheimlehre", ist, so sehr, daß diese eigentlich nur als eine Übersetzung und „Vervollständigung" von Loiseleur sich darstellt, so ist die „Unterstützung", die er von dem zweiten, Lavocat, erhält, eine beiderseitig unbewußte. Weder kennt Lavocat Prutz — er kann ja überhaupt gar nicht Deutsch — noch Prutz Lavocat, weil beide Bücher ziemlich gleichzeitig geschrieben worden sind. - ²) Königsberger Studien I, p. 145—180.

Somit wird unser Buch in zwei Teile zerfallen: 1. einen po= lemisch=kritischen oder negativen im weiteren Sinn, der die Aus= einandersetzung mit Prutz bringen wird, d. h. mit den beiden von ihm vertretenen Standpunkten: erst dem in der „Geheimlehre" zum Aus= druck kommenden, den „unwiderleglichen" Beweis für die ausgesprochene Ketzerhaftigkeit der Templer behauptenden und antretenden, den wir der Kürze halber als „Proto=Prutz" bezeichnen möchten; sodann dem in der „Entwicklung" vertretenen, halb und halb die Schuld der Templer leugnenden, halb sie noch festhaltenden: dieses ist der „Deutero= Prutz"[1]). Nachdem so gewissermaßen der Schutt hinweggeräumt ist, kann sich im zweiten Teil der positive Aufbau vollziehen, der uns zeigen soll, worin denn nun der Templer Schuld eigentlich bestand? d. h. nicht bloß ihre, sondern auch die Schuld aller der anderen Faktoren, die an ihrem Sturz mitbeteiligt sind.

Denn dies ist das Absonderliche an diesem Prozeß, daß wir als Schuldige im eigentlichen Sinn und durch das Ganze gerichtet nicht bloß die Templer finden werden, sondern ebenso und zum Teil mehr noch fast sämtliche Hauptmächte der damaligen Zeit in Staat und Kirche: in ersterem vor allem das Königtum selbst, aber auch eine Reihe anderer von diesem teils inspirierter, teils gemißbrauchter Fak= toren; in letzterer nicht nur die persönlichen Spitzen, sondern das ganze kirchlich=mittelalterliche System, das sich hier noch einmal ungehindert, oder vielmehr in seiner eigentümlichen Richtung staat= licherseits absichtlich befördert, auswirken darf, um so einen dritten Un= schuldigen zu Fall zu bringen, zu dessen Vernichtung vermöge seiner ab= sonderlichen Stellung sonst weder der eine noch der andere Faktor im stande gewesen wäre, der nun eben ihrem vereinigten Zusammenwirken zum Opfer fällt. Und zwar fällt er zum Opfer eben infolge seiner eigen= tümlichen Mittelstellung, welche er noch aufrecht erhalten will in einer Zeit, wo es galt, sich für oder wider eine jener, in seltsamem Bündnis zur Zeit miteinander vereinigten, im Grunde aber einander feindseligen Mächte deutlich zu erklären. Denn gewiß: hätten die Templer die neu

---

[1]) Und zwar sei es gleich an dieser Stelle gesagt, daß, wie uns einerseits das Bestreben von Prutz, den Unterschied seiner jetzigen Auffassung gegenüber seiner früheren möglichst geringfügig erscheinen zu lassen, zwingt, seine erste wie seine zweite Hypothese um so mehr auf ihre Verschiedenheit hin anzusehen; so andererseits die rücksichtslose Art, mit der Prutz die sanfte und schonende Bezugnahme Schottmüllers vergilt, uns darüber belehrt hat, daß Prutz nicht zu den Schriftstellern gehört, denen gegenüber eine schonende Behandlung sich empfiehlt: sondern, da wir uns doch der herbsten und schärfsten Behand= lung werden versehen müssen, so wollen wir diese lieber wenigstens verdienen, als daß wir sie unverdient über uns ergehen lassen müssen.

aufgehende Sonne der mit der mittelalterlich unklaren Vermischung von geistlicher und weltlicher Macht brechenden, auf ihrem, dem staatlichen Gebiete die absolute Souveränität anstrebenden Monarchie begriffen und demgemäß sich dieser Monarchie zur Verfügung gestellt; gewiß, kein Mensch in Frankreich und der Welt wäre je auf die Idee ihrer Ketzerhaftigkeit gekommen und wenn ihr Untergang denn doch nicht für alle Zeiten wäre abzuwenden gewesen, so wäre er vielleicht doch erst ein halbes Jahrtausend später erfolgt und hätten sie die Genugthuung gehabt, zusammen mit der absoluten Monarchie unterzugehen. Oder hätten sie der aufstrebenden Monarchie Philipp des Schönen gegenüber eine klare und entschiedene Position eingehalten; gänzlich diese absolute Monarchie aufzuhalten wären sie zwar wohl schwerlich im stande gewesen, da sie allzu gebieterisch in der Entwicklung der Zeit lag: aber ob gerade Philipps Regierungszeit in der Geschichte eine solch glückliche Etappe auf dem Wege dieser Entwicklung bedeuten würde, erscheint uns doch im besten Falle sehr fraglich und im schlimmsten Falle wären sie rühmlich in einem großen Kampfe unterlegen.

Auch so freilich ist ihr Ende, wenn auch nicht rühmlich, doch lehrreich genug und um so mehr, je mehr man die wahren Ursachen desselben erforscht und aufspürt. Vollends lehrreich für den, der die Geschichte der Vergangenheit daraufhin ansieht, um für die Gegenwart zu lernen und den Gang der Zukunft ahnend sich vorauszugestalten. Für den sind auch die Beziehungen dieses Prozesses, der in seiner Art das ungeheuerste und schmachvollste Unrecht bedeutet, wovon die Blätter der mittelalterlichen Kirche zeugen, zu der Gegenwart, die sich schon in der mannigfaltigen Auffassung der Templerfrage selbst seitens der verschiedenen Richtungen, denen die Geschichtschreiber dieses Prozesses angehörten, verrät, deutlich genug und er ahnt, daß es sich um mehr handelt, als um die endliche Erledigung eines interessanten Problems aus der Vergangenheit, das seit Jahrhunderten die bedeutendsten Männer immer besonders angezogen hat, einen Napoleon I. so gut wie Lessing oder, in unsern Tagen, einen Kaiser Friedrich III. so gut wie einen Ranke und Döllinger[1]). Es scheint uns ein gutes Zeichen

---

[1]) Bei den beiden großen Historikern ist ja durch ein eigentümliches Zusammentreffen ihr Urteil über den Templerprozeß gewissermaßen das letzte, was sie uns hinterlassen haben. Das trifft freilich nur für Döllinger im eigentlichen Sinne zu, insofern der Vortrag, den er noch wenige Wochen vor seinem Ende über diese Frage gehalten hat, wirklich die letzte seiner historischen Thaten gewesen. Von Ranke läßt sich nur insofern sagen, daß er mit den Templern sein Tagewerk beschlossen habe, als wenigstens der letzte (VIII.) Band seiner Weltgeschichte, freilich auch dieser nicht mehr von ihm selbst, sondern von der Hand seiner Schüler nach um 20 Jahre zurückliegenden Vor-

für unsere Zeit, ein Zeugnis für den in ihr waltenden besseren Geist der Gerechtigkeit und Wahrheit, daß es ihr vorbehalten gewesen ist, auch diese Frage der Jahrhunderte zum Austrag zu bringen. Denn, Gott sei Dank, so ist es nicht, wie noch vor wenigen Jahren angesichts der widersprechenden Arbeiten von Schottmüller-Prutz mancher befürchten mochte, daß diese Frage nur als eine Gelegenheit, in pro und contra seinen historischen Scharfsinn zu entwickeln, aber als ein im Grunde unlösbares Problem anzusehen sei, wie noch Napoleon I., gestützt auf die widerstrebenden zeitgenössischen Berichte, meinte¹); sondern, wie schon Lea wohl den meisten nun klar gemacht haben wird und wir vollends **allen klar machen möchten, so ist hier in Wahrheit eigentlich nichts weiter nötig, als die Hauptquellen, die Protokolle des Prozesses, gründlich zu lesen.** Wer das irgend gründlich thut, der wird — das ist unsere Überzeugung — gestehen müssen, **daß der Templerorden in den Hauptpunkten der Anklage, betreffs seiner Abirrungen von der kirchlichen Rechtgläubigkeit, also der ihm vorgeworfenen Ketzerhaftigkeit, so unschuldig und rein gewesen ist als der heilige Vater selbst.** Dies ist das gerade Gegenteil von dem, was Prutz in seinem ersten Werke, und immer noch etwas ganz anderes, als was er auch in seinem letzten behauptet. Wie wir dieses unser Urteil begründen, haben wir im folgenden zu zeigen.

Der Gang unserer Untersuchung wird denn, entsprechend der Aufgabe, die wir uns gestellt haben, der sein: den **Ausgangs-**

---

lesungen des Meisters selbst bearbeitet, hiemit schließt (p. 621—623). Schon das zeitliche Zurückliegen jenes Urteils, indem vor 20 Jahren die letzte, erst zur genaueren Kenntnis des Templerprozesses führende Etappe des templerischen Streits noch nicht angebrochen war, macht es uns in mancher Hinsicht erklärlich, wie auch dieser erste Historiker sich dahin neigen konnte, einen gewissen häretischen Zug, aus der langen Nähe des Muhamedanismus erwachsen, bei den Templern anzunehmen und sie in religiöser Hinsicht als Gesinnungsverwandte Manfreds und Friedrichs II. anzusehen. Als tieferer Grund erscheint uns allerdings auch bei Raute ein gewisser Mangel in Bezug auf das Verständnis des religiösen Faktors; auch bei ihm verbirgt sich nicht, daß er eben in erster Linie Profanhistoriker ist, dagegen mit der Kirchengeschichte von Hause aus weniger vertraut. Anders bei Döllinger, dessen Stärke eben das Gebiet der Kirchengeschichte ist, auf welchem Felde zu lernen und immer gründlicher den Geist der Jahrhunderte zu erfassen er eben die letzten Jahrzehnte seines Lebens in so bewunderungswürdiger Weise bestrebt gewesen ist. Und als eine Frucht dieser immer tiefer eindringenden Studien dürfen wir auch seinen letzten Vortrag über den Templerprozeß betrachten, der, soweit er uns vorliegt (Akad. Vortr. III, p. 245—273), völlig mit der von uns gewonnenen Auffassung übereinstimmt. — ¹) Daß sie nämlich unmöglich jetzt mehr entschieden werden könne, da ja schon die Zeitgenossen geteilter Meinung gewesen seien; cf. Voieleur p. 2.

punkt bildet die Polemik gegen Pruß und, als Grundlage hiezu, die Darstellung seines Standpunkts. Da ja aber von ihm nicht ein, sondern zwei — und zwar die beiden epochemachendsten unserer Auffassung gegenüberstehenden — Standpunkte vertreten und somit auch darzustellen und zu bekämpfen sind, so bleibt uns hiebei ein doppelter Weg: entweder wir stellen zuerst beide Hypothesen ohne weitere Kritik nebenund nacheinander dar und geben erst dann die Widerlegung von beiderlei Auffassungen, zuerst der ersten, sodann der zweiten; oder wir machen jede der beiden Hypothesen für sich ab, indem wir auf die Darstellung der ersten alsbald auch ihre Kritik folgen lassen und ebenso dann die zweite Hypothese behandeln. Jener erste Weg hätte den Vorzug, daß dadurch die Polemik gegen die erste Hypothese wesentlich verkürzt würde, indem wir die Widerlegung seiner erstmaligen Aufstellungen großenteils Pruß selber besorgen lassen könnten. Trotzdem wählen wir lieber den zweiten Weg, jede Hypothese für sich abgesondert zu behandeln, weil dieser Weg den noch größeren Vorzug hat, nicht bloß sich an die historisch-genetische Aufeinanderfolge beider Hypothesen anzuschließen und somit die Widerlegung der ersten Hypothese zugleich von selbst zu der zweiten überleitet, sondern auch, da dieser zweite Standpunkt von Pruß nichts ist als eine eben auf halbem Wege stehen bleibende „Entwicklung" zum Gegenteil des ersten, zu der Auffassung, die wir haben, so hat er auch den weiteren Vorzug, sozusagen die natürliche Brücke zu bilden zwischen jenem ersten Standpunkt von Pruß, seiner „Geheimlehre", und unserem Standpunkt, der wohl auch für Pruß die dritte und letzte Stufe seiner „Entwicklung" bilden wird. Wie dieser letzte Standpunkt aussieht, das wird somit in einem letzten Teile oder in dem zweiten Hauptteil zu zeigen sein, in welchem die positiven Ergebnisse unserer Untersuchung zusammengefaßt werden sollen. Doch ehe wir zu diesem zweiten Hauptteil übergehen, werden wir noch einen Blick auf die ganze Art und Weise, wie Pruß zu seinen zweierlei Standpunkten der Reihe nach gekommen ist, zu werfen haben. Und da die Erklärung dafür eben in seiner Art von Quellenbenützung liegt, so wird dies der Ort sein für eine kurze Kritik der hauptsächlichsten Quellen, die für unsere Untersuchung in Betracht kommen, wobei eben die Prußschen Quellen und seine Art, sie zu benützen, besonders zu beleuchten sein werden.

Zunächst also: was sagte denn Pruß früher?

Erster Hauptteil.
Polemisch-kritischer Teil.

1. Kapitel.
Darstellung der Prutzschen Hypothese in der „Geheimlehre" etc. des Proto-Prutz.

Zum Ausgangspunkt für die Auffassung des Templerordens[1], die Prutz in der „Geheimlehre" vertritt, dient seine der bisherigen entgegengesetzte neue Anschauung von drei allgemeineren Faktoren: nämlich des Ursprungs der Kreuzzüge, des ursprünglichen Verhältnisses von Christentum und Islam und der kulturellen Bedeutung des letzteren überhaupt. In Betreff des ersteren Punktes ist seine Entdeckung, daß die bisherige, hauptsächlich „von kirchlichen Autoritäten gestützte" Ansicht[2], wonach die Kreuzzüge „aus einem unwiderstehlichen Aufschwung der reinsten Glaubensbegeisterung entsprungen" sein sollen, eine ganz falsche auf einer gänzlichen Verkehrung des wirklichen Thatbestandes beruhende sei, wie die ganz andere Resultate ergebende wissenschaftliche Forschung der neueren Zeit genügend nachgewiesen habe. Denn, wie er an einer andern Stelle[3] sagt: „Gewiß haben religiöse Begeisterung und kirchliche Erregtheit auf die Kreuzfahrer mächtig eingewirkt, aber gemacht haben sie die Kreuzzüge nicht." Für diese sollen vielmehr neben den politischen Kombinationen jener Zeit weit mehr materielle Erwägungen

---

[1] Oder, wie Prutz in der „Geheimlehre" noch konstant schreibt, des „Tempelherren-Ordens". In der „Entwicklung" verrät er seine entgegenkommendere Stellung schon dadurch, daß er, wenn er auch auf dem Titelblatt die offiziell ja wohl richtigere Benennung „Tempelherren" beläßt, im Text doch ohne weiteres wieder wie andere von „Templern" redet, unter welch abgekürztem Namen die wissenschaftliche Welt den Orden kennt, weshalb wir auch nicht einsehen, warum davon abgeben? [2] Geheiml. p. 7. [3] Einleitung zur „Kulturg. d. Kreuzz." p. 17.

aller Art, aus den sozialen Verhältnissen des Mittelalters entspringend, maßgebend gewesen sein als ideale Impulse und religiöse Motive. Jene bisherige Ansicht habe zu ihrer Grundlage gehabt vor allem eine ganz falsche Anschauung von dem **ursprünglichen Verhältnis von Christentum und Islam** zu einander. Keineswegs seien diese näm= lich von Anfang an in dem **feindseligen Verhältnis zu einander** gestanden, wie die kirchliche Überlieferung dies später darzustellen pflegte und wie dies freilich für die spätere, ja im ganzen noch für die jetzige Zeit gelte, aber eben wesentlich als eine **Wirkung, nicht als eine Ursache** der Kreuzzüge. Denn der Islam soll seiner innersten Natur nach **keineswegs intolerant oder gar eroberungssüchtig** sein oder gewesen sein, sondern beides nur **geworden** sein durch die wüten= den Angriffe der Christenheit auf die Grundlagen seiner Existenz, welche er während zweier Jahrhunderte von seiten der Christenheit zu erfahren hatte, und welche im Eifer der Verteidigung freilich auch seinerseits den Fanatismus aufflachelten und ihn dazu zwangen, in dem Christen seinen gefährlichsten und unversöhnlichsten Feind zu erblicken. Von Hause aus sei ihm diese Auffassung um so ferner gelegen, als er seinem ursprüng= lichen Wesen nach **weit mehr Verwandtschaft mit dem Christen= tum** aufweise, als für gewöhnlich angenommen zu werden pflege. Nicht nur Muhamed selbst habe ja nicht wenige Dogmen wie aus dem Juden= tum, so auch aus dem Christentum geradezu in seine neue Lehre herüber= genommen, sondern auch nachher habe die nahe Berührung mit der christ= lichen Bevölkerung des Orients fortgesetzt die religiösen wie die sittlichen Anschauungen der Muhamedaner nicht wenig beeinflußt. Aus diesen **innerlich verwandten Elementen und den äußerlichen Rück= sichten,** mehr als aus der Gewaltsamkeit der Ausbreitung soll sich der Übertritt so vieler Christen erklären lassen. Um so leichter, da der Islam den sittlich Höherstehenden bei näherer Betrachtung und Vergleichung mit dem damaligen Christentum, wie es sich unter der Herr= schaft der griechischen Orthodoxie im Orient gestaltete, mit nichten als etwas Schlechteres habe erscheinen müssen, sondern im Gegenteil in nicht wenigen Beziehungen als eine **höhere Religionsstufe** sich geoffen= bart habe, wie er denn auch nicht nur mit dem Arianismus nicht wenige Züge gemeinsam habe, sondern auch von seiten der **katholischen Or= thodoxie** durch einen spanischen Schriftsteller geradezu mit der Refor= mation[1]) verglichen worden sei. Und zwar führt Prutz diesen Vergleich offenbar mit zustimmender Absicht an. Denn dies ist eben das dritte

---

[1]) cf. zu vorstehenden Ausführungen Kulturg. d. Kreuzz „. 1. Kap.: „Islam und Christentum", p. 21—35.

seiner Postulate, welches er mit besonderer Vorliebe überall zu allgemeiner Anerkennung zu bringen sucht, daß der Islam in seinem Gesamtwesen dem orthodoxen Christentum des Mittelalters nicht nur nicht untergeordnet, sondern in zahlreichen Beziehungen, insbesondere in seiner kulturellen Wirkung, demselben entschieden **überlegen gewesen sei**. Diesem Eindruck habe sich auch der Abendländer nicht verschließen können, der als Kreuzfahrer ins heilige Land und dort mit den Vertretern des Islam in Berührung gekommen sei. Und je mehr ihm in der Heimat von seinen kirchlichen Oberen und den kreuzzugpredigenden Mönchen diese als Feinde seines Glaubens in den schwärzesten Farben gemalt worden seien, als der Auswurf der Menschheit und die Geißel der armen frommen Christen des Morgenlands, um so mehr habe er erstaunt sein müssen über den Unterschied in der Wirklichkeit: in diesen Feinden seines Glaubens Menschen zu finden, die in so vieler Hinsicht, nicht nur hinsichtlich der Tapferkeit, ihm nicht nachstanden, ja an äußerlicher Bildung wie an Edelsinn und Großmut des Charakters ihn vielfach übertrafen, in jedem Fall aber gegenüber den verkommenen Christen des Morgenlandes, die zu retten er die weite Fahrt angetreten hatte, wie gegenüber der glaubens= und sittenlosen Mischbevölkerung von abendländischen Christen und Syrern, den Pullanen, einen beschämenden Eindruck erweckten. Aus dieser Beobachtung sei dann in weiten Kreisen **jene Stimmung erwachsen, die gerade das Gegenteil der von den Päpsten beabsichtigten Früchte erzeugte**, nämlich anstatt der Vermehrung ihrer Weltherrschaft durch Unterwerfung auch des Orients unter ihr allein gültiges Machtgebot **Untergrabung ihrer Autorität auch in den Ländern des Abendlands**, wo dieselbe bisher am wenigsten bestritten worden war, Zweifel an der Alleingültigkeit nicht nur der katholischen, sondern auch der christlichen Lehre überhaupt; und so im ganzen genommen eine geistige Befreiung von den Fesseln des Dogmas, welche den Thron des herrschsüchtigen Papsttums eben da ins Wanken brachte, wo es ihn am stärksten zu befestigen und zu seiner Anerkennung die ganze Welt zu zwingen gedachte. Und **am weitesten vorangeschritten in diesem Prozeß geistiger Befreiung vom Dogma sei man natürlich auf dem Schauplatz des Kampfes selbst gewesen**, wo die beiden Weltanschauungen am nächsten und häufigsten zusammentrafen, in Syrien=Palästina: in den Staaten der Kreuzfahrer selbst, welche, aus den verschiedensten nicht nur Nationalitäten, sondern auch Bekenntnissen des Abend= wie Morgenlands zusammengesetzt, der natürliche Herd waren für Abschleifung und Verwischung der konträrsten, sonst für unvereinbar gehaltenen Gegensätze. In diesen Staaten stelle sich uns nicht nur das eigentliche Produkt der

Vermischung, die Mischlingsbevölkerung der Pullanen, von Hause aus als ein ebenso glaubens= als sittenloses Gesindel dar, sondern auch die besseren Elemente, die eigentlichen Kreuzfahrerkreise, die Kleriker und Ritter zeigen sich bald mehr oder weniger von demselben Geiste berührt und angesteckt. So vor allem die Ritter und unter diesen wieder in erster Linie diejenigen, welche ständig im heiligen Land ihren Sitz nahmen und in ihrer Ver= mischung des geistlichen und weltlichen Charakters selbst wieder eines der merkwürdigsten Produkte der Kreuzzüge sind, die geistlichen Ritter= orden. Für diese Kreise habe als stärkstes Mittel zur Erschütterung ihres bisherigen Autoritätsglaubens gewirkt die Erkenntnis von dem unaufhalt= samen Sieg des Islam, welche um so peinlicher und tiefer empfunden worden sei, je gewaltiger sich jene dem unabweisbaren Gang der Dinge entgegenzustemmen suchten. Die Folge sei gewesen für die einen Gleich= gültigkeit und Indolenz gegen die bisherige Sache, den Kreuzzugsgedanken, wie die Religion überhaupt, andere aber seien noch weiter gegangen zu völliger Verzweiflung am ganzen Christentum und offenem Abfall von demselben mit Übertritt zum Islam oder zu andern der bisherigen Art von Christentum entgegengesetzten Sekten. Daraus erkläre sich die Masse von Sekten im 12. und 13. Jahrhundert mit ihrer Opposition gegen das landläufige Christentum, vor allem gegen das Papsttum. Daraus dann auch die merkwürdigste Verirrung dieser Zeit, die Häresie des Templerordens.

Diese Häresie erscheint freilich auch bei Prutz nicht als der eigent= liche und zunächst entscheidende Grund zu dem Sturze des Ordens. Dieser sei vielmehr in der politischen Stellung desselben zu suchen[1]): in der Opposition, in welche derselbe schon „sehr bald nach dem Beginn seiner rasch aufwärts führenden Laufbahn zu den in den Kreuzzügen eigentlich leitenden und tonangebenden Mächten ge= treten war." Schuld an dieser Opposition sei die Verweltlichung infolge seiner Gier nach Besitz, welche den Orden über alle Be= denken, ja selbst über das gemeinsame Interesse der Christenheit sich habe hinwegsetzen lassen. „Zum Erweis dieser schon von den Zeitgenossen offen ausgesprochenen Anschuldigung dient eine lange Reihe durchaus beglaubigter Thatsachen, welche an der bis zum Verrat an der christlichen Sache sich verirrenden eigennützigen Politik des Ordens keinen Zweifel mehr übrig lassen[2])." Unter diesen „Thatsachen", aus welchen sich leicht ein förm= liches Sündenregister zusammenstellen lasse, wird nun insbesondere das Scheitern der Expedition gegen Damaskus und damit des

---

[1]) Prutz, Geheiml., II. Abschn., p. 11 ff. — [2]) Geheiml. p. 11.

zweiten Kreuzzugs angeführt, wofür „fast einstimmig" von den Zeitgenossen in erster Linie der Templerorden verantwortlich gemacht werde¹). Dann kommt der Haber des Ordens mit den Fürsten, welche seinem allzuschnellen Wachstum entgegenzutreten wagten oder auch nur die ihnen zugemutete Förderung desselben zu verweigern den Mut hatten. „Unleugbar" sei, „daß der Tempelherren-Orden in seinem Verhalten gegenüber den mohamedanischen Fürsten fast alle Zeit nur durch die Erwägung seines eigenen Vorteils bestimmt wurde, eine billige Rücksichtnahme auf die Interessen der Christenheit insgesamt eigentlich nie gekannt hat": so, wenn er, sobald es sein besonderer Vorteil mit sich bringe, in Zeiten allgemeiner Heerfahrten der Christenheit einen Separatfrieden mit den Sultanen schließe — z. B. unter Ludwig dem Heiligen gegenüber Damaskus — oder „die schuldige Teilnahme an den allgemeinen Reichsheerfahrten in schnöder Selbstsucht kurzweg verweigere (so 1168 gegenüber Ägypten)²)". Ebenso aber umgekehrt, wenn die Ordensoberen wegen irgend eines Glück verheißenden Raubzugs wenig sich um die von dem Reich und den andern Ständen vereinbarten Friedensschlüsse und Waffenruhen kümmerten, sondern die wüste Fehde auf eigene Faust fortsetzten, „unbekümmert um den schweren Nachteil, welcher der Gesamtheit daraus erwachsen mußte"³). Ganz besonders werden hiebei dem Orden zwei bekannte Vorfälle ins Wachs gedruckt, welche allerdings von jeher dessen Konto besonders belastet haben: nämlich einmal die schnöde Verräterei mit Nasr-Eddin 1154, wo der Orden sich nicht scheute, gegen einen freilich bedeutenden Judaslohn „eine im Interesse der Kirche und der ganzen Christenheit dringend zu wünschende Entwicklung zu durchkreuzen"⁴); und dann als ein „noch viel anstößigerer Vorfall" die „rohe und rechtlose" Gewaltthat⁵) an den Gesandten des Alten vom Berge, des Häuptlings der Assassinen 1172, wodurch nicht bloß die von König Amalrich mit solchem Jubel aufgenommene Hoffnung, diese gefürchtete Sekte für die Sache der Christenheit zu gewinnen, für immer verloren ging, sondern statt dessen der Fanatismus derselben gegen die Christen erst recht entzündet und herausgefordert wurde. Aber nicht einmal der schwere Konflikt, in welchen aus diesem Anlaß der Templerorden mit dem ganzen Reich Jerusalem um ein Haar verwickelt worden wäre und welcher, wie Prutz vermutet, wohl nur dadurch verhütet worden sei, „daß König Amalrich schließlich doch den aussichtslosen Kampf mit der übermächtigen und ihm unentbehrlichen Rittergenossenschaft zu vermeiden vorzog"⁶): nicht einmal diese Erfahrung habe den Orden von Fortsetzung seiner rücksichts-

---

¹) Geheiml. p. 12. ²) ibid. ³) Geheiml. p. 12. ⁴) ibid. ⁵) ibid. p. 13. ⁶) Geheiml. p. 13 f.

losen und eigennützigen Politik abzubringen vermocht. Darauf weise eine Zeugenaussage im englischen Prozeß (Conc. Brit. II, 363) hin, wornach „noch im Jahr 1269 eine Sieg und Beute verheißende Unternehmung des englischen Prinzen Eduard dadurch vereitelt worden sein solle, daß der Hochmeister des Tempelherren=Ordens den ihm befreundeten mohamedanischen Fürsten insgeheim vor der ihm drohenden Gefahr warnte[1]."

Dies sind die hauptsächlichsten Daten, welche Prutz als Beweis für die eigennützige Politik des Ordens anführt und welche wir daher später daraufhin ins Auge zu fassen haben werden. Denn wenn Prutz diese Aufzählung schließt mit den Worten: „Es ließe sich noch manche ähnliche Thatsache anführen"[2], so ist diese Bemerkung offenbar mehr als ein Schreckschuß für den minder Eingeweihten, denn als eine Ersparung weiteren zu Gebot stehenden Beweismaterials zu nehmen. In Wirklichkeit sind eben diese möglicherweise noch anzuführenden Thatsachen meist noch schwächerer Natur als die angeführten selbst und daher ist es allerdings besser, sie nicht anzuführen. In jedem Fall hilft uns jene Perspektive nichts weiter, sondern kommen für uns nur die wirklich angegebenen Momente in Betracht. Und von diesen meint Prutz an unserer Stelle, sie dürften wohl genügen, um die Behauptung zu rechtfertigen, daß der Orden der Tempelherren sich durch seine nur von weltlichen Machtinteressen bestimmte Politik frühzeitig in einen unlösbaren Widerspruch versetzte mit seinem Ursprung und mit seiner Bestimmung[3]. Daher man sich auch nicht wundern könne, „den Orden schon frühzeitig in dem Verdacht stehen zu sehen, daß er es um seines eigenen Vorteils willen mehr mit den Mohamedanern als mit den Christen halte[4]. Daß „in dem Vorhandensein aber und in dem Aussprechen und Verbreiten einer solchen Meinung für die damalige Zeit auch schon ein erster, aber sehr bestimmter Anfang zu einer direkten Verdächtigung auch der Rechtgläubigkeit des Ordens lag"[5]: diese von Prutz selbst gezogene Schlußfolgerung unterschreiben wir mit Vergnügen und bitten sie als eine für unsere Frage äußerst wichtige im Auge zu behalten.

Daher verdient unsere besondere Beachtung, was Prutz in dieser Hinsicht als Resultat seiner Untersuchungen hinstellt und worauf er dasselbe stützt.

Was sind nun das für Daten? Sie sind sehr nahe bei einander: einmal nämlich das Zeugnis Johanns von Würzburg, der in seinem Bericht über die Reise, welche er 1164—65 nach dem h. Lande

---

[1] ibid. p. 14. [2] ibid. — [3] (Geheiml., immer noch p. 14. [4] ibid. — [5] p. 15.

machte, von dem Templerorden neben dessen Reichtümern zweierlei bedenkliche Dinge erwähnt, erstens, daß die **Armenpflege** desselben zwar „hinreichend groß"[1]) sei, aber noch nicht einmal den zehnten Teil des von den Johannitern Geleisteten betrage, — während doch der Johanniterorden „lange nicht in gleichem Grade mit Glücksgütern gesegnet"[2]) gewesen sei —; zweitens aber, daß — ein noch viel bedenklicheres Ding — „der Orden durch den **Ruf der Ketzerei** verunziert werde, — ob mit Recht oder nicht, läßt Johann von Würzburg dahingestellt, hält aber die Sache doch für erwiesen durch die üble Rolle, welche der Orden 1148 bei der Belagerung von Damaskus gespielt habe"[3]). Daß nun dies nicht bloß „ein nichtiges Geklätsch" gewesen, daß diese „von der öffentlichen Meinung erhobene Anklage einer thatsächlichen Begründung nicht entbehrte"[4]), dafür soll zur Bestätigung dienen ein **zweites noch gewichtigeres Zeugnis**, das der Kurie selbst, wenig über ein Menschenalter später ausgedrückt von Papst Innocenz III. in dessen Schreiben an Guillaume d'Oeil de Boeuf, den Visitator des Ordens im Abendlande, worin er den Ordensrittern vorwirft, daß sie „**dem Geize fröhnen und dämonischen Lehren. Sie nehmen Teil an der Welt, wie es Ordensleuten nicht geziemt, sie ergeben sich der Völlerei und ihr Ordenskleid ist nichts als eine heuchlerische Lüge.** Viel Schändlicheres verschweigen wir, um nicht härtere Strafen verhängen zu müssen, wie z. B. die Entziehung der **Privilegien**, die **Ihr so schändlich mißbraucht**"[5]). Eine Stelle, welche, buchstäblich wie sie Prutz nimmt, natürlich zum mindesten den Beweis liefert, daß der Papst selbst an die Wahrheit der am Orden haftenden üblen Nachrede geglaubt habe, und daher gehörig ausgebeutet wird. Wir haben später auf alle diese Zeugnisse zurückzukommen, hier gilt es, sie nur aneinanderzureihen. Und da ist nicht minder denkwürdig das **dritte Zeugnis**, welches uns, wie vorhin der Papst, so nun der Gegner desselben, der Kaiser Friedrich II., ablegt, wenn er „ganz offen" von dem **übermütigen Orden der Templer** rede und als eine neue „höchst charakteristische Beschuldigung" vorbringe, „daß die Tempelherren mohamedanische Fürsten und Große in ihren Ordenshäusern gastlich aufnähmen, und nicht das allein, sondern denselben sogar gestatteten, dort ihre mohamedanischen Kultushandlungen feierlich vorzunehmen"[6]). Daß trotz dieser **Einstimmigkeit in der Verurteilung des Templerordens zwischen Kaiser und Papst** dennoch gegen den Orden nicht vorgegangen wurde, erkläre sich aus dem leidenschaftlichen Kampfe

---

[1]) Geheimt. p. 16.   [2]) ibid. p. 17.   [3]) ibid. p. 15.   [4]) ibid.
[5]) Geheimt. p. 16.   [6]) ibid. p. 17.

zwischen diesen beiden Mächten, für welchen die Kurie „eines so eifrigen und mächtigen Bundesgenossen sich nicht selbst berauben mochte"¹). Als aber das staufische Kaisertum am Boden lag und die Kurie „der ritterlichen Genossenschaft, welche sie ohne Rücksicht auf den nur zu begründeten üblen Ruf derselben bisher für sich hatte kämpfen lassen, nicht mehr bedurfte, da werden auch von dieser Seite die alten Klagen und Anschuldigungen von neuem vorgebracht, ja dieselben werden bald für gewichtig genug erachtet, um ihretwegen den Orden, wenn nicht geradezu aufzuheben, doch einer seine bisherige Bedeutung und Stellung vernichtenden Reformation zu unterziehen"²). Damit meint Prutz die verschiedenen Warnungen vor Untersuchungen, welche in späterer Zeit die Päpste, von Eugen IV. 1265 an, dem Orden zugehen ließen, und die Versuche, beide Orden, Templer und Johanniter, gegen welche gleichfalls bereits 1238 Gregor IX. den Verdacht der Ketzerei ausgesprochen hatte³), in einen zu verschmelzen, welche seit 1272 vom Salzburger Konzil an immer wieder von den Päpsten angestellt wurden bis auf Clemens V., der darüber ja von Molay ein ausführliches Gutachten sich geben ließ. Bemerkenswert erscheint hiebei die Notiz, daß „schon 1290 Nicolaus IV. mit Philipp dem Schönen in Verwerfung des Ordens einig, also doch wohl auch zu einem Einschreiten gegen denselben entschlossen gewesen sei": was Prutz schließt aus einer Notiz bei Baluze, daß Nicolaus IV. darüber eine Bulle an den König Jakob von Mallorca gerichtet habe, aus welcher hervorgehe, daß schon damals Philipp den Templern abgeneigt gewesen sei⁴).

Zum Schluß dieses Abschnitts wird noch auf das allgemeine Renommee des Ordens verwiesen, welches mit jenen Zeugnissen im Einklang gewesen sei. Nämlich in fast allen Ländern, wo er zu reicherem Besitz gelangt und eine gewisse Macht geworden war, sei dieses „ein sehr ungünstiges gewesen. Man habe das im Orden gewußt, wie zahlreiche Aussagen in den verschiedenen Verhören keinen Zweifel darüber lassen, aber sich nichts daraus gemacht, weil man geglaubt habe, unangreifbar und unentbehrlich genug zu sein, um der öffentlichen Meinung keck Trotz bieten zu können."⁵)

Auch über diese Behauptung übeln Rufs der Templer später mehr! Für Prutz bildet sie das wichtige Postament, auf welchem nun seine eigentliche Häresie-Hypothese sich um so stattlicher erheben soll. Zunächst unternimmt er im III. Abschnitt seiner „Geheimlehre" (p. 20—32), die

¹) Geheiml. p. 18. ²) ibid. — ³) ibid. Anm. 2. — ⁴) Geheiml. p. 19 und Anm. 1. ⁵) ibid. Schluß des II. Abschn.

Richtung anzuzeigen, in welcher die Häresie des Templerordens zu suchen sei. Denn obgleich diese, nachdem sie als ein „dunkles Gerücht" bereits im 12. Jahrhundert umgelaufen war, im 13. Jahrhundert „auch von den höchsten kirchlichen Autoritäten nicht geleugnet, sondern als Thatsache mittelbar eingestanden worden"[1]) war, so wurde doch nirgends gesagt, — weil es offenbar niemand außerhalb des Ordens gewußt habe — „nach welcher Seite hin die den Tempelherren schuldgegebene Abirrung von der Lehre der Kirche geschehen, worin des Genaueren die Ketzerei derselben, die ‚dämonischen Lehren' des Papst Innocenz III. bestanden"[2]). Mit solcher genaueren Kenntnis habe auch die sichere Handhabe zu einem Einschreiten gegen sie gefehlt. „Eine so allgemeine und unbestimmte Anklage zu erweisen, bedurfte es eben eines so planmäßigen, durchgreifenden und rücksichtslosen Verfahrens, wie es Philipp der Schöne von Frankreich, als er den Augenblick für gekommen erachtete, angewandt." Warum? Weil sonst eine Untersuchung bei der Macht und dem weit reichenden Einfluß des Ordens „nicht nur mißlingen, sondern mit vernichtender Schwere auf den Urheber selbst zurückfallen mußte"[3]).

Damit ist erklärt, warum vor Philipps des Schönen Vorgehen nirgends bestimmte Angaben von der Art der templerischen Ketzerei zu finden sind. Indeß wußte Prutz, wenigstens zur Zeit der „Geheimlehre", noch solche Lücken durch Anhaltspunkte zu ergänzen, aus welchen „wenigstens eine ungefähre Vorstellung von derselben sich gewinnen"[4]) ließ. Als der wichtigste dieser „Anhaltspunkte" erscheint die häretische Disposition des 13. Jahrhunderts, welche dasselbe recht eigentlich zum Jahrhundert der Häresien stempelte und manche Gegend kaum mehr noch als der römisch-katholischen Kirchengemeinschaft zuzuzählen erscheinen ließ. Dies gelte vor allem vom südlichen Frankreich: „nirgends stand die Häresie in so üppiger Blüte wie hier. Gerade dort aber habe der Orden nicht nur frühzeitig sehr ausgedehnte Ländereien erworben, sondern auch dieselben im Lauf der Zeit planmäßig und mit so glücklichem Erfolg vermehrt, daß in der zweiten Hälfte des 13. Jahrhunderts dort das eigentliche Zentrum seiner überhaupt ja vorzugsweise auf Frankreich gegründeten, wahrhaft königlichen Macht lag"[5]): eine Behauptung, die Prutz in einer Anmerkung näher begründet durch den Hinweis auf eine Reihe von Schriftstellern. Nur daß hier ein eigentlicher Maßstab der Vergleichung gänzlich fehlt, insbesondere auch über

---

[1]) Geheiml. p. 20. — [2]) ibid. — [3]) Geheiml. p. 21. — [4]) ibid. — [5]) p. 22.

das Verhältnis zwischen der Provence und dem übrigen Frankreich absolut kein Urteil zu gewinnen ist. Darauf haben wir später zurückzukommen. Für Prutz ist damit die Schlußfolgerung einfach erschöpft. Denn es „braucht nicht weiter ausgeführt zu werden", wie leicht die zahlreichen Tempelritter inmitten dieser durch und durch ketzerischen Bevölkerung selbst „von der rings um sie herrschenden Häresie infiziert und allmählich ganz für die Lehren derselben gewonnen werden konnten"; ja er „möchte behaupten, daß sich in diesem Vorgang nur ein der Sachlage nach unvermeidlicher, ein psychologisch notwendiger Prozeß vollzog"[1]. Merken wir uns das!

„Unvermeidlich" ist für Prutz dieser Prozeß, weil die Templer aus dem Orient bereits „eine Disposition zur Häresie, eine besondere Empfänglichkeit für die antikirchliche, antipäpstliche Denkweise, eine Neigung, wohl gar eine Gewöhnung zu kühl ablehnender Gleichgültigkeit oder zu zersetzendem, zerstörungslustigem Skepticismus dem kirchlichen Dogma gegenüber mitgebracht hatten"[2]. Warum? Das scheint nach den früheren Ausführungen über die Wirkung der Kreuzzüge kaum nötig zu wiederholen. Prutz thut es dennoch und sucht jeden Widerspruch unmöglich zu machen, indem er sagt, daß „der Ausgang des fast zwei Jahrhunderte hindurch geführten Kampfes um den Besitz des h. Landes doch füglich nicht anders aufgefaßt werden konnte denn als ein Unterliegen des Christentums gegenüber dem stärkeren Islam"[3]. Aber man habe das nicht bloß äußerlich, sondern innerlich genommen, indem man den Kampf um Palästina als eine Art „Gottesgericht" genommen habe über den Wert der beiden streitenden Religionen überhaupt. Und zwar gerade in den Kreisen, „welche die Last des hoffnungslosen Kampfes gegen die Bekenner des Propheten am längsten und am ausdauerndsten, anfangs am freudigsten und dann am aufopferndsten getragen hatten: gerade in diesen sah man den Triumph des Islam, welcher durch die verzweifeltste Tapferkeit nicht mehr aufzuhalten gewesen war, an als einen Erweis dafür, daß der Gott Mohameds allerdings stärker sei als der Gott der Christen! — oder aber, man meinte daraus die Erkenntnis gewonnen zu haben, daß der Gott der Christen seine Bekenner den Ungläubigen preiszugeben beschlossen habe"[1] ein Urteil, für welches sich Prutz im allgemeinen auch auf die Auseinandersetzung bei Reuter, „Gesch. der religiösen Aufklärung im Mittelalter" (II, S. 30 ff.) beruft. Daß aber dieser Eindruck gerade im Templerorden entschieden überwogen habe, dafür sieht Prutz „ein unwiderlegliches Zeugnis in dem Sirvente

[1] ibid. [2] Geheiml. p. 22. — [3] p. 23. — [4] ibid.

eines provencalischen ritterlichen Sängers, der sich selbst als ein Mitglied des Tempelherren-Ordens zu erkennen"[1]) gebe, einem Gedichte, welches aus dem Jahr 1266, unmittelbar nach der entscheidenden Niederlage der Templer im Kampf gegen Bibars entstanden, dem Unmut des Sängers in der stärksten Weise Ausdruck giebt und dessen hauptsächlicher Sinn ist, daß es eine **Thorheit sei, gegen die Diener Mohameds ferner anzukämpfen, da Gott und sein Sohn selbst diesen alles und jedes erlaube und sie zum Unheil der Christen beschirme.** "Gott, der ehemals wachte, schläft jetzt", während Mohamed seine ganze Kraft entfalte. "**Der Papst aber verschwende seinen Ablaß gegen die Deutschen, an die von Arles und an Frankreich, hier bei ihnen aber, da geize er damit**"[2]). Man beachte diese letzte Wendung!

Prutz nimmt sie zum Anlaß zu einem Exkurs über die Entstehung der "**entschieden antipäpstlichen antikirchlichen Gesinnung, welche uns in weiten Kreisen als letztes geistiges Ergebnis der Kreuzzüge entgegentrete**"[3]). Die Ursache dieser Stimmung sei zu suchen vor allem in der päpstlichen Politik, welche, nachdem sie vorher die große Kreuzzugsbewegung "erst ins Leben gerufen" hatte[1], späterhin auf nichts weniger bedacht gewesen sei, als derselben nun auch die gewaltigen Machtmittel, über welche sie in jener Zeit verfügte, ausgiebig zur Verfügung zu stellen, vielmehr statt dessen die Kräfte der Christenheit nach allen möglichen andern Richtungen zersplittert und dadurch an dem schließlichen kläglichen Ausgang der Kreuzzüge nicht am wenigsten die Schuld getragen habe. Insbesondere sei in dieser Beziehung verhängnisvoll geworden, daß die Kurie in mehr als einem günstigen Fall durch Voranstellung der "ausschließlich kirchlichen über die doch zunächst in Betracht kommenden politischen und militärischen Interessen den gün-

---

[1]) Geheimt. p. 24. Das Gedicht ist bei Fauriel, Hist. de la poësie prov. (II, 138—139) gefunden. — [2]) Wenn Prutz auch hier wieder (Anm. 2 zu p. 24) sagt: "Es wäre leicht, aus dem 13. Jahrhundert und namentlich aus den Gesängen der provençalischen Dichter eine Fülle ähnlicher, noch viel abfälligerer Urteile über die Kreuzzüge und die von neuem zu denselben antreibende Kirche zusammenzustellen", so bedauern wir wieder, daß er uns nicht mehr davon mitteilt. Es wäre das wünschenswert gewesen, nicht bloß im Interesse der erregten Neugierde, sondern weil es zum Verständnis des Geistes jenes Sirvente selbst nicht wenig gedient hätte. In welcher Richtung übrigens solcherlei Auslassungen aufzufassen sind, dafür zeigt uns Prutz selbst den Weg, indem er am Schluß der Anmerkung hinweist auf etliche Äußerungen von Folquet de Roman und Raymond Guncelon, "welche teils die Kreuzzüge überhaupt verdammen, teils die Art, in welcher sie damals geführt wurden". Das stimmt ganz mit unserer Auffassung.
[3]) Geheimt. p. 25. — [4]) p. 27.

stigen Moment verpaßt und dadurch den Staat der Kreuzfahrer am meisten und unheilvollsten beeinträchtigt habe. Zum Beleg wird gleich auf den **Verlauf des ersten Kreuzzugs** hingewiesen, unter den nachherigen aber namentlich auf die verderbliche **Ablenkung des vierten Kreuz= zugs** nach Griechenland, wodurch in erster Linie das Reich Jerusalem geschädigt worden sei. Weiter werden aufgezählt die verhängnisvolle Rolle, welche der päpstliche Legat Kardinal Pelagius 1218 vor Damiette ge= spielt habe; in der gefährlichsten Zeit die Ablenkung der Kreuzfahrer von dem h. Land durch die Kreuzzugspredigt gegen die Albigenser in Süd= frankreich. Endlich wird nicht vergessen die Durchkreuzung der aussichts= vollen **Unternehmung Friedrichs II.** durch die nur ihren eigenen Vorteil kennende päpstliche Politik. Den schwerwiegenden Einwand, daß ja gerade die Templer in diesem Kampf sich als die getreuesten Satelliten der Kurie gezeigt haben, sucht Prutz zu umgehen damit, daß er meint, es sei dadurch, „da es sich für sie zunächst nur darum handelte, die ihre eigene Herrlichkeit bedrohende Macht des staufischen Hauses von Palästina fern zu halten, in den sozusagen innerlichen, geistigen Beziehungen des Ordens zu dem durch den Papst vertretenen Kirchentum auch nicht das geringste geändert worden; im Gegenteil, die Seite, von welcher die Tempelherren das Papsttum bei dieser Gelegenheit als Verbündete des= selben kennen lernten, habe eigentlich nur noch dazu beitragen können, sie in der unklaren, bald antikirchlichen Richtung zu bestärken, in welche sie wie die meisten paläftinischen Christen unter dem Einfluß der zuletzt durch= lebten Jahrzehnte geraten waren"[1]). Jedenfalls sei durch diese selbst= süchtige Haltung der Kurie der Zorn zu begreifen, der sich gegen sie zu Ausgang des 13. Jahrhunderts von allen Seiten erhob und derselben **geradezu den Verrat an der großen Bewegung Schuld gab**. Diese Stimmung habe namentlich „in dem durch die schließliche Kata= ftrophe ja zunächst mitbetroffenen **Tempelherren=Orden** eine tiefe **Erbitterung gegen das Papsttum**"[2]) erzeugt, infolge deren der Orden noch im h. Lande selbst eine **antipäpstliche Richtung** ein= geschlagen, „welche unter den damals obwaltenden Zuständen sehr leicht zu einer **antikirchlichen** werden konnte". „In jedem Falle aber sei es nur natürlich gewesen, daß ihre Anhänger, wurden sie in eine durch und durch von Ketzerei durchwühlte Bevölkerung versetzt, auch an dem Dogma der ihnen gegenüber so wenig bewährten Kirche zu zweifeln anfingen und sich mit besonderem Eifer den Irrlehren der Häretiker anschlossen." Dieser Boden sei nun, wie oben bemerkt, das **südliche Frankreich** gewesen.

[1]) Geheiml. p. 26 f. — [2]) Geheiml. p. 27.

in welchem der Orden sich infolge der fortschreitenden Räumung Palästinas besonders „massenhaft" niederzulassen angefangen habe. Die Kurie habe über diese mit jener Konzentration in Frankreich eingetretene entschiedene Verschlimmerung ohne Zweifel nicht ununterrichtet sein können. Wenn sie trotzdem auch jetzt nicht eingeschritten sei, so könne man sie hierin von einer offenbaren Verletzung ihrer Pflicht nicht freisprechen, — „eine Auffassung, die denn auch zur Zeit des Prozesses von mehr als einer Seite nachdrücklich vertreten und geradezu geltend gemacht worden ist, um das auch da noch zögernde, zur Verschleppung der Sache geneigte und Ausflüchte suchende Papsttum endlich zu energischerem Vorgehen zu nötigen"[1]). Andererseits erkläre sich „diese Haltung der Kurie, die freilich mit dem Verfahren derselben gegen andere und viel unschuldigere Ketzereien in einem befremdlichen Widerspruch steht, leicht aus einer Erwägung der Gefahren, welche dieselbe für sich und für die Kirche überhaupt aus einem Inquisitorialverfahren gegen den Tempelherren-Orden erwachsen zu sehen fürchten mußte." Diese Gefahren bestanden nach Prutz vor allem in zweierlei: 1. habe die Kurie den Orden den weltlichen Fürsten gegenüber nicht leicht entbehren können, viel weniger ihn sich zum Feinde machen dürfen; mehr noch aber habe sie 2. das Ärgernis fürchten müssen, welches aus der Enthüllung eines solchen Geheimnisses habe hervorgehen müssen und „ohne Zweifel der damals ohnehin schon wankenden Autorität der Kirche nur neuen, schweren Schaden zugefügt haben würde"[2]). Unter diesem Gesichtspunkt sei nicht nur die oben[3]) angeführte Bemerkung Papst Innocenz III., sondern auch die in der Verdammungsbulle des Ordens durch Clemens V. vom 22. März 1312 sich findende Stelle zu verstehen: „daß er nicht alle gegen den Orden erhobenen Anschuldigungen aussprechen könne und wolle, weil dadurch ein zu großes Ärgernis gegeben würde"[4]). Ja, dies hält Prutz auch allen Ernstes für den Grund, warum die Akten des Prozesses von der Kurie so lange möglichst geheim gehalten und im vatikanischen Archiv vor den Augen der Welt vergraben worden seien. Indessen sei der wesentliche Inhalt derselben dennoch im Lauf der Zeit durch die Auszüge und Publikationen von Münter, Dupuy, Wilkins, Bini und Loiseleur und vor allem durch Michelets Prozeßakten bekannt geworden, wozu die Mitteilungen von Moldenhawer, Raynouard und Grouvelle ergänzend und erläuternd hinzukommen. Aus diesen Quellen zieht nun Prutz ein zweifaches Facit: 1. sein gleich zu Anfang[5]) angeführtes Gesamturteil[6]):

[1]) Geheiml. p. 28. — [2]) ibid. — [3]) cf. p. 23. [4]) Geheiml. p. 28 cf. Loiseleur p. 213 ff. [5]) cf. p. 2. [6]) Geheiml. p. 30.

„daß angesichts dieses Materials an der Schuld des Tempel=
herren=Ordens auch nicht einen Augenblick mehr gezweifelt
werden könne", und 2. die nicht minder denkwürdige Entdeckung: „daß
Papst Clemens V. schließlich doch nur widerstrebend den
Orden . . . der drohenden Übermacht Philipps IV. von
Frankreich opferte, daß er dies that nach langem Sträuben,
durchaus gegen Wunsch und Neigung, und daß er, noch als
der Prozeß endlich eingeleitet war, es nicht an Versuchen
hat fehlen lassen, denselben zu einem leeren Scheinver=
fahren zu gestalten und die drohende Katastrophe von dem
Orden auch jetzt noch abzuwenden"[1]). Behalten wir beiderlei Be=
hauptungen fest im Gedächtnis! Es ist lehrreich, sie mit Prutz' späteren
Entdeckungen in der „Entwicklung" zusammenzuhalten.

Soweit reichen die drei ersten Abschnitte der „Geheimlehre", in
welchen Prutz die Entstehung, die allgemeine Grundlage der templerischen
Ketzerei zu erklären suchte. Wir durften es uns nicht versagen, diese
Teile ausführlicher wiederzugeben, weil in denselben so sehr eine Schluß=
folgerung an der anderen hängt, daß ohne die Zwischenglieder es un=
möglich wird, ein deutliches Bild von jener ersten Auffassung Prutz' zu
erhalten, welches für unseren Zweck doch wertvoll ist. Eben diese Kohärenz
der einzelnen Behauptungen macht es uns auch in den folgenden Teilen
unmöglich, diese Übersicht so kurz zu fassen, wie wir gerne wollten; Prutz
giebt darin im allgemeinen das Resultat seiner Lektüre Loiseleurs und
der Originalakten[2]) im einzelnen wieder, stellt daraus die templerische
Häresie zusammen, bringt dafür einzelne Zeugnisse resp. Geständnisse als
Belege und sucht das Ganze plausibel zu machen durch Anknüpfung an
andere ihm verwandt erscheinende Richtungen jener Zeit, um endlich die
historischen Anknüpfungspunkte für die Zeit und Umstände ihrer Ent=
stehung wie ihrer Verbreitung innerhalb des Ordens zu geben. Das
Wichtigste sind nun freilich auch im folgenden die Belege, die er für seine
einzelnen Behauptungen giebt. Gerade auf diese soll aber von jetzt an
nur noch seltener verwiesen werden, weil sie allerdings durch die Modi=
fikationen, die Prutz in seiner „Entwicklung" seinen Sätzen giebt, ihre
Hauptbedeutung verloren haben. Wir begnügen uns daher mit Wieder=
gabe der „stärksten" Stücke und Zusammenstellung der Hauptsätze, welche
das weitere Gerippe seines Baus bilden.

Interessant und wichtig sind da nun vor allem die Aufstellungen

---

[1]) ibid. p. 31.   [2]) d. h. soweit er sie bis dahin überhaupt wirklich durch=
gelesen hatte, was nach der Art, wie dieselben in der „Geheimlehre" verwertet werden,
nur äußerst flüchtig geschehen sein kann.

des IV. Abschnitts¹), der seine Resultate der Untersuchung gegen den Orden summarisch wiedergiebt. Es ist gut, daß Prutz hier schon gleich zum Anfang zugiebt, daß es nicht an den „allerunsinnigsten Angaben"²) fehlt, welche auf jene Aufforderung zu allgemeinem Denunzieren, womit Philipp sein Verfahren gegen den Orden eröffnete, gemacht worden seien. Doch meint er den Wert dieses Zeugnisses, des allgemeinen Geredes, dennoch wieder heben zu können durch den Hinweis darauf, daß andererseits nicht daran gezweifelt werden könne, „daß der Orden schon vor dem Beginn der erdrückende Beweise für seine Schuld zu Tage fördernden Untersuchung von der Stimme des Volks der ärgsten Verirrungen nicht bloß verdächtigt, sondern auf das Bestimmteste bezichtigt und — was die Hauptsache war — für unfraglich auch wirklich schuldig gehalten wurde. In das im Innern des Ordens gepflegte häretische Geheimnis war das Volk natürlich nicht eingedrungen"³), obgleich auch hierin die umlaufenden Gerüchte nicht allzuweit von der Wahrheit entfernt gewesen seien. Dieselben seien „für das Volk zunächst erwiesen gewesen wohl durch einen — freilich allezeit gefährlichen — Rückschluß aus dem vielfach anstößigen und Ärgernis gebenden Wandel der meisten Ordensritter"⁴). Da kommen nun der Reihe nach die Beweise für den üblen Ruf des Ordens in sittlicher Beziehung: der sprichwörtliche Stolz der Templer, sodann die Bedeutung, welche der Ausdruck „Templerhaus" noch im 15. Jahrhundert gehabt habe (nach Trithemius, aus Loiseleur p. 12), endlich nicht zum wenigsten das „bibere templariter". „Glaubwürdig⁵) werde berichtet, daß sich in England die Knaben auf der Straße zugerufen haben: „Custodiatis vos ab osculo Templariorum!" Vor allem fehlt auch hier nicht als Zeugnis gegen den Orden das Weglassen des Noviziats als eine „gewohnheitsmäßige Verletzung" der Statuten von 1228, welche auch dem draußen stehenden Beobachter nicht entgangen sei⁶). Ebensowenig habe auf die Dauer unbemerkt bleiben können das Weglassen der Sakramentsworte bei Abhaltung der Messe durch Ordensgeistliche. Hierüber will Prutz zwar zugeben, daß „in diesem Punkte natürlich nicht in allen Gebieten der Templer ein und derselbe Brauch herrschte; daß er aber in dem weitaus größten Teile des Ordens beobachtet worden ist — wie wir sehen werden, eine notwendige Konsequenz der templerischen Geheimlehre" —

---

¹) Geheiml. p. 33—42. ²) p. 33. ³) ibid. ⁴) Geheiml. p. 34.
⁵) Nämlich vom 24. Zeugen im engl. Prozeß, Adam de Heton (Conc. Brit. II, 360). Diese „Glaubwürdigkeit" ist später noch näher zu beleuchten. ⁶) p. 34.

findet er „durch dasjenige, was der Prozeß gerade über diesen Punkt ergeben hat, völlig sichergestellt" ¹). (Wir werden das Gegenteil finden!) Dieser Verstoß gegen das kirchlich Übliche werde auch nicht durch den Hinweis auf die Verwandtschaft der Templer mit dem Cistercienser-Orden, wo die Erhebung des Kelchs und der Hostie beim Abendmahl gleichfalls nicht üblich gewesen sei, gemildert; denn diesen sei durch die Lateransynode von 1215 die Anbequemung an den sonstigen Usus ausdrücklich zur Pflicht gemacht worden. Sein Festhalten an diesem Brauch habe als eine unwiderlegliche Bestätigung der „für viele schon längst feststehenden Kirchenfeindlichkeit des Ordens auch in Bezug auf Kultus und Dogma" ²) erscheinen müssen.

Dazu das Geheimnis bei Abhaltung von Kapiteln, vor allem von solchen, welche zur Aufnahme neuer Genossen dienten, von welchen Prutz richtig sagt, daß, „wer aus der Ferne Zeuge dieser Vorsichtsmaßregeln war, glauben mußte, daß es da ein ganz besonders furchtbares Geheimnis zu behüten gebe"³). „Die einmal erregte Phantasie aber, von Furcht und Argwohn befruchtet", habe sich „die Kapitel der Tempelherren bald als die Schauplätze der unmenschlichsten, widernatürlichsten Schandthaten" gemalt und „eine erwünschte Bestätigung dieser düstern Schreckbilder noch von anderer Seite her" gewonnen, nämlich durch die Kunde von den furchtbaren Eidschwüren, durch welche die Mitglieder des Ordens zur Wahrung des schrecklichen Geheimnisses verpflichtet worden seien. Wie ungeheuerlich man sich diesen Terrorismus zur Bewahrung der Ordensgeheimnisse vorstellte, dafür wird genügen anzuführen, daß „sogar die unsinnige Rede ging, daß in jedem Ordenskapitel angeblich immer ein Tempelritter sein Leben lassen müsse"⁴)

Durch all das erkläre sich wohl zur Genüge, daß die öffentliche Meinung sich gegen den Orden zu Anfang des 14. Jahrhunderts so laut und entschieden ausgesprochen habe, daß der päpstliche Hof diese üble Nachrede zuletzt nicht mehr ignorieren habe können. Dem habe der Orden selbst noch „in verhängnisvoller Verblendung" in die Hände gearbeitet durch seine eigene Forderung einer Untersuchung; augenscheinlich habe er dabei auf die Einleitung nur eines Scheinverfahrens und so auf einen günstigen Ausgang sicher gerechnet. „Sicherlich wäre diese Erwartung auch nicht getäuscht worden", wenn die Untersuchung der Kurie allein überlassen worden wäre — da „man nach der ganzen Lage der Dinge die Leiter des Ordens und die römische Kurie als in stillschweigendem

---

¹) p. 35.   ²) Geheimt. p. 35. —   ³) ibid. p. 36.   ⁴) Geheimt. p. 36 f.

Einverständnis befindlich voraussetzen"¹) dürfe; sie sei aber gründlich durchkreuzt worden durch das energische, freilich auch eigenmächtige Verfahren Philipps des Schönen, welches „zwar ohne alle Frage eine Verletzung der Ordensprivilegien enthält, aber ebenso unfraglich die öffentliche²) Meinung für sich hatte". Über dies Verfahren Philipps des Schönen wird hier weiter gesagt, daß es nicht nur „gewaltthätig und hinterlistig" war, sondern auch „vom moralischen Standpunkt aus man den König vergeblich von einem dunkeln Fleck zu reinigen"³) suchen werde wegen seines „rücksichtslosen, ja roh despotischen Wesens", welches gerade in diesem Handel besonders scharf und verletzend zu Tage trete.

„Zu entschuldigen, wenn auch nicht zu rechtfertigen" aber sei der König von einem andern Standpunkt aus, weil derselbe nämlich — „ganz abgesehen zunächst von der dem Königtum selbst fast gefährlichen Macht der Tempelherren in Frankreich — Grund hatte, dem Orden zu grollen und sich auf politischem Gebiete des üblen Willens desselben zu versehen": also vom politischen Standpunkt. Dabei wird auf die Rolle der Templer hingewiesen, welche sie in Sizilien gegen die Anjou wie in Frankreich selbst während des Streits mit der Kurie zu Gunsten dieser gespielt. Ebenso neigt Prutz dahin, die Templer als bei dem Münzaufstand von 1306 nicht unbeteiligt anzusehen. Dazu die antimonarchische Tendenz, welche die Templer in Kroatien und auf Cypern verfochten hatten: all das habe gezeigt, daß, „wollte man überhaupt gegen den Orden einschreiten, so mußte das mit einem Schlage geschehen, der denselben sofort zu ernstlicher Gegenwehr unfähig machte, indem er ihn außer stande setzte, seine reichen Mittel zu einer ernstlichen Verteidigung zu gebrauchen"⁴). Sonst seien „die ernstlichsten Schwierigkeiten" zu erwarten gewesen, wie der bewaffnete Widerstand der Templer in Spanien und die bedenklich drohende Haltung derselben in Deutschland bewiesen habe, ebenso ihre anfängliche Haltung in Cypern. „Ähnliches, ja viel Schlimmeres hätte in Frankreich begegnen können"⁵), wo der Orden am mächtigsten war: hier „hätte die Verbindung desselben mit den zahlreichen unzufriedenen Baronen, die längst gegen Philipps Despotismus murrten, sehr leicht zu einer Revolution führen können, die für das kaum erstarkte Königtum möglicherweise verhängnisvoll geworden wäre". Also: Philipp habe sich einfach in einer Zwangslage, „einer schweren Gefahr" dem

---

¹) ibid. p. 37.   ²) ibid.   ³) Geheim. p. 37. Zu seiner „Entwicklung" nimmt dann doch Prutz diese „vergebliche" Mühe auf sich.   ⁴) p. 38.   ⁵) Geheim. p. 39.

Orden gegenüber, befunden. „Jedenfalls" werde, erkühnt sich Prutz hier[1]) zu sagen, heutigen Tags niemand mehr die Behauptung wagen, der Orden sei ohne jeden Beweis der Schuld dem Untergange überliefert worden; die unter den Qualen der Folter von den inquirierten Rittern abgelegten Geständnisse seien jeder thatsächlichen Begründung bar gewesen; es handle sich bei dem Prozeß und der Verdammung des Tempelherren-Ordens um nichts als um eine im großen Styl durchgeführte schnöde Intrigue, der gegenüber es dann Sache der Nachwelt sein soll, das schmachvoll verunglimpfte Andenken der um nie begangener Vergehungen willen hingemordeten Ritter in seiner ursprünglichen Reinheit wiederherzustellen." Eben das ist es, was wir und viele andere behaupten, und es wird Sache der Leser sein, zu entscheiden, ob es „ein ganz vergebliches Bemühen sein wird, die Ergebnisse, welche die von den zuerst ernannten königlichen Inquisitoren veranstaltete Untersuchung zu Tage gefördert hat und welche die unentbehrliche Grundlage gebildet haben für das ganze weitere Verfahren, deshalb als durchaus unglaubwürdig darstellen zu wollen, weil die betreffenden Geständnisse den anfangs alles leugnenden Angeklagten durch die Schrecken der Folter abgenötigt worden sind"[2]). Denn „so anstößig von unserer Denkweise aus ein derartiges Gerichtsverfahren erscheint, so sehr stand es in Übereinstimmung mit dem, was damals in diesen Dingen Rechtens war". Nicht dem Könige und seinen ihm in dieser Sache dienenden Beamten dürfe man einen ernstlichen Vorwurf machen, sondern allein die Roheit jener Zeit verantwortlich machen. „Für die Sache aber, für die Frage nach der Begründung oder Grundlosigkeit des so gewonnenen Anklagematerials fällt die Thatsache (sic!) völlig entscheidend ins Gewicht, daß ganz dieselben (sic!), für den Tempelherren-Orden geradezu vernichtend gravierenden Ergebnisse auch da zu Tage gefördert worden sind, wo die Untersuchung ohne Tortur und ohne Folter geführt worden ist"[3]), wofür Prutz nun alles Ernstes die Pro-

---

[1]) ibid. p. 39. — [2]) (Geheime. p. 39. — [3]) ibid. p. 40. Wir bitten, diesen Satz zu beachten! Denn er enthält eine weitgehendere Irreführung des unkundigen Lesers, als sämtliche Verstöße bei Schottmüller miteinander. Daß Prutz das hat einmal schreiben können, von „denjenigen Ergebnissen" in Ravenna und „namentlich England" und daß die Prozesse dort: in Pisa, Florenz und Sizilien „ohne Folter" geführt worden seien, ist einfach unverzeihlich!

zesse in Sizilien, in Pisa, in Florenz, in Ravenna und namentlich in England anführt. Und dazu komme noch, daß „bei weitem die Mehrzahl der 1307 von der königlichen Kommission torquierten Ritter ihre anfänglichen Aussagen vor der großen päpstlichen Kommission in allen wesentlichen Stücken aufrecht erhalten, die gleichen den Orden schwer kompromittierenden und seine Schuld in den Hauptpunkten zweifellos feststellenden Geständnisse wiederholt habe, bei einem Verfahren, welches im Gegensatz zu dem der königlichen Inquirenten recht geflissentlich milde und schonend geführt wurde und wo von einem Abpressen des Geständnisses nicht begangener Verschuldung thatsächlich nicht im entferntesten die Rede sein konnte"[1]. Wer das Verfahren vor der päpstlichen Kommission genauer kennt, sowie wir ihm später Gelegenheit dazu bieten möchten, wird wissen, was er auch von dieser Behauptung zu halten hat!

Aus jenem Material ergeben sich nun fünf Hauptpunkte, in welchen nach Prutz die Schuld der Templer erwiesen sei:

„1. Die Aufnahme neuer Mitglieder in den Orden war verbunden mit einer Verhöhnung des Kreuzes, meist durch Bespeien, zuweilen durch Treten mit den Füßen u. a. m. geübt, mit einer ausdrücklichen Verleugnung Christi und endlich mit Küssen, welche die Aufzunehmenden dem Rezeptor und anderen anwesenden Ordensgliedern auf Stellen zu geben hatten, die man sonst schamhaft zu verhüllen pflegt.

2. Bei ihren geheimen Zusammenkünften erwiesen die Tempelherren vielfach einem meist in der Gestalt eines Kopfes gebildeten Idol göttliche Verehrung, in dem sie das Bild des wahren Gottes sahen, des einzigen, an den man glauben dürfe.

3. Die Priester des Tempelherren=Ordens ließen gemeinhin bei der Feier der Messe die auf den Eintritt der Transsubstantiation bezüglichen Sakramentsworte aus.

4. Die Oberen des Ordens, obgleich Laien, behaupteten, berechtigt zu sein, den Ordensrittern die Absolution zu erteilen.

5. Den Mitgliedern des Ordens wurde bei der Aufnahme die ausdrückliche Erlaubnis zu widernatürlicher Unzucht erteilt"[2].

Von diesen fünf Hauptpunkten werden die übrigen auch sonst als Verbrechen der Templer aufgezählt, Punkt 4 aufgenommen zu haben ist ein besonderes Verdienst von Prutz, da er in sein System paßt.

Prutz will zugeben, daß eine derartige Verschuldung bei „einer in

---

[1] Geheiml. p. 40. [2] Geheiml. p. 41.

vielfacher Hinsicht so ausgezeichneten und lange Zeit mit Recht gefeierten Genossenschaft" ¹) einem jeden im ersten Augenblick schwer zu glauben sein werde. Daher der viel gewählte Ausweg nahe liege, anzunehmen, daß „nur ein kleiner Kreis des Ordens von so arger Ketzerei und so auffälliger sittlicher Verkommenheit ergriffen gewesen" ²) sei und für diesen kleinen schuldigen Kreis dann der ganze in der Hauptsache unschuldige Orden habe büßen müssen. Indes auch diese Auffassung, welche, wenn nicht gerade eine innere Wahrscheinlichkeit, so doch entschieden eine gewisse Möglichkeit für sich habe"³), weist Prutz hier⁴) zurück, weil sie sich „gegenüber den durch den Prozeß zu Tage geförderten Thatsachen, wie sie uns in den Aussagen von Hunderten von Zeugen vorliegen, als in nichts stichhaltig" erweise⁵). Sondern wenn sich auch werde zeigen lassen, daß die Verbreitung jener Ketzerei nicht durch den ganzen Orden gleichmäßig gewesen sei, so werde sich die Sache doch so stellen, „daß infolge einer eigentümlichen Fügung der Umstände die in allen Zweigen des Ordens eingebürgerte und seit langer Zeit geübte Ketzerei nur in einem einzigen noch nicht allgemein herrschend geworden war, wohl aber, wenn nicht alles trügt, auch diesen seit kurzer Zeit von einem ganz engen Kreis aus anzufassen begonnen hatte, als die Katastrophe hereinbrach"⁶). Dem Vorbehalt aber, daß ein solches „vom Tempelherren-Orden als solchem ausgebildetes und offiziell gepflegtes und dem der Gemeinschaft neu beitretenden Nachwuchs planmäßig überliefertes System" mit den bekannten Statuten unvereinbar sei, wird begegnet durch die Annahme, daß der Orden „neben der als Aushängeschild dienenden eigentlichen Ordensregel noch eine andere geheime Regel, ein geheimes Statut ausgebildet, besessen und befolgt hat" ⁷).

Dem Nachweis für diese Annahme gilt Abschnitt V⁸) der „Geheimlehre". Wir könnten uns die weitere Analyse dieses und der folgenden zwar ersparen, da Prutz in seiner späteren „Entwicklung" ja auf diese ganze besondere „Geheimlehre" verzichtet. Indes, es handelt sich hier nun einmal um Zeichnung seines früheren Systems und es ist auch zu charakteristisch für seine Art von Arbeit, als daß wir darauf verzichten dürften, wenigstens das Wichtigste daraus mitzuteilen. Da ist nun vor allem bezeichnend, wie leicht sich Prutz jenen Nachweis macht: er folgert ihn einfach fürs erste aus den Geständnissen über Anklagepunkt 1:

---

¹) ibid. ²) p. 42. — ³) ibid. — ⁴) Anders in der „Entwicklung"!
⁵) Geheiml. 42. ⁶) ibid. ⁷) Immer noch ibid. – ⁸) p. 42–50.

weil diese anstößigen Zeremonien sich nicht in der Regel von 1128 finden, so müssen sie in einem anderen geheimen Statut enthalten gewesen sein. Daß ein solches vorhanden gewesen sei, werde „auch noch durch eine Reihe anderer Momente wahrscheinlich gemacht und endlich durch einige ganz positiv lautende Angaben ausdrücklich bestätigt"[1]. Zu jenen „Momenten" rechnet er, daß „ein großer Teil der Zeugen, welche über die anstößigen Aufnahme-Zeremonien Auskunft geben, dieselben auf bestimmte, sie vorschreibende Satzungen zurückführe"[2]. Daß dieselben aber „nicht etwa bloß durch mündliche Überlieferung erhalten wurden, sondern auch handschriftlich aufgezeichnet existierten", dazu müssen als Beweise herhalten jene Angaben, wo von einem Buch oder Statuten die Rede ist, welche neben jener alten Ordensregel von 1128 vorhanden sein und geheim gehalten werden sollten, womöglich unter Strafandrohungen[3]. Ebenso wenn es heißt, „daß es den Ordensbrüdern ausdrücklich untersagt war, Abschriften der Ordensregel und der nach dieser Regel aufgesetzten Statuten zu besitzen oder gar bei sich zu tragen, und daß, als derartige Kopien doch in gefährlicher Anzahl vorhanden waren und zirkulierten, der Hochmeister Thomas Bérard (1265—72) sich dieselben ausliefern und einen großen Teil davon hat verbrennen lassen"[4], so kann es sich für Prutz nur eben um jene „gefährlichen" Statuten handeln. Besonders wertvoll aber, „lehrreich" ist für Prutz die Aussage des Ritters Stephan von Neriaco, nach welcher dem Hochmeister Jakob v. Molay bald nach seiner Ankunft in Frankreich brieflich die warnende Mitteilung zugegangen sein soll, „es seien bereits jene Statuten enthüllt, welche zu Castrum Peregrini aufgesetzt worden seien"[5]. Damit gewinnt er den erwünschten Anhaltspunkt zur zeitlichen Fixierung der Entstehung jener Statuten, da Castrum Peregrinorum, das heutige Athlit, die Hauptburg des Ordens 1219 bis 1291 war: so daß „die hier erwähnte Aufzeichnung von Geheimstatuten demnach zwischen 1220 und 1290 stattgefunden haben mußte"[6]. Dazu stimmen dann natürlich als ebensoviel weitere Beweismomente alle die Angaben, wo Castrum Peregrinorum als Hauptort für Aufnahme von Novizen genannt oder auf Reliquien, die dort aufbewahrt wurden,

---

[1] (Geheiml. p. 45. [2] Sieht man dann die angeführten Zeugnisse im einzelnen durch, so sieht jeder, daß dieselben eben die Ordensstatuten überhaupt meinen. Aber weil in diesen, den vorhandenen Statuten, von den anstößigen Dingen nichts steht, so müssen sich nach Prutz solche Reden auf „Geheimstatuten" beziehen. [3] So wird vor allem auf Gervais de Beauvais verwiesen: Michelet I, 175. [4] (Geheiml. p. 46. — [5] ibid. — [6] p. 47.

angespielt wird. Und so findet Prutz den Beweis erbracht, „daß es im Tempelherren=Orden neben der dem äußeren Anschein nach allein maßgebenden Regel von 1128 noch ein besonderes Geheim= statut gab, in welchem natürlich das eigentliche Wesen des Ordens, wie es sich damals entwickelt hatte, seinen entsprechenden Aus= druck fand" [1]).

Ebensowenig Schwierigkeit macht Prutz die Frage, „wie es mög= lich geworden ist, daß dies Geheimstatut bei der doch ganz außerordentlich großen Zahl der um dasselbe Wissenden so lange Jahrzehnte hat wirklich geheim bleiben können" [2])? und die damit zusammenhängende andere: „Wie die sicherlich zahl= reichen Handschriften, welche die Geheimstatuten enthielten, bei dem Prozesse dem Spürsinn der Inquirenten — namentlich der königlich französischen — haben entgehen können" [3])? Gegen die eine hilft der Hinweis auf die schweren Strafen, mit denen „jeder Verrat des das Wesen des Ordens ausmachenden Geheimnisses bedroht war", sowie der andere auf die vollständige Abgeschlossenheit des Ordens gegenüber jeder geistlichen Aufsicht, welche die Folge der Bulle Alexan= ders III. von 1162 gewesen sei, wonach den Templern erlaubt wurde, bei den Geistlichen ihrer Genossenschaft zur Beichte zu gehen. Denn obgleich damit selbstverständlich die Beichte bei den eigenen Ordensklerikern nur fakultativ gestattet sein sollte, so sei die Wirkung der Bulle doch auf obligatorische Einführung jener hinausgekommen, es sei „im Laufe der Zeit eine ganz feststehende Praxis geworden, daß die Tempel= herren nur bei ihrem Orden angehörigen Geistlichen zur Beichte giengen, es galt schließlich als ein Ordensgesetz, daß man bei anderen Geistlichen nicht beichten dürfte" [4]). „Der Orden bildete so, wie er militärisch und politisch als ein in sich geschlossener Staat dastand, auch eine in sich geschlossene, nach außen scharf abgegrenzte kirchliche Genossenschaft, die jeden nicht auf ihren Glauben feierlichst Verpflichteten unbedingt von sich fernhielt, eine Kirche mit eigenem Dogma, eigenen Kultusformen und eigenem Priesterstande" [5]).

Noch einfacher ist die Beantwortung der zweiten Frage: wie die zahlreichen Handschriften dem Späherblick der Inquisition haben entgehen können? Antwort: der Orden hat die meisten Beweise seiner Schuld rechtzeitig beseitigt, und er konnte das, denn 1. habe er dazu genügend Zeit gehabt, da ja lange genug das Gerücht von der be=

---

[1]) Geheiml. p. 47.   [2]) p. 48. — [3]) p. 49. — [4]) Geheiml. p. 48. — [5]) ibid.

vorstehenden Untersuchung in der Luft schwebte, und 2. seien ja diese am meisten gravierenden Indizien seiner Schuld am leichtesten zu beseitigen gewesen, wie ja auch von den famosen Idolköpfen, diesen „arg kompromittierenden Gerätschaften"¹), deren doch „ohne Frage jedes bedeutendere Ordenshaus mindestens einen besessen hat", nur ein einziges Exemplar in die Hände der königlichen Kommissarien gefallen sei.

Der VI. und VII. Abschnitt (p. 51—69 und 70–89) sind nun der genaueren Darstellung der eigentlichen Häresie des Templerordens, in engem Anschluß an Loiseleur, gewidmet. Diese Partie ist der schwächste und allerschwächste Teil der „Geheimlehre". Wenn Prutz seine diesbezüglichen Behauptungen später nur noch in schwachen Spuren aufrechterhält, so thut er daran sehr wohl; daß er nur einmal solche Dinge behauptet hat, ist schon viel zu viel. Er hat sich eben da von Loiseleur in einer uns unbegreiflichen Weise einnehmen lassen²). Auch wenn wir nur die Hauptzüge geben, wird dies deutlich genug erhellen.

Zuerst wird, um den Grad der Verworfenheit des Ordens zu kennzeichnen, behauptet, daß die ketzerischen Lehren, welchen der Orden huldigte, noch nicht einmal das Schlimmste gewesen seien, sondern „diese Thatsache erst dadurch eine so außerordentliche Bedeutung gewonnen" habe, „daß man sich im Orden der Abweichung von den Lehren der Kirche jederzeit bewußt war, aber nach Möglichkeit den Schein zu wahren suchte und für gut katholisch gehalten sein wollte"³). Eben dieser Widerspruch, unter welchem die feinfühligeren wie die naiveren Personen besonders zu leiden gehabt haben, habe das Schuldbewußtsein hervorgerufen, welches nicht bloß während, sondern schon vor dem Prozeß vielfach zu Tage getreten sei. Dafür werden in erster Linie etliche Zeugnisse aus dem englischen Prozeß angeführt, so vor allem ein Zeuge⁴), der „einen Geistlichen des Tempelherren-Ordens hat sagen hören, in dem Ordensgelübde (natürlich dem nach den Geheimstatuten zu leistenden!) sei ein Artikel enthalten, welchen er keinem lebenden Wesen offenbaren dürfe", und ein Ordensritter, der einen zum Eintritt geneigten Verwandten gewarnt habe mit den Worten: „Und wenn du mein eigener Vater wärest und gleich Hochmeister des Ordens werden könntest, wollte ich doch nicht, daß du einträtest, weil wir in unserem Orden drei Artikel haben, welche niemals jemand kennen lernen wird, außer Gott, dem Teufel und uns Ordensbrüdern"⁵). Natürlich weiß Prutz alsbald, worin diese drei Punkte bestanden: es sind die „Leugnung der Gottheit Christi, die Ver-

---

¹) p. 50. ²) cf. Geheiml. p. 52 Anm. 3. ³) p. 51. ⁴) Geheiml. p. 52. Was dieser und die anderen für Zeugen waren, werden wir uns wieder später zu beleuchten erlauben. ⁵) ibid. p. 52.

höhnung des Kreuzes und die Anbetung eines Idols". Und eben dies führt ihn nun „zu einer systematischen Darstellung der Geheimlehre, welche das geistige Wesen des Tempelherren=Ordens, den eigentlichen Inhalt desselben, ausmachte"¹). Die Quelle für dieses Wissen bilden einfach die Zeugenaussagen, da die Unterdrückungs= bulle Clemens' V. zwar die Templer Häretiker nennt, aber ohne bestimmt auszusprechen, worin des genaueren diese Häresie bestanden habe. Für Loiseleur=Prutz konnte nach jenem Material der Zeugenaussagen „ein Zweifel in dieser Hinsicht durchaus nicht mehr bestehen"²).

Als oberster unanfechtbarer Lehrsatz wird nämlich festgestellt, daß „die Anhänger der templerischen Geheimlehre" „wie alle Häretiker jener Zeit, ja wie eigentlich die christlichen Häretiker über= haupt — wie in den ersten Jahrhunderten der christlichen Kirche die Gnostiker, wie im neunten Jahrhundert die Paulizianer und im elften die Katharer — ausgesprochene Dualisten" gewesen seien³). Als solche haben sie „einen oberen Gott, in dem sie zugleich den Schöpfer des Geistes und des Guten sahen, und daneben einen unteren Gott, von dem sie die Materie und das Böse herleiteten", anerkannt und verehrt. Prutz selbst leugnet zwar nicht, daß „dies nirgends gerade in dieser Fassung positiv ausgesprochen" sei; es ergebe sich aber „mit Bestimmtheit aus vielfachen Andeutungen und zahlreichen Aussagen und sei außerdem diejenige Voraussetzung, von welcher aus allein die absonderlichen templerischen Zere= monien verständlich und mit einem bestimmten, ähnlichen Förmlichkeiten auch sonst innewohnenden Sinne ausge= stattet erscheinen"⁴). Die nächste Folge von diesem Dualismus sei nämlich die entschiedene Leugnung der Gottheit Christi ge= wesen. Daß dieser Punkt eine von den Aufnahmebedingungen war, ist ihm „durch eine Menge der bestimmtesten Aussagen zweifellos erwiesen". Er bringt davon eine Reihe „besonders charakteristischer" bei, vor allem solche, wo Jesus ein falscher Prophet, der um seiner eigenen Sünden willen gestorben sei, genannt wird. Aus dieser Stellung zu Christo ergebe sich dann von selbst ihre Auffassung vom Kreuze, welches „anstatt wie für gläubige Christen ein mit Ehrfurcht be= trachtetes Symbol der Gottheit Christi" zu sein, „den Tempelherren von ihrem häretischen Standpunkt aus nichts als ein Stück Holz" habe sein können, „das zu bespeien, mit Füßen zu treten und sonst zu verhöhnen nicht nur nicht unrecht erschien, sondern als eine Bethätigung be=

---

¹) Immer noch ibid.   ²) Geheiml. p. 53. — ³) ibid. — ⁴) ibid.

sonderer Ueberzeugungstreue gelten durfte"¹). Von dieser Auf=
fassung aus weist Prutz auch die ein paar Male vorkommende Erklärung,
welche die **Kreuzesverhöhnung** nur zu einer **Probe unbedingten
Gehorsams** der neuen Ordensglieder und ihrer Standhaftigkeit für den
Fall der Gefangennahme durch die Sarazenen stempeln wollte, **hier auf
das bestimmteste zurück als eine leere Ausrede**²), „gebraucht ent=
weder von den Zeugen, um die gegen den Orden erhobenen Anklagen abzu=
schwächen, oder schon von den aufnehmenden Ordensoberen solchen Neu=
lingen gegenüber, denen sie doch nicht recht trauen zu können meinten".

Aber auch für die „besondere Gestaltung der von den Tempelherren
gepflegten dualistischen Lehrmeinung" sollen die Zeugenaussagen hinreichendes
Material geben. Fest stehe zunächst, daß „der **Kultus der Ritter** nicht
dem oberen Gotte, dem Schöpfer des Geistes und des Guten, galt",
— weil man sich diesen als dem Menschen durchaus unnahbar gedacht
habe — sondern dem **unteren Gott**, von dem die Materie und das
Böse ihren Ursprung herleiteten. Von da aus seien auch „die **Diffe=
renzen** über die dem Orden schuldgegebene **Verehrung eines Idols**,
eines Götzenbildes", leicht zu lösen³). Wenn nämlich jenes Idol von den
einen, so von Raoul de Gysi in Carcassonne, als eine teufelähnliche Figur
vorgestellt, „un mause", von anderen geradezu ein „höllischer Teufel"
genannt werde, so sei dies eben nicht nach dem Sprachgebrauch unserer,
sondern jener Zeit zu verstehen. Danach bedeute es eben einen **Dämon**,
und zwar „war dieser nicht etwa die Verkörperung des bösen Prinzips,
daher auch nicht ein Feind Gottes und des von ihm geschaffenen und
gewollten Guten, — sondern zunächst eben nur ein **unterer Gott**, ein
Gott niederen Rangs, mit geringen, man könnte sagen, mehr irdischen
Kräften, daher auch mit einem niederen, irdischeren, **materielleren
Wirkungskreise**"⁴). Das wird bewiesen durch solche Zeugen, die ihn
„einen Freund Gottes, der mit Gott redet, wann er will", nennen oder
ihm „die Kraft zuschieben, den Kranken die Gesundheit wiederzugeben",
oder, woran den Templern natürlich am meisten gelegen sein mußte, „die
Ritter mit irdischen Glücksgütern zu segnen und dem Orden alle Herrlich=
keiten der Welt zu verleihen"⁵). Auch wenn dieses Idol, nach Artikel 56
und 57 der Anklageakten, bezeugt durch mehrere Ritter aus dem toskani=
schen Prozeß⁶), „die Bäume blühen und die Erde sprossen" machte, so
füge sich auch dieses „sonst schwer verständliche Moment" in den „hiermit

---

¹) Geheiml. p. 55. ²) ibid. Daß er später doch frech an solcher „Ausrede"
ist, wird uns die „Entwicklung" lehren. ³) Geheiml. p. 56. ⁴) ibid. p. 56 f.
⁵) Geheiml. p. 57. ⁶) Diese spielen überhaupt bei diesem Abschnitt eine besondere
Rolle; wir bitten, das für später zu beachten.

eröffneten Vorstellungskreis nun auf das allernatürlichste ein". Denn „genau das hier für den Tempelherren=Orden gewonnene Resultat hatte sich der Inquisition ergeben als einer der Kardinalpunkte in der Lehre der albigensischen Ketzer"¹). Also ist klar: die Templerhäresie ist nichts als „eine eigenartige Weiterbildung der gemeinsamen katharischen Grundhäresie, in ihren Grundzügen — aber doch nur in diesen — identisch mit der aller Katharer"²). Wir werden hier belehrt, daß es falsch war, die Templer mit der mahomedanischen Sekte der Jsmaeliter, aber auch, sie mit den Manichäern, welche beide einem viel schrofferen Dualismus gehuldigt haben, in Verbindung zu bringen. Vielmehr „ohne daß es sich aus Zeugenaussagen bestimmt erweisen ließe, scheint doch der Dualismus der templerischen Geheimlehre am nächsten verwandt gewesen zu sein mit dem der thracischen Bogomilen"³). „Denn auch für die Tempelherren war allein der untere als Schöpfer der Materie und des Bösen gedachte Gott dem Menschen zugänglich, aber er steht mit dem oberen Gotte, welcher den Sterblichen völlig unnahbar ist, nicht in Feindschaft und Streit; das ist ebenso bei den Bogomilen" und vielleicht dürfe man eben deshalb sich das Verhältnis der beiden Gottheiten auch im einzelnen bei den Templern ebenso wie bei den Bogomilen ausgeführt denken"⁴), welche in dem unteren Gotte des oberen ältesten Sohn gesehen haben. Indes „in einem Punkte haben die Tempelherren ihre Lehre doch wesentlich abweichend von diesem Vorbild gestaltet"⁵). Die Templer seien nämlich in Bezug auf die zweite Person der Dreieinigkeit nicht bloß keine Doketisten gewesen, wie fast alle Katharer und auch die Bogomilen, sondern darin viel weiter gegangen. „Auch nur von einem scheinbaren Menschgewordensein Jesu ist bei ihnen nicht mehr die Rede, wie ja allerdings eine solche Vorstellung eine Subtilität des Denkens und eine Neigung zu philosophischer Spekulation voraussetzt, wie sie bei ungelehrten, zum guten Teil sittlich etwas verkommenen und dem Genusse des Lebens ergebenen Rittersleuten sich füglich nicht wohl finden konnte"⁶). Vielmehr seien „dem Bildungsstande und dem zum Materialismus geneigten Denken solcher" Konsequenzen wie die von den Lucifrianern gezogenen viel natürlicher gewesen, welche in dem historischen Christus nur einen Übelthäter sahen, dessen Konkubine Maria Magdalena, die Ehebrecherin des Evangeliums, gewesen sei. So haben

---

¹) p. 58. Welche andere Konsequenz diese Entdeckung nahelegt, wird später erörtert werden. ²) ibid. p. 58. ³) p. 59. ⁴) (Geheiml. p. 59. - ⁵) ibid. p. 59. ⁶) p. 59 f.

auch die Templer in Jesus (dem „zweiten ganz machtlosen, weil ‚zu jungen' Sohn Gottes") nur einen „Betrüger" gesehen, womit natürlich im Einklang stehen alle die Zeugnisse, welche von „einem falschen Propheten" reden, der nur zur Strafe für seine eigenen Übelthaten, keineswegs als Erlöser, gestorben sei. Auch hier kommen wieder vor allen die Zeugen des toskanischen Prozesses in Betracht, insbesondere aber wird das Zeugnis des im sicilischen Prozesse zu Santa Maria verhörten Ordensritters Galcerand de Teus verwertet, der unter dem „Schächer", auf den neben der Maria Magdalena in der templerischen Absolutionsformel hingewiesen wurde, eben den von den Juden gekreuzigten Jesus verstanden haben wollte[1]).

„Von hier aus fällt nun auf das ganze häretische System der Tempelherren ein klareres Licht", „nun erst werden die anstößigen Zeremonien derselben in ihrer eigentlichen Bedeutung recht gewürdigt werden können"[2]): so vor allem ihre Mißachtung und Verhöhnung alles dessen, was mit Jesus und dem Kreuz in Verbindung stand: die Bespeiung und das mit Füßen Treten desselben — vor allem am Karfreitag. Und eine ebenso natürliche Konsequenz sei die Auslassung der Sakramentalworte durch die Templergeistlichen bei Celebrierung der Messe gewesen. Also bisheriges Ergebnis: „Verquickung katharischer Elemente mit luciferianischen Auswüchsen"[3]).

Dies werde nun noch „durch eine ganze Reihe von andern sicher beglaubigten Thatsachen bestätigt".

Dahin gehört die Schnur, der wollene Faden, welchen die Templer um den Leib trugen und der ihnen bei der Aufnahme überreicht wurde. Die von den meisten Rittern gegebene einfache Erklärung derselben als Symbol der von den Templern gelobten Keuschheit will Prutz zwar nicht gerade zurückweisen. Aber wenn von drei Rittern dieser Brauch mit dem besondern Kult der Maria in Verbindung gebracht wurde und nach ihnen dieser Gürtel durch die Berührung einer bestimmten Säule in der Marienkirche in Nazaret besonders geweiht sein sollte[4]), so ist das für Prutz doch ein Zeichen, „daß sich zeitig absonderliche, zu der ursprünglichen Bedeutung dieses Zeichens gar nicht recht passende Vorstellungen damit verknüpften und dem entsprechende Manipulationen vorgenommen wurden"[5]). Für ihn ist nämlich doch das Wahrscheinliche, daß diese Schnur nicht bloß als Talisman gedient habe, sondern daß „mit fortschreitender Häresie derjenige Sinn

---

[1]) Geheiml. p. 61.   [2]) ibid.   [3]) p. 62.   [4]) Geheiml. p. 63. —
[5]) p. 64.

erwachsen sein kann, welchen die bei dem katharischen Consolamentum gereichte Schnur von Anfang an hatte"¹). Zu dem luciferianischen Einfluß auf die Häresie des Templerordens rechnet sodann Prutz vor allem die schmutzigen Küsse. Zu den Resultaten seiner Untersuchung gehört nämlich, daß es als „ein fast ausnahmslos festgehaltener Gebrauch" angesehen werden müsse, „daß der in den Orden aufzunehmende Neuling den Rezeptor und einige der sonst anwesenden Ordensbrüder auf den Hintern, den Bauchnabel und — das männliche Glied zu küssen hatte"²). Ursprünglich, vermutet Prutz, möge nur der sonst bei den Katharern übliche Bruderkuß vorhanden und der Sinn derselben gewesen sein. Aber die „schmutzige Entartung", zu welcher dieser Brauch bei den Templern geführt habe, könne doch „von keiner Seite her so einfach und erschöpfend erklärt werden, als wenn wir ihren Ursprung auf luciferianisches Vorbild zurückführen"³). Ob nicht auch deren wüste Orgien zum Teil im Templerorden Eingang fanden? Jedenfalls könne man „schon darin einen neuen Zug der Verwandtschaft zwischen Tempelherren und Luciferianern sehen, daß die einen wie die andern ihre zu religiösen Zeremonien bestimmten geheimen Zusammenkünfte unter dem schützenden Dunkel der Nacht, in einsam gelegenen Gebäuden und womöglich in unterirdischen Räumen zu halten pflegten"⁴). Eine Übereinstimmung zwischen beiden sei ferner „unverkennbar in Bezug auf die Handhabung der Beichte und der Absolution"⁵). Prutz verwirft hier alle die Zeugenerklärungen, welche die dem Orden schuld gegebene Absolution durch Laien, durch den Hochmeister oder sonstige Ordensobere, auch die Präzeptoren der Häuser, nur für Verfehlungen gegen die Ordensstatuten gelten ließen; er stellt es so dar, als könne an einer eigentlichen Sündenabsolution durch die Laienoberen nicht gezweifelt werden. Die Frage sei nur, ob sich dieselben durch die Bulle Alexanders III., welche den Templern bei ihren eigenen Geistlichen zu beichten gestattete, dazu berechtigt wähnten? oder aber — etwas noch viel Schlimmeres? Denn „in einem ganz anderen Lichte erscheine die Sache doch zusammengenommen mit jener oben⁶) angeführten Absolutionsformel von Galceraud de Teus, welche auch im englischen Prozeß wieder vorkomme, wonach der das Kapitel leitende Ordensobere sprach: „Ich bitte Gott, daß er Euch Eure Sünden vergeben möge, wie er ihre Sünden vergab der Maria Magdalena und dem Schächer, der an das Kreuz geschlagen wurde"⁷). Für Prutz bedeutet das „die unmittelbarste

---
¹) ibid. Anm. 2.   ²) Geheiml. p. 64. -   ³) p. 65. — ⁴) p. 65 f. — ⁵) p. 66. — ⁶) S. oben p. 43.   ⁷) Geheiml. p. 68.

Beziehung zu dem Kardinalpunkt der templerischen Geheimlehre, der Leugnung der Gottheit Christi, der Behauptung, daß der in Palästina Erschienene und Gekreuzigte nichts sei als ein für seine eigenen Vergehen mit dem Tode bestrafter Verbrecher"[1]. Und so zieht er — weil ähnlich gewesen sei die Beichtpraxis bei den Katharern, indem hier "die Hauptvergehen vor versammelter Gemeinde einzeln bekannt werden mußten, während für die kleineren Verstöße ohne vorhergehende besondere Beichte insgesamt die Absolution erteilt wurde"[2]; noch ähnlicher aber bei den Luciferianern, welche "überhaupt nur Laien beichteten und zwar nicht mit einer Einzelaufzählung der begangenen Verstöße, sondern in einer alles allgemein zusammenfassenden Formel"[3] — als sein Fazit in Beziehung auf diesen Punkt: "es scheint also, als ob innerhalb des Tempelherren-Ordens je nach der durch die lokalen Verhältnisse gegebenen besonderen Anregung und je nach der persönlichen Neigung des das Kapitel leitenden Oberen in Bezug auf Beichte und Absolution bald mehr dem Gebrauche der Katharer, bald mehr dem der Luciferianer, mit denen man ja im wesentlichen auf demselben dogmatischen Boden stand, gefolgt worden sei"[4]. In jedem Falle aber sei "eine solch entschiedene Auflehnung gegen die sonst allgemein anerkannte kirchliche Ordnung vorgelegen," daß "sicherlich alle diejenigen, welche — so Beichte hörten und so Absolution erteilten, sich auf einem Glaubensstandpunkte befinden mußten, welcher von dem der kirchlichen Orthodoxie schon sehr weit ablag"[5].

Nachdem somit Prutz im VI. Abschnitt der Geheimlehre zu dem Resultat gelangt ist, daß die templerische Häresie, "auf einem und demselben Boden erwachsen mit den durch ihr dualistisches System gekennzeichneten zahlreichen Kathererseften des 12. und 13. Jahrhunderts, in gewissen Punkten sich derjenigen genähert" habe, welche wir "als die der entartetsten und zügellosesten Ketzergemeinden jener Zeit kennen, nämlich die der Luciferianer"[6]: so wird uns nun im VII. Abschnitt[7] zunächst eine Beschreibung dieser schauerlichen Sekte nach den Hauptpunkten ihres dogmatischen Systems nebst den daraus sich ergebenden praktischen Konsequenzen geliefert. Greuliche Dinge sind's, die dieser Sekte nachgesagt werden, welche nach Loiseleur-Prutz damals von Mesopotamien bis ins westliche Deutschland zahlreich verbreitet gewesen sein soll, so daß natürlich schon deswegen die Templer nicht unbeeinflußt von ihnen haben bleiben können. "Sehr bezeichnend" sei ja auch, daß diese Leute um dieselbe Zeit wie die Templer "von ihrem Verhängnis ereilt

[1] ibid. — [2] ibid. — [3] ibid. — [4] Geheiml. p. 68. — [5] p. 69. — [6] p. 70.
[7] p. 70—89.

wurden", indem ihnen die Dominikaner auf die Spur kamen und sie zahlreich auf den Scheiterhaufen brachten, „wo sie meist mit ruhmvollem Mut ihrem qualenreichen Tode entgegengingen"[1]). Ihr Hauptdogma soll mit der Verehrung des ältesten aus dem Himmel verstoßenen Sohnes Gottes, des Schöpfers der irdischen Welt, geradezu „die Materie zum Gegenstand der göttlichen Verehrung gemacht", den Dienst der Materie, „jede wilde Befriedigung sinnlicher Lust für gleichbedeutend mit Gottesdienst" gehalten haben[2]). Was für schaudervolle moralische Konsequenzen eine solche Lehre haben mußte, sieht jeder leicht ein und macht sich auf das Schlimmste gefaßt. Dieses bleibt denn auch nicht aus: da hören wir von „Zusammenkünften an unterirdischen Orten, ‚Bußhöhlen‘ genannt," „wobei sie sich den schamlosesten geschlechtlichen Ausschweifungen überließen und selbst vor den Greueln der Blutschande nicht zurückschreckten"[3]). Von solchen Menschen ist's nicht zu verwundern, sondern stimmt nach Prutz „ganz vortrefflich zu diesem krassen Materialismus, wenn weiter berichtet wird, daß „ihre Hauptsorge auf die Erwerbung von Geld und Gut gerichtet" gewesen sei und sie ihren Lucifer vor allem darum in ihren Gebeten bemühten, „daß derselbe ihnen Reichtümer verleihen möge"[4]). Wie merkwürdig aber das Leben der Templer diesen Grundsätzen entsprochen habe, das sieht hoffentlich jeder. Darauf hinweisen zu können, ist für Prutz ein Haupttrumpf!

Auch bei ihnen war ja nicht bloß die Verehrung eines unteren Gottes zu konstatieren, der die Bäume sprießen und die Erde Frucht tragen macht, seinen Gläubigen nicht bloß Gesundheit giebt, sondern auch Geld und Gut und alle weltliche Herrlichkeit, und „gerade dem Tempelherren-Orden seine vorzügliche Gunst zugewandt hat"[5]), sondern auffallender noch — „die Hauptsache" — sind die „moralischen Konsequenzen, denen sehr nahe verwandt, die wir bei den Luciferianern gefunden haben"[6]). Denn wurde nicht auch den Templern neben allen möglichen sonstigen Zeichen sittlicher Verkommenheit als ein Hauptverbrechen ihre „Gier nach Vermehrung des Besitzes"[7]) angerechnet? Da darf man ja nur auf Art. 98 der Anklageacte verweisen, der sie beschuldigt, daß man „im Orden es nicht für Sünde gehalten habe, fremdes Gut per fas aut nefas zu erwerben; sowie Art. 99, der ihnen zur Last legt, daß sie zu solch rücksichtsloser Förderung des Ordens sogar eidlich verpflichtet wurden; endlich Art. 100, des

---

[1]) (Geheiml. p. 73. — [2]) p. 70. — [3]) p. 74. — [4]) (Geheiml. p. 74. — [5]) p. 75 [6]) ibid. — [7]) Immer noch ibid. p. 75.

Inhalts, daß sie zu diesem Zwecke sogar **Meineide für erlaubt** hielten. Und solche Anklagen haben einen „schwer wegzuleugnenden **thatsächlichen Anhalt**" gehabt an dem — Reichtum des Ordens, der „in verhältnismäßig kurzer Zeit zu unglaublicher Höhe gestiegen" sei[1]. Bei der Auseinandersetzung der diesbezüglichen Nachrichten schlägt Prutz „auf 2 Millionen Lires d. h. etwas über 50 Millionen Francs nach heutigem Geldwert" die „jährlichen Einkünfte des Ordens zu **Anfang des 13. Jahrhunderts**" an[2]; die des Königs von Frankreich „aus seinem gesamten Domänenbesitze um dieselbe Zeit" nur auf „80 000 Lires = 2 200 000 Francs"[3]. Dazu nun die Vermehrung seines Reichtums im Laufe des 13. Jahrhunderts! Da sei die Nachricht der Zeitgenossen glaublich, daß der Hochmeister Jakob von Molay, als er der Ladung nach Frankreich folgte, **aus der Schatzkammer des Ordens in Cypern 150 000 Goldstücke und zehn mit Silber** beladene Maultiere mit sich gebracht habe[4]. Jedenfalls dürfe man „das Jahreseinkommen des Ordens in dem Jahrzehnt vor seiner Katastrophe getrost auf 60 Millionen Mark veranschlagen"[5]: also, daß er „finanziell thatsächlich eine mehr als königliche Macht" besessen habe. Da sei es kein Wunder, wenn, in Anbetracht dazu des zahlreichen, „von einem Mittelpunkt durchaus einheitlich geleiteten" Personals, welches zum Orden gehörte und jedenfalls auf 20 000 Glieder zu berechnen sei, selbst „ein König von Frankreich um den Bestand seiner Gerechtsame in Sorge sein zu müssen" geglaubt habe[6].

Und nun habe von diesem ungeheuren Vermögen der Orden **lange nicht den gebührenden Gebrauch** gemacht! Denn weder habe er seiner **Hauptverpflichtung**, welche im **Kampfe gegen die Ungläubigen** bestand, Genüge gethan, indem er seit 1291 es nur „zu Raub- und Plünderungszügen" gegen die syrische Küste gebracht habe; noch habe er seine nun um so reichlicher vorhandenen Mittel in der zweiten Richtung, auf die ihn seine Statuten hinwiesen, für die **Armen- und Krankenpflege** wie die Hospitalität in gebührendem Maße in Anspruch genommen: letzterer Vorwurf werde nicht bloß durch Art. 97 der Anklageakte, sondern auch durch zahlreiche Aussagen von templerischen und nichttemplerischen Zeugen erwiesen. Um so natürlicher müsse es erscheinen, daß der Orden, in steigender Depravation des jungen Nachwuchses, der im behaglichen Besitz üppig lebend, idealeren Zwecken fast gänzlich entfremdet gewesen sei, „schließlich nur noch **materielle Interessen** kannte und nur noch Erwerb, Macht und Genuß erstrebte"[7].

[1] Geheiml. p. 75. [2] p. 77. [3] Beides nach Gronvelle berechnet, was zu beachten ist. [4] cf. p. 78 f. [5] p. 79. [6] Geheiml. p. 80. [7] p. 81.

So ist denn in „Dogma und Moral, Theorie und Praxis eine überraschende Übereinstimmung"[1]) zwischen Templern und Luciferianern herausgefunden. Und zwar handelt es sich nach Prutz „hier nicht einmal bloß um eine Vermutung, vielmehr liegen uns ganz bestimmte Anhaltspunkte dafür vor, daß zwischen der Geheimlehre und den Kultuszeremonien der Tempelherren und der durchaus materialistischen Richtung, welche dieselben in ihrem Leben und Treiben bethätigten, wirklich ein innerer Zusammenhang bestand und von ihnen selbst anerkannt wurde"[2]). Diese „Anhaltspunkte" bestehen vor allem — in der Aussage des Ritters Wolby de Bust, des 71. Zeugen im englischen Prozeß, welcher die Anbetung des Idols von einem dem Namen nach unbekannten Hochmeister ableitete, welcher sterbend dieselbe den Ordensoberen empfohlen habe, „wenn sie herrschen und in Ehren stehen wollten"[3]). Schluß: also habe man unter dem Idol „den Spender all des reichen, weltlichen Besitzes, dessen sich der Orden erfreute", verehrt. Und da nun dazu die früher mitgeteilten Äußerungen[4]), wonach diese Gottheit die Urheberin sowohl der Gesundheit wie des Reichtums auch des einzelnen sein sollte, stimmen, so ist für Prutz die Schlußfolgerung fertig: Templer und Luciferianer haben ein und dieselbe Vorstellung, sind durchaus verwandt[5]).

„Für diese Verwandtschaft" ein weiteres „Moment" bilden auch „die dem Orden schuldgegebenen geschlechtlichen Verirrungen"[6]). Es wird hier auf den Inhalt der Art. 40—45 der Anklageakte verwiesen (Erlaubnis und Anweisung zur Sodomiterei), welcher „allerdings durch die Zeugenaussagen nicht in seinem weitesten Umfange, aber doch in allen wesentlichen Punkten bestätigt" worden sei. In diesen Ausschweifungen, welche im Orden „nicht bloß als Verirrung einzelner vorgekommen, sondern, wenn vielleicht auch nicht gerade etwas ganz Gewöhnliches, so doch jedenfalls nichts Ungewöhnliches und sicherlich nicht durch allgemeinen Abscheu verdammt gewesen"[7]) seien, sieht Prutz ein „für die sittliche Verkommenheit jener Genossenschaft" besonders „charakteristisches Ergebnis". Denn wenn dieses scheußliche Laster auch nicht bloß im Orient, sondern gerade damals auch im Abendland vielfach verbreitet gewesen sei, so bleibe es „darum doch eine nicht weniger entsetzliche Thatsache, daß eine geistlich-ritterliche Genossenschaft, welcher durch feierliches Gelübde Keuschheit auferlegt war, den neu in sie eintretenden jüngeren Gliedern die ausdrückliche Erlaubnis

---

[1]) Geheiml. p. 81. — [2]) p. 82. — [3]) ibid. — [4]) cf. oben p. 41, zu Prutz, Geheiml. p. 57. — [5]) p. 82. — [6]) Geheiml. p. 82   [7]) p. 83.

gab, ihrem sinnlichen Drange auf unnatürliche Weise Befriedigung zu verschaffen"¹). Auch was als **Grund solcher Erlaubnis** neben „ge= sundheitlichen Rücksichten" hin und wieder angeführt wird: damit nicht durch den Umgang mit Weibern die Verletzung des Gebotes der Keuschheit um so eher ruchbar werde und so noch mehr üble Nachrede für den Orden herauskomme, sei „höchst bezeichnend"²).

Viel scheußlicher noch sei freilich in dieser Hinsicht der Standpunkt der **Luciferianer** gewesen. Denn diese haben nicht bloß wie die Templer solche **Ausschweifungen** erlaubt, sondern „geradezu ein **religiöses Gebot**" daraus gemacht, dergestalt, daß wir uns „deren nächtliche Zusammenkünfte als den Schauplatz der grauenhaftesten Orgien denken müssen"³). Dieser lucisierianische Standpunkt, nach welchem „der Mensch mit seinem Körper überhaupt nicht sündigen konnte", gebe auch die einzig wirkliche **Erklärung der drei schamlosen Küsse** der Templer, auf **Mund, Bauchnabel** und **Hintern**; denn als ein lucisierianischer Satz sei überliefert: „Niemand kann unterhalb des Nabels sündigen." Gelte also hier nicht der Bauchnabel „gewissermaßen als die Grenze der beiden Teile des Menschen, deren einer, ganz Materie und ganz materiell, für den geistigen und sittlichen Teil des Menschen überhaupt ganz irrelevant ist, den rein zu erhalten ebenso gleichgültig ist wie ihn zu besudeln?"⁴) Damit bringt Prutz eine **Erklärung der einzelnen Küsse**, „in welchem er einen Ausdruck dieses ganzen Systems" sieht, zu stande: nämlich der **Kuß auf den Mund**, „den geistigen Teil des Menschen", ist „eine **Huldigung**, die dem **oberen Gott**, dem Schöpfer des Geistes, dargebracht wird, während der Kuß auf das **Wirbel= säulenende dem Körper**, der Schöpfung Lucifers und damit diesem selbst gilt, der Kuß auf den **Nabel** aber gewissermaßen die Grenze be= zeichnen und anerkennen soll zwischen den beiden Reichen des oberen und unteren Gottes, zwischen dem geistigen und dem rein materiellen Teil des menschlichen Körpers"⁵). „Ein bestimmter Beweis für die Richtigkeit dieser Deutung läßt sich allerdings nicht erbringen, daß dieselbe jedoch **viel innere Wahrscheinlichkeit** hat und in das ganze härretische System, um das es sich hier handelt, vortrefflich paßt, wird niemand in Abrede stellen wollen"⁶). — Ja, warum denn nicht?

Jetzt haben wir nur noch **einen Punkt** genauer zu betrachten, nämlich „das von den Tempelherren erwiesenermaßen bei ihren geheimen Zusammenkünften angebetete Idol"⁷). Nach dem Vorhergehenden ahnen

¹) Geheiml. p. 83. — ²) ibid.; „ne diffamaretur pro mulieribus."
³) Geheiml. p. 84. — ⁴) ibid. — ⁵) Geheiml. p. 85. — ⁶) ibid. Der Satz ist beson= ders charakteristisch für Prutz! — ⁷) Immer noch p. 85.

wir bereits, daß auch das Pruß nicht viel Schwierigkeiten machen wird. Denn „wir wissen" ja [1]), daß es „zunächst eine bildliche Darstellung des unteren Gottes, des Schöpfers der Materie und des Bösen, zugleich aber auch des dem Orden so günstig gewesenen Herrn über die Schätze dieser Welt" sein sollte. So handelt es sich also bloß noch um Deutung der Gestalt. Auch diese „geht aus den darauf bezüglichen Aussagen der Zeugen mit Gewißheit hervor" [2]). Darin seien nämlich „die Berichte einig, daß das Idol, aus Metall gefertigt, nicht selten mit Gold geziert, die Gestalt eines menschlichen Kopfes gehabt habe; weiterhin weichen sie dann aber voneinander ab; denn bald soll der Kopf ein bärtiges Gesicht, bald ein jugendlich bartloses gehabt haben; nach andern war er mit zwei, nach einigen endlich gar mit drei Gesichtern versehen" [3]). Für Pruß fallen natürlich „diese Verschiedenheiten nicht bedeutend in das Gewicht". Denn wozu sind die Darstellungen über andere katharische Sekten da, „die mit den Tempelherren auf demselben Boden des Dualismus stehen", über „die Bogomilen z. B., welche von den Eucheten oder Enthusiasten herstammend, als die nächsten Verwandten gewissermaßen der Luciferianer gelten können", bei welchen „der von ihnen angebetete verstoßene Sohn Gottes im Übergang vom Jüngling zum Mann, mit dem sprossenden Barte, Gott Vater dagegen als ein Greis mit lang herabwallendem Barte" [4]) dargestellt worden sei. „Noch sonderbarere Gebräuche" — und also einen noch prächtigeren Beleg! — liefern Pruß die „ebenfalls stark von der luciferianischen Ketzerei beeinflußten Stedinger": „auch sie verehren bei ihren nächtlichen Zusammenkünften den unteren Gott unter der Gestalt eines Idols; dasselbe war hohl und durch einen Mechanismus öffnete es sich in dem gegebenen Momente und aus seinem Innern sprang eine Katze den Andächtigen entgegen, das Tier, welches bekanntlich während des Mittelalters als die eigentliche Verkörperung des Teufels galt" [5]). Dieser „Thatsache" gegenüber könne „es einen nicht wundernehmen, daß man schon von seiten der Inquirenten dem Idole

---

[1]) Nämlich eigentlich durch Loiseleur, dessen Verdienste Pruß hier (s. auch Anm. 3 zu p. 85) besonders rühmt, daß er „die teils ganz gewaltsamen, teils geradezu abenteuerlichen Deutungsversuche, die daran gemacht worden sind," — gemeint sind hier vor allem v. Hammer=Purgstall u. a., — widerlegt habe. — [2]) ibid. p. 85. — [3]) (Geheiml. p. 86. [4]) ibid. Diese Abschnitte verdienen möglichst wörtlich mitgeteilt zu werden. [5]) Der staunende Leser sei hier besonders darauf aufmerksam gemacht, daß dies wirklich und buchstäblich auf p. 86 der „Geheiml." steht! Dort ist auch die Fundstelle für diese „Thatsache" angeführt, nämlich — die Bulle Papst Gregors IX. vom Jahr 1223. Wem vergehen da nicht die Zweifel?

der Tempelherren einen ähnlichen Inhalt zu geben versucht habe"[1]). Nein, wahrhaftig nicht!

Im weiteren kommt Prutz darauf, daß dieser Idolkultus förmlich organisiert gewesen sei, indem in den Haupthäusern des Ordens auch die Hauptidole, d. h. die für mächtiger und wirksamer gehaltenen, aufbewahrt worden und so auch nur bei besonders hohen Festen an die Öffentlichkeit gekommen seien, während die andern Ordenshäuser nur weniger hochgehaltene Idolbilder besaßen. Die Notiz eines Zeugen aus England, daß solche Idole selbst auf Reisen in den Mantelsäcken mitgeführt worden seien, will er dagegen nur für die Reisen der Ordensoberen gelten lassen[2]).

So bleibt schließlich nur noch übrig, ein Wort zu erklären, welches von manchen Zeugen zur Bezeichnung jenes Idols gebraucht wurde und „den früheren Bearbeitern dieses schwierigen Gegenstandes sehr viel Kopfzerbrechen bereitet"[3]) habe: das Wort „Baphomet". Hier weist Prutz im Anschluß an Loiseleur mit Genuß nach, daß darin weder ein Hinweis auf gnostische Verwandtschaft zu sehen sei, wie manche gethan haben, indem sie es von βαφὴ μύστου = Geistestaufe herleiteten, noch ein Zeichen von mahomedanischer Beeinflussung, weil dem ja schon die ganze Bilderfeindlichkeit des Islam entgegenstehe. Vielmehr löse sich die Sache nach der Beweisführung Renans einfach damit, daß „Maphomet, Baphomet, Bafom nach dem Sprachgebrauche des Mittelalters eine ganz gewöhnliche Bezeichnung für jegliche Art von Götzenbild"[4]) sei. So habe das Idol der Tempelherren „nicht das geringste zu thun mit Mohamed und dem Islam"[5])! Und auf dieselbe einfach natürliche Weise sei es zu erklären, wenn dieser Baphomet hie und da mit dem Ruf „Yallah" begrüßt worden sei[6]). Darin sei nichts zu sehen als eine Reminiszenz an die mahomedanische Ausdrucksweise, welche den ja so lange im Orient heimisch gewesenen Tempelherren nahe genug gelegen sei.

Hiernach bleibt nur noch der letzte Abschnitt zur Analyse übrig. In diesem unternimmt es Prutz, die Frage nach dem „Ursprung dieser templerischen Häresie und nach dem Maße ihrer Verbreitung zu lösen[7]). Wie er selbst gesteht, so betritt er damit ein „noch viel unsichereres und schlüpfrigeres Gebiet" als im vorhergehenden, daher keiner der früheren sich dran gewagt und auch Loiseleur hier abgebrochen hat, so daß das Verdienst der nachstehenden Entdeckungen Prutz ganz allein zufällt. Zwar soll es sich hier nur um „Kombinationen" handeln, aber

[1]) Geheiml. p. 86. [2]) p. 87. [3]) ibid. [4]) Geheiml. p. 88. — [5]) ibid. p. 89. [6]) ibid. [7]) p. 90.

„auf Grund einer unbefangenen kritischen Prüfung eines weit zerstreuten Materials, das nach Quantität und Qualität gleich viel zu wünschen übrig läßt"[1]). Wenn nur eine solche „unbefangene kritische Prüfung des Materials" zu Grunde läge! Aber wir werden sehen, wieviel auch nur dazu fehlt.

Beginnend mit der Frage nach dem „Gebiet, in welchem die ketzerische Lehre des Tempelherren-Ordens ihren Ursprung genommen hat", so meint Prutz, daß es sich selbstverständlich nicht um bestimmte einzelne Länder, sondern nur darum handeln könne, „ob das häretische System des Ordens im Morgen- oder im Abendlande ausgebildet und zuerst als ein Ganzes im Kreise der Eingeweihten verbreitet worden"[2]) sei: von da aus werde sich dann auch nicht bloß für die Frage nach dem Alter einiges Licht gewinnen lassen, sondern auch für die nach dem Maße ihrer Verbreitung, d. h. darüber: „ob die Ketzerei des Tempelherren-Ordens in allen den weiten Gebieten, über welche dieser ausgebreitet war, in gleichem Grade herrschte, oder ob innerhalb derselben einer oder der andere Distrikt nachweisbar ist, in welchem die Häresie weniger intensiv gewesen, auf einen kleinen Kreis beschränkt gewesen und verhältnismäßig erst spät eingeführt worden ist"[3]).

Bezüglich der ersten jener Fragen, über den Ausgangspunkt der Ketzerei, entscheidet sich Prutz unbedingt für den Orient. Denn nicht bloß könne allein beim Ausgang von hier aus, dem Zentrum des Tempelherren-Ordens bis Ende des 13. Jahrhunderts, die „gleichmäßige Verbreitung der Ketzerei über alle Teile des Ordens"[4]) einzig naturgemäß erklärt werden, sondern es fehle auch nicht an Angaben, welche ganz bestimmt auf jenen Ursprung hinweisen. Darunter versteht Prutz alle jene Zeugen, welche auf die Frage nach der Herkunft der Ketzerei mehr oder weniger bestimmt die „Gegend jenseits des Meeres" bezeichnen, oder dieselbe auf einen in mahomedanische Gefangenschaft gefallenen früheren Ordensmeister zurückführen, welcher sich den Sarazenen gegenüber verpflichtet habe, im Falle der Freilassung seine Ordensgenossen zu jenen Bräuchen, Verleugnung Christi und Verhöhnung des Kreuzes, zu bewegen. Glücklicherweise enthalten jene Zeugenangaben aber auch noch einen bestimmteren Hinweis, nämlich nicht bloß auf die Gegend, sondern sogar den Ort, der als Ausgangspunkt gedient habe. Wie nämlich ja schon im V. Abschnitt[5]) erwähnt worden ist, so

---

[1]) Geheiml. p. 91. — [2]) ibid. [3]) Geheiml. p. 91. — [4]) p. 92. —
[5]) Geheiml. p. 46, s. ob. p. 37.

berichtet ein Zeuge im französischen Prozeß von Statuten, die im Castrum Peregrinorum, dem Pilgerschloß, aufgesetzt worden seien, und ein anderer im englischen Prozeß, daß er gehört habe, daß „der Idolkopf nur von dem Präzeptor von Castrum Peregrinorum und einigen in dessen Geheimnis eingeweihten Genossen desselben wie ein Gott verehrt worden sei"[1]). Aus solchen Angaben will Prutz wenigstens den Ort, das Pilgerschloß, festhalten. Damit stimmen dann andere Zeugen, die berichten, daß die Ketzerei gerade in Palästina besonders im Schwange gewesen sei, z. B. jener Antonius Syci von Vercelli, der dieselbe schon vor 40 Jahren, wo er Notar des Ordens im Orient gewesen, bestanden haben läßt[2]); auch ein anderer, der auf Wilhelm von Beaujeu (gefallen 1291), und ein dritter, der auf Thomas Bérard (Hochmeister 1265—72) die Organisation des Ordens als Ketzergenossenschaft zurückführen. Endlich scheine wenigstens auch der von einigen als Urheber angeführte, sonst unbekannte Meister Roncelin (oder Procelin) in diese Zeit zu passen.

So haben wir als lokalen Ausgangspunkt also nicht bloß Palästina, sondern auch genauer noch das dortige Haupthaus des Ordens zu Castrum Peregrinorum[3]). Und von da aus fällt es Prutz nicht schwer, die Entstehung der Ketzerei auch zeitlich zu fixieren. Denn da jenes Ordenshaupthaus um 1219 entstanden, nach jenen andern Angaben aber, so nach Antonius Syci, die Ketzerei schon mindestens 40 Jahre lang herrschend gewesen sei, so weist das für die Abfassung der Statuten bereits auf die erste Hälfte des 13. Jahrhunderts, zwischen 1219—1250, hin. Natürlich aber müsse solcher Aufzeichnung ein längerer Zeitraum vorausgegangen sein, in welchem die ketzerische Infektion des Ordens stattfand, um weiter wuchernd allmählich auch die leitenden Kreise des Ordens zu ergreifen. So kommt für Prutz als spätester Zeitpunkt der Ansteckung das Jahr 1219 heraus, und da wir nun aus dieser Zeit, aus dem Jahre 1208, auch jene Warnung des Papst Innocenz III. besitzen, so werden wir „im Zusammenhang mit den übrigen nunmehr gewonnenen Momenten jetzt diesen päpstlichen Ausspruch wohl als einen vollgültigen Beweis dafür ansehen dürfen, daß damals, im Jahre 1208, die häretische Lehre bereits in den Orden eingedrungen war, und wenigstens ein Teil seiner Mitglieder sich zu derselben bekannte"[4]). Damit stimme, daß 1228 Friedrich II. dem

---

[1]) Geheimn. p. 92. — [2]) Ist einer von den famosen Zeugen, auf die wir noch besonders zu kommen haben. — [3]) cf. zu all' dem unsere späteren Bemerkungen über die Templerregel. Da finden wir ja das Pilgerschloß wieder, aber auch die rechten „Statuten vom Pilgerschloß". — [4]) Steht Geheimn. p. 96 gesperrt gedruckt zu lesen.

Orden die Hinneigung zu den Mohamedanern oder wenigstens Abschwächung des Gegensatzes gegen sie vorwerfen könne. Da endlich auch einmal ¹) eine Notiz sich finde, die von „alten Damiettiner Sta=tuten" redet (nach welchen bei den nächtlichen Versammlungen der Kater zu erscheinen gepflegt habe) und dies nur auf die berühmte Belagerung von Damiette 1218—20 bezogen werden könne, auch zugleich aufs beste mit dem ganzen Eindruck, den das Scheitern jener verhängnisvollen Unter=nehmung gemacht habe, stimme: so neigt Prutz dahin, daß „gerade um jene Zeit und vielleicht eben vor Damiette der für die ganze fernere Entwicklung des Tempelherren=Ordens entschei=dende Schritt gethan worden ist"²). Und das treffe zusammen mit den Albigenserkreuzzügen der Zeit, in welchen „der proven=calische Adel einen so rühmlichen Kampf für seinen Glauben aus=focht"³). Da die Templer aber frühzeitig eben dort besonders begütert gewesen und einen nicht unbedeutenden Teil der Ordensglieder dorther bezogen haben, endlich ihre Ketzerei in ihren Grundelementen sich als identisch mit der der Katharer herausgestellt habe, so hätten wir nun nach Prutz immerhin „ein Bild von dem Ursprung, der Entwicklung und der Ausbreitung der templerischen Ketzerei", in welchem „jeder einzelne der bisher gewonnenen Züge auf das harmonischste sich mit allen übrigen zu einer Einheit zusammenfügt"⁴). Dieses „harmonische" Bild wird dann auf Seite 99—101 dem Leser vor Augen gestellt, in einer Reihe von Sätzen, welche wir uns schon wegen ihrer Länge ungern versagen, hier abzuschreiben, da sie den ganzen Prutz wiedergeben. Aber wir fürchten, der Leser wird an unserem bisherigen Auszug genug haben!

Und durch dieses Bild sollen nun auch „die mancherlei Ver=schiedenheiten völlig erklärbar" werden, „welche innerhalb des Ordens stattgefunden zu haben scheinen"⁵). Denn es habe doch „füglich nicht diese ganze große Ketzergemeinde in allen ihren einzelnen Gliedern gleich intensiv von dem ihr zum Panier dienenden ketzerischen Dogma durch=drungen sein" können. Die Mehrzahl nämlich des jüngeren Nach=wuchses habe ja überhaupt in dem Orden „nicht Befriedigung irgend eines geistigen oder gemütlichen Bedürfnisses gesucht, sondern „nur eine anständige und meist ja auch wohl recht reichlich ausfallende Versorgung: solche Leute werden an dem, was ihnen bei der Aufnahme auferlegt und gesagt worden ist, keinen besonderen Anstoß genommen haben". Für wieder andere habe „dieses derb materialistische System mit seinem Kultus der Materie einen Reiz" gehabt, „der um so mächtiger wirkte,

---
¹) Nämlich bei Raynouard 283 u. 1 (Anm. 1 zu Geheiml. p. 97). — ²) Geheiml. p. 98. — ³) p. 99. — ⁴) ibid. — ⁵) Geheiml. p. 101.

je mehr gerade dem geistig und sittlich ungebildeten Ritter jener Zeit unter dem Schutze und auf Grund desselben die vollständige Befriedigung verheißen war alles dessen, was sein Herz sich wünschte und sein Sinn begehrte"¹). Wenn aber je in den Templerorden ein mehr sittlich denkender und der Kirchenlehre ernster ergebener Jüngling sich verirrt habe, so habe man es gegenüber diesem entweder „nicht so streng" genommen, „indem man die Aufnahme=Zeremonien als nicht ernstlich gemeint, als nur auf die Prüfung des Rezipienten berechnet darstellte", oder gegenüber solchen das von den Zeugenaussagen bei Michelet und sonst hinlänglich bewiesene rohe Einschüchterungsverfahren zur Anwendung gebracht, mit der Aussicht auf die Schrecken des Todes oder elende Kerkerhaft, „dem selbst starke Naturen auf die Dauer keinen Widerstand entgegenzusetzen vermocht"²) haben. „Welcher von diesen Fällen eintrat, hing natürlich ab einerseits von der Natur des Aufzunehmenden, andererseits aber auch sehr wesentlich von der des Rezeptors"³). Von da aus erkläre sich auch die ungleiche Infizierung der verschiedenen Ordensgebiete von dieser luciferianischen Ketzerei oder wenigstens die verschiedene Bethätigung derselben in den einzelnen Teilen. Während nämlich der Orient und der französische Zweig allem nach unzweifelhaft am meisten jener ketzerischen Geheimlehre samt allen ihren „bösen Konsequenzen" verfallen gewesen sei, könne es „andererseits als erwiesen gelten", daß der portugiesische Zweig niemals „den Boden kirchlicher Rechtgläubigkeit verlassen" habe, was seine Erklärung finde in der fortwährenden strengen Abhängigkeit desselben vom Staate. Aus diesem Grunde sei er auch nur dem Namen nach aufgehoben worden, während er in der That als Orden der „Ritter Christi", als „Christus=Orden", ungehindert sich weiter fortsetzte. „Ein ähnliches Verhältnis" scheine „bei den deutschen Tempelherren obzuwalten"⁴): jedenfalls sei ihnen gegenüber „der Beweis der Ketzerei nicht erbracht", wenn auch vielleicht nur durch den Mangel eines gleich rücksichtslosen, planmäßigen Gewaltverfahrens wie in Frankreich. Denn Prutz ist geneigt, die „trotzige und geradezu herausfordernde Haltung" der deutschen Templer auf dem Konzile zu Mainz „allerdings als einigermaßen gravierend" anzulassen. Und „ähnlich" stehe es „mit den spanischen Templern, welche auf Grund der gegen sie geführten Untersuchung schließlich einfach losgesprochen wurden, und mit dem größten Teile der in die verschiedenen italienischen Prozesse verwickelten"⁵).

¹) Geheiml. p. 101. — ²) ibid. — ³) p. 102. — ⁴) Geheiml. p. 103.
⁵) ibid. Den Leser, welcher früher — so p. 30 ff., besonders auch p. 40 der Geheiml., s. eb. p. 29 und 35 — immer von der Übereinstimmung der Resultate des

Von besonderem Interesse sei die Stellung des **englischen Zweigs** und der mit demselben verbundenen Templer von **Schottland und Irland**. Zunächst sei hier „der **besonders gravierende Idol=
kultus** nicht unmittelbar nachgewiesen". Nur Henry Tanet, der Pro=
vinzialmeister von Irland, wisse etwas von einem solchen Kopf, den ein
Ritter in Gewahrsam halte und von dem die Rede gehe, er vermöge auf
jede Frage zu antworten; es werde dieser Kopf aber nur von dem
Präzeptor von Castrum Peregrinorum und den von diesem Aufgenommenen
angebetet: eine Notiz, die dadurch allerdings besonders bemerkenswert ist,
daß Prutz meint, sie „gebe uns ein recht anschauliches Bild davon, wie
von einer bestimmten Persönlichkeit aus die Ketzerei im Orden Eingang
finden und sich in demselben von Generation zu Generation verbreiten
konnte"[1]. Durch die Aussagen etlicher anderen Zeugen werde doch immer
nur soviel erwiesen, daß „die Ketzerei in einzelnen Kreisen auch des eng=
lischen Zweigs des Ordens bereits Eingang gefunden hatte"; und ebenso
wissen die meisten Zeugen von „den unchristlichen und unsauberen Zere=
monien bei der Aufnahme" nur als von „jenseits des Meeres üblichen",
wobei man ebensogut an Frankreich als an das Morgenland denken
könne"[2]. So gewinne man „alles in allem bei dem Studium des eng=
lischen Prozesses entschieden den Eindruck, als ob die **Ketzerei mit ihren
schamlosen Kulthandlungen dort höchstens in einem kleinen Kreise der
Tempelherren bekannt gewesen und geübt worden sei, als
ob also dort erst der Anfang gemacht worden sei zu einer
vollständigen inneren Assimilierung der Genossenschaft mit
ihren älteren französischen und morgenländischen Teilen"[3].**
Und so haben auch die **geistlichen Inquisitoren** von England, wenn
„nicht alles trügt"[4], welche hier die Untersuchung „ohne Anwendung
irgend einer Art von Gewalt oder Terrorismus in durchaus humanen
Formen führten"[5], diesen Eindruck empfangen, „daß sie es nicht sowohl

---

italienischen Prozesses mit dem französischen vernommen hat, dürfte schon
diese Bemerkung hinlänglich wundern, indem er auf ein derartiges Ergebnis nach den
vorhergehenden Äußerungen von Prutz unmöglich gefaßt sein konnte! Übrigens enthält
die Bemerkung in der Anm. 4 (p. 100), „daß die gegen die T. in der Lombardei, den
Marken, Toscana und Dalmatien geführte Untersuchung 1310 zu Ravenna mit der
Freisprechung derselben endete," eine notorische Unrichtigkeit: denn das Konzil zu Ra=
venna galt nur den Gliedern der Romagna! — [1]) Geheiml. p. 103. —
[2]) p. 104. Daß das nicht richtig ist, wird jeder aus der Vergleichung des sonstigen
Sprachgebrauchs herausfinden: „transmarinus" ꝛc. geht im Prozeß regelmäßig auf den
Orient. — [3]) p. 104. — [4]) Geheiml. p. 104. (s. „trügt eben alles"! — [5]) Eine
Behauptung, an der wir schon oben, p. 35, bemerkt haben, daß sie den Thatsachen
widerspricht! cf. Schottm. I, 368 ff.

mit einer alteingewurzelten und völlig ausgebildeten, als vielmehr mit einer erst unlängst eingeführten, erst in der Einbürgerung begriffenen Ketzerei zu thun hätten"[1]).

Im weiteren aber muß Prutz zugestehen, daß gerade diese Akten den Beweis liefern von der **durchgehenden Abhängigkeit des englischen von dem französischen Ordenszweige**. Da wir nun aber jenen „zur Zeit des Prozesses in der Hauptsache noch unverdorben sehen", so werde es „wahrscheinlich, daß die Infektion eben erst begonnen hatte und daher noch auf einen verhältnismäßig kleinen Kreis beschränkt geblieben war, als der Prozeß eröffnet wurde"[2]). Und damit stimme nun die Behauptung des **Minoritenmönchs Johannes von Donyngton**, daß er von einem aus Gewissensbissen aus dem Orden geschiedenen Tempel= herrn gehört habe, „daß in **England bereits vier Idolköpfe vor= handen seien"**; „und dieses Elend sei erst **eingeführt durch Wilhelm de la More**, den nunmehrigen Großpräzeptor von England, der eine große Schriftrolle mitgebracht habe, worin alle diese abscheulichen Obser= vanzen und Kultusgebräuche aufgezeichnet gewesen seien"[3]). Natürlich hält Prutz, da ihm eine solch „positive Angabe kaum ganz aus der Luft ge= griffen sein" kann, auch dies dann für einen weiteren Beweis von der eben erst **angehenden ketzerischen Infizierung des englischen und mit ihm des schottischen Zweigs der Templer**[4]).

---

[1]) Geheiml. p. 104. — [2]) p. 105. — [3]) ibid. — [4]) Und dies zu konstatieren, scheint Prutz deshalb von besonderem weiterem Wert, weil an den **schottischen Zweig** des Ordens ja die Tradition von der Abstammung der modernen Frei= maurerei von den Tempelherren anknüpft. Der Erörterung und Widerlegung dieser Tradition widmet Prutz den Schluß der Geheimlehre, p. 106—110. Wir berühren dieselbe hier nicht weiter, erklären uns aber gerne einverstanden mit dem, was derselbe hier, im Anschluß an andere, vor allem Wilcke, beibringt. Diese Ausführungen, wie diejenigen, welche Prutz in dem als zweiten Teil der Geheimlehre angehängten „Nach= weis der Unechtheit der von Merzdorf herausgegebenen Geheimstatuten des Tempelherren= Ordens und der Bestandteile der Fälschung" zur Zerstörung dieser ganzen freimaurerischen Mähre folgen läßt, erkennen wir gerne als ein positives Verdienst der Prutzschen For= schung in der „Geheimlehre" an.

2. Kapitel.

Beurteilung und Widerlegung der „Geheimlehre". Die Templerregel.

Wir sind zu Ende mit der Darlegung der „Geheimlehre". Dieselbe ist, im Interesse der Vollständigkeit, mit der wir den Prutzschen Standpunkt zu charakterisieren strebten, länger geworden, als wir selber gewünscht; um so kürzer darf dafür die Widerlegung sein. Denn der Leser braucht nicht zu fürchten, daß wir ihn mit einer Widerlegung aller der einzelnen wunderbaren Behauptungen aufhalten werden, aus welchen sich das Gesamtbild der „Geheimlehre" zusammensetzt, so verlockend eine solche Aufgabe in mancher Hinsicht sein mag. Wir lassen's, weil es nicht nötig ist, weil, wie man die ganze Geschichte des Dogmas auch „seine Kritik" genannt hat, so auch in Bezug auf die Prutzschen Werke über die Templer sich sagen läßt: der Bericht über sie wird von selbst ihr Gericht. Und so dürfen wir uns hier damit begnügen, wenigstens gegenüber etlichen grundlegenden oder besonders verblüffenden Behauptungen unseren Widerspruch zum Ausdruck zu bringen.

Aufs wunderbarste berührt den Leser schon die Einleitung mit ihren nicht bloß für den Standpunkt der „Geheimlehre", sondern für die ganze Prutzsche Geschichtsauffassung typischen Behauptungen über den Ursprung der Kreuzzüge, das ursprüngliche Verhältnis von Christentum und Islam und die kulturelle Bedeutung des letzteren überhaupt. Nach unserer Meinung beweist ein Schriftsteller, der, wie Prutz, den religiösen Faktor nur als sekundäre Ursache jener abenteuerlich-großartigen Unternehmung gelten zu lassen vermag, als primäre aber allerlei Interessen und Motive materieller Art herausfindet, nur eben dies, daß er den unterscheidenden Grundcharakter des Mittelalters zu verstehen außer stande ist. Denn worin anders besteht das charakteristische Merkmal dieser wunderbaren, den modernen Menschen in gleicher Weise durch ihre Romantik anziehenden, wie durch ihre „Mittelalterlichkeit" abschreckenden Epoche der Christenheit, als eben in der jugendlich unklaren Vermischung und Verquickung von Geistlichem und Weltlichem, von Religion und Politik, und zwar so, daß eben auf dem Höhepunkt ihrer Entwicklung das phantastisch-religiöse Element zum bestimmenden Faktor der Politik wird und die weltlich-realen Machtverhältnisse sich völlig unterthänig macht, aber allerdings nur, um mit der Erreichung dieses Zieles auch die Reaktion gegen dasselbe zu wecken, durch die siegreiche Durchführung der äußerlichen Herrschaft der Religion über die Welt die Unwahrheit solcher Herrschaft den Menschen zum Bewußtsein zu bringen und so auf dem Höhepunkt ihrer Herrschaft diese selbst an ihrer Wurzel zu untergraben und ihren jähen Sturz in die Tiefe, in das andere Extrem hinein, zu verschulden? Und den Höhepunkt und also eben damit den Wendepunkt dieser Entwicklung bilden die Kreuzzüge: wie sie einerseits hervorgegangen sind aus dem Drange, jene unwahre äußerliche Weltbeherrschung des in der Kirche bereits weltförmig gestalteten geistlichen Faktors zur allumfassenden Anerkennung zu bringen, so enden sie andrerseits mit der immer allgemeiner durchbrechenden Erkenntnis von der Unmöglichkeit einer solchen geistlich-weltlichen Universalherrschaft und dienen so als der mächtigste Hebel, diese ganze Herrschaft im Prinzip ins Wanken zu bringen. Darum darf es uns nicht wundernehmen, wenn wir nicht bloß von Anfang an dem Schwung religiöser Begeisterung alle möglichen weltlichen Interessen in oft naivem Gemisch zur Seite gehen sehen, sondern auch im Fortgang der Ereignisse diese materiellen Interessen immer unverhüllter sich geltend machen und zuletzt als das fast noch einzig wirksame Motiv erscheinen. Das aber ist die Wirkung, nicht die Ursache der Kreuzzüge, wie Prutz, der dieses ganze Verhältnis geradewegs umkehrt, es angesehen haben möchte.

Wie jener zu dieser Auffassung kommt, das ist für den, der seine Schriften aufmerksam durchging, nicht schwer zu erkennen. Zweierlei Eigenschaften treten uns darin als ebenso viele schwerwiegende Hauptmängel entgegen: die eine ist eine übertriebene, fast krankhaft zu nennende Sucht nach Neuerungen, ein Bestreben, die Dinge möglichst auf den Kopf zu stellen und so die Welt mit neuen Resultaten zu überraschen, wie wir das auch sonst bei so manchen Schriftstellern unserer Zeit, auf den verschiedensten Gebieten, als eine Art Mode grassieren sehen. Derartige Autoren mögen wohl pikant sein: für die eigentliche Erkenntnis sind sie wenig förderlich. Und zu dieser Neigung, welche uns gegenüber allen Prutzschen Schriften von vornherein mißtrauisch macht, tritt als zweite Haupteigenschaft hinzu ein geradezu verblüffender Mangel an religiösem Verständnis. Gerade seine Schriften bezüglich der Templergeschichte, in welcher dieser Faktor eine so durchgreifende Rolle spielt, bringen uns diesen Mangel, fast Seite für Seite, zum Bewußtsein.

Dies gilt schon für die eingangs angeführte weitere Behauptung von Prutz über das ursprüngliche Verhältnis von Christentum und Islam und die kulturelle Bedeutung des letzteren überhaupt. Zwar wenn Prutz das erstere so darstellt, als wäre es von Anfang an, wenigstens von Seite des Islam, ein nichts weniger als prinzipiell feindliches gewesen, vielmehr erst durch die Schuld der Christenheit, vor allem der abendländischen, so geworden, welche eben in den

Kreuzzügen den grimmigsten Angriff auf den Bestand des Islam gemacht und diesen dadurch gezwungen habe, schon im Interesse der Selbsterhaltung in dem Christen seinen gefährlichsten und erbittertsten Gegner zu sehen: so genügt gegenüber dieser Behauptung schon der einfache Hinweis auf die Thatsachen der Geschichte[1]), wonach kein Mensch in der Welt es bestreiten kann, daß der Muhamedanismus von Anfang an sich nicht auf die Mission in den außerchristlichen Ländern beschränkt hat, sondern auch die christliche Bevölkerung der in seinen Machtbereich fallenden Gebiete zu erobern bestrebt war, daß er schon im ersten Jahrhundert seines Bestehens weite Länderstrecken der christlichen Herrschaft auf dem Wege der gewaltsamen Eroberung abgerungen hat und eben im elften Jahrhundert wieder in energischem Vorstoß gegen das Hauptbollwerk der christlichen Welt im Orient, Konstantinopel, begriffen war. Bekannt ist ja auch, daß, wenn auch nicht das eigentliche Motiv der Kreuzzugsunternehmungen, so doch ein wesentlicher Anlaß derselben der Hilferuf des griechischen Kaisers bei der abendländischen Welt gewesen ist. Dem gegenüber kann es wenig in Betracht kommen, daß der Islam, nicht bloß in dogmatischer Hinsicht, schon in seiner Ausbildung, manches vom Christentum — wir möchten nicht sagen — entlehnt, sondern geradezu gestohlen hat, oder daß er frühzeitig auch bei manchen Elementen der christlichen Bevölkerung lebhafte Sympathien gefunden hat und diesen Sympathien zum nicht geringsten Teile seine großartigen Erfolge im Morgenlande — und zwar ja eben in den Ländern, welche die Wiege des Christentums gewesen waren oder sich demselben am frühesten angeschlossen hatten — verdankte. Wer aus all dem eine prinzipielle Verwandtschaft des Islam mit dem Christentum abzuleiten vermag, zeigt doch nur, daß ihm weder das Wesen des einen noch des andern irgendwie gründlicher klar ist. Denn alle jene Thatsachen beweisen doch immer nur höchstens eine innerliche Verwandtschaft jener Völker, aber nicht des Christentums selbst, mit dem Muhamedanismus und seinem Prinzip. Nicht weil der Islam so viel Christliches hat oder hatte, sondern weil jene Bevölkerung so wenig christlich, vom Geiste des Christentums wirklich durchdrungen war, darum ist es dem Islam verhältnismäßig so leicht geworden, einen scheinbar so sicheren altererbten Besitz der Christenheit zu entreißen und abwendig zu machen. Eine genauere kirchen- und vor allem auch dogmengeschichtliche Kenntnis jener Jahrhunderte zeigt uns ja klar und deutlich genug, wie tief der

---

[1]) Ich verweise hier besonders auf die Ausführungen von B. Kugler (a. a. O.), vor allem in seiner Besprechung von Prutz, Kulturg. d. Kreuzzüge, in den Gött. gel. Anz., 1883, Stück 33 vom 15. Aug. d. J., S. 1025—1056.

heidnisch=jüdische Geist jener morgenländischen Bevölkerung im Blute gesessen ist; wie unfähig sie war, die geistig=sittliche Wahrheit des Evangeliums zu erfassen, und wie wenig Wirkung sie darum von der bloßen Schale desselben, die sie besaß, haben konnte. Denn das Christentum ist allerdings seinem tiefsten inneren Wesen nach so durchaus geistig=sittlicher Natur, daß eine anhaltende sittliche Arbeit dazu gehört, um es wirklich zu erfassen, und daß, wo diese fehlt, es nicht bloß überhaupt sittlich wirkungslos bleibt, sondern immer wieder nur zu einem Zerrbild von Religion herabsinkt. Und eben dieses Zerrbild der christlichen und der religiösen Wahrheit überhaupt sehen wir in dem Muhamedanismus repräsentiert, deutlicher noch als in irgend einer der großen heidnischen Religionen. Ist das Christentum der Sieg des sittlichen Geistes über die sinnliche Natur, so können wir den Muhamedanismus seinem Prinzip nach -- wie wir das am deutlichsten an Muhamed selbst sehen — den Sieg der sinnlichen Natur über den sittlichen Geist nennen. Und darum ist es auch mit dem Islam so reißend schnell, mit dem Christentum aber so merkwürdig langsam vorangegangen. Denn was kann dem sinnlich veranlagten Menschen, was konnte vor allem dem mit solch mächtiger Sinnlichkeit ausgestatteten und doch zugleich auch religiös begabten Bewohner der heißen Zone, zumal der semitischen und verwandter Rassen, mehr zusagen, als eine Weltanschauung, die sich so durchaus als die Vermählung der Religion — hier als des gläubig=fanatischen Gefühls unbedingter Abhängigkeit von einer höheren Macht — oder vielmehr als die Unterwerfung derselben unter die grobe Sinnlichkeit darstellt, wie dies der Islam thut? Eine solche Religion konnte denn auch — ganz wieder im Unterschied vom Christentum mit seiner langsam erziehenden sittlichen Macht — wohl eine äußerlich üppige Scheinkultur in überraschender Kürze hervorbringen: wahrhaft sittlich= bildend zu wirken und damit die Menschen auf eine höhere Kulturstufe zu heben, hat sie nie vermocht. Was hat der Muhamedanismus, wenn man die Jahrhunderte seiner Geschichte und das weite Gebiet seiner Herrschaft überschaut, im ganzen hervorzubringen vermocht? Eine kurze üppige Scheinblüte und hernach — eine öde Wüste: das ist der Totaleindruck. Daran sind nicht die Christen schuld, das ist die eigene Schuld des Islam, der in sich selbst keine Lebenskraft zur Besserung birgt; daher er wohl im Kampf, in der Berührung mit anderen, vor allem christlichen, Elementen noch am meisten schöpferisch angeregt wurde, wo er dagegen unangefochten herrschte, oder als er sich selbst überlassen blieb, seine ganze öde Unfruchtbarkeit, seine tödlich zerstörende Wirkung äußerte. Solcher Religion gegenüber legt das Christentum, auch in den Jahrhunderten seiner schwersten Gefährdung und Verdunkelung, die eben jenes weltlich veräußerlichende Streben mit sich brachte, dennoch, eben um des geistig-sittlichen Kerns willen, der ihm von Hause innewohnt, eine überraschende Lebenskraft an den Tag. Was es wirklich ist, seine wunderbare Kraft der Wiedergeburt, äußerlich und innerlich, bringt es da zur Anschauung, wo es sich selbst, unbeeinflußt von fremden Elementen, in der Tiefe der germanischen Volksseele, wahrhaft auswirken konnte. Und diese Religion soll, allerdings eben unter der Herrschaft der griechischen Orthodoxie, nicht bloß etwas Schlechteres als der Islam gewesen sein, dieser ihr gegenüber als „eine höhere Religionsstufe" sich darstellen; nein, Prutz bringt es, im Anschluß an Loiseleur, fertig, mit einem spanischen Schriftsteller den Islam nicht nur mit dem Arianismus, sondern geradezu mit der Reformation zu vergleichen[1])! Was sollen wir dazu sagen? Niemand wird es uns als Anmaßung auslegen, wenn wir sagen: wo ein solcher Vergleich, eine solche Behauptung möglich ist, da fehlt es eben am religiösen Verständnis, und dürfen wir uns nicht wundern, wenn wir auf Schritt und Tritt einer völligen Verkennung des religiösen Faktors in der Geschichte begegnen.

So schon wieder in der übertreibenden Behauptung von der Wirkung der Kreuzzüge. Daß diese eine starke Ernüchterung gegenüber dem Rausch religiöser Begeisterung, der sie ins Leben gerufen, mit sich gebracht haben, erkennen wir nach unsern obigen Ausführungen gerne an, wie auch, daß sich diese Ernüchterung in einer immer stärker werdenden Gleichgültigkeit gegen die Anforderungen der zum Kampf antreibenden Macht, der Kirche, äußerte. Wie das ganze große Unternehmen hervorgegangen war aus einer falschen Überspannung des religiösen Elements, also daß dies auch in den weltlich-politischen Dingen entscheidend sein sollte, so dürfen wir uns nicht wundern, daß es endigte mit einem überraschenden Triumph des weltlich-politischen Sinns, mit einer völligen Verurteilung aller religiösen Politik und der völligen Kehrseite dieses Verhältnisses: der Herrschaft der Politik über die Religion. Wie man erst die rein politischen Verhältnisse vom religiös-kirchlichen Interesse hatte entscheiden lassen, so mengte man sich nun vom weltlich-politischen Gesichtspunkt aus in die rein religiösen Dinge — eines so falsch wie das andere — bis erst in der Reformation die richtige Scheidung beider Gewalten und ihrer Sphären proklamiert worden ist. Dies ist die Signatur jener Zeit, des Ausgangs der Kreuzzüge. Aber von jener Ernüchterung gegenüber der religiösen Be-

---

[1]) Vgl. oben p. 18.

geisterung, der kühlen Gleichgültigkeit und dem Widerspruch gegen jene religiöse Politik ist noch ein weiter Schritt bis zur völligen Verzweiflung am ganzen Christentum und zum offenen Abfall von demselben, viel weiter, als dies Prutz darstellt! Mochte immerhin hin und wieder ein unabhängigerer, weiter schauender Geist über der Einsicht in das unheilvolle Wirken jener Hereinmengung der Religion in die Politik sich zum Widerspruch gegen jede Forderung der Religion überhaupt aufgelegt fühlen, so blieben das doch immer höchstens vereinzelte Fälle. Die Religion selbst, d. h. die christliche, saß jenen kreuzfahrenden Nationen und zwar aller Stände und Klassen zu tief im Blute, um sich wegen des Fehlschlagens einer in Verkennung ihres Wesens von ihr angefachten Unternehmung von ihr selbst loszutrennen, d. h. in klarer bewußter Opposition sie schwinden zu lassen und dafür eine andere Weltanschauung einzutauschen. Selbst was uns von einem Kaiser Friedrich II. berichtet wird, ist zu widerspruchsvoll, um ihm auch nur eine bewußt antichristliche — nicht nur antikirchliche — Überzeugung zuzutrauen und sogar das Wort von den drei Betrügern erscheint — wenn man es überhaupt als ein historisches Faktum will gelten lassen — zusammengenommen mit seinem übrigen Verhalten in religiöser Beziehung mehr als der Ausdruck eines frivolgenialen Widerspruchsgeistes als einer überzeugungsvollen Aufgeklärtheit über die Unhaltbarkeit der bisherigen Religionen. Vollends solche Dinge, wie die von Prutz besonders hervorgehobene Sirvente jenes provençalischen Sängers[1]) sind offenbar viel eher

---

[1]) cf. ob. p. 27. Reuter, „Gesch. der rel. Aufklärung im Mittelalter", auf der Prutz bei diesem Abschnitt sich besonders beruft, scheint allerdings hier demselben zur Seite zu stehen, wenn er z. B. eben diese Sirvente (Bd. II, 27 f.) ein Wort nennt, „in welchem schwerlich eine nur mit Anwandlung zur Skepsis gemischte Melancholie, sondern die Skepsis selbst sich ankündigt." Ohne den Verdiensten dieses Gelehrten, dessen Schriften uns mit der lebhaftesten Hochachtung vor ihm erfüllt haben, irgendwie zu nahe treten zu wollen, so müssen wir doch bekennen, daß uns derselbe über dem Eifer seiner Aufgabe, die Geschichte der religiösen Aufklärung im Mittelalter zu schreiben, in manchen Stücken weiter zu gehen scheint, daß er öfters mehr Aufklärung findet, als wir zugestehen können. Dies gilt auch von seiner Stellung zu unserer Hauptfrage, betreffs der Schuld des Templerordens, welche er kennzeichnet mit den Worten, womit er seinen Abschnitt hierüber einleitet (II, 33—35): „Allerdings die Akten dieses späteren Prozesses geben keine sichere Unterlage; aber für völlig kritisch wertlos kann ich dieselben nicht halten." Hätte Reuter das ganze Material gründlicher kennen gelernt, so würde er wohl zu einem anderen Ergebnis gekommen sein! Ihm scheint sich aus dem Templerprozeß ein Gemisch von Aberglauben und Unglauben zu ergeben, „welche übrigens ja so oft sich bei einander finden" (II, 35). Das ist immer noch etwas anderes, als was Prutz will, denn nach

zu verstehen als Äußerungen des verhaltenen Grimms und innerlichen Unmuts über den so anders erwarteten Ausgang jener Glaubenskämpfe, als der wirklichen Reflexion darüber, ob nicht am Ende Muhamed und der Glaube an ihn dem Gott der Christen und ihrem Glauben überlegen sei. Der Unmut treibt eben hier, wie oft, die Worte weiter, als die Gedanken gehen!

In jedem Fall ist der von hier aus unternommene Kettenschluß, der mit der Ketzerhaftigkeit des Templer-Ordens endigt, von Hause aus ein ungeheuer gewagter und gründlich schiefer, weil das Wesen der religiösen Vorgänge durchaus verkennender. Zwei Glieder sind es insbesondere darin, die wir als gänzlich verkehrt ansehen müssen und darum nicht unwidersprochen lassen können. Das eine ist die Erklärung, welche Prutz von der Entstehung der mancherlei Sekten in jener Periode, vor allem der katharischen, giebt, das andere die Art, wie er die Templer zu ihrer Ketzerei kommen läßt.

Zunächst seine Erklärung von der Entstehung jener Sekten im allgemeinen. Der Hauptgrund derselben scheint nach ihm eben die durch die Kreuzzüge hervorgerufene Opposition gegen Kirche und Christentum überhaupt zu sein, welche Opposition bei den einen sich nur zur Gleichgültigkeit, bei den andern aber zur Verzweiflung gestaltet habe. Daß hierin manches Wahre liegt, soll nicht bestritten werden. Wahr ist, daß die Kreuzzüge mit der mächtigen Anregung, welche sie nach allen Richtungen hin gegeben, vor allem durch ihre Förderung der Opposition gegen das bestehende Christentum der Papstkirche, welche eine ihrer Folgen war, dem Sektentum viel Nahrung und nicht geringe Stärkung

der „Geheiml." handelt es sich ja nicht um puren Aberglauben, sondern um Entgegensetzung eines ganz neuen anderen Glaubens, und was für eines! Von jener Sirvente aber sagt Reuter ja selbst (II, 27), daß sie „unter der frischen Erfahrung des entsetzlichen Geschicks des Ordens der Templer im Jahr 1265 entstanden" sei. Das verträgt sich mit der Prutzschen Hypothese am allerwenigsten: denn wenn jener Sänger doch ein Templer ist und mit der templerischen Stimmung vertraut und eingeweiht sein soll, wie kann er dann dem Christengott vorwerfen, daß er die Templer verlasse, die ihn zu verspeien und zu verleugnen nach Prutz in jener Zeit schon durchaus gewöhnt waren? Zu beachten ist auch hier übrigens die Art, wie Prutz seine Autoren verwendet: II, 31 werden von Reuter religiöse Disputationen mit den Muhamedanern im heil. Land „wegen der inneren Wahrscheinlichkeit vorausgesetzt, aber" nach eigenem Geständnis „nirgends eine Beweisstelle gefunden". — Uns scheint das im Gegenteil durchaus unwahrscheinlich, weil solche Disputationen dann doch sicherlich in den Klagen der kirchlichen Schriftsteller über den Abfall dieser Zeit erwähnt würden. — Prutz aber verwendet diese Vermutung Reuters alsbald begierig als „feststehende Thatsachen", ohne im geringsten des Hypothetischen bei Reuter Erwähnung zu thun. Wenn das Schottmüller gethan hätte!

zugeführt haben. Aber die Hauptsache wird mit all dem doch kaum gestreift und eher verdunkelt als aufgehellt, nämlich die Frage: **was hat jene Sekten eigentlich ins Leben gerufen?** Und die Antwort darauf ist: weder Gleichgültigkeit gegen das kirchliche Christentum, wie es die Kreuzzüge vielfach mit sich gebracht haben, noch Verzweiflung an der Sache des Christentums überhaupt, wie das nach Prutz eine ihrer Folgen gewesen sein soll, sondern einfach der **innere Drang, den Inhalt der christlichen Religion tiefer zu erfassen und mit den sittlichen Forderungen des Evangeliums mehr Ernst zu machen,** als dies das damalige mittelalterlich katholische Christentum der Papstkirche gethan hat. Daß überhaupt von einer Erzeugung des Katharertums durch die Kreuzzüge nicht die Rede sein kann, wird schon dadurch bewiesen, daß jene Sekten nicht erst nach, sondern schon vor den Kreuzzügen sich bemerklich gemacht haben, am meisten aber allerdings mit **denselben Hand in Hand gegangen sind.** Es liegt dies wieder in der vorhin gezeichneten Natur dieser Vorgänge: wie die Kreuzzüge sich darstellen als die **eine** Folge und Wirkung der Vermengung des geistlichen und weltlichen Elements und damit der Veräußerlichung von Religion und Kirche, so war die **andere** Folge davon eben die Reaktion gegen diese Veräußerlichung und Verweltlichung der Religion: die Ketzerei. Das Katharertum ist von Hause aus nicht Opposition gegen das Christentum überhaupt, sondern, wenn auch nicht geradezu Vertiefung, so doch **Versuch einer Vertiefung des immer mehr sich veräußerlichenden katholischen Christentums jener Zeit,** insofern allerdings keine Reformation, aber doch wenigstens ein Reformversuch gegenüber dem mittelalterlich-kirchlichen Christentum. Als das zeigt es sich vor allem durch den Ernst, mit dem wir die Katharer auf die **sittliche Vollkommenheit** dringen sehen, wie durch die Energie, mit welcher sie den ja auch im Neuen Testament gepredigten **Dualismus von Fleisch und Geist** zu verwirklichen und durchzuführen streben. Dies die Wurzel und Stärke ihrer Stellung, wie dies ja nicht bloß durch das außerordentliche, an Verehrung grenzende Ansehen, welches ihre eigentlichen Vertreter, die perfecti, auch bei der nichtkatharischen Bevölkerung genossen, sondern direkt genug auch durch die Widerlegungsschriften der katholischen Schriftsteller selbst bezeugt wird. Daß jener Versuch nicht gelungen ist, das ist, wie dies insbesondere von C. Schmidt[1]) nachdrücklich betont wird, nicht sowohl dem energischen Widerstand von seiten der Kirche,

---

[1]) Histoire des Cathares ou Albigeois, Paris Genf 1878, 2 Bde. (392 und 318 S.).

am allerwenigsten der ungeheuerlich=grausamen Verfolgung, von der die Ketzer getroffen wurden, zuzuschreiben, sondern lag vielmehr in der Natur jenes Versuchs selbst. Denn nicht bloß, daß derselbe von Hause aus auch gar manche heidnische Elemente in sich aufgenommen hat, wie wir dies übrigens in jener Zeit noch allenthalben finden, so war jener Versuch, die der Kirche vorgeworfene Veräußerlichung des Christentums von sich abzuhalten und mit der Scheidung von Geist und Fleisch reinen und vollen Ernst zu machen, eben doch wieder selbst gar zu sehr auf eine rein äußerliche Scheidung von credentes und perfecti einerseits, wie von Werken, welche diese letzteren nicht thun, Speisen, die sie nicht essen dürfen u. dgl. m. andererseits gegründet, und so auch ihre Versöhnungstheorie eben wieder eine zu rein äußerlich= mechanische, als daß es hätte gelingen können, damit wirklich die Kirche, in welcher eben doch noch eine Fülle von Kräften, wenn auch verdunkelt, lebten, über den Haufen zu werfen. Es zeigte sich, daß eine Einseitig= keit damit nicht abgethan wird, daß man ihr eine andere ent= gegensetzt, wenn auch in der aufrichtigsten und besten Meinung und im ernstesten und redlichsten Glauben, in der heiligsten Absicht. Aber diese muß festgehalten werden, nicht bloß gegenüber den ultramontanen Geschichtschreibern unserer Tage, welche jene Sektierer gerne als die Kommunisten und Nihilisten des Mittelalters und damit als eine Gefahr für die damaligen staatlichen und gesellschaftlichen Ver= hältnisse hinstellen und so auch die gegen sie ergriffenen Maßregeln, welche den modernen Menschen empören, als eine von der Kirche unverschuldete Gegen= wehr seitens des Staates, wofür dieser allein verantwortlich zu machen und worin er übrigens auch in seinem Rechte gewesen sei, möchten angesehen wissen; sondern vor allem darum, weil sonst jenes ganze Ketzertum unver= ständlich wird: unverständlich nicht nur, wie die Ketzerei so weite und ge= bildete Bevölkerungskreise, ja wir können allerdings sagen, die damals in der Kultur vorgeschrittensten Gebiete so lange Zeit hat fesseln können, sondern vor allem unverständlich, wie dafür so viele von den sittlich Besten jener Zeit so freudig haben sterben können? Denn — wir werden ja in der Templergeschichte noch mehr darauf zu kommen haben, um so mehr sei es gleich hier gesagt: man stirbt doch nicht aus bloßer Lust zur Opposition, am wenigsten nimmt man einen so ausgesucht qualvollen Tod, wie ihn die Verfolger den Ketzern haben zu schmecken gegeben, in solch todesmutiger Freudigkeit auf sich, wie das von den Katharern, nicht am wenigsten durch ihre kirchlichen Widersacher selbst, bezeugt ist. Sondern hiezu gehört der Glaube, etwas Sittlich=Wert= volleres, eine höhere Wahrheit oder die Wahrheit selbst zu

besitzen und zu verteidigen gegenüber einem falschen unwahren
Glauben. Und zu solchem heroischen, selbstgewissen Glauben kommt man
nicht durch eine Religion, welche von Lascivitäten, Schamlosigkeiten und
Greuelhaftigkeiten so wimmelt, wie dies nach der Prutz'schen Darstellung
der Fall gewesen sein soll bei derjenigen Abart der Katharer, welche wegen
ihrer den Templern zunächststehenden Auffassung für uns besonders wichtig
sind: den Luciferianern.

Aber sind denn das nicht wirklich schauderhafte Menschen ge=
wesen, wahre „Teufelskerle", diese Luciferianer? Ja, nach Prutz aller=
dings. Dafür ist das auch, wie wir schon oben [1]) bemerkt haben, in einem
schwachen Buche das schwächste Kapitel! Es ist wirklich grau=
sam, was alles diesen Leuten nachgesagt wird und was alles man mit
ihnen anzufangen weiß! Schade nur, daß auch die Quellen danach
sind! Prutz freilich macht es sich leicht, indem er einfach den Ausfüh=
rungen Loiseleurs in dessen „vortrefflichem" Werke folgt, nur daß er das
gar zu handgreiflich Dicke von dessen Beweismomenten wegläßt. Denn es
ist kaum an den Himmel zu malen, was dieser Schriftsteller vollends,
indem er zusammenträgt, was er irgendwo, vor allem bei C. Schmidt [2]),
Greuliches von denselben gefunden hat, für haarsträubend=unsinnige Dinge
über diese zu berichten weiß! Nächtliche Zusammenkünfte zum Zweck
der Verehrung des Satans, wobei die grausenhaftesten Dinge, widernatür=
liche und verbrecherische Unzucht in der schamlosesten Form getrieben,
thyesteische Mahle gehalten wurden und endlich der leibhaftige Satan in
Gestalt eines Katers oder einer Kröte u. dgl. sich einzustellen pflegte,
geben ein Bild von einer Gesellschaft, von der man nicht weiß, soll man
mehr über deren Verworfenheit erschrecken oder über ihre Unsinnigkeit
staunen, noch weniger, was man zu dem allem denken und sagen soll,
wenn nicht geleugnet werden kann, daß selbst so besonnene Forscher wie
C. Schmidt dergleichen Berichten in ihren Schriften einen Raum geben.
Zum Glück fehlt es nicht an Thatsachen, welche geeignet sind, einiges
Licht auf die Sache zu werfen: so insbesondere der nicht genug zu be=
tonende Umstand, daß diese gräßlichen Dinge nicht bloß derjenigen
Richtung, welche man mit dem Namen Satanianer oder Luciferianer
bezeichnet und als den schlimmsten Auswuchs des Katharertums aufgefaßt
hat, auch nicht bloß so dunkel=fernen Ehrenmännern wie den Bogomilen
oder Eucheten, sondern allen Katharern, ja von Alanus ab
Insulis sogar den Armen von Lyon, den Waldensern, von den
mittelalterlich=kirchlichen Schriftstellern nachgesagt werden [3]),

---

[1]) cf. oben p. 39. -- [2]) Hist. des Cath. I, 138 ff.   [3]) Außer Alanus ab
Insulis kommen hier noch in Betracht besonders Wilhelm von Laurens, nicht zu ver

wie dies Schmidt ausdrücklich konstatiert[1]). Ebenderselbe bemerkt dort aber auch), daß nichts dem ganzen Geist und Charakter der Katharer und ihres Systems gegensätzlicher sei als berlei Dinge. Vielmehr bemühen sich ja gerade die kirchlichen Schriftsteller darum, dem Volke einzureden, daß ihre sittliche Strenge, wegen deren sie bei demselben in um so höherer Achtung standen, je vorteilhafter sie sich dadurch von dem katholischen Klerus abhoben, nichts sei als Heuchelei, auf Verführung des Volkes berechnet! Diese selben mönchischen Geschichtschreiber haben ja auch die opfermutige Begeisterung, mit welcher die Gefangenen der Inquisition dem qualvollen Flammentod entgegengingen, und um derenwillen das Volk ihnen am meisten Bewunderung und Ehrfurcht zollte, um diesem Eindruck die Spitze zu bieten, durch einen Bund mit dem Teufel erklärt[2])! Und gerade von den Luciferianern wird solcher Todesmut ganz besonders berichtet, wie ja auch Prutz nicht verschweigt[3]). Sollen wir nun wirklich denken, daß diese eben „durch ihren Bund mit dem Teufel" ganz besonders gefeit waren? Wir denken lieber und glauben mit mehr Recht, daß jene Nachrichten der kirchlichen Schriftsteller eben mit viel mehr Vorsicht und noch einschneidenderer Kritik zu benützen sind, als bisher von manchen Schriftstellern, und selbst so besonnenen wie C. Schmidt, geschehen ist. Wir trauen den naivfanatischen Mönchen des abergläubischen Mittelalters kein besseres Urteil zu und schenken ihnen nicht mehr Glauben, als wir den Berichten der heidnischen Schriftsteller schenken, welche gestützt auf das vulgäre Urteil, welches das fremde, geheimnisvoll Unbekannte immer möglichst gräßlich sich auszumalen liebt, den Christen der ersten Jahrhunderte ja ganz dieselben schrecklichen Dinge nachsagen. Und Loiseleur=Prutz selbst liefern uns dazu den allerbesten Grund durch ihre Berufung auf ein Beispiel von Luciferianerei, welches für die Prutzsche Kritikfähigkeit ganz besonders bezeichnend ist: die Stedinger! Wir hätten nicht geglaubt, daß ein deutscher Professor der Geschichte heute noch es fertig brächte, die Stedinger als einen Beweis von Luciferianertum auf deutschem Boden uns vorzuführen! Vollends nicht nach einer solch durchsichtig plumpen Begründung, wie sie Loiseleur giebt, der nicht bloß das Erscheinen des Katers, weil derselbe vom indogermanischen Zusammenhang her als eine Inkarnation des Satans gegolten habe und auch von der orthodoxen Christenheit als eine Personifikation desselben aufgefaßt worden sei, ganz plausibel findet, sondern auch jene Kindsschlachtungen bei den

---

gegen den naiv=fanatischen Cisterzienser=mönch Peter von Vaur=Cernay. [1]) f. Schmidt, Hist. de Cath. II, 150 ff., auch I, 142. — [2]) f. Schmidt II, p. 165. — [3]) cf. oben p. 46, zu Prutz, Geheiml. p. 73.

religiösen Zusammenkünften nicht ganz verwerfen möchte, weil sich ja dafür eine Analogie aus Rußland, noch aus unsern Tagen, anführen läßt ¹)! Was sollen wir sagen? Haarsträubend! Für die richtige Beurteilung der Stedinger und ihres tragischen Geschicks aber verweisen wir auf die Monographie von Schumacher: „Die Stedinger, ein Beitrag zur Geschichte der Westermarschen" ²). Dort kann jeder lesen, wie man es im Mittelalter angegriffen hat, um eine politisch unangenehme

---

¹) Loiseleur p. 73: nämlich von den „khlisti" oder „skoptsi" (= Verstümmelten), deren blutige Riten dem Kaiser Alexander II. in einer Denkschrift des Metropoliten von Moskau enthüllt worden seien, wie dies im Juni 1869 in verschiedenen französischen Zeitungen zu lesen gestanden sei. Wenn Loiseleur heute sein Buch schriebe, würde er hoffentlich nicht versäumen, auch die inzwischen in Ungarn, Korfu, Xanten u. a. O. gegen die Juden in Scene gegangenen Prozeßverhandlungen wegen rituellen Mords als Beleg anzuführen, die ja seiner Zeit noch viel mehr Sensation gemacht haben und welchen offenbar derselbe Mythus wie bei den Stedingern u. a. zu Grunde liegt. — ²) Bremen 1865, 231 S. (Eine mit umsichtigem Fleiß und eingehender Kritik sämtlicher hierher gehöriger, vor allem auch der ältesten Quellen verfaßte, in der Hauptsache wohl abschließende Arbeit, in welcher der ganze Wust von abenteuerlichen Ausschmückungen und Sagen, welcher sich an die ursprünglich einfachen Berichte angesetzt hat, auf seinen wahren geschichtlichen Kern zurückgeführt wird. Wichtig ist dort insbesondere schon Abschnitt IV.: „Der Religionskrieg gegen die Stedinger" (p. 76—122 und Anm. dazu 175—195), in welchem als die wahre Ursache dieser Ketzerkriege nachgewiesen werden auf der einen Seite der Freiheitssinn jener nur auf eine äußerst lose Weise mit dem Erzbistum Bremen verbundenen und in den Wirren, welche anfangs des 13. Jahrhunderts auch diese Gegenden anläßlich der verschiedenen Stellungnahme zu den Prätendenten um das Kaisertum heimsuchten, durch ihr mehrmaliges Eingreifen zu einer fast entscheidenden Stellung und zum trotzigen Selbstgefühl ihrer Bedeutung gelangten Bauern; andererseits die um jene Zeit aus den mittelalterlichen Lebensverhältnissen zur eigentlichen Landesterritorialität fortschreitende Entwicklung (also wie in Frankreich!), welche überall die letzten Reste altgermanischer Freiheit vor die Wahl entweder völliger Unterdrückung oder völligen Siegs der Freiheit stellt (cf. die Schweizer, welchen das letztere gelang!): eine Entwicklung, welche nun im Erzbistum Bremen um diese Zeit in Gerhard II. (von Lippe) von seiten der landesfürstlichen Bestrebungen ihren rücksichtslosen Vertreter findet und so mit Notwendigkeit zum Kampf mit dem widerstrebendsten Elemente, den Stedingern, führt. Wie dann weiter der ganze Wirrwarr, der sich um die Ketzerei der Stedinger später gebildet hat, nicht am wenigsten aus einer ganz falschen Beziehung der beiden Bullen Gregors IX. „O altitudo divitiarum" und der noch bedeutsameren „Vox in Roma audita" auf die Stedinger, vor allem aber aus der Hereinziehung des niemals in diese Gegenden gelangten Konrads von Marburg entstanden, wie thatsächlich die Kurie auf ihre unbegreiflichen Beschuldigungen gegen jenes Völklein gekommen ist, aber auch, wie sie später selbst gefühlt zu haben scheint, daß sie sich auf eine falsche Fährte hatte locken lassen: dies alles möge in Schumachers offenbar viel zu wenig beachteter Arbeit näher nachgelesen werden (vor allem in den beiden Abschnitten im Anhang: IV. „Die Ketzerei der Stedinger" und V. „Die Sache vom Beichtgroschen"). Für den Templerprozeß giebt es nicht leicht eine instruktivere Parallele im kleinen, als diese Stedingergeschichte.

Oppositionspartei, mit der man anders nicht leicht fertig wurde, auf die wirksamste Weise niederzuschmettern: indem man sie zu Ketzern stempelte und damit den ganzen furchtbaren Apparat der Inquisition, Folter und Scheiterhaufen und ebenso fanatisch-eifrige als lüstern-beutegierige Kreuzfahrerheere gegen sie entfesselte. Ebendort ist zugleich Gelegenheit geboten, sich zu überzeugen, wieviel Wert mittelalterlich-päpstliche Bullen, die ja bei solchen Prozessen eine Hauptrolle spielen, als Geschichtsquellen haben, wie dieselben gar manchesmal zu stande gekommen sind und wie wir uns daher gegen sie zu stellen haben: nämlich möglichst kühl kritisch! Will man also die Stedinger hier anführen, so acceptieren wir das als ein besonders glückliches Analogon, aber in anderem Sinn: als ein lehrreiches Gegenstück zum Templerprozeß. Beide, Stedinger wie Templer, haben ihren Untergang dadurch gefunden, daß sie — unversehens auf einmal zu Ketzern gemacht worden sind.

Nach Prutz sollen freilich beide wirkliche Ketzer gewesen sein und zwar Ketzer von der schlimmsten Sorte: Luciferianer[1]). Wie es die Stedinger geworden seien, das zu erklären überläßt er den Bullen Gregors IX.; wie die Templer dazu gekommen, dafür haben wir im vorigen Abschnitt die Erklärung der „Geheimlehre" bekommen, eine Erklärung freilich — einzig in ihrer Art.

Es ist ein merkwürdiger Gang, der hier eingeschlagen wird, um die templerische Häresie herauszubekommen. Da wird zuerst die allgemeine Ursache solcher Verirrung, welche die „Disposition zur Häresie" mit sich gebracht habe, nämlich die von Prutz behauptete allgemeine Wirkung der Kreuzzüge, speziell für die Träger des Kampfes und am Schauplatz des Kampfes, abgehandelt; sodann die Rede alsbald auf das Motiv des Templerprozesses gebracht und dieses allerdings nicht in der Ketzerei der Templer, sondern in ihrem politischen Verhalten gefunden, nämlich in der selbstsüchtigen Politik und der rücksichtslosen Habgier, wodurch sie sich Prälaten, Fürsten und Völkern verhaßt gemacht haben. Aber bereits werden in dieser Habgier und Selbstsucht die Folgen ihrer ketzerischen Grundgesinnung erkannt, wie sie sich auch dadurch schon ihren Zeitgenossen, so z. B. Johann von Würzburg, verdächtig gemacht, ja bereits durch die Päpste selbst nicht minder als durch Kaiser Friedrich II.

---

[1]) Für die Geschichte dieser Sekte, wie der Katharer überhaupt, wäre zu wünschen, daß sie bald einmal von richtig berufener Seite aufs neue untersucht werden möchte, da das Schmidtsche Werk, seit dessen Erscheinen nun über 40 Jahre verflossen sind, doch kaum mehr genügt, noch weniger freilich der auch von Prutz mehrmals citierte Hahn („Gesch. der Ketzer im Mittelalter", 3 Bde., Stuttg. 1845--50).

die schwersten Anklagen sich zugezogen haben sollen, auf offenen Abfall vom Christentum lautend. Für die Berechtigung dieses Verdachtes aber und dafür, daß solche Reden ernsthaft genommen werden müssen, wird nun wieder auf die Wirkung der Kreuzzüge hingewiesen und auf die ketzerische Grundtendenz jener ganzen Zeit; und als Beleg dafür, daß auch die Templer hievon nicht verschont geblieben seien, jene oben erörterte Sirvente benützt. Sodann wird das wieder ganz begreiflich gefunden besonders durch den Eindruck, welchen die päpstliche Politik, die nicht weniger selbstsüchtig die Religion stets im Munde geführt und als Deckmantel gebraucht, in Wahrheit aber nur zu oft gänzlich habe vermissen lassen, auf die Templer habe machen müssen, welchen ja, wie damals überhaupt den Leuten, päpstlich identisch gewesen sei mit kirchlich und christlich. Auch die Kirche selbst, d. h. hier die Kurie, soll von jener Verirrung gewußt, aber dieselbe möglichst schonend behandelt haben erst aus eigensüchtigem, politischem Interesse und zuletzt, um Skandal zu vermeiden; bis endlich durch die Rücksichtslosigkeit, mit der Philipp der Schöne sich über alle Bedenken hinweggesetzt habe, die Wahrheit, die ketzerische Schuld der Templer, in ihrem ganzen Umfange herausgekommen sei. Worin diese besteht? Darauf sollen die Prozeß-Protokolle die Antwort geben, aus welchen nicht bloß klar hervorgehe, daß mancherlei unerlaubte Dinge bei den Templern praktisch in Übung gewesen, sondern durch ein förmliches ketzerisches System gefordert gewesen seien, ja auch daß man für dieses System eine schriftliche Abfassung in — freilich ängstlich gehüteten — Geheimstatuten besessen habe. Nun erst, nachdem so aus allgemeinen Erwägungen die Ursachen, in mancherlei zerstreuten Äußerungen und Notizen über die Templer die Anzeichen, wie in hervorstechenden Eigenschaften der Templer die Kennzeichen, in den Prozeßprotokollen aber die Beweise der templerischen Ketzerei gefunden worden sind, erfahren wir auch den Inhalt und damit die eigentliche Erklärung derselben, worin denn jenes System bestanden und welcher Richtung die Templer als Ketzer eigentlich angehört haben: daß sie nämlich nichts weiter gewesen sind als ein Zweig, eine Abart der damals weitverbreiteten katharischen Häresie. Diese soll ihnen durch die zahlreichen Besitzungen der Templer gerade in den Gebieten, wo sie am meisten blühte, in der Provence, besonders nahe gelegen haben, wie auch durch die zahlreichen und einflußreichen Glieder, die der Orden daher bezog. Als katharisch wird vor allem der Dualismus, der auch dem Templersystem eigen sei, festgestellt, als allgemein katharisch nicht minder

der Kuß überhaupt wie die Schnur, ebenso aber auch die Beicht= und Absolutionspraxis, die den Templern schuld gegeben wird, heraus= gefunden. Andere besondere Punkte ihres „Systems", wie die bei ihnen entdeckte Verehrung eines unteren Gottes als des Schöpfers der Materie, helfen auf die Spur einer **näheren Verwandtschaft** mit dem **bogo= milischen Zweig** der Katharer, der in Thracien und Bulgarien seinen Hauptsitz hatte. Aber auch ihre Lehre stimmt nicht ganz, denn diese er= scheinen ja als Doketisten, während die Templer „die Gottheit Christi ganz leugneten", und so kommen zuletzt als die **allernächsten Anver= wandten** der Templer die **Luciferianer** heraus, deren System mit seinem krassen Materialismus Prutz am meisten passend findet für jene Rittersleute. Und damit ist die Erklärung der templerischen Ketzerei, ihr Sinn und wie sie entstanden, vollendet.

Ist das nun nicht die **reinste Ketzerbrauerei**, welche uns Prutz hier vorführt? Sollte er wirklich der Idee leben oder je gelebt haben, auf diese Weise uns die Entstehung der templerischen Häresie plausibel gemacht zu haben? Oder ist es nicht naiv, zu meinen, daß auf diese Weise irgendwo Häresien zu stande kommen und erklärt werden können? Die Entstehung einer Häresie ist doch immer ein **geistig=sittlicher Prozeß,** der mit einer Art Notwendigkeit aus gewissen geschichtlich gegebenen geistigen Bedürfnissen und Strömungen hervorgehen muß, auf einem dafür sittlich empfänglichen und zubereiteten Boden! Bei den **Katharern,** speziell den **Albigensern,** war es, wie wir oben gesehen haben, in der Hauptsache ein wirkliches geistig=sittliches Bedürfnis, das Verlangen, mit der Forderung des Evangeliums nach Befreiung des Geistes durch Scheidung desselben von Welt und Fleisch wirklich Ernst zu machen, verbunden mit der Reak= tion gegen die in der katholischen Kirche immer mehr zu Tage tretende Veräußerlichung alles religiösen Lebens und mit der Empörung einer vom Geiste der Unabhängigkeit erfüllten höher gebildeten Bevölkerung[1]) gegen

---

[1]) Dies ist das politische Element, welches wir von Anfang an mit dem Katharer= tum, vor allem in Oberitalien und der Provence, den eigentlichen Albigensern, ver= bunden sehen, ein Element, das nicht unterschätzt, aber noch viel weniger überschätzt werden darf. Von Hause aus ist die ganze Bewegung offenbar wesentlich religiöser Natur. Je mehr aber dann die Kirche diese geistige Bewegung nicht bloß mit geistigen Waffen, mit der Predigt der Mönche zu bekämpfen, sondern — und immer mehr und ausschließlicher — mit weltlichen Waffen, mit Schwert und Spieß der zügellosen Kreuz= fahrerscharen des Nordens wie mit der Folter und dem Scheiterhaufen der Inquisition niederzuschmettern suchte, um so mehr regte sich in jener eben durch ihre Bildung mit dem Geist der Toleranz erfüllten Bevölkerung auch der **nationale Widerspruch** des (romanischen) Provençalen gegen den ihm von Hause aus durchaus unsympathischen (mehr germanischen) Franzosen, der in der Kultur eben so weit hinter ihm zurückstand,

die Tyrannei eines unwissenden sittenlosen Klerus, was diese gewaltige Bewegung hervorgerufen und genährt hat, als ein **Widerspruch gegen den in der Kirche sich offenbarenden Widerspruch gegen das Evangelium.** Eben dieses Bewußtsein, daß die kirchlichen Zustände, vor allem das Leben des Klerus selbst, mit dem Evangelium, auf welches sich seine Forderungen stützten, im Widerspruch stehen, und der Ernst, mit welchem die eigentlichen Katharer, die perfecti, strebten, diesem Klerus gegenüber das Beispiel eines wirklich evangelischen Lebens zu geben, sicherte ihnen in so weiten Kreisen der kulturell hochstehenden Bevölkerung von Südfrankreich und Oberitalien, vor allem bei dem unabhängig gesinnten Bürgertum der Städte und dem ritterlichen Adel der Schlösser, einen so aufrichtigen Anhang und mächtigen Rückhalt, auch da, wo man sich wohl hütete [1]), den Maßstab jener sittlichen Strenge an das eigene Leben anzulegen.

Dem gegenüber erscheint der Prozeß, durch welchen **Loiseleur-Prutz ihre Templerhäresie entstehen lassen, als ein rein äußerlich-mechanischer, der in der Hauptsache durch lediglich lokale Berührung sich vollzieht.** Weil die Templer im heiligen Land sind, so müssen sie für den Islam mit Sympathien oder doch wenigstens einer sträflichen Nachsicht und Toleranz erfüllt werden; weil sodann der Orden zahlreiche Besitzungen in Südfrankreich hat und nicht wenige Ordensglieder von dort herzählt, so muß er von dorther katharisch-albigensisches Gift einsaugen; weil die Resultate der Untersuchung seine Lehre aber doch in einem wichtigen Punkt anders geartet erscheinen lassen, so sucht man, bis man diesen Punkt glücklich bei den Bogomilen in Thracien findet — warum auch nicht? Die Templer sind ja auch dorthin gekommen! — Und weil auch diese nicht vollständig dem Normalbild, welches nach den Verhören von der templerischen Häresie zu stande kommen soll, entsprechen, nun — so sucht man eben weiter, bis man in den Luciferianern Leute findet, scheußlich genug, um mit den Temp-

als er ihn an Eifer und Ergebenheit für die Kirche übertraf. Und je sehen wir im Fortgang der Albigenserkreuzzüge nicht bloß selbst gut katholische Leute, Städte und Stände lebhaft für die verfolgten Landsleute eintreten (selbst die Katholicität von Raimund VI. von Toulouse kann doch kaum ernstlich in Abrede gezogen werden), sondern das Ganze immer mehr zu einem Kampf des duldsamen Südens gegen den fanatischen Norden werden, in welchem jener Seite die Rolle des verzweifelten Widerstands, dieser die des rechtlos-gewaltthätigen Angriffs zufällt. Vergl. zu dem allem Vaissette, Hist. de Langue d'oc. [1]) Wie z. B. bei den Troubadours, welche sich für sich in einem ganz anderen Lebensideal gefielen, als das der Katharer war, aber dennoch für den Ernst ihres Strebens eben solche Sympathie empfinden, als sie den orthodoxen Klerus mit Hohn überschütten.

lern konkurrieren zu können! Und natürlich ist, daß dann die Templer
eben von diesen ihre Scheußlichkeiten entlehnt haben, denn — woher sollen
sie's sonst haben? — Und haben müssen sie's ja! — Mögen auch die Be=
richte über die Ketzerei dieser „Teufelsanbeter" noch so verworren und
unsinnig klingen, macht nichts: man findet ja sogar in päpstlichen
Bullen dieselbe bezeugt; und daß vollends von solchen Luciferianern
eigentlich nur in den Donauländern, Ober=, Mittel= und Niederdeutschland,
allerdings bis über den Rhein hinüber, Erwähnung geschieht, ist selbst=
verständlich das allergeringste Hindernis. Denn — vielleicht sind sie doch
auch weiter gekommen, man hat sie nur nicht entdeckt! und im andern
Fall — sind die Templer ja auch in jenen Gegenden vertreten gewesen!
Merkwürdige Leute, diese Templer! Überall in der Welt lesen sie das
Dummste, Unsinnigste und Schamloseste zusammen, um daraus ihren
Glauben zu bilden und dem herrschenden Glauben der Kirche entgegenzu=
setzen. Wird durch sie nicht jene Erfahrung des gesunden Menschenverstandes
widerlegt, welcher ein Voltaire Ausdruck verleiht, wenn er sagt[1]): „Das
heißt die Menschen schlecht kennen, wenn man glaubt, daß es Gesellschaften
gebe, welche aus der Unsittlichkeit eine Unterhaltung und aus der Scham=
losigkeit ein Gesetz machen?" Zur Beantwortung dieser Frage müssen
wir uns diese Leute schon noch etwas genauer ansehen! Vielleicht be=
greifen wir dann eher, wie sie zu jenen absonderlichen Verirrungen ge=
kommen sind, oder — begreifen es vollends nicht.

Was sind denn die Templer von Hause aus gewesen?
Darauf giebt uns die Geschichte und auch Prutz die Antwort; Ritters=
leute, genauer: ein geistlicher Ritterorden, Leute also, in denen
eben jener geistlich=weltliche Charakter des Mittelalters am deutlichsten
personifiziert ist, Mönche und Ritter zugleich. Das scheint ja nun
freilich ein ganz besonders empfänglicher Boden für religiöse Bewegungen
und Bildungen zu sein, denn es durften ja nur Leute sein, in welchen
beiderlei Element gleich mächtig wirkte, die mit dem ritterlich=tapferen Drein=
schlagen und dem weltgewandten Erfassen der äußeren Verhältnisse, wie
es den Rittern anstand, den spekulativ=grüblerischen Sinn des Mönchtums
verbanden; es durfte nur insbesondere das mönchische Wesen, welches mit
seiner inneren Vertiefung ja so oft religiöse Neubildungen hervorgebracht
hat, in ihnen zur Vorhand gelangen oder wenigstens das Ritterlich=
Militärische in ihrem Doppelcharakter wesentlich beeinflussen. Kein Geschicht=
schreiber, und auch Prutz nicht, wird behaupten, daß das bei dem Templer=
orden der Fall gewesen sei. Im Gegenteil: Prutz selbst vertritt durchaus

---

[1]) Voltaire, Essai sur les moeurs, ch. LXVI, nach dem Citat von Loiseleur p. 4.

die Ansicht — von der wir noch deutlichere Spuren finden werden, daß sie die einzig richtige ist —, daß, ob anfangs auch das geistlich=religiöse Moment wirklich lebendig in ihnen gewesen sein mochte, mit der Zeit die Templer doch immer entschiedener dasselbe abstreiften, daß sie immer mehr unbekümmert um religiös=christliche Interessen einer rein weltlichen Politik sich zuneigten und zuletzt für kaum mehr etwas anderes Sinn hatten, als eben politische Macht und weltliche Interessen. Prutz selbst giebt auch nicht bloß zu, sondern hebt sogar immer wieder besonders hervor, daß wir uns die Templer keineswegs denken dürfen als besonders ideal gerichtete oder auch nur irgendwie gründlicher gebildete Leute, sondern vielmehr, wenigstens in der weitaus größeren späteren Hälfte ihrer Geschichte, als eine zum größten Teil durchaus ungebildete, grob materiell gesinnte Soldateska, der es zuletzt sogar kaum mehr ums Kämpfen, geschweige ums Kämpfen für den Glauben, sondern einfach um ein möglichst üppiges, bequemes Leben zu thun gewesen sei. Und aus einer solch zügellos=unbändigen Soldateska soll eine religiöse Sekte hervorgegangen sein und dem ganzen Orden immer mehr ihren Stempel aufgedrückt haben, welche nicht bloß etwa die religiöse Toleranz oder den freien Gedanken auf ihr Banner schrieb, sondern ihr Vergnügen darin fand, über alles, was anderen heilig und ehrwürdig war, mit frivolem Spott sich hinwegzusetzen, ja eben dies zum Gegenstand und Mittelpunkt einer obscönen Verhöhnung, und zwar aus prinzipiell=religiösen Gründen, zu machen, welche daher nicht bloß als eine kraß antipäpstliche und anti=kirchliche, sondern durchaus antichristliche Ketzergemeinschaft erscheinen muß! Und diese ausgesprochene greuliche Ketzergenossenschaft soll nicht bloß auf einem Boden mit den von der Papstkirche so heftig bekämpften und blutig verfolgten Albigensern gestanden und dessen sich wohl bewußt gewesen sein, sondern auch die Päpste selbst und die Kreise der Kurie sollen Jahrzehnte, ja Generationen lang eine Kenntnis davon, von diesem ihrem ketzerischen Standpunkt gehabt, trotzdem aber nicht dagegen eingeschritten sein, sondern sich mit von den Templern leicht genommenen, von Zeit zu Zeit wiederholten Verwarnungen begnügt haben, dabei aber nach wie vor den Orden mit ihren Gunstbezeugungen ausgezeichnet und überschüttet haben, weil sie in ihm ein gefügiges Werkzeug ihrer Politik zu haben glaubten oder wenigstens die Gegnerschaft eines solchen Ordens aufs äußerste gefürchtet haben! Und die Templer selbst sollen nicht bloß eine entschieden antipäpstliche Richtung verfolgt haben, ja mit den Katharern innerlich eins gewesen und durch viele Ordensglieder in Verbindung mit diesen gestanden sein, sondern sie sollen auch gleichwohl zur selben Zeit die e n t s c h i e d e n e n P a r t e i g ä n g e r d e r K u r i e, das brauchbarste Werkzeug der Kirche gegenüber den weltlichen Fürsten, vor allem gegen Kaiser Friedrich II. gewesen sein; in einer Zeit, in der man ihre Gesinnungsgenossen in Süd= frankreich mit Feuer und Schwert verfolgte und zu Tausenden abschlachtete oder auf dem Holzstoß enden ließ und in welcher die Kurie zugleich ihren gefährlichsten Kampf mit dem gewaltigsten Gegner, Kaiser Friedrich II., ausfocht, nicht nur niemals diesen ihren Gesinnungsgenossen i r g e n d w i e b e i g e s t a n d e n, sondern im Gegenteil trotzdem und noch lange hernach die Dienste dieser aufs gründlichste gehaßten Kurie besorgt haben! Wir fragen: kann man sich ein a b s u r d e r e s u n d w i d e r s p r u c h s = v o l l e r e s B i l d von einem Orden, einer weltlichen und vollends einer r e l i g i ö s e n G e m e i n s c h a f t m a c h e n, a l s d i e s G e s a m t = b i l d i s t, w e l c h e s wir nach Prutz von dem Templerorden ge= winnen?

Und dieser Absurdität wird die Krone aufgesetzt, wenn wir weiter fragen: w a r u m d e n n? Was sollen denn die Templer von dieser selt= samen Ketzerei gehabt, w e l c h e m Z w e c k soll diese absurde Religion oder Abweichung von der kirchlichen Rechtgläubigkeit gedient haben? Man giebt doch nicht ohne triftigen Grund einen anererbten Glauben preis und man wählt doch nicht einen neuen, ohne die Absicht und Ueberzeugung zu haben, damit etwas Besseres, Gewisseres, Wahreres zu gewinnen! So haben wir von den Katharern gesehen, daß ihre Opposition gegen den kirchlichen Glauben dem Bestreben entsprungen ist, mit der Scheidung von Fleisch und Geist wirklich Ernst zu machen, weil sie auf diesem Wege eine bessere Gewißheit der ewigen Seligkeit, die ihnen wahrhaft am Herzen lag, zu haben und zu erlangen glaubten, als sie sie in der Kirche ihrer Zeit fanden. Den Templern, die mit den Katharern auf einem gemeinsamen Boden erwachsen sein sollen, soll es einzig um i r d i s c h e G l ü c k s e l i g k e i t, um Er= reichung irdischer Macht, Güter und Reichtümer zu thun gewesen, kurz, der grob materialistische Sinn, die Sucht, reich und mächtig zu werden, ihr Denken und Sinnen einzig beherrscht haben! Als ob es dazu des Austritts aus oder auch nur des Gegensatzes gegen die herr= schende Kirche bedurft, als ob man nicht auch in dieser hätte reich und mächtig werden können. War denn das Beispiel der Katharer, der Albigenser und auch der Lucikerianer so verführerisch für die Habgier, den Ehrgeiz, die Sucht, den fleischlichen Lüsten und der eigenen Bequemlichkeit zu leben? Nein, wahrhaftig nicht! Und andererseits: war denn die mittel= alterliche Kirche, zumal in ihren hierarchischen Spitzen, die ja die Templer

aufs beste kennen zu lernen Gelegenheit hatten, von solch asketischer Strenge und Unerbittlichkeit, daß es die vergnügungssüchtige ritterliche Aristokratie in ihrem Bann nicht hätte aushalten können? Noch viel weniger! Und was hat denn jenem oppositionellen Sektentum mehr Nahrung und Anhang gegeben, selbst bei denjenigen, welche keineswegs die praktischen Konsequenzen, es nun auch mit den asketischen Forderungen jener Reformpartei zu halten, zu ziehen die Lust hatten, als das allenthalben mit Unwillen geschaute üppige Leben der Prälaten und des niederen Klerus, der Welt= und Ordensgeistlichkeit? Und wenn, wie das nach Prutz der Fall sein soll, ein rücksichtsloser, unbekümmert um die sittlich=religiösen Forderungen der Kirche und des Evangeliums, seine eigenen Interessen verfolgender hab=
gieriger und selbstsüchtiger Sinn als ein deutliches Anzeichen, als ein Beweis von Ketzerei, von „Abirrung von dem Boden kirchlicher Rechtgläubigkeit" gedeutet werden müßte: o Himmel! wo blieben dann Bischöfe, Kardinäle und Päpste selbst? War dann nicht Klemens V., unter dessen Pontifikat der Templerorden dem politischen (und nicht auch finanziellen? — wir werden später sehen) Vorteil der Kurie geopfert wurde, selbst der allerärgste und schlimmste Häretiker jener ganzen Periode? Denn soviel uns auch von der Habsucht, der Gier nach Bereicherung und der rücksichtslos selbstsüchtigen Politik der Templer überliefert sein mag — und das ist ja allerdings nicht wenig —: Klemens V. ist in dieser Hinsicht ein immer noch nicht erreichtes Vorbild nach dem Andenken, in welchem er bei den Schriftstellern seiner Zeit, zumal den Franzosen, steht! und zwar nicht bei schnöden Laien nur, die in jener Zeit ja überhaupt kaum zum Worte kommen, sondern eben bei dem Klerus, vor allem der Kloster= geistlichkeit und den Prälaten, die durch die ihrem Oberhaupt gewährte Gastfreundschaft nach den Berichten der kirchlichen Schriftsteller auf Jahre hinaus ruiniert waren¹)! Prutz selbst giebt ja diesen Thatsachen an anderen Orten Ausdruck, wenn er davon redet, wie *gerade die Politik der Päpste*, welche in dem Streben nach Erweiterung des eigenen Machtgebiets die allgemeinen Interessen der Christenheit oft in letzte Linie stellte, ja oft genug direkt schädigte, nicht am wenigsten die antikirchliche und antipäpstliche Stellung der Templer mit verursacht habe! Ist das nicht ein Widerspruch mit seiner eigenen Theorie, nach der Habgier und Ehrgeiz und rücksichtsloses Jagen nach irdischen Gütern bedenkliche Zeichen von mangelnder kirchlicher Rechtgläubigkeit sein sollen? Weiß er wirklich nicht, daß

---

¹) cf. insbesondere die vita Clementis I. bei Balnzius (von Johann von St. Victor). Dann die Beschwerde des französischen Klerus beim König ꝛc. Schottmüller sucht vergebens den Papst Klemens davon weißzuwaschen. cf. unsere späteren Ausführungen über Klemens V.

Habgier und Ehrgeiz und irdischer Sinn, nicht bloß in alter Zeit, sondern auch jetzt noch und allezeit sich aufs allerprächtigste vertragen mit starrer, ja mit der allerstarrsten Orthodoxie? Zumal wem es irgend um geistige Bequemlichkeit zu thun ist — wie das doch nach Pruy' eigener Schilderung bei den allermeisten Templern der Fall gewesen ist und ja auch mit der Erfahrung aller Zeiten in Bezug auf solch aristokratische Ritterskreise übereinstimmt — wie soll der etwas Bequemeres finden, als mit dem herrschenden Glauben seiner Zeit hübsch eins zu bleiben und die Satzungen seiner Kirche gefügig und willig zu unterschreiben? Wer wird da Leib und Leben, um zu schweigen von Bequemlichkeit, Ehre und Macht und den Gütern dieser Welt, aufs Spiel setzen, wie es jene schlimmen Ketzer im 12. und 13. Jahrhundert, und nicht bloß in diesen, haben thun müssen und gethan haben?

Das führt uns darauf, daß wir nicht bloß solche allgemeinen Erwägungen, sondern thatsächliche Beweise genug an der Hand haben, wie unsinnig die Meinung von einer wirklichen eingefleischt antikirchlichen und vollends einer antichristlichen Gesinnung der Templer, und wie unverträglich mit den wirklichen Thatsachen der Geschichte dieselbe ist! Wenn die Templer, zwar insgeheim, aber doch mit Absicht und Bewußtsein dem Christentum und der christlichen Sache oppositionell, ja auch nur indifferent und indolent gegenüberstanden, wie kommt es dann, daß nicht nur im allgemeinen dieser Orden fast zwei Jahrhunderte lang die Sache der Christenheit kämpfend und blutend und — wie auch seine Gegner zugeben — mit seltener, oft fast unvergleichlicher Tapferkeit vertreten hat[1]), sondern auch seine einzelnen Glieder, die Tempelritter, so oft ihr Leben willig und rühmlich und ohne Zaudern für den Christenglauben hingegeben haben[2])? Und zwar nicht bloß in der ersten Zeit seiner Existenz, solange noch etwa die erste Begeisterung des Glaubens in ihm glühte, sondern noch in jener Zeit, wo er nach der Darstellung der „Geheimlehre" längst von der Ketzerei angesteckt und, zumal im heiligen Land,

---

[1]) Die Geschichte der Kreuzzüge giebt davon zahlreiche Beispiele: so insbesondere z. B. in den Kämpfen mit Saladin (cf. Havem. p. 32, 39 ff. u. a. O.), vor Damiette und bei der Belagerung dieser Stadt u. s. w. Auch von B. Kugler wird mit Recht darauf hingewiesen (f. Gött. gel. Anz. 1853 p. 1025—1056, St. 33), denn wenn Tapferkeit und Heldenmut auch noch kein Beweis von kirchlicher Rechtgläubigkeit sein mögen, so sind sie's doch von sittlicher Kraft. Solch' sittenlose Lumpen, wie die Templer von Prutz, bringen das schwerlich fertig. — [2]) So ziehen nach dem unglücklichen Tag von Hittin 1187 230 gefangene Tempelritter den Tod durch Henkershand der von Saladin um den Preis des Übertritts zum Islam angebotenen Gnade vor: f. Havem. p. 45, wozu cf. Wilken III, 2, p. 291.

nichts mehr war als ein verrotteter, sittenloser Haufe von frivolen Ketzern, in der zweiten Hälfte des 13. Jahrhunderts. Das wertvollste Beispiel dafür bietet uns das Verhalten der Templer nach der Einnahme von Safed durch Bibars 1266: wenn doch die Templer Ketzer waren, welche die Verhöhnung Christi damals bereits zum System ausgebildet hatten, wie kommt es, daß die 150 Tempelritter[1]), die unter den Gefangenen dort sich befanden, lieber den Tod wählen, als wie Bibars ihnen angeboten, ihr Leben mit Annahme des Koran zu erkaufen[2])? Und noch wenige Jahre vor dem Prozeß, im Jahr 1301, bewähren die 120 in Tortosa gefangenen Templer denselben standhaften Mut, der den Tod oder Knechtschaft der Glaubensverleugnung vorzieht[3])! Wie kommt es, daß Prutz solche Daten und Thatsachen ganz unerwähnt und unberücksichtigt läßt? Melden ihm denn seine Quellen gar nichts davon? oder hält er derlei Dinge für zu unbedeutender Natur, um gegenüber der Sicherheit seiner Hypothesen einen Einwand zu begründen?

Auch das wäre, wenn die Prutzsche Darstellung der bei den Templern frühzeitig eingetretenen Abschwächung des Gegensatzes gegen den Islam irgendwie den thatsächlichen Verhältnissen entspräche, zu erwarten gewesen, daß die Muhamedaner selbst, zumal deren Fürsten und Sultane, doch irgendwie diese Milderung herausgefunden und dieselbe durch dementsprechendes eigenes Verhalten, so z. B. besonders größere Schonung und gelindere Behandlung gefangener Templer gelohnt hätten, wozu sie ja wiederholt Gelegenheit bekamen. Statt dessen gewinnen wir aus dem, was in dieser Hinsicht überhaupt sich wahrnehmen läßt, vielmehr den Eindruck, als ob, von Saladin an[4]) bis auf Bibars[5]) gerade die Templer einer besonders harten und schonungslosen Behandlung gewärtig zu sein gehabt hätten, was doch darauf schließen läßt, daß die Sarazenen in diesen nicht ihre gelindesten und sympathischsten, sondern

---

[1]) Auch Johannes de Monte Regali (Montroyal?), einer der entschlossensten Verteidiger der templerischen Unschuld im Verhör vor der päpstlichen Kommission, weist mit Recht auf dieses Beispiel von Märtyrertum seiner Ordensgenossen hin — nur daß es bei ihm 80 Tempelritter sind: f. Mich. I, 170. - [2]) f. Havem. p. 89. Aber freilich, Havemann, den hat Prutz nicht gelesen, wenigstens nicht, als er die „Geheimlehre" schrieb! — [3]) f. wieder Havem. p. 101, cf. Schottm. I, 237. — [4]) Vergl. dessen Behandlung des Großmeisters Odo von St. Amand, der nach der Schlacht bei der Jakobsfurt 1179 gefangen in seine Hände kommt und in Damaskus „unter dem Beile des Nachrichters" endet (Havem. 33), sowie der nach der Schlacht von Hittin gefangenen Templer (f. vorige Seite Anm. 2). — [5]) Vergl. dessen grausames Verfahren gegen die beiden Minoriten und den Tempelprior, welche miteinander die in Safed gefangenen Templer in der Standhaftigkeit des Martyriums bestärkt hatten, vor allem aber seine Treulosigkeit gegenüber dem ihnen gegebenen Versprechen freien Abzugs: Havem. p. 89, Wilken VII, 492.

vielmehr ihre gefährlichsten und unversöhnlichsten Feinde erblickten, denen Pardon zu geben als eine übel angebrachte Politik erschien. Und wenn uns auch gemeldet wird, daß zur Zeit des Sultans Kelavun die Templer in besserem Verhältnis zu den Sarazenen standen als die übrigen syrischen Barone und die anderen Ritterorden[1]), ja daß **Wilhelm von Beaujeu** persönlich mit dem Sultan befreundet war[2]), so beweist doch ihr Verhalten bei dem letzten großen Kampf im heiligen Land, bei **der Verteidigung von Accon**, wo ja eben jener Templermeister anfangs den Oberbefehl über die ganze Stadt führte[3]) und die Templer mit verzweifelter Tapferkeit bis zu der letzten Stunde sich wehrten[4]) — daß **jenes bessere Verhältnis lediglich auf politischen Erwägungen und persönlicher Hochachtung**, wie sie auch unter Feinden bestehen kann, beruhte, keineswegs aber auf einer innerlich prinzipiell anderen Stellung gegenüber dem Islam, als diejenige der übrigen Christen war.

Die **Schuld an diesem innerlich prinzipiell verschiedenen Verhältnis zum Christentum und Islam** wird den Ordensgliedern **aus Südfrankreich, aus der Provence**, aufgeladen. Nach Prutz sollen ja diese einen ganz besonders bedeutsamen Einfluß auf den Orden gehabt haben, entsprechend den reichen Schenkungen, welche dem Orden frühzeitig in diesen Gegenden gemacht worden sein sollen, und den zahlreichen Besitzungen, die er dort gehabt haben soll. Da haben wir wieder eine Behauptung, welche auf den oberflächlichen Eindruck hin ja manches Bestechende für sich hat, dennoch aber nur ein **unrichtiges Bild von der Templergenossenschaft und der Bedeutung der einzelnen Nationen in ihr** uns zu geben im stande ist. Eine genaue Fixierung dieses Einflusses ist natürlich nicht möglich, solange noch so viel fehlt zu einer einigermaßen vollständigen Statistik des templerischen Besitzes in den verschiedenen Ordensprovinzen[5]). Aber eine gewisse Kontrolle über jenen

---

[1]) f. Wilken VII, 694. Daß sie trotzdem energisch dem Vordringen dieser Widerstand leisteten, zeigt Havem. p. 93. — [2]) f. Wilken VII, 744. — [3]) f. Havem. p. 96. Er hat ja bei dieser Verteidigung auch sein Leben gelassen. — [4]) um allerdings in dieser letzten Stunde selbst sich doch noch in Sicherheit zu bringen. Wenn man das gegen die Templer verwerten wollte als einen Beweis von Feigheit oder Verrat der christlichen Sache, so genügt der Hinweis darauf, daß es 10 Templer waren, die in der letzten Nacht, als alles verloren war, sich und den Ordensschatz in Sicherheit brachten, nachdem 490 vorher kämpfend gefallen waren (Havem. 99). — [5]) Ob eine solche Statistik überhaupt möglich ist nach den noch vorhandenen Dokumenten, ist ja fraglich; und wenn es auch der Fall wäre, so fragt es sich immer noch, ob eine solche Arbeit die Mühe, die damit verbunden wäre, lohnte. Viel entscheiden ließe sich dadurch, für unsere Frage wenigstens, kaum.

Einfluß läßt sich allerdings doch wohl gewinnen durch Beachtung von drei gegebenen Faktoren: einmal, indem wir achten auf die den Templern eigene Einteilung ihres Gebiets in Provinzen; sodann untersuchen die Herkunft und nationale Angehörigkeit der Großmeister des Ordens und endlich noch uns ansehen das zahlenmäßige Verhältnis der in dem Prozeß auftauchenden Templer.

Was die Einteilung des Ordensgebiets nach Provinzen betrifft, so ist das freilich eine etwas unsichere Sache, insofern diese Einteilung keineswegs klar genug feststeht, hauptsächlich weil sie zu verschiedenen Zeiten eine verschiedene gewesen zu sein scheint. So sind denn auch die Angaben darüber, welche Havemann[1]) und Schottmüller[2]) geben, keineswegs leicht unter einen Hut zu bringen. Fest steht nur die Einteilung des Morgenlandes, welches in fünf Provinzen: Jerusalem, Tripolis, Antiochien (mit Armenien), Cypern und Romanien (= Morea) zerfiel, wovon seit 1291 aber ja nur noch die beiden letzten vorhanden waren. Über das Abendland aber schwanken die Angaben: Folgen wir Schottmüller, der sich mit dieser Frage gründlicher als sonst einer beschäftigt hat, so zählte der Orden hier im ganzen 12 Provinzen, nämlich 3 in Deutschland: Oberdeutschland (das Gebiet des fränkischen Rechts), Niederdeutschland oder Brandenburg (das Gebiet des sächsischen Rechts) und Böhmen=Mähren=Österreich, zu welch letzterer Provinz wohl auch das von Havemann als besondere Provinz aufgeführte Ungarn mit Kroatien und Dalmatien zu rechnen ist. Italien zerfiel in 2 Provinzen: Lombardei (= Ober= und Mittelitalien) und Sizilien= Apulien, obgleich zeitweise für Apulien und Sizilien je ein besonderer Großpräzeptor vorhanden gewesen zu sein scheint. Noch unsicherer steht die Sache in Spanien: es scheint in 2 Provinzen eingeteilt gewesen zu sein, von welchen die eine Kastilien (mit Portugal), die andere Aragonien=Katalonien umfaßte[3]), letzteres allerdings öfters auch unter dem Großpräzeptor der Provence stehend. Somit bleiben, da England (mit Schottland und Irland) nur eine Ordensprovinz war, für Frankreich 4 Provinzen übrig: nämlich Francien, die Normandie, Aquitanien und die Provence. Ersterem gehörte aber nicht bloß Flandern zu, sondern sind auch die Champagne und Burgund zuzuweisen, obgleich wir häufig auch für sie besondere Großpräzeptoren finden: ein Zeichen eben von der Wichtigkeit dieser Teile. Ebenso begegnet uns manchmal ein besonderer Großpräzeptor für Poitou, das sonst zu Aquitanien gehörte, und einer für die Auvergne, die zuletzt dem Großpräzeptor der

---

[1]) f. Havem. p. 148 ff.   [2]) f. Schottm. I, 58 ff.   [3]) cf. darüber später p. 218 Anm.

Provence unterstand. Somit war diese, die Provence, eben eine unter 17, resp. 14 Ordensprovinzen überhaupt, oder da die Provinzen des Morgenlandes hier nicht in Betracht gezogen werden können, weil sie ihr Kontingent eben aus dem Abendland erhielten, eine unter 12 abendländischen Provinzen, allerdings eine der wichtigsten, was wir daraus ersehen, daß von dem dortigen Provinzialmeister zeitenweise auch Aragonien-Katalonien abhing, aber doch an Bedeutung nicht zu vergleichen mit Francien, das nicht nur so bedeutende Sondergebiete, wie Flandern, Burgund und Champagne mitumfaßte, sondern dessen Großpräzeptor, der Visitator Franciens, auch in einem Aufsichtsverhältnis zu der großen Ordensprovinz England stand, den dortigen Großpräzeptor einzusetzen und zu visitieren hatte. Es hilft uns diese Art Zählung freilich nicht allzuviel, einmal, weil einesteils auch minder bedeutsame Ordensteile wie die deutschen ihren besonderen Großpräzeptor hatten — offenbar eben wegen ihres großen Umfangs — und ihre besondere Provinz bildeten, andernteils auch Gebiete, die für sich selbst wichtig genug waren, um eine besondere Provinz zu bilden — wie Flandern, Burgund, Champagne — eben unter einem Großpräzeptor, hier dem von Francien, vereinigt waren; sodann aber weil, wie aus dieser Übersicht hervorgeht, die einzelnen Provinzialmeister keineswegs untereinander immer sich durchaus koordiniert waren, sondern unter ihnen selbst wieder mancherlei Grade von Subordination, welche im einzelnen schwer zu bestimmen ist, bestanden zu haben scheinen. Die Hauptsache ist, daß uns der Prozeß zeigt, daß, so wichtig und bedeutsam auch die Stellung des Großpräzeptors der Provence war und so wichtig dementsprechend diese Ordensprovinz, sie doch lange nicht hinanreichte an die Stellung des Großpräzeptors von Francien und die Bedeutung der ihm unterstehenden Provinzen. Französischer Einfluß überwog den provençalischen.

Dies tritt noch deutlicher zu Tage, wenn wir die Nationalität der Ordensmeister, ihre Herkunft aus den verschiedenen Ordensprovinzen, untersuchen. Dieser Maßstab dürfte der wichtigste unter allen sein, weil an der Wahl des Großmeisters der ganze Ordenskonvent teil hatte, somit der jeweilige Einfluß der im Orden vertretenen Zungen hiebei am deutlichsten sich offenbart, zumal wenn, wie dies ja auch nach Prutz anzunehmen und im Prozeß durch mancherlei Spuren bezeugt ist, im Orden selbst es an nationalen Gegensätzen nicht fehlte, die bei den Wahlen sich geltend machten. Suchen wir denn zunächst die Nationalität der einzelnen Ordensmeister festzustellen, sodann was wir sonst noch über ihre Persönlichkeiten wissen und was zur Kennzeichnung ihrer prinzipiellen Stellung, vor allem in religiös-politischer

Hinsicht dienen kann, beizubringen. Wenn eine solche Übersicht sich zugleich zu einer Skizze der Geschichte des Templerordens gestaltet, so kann auch das unserem Zwecke nur förderlich sein.

Es war

1. **Hugo de Payens** (oder de Payns¹), 1128—1136)²) aus der Gegend von Troyes in der Champagne, somit, wie seine Genossen, mit denen er den Grund des Ordens legte: Nordfranzose.

2. **Robert de Craon** (1136—1147?) aus Nordfrankreich³), genauer aus der Gegend von Angers; wegen seiner Abstammung aus Burgund „der Burgunder" geheißen; war mit der einzigen Schwester Anselms von Canterbury vermählt gewesen⁴).

3. **Eberhard des Barres** (1147?—1150), früher Großpräzeptor von Francien⁵): Nordfranzose. Resigniert (1150?) und wird Cistercienfermönch in Clairvaux; als solcher † 1174⁶).

4. **Bernhard de Tramelai** (1153—1155) aus Burgund⁷); fällt in den Straßen von Ascalon 1153.

5. **Bertrand de Blanquefort** (1154—1168), aus der Nähe von Bordeaux, also Bascone; nach Wilh. Tyr. XVIII, 14 (p. 941) „ein frommer, gottesfürchtiger Mann"⁸), auch, wie es scheint, Ludwig VII. von Frankreich besonders nahe stehend.

6. **Philipp de Milly** oder de Naplus (1169?—1171). Letzteren Namen führt er nach dem erst von ihm erworbenen Naplus (in Samaria): man darf ihn daher nicht für einen Pullanen halten. Auf seine Abstammung führt die erstere Benennung „de Milly", das in der Picardie⁹) liegt; also wie 1—3: Nordfranzose. Resigniert auf seine Würde vor Ostern 1171.

7. **Odo de St. Amand** (1171—1179), früher Marschall König Amalrichs und daher wohl aus Rücksicht auf diesen wie wegen seiner Kenntnis der Verhältnisse des Reichs Jerusalem gewählt. Auch er war

---

¹) Wie das nach Prutz' „Entwicklung" richtiger sein soll (der heutigen Schreibart des Ortes nach. In den Prozeßprotokollen wird immer noch „Paians" geschrieben: vgl. die spätere Liste!) — ²) Die Jahreszahlen der Hochmeisterschaft sind meist nach Le Jenne (Hist. crit. et apolog.) beigesetzt; eben derselbe ist für die genauere Feststellung der Herkunft der Ordensmeister in erster Linie Gewährsmann; daneben Havemann und Wilcke. — ³) f. Havem. p. 15, Le Jenne p. 30 ff. ⁴) Nach Le Jenne. ⁵) cf. dazu Havem. p. 18. Die Zeit seines Amtsantritts steht nicht fest; jedenfalls bekleidete er 1147 die Hochmeisterwürde; 1143 finden wir ihn noch als Großpräz. von Francien beim Vertrag von Gerona beteiligt. — ⁶) Le Jenne I, 56. — ⁷) f. Havem. p. 22; nach Le Jenne (I, 57) war Tramelai der Name des Schlosses der Baronie Arinthoz (Dep. Jura, Freigrafschaft). ⁸) f. Havem. p. 23. ⁹) Havem. p. 27 f., Le Jenne I, 97

aus Frankreich¹), nach dem von Le Jeune über die Familie Mitgeteilten wohl aus dem in der Auvergne, südlich von Clermont, gelegenen, nicht dem niederländischen St. Amand; nach eben demselben aus einer Familie, die durch ihre „Heiligkeit" (Vorliebe für klösterliche Entsagung) berühmt war. Jedenfalls eine der charaktervollsten Figuren: gerät 1179 in Saladins Gefangenschaft und endet auf dessen Befehl, da er nach der Bestimmung der Ordensstatuten die Auswechslung gegen Saladins Neffen zurückweist, in Damaskus unter dem Beile des Nachrichters²).

8. Arnold de Toroge (oder „Tourouge", 1180—1184), nach Le Jeune Aragone; früher Großpräzeptor von Südfrankreich (Provence) und als solcher 1176 bei den Friedensverhandlungen zwischen Alphons II. von Aragonien und Graf Raimund V. von Toulouse thätig: so könnte man ihn für albigensischen Sympathien besonders zugänglich halten. Aber die Albigenserkreuzzüge finden ja erst über ein Menschenalter später statt, und außerdem war er nicht bloß (nach Wilcke) auf besondere Empfehlung Papst Alexanders III. gewählt, sondern stand auch fortwährend mit diesem in besonders nahen Beziehungen³).

Als 9. Großmeister zählen Le Jeune und nach ihm Havemann⁴) Terric oder Thierry auf (von Chateau=Thierry, Dep. Aisne? dann Nordfranzose). Resigniert nach seiner Befreiung (also anders als Odo de St. Amand) aus der Gefangenschaft Saladins, in die er bei Hittin geraten, Herbst 1187. Ihm folgte dann (nach Wilcke gleich auf Toroge)

10. Gerhard de Riderfort (1187—1189), früher Seneschall des Reiches Jerusalem unter dem Reichsverweser Veit von Lusignan (nach Wilcke⁵) in Opposition zu diesem gewählt; das Gegenteil ist wahrscheinlicher); fällt bei dem Kampf vor Accon gegen Saladin 1189⁶). Flamländer, aus der Gegend von Brügge, also den Nordfranzosen zuzuzählen. An seine Stelle trat nach Wilcke⁷)

11. Walther von Spelten (1189—1191), nach demselben ein Deutscher und mit Rücksicht auf Kaiser Friedrich I. und dessen bevorstehenden Kreuzzug gewählt. Nach Le Jeune (I, 169) wäre es ein Franzose Gaultier gewesen, dessen Zuname nicht genannt wird; doch fehlt noch der sichere Beweis, daß er wirklich die Großmeisterwürde bekleidet habe⁸).

---

¹) Havem. p. 28, Le Jeune I, 101 ff. — ²) Havem. p. 33. — ³) s. Havem. p. 34 f. — ⁴) Le Jeune I, 139, Havem. p. 37. — ⁵) Wilcke II, 70. — ⁶) Havem. p. 49. — ⁷) Wilcke II, 73. — ⁸) Jedenfalls ist aber der, von Röhricht (Beitr. z. Gesch. d. Kreuzz. 2. Bd., p. 347) auch gegenüber der häufigen Erwähnung W. von Spelten als Meisters der Templer im Gedicht von des Landgrafen Ludwig Kreuzfahrt erhobene Haupteinwand, daß es kein solches Geschlecht gebe, hinfällig, seit Boissert eine Burg

12. **Robert de Sablé** (1191—1195?) aus der **Normandie**, also **Nordfranzose** (nach Le Jeune I, 184 genauer aus **Anjou**; der Karte nach zu **Maine** gehörig). Da er aber erst mit König Richard von England, dessen Flottenführer er (nach Wilcke) gewesen, nach Palästina gekommen und seine Wahl offenbar diesem zu liebe geschehen ist, so kann man ihn ebensogut als **Engländer** ansehen; für uns kommt das auf eins hinaus [1]).

13. **Gilbert Roral** (1196—1201), vorher **Großpräzeptor** von **Francien**[2]): **Nordfranzose** (aus der Familie der Vicomtes de Polignac)[3]). (Nun erst läßt Wilcke jenen Terric, und zwar von 1198—1201, folgen. Falsch, denn nach Le Jeune hatte Terric längst abgedankt und ist sicher die Nachfolge von)

14. **Philipp du Plessiers** (1201—1217), nach Le Jeune[4]) aus **Anjou**, also **Nordfranzose**.

15. **Wilhelm von Chartres**[5]) (1217—1218), der Erbauer des **Pilgerschlosses**, wo nach Prutz die ketzerischen Statuten aufgesetzt worden sein sollen. Die Familie der Grafen von Chartres war aus **Beauvaisis**; also ein echter **Nordfranzose**.

Von hier an wird die Herkunft der Großmeister um so wichtiger, weil ja nach Prutz in dieser Zeit die Ketzerei der Templer ihren Anfang genommen haben soll, zusammenfallend mit den Glaubenskämpfen der Albigenser. So scheint von doppelter Wichtigkeit, daß

16. **Pierre de Montaign** (1219—1229) aus der **Auvergne**[6]) war. Danach muß man ihn der lingua occitana zuzählen, also den **Südfranzosen**, mit den Provençalen verwandt. Indessen sehen wir die Auvergnaten in den Glaubenskämpfen gegen die Albigenser keineswegs auf Seite der letzteren stehen. Mit albigensischen Sympathien stimmt auch nicht gerade, daß er vorher Großpräzeptor in **Spanien** gewesen, und ein Bruder war nicht nur von Eustorgius, Erzbischof von Nikosia, sondern auch von Guérin, dem Meister der Hospitaliter: man müßte denn zu denjenigen gehören, die auch diesen Orden im Verdacht der Ketzerei hatten. Am allerwenigsten paßt zu jener antikirchlichen Tendenz, daß unter ihm ja dem Templerorden der Verrat an Kaiser Friedrich II. schuld gegeben wird[7]). Unter ihm ging auch das schon unter Wilhelm

---

dieses Namens, auf der im 12. Jahrh. ein Zweig der mit der freiherrlichen Familie von Stetten zusammengehörigen Edelherren von Buchenbach saß, im OA. Künzelsau (bei Buchenbach) entdeckt hat. (Vgl. Württemb. K.G. von Bossert u. Hartmann p. 152 und Anhang I.) — [1]) Havem. p. 52. — [2]) Havem. p. 55. Le Jeune I, 198. — [3]) ibid. I, 222. — [4]) Le Jeune I, 222, cf. Havem. p. 63. — [5]) Havem. ibid., Le Jeune I, 276. — [6]) Havem. p. 64, Le Jeune I, 289. — [7]) cf. Wilcke I, 243.

von Chartres¹) begonnene Unternehmen gegen Damiette vor sich, wobei er in die Gefangenschaft der Sarazenen geriet, aber — anders als früher Odo von St. Amand — wieder ausgewechselt wurde. Das scheint nun wieder Wasser auf die Prutzsche Mühle zu sein, nach der ja gerade unter ihm die böse Richtung des Ordens ihren Anfang genommen haben soll. Jedenfalls wird um so wichtiger, was für ein Mann der Nachfolger dieses Hochmeisters war?

17. **Armand de Perigord** (1230—1244) aus dem Haus der Grafen von Perigord²). So könnte er als **Aquitanier** oder **Vascone** und somit als Südfranzose in Anspruch genommen werden. Nach Wilcke stammte er aus Poitou, wäre also eher dem nordfranzösischen Wesen zuzuzählen. Jedenfalls ist er aber Aquitanier. Seine politisch-religiöse Stellung wird gekennzeichnet wohl am besten dadurch, daß er vorher **Großpräzeptor** von **Sizilien** und **Calabrien** gewesen und als solcher, durch die Aufhebung der Templergüter in diesen Ländern durch Friedrich II., ein persönlicher Feind des Kaisers geworden war³): wieder ein Zeichen, daß die Templerpolitik gerade in dieser Zeit in ausgesprochen päpstlichem Geleise sich bewegte. Durch die Niederlage von Gaza 1244 in die Gefangenschaft Ejubs geraten, wird dieser Großmeister vergeblich von dem Orden auszulösen gesucht, daher wird erst 1247 ein neuer Großmeister in

18. **Wilhelm von Sonnac** (1247—1250) gewählt, aus **Nieder-Languedoc**, also ein **Südfranzose**, **Provençale**⁴)! War er ein Ketzer? Davon ist nichts zu merken: seine Beteiligung an dem Kreuzzug Ludwigs IX. von Frankreich, wobei er beide Augen nacheinander und damit das Leben verlor, weist auf das Gegenteil. Als echten Katholiken dieser Zeit zeigt ihn auch seine Übersendung einer Portion von dem Blut Jesu Christi an den König von England, von diesem als eine große Staatsangelegenheit aufgefaßt (Le Jeune II, 5). Jedenfalls hätte unter ihm am ehesten das provençalisch-ketzerische Element die Oberhand erhalten müssen. Aber ihm folgte

19. **Rainald von Vichiers** (1250—1256) aus der **Cham-**

---

¹) Dieser war vor Damiette an der Pest gestorben (Le Jeune I, 289). — ²) f. Havem. p. 74. Le Jeune I, 355 f. unterscheidet als zwei verschiedene Großmeister einen Armand von Peiragros, den er von 1229—1236, und einen Hermann von Perigord, aus demselben Haus mit den Talleyrands, den er von da bis 1244 an der Spitze des Ordens stehen läßt. Da er aber selbst nicht im stande ist, einen genügenden Beweis für diese Verschiedenheit — daß es eine Familie „de Peiragros" noch im 18. Jahrhundert gegeben, genügt doch kaum — zu erbringen, so verzichten wir in diesem Fall darauf, ihm zu folgen. — ³) f. Wilcke I, 244. — ⁴) Havem. p. 79, Le Jeune II, 5.

pagne¹), also Nordfranzose, zudem vorher Großpräzeptor von Francien und dann Ordensmarschall. Das würde auf einen entschiedenen Sieg des nordfranzösischen Elements deuten, wenn dasselbe je unter den Vorgängern zurückgedrängt war (woraus übrigens ja noch keineswegs ein Einfluß von Ketzerei folgen würde!). In Wirklichkeit gab wohl die Rücksicht auf Ludwig IX., bei dem er persona gratissima war, den Ausschlag.

20. Thomas Berauld (Berart, 1256—1273), nach Wilcke ein Engländer; nach ebendemselben²) "ein sehr erfahrener, geistesstarker und tüchtiger Mann, der das geistige Wesen des Ordens besonders ausgebildet hat". Aber wenn das, worauf Wilcke hinzuweisen scheint, in ketzerischem, antichristlichem Sinne geschah, wie kommt es, daß gerade unter ihm die von Bibars gefangenen Templer ihr Leben nicht mit dem Übertritt zum Islam erkauften? Von einer Gefangenschaft aber, die er unter den Sarazenen erduldet haben und welche die Zeremonie der Verleugnung Christi bei der Aufnahme zur Folge gehabt haben soll, wie später zur Zeit des Prozesses phantasiert wurde, findet sich bei den zeitgenössischen Chronisten keine Spur. Von ganz besonderer Wichtigkeit ist

21. Wilhelm von Beaujeu³) (1274—1291). Der letzte im heiligen Land waltende und im Kampf mit den Sarazenen den Orden regierende Großmeister, vorher Großpräzeptor von Apulien, stammte er aus einer Familie Burgunds, die der Landschaft "Beaujolais", zwischen Lyon und Macon, ihren Namen gegeben hat. Nach Wilcke⁴) war sein Vater Imbert Connétable von Frankreich und Begleiter Ludwigs IX. nach Ägypten gewesen; ein anderer seiner Vorfahren, Humbert III., ist uns durch Le Jeune (I, 49—53) bekannt als Templer unter Eberhard des Barres; auf Bitten des Abts Peter Venerabilis von Clugny, dessen Schutzherr er war, wurde er von P. Eugen III. dispensiert, stiftet 1159 die Augustinerabtei Belleville s. Saône, † 1174 als Cluniacensermönch); somit stammte er aus einer gut kirchlichen Familie, wie er denn auch von Ludolf von Suchen⁵) "ein wis man und ein frame ridder" genannt wird. Dennoch werden gerade gegen ihn die schwersten Vorwürfe erhoben wegen seiner Freundschaft mit dem Sultan Kalavun. Molay selbst giebt gegenüber der päpstlichen Kommission an, daß im Orden eine lebhafte Partei vorhanden war, der er selbst angehörte, welche es verübelt habe, daß der Großmeister so lange Waffenstillstand mit den Sarazenen pflegte. Wie er aber mehr Einsicht erlangt habe, habe er wohl erkannt, daß dies das einzig Richtige gewesen sei! Hier haben wir also zwei Parteien. Dieselben kommen jedoch bei

---

¹) Nach Wilcke, cf. aber p. 207! — ²) Wilcke I, 285. ³) s. Havem. p. 86. — ⁴) Wilcke I, 300. — ⁵) Wilcke I, 301, Havem. p. 96.

Theobald von Gaudin (nach Wilcke 1291—1297), deffen Nationalität uns weiter nicht bekannt ift, nicht in Betracht, da derfelbe, bisher Präzeptor in Accon, eben im Drange der höchften Not, in der letzten Nacht der Verteidigung Accons, nach dem ritterlichen Fall Beaujeus, von den Brüdern zum Anführer erkoren wurde; ob nur ftellvertretungsweife alfo, daß er zur Großmeifterwürde felbft nicht gelangt wäre, hängt davon ab, ob Schottmüller[1]) recht hat, der aus den Angaben des Prozeffes geltend macht, daß für ein weiteres eigentliches Großmeiftertum hier kaum mehr Raum fei, fondern auf Beaujeu unmittelbar als eigentlicher Großmeifter gefolgt fein müffe

22[2]). Jakob von Molay, bekanntlich aus Burgund, genauer der Gegend von Befançon. Über die Vorgänge bei deffen Wahl nun haben wir in dem 212. Zeugen des Prozeffes, Hugo de Fauro[3]), einen ausführlichen Berichterftatter, wonach Molay feine Wahl eigentlich nur einer von ihm angewandten perfiden Intrigue gegenüber feinem Hauptrivalen, dem bisherigen Großpräzeptor von Francien[4]), Hugo von Peraud, verdankt habe. Ohne uns hier in die Erörterung der Wahrfcheinlichkeit oder Unwahrfcheinlichkeit diefer Angabe näher einzulaffen[5]), fo ergiebt diefer Bericht doch jedenfalls fo viel, daß fich bei diefer Wahl als Hauptparteien zwei Landsmannfchaften gegenüberftanden, welche im Konvent verhältnismäßig am ftärkften vertreten waren, nämlich — nicht etwa die provençalifche und die franzöfifche, fondern vielmehr — auf der einen Seite die Partei des Großpräzeptors von Francien[6]), auf der andern die von Burgund: zwei Landsmannfchaften alfo, welche ebenfo in der einen Ordensprovinz Francien vereinigt waren, wie fie auch beide zu den ausgefprochenen Nordfranzofen, den Menfchen der Langue d'oïl oder Langue d'ouï gehörten. Dies ift für uns von höchfter Wichtigkeit: denn es zeigt uns, daß — wenigftens in diefer

---

[1]) cf. Schottm. I. 589. — [2]) Le Jeune (II, 113) zählt ihn als 26. Großmeifter auf; rechnet man ihm aber genauer nach, fo bringt er, mit Theobald Gaudini und der Unterfcheidung von Armand de Peiragras und Hermann de Périgord, weil er Walther von Spelten wegläßt, doch felbft nur 23 zufammen. — [3]) Michelet II, 221. — [4]) Das Großpräzeptorat von Francien galt offenbar als eine Art Vorftufe zum Großmeiftertum: cf. die Großmeifter Nr. 3, 13, 19! — [5]) Das Nähere ift bei Schottm. I, 590 ff. nachzulefen. — [6]) Nach Hugo de Fauro wäre es genauer die Partei von Limoufin und Auvergne gewefen, die fich um Hugo de Peraud gefchart hätte. Da aber diefer als Großpräzeptor Franciens diefes Anfehen genoß, fo fcheint uns jene Nachricht dahin gedeutet werden zu müffen, daß Hugo von Peraud einen fo ftarken Anhang befaß, weil außer den Brüdern von Francien, die von Natur zu ihrem Großpräzeptor ftanden, er auch die Limoufiner und Auvergnaten für fich hatte! cf. die nachherige Statiftik p. 98 ff.!

letzten Zeit — das eigentliche Franzosen= oder Frankentum so durchaus das herrschende Element im Orden war, daß es sich bei einer Wahl, wo die Nationalität beeinflußte, nur um die eine oder die andere Schat= tierung innerhalb dieser Zunge handelte, keineswegs aber um eine dieser gegenüberstehende andere Nationalität überhaupt. Wie von An= fang an diese beiden Landsmannschaften, Burgund und Francien, zusammen das eigentliche Franzosentum ausmachend, in dem Templerorden dominiert hatten, so finden wir sie auch am Schluß seiner Geschichte noch miteinander um die Vorhand streiten. Alle andern Nationalitäten kommen gegenüber diesem Hauptelement nur in untergeordneter Weise in Betracht, nicht bloß die spanische, englische, italienische und deutsche, son= dern auch die provençalische. Klar ergiebt sich das, wenn wir den Gewinn vorstehender Untersuchung über die Nationalität der verschiedenen Ordensmeister zusammenstellen: unter 22 Ordensmeistern haben wir heraus= bekommen entschiedene Nordfranzosen 1—3, 4, 6, 10, 12, 13, 14, 15, 19, 21, 22, denen wahrscheinlich auch 9 zuzurechnen ist, also im ganzen 14 unter 22, d. h. 2/3; worunter 3 ausgesprochene Burgunder, nämlich 4, 21 und 22. Nichtfranzosen sind 3: 8 (Spanier), 11 (Deutscher), 20 (Engländer); bleiben für die Südfranzosen sicher nur 7, 5 und 18, wahrscheinlich aber auch 16 und 17, also 5. Von diesen sind aber 5 und 17 erst noch nicht den eigentlichen Provençalen zuzu= zählen, sondern Basconen resp. Aquitanier, und auch 7 und 16 nehmen als Auvergnaten eher eine Mittelstellung ein, so daß für die eigent= liche Provence oder Langue d'oc nur 18 übrig bleibt[1]).

Aber auch wenn man, wozu immerhin einige Grundlage gegeben ist, annehmen wollte, daß wirklich eine Zeit lang, von 16—18, unter den Großmeistern Montaigu, Perigord und Sonnac, ca. 30 Jahre lang, das provençalische Element ein Übergewicht im Orden gehabt hätte, so haben wir gerade in dieser Zeit eine so ausgesprochen päpstlich= kirchliche Politik vorgefunden als nur je, die sich mit allem eher ver= trägt als mit wirklich albigensischen Neigungen und Tendenzen[2]).

Hauptergebnis bleibt, daß das nordfranzösische, das eigentlich frän= kische Wesen, im Orden so durchaus die Oberhand hatte, daß es fast

---

[1]) Nach Maillard gehörten 17 von 22 Frankreich, d. h. dem jetzigen Umfang nach, an, darunter 5 Burgunder; wir zählen außer den von Maillard gerechneten zu den Nordfranzosen auch nicht bloß 6, als wenigstens weiterhin, dem Geschlecht nach, aus der Pikardie stammend, sondern auch den Flamländer Nr. 10); denn es zeigt sich in dieser Zeit das vlämische Element durchaus nächst verwandt mit dem nordfranzösischen, mit welchem es auch die fränkische Stammesgrundlage gemeinsam hat. — [2]) cf. dazu nachher die Statuten aus dieser Zeit!

als eine Ausnahme erscheint, wenn der Großmeister einer andern Zunge oder Nationalität zugehörte und auch das provençalische Element dagegen nicht aufkommen konnte. Wir legen auf diese Thatsache Gewicht. Warum? Weil wir diese beiden Nationalitäten, die im heutigen Frankreich ja aufs engste zu einer staatlichen Einheit verschmolzen sind, damals noch nicht bloß zum Teil auch staatlich getrennt, sondern in einem scharfen Gegensatz zu einander stehen sehen, so scharf, daß Franzosen und Provençalen nicht bloß als verschiedene Stämme, sondern fast als zweierlei Rassen erscheinen, in jedem Fall diese Provençalen mehr Verwandtes mit den Spaniern, wenigstens den Katalanen und Aragonesen, und Italienern, wenigstens den Lombarden, zeigen, als mit den Franzosen des Nordens, wo das fränkische Element, zumal im Adel, durchweg zu Tage tritt. Das zeigt sich bei den Albigenserkreuzzügen in geradezu auffallender Weise. Und zugleich zeigen uns diese auch die Art des Gegensatzes: dem liberalen und toleranten, fortschrittlichen Provençalen tritt der Nordfranzose als ein kirchlich durchaus abhängiger, ja befangener, nicht bloß als ein orthodoxer, sondern als ein fanatischbigotter Mensch entgegen. Dieses Element ist es ja auch, welches von Anfang an den Kreuzzugspredigern am willigsten Heerfolge geleistet hat, so sehr, daß die syrischen Kreuzfahrerstaaten von da her ihr ganzes Gepräge erhalten haben. Wo dieses Element in einem Orden, in einer Gemeinschaft dominierte, da hatte es mit dogmatischen Abweichungen gute Wege.

Jener Gegensatz zwischen Provençalen und Nordfranzosen, der in den Albigenserkreuzzügen auf eine solch blutige Weise zu Tage tritt, scheint uns in der Geschichte aber auch auf einem anderen, für unsere Untersuchung womöglich noch bedeutsameren Punkt seine Spuren hinterlassen zu haben, nämlich in dem Verhältnis des Templerordens zu seinem Rivalen, dem Johanniterorden. Es ist bekannt, wie dieses Verhältnis weitaus die meiste Zeit während der fast zwei Jahrhunderte, da beide Orden nebeneinander bestanden haben, nichts weniger als ein freundschaftliches gewesen ist, wie vielmehr zwischen beiden Orden beinahe eine ewige, nur hin und wieder durch künstliche Versöhnungen und bald kürzere bald längere Waffenruhen unterbrochene Fehde herrschte: ein Zustand, der von den kirchlichen Schriftstellern jener Zeit wegen der dadurch herbeigeführten Zersplitterung der Kräfte gegenüber den Ungläubigen immer wieder aufs tiefste beklagt, ja von nicht wenigen — und diesen pflichtete die herrschende Meinung bei — als eine Hauptursache von dem schließlichen Verlust des heiligen Landes angesehen, dessen Beseitigung darum von den Päpsten selbst immer wieder betrieben und so mehreren Synoden und

Konzilien¹) als ein Hauptgegenstand zur Verhandlung vorgelegt wurde, endlich der schließlich nicht den geringsten Anteil an der Katastrophe des Templerordens gehabt hat. Bekannt ist ferner, wie der Johanniterorden, obgleich ihm von Philipp dem Schönen ursprünglich wohl dasselbe Schicksal wie dem Templerorden zugedacht war, aus der Katastrophe, die jenen zermalmte, nicht bloß selbst unverletzt hervorgegangen ist, sondern nächst dem französischen König den Löwenanteil der Beute davongetragen hat. Um so mehr bleibt es zu bedauern, daß wir über den Anteil, welchen der Johanniterorden an der Aufhebung seines Rivalen gehabt, vor allem über diesbezügliche Verhandlungen mit dem Papste, aber auch mit dem französischen König, so wenig unterrichtet sind²): aber so viel geht aus allem, schon aus dem schließlichen Endergebnis, hervor, daß der Johanniterorden auch hier keineswegs eine bundesbrüderliche, wie es scheint, nicht einmal eine besonders anständige und aufrichtige Rolle, sondern im ganzen eben die des tertius gaudens gespielt hat³). Mag man nun auch jenen fortdauernden Fehdezustand in dem Rivalitätsverhältnis beider Orden genügend begründet finden, mag man vielleicht auch dem Neide des älteren Bruders, des Johanniterordens, gegen den zeitweise offenbar ihn zu überflügeln drohenden, frühzeitig von der Gunst der Mächtigen gewaltig geförderten jüngeren Bruder das Seinige beimessen: sollte es darum eine falsche Vermutung sein, einen Anteil an jenem Verhältnis auch der **nationalen Antipathie zwischen beiden Orden** zuzumessen? Denn daß im Johanniterorden ebensosehr das **provençalische** — und daneben etwa das italienische — Element vorherrschte wie im **Templerorden das fränkisch-burgundische** und dem Orden seinen Charakter gab, ist zwar eine auch bisher nicht unbekannte, aber im ganzen doch wohl zu wenig beachtete Thatsache geblieben⁴). Wenn wir uns darum erlauben,

---

¹) So vor allem in Lyon 1274, in Salzburg 1291. — ²) Sollte aus den Archiven des Johanniterordens in dieser Hinsicht weitere Aufhellung zu hoffen sein? Es scheint wenig. Eher wäre dazu wohl der Vatikan im stande. Aber es dürfte auch in diesem Punkte von Anfang an mehr der persönlich-mündlichen Besprechung, als der schriftlichen Dokumentierung anvertraut worden sein, welch letztere in solch heikler Sache leicht unangenehm werden konnte. Und dann starb ja eben in der kritischsten Zeit, da es sich um den Anschlag auf den Templerorden handelte, der Johannitermeister Wilhelm v. Villaret (s. Bertot II, 53). Wie manches mag er ins Grab mitgenommen haben. — ³) Auf jeden Fall, meint Buison (in den Mitteilungen des Instituts für österr. Geschichte). 1888, p. 502), haben sich die Johanniter als bessere Diplomaten gezeigt, als die Templer. Einen Beweis dafür sieht er schon in ihrem Eingehen auf Klemens' IV. Wunsch eines passagium particulare, während Molay ein solches zurückweist. Einen weiteren Wink in dieser Hinsicht giebt Schottm. I, 611. — ⁴) Für die Thatsache selbst möchten wir einen doppelten Beweis anführen: nämlich 1. wieder die Nationalität der Johanniter-Großmeister. Von den 25 Großmeistern, welche (wenn man als

an dieser Stelle ganz besonders auf dieses Verhältnis hinzuweisen, so geschieht es, weil wir darin zugleich eine weitere Instanz gegen die Prutzsche Behauptung von ketzerischer Infizierung des Templerordens durch seine engeren Beziehungen zu der südfranzösisch=albigensischen Bevölkerung haben. Nicht der Templer=, sondern der Johanniterorden stand dieser Bevölkerung am nächsten und bezog aus ihr sein Hauptkontingent; wie aber kommt es, daß die Geschichte und Prutz nichts, wenigstens nichts Ernstliches, von einer Häresie des Johanniterordens weiß[1]), vielmehr dieser in der Geschichte bekannt ist als eine der zähesten, auch in der kritischsten Zeit der Reformation kaum ernstlich angefochtenen Stützen des alten auf das päpstliche System gegründeten Glaubens? Doch wohl daher, daß solch adelige Vereine von Hause aus am allerwenigsten dazu disponiert sind, mit religiösen Fragen sich innerlicher und selbständiger zu befassen, geschweige zu tiefer gehenden Neuerungen sich hinreißen zu lassen. Wenn irgend einer, so wäre, seinen äußerlichen Beziehungen und seiner Zusammensetzung nach), der Johanniterorden dazu qualifiziert gewesen; aber nicht einmal von diesem hören wir ernsthafterweise von dergleichen Neigungen. Wollten wir aber, etlichen Ausdrücken in Bullen Gregors IX. zu liebe, solche wirklich im Ernst annehmen und voraussetzen: nun so hätte das ja, dem oben geschilderten Verhältnis nach, für die Templer doch nur ein neuer Grund sein können, um so ausgesprochener das päpstlich=kirchliche System zu vertreten, um darin zugleich einen Vorzug und Vorteil gegenüber dem verhaßten Nebenbuhler zu gewinnen!

Nr. 1 Gerard rechnet, der vor der eigentlichen Konstitution im Jahr 1118 an der Spitze des Hospitals stand) bis zur Erbschaft des templerischen Besitzes dem Hospitaliterorden vorstanden, sind uns, nach Vertot, L'histoire des chevaliers hospitaliers, Bd. I u. II, 15 ihrer Nationalität nach bekannt. Davon gehören 9, also fast ⅔, der langue de Provence an, nämlich 1, 2, 3, 4, 17, 20, 23, 24, 25: diese Zunge war also, wie beim Templerorden die französische Zunge, vor allem in der ganzen ersten Zeit und wieder um die Wende des 13. und 14. Jahrhunderts, zur Zeit der Katastrophe des Templerordens im Johanniterorden vorherrschend; Pulane, d. h. in Syrien geborene, ist 9; Portugiese 12; der Auvergne, welche sonst als zweite Ordensprovinz genannt wird, gehört zu 14; bleiben für die Zunge von Francien 3: 13, 19 u. 22. Unbekannter Herkunft sind 5, 6, 7, 8, 10, 11, 15, 16, 18, 21, zus. 10. 2. Einen noch direkteren Beweis für das Übergewicht der provençalischen Zunge im Johanniterorden haben wir in dem Streit, welchen diese unter Raimond Berenger, dem 30. Großmeister, mit der italienischen Zunge auszufechten hatte eben wegen jenes Übergewichts im Ordenskapitel, weil „die langue de Provence allein mehr Stimmen hatte, als zwei andere Zungen", s. Vertot II, 210 ff. — [1]) Daß ja auch gegen den Johanniterorden „bereits Gregor IX. 1238 den Verdacht der Ketzerei ausgesprochen hatte", so gut wie 1307 „die gleichartigen Beschuldigungen gegen den Deutschorden erhoben wurden", wird von Prutz schen Geheimlehre p. 18, Anm. 2, erwähnt, aber offenbar von ihm selbst nicht ernstlich genommen.

Es erübrigt uns noch, des dritten Faktors zu gedenken, welcher uns den Beweis liefert, daß das fränkisch=burgundische Element wirklich das Übergewicht im Templerorden hatte. Es ergiebt sich das nämlich auch aus der Statistik der im Prozeß überhaupt vorkommenden Templer, soweit eine solche Statistik freilich möglich ist. Denn es ist dies eigentlich nur in 2 Ländern der Fall, allerdings Hauptländern des Ordens: das eine davon ist Cypern, das andere Frankreich.

Die Statistik von Cypern hat den Vorteil, daß es nicht bloß ein räumlich bestimmt abgegrenztes Gebiet ist, mit dem wir es hier zu thun haben, sondern, was noch wichtiger ist, daß es der Sitz des Konvents war, somit die dortige Ordensritterschaft als eine Art Repräsentation des ganzen Ordens gelten kann, wofür gerade, wie Schottmüller[1]) treffend hervorhebt, die bunte Zusammensetzung dieses cyprischen Zweigs das deutlichste Zeugnis ablegt. Schottmüller selbst giebt in dankenswerter Weise die betreffende Statistik: daraus ist zu sehen, daß von 76 Ordensgliedern je $^1/_5$, nämlich 15 aus Francien und ebensoviel aus Burgund stammten, während Südfrankreich im ganzen nur 9 zugehörten (nämlich Provence=Auvergne 8 und Guienne 1), auf die beiden italienischen Provinzen aber 8 und die 3 spanischen 12 kommen, am schwächsten von den abendländischen Provinzen aber England mit nur 4 und Deutschland mit Ungarn mit nur 3 Brüdern vertreten sind. Also — da wir die 10 dem Orient — Morea — Armenien — Cypern — angehörigen Brüder als neutral zu rechnen haben —: von 66 auf Cypern weilenden abendländischen Templern sind 30, fast die Hälfte aus der einen Provinz Francien (mit Burgund) und nur $^1/_4$ dieser Zahl, 8, aus der Provence=Auvergne; ein Verhältnis, das für gewöhnlich gewiß sogar noch mehr zu Gunsten des fränkisch=burgundischen Elements sich gestaltete, wenn man bedenkt, daß der Großmeister selbst damals mit seinem Gefolge, welches er doch wohl am liebsten aus seiner eigenen Zunge, der burgundischen, entnommen haben wird, damals nicht auf Cypern, sondern in Frankreich weilte.

Mit dieser von Schottmüller gebotenen Statistik der Templer des cyprischen Prozesses stimmt nun diejenige des französischen merkwürdig überein, welche für unsern Zweck, entsprechend der Bedeutung Frankreichs in diesem ganzen Prozeß, ja noch ungleich wichtiger wäre, falls sie sich in ähnlicher Weise wie für Cypern gewinnen ließe. Leider aber ist eine derartige Statistik für Frankreich nur in ungenügender Weise möglich.

---

[1]) I, 482.

Denn um ganz den richtigen Maßstab zu gewinnen, wäre nötig ein ge=
naues Verzeichnis sämtlicher durch die königlichen Beamten
verhafteten Templer mit Angabe ihres Namens, Standes und ihrer
Herkunft. Da aber eine solche Liste sich schwerlich mehr gewinnen läßt,
so müssen wir uns eben begnügen mit einem Verzeichnis wenigstens der=
jenigen Templer, welche der päpstlichen Kommission vorgeführt
worden sind. Dabei müssen wir uns allerdings bewußt bleiben, daß diese
Vorführung keineswegs gleichmäßig aus allen Teilen Frankreichs erfolgt
ist, sondern vielfach auf der Willkür der königlichen Beamten oder auch
dem Wollen der Diöcesanbischöfe beruhte, welche Willkür offenbar im
Süden Frankreichs, das zugleich der räumlich entfernteste Teil war, wo
die Inquisition seit langer Zeit ihre Schreckensherrschaft uneingeschränkt
übte, besonders groß gewesen ist. Endlich ist in Betracht zu ziehen, daß
in der Zwischenzeit eine nicht geringe Anzahl von Templern bereits den
Qualen der Folter oder der elenden Kerkerhaft erlegen war. Immerhin
gewinnen wir aus jenem Verzeichnis wenigstens annäherungsweise einen
Maßstab, der, verglichen mit den übrigen, nicht ohne Wert ist.

Sehen wir uns die vom 6. Februar bis 3. Mai 1310 der
päpstlichen Kommission aus allen Teilen Frankreichs[1]) vor=
geführten Templer auf ihre Herkunft näher an, so waren von
663 Ordensgenossen[2])

aus der Kirchenprovinz Rheims:
(umfassend Flandern, die Picardie, Champagne und Teile von Francien)

aus Diöc.	Châlons	Rheims	Laon	Soissons	Noyon
	9	14	24	25	11

Senlis	Beauvais	Amiens	Arras	Cambray	Tournay	Thérouanne (Morini)
3	26	46	3	7	8	5

zus. 181 Templer;

aus der Kirchenprovinz Sens:
(Teile von Burgund, Champagne, vor allem das eigentliche Francien und
Orléanais)

aus Diöc.	Orléans	Chartres	Paris	Meaux	Sens	Troyes	Auxerre	Nevers
	5	18	36	11	22	17	6	4

zus. 119 Templer;

aus der Kirchenprovinz Lyon:

aus Diöc.	Langres	Autun	Châlon	Macon	Lyon
	73	19	3	1	3

zus. 99 Templer,

---

[1]) d. h. soweit sie Philipp unmittelbar unterstanden. — [2]) oder 657, wenn man
die 3 Ordensoberen, die beiden Gisi und Gerhard de Gauz abrechnet.

in Summa aus diesen 3 eigentlich burgundisch-fränkischen Kirchenprovinzen 399 Templer oder gegen ²/₃ der Gesamtsumme.

Dazu kommen
aus der Kirchenprovinz Rouen (der Normandie):

aus Diöc.	Rouen	Evreux	Lisieur	Bayeur	Coutances[1]	Sées[2]
	12	10	1	6	2	2

zus. 33 Templer;
aus der Kirchenprovinz Tours:

aus Diöc.	Le Mans	Brieur	Tours (Touraine)	Angers
	2	1	14	1

zus. 18 Templer,

also aus diesen 5 nordfranzösischen Kirchenprovinzen 450 Templer, denen aber auch noch 5 aus Diöcese Besançon, 4 aus Lüttich, 2 aus Toul und 1 aus Verdun beizuzählen sind: macht im ganzen 462 entschiedene Nordfranzosen oder über ²/₃ der Gesamtheit.

Ihnen gegenüber finden sich
aus der Kirchenprovinz Bourges:

aus Diöc.	Bourges	Clermont	Limoges
	17	31	34

zus. 82;

Le Puy (Aniciensis)	Rhodez	Cahors	Alby
2	6	14	4

zus. 26;
aus der ganzen Kirchenprovinz Bourges 108.

Von diesen nehmen jedoch die ersteren 3 Diöcesen: Bourges-Limoges-Clermont (Berry-Limousin-Auvergne) eine Mittelstellung ein, ja die Templer der ersten Diöcese, von Berry, sind jedenfalls eher den Nordfranzosen zuzurechnen. Als entschiedene Südfranzosen oder Provençalen sind so aus dieser Kirchenprovinz nur die Angehörigen der letzten 4 Diöcesen, zusammen also 26 Templer zu rechnen.

Dazu kommen
aus der Kirchenprovinz Bordeaur:

aus Diöc.	Agen	Perigueur	Poitiers	Angoulême
	2	4	10	2

zus. 18.

---

[1] Im ganzen kommen 5 „Constansienses" vor; dabei ist wahrscheinlich 2mal Coutances in der Normandie, 3mal aber das oberrheinische Konstanz zu verstehen. —
[2] Das eine Mal „Sagiensis", das andere Mal „Saciensis" dioec.

Die von Poitiers sind wieder eher den Nordfranzosen zuzuzählen, nehmen jedenfalls eine Mittelstellung ein. Folglich bleiben für die **Südfranzosen**, hier die **Gascogner**, höchstens 8 übrig.

Aus der **Kirchenprovinz Auch**:

aus Comminges	Auch	Tarbes	Lectoure
6	2	5¹)	1

zuj. 14.

Aus der (späteren)²) **Kirchenprovinz Toulouse**:

Toulouse	Pamiers
5	2

zuj. 7.

Aus der **Kirchenprovinz Narbonne**:

aus Nimes	Carcassones	Béziers	Narbonne	Uzès	Agde	Maguelonne	Elne
3	3	4	5	2	6	4	1

zuj. 28.

Endlich sind hieherzurechnen 2 aus der Diöcese **Air** und 6 aus der Diöcese **Vienne**, welche beide Diöcesen schon nicht mehr unter Philipps Machtbereich fielen, gebürtige Templer. Somit ergeben sich für

das (eigentlich) **südfranzösische** Element zuj. 91,
das **mittelfranzösische** (Auvergne=Poitou) . 92,
dagegen **Nordfranzosen** 462,

Summa . . 645 Templer³).

Somit erhalten wir als Gesamtresultat wieder: von
645 in Betracht kommenden Templern in Frankreich sind
462, d. h. etwas über ⅔ **Nordfranzosen**,
92, ca. ¹/₇, gehören der Mitte an und
91, wieder ¹/₇, sind eigentliche **Südfranzosen**.

Also so ziemlich dasselbe Verhältnis, wie auf Cypern, wo wir für **Francien=Burgund** auch ³/₄ des gesamten französischen Elements bekommen haben.

Von Interesse ist endlich auch ein Blick auf die einzelnen Landsmannschaften. Am stärksten vertreten sind vor allem die **burgun=**

---

¹) Dabei sind 2 „Tarvensis dioec." mitgerechnet. — ²) Toulouse wurde erst 1317 durch Johann XXII. zum Erzbistum erhoben. — ³) Die an der Gesamtsumme noch fehlenden 12 Templer verteilen sich folgendermaßen: 3 gehören zum oberrheinischen Konstanz (vgl. ob. p. 172 Anm.), je 1 wird aus Trier, Magdeburg, Nancy und Utrecht („Trajectensis" dioec.) genannt; einer als „de Grecis" und 1 als „Bononiensis", aus Bologna — nämlich der bekannte Peter von Bologna — angeführt. Dazu kommt 1 „Civitatentis", 1 Deutscher („Alemannus") und 1 Engländer aus der Diöc. Salisbury.

bischen Landschaften: allein die Diöcese Langres wird von 73 als Heimat genannt; daneben kommt Autun mit 19 noch erheblich in Betracht. Wenn daneben Châlon und Macon mit so geringen Zahlen aufgeführt sind, so ist zu bedenken, daß diese Diöcesen nur zum Teil unter französischer Oberhoheit standen, ebenso Besançon. Diese Diöcesen gehörten zum größten Teil der eigentlichen Freigrafschaft an, wo der Orden in bedeutender Stärke vertreten gewesen sein muß, wie denn auch Molay diesem Land entstammte. Die 114 Mitglieder, welche aus burgundischen Diöcesen angeführt sind (Langres, Autun, Châlon, Macon, Lyon, Besançon, Nevers und Auxerre) machen somit, wenn auch über ⅕ der Gesamtzahl, nur einen Teil, sei es auch die größere Hälfte, der templerischen Ritterschaft **burgundischer** Zunge aus.

Nicht weniger stark sind diejenigen Landschaften vertreten, welche das eigentliche Francien ausmachen, wozu man die Diöcese Orléans—Beauvais rechnen kann: unsere Statistik ergiebt 181 Mitglieder, wobei natürlich **Paris** das stärkste Kontingent liefert (36), daneben aber auch Beauvais (26), Soissons (25), Laon (24), Sens (22), Chartres (18) und Noyon (11) erheblich ins Gewicht fallen. Gerade in diesen eigentlich **fränkischen** Landschaften scheint der Orden ziemlich gleichmäßig in bedeutender Stärke vertreten gewesen zu sein.

Etwas weniger stark zeigt sich derselbe in der zwischen Burgund und Francien die Vermittlung bildenden **Champagne**, wo besonders Troyes (17) sich bemerklich macht, daneben Rheims (mit 14) und Châlons (mit 9). Zusammen erhalten wir für diese Landschaft 40 Mitglieder, als vielleicht ebenso nach Burgund wie nach Francien neigend.

Entschieden dem **fränkischen** Element zuzuzählen sind dagegen die bereits den Übergang zu Flandern=Brabant bildenden Diöcesen von **Nordfrankreich**: Amiens, Arras, Tournay, Thérouanne ("Morinensis" dioec.), Cambray mit, wenn man die Templer von Lüttich dazu nimmt, 73 Mitgliedern. Hauptsächlich in der **Picardie**, wozu die für Aufnahmen oft genannte Komturei Ponthieu gehörte, scheint der Templerorden sehr stark vertreten gewesen zu sein, wie denn die Diöcese Amiens von 41 als Heimat genannt wird. Für die **flandrische** Ritterschaft geben jene Zahlen von Tournay, Cambray, Thérouanne, Lüttich keinen Maßstab, da diese Sprengel wieder nur zum geringsten Teil dem französischen Territorium angehörten bezw. unter französischer Oberhoheit standen, welche zudem damals bei den langjährigen Händeln zwischen Flandern und Frankreich nahezu illusorisch war.

Gegenüber diesen nordfranzösischen Landschaften kommen die übrigen weit weniger in Betracht: sowohl die **Normandie** — in unserer Statistik mit nur 33 Templern vertreten, vor allem aus den Diöcesen Rouen (12) und Evreur (10), auch Lisieur (6) — oder die Touraine (mit zuj. 18), als die eigentlich mittelfranzöfifchen, wo neben Poitou (mit 10) die Auvergne mit Limoufin weitaus das stärkste Kontingent liefert[1]): Clermont 31, Limoges 34. Während wir im eigentlichen „Frankreich" mit Burgund das Bild einer ziemlich gleichmäßigen Verteilung bekommen, so scheint in diesen Landschaften der Orden sehr ungleichmäßig Eingang gefunden zu haben[2]). Im Süden ist das wieder anders: von 24 Diöcesen, welche hier namhaft gemacht werden als Heimat von 91 Templern, ist nur Cahors mit 14 Templern vertreten, 4 mit 6 (Rhodez, Comminges, Agde, Vienne), 2 mit 5, die übrigen mit noch weniger. Mag dies auch zum Teil mit der größeren Entfernung von der Hauptstadt, dem Sitz der Regierung und zugleich der päpstlichen Kommission, zusammenhängen und wohl auch, worauf wir noch kommen werden, das gewaltthätigere Auftreten der Inquirenten und Kerkermeister in diesen Provinzen sich verraten[3]): mögen wir auch hier wieder nicht vergessen, daß nur ein Teil der provençalisch redenden Bevölkerung der französischen Gewalt unterstand, in einem andern Teil von Südfrankreich, der Guyenne und Gascogne, der König von England als Lehensherr die Gerichtsbarkeit für sich in Anspruch nahm[4]); nehmen wir alles das auch gebührend in Rechnung: für zufällig können wir das Zusammentreffen dieser Statistik mit den übrigen Anhaltspunkten, welche uns der Templerprozeß liefert, dem Ergebnis unserer Untersuchung über die Herkunft der Großmeister wie der Statistik des Ordens in Cypern doch nicht halten. Wir bleiben daher bis zu besserer Belehrung bei unserem Resultat: daß der Templerorden am stärksten über Nordfrankreich, Burgund-Francien, und zwar hier ziemlich gleichmäßig, verteilt war; schwächer und in ungleichmäßiger Stärke dagegen über die mittel- (und west-) französischen Landschaften, endlich, im ganzen etwa ebenso stark wie in Mittelfrankreich, aber verhältnismäßig gleichmäßig verteilt im Süden sich vorfand.

---

[1]) Das stimmt mit der Rolle, welche diese Landsmannschaft bei der Wahl Molays zum Großmeister spielt, cf. oben p. 88! — [2]) Wenn man nicht alles auf die ungleichmäßige Behandlung von seiten der geistlichen oder weltlichen Obrigkeit setzen will. Aber bis zu diesem Grad scheint uns diese doch nicht wahrscheinlich. Vgl. nachher. — [3]) Mit Notwendigkeit fast führt auf diese Annahme schon der Vergleich mit der Diöcese Elne, welche, dem alten Roussillon entsprechend, doch gewiß eine der unbedeutenderen Diöcesen war und uns doch beim dortigen Verhör 1310 25 Templer als Zeugen aufweist (Michelet II, 421 ss). Das macht, daß Roussillon, wenn auch zur Kirchenprovinz Narbonne, damals politisch zu Aragonien gehörte. — [4]) Aus demselben Grund wohl haben wir von der Bretagne nur den einen Templer von Brieuz, Provinz Tours, erhalten.

Es läge nahe, an diese Ausführungen über das Stärkeverhältnis des Templerordens innerhalb der französischen Zunge eine Erörterung über die zahlenmäßige Stärke der Genossenschaft überhaupt anzuschließen. Doch sei die Erledigung dieser schwierigen Frage, da sie mit der Polemik gegen Prutz weniger zu schaffen hat, einem späteren Ort vorbehalten. Nur soviel sei an dieser Stelle noch bemerkt, daß vorstehende Rechnung, wie sie einerseits noch lange nicht die Gesamtheit der Templer in Frankreich wiedergiebt, andererseits doch mit den ungeheuren Zahlen, welche von manchen Schriftstellern gegeben werden, sich kaum in Einklang bringen läßt.

Was ist also das Ergebnis dieser statistischen Untersuchung in Beziehung auf Prutz? Kein anderes als daß seine Behauptung von der außerordentlichen Bedeutung des Südfranzösisch-provençalischen im Templerorden, die für sein System der „Geheimlehre" von solcher Tragweite ist, der thatsächlichen Grundlage durchaus entbehrt und vielmehr in umgekehrtem Verhältnis zur Wirklichkeit steht. Der Grund ist, daß Prutz sich oft nicht die Zeit nimmt, seine Behauptungen in Bezug auf ihre Stichhaltigkeit ernstlich zu prüfen. So konstruiert er vielfach in die Luft.

Daß dieser Vorwurf nicht unbegründet ist, tritt noch deutlicher an dem Punkt hervor, der in der „Geheimlehre" gewissermaßen die Krone des ganzen Gebäudes bildet: wir meinen die Behauptung von einem besonderen, von der bekannten Templerregel verschiedenen, eben die Geheimlehre enthaltenden, schriftlichen Geheimstatut des Ordens. Prutz hat dieses „Geheimstatut", auf dessen genauere Fixierung nach seiner zeitlichen und örtlichen Entstehung er sich in der „Geheimlehre" noch etwas besonderes zu gute thut, insofern dieser Teil wirklich seine eigene Entdeckung bildete, womit er Loiseleur noch übertrumpft zu haben sich rühmen durfte, er hat dieses ganze „Geheimstatut" in seiner „Entwicklung" ja hernach fahren lassen, fahren lassen müssen. Warum? Weil eine genauere Lektüre der wirklichen Templerregel und -Statuten, welche er nach der Neuherausgabe derselben durch Curzon[1] vorgenommen und deren Ertragnis er uns in den „Forschungen zur Geschichte des Tempelherren-Ordens" in den „Königsberger Studien"[2] im Jahr 1887 übermittelt hat, ihn selbst von der Grundlosigkeit und Unmöglichkeit seiner diesbezüglichen Aufstellungen überzeugte. Sonst hätte er auch hier erleben müssen, unverzeihlicher Blindheit und Oberflächlichkeit beschuldigt zu werden. Denn es ist so wenig eine Kunst, herauszubringen, was Prutz in den „Königs-

---

[1] Henri de Curzon, La Règle du Temple, Paris 1886, XLI u. 350 S.
[2] Königsberger Studien I, p. 145—180.

berger Studien" glücklich herausgebracht hat, daß wir uns nur darüber wundern können, daß er auch hier wieder nicht mehr herausgebracht hat. Denn eine gründlichere Analyse ergiebt doch sehr viel weitergehende Resultate. Welche? haben wir in einer Separatarbeit in den „Mitteilungen des Instituts für österreichische Geschichtsforschung"[1]) ausführlicher dargelegt. Indem wir auf diese Arbeit des näheren verweisen, begnügen wir uns hier, die Hauptergebnisse unserer Untersuchung summarisch wiederzugeben.

Das Hauptresultat, wie es auch Prutz, von dem wir in wesentlichem erst für die zweite Hälfte differieren, sich aufdrängen mußte, ist: daß die Templerregel keineswegs auf einmal oder auch nur innerhalb einer Generation entstanden, daß sie nicht einmal nach dem ersten Jahrhundert des Ordens, in der Zeit, in welcher die Templer nach der „Geheimlehre" noch rechtgläubig waren, fertig abgeschlossen gewesen, sondern vielmehr, wie sich deutlich wahrnehmen läßt, schichtenweise zu stande gekommen ist, deren letzte nicht sehr viel hinter die letzte Zeit des Ordens überhaupt zurückreicht. Genauer lassen sich 3 Hauptschichten, oder, je nachdem man die letzte rechnet, 4, welche ebenso vielen Zeiträumen oder Generationen angehören, unterscheiden:

Die erste Hauptschicht bilden die Art. 1—76 bei Curzon (= §§ 1—57 bei Maillard). Hier haben wir die eigentliche Regel vor uns, die Grundlage des Statutenbuchs: charakterisiert als solche gegenüber den späteren Bestandteilen durch ihre, eine ausgebildetere Organisation noch ausschließenden, allgemeinen Bestimmungen wie vor allem durch ihren dem Orden bei seinem Ursprung eigenen mönchischen Charakter.

Daß und warum nur von dieser Schicht, mit Ausnahme der fünf letzten Art. 72—76, ein lateinischer Text vorhanden ist; warum diesem gegenüber der französische, wenn auch nicht in seiner jetzigen Redaktion, wahrscheinlich der ursprünglichere sei, die lateinische Übersetzung aber deswegen noch lange nicht in eine viel spätere Zeit, geschweige, wozu Prutz neigt, erst in die Zeit des Prozesses, sei es auf Initiative der Kläger oder der Templer, gesetzt werden muß; wieviel mehr letztere Annahme schon durch die merkwürdig geringe Vertrautheit der Zeugen mit ihren eigenen Statuten, wie nicht minder die ganze damalige Lage der Ordensgenossen; erstere aber, daß die Übersetzung von klägerischer Seite veranstaltet wurde, schon durch die absolute, für den Prozeß so charakteristische, Gleichgültigkeit der Kläger gegen Gewinnung

---

[1]) Diese Separatarbeit, im Herbst 1891 der Redaktion eingesandt, ist bis jetzt noch nicht erschienen: Sept. 1892.

ernsthaften Beweismaterials dem angeklagten Orden gegenüber durchaus ausgeschlossen ist; endlich wie wir auf die **richtige Zeit der Abfassung** vielmehr wahrscheinlich eben durch jene in der lateinischen Übersetzung fehlenden **fünf letzten Artikel der ersten Schichte** geführt werden: das alles möge in jener ausführlicheren Arbeit näher nachgelesen werden. Weiter haben wir uns dort anläßlich dieser ersten Hauptschichte vor allem über den **Anteil des h. Bernhard**, der in jedem Fall als der geistige Vater jener ersten Regel, der sogenannten „Statuten von Troyes", festzuhalten ist, ausgesprochen, sowie über etliche **Abweichungen des lateinischen Textes von dem französischen**, welche Prutz als absichtliche Zusätze bezw. Veränderungen der späteren Zeit, wir vielmehr eher als mit der Zeit vor sich gegangene Kürzungen des französischen ansehen möchten. Von diesen ist inhaltlich wegen ihrer Beziehung zu den späteren Anklagen im Prozeß gegen die Templer vor allem bemerkenswert die im französischen Text zu findende **gänzliche Weglassung der nach dem lateinischen in das Belieben des Großmeisters gestellten Probezeit für Novizen.** Einer zweiten Verschiedenheit, auf welche Prutz hier sowohl in den Königsberger Studien als nachher in der „Entwicklung" ganz besonderes Gewicht legt, — daß es in Art. 12 im lateinischen Text heißt: die Brüder sollten auf ihren Reisen an nicht **exkommunizierte Ritter** sich halten, während im französischen die Negation gerade weggelassen ist — möchten wir, auch wenn die Sache nicht ganz klar scheint, doch in keinem Falle so außerordentlichen Wert beilegen, wie dies Prutz thut, sondern für das Wahrscheinlichste immer noch ein einfaches Versehen halten. Somit faßte sich das Hauptergebnis unserer Untersuchung über diese erste Schichte dahin zusammen:

Die Grundlage bildete wohl ein von Hugo de Payens auf das Konzil von Troyes mitgebrachter, etliche kurze Regeln für das bisherige ritterliche Zusammenleben enthaltender, natürlich **französisch abgefaßter Entwurf.**

Diesem wurde auf dem Konzil von Troyes, unter dem Einfluß des h. Bernhard, der **mönchische Kern der Regel** beigefügt.

Nachdem die erste Folgezeit hiezu noch manche weitere Bestimmung, so Art. 68, hinzugesetzt hatte und so ein gewisser Abschluß erreicht war, wurde diese Regel, vielleicht auf Veranlassung Hugos (wenn nicht schon vom Konzil in Troyes) vor 1135 ins Lateinische übertragen, so daß in jedem Fall diese **lateinische Regel als eine Urkunde der ersten Zeit, wo der Orden noch durchaus unter dem gewöhnlichen kirchlichen Organismus steht,** gelten darf.

Diese Grundlage erfährt (unter den 3 folgenden Großmeistern bis ca. 1150) noch etliche Zusätze, welche in den Art. 72—76 uns vorliegen. In dieser Gestalt findet sie im 5. Jahrzehnt des 12. Jahrhunderts ihren vorläufigen Abschluß und bildet so, als statutarischer Niederschlag des Geistes und der Verhältnisse der ersten Ordensgeneration ein einheitliches Ganzes für sich, die erste Schichte des ganzen Statutenbuchs.

Die zweite Hauptschichte der Statuten gilt, entsprechend der in der Zwischenzeit eingetretenen gewaltigen Ausbreitung des Ordens und seiner in gleichem Verhältnis gesteigerten militärisch-politischen Bedeutung — zumal seit der mit dem Fall von Edessa 1144 anhebenden Notzeit voll Wirren und Kämpfen im Königreich Jerusalem — der hierarchisch-militärischen Organisation des Ordens. Überschrieben „Ci comencent les retraez et lestablisemens del Temple" umfaßt sie die Art. 77—278 (bei Curzon = §§ 58—123 bei Maillard), zerfallend wieder in 4 Unterabteilungen. Von diesen enthält die erste, Art. 77 bis 197, die eigentlich militärisch-politische Organisation: Rechte und Befugnisse der verschiedenen Ämter und Klassen, Marsch- und Lager-, wie Haus- und Tischregeln u. drgl. Hier bricht das eine der Manuskripte, das von Dijon, ab, was wir entweder damit zu erklären haben, daß bis hieher die allgemein den Brüdern in die Hand gegebenen Statuten gingen, während die folgenden Teile des Statutenbuchs den vorgeschritteneren Ordensgenossen [1]) vorbehalten blieben; oder [2]) — noch wahrscheinlicher — daß wir es wieder mit einer zeitlich abgegrenzten Schichte zu thun haben. Und zwar fällt diese, da die Stadt Jerusalem noch als im Besitz der Christen befindlich vorausgesetzt wird, jedenfalls vor das Jahr 1187, wahrscheinlich vor das Auftreten Saladins überhaupt.

In dieselbe Zeit, gleichfalls noch vor 1187, also höchstens ein paar Jahre weiter hinaus als die erste, fällt die zweite Unterabteilung, Art. 198—223 von Curzon (bei Maillard in § 79), enthaltend die genaueren Bestimmungen für die Wahl des Großmeisters, wobei dem Ordenskaplan der Beruf zufällt, für Frieden, Liebe und Eintracht während der Wahlverhandlungen zu sorgen; sowie die dritte in Art. 224—267 bei Curzon (§§ 80—121 bei Maillard), ein Strafkoder in 3 Gruppen, deren 1. die 9 mit Ausstoßung aus dem Orden, deren 2. die 31 mit zeitweiligem Verlust des Mantels bedrohten Fälle aufzählt; während die 3. die verschiedenen — 10 — Grade oder Stufen der Bestrafung be-

---

[1]) In den späteren Statuten allemal „proudomes", auch „viels homes" geheißen. — [2]) Es braucht dies natürlich keine absolute Alternative zu sein, sondern, da die früheren Statuten eben die allgemeineren Bestimmungen enthielten, so gab man diese auch allgemein in die Hand.

schreibt, wovon die letzte einfache Freisprechung („mettre en pais") ist. Und zwar scheint, wie wir in jener Spezialarbeit über die Templerregel näher ausgeführt haben, für die Abfassung auch dieser Partie vor 1187 nicht so sehr die in Art. 261 sich findende Erwähnung des „Hospitals" (worunter ja nicht notwendig das Hauptordenshaus der Johanniter in Jerusalem verstanden werden muß, sondern immerhin dieser ganze Orden verstanden werden kann), als vielmehr das kameradschaftliche Verhältnis zu sprechen, das als zwischen Templern und Hospitalitern bestehend vorausgesetzt wird, ein Verhältnis, welches bei der gewöhnlichen Verfeindung der beiden Orden fast auf eine Ausnahmezeit hinzuweisen und am besten für die Situation zu passen scheint, welche mit der 1179 durch die beiden Großmeister, Odo von St. Amand von den Templern und Roger Desmoulins von den Hospitalitern, zwischen beiden Orden hergestellten Versöhnung auf etliche Zeit herrschen mochte.

Etwas weiter hinaus, bis gegen Ende des 12. oder Anfang des 13. Jahrhunderts, möchten die in der letzten Unterabteilung, Art. 268 bis 278 bei Curzon (= §§ 122—123 bei Maillard) gegebenen Statuten für die Ordenskapläne zu rücken sein, weniger weil nach denselben bereits ein starker Gegensatz zu der Diözesangeistlichkeit vorauszusetzen oder die Verwandlung der päpstlicherseits, durch die Bulle „Omne datum optimum", 1163 erteilten Genehmigung zur Haltung von eigenen Ordenspriestern in eine Anweisung des Ordens, nur bei solchen zu beichten, so einen besonders langen Zeitraum gebraucht haben müßte, als weil, wie ein Vergleich mit der von Perlbach herausgegebenen Deutschordensregel ergiebt, hier die Grenze zu sein scheint für die unmittelbare Entlehnung aus der Templerregel von Seite der Deutschordensherren.

Bleibt noch der für unseren Zweck wichtigste, der 3. Hauptteil, Art. 279—686 (bei Maillard p. 332—499) übrig. In dieser Partie vor allem finden wir den Beweis, daß Prutz auch jetzt wieder sich wenig gründlich mit der Templerregel beschäftigt hat: schon indem er den Abschnitt Art. 279—656 „eine auf die usances bezügliche private Arbeit eines älteren Tempelherrn zur Belehrung der jüngeren" nennt. Denn hätte er genauer zugesehen, so hätte ihm nicht entgehen können, daß unmöglich alle diese Artikel von einem und demselben Urheber herrühren können, daß vielmehr auch hier wieder, entsprechend dem Umfang dieses Teils, mehrere Redaktionen zu unterscheiden sind, die man wieder eigentlich in 2 Hauptschichten, die letzte mit einem doppelten Anhang, zerlegen muß. Gemeinsam ist diesem ganzen letzten Hauptteil, daß wir hier eine Art Kommentar zu den vorangehenden Statuten vor uns haben, schon darin die Epigonenzeit verratend, als welche überhaupt im Zeitalter der Kreuzzüge das 13. Jahrhundert gegenüber dem 12. vor uns steht. Doch ist noch ein großer Unterschied zwischen den beiden Hauptgruppen dieses Teils, Art. 279—543 und 544—612. Die erste Gruppe hat am wenigsten Einheitliches unter sich, sondern zeigt sich als eine ziemlich verworrene Erweiterung und Ergänzung der früheren Statuten Art. 77 ff. mit vielfacher Wiederholung von bereits früher Gesagtem und ohne irgend welchen Plan in der Anordnung; offenbar das Resultat der jeweiligen Festsetzungen von Generalkapiteln, welche dem zufälligen Bedürfnis ihre Entstehung verdankten und bald diesen bald jenen Teil der Statuten zum Gegenstande hatten. Für unsere Untersuchung am wichtigsten ist auch hier wieder der weitaus den meisten Raum (Art. 416—543) einnehmende Strafkoder, der schon durch seine mancherlei Abweichungen von dem früheren Strafkoder[1]) den Charakter einer „Privatarbeit" durchaus verleugnet. Im übrigen ist dieser Teil besonders bemerkenswert schon deshalb, weil unter den mit Verlust des Ordens bestraften Fällen auch einer figuriert, dem wir in den Anklage-Artikeln des Prozesses wieder begegnen: Sodomie. Die Art, wie jedoch von derselben die Rede ist,[2]) trägt zu sehr das Gepräge des Abscheus und der ehrlichen Entrüstung, als daß man annehmen dürfte, daß es sich hiebei um mehr als ganz vereinzelte Fälle gehandelt habe. Ebenso wird der Fall der Heterodoxie so sehr im engsten Anschluß an das römische Lehrsystem als etwas Selbstverständlichem behandelt, daß für albigensische Sympathien nirgends Raum übrig bleibt Sondern, wenn wir, von dem Grundsatz ausgehend, daß das in der Praxis am meisten Vorkommende am meisten auch auf den Generalkapiteln verhandelt worden ist, darauf achten, was in diesen späteren Statuten am meisten kommentiert wird; so kommen unter den mit Ausstoßung aus dem Orden bestraften Fällen an erster Stelle Simonie bei der Aufnahme; Flucht vor den Sarazenen bei aufgepflanztem Banner; meineidige oder irgendwie unwahre Beantwortung der beim Eintritt in den Orden vorgelegten Fragen und ganz besonders „larrecin": ein sehr dehnbarer Begriff, unter dem man eigentlich alles verstand, was auf bewußte oder unvorsichtige Schädigung des Ordens oder auch nur die Möglichkeit solcher in irgend erheblichem Maße hinauslief.[3]) Unter den mit „Verlust des Mantels"[4]) be-

---

[1]) Näheres darüber s. weiter a. a. O., in den „Mitteilungen des Instituts für österr. Geschichtsforschung". — [2]) cf. Curzon p. 229. — [3]) Ein Symptom, das allerdings bis zu einem gewissen Grad den gegen die Templer erhobenen Vorwurf von Habsucht oder irdischem Sinn zu bestätigen scheint. — [4]) „Perte de l'abit" (Art. 233 ff.), meist auf 1 Jahr und 1 Tag, wenn nichts besonderes bestimmt wurde.

drohten Fällen aber stehen voran Verleumdung, dann hartnäckiger Ungehorsam gegen die Oberen und Wegwerfen des Mantels im Zorn, also Verletzung der mönchisch=militärischen Subordinationspflicht. Verletzung des Keuschheitsgelübdes ist außer dem schon vorhin erwähnten Fall von „Sodomie" nur einmal noch in Art. 452 gestreift, der vom Liegen „o femme" handelt.

Das Ganze gibt keineswegs ein Bild von Lafheit, sondern vielmehr von einem auf Beobachtung der Form immer peinlicher erpichten, die Satzungen der Väter eifrig zu konservieren bedachten Sinne, der sich mit nichts weniger verträgt als einem revolutionär=ketzerhaften Geiste. Für die Zeit der Entstehung dieser Statuten gewinnen wir einen wertvollen Anhaltspunkt in Art. 408, in dem Athlit, das 1218 erbaute Pilgerschloß, und zwar offenbar als Hauptsitz des Ordens, angeführt wird. Dies führt, da Schottmüller[1]) den Nachweis geliefert hat, daß in der ganzen letzten Zeit der Kreuzzugsherrschaft das Hauptquartier des Ordens wieder in Accon und nicht, wie Prutz will, auf dem Pilgerschloß zu suchen ist, auf die Zeit nach dessen Erbauung, Anfang oder Mitte der zwanziger Jahre des 13. Jahrhunderts, da der Kreuzzug Kaiser Friedrichs II. mit keiner Spur erwähnt ist. Jene Erwähnung von Athlit ist aber auch deshalb um so bemerkenswerter, als sie uns mit ganz anderem Grund als Prutz zu genügen pflegt, Recht giebt zu der Annahme, daß wir eben in diesen Art. 279—543 die Michelet I, 458 genannten „Statuten vom Pilgerschloß" vor uns haben, in denen Prutz so begierig die ketzerischen Geheimstatuten wittert![2])

Auf die für diese Gruppe angegebene Zeit, ca. 1225, führt uns auch der Vergleich mit der darauffolgenden 2. Gruppe dieser letzten Hauptschrift, in Art. 544—642. Wieder ein Kommentar, womöglich noch wichtiger als der in Art. 279—543, und zugleich einer, auf den im Unterschied von dieser letzten Partie die Bemerkung von Prutz zutrifft, daß es „die Privatarbeit eines älteren Tempelherrn zur Belehrung der jüngeren sei". Von so besonderer Wichtigkeit aber ist dieser Kommentar, weil er historischer Natur ist, d. h. einer, der nicht nur mit geschichtlichen Beispielen die Beobachtung und den Sinn der Statuten erhärten und erläutern will und uns so den besten Einblick liefert in die innere Geschichte, das Leben und Treiben innerhalb des Ordens, sondern auch, weil er mit eben seinen geschichtlichen Beispielen sich so genau, als man wünschen kann, fixieren läßt. Ohne hier die betreffenden Daten, bestehend vor allem in den Namen etlicher Großmeister und bekannteren

[1]) Vgl. Schottmüller I, 735. — [2]) Geheimst. p. 93, vgl. eben p. 53.

geschichtlichen Ereignissen, im einzelnen anzuführen, bemerken wir nur, daß danach die Abfassungszeit mit ziemlicher Sicherheit um das Jahr 1255 sich bestimmen läßt. Damit stimmt auch Prutz in den Königsberger Studien im allgemeinen überein. Schade nur, daß er auf diese Entdeckungen erst durch Curzon sich bringen lassen mußte! Denn wenn er vor seiner „Geheimlehre" auch nur ein wenig sich mit den Templerstatuten, wie sie durch Maillard ja vorlagen, abgegeben hätte, so hätte er diese Daten so gut wie wir ohne weiteres finden müssen und dann hätte er gewiß seine Hypothese vom Aufkommen der Ketzerei im ersten Viertel des 13. Jahrhunderts, von der Belagerung von Damiette an, zu Hause gelassen!

Vielleicht seine ganze „Geheimlehre" überhaupt! Denn mit diesem in der 2. Hälfte des 13. Jahrhunderts verfaßten Kommentar zu den Templerstatuten ist eine in der ersten Hälfte desselben Jahrhunderts in den Orden eingedrungene und von demselben in derselben Zeit, die wir durch diese Artikel am gründlichsten kennen, sanktionierte häretische Geheimlehre, vollends jene widerliche, von Prutz auf Grund der Anklage-Artikel zusammengebraute Ketzerei, ein für allemal unverträglich, ja ein häretischer Geist im Orden überhaupt. Wenn auch nur die Spur eines solchen geherrscht hätte, dann wäre eine solche Arbeit unmöglich gewesen, bezw. wäre sie ganz anders ausgefallen. Denn der Geist, der diesen Kommentar durchdringt, ist durchweg der der unbegrenzten Verehrung des Epigonen für das weise Werk der Vorfahren, an deren Festsetzungen man nirgends zu rütteln, sondern die man als ein unantastbares Evangelium nur noch zu kommentieren wagt, um sie auf diese Weise nur um so sicherer zu konservieren und für ihre unbedingte Gültigkeit Sorge zu tragen. Solche Kommentare sind, wie schon zur vorigen Schrift angedeutet wurde, ein Beweis, daß der ursprünglich produktive Geist längst erloschen ist, daß man aber darum nur um so ängstlicher sich bemüht, wenigstens in der Form denselben festzuhalten durch Betonung der Tradition. Gerade in diesem Teil des Statutenbuchs verrät sich dieser Epigonensinn noch durch zwei weitere einander scheinbar widersprechende Erscheinungen; einmal durch die weitgehende Unkenntnis der eigenen Ordensstatuten, welche danach im Orden verbreitet war, und andererseits hart daneben die Rigorosität ihrer Auslegung in einzelnen Fällen. Die weitere Exemplifizierung dafür müssen wir uns hier versagen, können aber nicht unterlassen, auch hier zu betonen, wie es doch ein Fehler war, daß man im Orden so wenig auf umfassendere allgemeine Bekanntschaft mit den Statuten drang, der sich später im Prozeß bitter gerächt hat.

Der Verfasser selbst, in dem wir einen der von ihm „prodome" genannten, älteren und erfahreneren Templer von der besten Art erkennen, spricht sich darüber gegen das Ende seines Kommentars, wo er auf den Zweck seiner Arbeit zu reden kommt, dahin aus, daß er diese Beispiele aus zwei Ursachen in Erinnerung gebracht habe: damit die einen das Gebot und das Verbot, das an sie ergeht, besser beobachten, die anderen die Vergehungen ihrer Brüder besser erkennen lernen und dieselben nicht über Gebühr belasten, damit der Orden nicht zu Schaden komme. Klingt das nicht wie eine Ahnung künftigen Unheils, an dem die mangelnde Vertrautheit mit den eigenen Ordensstatuten immerhin nicht ganz unbeteiligt sein sollte?

Auf den weiteren Inhalt dieses Kommentars, der auch in litterarhistorischer Hinsicht durch seine im Vergleich mit den früheren Teilen weit modernere Sprache wie durch seinen eleganteren Stil von hohem Interesse ist, enthalten wir uns hier näher einzugehen, um die ganze Bedeutung dieses Kommentars kurz dahin zusammenzufassen, daß vor einer solchen Urkunde alle Gelüste, dem Orden von lange her häretische Gebräuche oder auch nur Tendenzen unterzuschieben, sich lächerlich ausnehmen oder nur auf ihren Urheber zurückfallen als Zeugnisse mangelhafter Quellen- und Geschichtskunde.

Hinter dem Kommentar kommen noch, als eine Art doppelter Anhang, zwei kürzere Schriften in den Art. 643—656 und wieder 657—686 (bei Maillard als §§ 127 und 128), die sich schon durch ihre besonderen Überschriften als eigene Abschnitte für sich, als Produkte neuerlicher Kapitelsverhandlungen über diese Punkte darstellen. Von Wert sind beide schon dadurch, daß ihre Abfassung, der zeitlichen Aufeinanderfolge der bisherigen Teile des Statutenbuchs entsprechend, in die letzten Zeiten des Ordens, d. h. in die ca. 50 letzten Jahre desselben fallen muß. Unter ihnen ist der erste, Art. 643—656, der minder wichtige. Überschrieben: „Cest coment lon doit faire les justices de la maison", zeigt er sich wieder nur als eine Erläuterung der verschiedenen Stufen des Strafkoder, veranlaßt offenbar durch die unklare und verworrene Abfassung dieser Partie in Art. 486—543, welche er denn auch in entsprechend kürzerer und präziserer Fassung wiedergiebt. Auch diese kurze Abteilung besteht aus 3 Abschnitten, vielleicht ebensoviel Konventsverhandlungen zu verdanken: Art. 643—650 (entsprechend Art. 493—531) Aufzählung der verschiedenen Grade des Strafkoder, Art. 651 bis 654 (entsprechend Art. 486—492) Erledigung des Falls, daß ein Ausgetretener um Wiederaufnahme bittet — dieser Abschnitt ist wichtig, weil seine Bestimmungen ganz im Einklang stehen mit den im Prozeß zur Verteidigung vorgebrachten Beispielen¹) —; endlich Art. 655 656 Einschärfung noch etlicher Hauptgrundsätze, wie es mit den Brüdern „en penance" zu halten sei.

Wichtiger noch ist der zweite Anhang, welcher den Schluß des ganzen Statutenbuchs bildet, Art. 657—686, enthaltend das Zeremoniell bei Aufnahme eines neuen Bruders. Prutz zwar urteilt über dieses Zeremoniell²): „Inhaltlich bietet es kein besonderes Interesse", weil „diese Aufnahme-Ordnung in nichts dem entspricht, was nachmals der Prozeß des Ordens über die bei Aufnahme vieler Ritter geübten häretischen Bräuche enthüllt hat". Also: weil er mit den Prutzschen Resultaten nicht stimmt, so hat dieser Teil für ihn keinen Wert. Für uns ist er aus demselben Grund vielmehr vom allerhöchsten Interesse. Denn mit unserer Auffassung und unseren Ergebnissen stimmt er ganz und gar und wir stehen damit nicht allein.

Um so wichtiger erscheint die Frage nach der zeitlichen Abfassung dieses Stücks, für welche wir auf Grund der bisherigen Aufeinanderfolge der einzelnen Statutenpartien vielleicht das 7. Jahrzehnt des 13. Jahrhunderts in Anspruch nehmen dürfen. Damit stimmt sein Inhalt. Denn es ist bezeichnend, daß eben dieses letzte Stück der Aufnahme von Brüdern gilt, einer Sache, die wir uns sonst als erste denken. Es erinnert uns das einmal an den ungeheuren Verlust, den der Orden in den Kämpfen dieser letzten Zeit in Palästina erlitt, der einen Ersatz zum wichtigsten Bedürfnis des Ganzen machte; sodann aber daran, daß, wie wir auch in der Geschichte des Johanniterordens finden, gerade in Bezug auf die Aufnahme es nötig war, im Fortschritt der Zeit um so strenger auf einheitliche Regelung und einheitliche Beobachtung der Statuten zu dringen, je mehr mit dem Zerfall der straffen Ordenszucht und Zusammenfassung es auch mit der Aufnahme leichter genommen oder diese in den verschiedenen Provinzen verschieden behandelt wurde: auch ohne daß man, wie das übrigens auch hin und her vorkommen mochte, mit der Zeit diese geistlichen Ritterorden mehr als eine bequeme Versorgungsanstalt als für einen gefährlichen Opferdienst ansah. Insofern mochte die Fixierung gerade dieses Zeremoniells in der letzten Zeit des Ordens als ganz besonders nötig erscheinen.³) Daß es aber in den meisten Fällen, in der

---

¹) Vgl. z. B. Mich. I, 146. — ²) Königsb. Stud. I, 179. — ³) Nur kurz sei hier auch an die Deutschordensregel erinnert, welche gleichfalls als letzten allgemeinen Bestandteil, auf welchen sodann die nur noch in vereinzelten Redaktionen vorhandenen Kapitelsbeschlüsse vor und nach 1264 folgen, ein Aufnahmeritual hat (Perlbach, p. 127 ff.).

Regel, bei der Aufnahme auch wirklich so gehalten worden ist, mochte man auch in vereinzelten Fällen von der strengen Durchführung mehr absehen, das beweist eben das Protokoll des Prozesses. Um so merkwürdiger bleibt es, daß die päpstliche Kommission und alle die übrigen Richter, welche nach dem Aufnahme=ritus ja so genau forschten, sich nirgends weiter bei diesen Statuten=Artikeln erkundigt haben. Oder sollten sie es doch gethan, aber eben nichts ihrem Wunsch und ihrem Zwecke der Verdächtigung Dienliches gefunden haben und etwa diesem Suchen das allerdings auffallende Fehlen etlicher Blätter gerade bei diesem Teil, in beiden Handschriften, von Paris wie auch von Rom, zuzuschreiben sein? Wenn ja, dann dürfen wir es als ein ganz besonderes Glück betrachten, daß den betreffenden Handlungen der Inquisition nicht ein und dasselbe Blatt in beiden Handschriften zum Opfer gefallen ist. Denn welches Kapital würde Prutz aus einem solchen Zusammentreffen geschlagen haben? Bringt er es doch fertig, den Templern zuzutrauen, daß sie selber diese That sollten verbrochen haben, obgleich er zugeben muß, daß „beide= male (infolge jenes Ausreißens) Stücke fehlen, die ja, wie die Regel vorliegt" — also doch ein Hinterthürchen, daß sie möglicherweise nicht richtig vorliegt, — „nichts Kompromittierendes enthalten". Aber — „es kommen in ihnen doch Worte und Wendungen vor, welche, denkt man sich den Orden einmal der Aufnahme=Zeremonien wegen beargwöhnt und von einer Untersuchung bedroht, allerdings anstößig erscheinen und von dem Gegner zum Ausgangspunkt einer Aktion gemacht werden konnten: wird doch dem Rezipienden gesprochen von ‚toutes les duretés aussi qu'i li sauront mostrer', und soll derselbe erklären: ‚qu'il souffrira volontiers tout par dieu u. a. m."[1]). Wenn also hier eine bestimmte Absicht gewaltet hat, so könne das „doch nur veranlaßt worden sein durch ein etwaige Beweismittel zu vernichten bemühtes Schuldbewußtsein". Hiermit schließt der Artikel der Königsberger Studien.

Was sollen wir nun dazu sagen? Unglaublich!

Damit wollen wir es in Beurteilung der „Geheimlehre" und ihres Standpunktes bewenden lassen. Wenn diese Beurteilung, vor allem in ihrer zweiten Hälfte, immer weniger das Aussehen einer Kritik angenommen hat, und dafür mehr darauf ausgegangen ist, etliche der bei der Frage

---

[1]) Art. 658 u. 659 und ähnlich wieder 662 u. 667. Die Zitate aus Königsb. Stud. I, 179 f.

in Betracht kommenden Hauptpunkte, wie über nationale Herkunft und Zugehörigkeit der meisten Ordensritter, Entstehung und Charakter des Statutenbuchs und seiner verschiedenen Teile, nicht zum wenigsten den Geist, der den Orden beherrschte und sich in seinen Thaten ebensogut wie in seinen Statuten ausdrückte, u. a. m. sicherzustellen, so wird uns das wohl von keinem verübelt werden, der auch in der Kritik mehr aufzubauen als niederzureißen liebt. Und ebensowenig wird es uns von solchen zum Fehler angerechnet werden, wenn wir die zahlreichen unrichtigen Einzelbehauptungen, von welchen die „Geheimlehre" noch eine Fülle von Proben liefert, des weiteren lieber übergehen, als ihnen hier eine die Geduld des Lesers übermäßig in Anspruch nehmende Beachtung schenken. Auf die stärksten und bedeutsamsten dieser Verstöße ist ja schon in der Darstellung der „Geheimlehre", wenn auch meist nur anmerkungsweise, hingewiesen worden, weil und wo diese sonst gar zu sehr dazu angethan waren, das Urteil des Lesers von vornherein irrezuführen: wie z. B. die Behauptungen von dem Fehlen der Folter, der Übereinstimmung der Ergebnisse in England mit denen von Frankreich, dem absichtlich milden und schonenden Verfahren der päpstlichen Kommission, von dem Bemühen des Papstes, die Templer um jeden Preis, selbst auf Kosten seiner Pflicht zu retten, u. a. Eine Reihe anderer Behauptungen, wie z. B. die findige Weise, womit Loiseleur-Prutz auch den unschuldigsten und harmlosesten, ganz natürlichen Reden und Dingen einen bedeutsamen ketzerischen Sinn unterzuschieben wissen, z. B. der Schlußformel des Kapitelvorsitzenden: „Gott möge die Sünden vergeben, wie er sie der Maria Magdalena und dem Schächer am Kreuz vergab")[1] oder der mit einer Säule in Nazareth in Berührung gebrachten Templerschnur, den Idolköpfen u. a. m. richten sich für jeden Verständigen so von selbst, daß wir uns diese Mühe füglich ersparen können. Zum Teil werden solche Entdeckungen auch, soweit sie nicht im bisherigen schon gerichtet sind, ihre Richtigstellung im späteren positiven Teile finden: so insbesondere die zahlreichen Berufungen auf Zeugen aus den Prozeßprotokollen, die ja dem Leser zuerst mächtig imponieren, bis ihn ein einziger Blick in jene Protokolle darüber belehrt, was er von all derlei Zeugnissen zu halten hat. Übrigens haben diese Prutzischen Behauptungen größtenteils bereits ihre Widerlegung gefunden durch Schottmüller. Doch mußten auch wir einen genügenden Begriff davon zu geben versuchen, wie oberflächlich Prutz bei seiner

---

[1] S. oben p. 44.

„Geheimlehre" und in den an diese sich anlehnenden weiteren Veröffentlichungen, soweit sie die Templerfrage streifen, zu Werk gegangen ist.

Den besten Beweis für die Unhaltbarkeit aller dieser Behauptungen liefert aber Prutz selbst in dem Werke, das er seinerseits auf Schottmüllers Widerlegung hat folgen lassen, seiner „**Entwicklung**": einem Werke, welches offenbar den Zweck hat, seine früheren Hypothesen zu korrigieren und dadurch vergessen zu machen. Nur thut er das auf die unglückseligste Weise, indem er einerseits etwas Besseres, Gründlicheres an die Stelle des hinfälligen Alten setzen und doch mit dem Alten in „der Hauptsache" recht behalten will. Ein solches Verfahren legt von vorneherein die Befürchtung nahe, es möchte auch das Neue schwerlich etwas Rechtes werden, weil es weder etwas konsequent Neues noch auch etwas konsequent Altes, sondern eben etwas Altes und Neues und somit etwas — Halbes sein werde.

Ob solche Vermutung begründet ist, möge der Leser selbst entscheiden, nachdem er auch den Standpunkt der „Entwicklung" kennen gelernt haben wird. Wir geben ihm dazu Gelegenheit im folgenden Kapitel, in dem wir die Frage beantworten:

Was sagt denn nun Prutz neuestens?

Drittes Kapitel.
Besprechung und Beurteilung der „Entwicklung" des Deutero-Prutz.

Es ist ein weit umfangreicheres Werk[1]), das Prutz 1888 in seiner „Entwicklung und Untergang des Tempelherrenordens" der „Geheimlehre" zu ihrer Berichtigung in Erwiderung auf Schottmüller hat folgen lassen. Wie der Titel schon andeutet, soll es sich hier nicht, wie in der „Geheimlehre", um den Erweis einer einzelnen Richtung im Templerorden handeln, sondern um die Darstellung der gesamten inneren und äußeren Entwicklung, welche der Orden genommen und die hernachmals seinen Untergang, dessen Schilderung ziemlich genau die zweite Hälfte ausfüllt, herbeigeführt hat. Trotz dieses größeren Umfangs können wir uns doch in der Besprechung hier kürzer fassen. Denn obgleich die Tendenz des Ganzen keine andere ist, als den Anteil der Templer an ihrem Untergang nach der neuesten Auffassung von Prutz festzustellen und mittelbar somit das ganze Buch lauter Material für die Lösung unserer Aufgabe ist, so ist doch einerseits das Detail so zahlreich, daß wir es im einzelnen nicht besprechen können, andrerseits vieles darunter so wenig erheblich, daß es keiner besonderen Besprechung bedarf, sondern wir uns mit dem begnügen dürfen, was zu unserer Frage nach der Schuld oder Unschuld des Templerordens in unmittelbarer Beziehung steht. Sodann haben wir die stilistische Art der Prutzschen Geschichtsdarstellung schon so genügend kennen zu lernen Gelegenheit geboten, indem wir eben deshalb aus der „Geheimlehre" möglichst viel wörtlich citierten, vor allem die Überleitung von Schluß zu Schluß möglichst deutlich hervortreten ließen, daß wir diese Seite hier nicht abermals zu berücksichtigen brauchen. Auch geben wir gerne zu, daß im allgemeinen Prutz durch das Schicksal seiner „Geheimlehre" gelernt hat, sowohl im Ton seiner Behauptungen etwas maßvoller als im Aufbau seiner Schlüsse etwas vorsichtiger zu verfahren, und so gewaltsame Sprünge wie in der „Geheimlehre" — wenn auch nicht ganz läßt, so doch — seltener anstellt. In diesem Fall werden wir mit dem Hinweis darauf nicht zurückhalten und so diese Partien dem

---
[1]) 232 S. Text, dazu 126 S. Kritische Exkurse und Beilagen in großem Format.

Leſer etwas ausführlicher vorführen. Sonſt begnügen wir uns mit der Darlegung der Grundſtriche bezw. Bloßlegung der Fäden, welche auf das Endreſultat hinauslaufend für die Beurteilung desſelben nicht unbeachtet bleiben dürfen.

Aus dieſem Grunde ziehen wir es auch vor, mit der Dar= ſtellung oder hier mehr **Beſprechung** zugleich die **Beurteilung zu verbinden**. Wie indes ſchon in der Einleitung[1]) und ſpäter bei Beurteilung der „Geheimlehre" bemerkt worden iſt, dürfen wir uns bei der „Entwicklung" nicht damit begnügen, ihre Aufſtellungen nur daraufhin zu unterſuchen, ob ſie **richtig**, ſondern auch, ob ſie **neu** ſind. Denn Prutz behauptet ja, auch jetzt noch **in der Hauptſache denſelben Standpunkt wie früher zu vertreten**; wie es im Vorwort[2]) der „Ent= wicklung" heißt: zwar „in manchen Punkten die früher von ihm ver= tretene Anſicht nicht unweſentlich modifiziert zu haben, in der Hauptſache aber ſeinen Standpunkt behaupten zu müſſen, indem er die Frage nach der Schuld des Ordens nach wie vor be= jahe", „in anderem Sinne freilich als früher". Es dürfte für den Prutzſchen Sprachgebrauch wie für die Charakteriſierung ſeiner ganzen Geſchichtſchreibung intereſſant ſein, darauf zu achten, was Prutz unter „Hauptſache" und „manchen Punkten" verſteht! Unſere Beſprechung ſoll dazu Gelegenheit geben!

Die „Entwicklung" beginnt mit den „**Anfängen des Templer= ordens**"[3]), welche zunächſt in Übereinſtimmung mit den ſonſtigen Dar= ſtellungen derſelben beſchrieben werden. Es wird zuerſt erinnert an die ſchwierige Lage des jungen Kreuzfahrerſtaats im heiligen Lande, vor allem die Unſicherheit des platten Landes, wozu die Abneigung der eingeborenen ſyriſch=chriſtlichen Bevölkerung ein Hauptſächliches beigetragen habe, den mangelhaften Schutz der Straßen, welcher auch jetzt noch nur unter Ge= fahren die Pilger ihrem frommen Drange habe Genüge thun laſſen, wes= halb Hugo von Payens[4]) mit ſeiner Stiftung einer Genoſſenſchaft zum Zweck ſicheren Geleits für die Pilger einen beſonders glücklichen Wurf gethan habe. Trotzdem ſeien die Anfänge des Ordens durchaus dürftig geweſen, auch noch, als der anfängliche Name „der armen Ritter Chriſti" infolge der Schenkung eines neben dem Tempel befindlichen Hauſes durch König Balduin und die daran ſich anſchließende weitere Feſtſetzung im

---

[1]) Vergl. p. 12 ff. — [2]) cf. Vorwort der „Entwicklg." p. III u. wieder p. IV. — [3]) Wie ſchon oben, p. 17, bemerkt worden iſt, bedient ſich Prutz in dieſem ſeinem neueſten Werk wieder der gewöhnlichen Bezeichnung „Templerorden". — [4]) Oder von Payns, wie Prutz zu ſchreiben liebt, weil dieſe Namensform nach Curzen (Introduktion p. 1 u. ſonſt) die richtige ſein ſoll; cf. oben p. 83.

Tempelbezirk sich in den der „armen Ritterschaft Christi vom salomonischen Tempel" oder „vom Tempel" schlechtweg verwandelt hatte. Die Genossenschaft, für welche Hugo von Payens dem Zug der Zeit entsprechend in etlichen der Regel Benedikts entlehnten Hauptgrundsätzen eine einfache mönchische Norm gegeben, habe ebensowenig eine bestimmte Tracht noch feste Einkünfte besessen, sondern sich in beiderlei Hinsicht auf die Almosen, welche von Pilgern und den Herren des Landes ihr zufielen, angewiesen gesehen. Die wichtigen Dienste, welche sie in Erfüllung ihrer Ordensregel leisteten und durch welche sie sich in kurzem ebenso dem Klerus und den Machthabern des Landes, selbst dem König Balduin, als den frommen Pilgern unentbehrlich machten, haben ihnen freilich binnen kurzer Zeit mancherlei Schenkungen und so auch Einkünfte verschafft. Als der wichtigste Hebel zum raschen Emporkommen des Ordens aber habe sich — dies wird also auch von Prutz anerkannt — die Empfehlung und Unterstützung von seiten des h. Bernhard erwiesen, welche sich insbesondere auf dem Konzil von Troyes wirksam gezeigt, ob auch der h. Bernhard hiebei nicht anwesend gewesen oder erst später erschienen zu sein scheine[1]).

Soweit befindet sich Prutz im Einklang mit dem, was wir sonst über die Anfänge des Templerordens wissen. Doch schlägt er nun alsbald seine besonderen Bahnen ein, indem er schon in diesem ersten Abschnitt zweierlei besonders betont: das erste ist die Heranziehung aller möglichen, vor allem eben der schwierigsten Elemente, selbst exkommunizierter Ritter, welche den Orden von Anfang an kennzeichne. Um dieser Heranziehung willen, indem er diese verwilderten Leute vermocht habe, ihre überschießende Kraft dem Schutz der Pilger und dem Kampfe gegen die Ungläubigen dienstbar zu machen, habe er auch dem h. Bernhard besonders imponiert und dessen besondere Vorliebe für den Orden gewonnen. Den Beweis für diese Behauptung findet Prutz in der, schon bei Besprechung[2]) des Prutzschen Aufsatzes über die Templerregel in den „Königsberger Studien" erwähnten, Schrift Bernhards „De laude novae militiae", womit zusammenstimme die gleichfalls dort schon besprochene Weisung des Art. 13 der (französischen) Statuten des Ordens, womöglich unter exkommunizierten Rittern neue Mitglieder für den Orden zu werben. Wir haben uns schon an jener Stelle dahin ausgesprochen, wie wenig man wahrscheinlich jene Worte des h. Bernhard

---

[1]) So modifiziert nun hier, in der „Entwicklg.", p. 6, Prutz seine in den „Mitteilungen des Instituts für österr. Geschichtsforschung" besprochene Ansicht über die Teilnahme des h. Bernhard an Troyes. Wir sehen, er hat sich so ziemlich unserer dort vertretenen Auffassung inzwischen zugeneigt, vgl. oben p. 101. — [2]) cf. ebend.

premieren darf, indem es richtiger sein dürfte, darin einen etwas zur Hyperbel neigenden begeisterten Erguß des über den Gewinn so manches „weltlichen" Rittersmanns, d. h. der vorher für außerkirchliche Dinge, z. B. für die Sache des Staats, eingetreten war, zu Gunsten der Kirche und ihres frommen Unternehmens erfreuten Vorkämpfers der kirchlichen Idee zu sehen, als eine buchstäblich zu nehmende Urkunde über den Charakter der anfänglichen Bestandteile des Templerordens. Mit solchen Ausdrücken wie „Lasterhafte und Gottlose, Räuber, Heiligtumschänder und Mörder, Meineidige und Ehebrecher" waren ja die kirchlichen Schriftsteller jener Jahrhunderte gleich zur Hand, wo es sich nur überhaupt um Leute handelte, welche im Gegensatz zu oder wenigstens in ungenügendem Gehorsam gegenüber den Forderungen oder Gesetzen der Kirche die Rechte des Staats oder ihre persönlichen Laienrechte wahrzunehmen oder zu vertreten sich nicht nehmen ließen. In jedem Fall ist damit, daß einer ein solch erkommunizierter oder interdizierter Rittersmann war, über seinen sittlichen wie auch seinen religiös=kirchlichen Charakter noch nichts weiter ausgesagt und so auch wäre es gewiß ein verfehlter Schluß, wollte man, wie es Prutz im Sinne zu liegen scheint, von hier aus alsbald auf eine gewisse unkirchliche oder um den kirchlichen Maßstab nicht sonderlich bekümmerte Gesinnung der Urheber des Templerordens schließen. Im Gegenteil, wir möchten sagen, daß, sobald man jenen Worten des h. Bernhard oder jener Bestimmung des Art. 13 irgend welches weitere Gewicht beilegt, die kirchliche Denk= und Handlungsweise der Ordensstifter nur um so deutlicher dadurch illustriert wird. Wie stark und tief mußte in diesen Leuten die kirchliche Tendenz, der fromme Eifer für die Kirche und deren Ideale, Wurzel geschlagen haben, wenn sie es unternahmen, gerade die als Kämpfer gegen die Kirche, als Gegner und Widersacher derselben gekennzeichneten Elemente umzustimmen und durch den Dienst für einen so hervorragend kirchlich=frommen Zweck mit der Kirche wie dem mittelalterlichen Ideal zu versöhnen! Und hätten wir wirklich das Recht, anzunehmen, daß eine Grundtendenz des Templerordens in seiner ersten Zeit solche Umstimmung gewesen und in nicht seltenen Fällen erreicht worden sei, so dürften wir gewiß auch in diesem Fall den Kanon anwenden, daß der Proselyteneifer in der Welt allen andern noch zu übertreffen pflegt, und hätten darin nur eine weitere Erklärung für den ganz besonderen Eifer, womit wir den Templerorden von Anfang an den kirchlich=päpstlichen Wünschen und Zwecken dienstbar sehen. Doch — wir würden fürchten, in denselben Fehler wie Prutz zu verfallen, wollten wir uns erkühnen, aus einer so diskutablen Sache zwingende Schlußfolgerungen ziehen zu wollen. Halten wir uns lieber an die Hauptsache, und die ist, daß eben die kirchlichen Wortführer, als deren im besten Sinn hervorragendster Vertreter eben der h. Bernhard in jener Zeit sich uns darstellt, in dem Templerorden von Beginn an das **mittelalterlich-kirchliche Ideal ganz besonders verkörpert** gefunden und daher mit ganz besonderer Begeisterung willkommen geheißen haben. Und daß auch die Templer von diesem Bewußtsein durchaus erfüllt gewesen sind, daß jenes Ansehen ihnen nicht bloß als etwas Zufälliges zugekommen, sondern daß es ihr Stolz und auch ihr fortwährendes Bestreben gewesen ist, dasselbe sich zu wahren und in ganz besonderem Maße als die erste Stütze der päpstlich-kirchlichen Weltherrschaft zu gelten, das zeigt uns nicht bloß ihre nachherige weitere Geschichte, sondern ebenso auch ihr Auftreten im Prozeß, wenigstens das ihrer bedeutendsten Vertreter.

Denn auch das können wir keineswegs für richtig erkennen, was Prutz aus einem zweiten von ihm besonders betonten eigentümlichen Moment gleich in diesem ersten Abschnitt folgert: aus dem **Kontraste nämlich zwischen der ersten Ordensregel von Troyes und dem späteren Leben und Treiben des Ordens**, wie es der Geschichte angehört und wieder besonders in den Protokollen des Templerprozesses sich wiederspiegelt! Daß ein Unterschied, meinetwegen auch ein Kontrast, vorhanden ist zwischen dem **mönchischen Charakter**, der diese erste Ordensregel, die Regel von Troyes, die Grundlage des Statutenbuchs, kennzeichnet, und zwischen dem **ritterlichen Ordensstaat**, zu welchem sich die Stiftung Hugos de Payens in verhältnismäßig kurzer Frist ausgestaltet, sei ja gerne zugestanden! Aber — wir haben schon a. a. O.[1]) angegeben, worin die Hauptursache dieser Erscheinung zu suchen ist: man brauchte eben Schwerter nötiger als Breviere! Dazu wollten jene, die Regeln von Troyes, ja keineswegs ein abgeschlossenes Ordensstatut bilden: sondern wenn darin besonders bemerkt ist, daß Meister und Brüder auch fernerhin das Recht haben sollten, im Einvernehmen mit dem Patriarchen von Jerusalem die nötigen Ergänzungen zu treffen, so ist darin deutlich das Bewußtsein der Synode ausgesprochen, für weitere Bestimmungen gemäß den Bedürfnissen des heiligen Landes und der ferneren Entwicklung des Ordens nicht kompetent zu sein. Die mönchisch-religiösen Regeln zu geben, dazu war der h. Bernhard durchaus der Mann; ritterlich-militärische Vorschriften zu treffen, war seine Sache nicht, sowenig wie die der andern Konzilsteilnehmer, das überließen sie mit gutem Grunde dem neuen Orden selbst und den mit dem Boden, welcher der Schauplatz seiner Thätigkeit war, besser vertrauten Faktoren. Also

---

[1]) cf. „Mitteilungen des Instituts für österr. Geschichtsforschung".

in gewissem Sinn ist die Bemerkung von einer Differenz zwischen der ersten Ordensregel, der Regel von Troyes, und der auf sie folgenden Entwicklung des Ordens wie den weiteren Teilen des Statutenbuchs, in welchen diese Entwicklung zum Ausdruck kommt, wohl richtig, aber zu natürlich in der Entwicklung der Dinge begründet, als daß wir deshalb das Recht hätten, in derselben eine Art Abfall von der ursprünglichen Idee zu sehen. Daß aber allerdings „jedenfalls man in der Regel von Troyes nicht die Grundlage und Ursache sehen darf für die schnelle und glänzende Entwicklung der templerischen Macht"[1]), dünkt uns eigentlich eine selbstverständliche Sache. Daß sie, wie Prutz weiterhin bemerkt, später nur mehr den Wert einer pietätvoll betrachteten Reliquie in Erinnerung an die bescheidenen Anfänge ihres Ordens gehabt habe: auch dies können wir im allgemeinen zugeben; nicht aber, daß sie „praktischen Wert gar nicht gehabt" habe, „da sie ja eigentlich in nichts zu dem nun thatsächlich Gegebenen paßte"[2]). Denn auch eine Reliquie hat praktischen Wert, sobald sie nur wirklich pietätvoll verehrt wird und dazu hilft, die Erinnerung an die Vergangenheit und den Ursprung einer Genossenschaft lebendig zu erhalten; sie bewahrt dann davor, allzusehr in gegensätzliche Bahnen einzulenken. Daß man sich in der Kirche verhältnismäßig schwer zu dem Glauben an die Ketzerei des Ordens entschließen konnte schon im Gedanken an die Stiftung und Stifter des Ordens, das beweisen die Erörterungen auf dem Konzil von Vienne. Und daß die Templer, wenigstens die bedeutenderen unter ihnen, auch in der spätesten Zeit des Ordens sich wohl bewußt gewesen sind, in der Regel von Troyes die Grundlage ihres Ordens zu haben, so auf den Schultern des h. Bernhard und damit auf einem eminent kirchlichen Grund und Boden zu stehen, das zeigen uns die Protokolle des Prozesses schwarz auf weiß. Denn es ist nicht an dem, was Prutz in der „Entwicklung" am Schluß des ersten Kapitels behauptet[3]), daß „man von seiten des verklagten Ordens zum Zwecke der Verteidigung ebensowenig ernstlich auf sie provoziert wie die Ankläger sie als Beweis für die Schuld des Ordens geltend machten". Wenigstens beruft sich nicht bloß einer der energischsten und scharfblickendsten Verteidiger des Ordens, Johann von Montroyal[4]), ausdrücklich auf das überall, in allen Provinzen, gleiche Statutenbuch, sondern am gleichen Tag (3. April 1310) wird auch von dem Kustoden von elf bei Leurage gefangen sitzenden Templern der Kommission eine Schede überreicht, worin sie sich ausdrücklich auf die Stiftung ihres Ordens durch den h. Bern=

---

[1]) „Entwickelung" p. 12. — [2]) „Entwickelung" p. 13. — [3]) cf. ebendort. — [4]) Michelet I, 140, cf. Havemann p. 245.

hard und Bestätigung durch die Päpste berufen¹). Hält Prutz solche Thatsachen nicht der Beachtung wert²)?

In jedem Falle, was half es? Was half es, sich auf den h. Bernhard und die Statuten von Troyes zu berufen, da man ihre so viel triftigeren Berufungen auf das, was sie für die Christenheit bis auf die letzte Zeit geleistet und wie sie von den Päpsten so vielerlei Anerkennung gefunden haben, nicht gelten ließ? Daß sie allerdings auf ihre Statuten überhaupt sich noch kräftiger hätten berufen können, ist wahr, wenn — sie nur eben selbst besser vertraut mit ihnen gewesen wären! Daß sie das nicht waren, haben wir schon bei Besprechung der Statuten als einen Fehler bezeichnet³). Aber der Grund davon lag in etwas ganz anderem als einem schlechten Gewissen. Die Gegner hüteten sich wohl, auf solche thatsächliche Beweismomente einzugehen. Sie hatten wirkungsvollere Beweismittel und hatten nach interessanteren Dingen zu fragen.

Von nebensächlicher Bedeutung endlich ist, wenn Prutz aus dem Fehlen irgendwelcher diesbezüglichen Urkunden in Zweifel zieht, **ob die Templerregel je die päpstliche Bestätigung empfangen habe?** Denn indem er ja zugiebt, daß thatsächlich jedenfalls in der ganzen Templergeschichte überall eine solche feierliche Bestätigung durchaus vorausgesetzt⁴) und nirgends bestritten wird, ist die Frage eigentlich gegenstandslos. Dürfte es übrigens als eine grundlose Verdächtigung angesehen werden, wenn wir nicht für unmöglich halten, daß die Kurie unter einem Klemens V. ein solches für sie doch beschämendes Dokument eben einfach aus dem Weg geschafft habe?

Der II. Abschnitt⁵) behandelt die „**Entwicklung des Ordens und seines Besitzes, namentlich in Frankreich, während der ersten 35 Jahre seines Bestehens**", also bis 1163. Voran steht da eine Bemerkung, welche sich wunderlich genug ausnimmt, aber bezeichnend für Prutz ist, daß wir nämlich „nicht wissen, in welchen Verhältnissen der Grund lag", daß der Orden „**überraschend schnell zu Bedeutung und Einfluß gelangte**"⁶). Prutz schließt diese Bemerkung daran, daß, wie er im vorhergehenden Abschnitt gesagt hat, „der Grund zu dem raschen Wachstum des Ordens keinenfalls in den Statuten von Troyes liegen könne". Das haben wir zugegeben, weil wir der Meinung sind, daß Statuten überhaupt selten wohl die Ursache

---

¹) Michelet I, 143, cf. zu diesen Zeugnissen noch einen weiteren Zeugen bei Schottmüller I, 281, der den h. Bernhard wenigstens anführt. — ²) Vgl. p. 106 u. sonst. — ²) Vgl. dazu weiter die Überreichung des Statutenbuchs durch die Templer in (Elne, um des Ordens Reinheit zu beweisen! — ⁴) cf. jene vorhin citierte Erklärung der 11 Templer bei Lenrage. — ⁵) p. 14—27. — ⁶) „Entwicklung" p. 14.

der Blüte einer Gesellschaft sind! Aber warum soll deshalb ein solches Wachstum nicht verständlich sein?

Ein solches Wachstum ist vielmehr leicht zu verstehen und wird überall da eintreten, wo eine Institution irgend im Geist einer Zeit begründet, im wirklichen Sinn zeitgemäß, ihren Idealen und Wünschen entgegenkommend ist. Wir haben zum vorigen Abschnitt bemerkt, wie dies vom Templerorden im höchsten Grad galt: wie er dem mittelalterlichen Ideal des Zeitalters der Kreuzzüge wie den Bedürfnissen des heiligen Landes ganz besonders entsprach und so in dem h. Bernhard einen ganz besonders beredten und einflußreichen Fürsprecher fand. Darin liegen die offenbaren Ursachen seines raschen Wachstums; nicht einmal aber, wie Prutz urteilt, in der „Wichtigkeit, welche der Orden alsbald im Kampf gegen die Ungläubigen erlangte, natürlich in Wechselwirkung mit dem reichen Besitz, der ihm um eben dieses Berufes willen zugewendet wurde"[1]. Für Prutz aber ist ein solcher Vorgang unerklärt, weil ihm überhaupt die wirklich treibenden Motive des Mittelalters in allen möglichen äußerlich-materiellen Interessen liegen und er dem eigentlichen agens wie einem unbekannten Fremden gegenübersteht. So kommt er dazu, sich selbst das merkwürdigste testimonium auszustellen: er, dem es sonst ein Leichtes ist, für die wunderbarsten Gerüchte alsbald eine wirkliche Grundlage herauszufinden, muß gestehen, daß er nicht weiß, wie, durch welche Verhältnisse das rasche Emporkommen des Templerordens zu erklären sei?

Im übrigen bemüht er sich nachher redlich, den Spuren dieses Wachstums, vor allem des Besitzes, in den verschiedenen Ländern nachzugehen. So schildert er dessen Ausbreitung namentlich in der Champagne und Brie, wo sein Hauptsitz Provins wurde, daneben Coulommiers, ferner in Flandern, Artois und Ponthieu. Schneller noch sei es im Süden vorangegangen durch die Gunst hauptsächlich von Raimund Berengar III., Graf von Barcelona und Markgraf der Provence. Auch in Aragonien, wo sein Hauptort Monzon (= Mons gaudii) geworden sei, habe er bald Eingang gefunden, und ob auch das Testament Alphons I. unausgeführt geblieben sei, immerhin reiche Besitzungen gewonnen; ebenso in Kastilien, am meisten aber in dem jungen portugiesischen Staate: hier sei er am frühesten eigentlich bürgerlich populär geworden und habe neben anderen Burgen in seinem Haupthause Tomar einen hernach besonders berühmt gewordenen Mittelpunkt gewonnen. Vor allem wichtig aber sei die Festsetzung des Ordens in der Provence, wo St. Gilles bei Marseille eines der allerwichtigsten Ordenshäuser ge-

---

[1] p. 14.

worden, und der Grafschaft Toulouse gewesen. Warum? wissen wir ja schon aus der Geheimlehre. Schade nur, daß Prutz sich nicht die Mühe genommen hat, irgendwie uns einen eigentlichen Maßstab für die Verteilung des Ordens in den verschiedenen Ländern und Provinzen zu verschaffen. Da er uns überhaupt bei dieser Skizze keineswegs Schritt für Schritt mit der Ausbreitung des Ordens bekanntmachen will, so hat die Übersicht, welche er uns giebt, nur einen sehr allgemeinen Wert und dürfte wohl unsere im vorigen Kapitel versuchte Statistik über die templerische Verbreitung in Frankreich, so lückenhaft und unvollkommen sie ist, immerhin noch einen besseren Anhaltspunkt gewähren, um ein Bild von ihrer proportionellen Verbreitung zu gewinnen.

Mehr Wert hat, was Prutz über die innerliche Stellung des Ordens in dieser Zeit gegenüber den politischen und kirchlichen Mächten in Frankreich bietet: so vor allem über die Stellung, die König Ludwig VII. gegen den Orden eingenommen, indem er ihn zwar mit mancherlei Gunstbezeugungen und Schenkungen ausgezeichnet, aber mit Einschränkungen, wie sie den vorsichtigen Politiker kennzeichnen: so indem er 1139 seinen Unterthanen zwar die Erlaubnis zu Schenkungen an den Orden erteilt, aber die festen Schlösser und Städte davon ausnehme, auch für das übrige geschenkte Land der Krone alle etwaigen Rechte vorbehalte[1]). Ferner kommt hier Prutz darauf zu reden[2]), daß mit der steigenden Macht die Zahl der Ordensglieder in dieser ersten Zeit nicht Schritt gehalten habe, indem der Orden da noch streng auf adelige Abstammung bedacht war und, was ihm deshalb an genügenden Streitkräften abgieng, lieber durch Zuhilfenahme von gemieteten Söldnern, welche unter den Templern als ihren Offizieren dienten, ergänzte, als solche Leute in den Orden selbst aufzunehmen. Erst später habe er sich dann, durch die Menge von Personal, welche er allmählich allein zur Verwaltung seiner Liegenschaften und Güter brauchte, veranlaßt gesehen, auch solche, dem ursprünglichen Geist und Wesen des Ordens eigentlich ganz fremde Elemente, wie nicht minder die nichtadeligen Kämpfer unter seinen Fahnen wenigstens als „dienende Brüder", „Servienten" in den Orden selbst aufzunehmen: ein Schritt, der nicht ohne mancherlei schwerwiegende Folgen geblieben sei. Denn „der Orden wurde allmählich mit Elementen überschwemmt, welche, blieben sie auch in untergeordneter Stellung, doch schon durch ihre große Zahl ein bedenkliches Schwergewicht erlangten und den Gesamtstand des Ordens je länger je tiefer herabdrückten"[3]). Das ist richtig und allerdings mit ein Grund

---

[1]) cf. „Entwickelung" p. 21. — [2]) p. 23. — [3]) ibid. p. 24.

von der weitgehenden Unbekanntschaft mit des Ordens eigentlichem Charakter und Wesen, welche wir später im Prozeß bei so vielen Zeugen, Servienten von untergeordnetem Range, treffen. Aber eben deswegen ist es so merkwürdig, wenn man diese Elemente hernach überhaupt als vollgültige Zeugen gegen den Orden gelten läßt! Im übrigen ist hier darauf aufmerksam zu machen, daß, so sehr im späteren Orden diese Servienten der Zahl nach dominieren mochten und so mancherlei nicht unbedeutende Rechte ihnen auch statutengemäß eingeräumt wurden, man darum doch nicht aufhörte, jederzeit einen scharfen Unterschied zwischen solchen nicht ritterbürtigen und den zur Aufnahme in den eigentlichen Templerorden allein fähigen Adeligen zu machen. Auf ein Beispiel solcher Adelsstrenge haben wir bei Besprechung des Kommentars zu den Statuten hingewiesen[1]).

Ein weiterer Punkt ist die **Ausgestaltung der eigentlichen Ordenshierarchie mit ihrer Ämterabstufung**: daß diese in ihrer ganzen ausgebildeten Organisation, wie wir sie später treffen, nicht schon auf dem Konzil von Troyes und durch die dort geschaffene Regel ins Auge gefaßt worden ist, dünkt uns wieder eigentlich zu selbstverständlich, um das besonders zu betonen, wie Prutz thut[2]). Wie und in welcher Zeit etwa diese Organisation vor sich gieng, dafür giebt uns ja die oben[3]) als zweite Hauptschicht des Statutenbuchs besprochene Partie einen alle etwaigen sonstigen vereinzelten Zeugnisse an Wert weit übertreffenden Eindruck.

Nicht für ganz richtig können wir sodann halten, was Prutz[4]) bemerkt über eine größere Selbständigkeit, welche im Anfang die verschiedenen Ordenshäuser und ihre Meister gegenüber dem Meister des Ordenshauses in Jerusalem, dem späteren eigentlichen „Magister" oder Groß(Hoch=)meister gehabt zu haben scheinen, weil in der Bulle Alexanders III. „Omne datum optimum" letzteres, das Ordenshaus in Jerusalem, ausdrücklich allen anderen vorgesetzt wird. Vielmehr will es uns scheinen, als weise eine solche Bemerkung eher auf eine allmählich hin und her sich regende Tendenz der Lockerung des Verbands mit dem Zentrum, auf das Auftreten von Versuchen hin, die Templerhäuser in den verschiedenen Provinzen von dem Mittelpunkt in Jerusalem verhältnismäßig unabhängig zu gestalten, auf dezentralisierende Tendenzen, wie sie eben mit der steigenden Bedeutung des Ordens in den verschiedenen Ländern des Abendlands Hand in Hand gehen mochten und in der für den Templerorden als Parallele so instruktiven Geschichte des Johanniterordens immer wieder das Einschreiten der Generalkapitel in Anspruch nehmen.

---

[1]) cf. die Arbeit in den „Mitteilungen des Instit. f. österr. Gesch. — [2]) „Entwickelung" p. 25. — cf. p. 100 ff. [3]) p. 26.

Endlich wird hier noch ein bedeutsamer Punkt zur Sprache gebracht, nämlich die **Stellung der Päpste und des Klerus zum Orden** während dieser Zeit. Prutz weist hier darauf hin, wie die besondere Bevorzugung, welche insbesondere Innocenz II., aber ebenso seine Nachfolger, Cölestin II. ꝛc. dem Orden fortwährend angedeihen ließen, durch Gewährung besonderer Kollekten, auch Auferlegung von Beiträgen an sie von seiten des Klerus, bereits in dieser Zeit den Klerus keineswegs den Templern günstig stimmte, und daher schon von Eugen III. die Kurie immer wieder sich gezwungen sieht, für ihren Schützling gegenüber den mancherlei Veraxationen der Prälaten und ihren Versuchen, sich der Privilegien des Ordens zu erwehren, einzuschreiten. Im allgemeinen aber — das giebt auch Prutz zu — war die Stimmung dieser Zeit, die Anschauung der christlichen Volkskreise, den Templern durchaus günstig, in welchen man die „neuen Makkabäer" feierte, und so faßt Prutz auch die Verleihung des roten Kreuzes, welches sie fortan auf dem weißen Mantel tragen sollten, durch Eugen III. als eine Anerkennung ihrer Eigenschaft als Streiter, als „Athleten Christi"[1]).

Diese Bevorzugung des Templerordens von seiten der Päpste wird nun im III. Abschnitt[2]) weiter verfolgt, welcher „**die kirchlichen Privilegien des Templerordens und insbesondere die große Eremtionsbulle Alexanders III. Omne datum optimum**" zum Gegenstande hat.

Hier wird an der Hand der zu Gunsten der Templer erlassenen Bullen der kirchlichen Entwicklung des Ordens nachgegangen und gezeigt, wie sämtliche Päpste, nicht bloß die des 12. Jahrhunderts bis auf Innocenz III., sondern auch die des 13. Jahrhunderts bis auf Benedikt XI., 1304, nacheinander den Orden mit Vergünstigungen überschütteten und für denselben eintraten, nicht bloß durch Verleihung von Kollekten, Rechten, so dem Recht, eigene Friedhöfe und eigene Bethäuser anzulegen, jene durch Eugen III., diese durch Hadrian IV. verwilligt, oder durch Ausnahme von den sonst für Bann und Interdikt geltenden Bestimmungen zu Gunsten unseres Ordens, sondern ebensosehr und fast noch mehr, indem sie den Orden immer wieder aufs nachdrücklichste gegen die Anfeindungen der Prälaten und des Diözesanklerus in Schutz nahmen. Daß diese im Unterschied von ihrem summus pontifex fortwährend dem Orden feind sind und immer feindlicher gegenübertreten, dafür brauchen wir gerade kein besonderes Motiv zu suchen. Eben jene Privilegien und die von den Päpsten ihnen immer mehr gewährte Ausnahmestellung sind

---

[1]) Einw. p. 27. — [2]) p. 28—41.

dafür ja Grund genug. Wir dürfen uns nur daran erinnern, daß die Prälaten und der Diözesanklerus überhaupt auch sonst allen solchen Exemtionen, z. B. auch den Privilegien der Bettelorden, durchaus abhold waren, und mit vollem Recht, indem die ihnen obliegende kirchliche Disziplin und Ordnung durch nichts schwerer geschädigt wurde, als durch diese fortwährenden Eingriffe in das allgemein bestehende kirchliche und in ihr Recht, welchen sie im Grunde wehrlos gegenüberstanden, da diese Eingriffe ja von ihrer eigenen höchsten Spitze ausgingen, gegen welche sie aber deshalb nicht aufhörten, mit allen ihnen zu Gebot stehenden Mitteln sich unter der Hand zu wehren oder, wo auch dies nicht anging, sie dafür mit um so größerem Ingrimm anzusehen. Daher stimmen wir allerdings Prutz zu, wenn er die Krönung jenes Gebäudes von Privilegien durch die bekannte Bulle Alexanders III. von 1163 „Omne datum optimum", welche neben anderen Vergünstigungen den Templern, durch Gewährung eigener, von der Aufsicht der Diözesanbischöfe unabhängiger Kleriker eigentlich völlige kirchliche Exemtion verschaffte, als ein zweideutiges Geschenk auffaßt und betrachtet. Denn wohl wurde der Orden durch diese Bulle, welche Prutz die „Magna Charta" des Templerordens nennt [1]), einer ihm in mancher Hinsicht lästigen und unbequemen Rücksicht auf die Kontrolle durch die Diözesanbischöfe ledig, indem er fürder in kirchlicher Hinsicht eigentlich nur noch die Päpste über sich anerkannte, die Befugnisse der Bischöfe aber auf seine eigenen Kapläne übertragen wurden. Aber indem dafür die Verfeindung mit dem gewöhnlichen, in vieler Hinsicht doch einflußreichen, Diözesanklerus durch jene Bulle ihren Höhepunkt erreichte, wurde dem Orden nur eine zweifelhafte Wohlthat zu teil. Als eine Wirkung dieser Stimmung kann Prutz den bald darauf auf dem Lateran-Konzil mit aller Macht von den Bischöfen unternommenen „förmlichen Ansturm gegen den Orden" [2]) anführen, welcher, da der Mißbrauch, den der Orden durch übertriebene Ausdehnung seiner Privilegien getrieben, notorisch war und selbst ein Alexander III. sich dieser Einsicht nicht verschließen konnte, diesem allerdings eine kleine Beschränkung seiner Macht zuzog; hauptsächlich sollte er an keinem mit dem Interdikt belegten Orte Verstorbene auf seinen Kirchhöfen mehr mit kirchlichen Zeremonien begraben lassen, keine Zuwendung von Kirchen und Zehnten durch Laien annehmen dürfen ohne Zustimmung des betreffenden Bischofs, endlich diejenigen Kirchen und Zehnten, welche ihm „in neuerer Zeit" [3]) durch Laienschenkung zugewandt waren, zurückerstatten. Aber, wie Prutz

---

[1]) „Guhr." p. 38. — [2]) „Guhr." p. 40. [3]) „Moderno tempore": Urban IV. setzte diese undeutliche Zeitbestimmung auf die letzten 10 Jahre vor dem Konzil fest.

bemerkt, war dieser Erfolg der Diözesanbischöfe doch nur ein momentaner. Für die Dauer war auch diese Beschränkung der templerischen Erwerbungen kaum von Belang und, was noch wichtiger ist, blieb die Stellung des Diözesanklerus gegen ihn die gleiche. Was aber eine solche Stimmung in diesen Kreisen für den Orden zu bedeuten hatte, das sollte, setzen wir hinzu, seine volle Wirkung erst zur Zeit wirklicher Gefahr für den Orden, im Prozeß gegen denselben, offenbaren.

Hier also haben wir ein Kapitel, in welchem wir im wesentlichen mit Prutz ziemlich übereinstimmen. Dafür wird dem Leser auch nicht entgangen sein, wie anders Prutz sich hier über die Wirkung der Bulle „Omne datum optimum" ausspricht, nämlich wieviel maßvoller und vorsichtiger gegenüber dem, was er in der „Geheimlehre" [1]) von den Wirkungen dieser Bulle geäußert hat. Doch es kommt freilich noch anders.

Das in diesem Kapitel behandelte Thema findet nämlich seine Fortsetzung im vierten [2]), überschrieben: „**Die Entwicklung der privilegierten Stellung des Ordens bis zum Ende des 13. Jahrhunderts**". Und zwar wird diese weitere Entwicklung an die Bulle „Omne datum optimum" in einer Weise angeknüpft, welche unseres Erachtens die Bedeutung dieser ja gewiß wichtigen Bulle doch etwas übertreibt. Es steht da zu Anfang eine Bemerkung, welche uns an jene andere zu Beginn des II. Kapitels[3]) erinnert, daß, weil von der Regel von Troyes im ganzen gelte, daß sie für die Entwicklung des Ordens ohne Belang gewesen, diese in andern Bahnen als den von ihr vorgezeichneten sich vollzogen habe, „auf der anderen Seite aber erwiesen sei, daß der Teil der Ordensregel, welcher die für die Größe des Ordens wichtigsten Institutionen festgestellt, erst nach der Einführung des Ordensklerikats, also nach dem Erlaß der Bulle Omne datum optimum entstanden" sei; man „**füglich in dieser und in den durch sie geschaffenen Formen das Moment** werde erkennen dürfen, welches den **entscheidenden Fortschritt in der Entwicklung des Templerordens nicht bloß ermöglicht, sondern unmittelbar veranlaßt**" habe. Damit soll also die eigentliche Blüte und Macht des Templerordens erst durch jene Bulle Alexanders III. und die in Anpassung an diese Privilegien geschaffenen Statuten, welche wir nach unserer Besprechung des Statutenbuchs im allgemeinen in der zweiten Hauptschicht vor uns haben, geschaffen sein. Nämlich jene Bulle soll hauptsächlich darum so bedeutsam für diese Entwicklung gewesen sein, weil „nicht bloß das Ordensklerikat den kirchlichen Privilegien der Templer eine größere Bedeutung verlieh, indem es das

---

[1]) S. oben p. 38. — [2]) „Entw." p. 42—57. — [3]) cf. p. 118.

zu ihrer rechten Ausnutzung nötige geistliche Personal schuf"[1]), sondern auch weil „die Zentralisierung der Ordensleitung in der Hand des dem Hause zu Jerusalem vorgeordneten Meisters erst die Möglichkeit gab, die reichen Mittel des Ordens recht planmäßig und daher auch wirksam zu verwenden". Wir halten das für eine völlige Umkehrung des Thatbestandes. Denn, wie wir zum vorigen Abschnitt bemerkt: es scheint uns nicht richtig, die Zentralisierung des Ordens und seine Unterordnung unter das Ordenshaus in Jerusalem und dessen Meister erst von jener Bulle an zu datieren, eher sehen wir, wenn man überhaupt darin nicht lieber eine einfache Sanktionierung der bisher bestehenden Verfassung sehen will, darin eine Erklärung zu Gunsten des bestehenden bisherigen Zustandes zur Abwehr gegen neuerdings hervorgetretene Dezentralisierungstendenzen. Und dann sind wir, wie wir gleichfalls schon bemerkten, der Meinung, daß durch Statuten, mögen sie auch noch so treffend sein, selten noch ein Gemeinwesen oder eine Genossenschaft zu besonderer Blüte gebracht, höchstens darin erhalten worden ist; sondern, daß viel wichtiger ist für eine solche Institution, daß sie dem Geist und den Bedürfnissen einer Zeit entspreche und für deren Ideale und Tendenzen den rechten Ausdruck finde. So sind wir ferner auch überzeugt, daß jene hierarchischen Statuten die Templerhierarchie nicht erst geschaffen, auch nicht veranlaßt haben, sondern daß vielmehr diese Organisation den Statuten eher vor-, als nachgegangen ist. Wenn in irgend einer Gesellschaft, so ist gewiß in einem solch ritterlich-militärischen Gemeinwesen das Statutenverfassen nicht das erste, sondern eher das letzte, woran man denkt. Und so halten wir dafür, daß, mögen auch jene Statuten in der Hauptsache erst nach 1163 ihre jetzige Fassung erhalten haben, die in ihnen fixierte Ordensverfassung zum größten Teil schon längere Zeit sich thatsächlich ausgebildet hatte. Überhaupt: die verhältnismäßig mächtigste Förderung und Zunahme hat der Orden gewiß nicht erst seit 1163, sondern schon vorher, eben während seiner ersten Generation erfahren, wie wir dies fast bei all jenen mittelalterlichen, mönchischen oder ritterlichen Orden finden, daß die Anfangszeit, die Zeit der ersten Liebe und Begeisterung, auch für sie die fruchtbarste gewesen ist. Wenn man die Geschichte des Ordens durchgeht, so dürfte es schwer sein, zwischen der Zeit des zweiten Kreuzzugs, in welcher Ludwig VII. die Templer bereits für unentbehrliche Stützen des heiligen Landes erklärt, und zwischen der Zeit Saladins einen so besonderen Unterschied zu finden, außer etwa den, daß, je mehr das jerusalemische Königtum in die Brüche geht, um so mehr die geistlichen

---

[1] „Entw." p. 42.

Ritterorden als die mächtigsten Gebilde im heiligen Land und als die bedeutsamsten Stützen der christlichen Herrschaft hervortreten. Auch steht in jenen hierarchischen Statuten die ganze Ordenshierarchie¹) schon als ein so abgeschlossen fertiges Gebilde vor uns, die Befugnisse der einzelnen Klassen und aller der mannigfachen Ordenschargen sind schon so ins einzelne durchgeführt, daß da eine längere Zeit vorausgegangen sein muß, in welcher sich diese Organisation im Anschluß an das praktische Bedürfnis ausgebildet hat, ehe man daran ging, diesen Zustand nun auch schriftlich genau zu fixieren, die einzelnen Befugnisse und Rechte zur Verhütung fernerer Streits genau gegen einander abzugrenzen.

Die einzelnen Chargen durchzugehen, ist hier nicht der Ort und wäre zudem belanglos. Nur was über die **Ordenskapläne** gesagt ist, verlangt eine kurze Auseinandersetzung. Prutz ist nämlich geneigt, entsprechend seiner allgemeinen Tendenz, die Templer möglichst weit abirren zu lassen, auch hier einen ziemlich weitgehenden Unterschied zu konstatieren zwischen dem, was durch die Bulle Alexanders III. eigentlich gewährt und durch dieselbe im Orden neu eingeführt worden sei, und dem, was die Templer später aus solcher Vergünstigung gemacht haben. Das können wir nicht finden. Vielmehr besteht wohl ein bedeutender Unterschied zwischen den Priestern²), welche dem Orden früher, vor Erlaß dieser Bulle, meist auf eine bestimmte Zeit, unter der Aufsicht der Diözesangeistlichkeit als geistliche Ministranten dienten und die eben einfach Angestellte des Ordens waren, welche natürlich deshalb auch auf das eigentliche Ordensleben keinen Einfluß und den Templern gegenüber keine weiteren Rechte als die der Geistlichkeit überhaupt hatten, und den späteren Ordenskaplänen, den „frères chapelains", welche als eigentliche Templerbrüder aufgenommen und behandelt wurden, nur eben unter Berücksichtigung ihres geistlichen Charakters, welcher sie vor mancher für die übrigen geltenden demütigenden Strafe schützte und ihnen manche Bevorzugung verschaffte, auf der andern Seite sie aber doch nicht als so unentbehrlich wie die Ritter, die eigentlichen Templer, erscheinen ließ; deshalb heißt es auch von ihnen³), daß im Fall störender Aufführung man sich ihrer leichter entledigen könne als eines andern Bruders. Von einem besonderen Unterschied von Vorschriften aber, welche konform mit der Anweisung der Bulle Omne datum optimum in Art. 274—278⁴) für die Aufnahme der Ordenskapläne

---

¹) Der Ausdruck ist eigentlich wenig glücklich gewählt. Das geistliche Element spielt dabei eine so geringe Rolle, daß man nicht eigentlich von „Hierarchie" reden kann. Besser wäre wohl „Organisation". — ²) Den clers et prestres par termine à la charité", cf. z. B. Art. 64 (Curzon p. 64). — ³) Art. 271, Curzon p. 166. — ⁴) Curzon p. 167—169.

gelten, und denjenigen, welche in Art. 657 — 686 den Brauch der späteren Zeit illustrieren sollen[1]), läßt sich bei näherer Prüfung der betreffenden Artikel des Statutenbuchs nicht viel finden. Denn wohl schließt sich das, — wie bei Besprechung der Schichten des Statutenbuchs sich ergeben hat — jedenfalls ca. zwei Generationen ältere Zeremoniell in Art. 274—278, wie Curzon[2]) bemerkt, ziemlich getreu an die für die Aufnahme in den Benediktiner-Orden gültigen Regeln an. Aber daß dieses Zeremoniell, wie Prutz behauptet, so besonders den Bestimmungen der Bulle „Omne datum optimum" entsprechen soll, davon ist bei näherem Zusehen nichts weiter zu finden, als daß die Aufnahmesuchenden versprechen müssen „obedientiam secundum canonicam institutionem et secundum preceptum domini pape". Warum aber dazu die Art. 657—686 im Widerspruch stehen sollen, können wir schon deshalb nicht finden, weil diese überhaupt gar nicht von der Aufnahme von Klerikern reden, vielmehr nur das allgemein geltende Aufnahme-Zeremoniell enthalten, wobei aber Kleriker nicht bloß ganz außer Betracht bleiben, sondern offenbar eben das für Nicht-Kleriker gültige Zeremoniell uns vorliegt: das beweisen nicht bloß Artikel wie 682 und 683, wo dem Neurecipierten gesagt wird, wie er sich in Anwesenheit von Priestern zu verhalten habe, sondern deutlicher noch Art. 674, wo der Aufnahme suchende Ritter oder Servient ausdrücklich gefragt wird, ob er nicht Priester oder Diakon oder Subdiakon sei? Allerdings galt, wie uns Art. 449[3]) ausdrücklich belehrt, dasselbe Zeremoniell auch bei der Aufnahme von Klerikern, mit Ausnahme von etlichen geringen Abänderungen, insbesondere durch Weglassung etlicher bei Klerikern überflüssigen Fragen (ob verheiratet? ob Knecht oder Freier?). Da diese Bemerkung indes schon Art. 268[4]), also vor jenem Art. 274—278, sich findet, daß nämlich für die Ordenskleriker im allgemeinen dasselbe „Gelübde" gelte wie für die andern und daß sie sich auch wie die andern zu verhalten haben: so ist nicht einzusehen, wo der Beweis liegen sollte, daß Art. 274—278 später nicht mehr für die Kleriker in Geltung gewesen, sondern durch die Art. 657—686 ersetzt sein sollten? Vollends daß irgendwie einmal bei der Aufnahme in den Orden die Kleriker ausdrücklich versprochen haben sollten, im Anschluß an jene Bulle, die ja allerdings die Anerkennung der bischöflichen Rechte in Bezug auf Zehnten, Oblationen ꝛc. ausdrücklich verlangt, jene Rechte gewissenhaft zu achten, davon haben wir in dem ganzen Ordensbuch keine Spur gefunden, es sei denn jene allgemeine Ausdrucksweise in Art. 274: „secundum preceptum

---

[1]) „Entw." p. 45, Anm. 6. — [2]) p. 167 Anm. — [3]) Curzon p. 241. —
[4]) ibid. p. 164.

domini pape". Also, wenn auch der Aufnahmeritus mit der Zeit manche Modifikationen in der Richtung von Erweiterungen erfahren haben mag: von irgend einem besonderen Unterschied, wohl gar Gegensatz zwischen früher und später bei dem Gelübde der Kleriker haben wir nichts entdecken können. Somit beschränkt sich die Änderung, welche die Bulle Alexanders bei den Templern erfahren hat, darauf, daß sie die päpstlicherseits gewährte Ermächtigung zur Beichte bei eigenen Ordenskaplänen statutenmäßig in die Anweisung, für gewöhnlich nur bei solchen zu beichten, verwandelten: eine Anwendung, welche übrigens von der Kurie sich voraussehen ließ und von ihr selbst wohl kaum als eine Alternation empfunden wurde. Wenigstens streitet dagegen der ja auch von Prutz[1]) angeführte Erlaß Gregors IX. vom 7. Juni 1238, der gefangenen Templern ausdrücklich gestattet, auch bei Minoriten zu beichten. Da ist doch stillschweigende Voraussetzung, daß die Kurie das templerische Statut, möglichst nur bei eigenen Kaplänen zu beichten, nicht bloß kennt, sondern auch billigt und für recht hält. In den Statuten selbst aber finden wir an den betreffenden Stellen[2]) so durchaus das gute Bewußtsein, mit ihrer Beichtpraxis auf dem kirchlich rechtmäßigen, päpstlicherseits approbierten Boden zu stehen, daß von einem eigenmächtig eingeschlagenen abweichenden Weg keine Rede sein kann. Übrigens zeigen uns, wie wir im positiven Teil sehen werden, eben die Protokolle des Prozesses vor der päpstlichen Kommission, daß jene Anweisung, nur Ordenspriestern zu beichten, keineswegs so strikte eingehalten worden ist, sondern, wie ja auch schon die Statuten vorsehen, zahlreiche Ausnahmen ohne weiteres vorgekommen und für zulässig erachtet worden sind.

Überhaupt finden wir die Päpste selbst der Reihe nach mindestens eben so geschäftig, die den Templern in ihren Privilegien noch gezogenen Schranken zu durchbrechen und sie immer mehr gänzlich nur noch von sich, der Kurie, abhängig zu machen, als die Templer selbst. Auch Prutz giebt uns ja davon eine anschauliche Übersicht[3]), welche zugleich zeigt, daß dieses Bestreben nicht etwa nur auf die erste Periode der Templergeschichte beschränkt war, sondern daß bis auf Benedikt XI. die Päpste fort und fort die Privilegien der Templer zu erweitern getrachtet und nur ganz vereinzelt dazwischen hinein kleine Restriktionen vorgenommen haben. Daß diese Rechte und Privilegien dann allerdings von dem Orden selbst, und zwar nicht allein den Prälaten, sondern auch weltlichen Machthabern und Laien überhaupt gegenüber

---

[1]) „Entw." p. 47. — [2]) cf. Art. 542 wie nicht minder Art. 269. — [3]) ibid. p. 49 ff.

oft rücksichtslos, manchmal mit Ignorierung der noch vorhandenen Rechtsschranken, öfters noch mit Außerachtlassung rätlicher Vorsicht und Klugheit wahrgenommen und ausgebeutet wurden, läßt sich freilich kaum bestreiten und wird nicht bloß von Molay selbst, worauf Prutz[1]) hinweist, sondern auch durch andere unverdächtige Zeugen genügend erwiesen. Endlich ist im allgemeinen richtig und wichtig auch der Hinweis, welcher den Schluß des Kapitels bildet, daß diese Privilegien um so mehr Gegenstand der Anfechtung werden konnten, je mehr der Orden selbst in späterer Zeit immer mehr über die ihm eigentlich zugehörigen Kreise hinausgriff und nicht bloß wirkliche, sei es adelige, sei es nichtadelige Streiter, sei es Kleriker oder auch zur Verwaltung seiner Güter nötige und taugliche Leute aufnahm, sondern auch alle möglichen ganz und gar nicht qualifizierten Leute, so Handwerker, welche mit des Ordens Zwecken als solchen eigentlich nichts zu thun hatten, wenn sie demselben nur auf irgend welche Weise förderlich und dienstbar sein konnten, oft auch nur gegen eine einfache Rente oder irgend eine Schenkung, Elemente, welche aber im ganzen die Stellung des Ordens nur herabdrückten und ihn selbst verschlechterten. Das Hauptergebnis des ganzen Abschnitts aber bleibt bei alledem, daß, wenn die Templer durch diese geschilderte Entwicklung immer mehr die Abneigung der kirchlichen wie weltlichen Mächte sich zuzogen, die Hauptschuld daran niemand anders als die Kirche selbst in ihrer Spitze, den Päpsten, gehabt hat.

Nachdem in dieser Weise die Stellung des Ordens zu den kirchlichen Mächten dargethan worden ist, kommt Prutz auf seine Stellung zu den politischen Mächten zu reden: zunächst im V. Kapitel[2]) allgemein auf „seine Stellung zur weltlichen Gewalt überhaupt und seine Konkurrenz mit der Autorität des Staates".

Als Hauptziel der templerischen Politik wird da wieder gleich zu Beginn aufgestellt die Gewinnung einer staatlich selbständigen Stellung ähnlich dem Deutschorden. Den Beweis dafür, freilich nur einen „Wahrscheinlichkeitsbeweis", findet Prutz in der „Politik, welche wir sie mit Konsequenz und Energie verfolgen sehen, um den Orden selbst, seine Güter und deren Einsassen den staatlichen Verpflichtungen zu entziehen, die staatlichen Rechte in die eigene Hand zu bringen und diese exmierte Stellung durch Eingehung weitreichender Schutzverhältnisse auf einen möglichst großen Kreis dem Orden selbst nicht angehöriger Personen zu erstrecken"[3]). Der Orden habe jenes Ziel nicht

---

[1]) „Entw." p. 52. — [2]) ibid. p. 58—73. — [3]) p. 58.

erreicht, aber die Annäherung an dasselbe sei in den verschiedenen Ländern eine sehr verschiedene: am wenigsten in dieser Richtung habe er in Portugal erlangt, wo er ganz der staatlichen Gewalt unterworfen geblieben, seine Bewegungsfreiheit und sogar der Gebrauch, den er von seinem Besitz machte, ganz unter der königlichen Kontrolle gestanden sei. Ähnlich, wenn auch etwas freier, sei seine Stellung in Aragonien — wo er ja gleich zu Anfang durch jenes Testament des König Alphons I. fast in die Reihe der souveränen Herrscher eingetreten wäre [1] —, ebenso in Castilien, Navarra und Roussillon geblieben, indem er „nirgends in diesen Staaten landesfürstliche Rechte", so die hohe Gerichtsbarkeit u. drgl., „an sich gebracht habe" [2]. Prutz möchte aus diesen Materialien überhaupt den Schluß ziehen, daß „der Orden immer da zu einem geringeren Maß von Unabhängigkeit gelangt ist, wo er, in die Mitte eines von nationalem Sinn erfüllten, monarchisch geeinigten Volkstums gestellt, sich nie ganz von seinem ursprünglichen Beruf entfernen konnte, sondern in dem zeitweilig erneuten Kampf gegen die Ungläubigen den Mittelpunkt seiner Wirksamkeit fand" [3]. Wir möchten einfacher noch sagen: daß der Orden überall mit dem staatlichen Leben um so enger organisch verbunden blieb, je mehr seine eigenen Zwecke mit denen eines Staatswesens zusammenfielen; je fremder dagegen der eigentliche Zweck des Ordens, der Kampf gegen die Ungläubigen, von Hause aus einem Staatswesen war oder mit der Zeit immer mehr wurde, desto fremder stellte sich auch der Orden dem Staatswesen gegenüber — und umgekehrt — und desto kräftiger war der Zug in ihm, sich von dem staatlichen Leben möglichst loszulösen und auf sich selbst zurückzuziehen. In Portugal und auf der spanischen Halbinsel überhaupt gilt das erstere Gesetz: hier war der Ordenszweck, der Kampf gegen die Ungläubigen, zugleich einer der Zwecke des Staates selbst und, wenigstens in jenen Jahrhunderten, fürwahr nicht der letzte, ein unmittelbar dringender greifbarer Beruf, der jene Staaten in steter Spannkraft und Leben erhielt. Daher war es natürlich, daß die staatliche Gewalt, das Königtum, von Anfang an solchen Orden nur soweit Duldung resp. Förderung und Unterstützung zu teil werden ließ, als zugleich der Staat selbst seine eigene Förderung und Unterstützung fand und ebenso, daß das Königtum, da es ja dieselbe Aufgabe verfolgte, das Heft der Leitung jederzeit in der Hand behielt. In andern Ländern, wie in England, Frankreich und anderwärts, wo das staatliche Leben ganz andern Zielen sich zubewegte und auch der Anteil, den diese Staaten in der Kreuzzugsbewegung am Kampf gegen die Un-

---

[1] cf. oben p. 119. — [2] „Fnhw." p. 61. — [3] ibid. p. 60

gläubigen genommen, immer mehr zusammenschwand und zu einer Episode der Vergangenheit wurde, ward der Templerorden allmählich ein **fremdes Element**, welchem die Nation, nachdem sie es eine Zeit lang mit ihrer Begeisterung getragen und in die Höhe gehoben, gleichgültig den Rücken kehrte, ja welches sie schließlich als ein unnötiges und störendes Element empfand und ungerne ertrug. Und ebenso umgekehrt: wie die Templer in diesen Ländern aus einem zufälligen Accidens, welches zu dem staatlichen Leben hinzutrat, nicht aus einem immanenten Trieb des Staatslebens selbst herausgewachsen waren oder diesem entsprachen, so fühlten auch sie immer mehr dieses Staatsleben selbst als etwas Fremdes, Gleichgültiges, ja Lästiges, dessen Pflichten sie in jeder Weise sich zu entziehen und dessen Lasten sie, wo nur immer möglich, von ihren Schultern abzuwälzen suchten, welches sie immer weniger angehen sollte, wie sie es ja auch längst nichts mehr angingen. Darum darf es uns nicht wundernehmen, wenn wir in diesen Ländern, vor allem in **Frankreich**, wo der Orden nun einmal von Hause aus am mächtigsten entwickelt war, wo er seinen Ursprung und seine Heimat hatte, wenn wir hier am meisten Konflikte des Ordens mit dem staatlichen Leben treffen, uns **hier am meisten Klagen** vorkommen **über das Übergreifen der Templer** und ihre Eingriffe in staatliche Rechte und Interessen. Gewiß sind solche Klagen wie die der Bürgerschaft von **Provins**[1]), **La Rochelle**[2]) und **Paris**[3]) äußerst lehrreich. Aber nicht etwa, weil sie bewiesen, wie die Templer darnach trachteten, einen besondern souveränen Staat im Abendland, womöglich in Frankreich, allmählich für sich zu errichten und wohl gar über die Krone von Frankreich Herr zu werden — wie das Wilckes[4]) üppige Phantasie ausgeheckt und ausgemalt hat und womit er auch Prutz angesteckt zu haben scheint — sondern deshalb, weil sie etwas für uns noch ungleich Wichtigeres beweisen: nämlich daß **auch in der Bürgerschaft** sowenig wie in der Geistlichkeit der Orden irgend welchen Halt gehabt hat, sondern im allgemeinen auch hier, obgleich teilweise aus ganz andern Gründen als beim Klerus, nur **Haß oder wenigstens Widerwille** gegen den lästigen, hochmütigen Landsmann empfunden wurde, welcher die Lasten für das Staatswesen, welche auf der großen Masse lagen, nur vermehren half, ohne dem Staate sichtlich in irgend etwas, geschweige denn entsprechend seinen Kräften, zu nützen. Für gewöhnlich mochte freilich der Orden solcher Stimmung lachen und über seine Unpopularität mit doppeltem Hochmut sich hinwegsetzen; wichtig aber und niederschmetternd mußte

---

[1]) cf. „Entw." p. 66. — [2]) p. 67. — [3]) p. 70. — [4]) cf. dazu im allgemeinen unsere Bemerkungen über diesen für die Templergeschichte verhängnisvollen Schriftsteller im nächsten Kapitel.

dieses Moment für ihn werden, sobald die wirkliche Macht, der Staat, es unternahm, seiner für ihn nutzlosen Existenz auf den Leib zu rücken. Dies geschah durch **Philipp den Schönen.**

So kommen wir nun an **Philipp den Schönen und sein Verhältnis zum Templerorden,** zunächst bis 1307 im nächsten VI. Kapitel[1]) erörtert: der entscheidenden Bedeutung gemäß, welche Philipp dem Schönen bei dem Untergang des Templerordens zukommt, ein überaus wichtiges Kapitel. Dessen Wichtigkeit wird dadurch nicht geschmälert, daß zunächst Philipps Stellung nur bis 1307 besprochen wird. Denn, wenn irgendwo, so sind ja im Templerprozeß die einleitenden Schritte, die Vorbereitung zum Prozeß, fast wichtiger als die Sache, der Prozeß selbst. Je mehr aber gerade diese einleitenden Schritte in ein besonderes Dunkel gehüllt sind, um so mehr Licht muß eben in diesen Antezedentien, dem früheren Verhältnis Philipps zum Templerorden, gesucht werden.

Da ist es nun von höchster Bedeutung, wie in diesem Kapitel der Beweis erbracht wird, daß **Philipp der Schöne keineswegs von Anfang an dieselbe Politik gegenüber dem Orden** eingehalten hat, vielmehr mancherlei Wandlungen derselben während der beiden ersten Jahrzehnte seiner Regierung und im ganzen nicht weniger als **drei Hauptphasen** derselben sich nachweisen lassen. Zu **Anfang** seiner Regierung versucht Philipp, wie gegenüber den immer übermächtiger auftretenden klerikalen Gelüsten in Südfrankreich, welche dort durch die verhängnisvollen Wirkungen der Inquisition erzeugt waren, so gegenüber auch den Templern das staatliche Interesse dadurch zu wahren, daß er in Verfolgung der Politik seines Vaters und Vorgängers Philipp III., der durch die Ordonnanz „Ecclesiarum utilitati" geistlichen Genossenschaften und Orden jeder Art die Erwerbung von Lehen, Afterlehen und Eigengütern untersagt, aber gegenüber dem Orden kraft der Privilegien desselben, die ihm die Umgehung eines solchen Verbots ermöglichten, nichts ausgerichtet hatte, daß er in Verfolgung solcher Politik, wohl um die Wende des Jahres 1286/87[2]) alle Güter, welche der Orden während der letzten 30 Jahre erworben, mit Beschlag belegen und durch seine Beamten in Verwaltung nehmen ließ. Wie Prutz hervorhebt, braucht dies „Vorgehen gegen den Orden keine anderen Gründe gehabt zu haben als Erkenntnis der bedeutenden Minderung, welche durch Mehrung des erimierten Ordensbesitzes die königliche Autorität erlitt"[3]), ohne daß „etwas auf die Absicht deutet zu einem Gewaltstreich gegen den Orden", oder zu der Vermutung berechtigt, der König habe andere Ziele verfolgt als er zugab. Das

---
[1]) „Entw." p. 73–86. — [2]) ibid. p. 77 unten. — [3]) p. 80.

geben wir gerne zu, denn es handelt sich offenbar beim ganzen Verfahren gegen den Templerorden wie in der ganzen Politik Philipp des Schönen immer wieder um das eine Grundbestreben, jeder Minderung der königlichen Macht auf jede Weise entgegenzutreten und jede Mehrung der königlichen Macht durch alle Mittel zu versuchen. Als einem Realpolitiker ersten Rangs, als welcher er ja auch von Prutz gezeichnet wird[1]), war es ihm gleich, auf welche Weise er dies Ziel erreichte und ob sein Vorgehen dabei den Schein der Inkonsequenz erweckte oder nicht. So ist es denn für Philipps Charakter und den seiner Politik aufs höchste bezeichnend, daß, nachdem der Streit jahrelang, bis 1292, gewährt hatte, der König plötzlich zurückweicht und versucht, die Templer durch Begünstigungen zu gewinnen, ohne daß, wie Prutz bemerkt, „wir zu sagen vermögen, weshalb Philipp jene Politik aufgab"[2]). Offenbar faßte der König nun eine andere wichtigere Angelegenheit und Unternehmung ins Auge, wobei es ihm darum zu thun war, den Orden, dessen reiche Hilfsquellen er ja eben durch jene Maßregel der Beschlagnahme hatte kennen lernen und durch seine Beamten ausdrücklich notieren lassen, auf seiner Seite zu haben und aus einem Gegner, der vermöge seiner eigentümlichen kirchlich-weltlichen Privilegien doch nicht so leicht zu entwurzeln war, zu einem nützlichen und bei dessen internationalen Beziehungen besonders wertvollen Bundesgenossen zu gewinnen. Welcher Art jene neuen Unternehmungen waren, wobei ihm der Templerorden seine besonderen Dienste leisten sollte, ist natürlich schwer zu bestimmen. Es kann ebensowohl sein, daß Philipp damals bereits an den durch den Tod Rudolfs von Habsburg im vergangenen Jahre zur Erledigung gekommenen, aber freilich schon 1292 durch Adolf von Nassau wieder besetzten Kaiserthron dachte, als daß er durch den Fall von Accon auf einen anderen Plan hingelenkt worden ist, der in der Folgezeit nachweislich ja nicht weniger als jener Kaiserplan sein Denken in Anspruch nahm: den Plan, die christliche Herrschaft im Morgenland in großartigerem Umfang aufs neue herzustellen und dem französischen Interesse, in irgend einer Form, dienstbar zu machen. Für diesen Fall war natürlich der Wert der templerischen Bundesgenossenschaft besonders einleuchtend. Möglicherweise dachte er auch schon mit Hilfe der Templer auf die eben damals, durch den Tod Nikolaus II., zwei Jahre lang erledigte Kurie Einfluß zu gewinnen oder für einen etwaigen Kampf mit der kirchlichen Macht, welche ja in mannigfacher Weise schon damals dem Staatsinteresse hindernd im Wege stand, diese im voraus ihrer kräftigsten Stützen zu berauben. Auch

---

[1]) cf. p. 76 f. — [2]) ibid. p. 80.

Prutz kommt darauf, indem er[1] den Konflikt mit Bonifazius VIII. als eine mögliche Ursache solcher Nachgiebigkeit in jener Periode nennt. Aber dieser stand ja doch 1292, als der König die Schwenkung unternahm, noch in weiter Sicht. Im Fortgang dieser seiner Politik kommt dann allerdings auch dieser Konflikt wesentlich in Betracht. Endlich ist noch eine Möglichkeit, auf die auch manches in der Prutzschen Darstellung hinweist, daß der König für seine Finanzen der templerischen Hilfe bedurfte und einsah, daß er auf dem Wege der Güte wohl zu mehr kommen werde als auf dem bisherigen der Gewalt.

Wie dem nun sei: so viel geht aus allen diesen Maßnahmen hervor: **Philipp wollte um jeden Preis die Hilfsquellen des Templerordens sich, d. h. den staatlichen Interessen nutzbar machen.** Nachdem ihm dies durch hemmende Maßregeln nicht gelungen war, versuchte er es auf dem Weg der Güte und Freundlichkeit, durch Bestätigung ihrer eben noch bekämpften Privilegien und Besitztümer und mancherlei Vergünstigungen, die er ihnen sonst noch zu teil werden ließ. Zum Teil scheint ihm dieser Weg gelungen zu sein: ja, nach dem, was Prutz beibringt[2], hätte der König am 10. August 1303 mit dem Templerorden durch dessen Generalvisitator in Frankreich ein förmliches Bündnis gegen den Papst Bonifaz VIII. abgeschlossen, in welchem er ihm seine thatkräftige Hilfe und Unterstützung zusagt gegen einen jeden, der etwas gegen seine Gerechtsamkeiten und Freiheiten unternehmen würde, vor allem gegen den an der Spitze der Kirche stehenden Bonifazius. Indessen, es fragt sich, ob dieser Vertrag von dem Orden, d. h. dem Meister und Konvent, der allein kompetent zu einem solchen Bündnis war, ratifiziert worden ist? oder ob nicht die andere Überlieferung recht hat, welche in der von Prutz mitgeteilten Urkunde[3] dieses Vertrags mit dem Visitator Hugo von Peraud nur vielmehr einen **Bündnisantrag an den Templerorden** sieht, einen Antrag, **der aber von diesem nicht ratifiziert, sondern vielmehr zurückgewiesen worden sei**[4]? Daß die letztere Annahme die richtige sei, das wird nicht dadurch entkräftet, daß Philipp auch nach der Katastrophe gegen Bonifaz dem Orden gegenüber fast ein „demonstrativ freundliches Verhältnis"[5] wahrte, indem er nicht bloß Hugo von Peraud zum Generaleinnehmer seiner Einkünfte ernannte, sondern auch im Juni 1304 durch einen von Prutz gleichfalls urkundlich[6] mitgeteilten „Freibrief alle die Hindernisse beseitigte,

---

[1] „Entw." p. 82. — [2] p. 82 ff. — [3] cf. „Entw." Urkundl. Beilagen, Königsurk. n. 20, p. 306 f. — [4] cf. Schottmüller I, 82 u. ebenso wieder I, 115. — [5] „Entw." p. 84. — [6] ibid. Urkundl. Beil. III, Königsurk. n. 21, p. 307 f.

welche dem Orden bei der Vermehrung seines Besitzes und der Erweiterung seiner Ausnahmestellung entgegengetreten waren"[1]. Denn daß eine solch demonstrative Freundschaft noch keineswegs seine wahre Gesinnung verbürgte, daß er vielmehr es liebte, damit nur seine wahre Absicht zu verschleiern und das Opfer sicher zu machen, das er zu vernichten sann, das hat ja Philipp deutlich genug schon dadurch bewiesen, daß er den Großmeister Molay, welchen er früher schon durch die Patenstelle, die er ihm bei einem seiner Kinder übertrug[2], seiner eigenen Familie aufs nächste verbunden hatte, noch am 12. Oktober 1307 dadurch „ehrte", daß er ihn „neben den höchsten Würdenträgern bei der Leichenfeier der Prinzessin Katharina, der Erbin des Reichs Konstantinopel und Gemahlin des Grafen von Valois, einen Zipfel des Bahrtuchs tragen ließ"[3]. Für die Richtigkeit der Annahme aber, daß Hugo von Peraud eine Sonderpolitik mit dem Könige getrieben, auf welche sich der Orden in seinem Meister und Konvent nicht eingelassen, sondern dieselbe klar und deutlich zurückgewiesen habe, spricht nicht bloß das ganze überaus zweideutige Verhalten, welches jener Großwürdenträger, der in Molay seinen siegreichen Rivalen um die Großmeisterwürde haßte[4], in dem Prozeß nach den Protokollausweisen spielt, sondern eben auch jene mitgeteilte Urkunde vom Juni 1304, indem in derselben gesagt wird, daß der König diese Vergünstigung dem Orden angedeihen lasse in Rücksicht auf Hugo von Peraud und die mancherlei willkommenen Dienste, die ihm von diesem erwiesen worden seien. Sieht das nicht ganz so aus wie ein Versuch Philipps, den durch seine eigenmächtige Politik beim Orden in Mißkredit gekommenen Generalvisitator bei den Templern zu restituieren, wie er ihn von seiner eigenen Seite schadlos zu halten sucht durch Übertragung des wichtigen Postens eines Generalsteuereinnehmers, auch wieder gewiß nicht in einem Anflug von uneigennütziger Dankbarkeit, sondern weil er die Dienste dieses Mannes auch fernerhin zu verwerten gedachte?

Wie weit also es dem König gelungen ist, den Templerorden im Streite mit Bonifazius auf seine Seite zu bringen, scheint noch lange nicht erwiesen zu sein. Ja, nicht einmal das scheint uns sicher zu stehen, ob man die Templer wirklich zu denen zählen kann, welche die Appellation gegen Bonifazius VIII. an ein allgemeines Konzil dem König unterschrieben. Denn indem auch bei dieser Gelegenheit Hugo von Peraud den Orden vertritt[5], sind wir nicht gewiß, hat er auch hier wieder nur in seinem eigenen oder wirklich im Namen des Ordens gehandelt, hat der

---

[1] „Entw." p. 84. — [2] cf. Schottm. I, 82 und mehr noch I, 125 Anm. — [3] Schottm. I, 127. Havemann p. 202. — [4] cf. die Aussage Hugos de Faure, Michelet II, 241 f., besprechen des Längeren bei Schottm. I, 500. — [5] cf. Schottm. I, 82.

Orden diesen Schritt gebilligt oder wieder als eine Eigenmächtigkeit Peraubs hernach verleugnet und umgestoßen? Beides ist möglich, aber das letztere scheint uns wieder das wahrscheinlichere. In jedem Fall scheint in der Hauptsache Philipps Werben um die Bundesgenossenschaft der Templer verlorene Liebesmühe gewesen, von dem Orden am entscheidenden Punkte zurückgewiesen worden zu sein, entsprechend eben ihrer Pflicht, die sie mit dem Papsttum und dessen Sache zusammenband. Daß aber Philipp eine solche Zurückweisung zu vergessen nicht der Mann war, sondern eben, wenn er durch scheinbar besondere Gunst den Versöhnten spielte und das Vergangene bei anderen in Vergessenheit zu bringen suchte, nur auf eine Gelegenheit lauerte, sich gründlich für immer zu rächen, das wird demjenigen nicht zweifelhaft sein, der sich etwas näher mit Philipp dem Schönen und seinem Charakter bekannt gemacht hat.

Den Beweis dafür finden wir später. Hier sei nur noch auf das Zugeständnis hingewiesen, das am Schlusse des Kapitels Prutz selber machen muß[1]): daß durch diese ganze Politik der König doch nur sich selbst der gesetzlichen Mittel zur Abwehr gegen die Templer für den entscheidenden Augenblick beraubte; daher er „um eine gerechte Sache zu verteidigen, zu bedenklichen Mitteln seine Zuflucht nehmen mußte". Wir fügen bei, daß er durch diese Politik auch beweist, daß es ihm früher nie in den Sinn gekommen, noch er daran gedacht hat, die Templer irgendwie für das zu halten, wofür sie zu erklären er später so überaus geschäftig ist: für Ketzer. Denn sonst hätte er gewiß nicht zuvor so mancherlei Umwege eingeschlagen, um an sie zu kommen, ihr Vermögen und ihre Hilfsquellen auf irgend eine Weise für sich zu gewinnen. Erst wie alle anderen Versuche fehlschlugen, erschien ihm jenes Mittel als der einfachste und beste Ausweg: die ultima ratio.

Damit sind wir unmittelbar bis an die Schwelle des Prozesses gekommen. Ehe nun aber Prutz auf diesen selbst eingeht, sucht er uns noch mit einem anderen Faktor bekannt zu machen, der ebenso bei diesem Prozeß selbst als bei dem nachherigen Urteil über unsere ganze Frage eine wichtige Rolle gespielt hat, nämlich der öffentlichen Meinung über den Templerorden. In welcher Richtung diese geschildert wird, zeigt schon der Titel des nächsten VII. Kapitels[2]): „Wandlungen in dem Urteil der Zeitgenossen über den Orden und die Pläne zu seiner Reform." Damit ist schon angedeutet, wie das anfänglich so günstige Urteil über den Orden mit der Zeit eine Veränderung erlitten und immer mehr zu Ungunsten des Ordens sich gestaltet habe. Warum?

---

[1]) „Entw." p. 86. — [2]) ibid. p. 87—107.

in welcher Hinsicht? Was ist's, was man dem Templerorden eigentlich vorgeworfen hat? Das sind Fragen, die für uns von höchster Bedeutung sind. Die Antwort darauf lautet verschieden von der, welche Prutz in der „Geheimlehre" gegeben hat. Es sind nicht sowohl Verdächtigungen der Rechtgläubigkeit des Ordens, als Klagen über äußerliche Dinge, über äußerliches Verhalten, von welchen uns dieses Kapitel erzählt. Vor allem ist es neben dem Reichtum und dem Stolz der Templer ihre Habgier und eigennützige Politik, welche man ihnen aufs bitterste verübelte. Daß sie reich waren, ja nun, das läßt sich nicht leugnen, wenn auch, worüber Schottmüller eine treffende Auseinandersetzung[1]) giebt, mancherlei übertriebene Vorstellungen darüber umlaufen mochten und — bei der Natur einer solchen einen deutlichen Einblick ausschließenden und durch die Ferne seiner Unternehmungen wie die weite Verbreitung seiner Besitzungen die Phantasie doppelt reizenden internationalen Ordenswesens — nahe genug lagen. Daß sie von ihrem Reichtum nicht den gebührenden Gebrauch machten, insbesondere nicht genug davon für die Verteidigung und den Schutz des heiligen Landes aufwandten, wie doch ihre statutenmäßige Pflicht gewesen wäre: darauf ist zu sagen, fürs allgemeine, daß der richtige Gebrauch des Reichtums ein donum ist, welches sich überhaupt in der Welt nicht allzu oft findet, daß aber für den großen Haufen die Besitzenden, auch wenn sie noch so viel thun, immer noch lange nicht genug, d. h. so viel thun, als man von ihnen rechtmäßigerweise erwarten zu dürfen glaubt, vollends wo es sich um so allgemeine Persönlichkeiten wie Orden u. dgl. handelt, auf deren Freigebigkeit ein jeder ein besonderes „statutenmäßiges" Anrecht zu haben glaubt, denen alles zumuten zu dürfen jeder für etwas Selbstverständliches hält. Für den speziellen Fall aber: daß darüber, wieviel die Templer für das heilige Land aufwandten und wieviel sie wirklich hätten aufwenden können und sollen, ein Maßstab jenen unzufriedenen Stimmen damals wohl ebensowenig gegeben gewesen sein dürfte, als er uns heutzutage möglich ist. Die Beschuldigung vollends, welche den Templern sogar den schließlichen Verlust des heiligen Landes in die Schuhe schob, darf man, zumal in ihrer Form als vagem Volksgerede, wohl kaum einer ernstlichen Beachtung würdigen: denn einen Sündenbock muß die Menge ja haben, und daß sie da nicht immer den herausgreift, der wirklich der Schuldigste ist, sondern oft, der eben der Sichtbarste ist und Greifbarste, ist eine bekannte Regel und wird gerade durch das von Prutz angeführte[2]) Beispiel, daß Honorius III. sogar nötig hatte, die

---

[1]) Schottm. I, 62 ff. — [2]) „Entw." p. 89.

Templer von der Anklage, an dem unglücklichen Ausgang der Unternehmung gegen Damiette schuldig zu sein, in öffentlichen Predigten freisprechen zu lassen, ganz besonders treffend illustriert. Der Geschichte aber gehört es an als Thatsache, nicht bloß, daß die Templer an diesem Unglück vor Damiette am allerwenigsten schuld gewesen sind, sondern auch, daß, wenn irgend jemand in der letzten Zeit der Kreuzfahrerstaaten noch etwas für das heilige Land gethan und dessen Verlust noch etliche Zeit hintangehalten hat, es dann die geistlichen Ritterorden, Templer wie Johanniter, gewesen sind. Außerdem ist hier immer wieder nicht außer acht zu lassen, daß ganz dieselben Beschuldigungen nicht bloß auch gegen die Johanniter, die Rivalen der Templer, sondern ebenso noch gegen eine Reihe anderer Mächte, und gegen diese mit mehr Recht, erhoben wurden, so vor allem gegen die römische Kurie selbst. Auch die übrigen Vorwürfe: Habsucht, Stolz, Hoffart u. dgl. m. sind nichts den Templern Eigentümliches; wie ja Prutz selber die einander ganz ähnlichen Bemerkungen von Richard Löwenherz und Kaiser Friedrich II. anführt[1]); von jenem, wie er in seiner Antwort auf die Mahnung eines Bußpredigers, seine drei Töchter, Hoffart, Habsucht und Verschwendung fahren zu lassen, die Templer, welchen er die erste vermacht, mit den Cisterciensern, welche die zweite, und den Prälaten, welche die dritte bekamen, zusammenstellt; von diesem, wie er eben dieselbe Eigenschaft, Hoffart, in seinem Testament den Templern und Hospitalitern gemeinsam hinterläßt. Wenn wir also auch nicht daran zweifeln dürfen — dazu haben wir keinen Grund — daß nicht umsonst die Hoffart der Templer sprichwörtlich geworden ist, so ist das doch keine Eigenschaft, durch welche sich auf eine spezifische dogmatische Stellung schließen läßt, wie übrigens auch Prutz in der „Entwicklung" im Unterschied von der „Geheimlehre" nur noch ganz leise und von der Ferne winkend thut.

An vielen anderen Dingen, welche man dem Templerorden vorwarf und worüber man Klage führte, finden wir bei näherem Zusehen nicht eigentlich sie, sondern die Kirche, d. h. vor allem die Kurie, die Päpste, selbst schuld. So liegt nicht bloß, wenn über den verderblichen Einfluß der kirchlichen Ausnahmestellung des Ordens geklagt wird — z. B. von Johann von Salisbury —, die Schuld recht eigentlich an den Päpsten selbst, welche solche Exemtionen in ihrem, nicht der Kirche, Interesse allzuoft erteilten[2]), sondern auch, was recht eigentlich die

---

[1]) „Entw." p. 88. — [2]) Daß die Templer, wie ihnen jener selbe kirchliche Schriftsteller Schuld giebt, das Evangelium verfälschten, indem sie es um Geld, nicht um Gnade, verkündigten, liegt vollends so sehr auf der Linie der ganzen mittelalterlichen Buß- und Beichtpraxis, daß wir darüber kein weiteres Wort verlieren.

eigene Schuld des Ordens und eine seiner schlimmsten Versündigungen
gewesen zu sein scheint, seine vielfache Einmengung in Händel,
die ihn von Hause aus nichts angingen und die ihn in mancherlei gefährlichen Konflikt hineinbrachten, wurde ebenso von der Kurie, wie von Prutz
nicht unrichtig zu bedenken gegeben wird, in zahlreichen Fällen unmittelbar
veranlaßt: indem sie das einemal den Orden bestimmte, bei Besetzung
seiner Ordensämter diesem oder jenem Potentaten zu Willen zu sein und
ihm dadurch einen statutenwidrigen Einfluß auf die inneren Ordens-
angelegenheiten gewährte, das anderemal einzelne Templer sei es in
ihren eigenen Dienst nahm oder solche weltlichen Fürsten für deren Angelegenheiten empfahl: das alles lief doch nur auf Vermengung der allgemein politischen Interessen mit den Ordenszwecken hinaus. Wichtiger
aber noch war, wenn die Kurie so oft den Orden dazu benützte, statt das
allgemeine Interesse der Christenheit gegenüber den Ungläubigen im Auge
zu behalten, vielmehr die besonderen Händel der Kurie gegen die widerstrebenden politischen Mächte der Christenheit ausfechten zu helfen: so,
um nur das bekannteste Beispiel zu erwähnen, im Streit mit Kaiser
Friedrich II., wie überhaupt in den Kämpfen mit den staufischen Universal-
herrschaftsplänen. Wie kann man es überhaupt den Templern verübeln,
wenn sie in Verfolgung ihrer eigenen Zwecke oft, ja im allgemeinen vielleicht
in der Regel, eine rücksichtslose Politik einschlugen, vor allem im
heiligen Land zuerst danach fragten, was ihnen das Richtige schien, nicht
etwa, was das allgemeine Christenbewußtsein für richtig hielt, da sie,
wohin sie schauten, nirgends eine klare, konsequent zielbewußte allgemeine
Politik wahrzunehmen vermochten, sondern um und um von rücksichtslos
das Ihre suchenden Mächten umgeben waren und gerade diejenige Macht,
nach der sie eigentlich allein zu fragen hatten und welche ihnen etwas
gebieten konnte, die Kurie, statt das allgemeine Interesse der Christenheit
gegenüber den Ungläubigen immer wieder in erster Linie zu wahren, vielmehr gerade in den schwierigsten Zeiten lieber gegen christliche Mächte
ihre Machtmittel verwendete, als zu Gunsten des heiligen Landes, das es
so dringend bedurfte, benützte? Zudem, wer konnte oder sollte ihnen denn
allemal sagen, welches die richtige Politik sei? Etwa die päpstlichen
Legaten, welche im Vollgefühl ihrer Macht alles selber zu leiten und entscheiden
zu können glaubten, aber nicht selten, wie bei Damiette, der verhängnisvolle Faktor im christlichen Heere geworden sind? oder etwa die gekrönten
Häupter der Kreuzfahrer, welche von Zeit zu Zeit aus dem Abendland
angezogen kamen, die christliche Herrschaft im Orient aufs neue zu stützen
und einen Ruck vorwärts zu bringen, statt dessen aber oft genug nur
störend eingegriffen und eine mühsam zu stande gebrachte Ordnung, den

Anfang einer gedeihlichen Entwicklung mit einem Stoß wieder für lange hinaus über den Haufen geworfen haben? Kein Zweifel, die Templer verfolgten eine eigene, möglichst selbständige Politik, ohne viel nach anderen, geistlichen oder weltlichen Herren, zu fragen; aber offenbar doch nur, weil sie es eben allerdings selber besser zu wissen glaubten, was in diesem oder jenem Fall nottue, und auch durch ihre langjährige Anwesenheit im heiligen Lande, durch ihr fortgesetztes Weilen in demselben und Kämpfen um dasselbe offenbar besser dazu befähigt waren als die mancherlei geistlichen oder weltlichen Herren, die von Zeit zu Zeit, für länger oder kürzer, hereingeschneit kamen und dann wieder gingen, oft gerade in dem Augenblick, wo ihre Anwesenheit am dringendsten nötig gewesen wäre, um ein von ihnen angestiftetes Unternehmen, welches sonst besser unterblieben wäre, auch vollends zu Ende zu führen.

Am deutlichsten wird diese ganze Losung der templerischen Politik, dies Bewußtsein, das ihnen so vielfach den Vorwurf der Eigensucht und Eigenmächtigkeit zuzieht, ausgesprochen von dem Großmeister Wilhelm von Sonnac, wenn er in der Schlacht von Mansurah 1250 auf den Vorwurf des Grafen von Artois, der die Templer und Hospitaliter der Feigheit beschuldigt, weil sie seiner unvorsichtigen Mahnung zum Drauflosgehen mit Besonnenheit und in Rücksicht auf die unverhältnismäßige Gefahr mit dem Rate umzukehren erwidert hatten, wenn er auf jenen Vorwurf hin nachgiebt mit den an den templerischen Bannerträger gerichteten [1]) Worten: „Entfalte unser Panier, hebe es hoch empor, uns ruft die Schlacht. Heute werden wir des Todes wie des Krieges zweifelhaftes Geschick ertragen müssen. W i r w ä r e n u n ü b e r w i n d l i c h , müßten wir nicht stets in Gemeinschaft anderer kämpfen; so sind wir Christen stets geteilter Meinung, gleich Sand ohne Mörtel; ledig der Eintracht und Liebe, werden wir unseren Untergang finden." Der Verlauf zeigte, wie recht er gehabt!

Übrigens muß hier Prutz zugestanden werden, daß er es in der „Entwicklung" selbst „für arg übertrieben" findet, „wenn man dem Orden allein all das Unheil schuld gegeben hat, welches die Christen in Palästina traf"[2]) und daß er selbst sagt: „Alle Tugendstrenge, aller Glaubenseifer, aller Kampfesmut der Templer hätte das Schicksal der fränkischen Niederlassung im Osten nicht geändert." Doch ist er der Ansicht, daß, auch wenn man die nachherigen Versuche der Templer, noch 1302 wieder festen Fuß auf der syrischen Küste zu fassen und die Opfer, die sie dabei ge-

---

[1]) Das Folgende citiert nach Wilcke I, 278; cf. Havemann p. 81 f. — [2]) Entwicklung p. 94.

bracht, in Anschlag bringt, die Rüstung zum Kampfe gegen die Ungläubigen damals, in dieser letzten Zeit, in „der Politik des Ordens nur eine untergeordnete Bedeutung gespielt" habe.

Die Ursache davon findet Prutz freilich nicht in äußeren Verhältnissen, sondern darin, daß der alte Geist strenger Zucht von dem Orden gewichen gewesen sei. In zweierlei trete das besonders zu tage, einmal in mancherlei Fällen von Ungehorsam und offener Auflehnung, wofür zwei interessante Fälle zum Belege dienen; sodann in der Nachsicht, mit der man allmählich aus Gründen, die schon früher zur Sprache gebracht worden sind, alle möglichen Elemente aufgenommen habe zum Nachteil des Ordens und unter Zuwiderhandeln gegen seine Statuten. Auch daß man den Eintritt in den Orden durch Geschenke, Zuwendungen an ihn oder einzelne seiner Glieder erkaufte, sei immer mehr aufgekommen. Die Kirche begriff all das mit dem Namen Simonie, und daß diese allerdings in den Orden verhältnismäßig frühe Eingang fand und als eine Gefahr für den Orden erkannt wurde, beweist nicht bloß die Rolle, welche dieses Vergehen in den späteren Redaktionen des Strafkoder spielt, worauf wir schon bei Besprechung des Statutenbuchs genügend hingewiesen haben[1]), sondern auch die mancherlei Angaben, welche wir darüber von verschiedenen Zeugen des Prozesses in der unbefangensten Weise erhalten. Mit diesen Bemerkungen von Prutz sind wir also gerne einverstanden. Dagegen folgt nun alsbald wieder ein Abschnitt, wo wir seinen Erörterungen nicht folgen können. Es handelt sich um einen Streitfall zwischen dem Orden und der Kurie selbst in Betreff eines Ordensmarschalls Stephan de Sissy (unter dem Großmeister Berard 1256—73 öfters Stellvertreter desselben), welcher von Urban IV. aus einer uns nicht näher bekannten Ursache gebannt und seines Amts für verlustig erklärt, aber von Meister und Konvent in Mißachtung des päpstlichen Befehls in Amt und Würden erhalten, ja mit einer Sendung an den päpstlichen Hof selbst betraut worden war. Nachdem Urbans IV. Nachfolger, Klemens IV., seinem Befremden über dieses Ordensgebahren Ausdruck verliehen und den Orden davor gewarnt hat, er möge nicht durch ferneres Widerstreben eine nähere Untersuchung der Übelstände herausfordern, welche Papst und Kirche bisher an dem Orden nachsichtigerweise übersähen und duldeten, weil sich sonst kein Rechtstitel mehr dafür würde finden lassen, solche Übelstände ohne Gewissensbelastung ferner zu dulden: nachdem Klemens IV. so ernste Drohungen hat verlauten lassen, hebt — er die Erkommunikation über Stephan von Sissy ohne Ver-

---

[1]) s. oben p. 101; näheres in den „Mitteilungen d. Instr. f. österr. Gesch."

hängung weiterer Buße auf und „schließt mit der inständigen Bitte und
Mahnung, der Orden möge ähnliche Verirrungen in Zukunft vermeiden
und sich in allen Stücken so halten, daß er der Gunst und Gnade, welche
ihm die römische Kirche bisher so überreich habe zu teil werden lassen,
auch ferner für würdig erachtet werde; er möge aus der ihm gewährten
Straflosigkeit nicht den Antrieb zu neuen Ausschreitungen entnehmen, sondern
zur gründlichen Besserung seines Wandels. Anderenfalls würde er den
päpstlichen Stuhl, der jetzt begangenes Unrecht mit dem Schleier des
Vergessens bedeckt habe, in der Übung von Recht und Gerechtigkeit strenger
kennen lernen, als ihm lieb sein würde"[1]). Diejenigen, welche Prutz
näher kennen, werden nicht überrascht sein, wenn derselbe hinter solchen
Drohungen alsbald gefährliche Vergehen kirchlicher Natur, bedenkliche Zu=
stände innerhalb des Ordens wittert, weil „es sich um das Heil der Seelen
handelte": als ob es sich für die Kurie und nach ihrem Sprachgebrauch
nicht bei jedem Ungehorsam gegenüber ihren Anforderungen „um das Heil der
Seelen" gehandelt hätte. Als ob dieselbe irgend ein Vergehen dogmatischer
Natur, wenn es nicht etwa die Leugnung des päpstlichen Summepiskopat
involvierte, schwerer übelgenommen hätte als Unbotmäßigkeit in politischen
Dingen, und als ob endlich die übrigen Verstöße sittlicher Art und kleinere
Statutenwidrigkeiten (cf. jene Simonie!) für die Kurie nicht genügend
Stoff zu solchen Äußerungen geboten hätten. Wir können darum den
Folgerungen von Prutz in „seiner" Richtung nicht folgen und überhaupt
dieser Sache trotz der bedenklichen Drohung kein weiteres Gewicht bei=
legen, als daß sie uns den allerdings interessanten Nachweis liefert, daß
die Templer in ihrer rücksichtslosen Art, welche ihnen ihr Ordensdünkel
eingab, gelegentlich sich nicht scheuten, selbst mit der Macht, unter deren
besonderer Protektion sie sonst standen, anzubinden. Hätten sie aber unter
sich ein wirklich schlechtes Gewissen gehabt wegen Dingen, deren Ver=
heimlichung für sie eine Lebensfrage gewesen wäre, so hätten sie das ganz
gewiß nicht gewagt[2]). Für uns ist darum wichtiger als die Drohung
mit einer möglicherweise gefährlichen Untersuchung die in demselben Schreiben
des Papstes sich findende Erinnerung an den Orden: „daß, zöge die

---

[1]) Entwicklung p. 101. — [2]) Mit Genugthuung ersehe ich nachträglich, daß
nicht bloß Wenck in seiner oben (p. 7) angeführten Besprechung des Prutzschen letzten
Werks (in den Gött. gel. Anz. 1890, p. 259) mit dieser harmloseren Auffassung schon
wegen der Gunst, die Klemens IV. sonst dem Orden zu teil werden ließ, vollständig
übereinstimmt, sondern auch von H. Lea in seinem hier anzogenen Werk (A history
of the inquisition of the middle ages, London 1888) eine Deutung gegeben wird,
die durchaus plausibel erscheint: darnach handelte es sich wieder einfach um Politik in
einem Fall, in welchem den Templern recht zu geben ist.

Kirche ihre Hand von ihm ab, derselbe sich weder gegen die Feindschaft der weltlichen Fürsten noch gegen den Ansturm der Bischöfe würde behaupten können"¹). Denn auch das geben wir noch nicht einmal zu, daß durch diesen Vorgang „jedenfalls das Verhältnis zwischen dem Orden und der Kurie erschüttert war", daß „der Orden wußte, daß man in Rom an gewissen Dingen schweren Anstoß nahm, daß er auf unbedingten Schutz dort nicht mehr rechnen durfte"²). Das Verhalten des Ordens, das Auftreten wie die Erklärungen des letzten Großmeisters machen das durchaus nicht wahrscheinlich, verraten gegenüber dem heiligen Stuhl durchaus kein schlechtes Bewußtsein. Daß aber die von Prutz mitgeteilte Verpfändung sämtlicher Güter der Templer und Hospitaliter in Aragonien, Valencia und Barcelona durch Bonifazius VIII. im Jahr 1295 — zum Zwecke der Bürgschaft, welche der heilige Vater übernahm — für die Mitgift von 75000 Mark Silber der Blanca von Sizilien anläßlich ihrer Vermählung mit König Jakob von Aragonien — in dieser Richtung zu deuten, daß sie überhaupt ohne Zustimmung des Ordens, oder eigentlich beider Orden, geschehen sei, ist gewiß kaum anzunehmen.

Aber die Reformpläne, d. h. die Pläne zur Verschmelzung beider, des Hospitaliter- und Templerordens, in einen Orden, wie sie vielleicht schon durch den heiligen Ludwig in Anregung gebracht³) waren, sicher seit der Salzburger Synode 1272 auf der Tagesordnung standen, überall erörtert wurden und auch von der Kurie nicht zurückgewiesen werden konnten! Beweisen sie nicht, daß man den Zweck des Ordens nicht erfüllt sah, daß man ihm so gut wie dem Hospitaliterorden, so wie sie waren, nichts Gutes zutraute und deshalb auf die Verschmelzung zu einem neuen, anders zu organisierenden großen Orden hinarbeitete? Nun ja, das beweisen sie allerdings, daß man mit den Orden, so wie sie waren und was sie leisteten, nicht zufrieden war, d. h. — daß wir uns das immer vorhalten — mit beiden Orden. Aber der eigentliche Anlaß und Grund solcher Unzufriedenheit liegt ja klar und deutlich genug vor Augen, daß es nämlich kein anderer war als die ewige Eifersüchtelei und der erbitterte Streit zwischen den beiden Orden, welche, anstatt einträchtig gegen den gemeinsamen Feind miteinander vorzugehen, so oft sich gegenseitig zerfleischten und dadurch einander aufs empfindlichste für ihre eigentliche Aufgabe schwächten, Vorgänge, an welchen man im Abendland mit Recht schweres Ärgernis nahm, welche aber für den Verlust des heiligen

---

¹) Entwicklung p. 101. — ²) ibid. p. 102.   ³) cf. Molans Bemerkung in seinem Gutachten an den Papst hinsichtlich solcher Verschmelzung!

Landes direkt verantwortlich zu machen zum Teil doch übertrieben war. Auf jeden Fall aber waren es durchaus **politisch=sachliche** Erwägungen, welche dabei ins Spiel kamen, und wir treffen nirgends eine Spur von dogmatisch=kirchlichen Mißbräuchen oder gar Verirrungen, welche man dabei zugleich abzustellen gedacht hätte. So sind es, wenn auch nicht durchaus, so doch in erster Linie sachliche Erwägungen, welche auch das **Denk= schreiben Molays** enthält, womit er auf den Vorschlag Klemens V. in dieser Richtung erwidert und denselben für seinen Orden zurückweist: vor allem der Hinweis auf den besonderen Zweck, den jeder der beiden Orden neben dem ihnen gemeinsamen noch verfolge, sodann — gewiß ein beachtenswertes Moment — die mancherlei Vorteile, welche sich gerade an die Eifersüchtelei zwischen beiden Orden geknüpft haben, durch den Wetteifer, womöglich einander zu übertreffen, und wodurch die Nachteile dieser Rivalität wieder ausgeglichen worden seien; weiter aber auch die mancherlei Gefahren, welche aus einer solchen Verschmelzung, eben infolge jener Eifersucht, hervorgehen würden, indem da natürlich jeder **seinem** Orden in dem neuen Orden die Hauptrolle zuerkennen möchte u. dgl. Bezeichnend sind auch die Bedenken, welche den gut mittelalterlich=kirchlichen Boden, auf welchem der Orden stand, zeigen, nämlich daß — was Prutz hier übersieht — die **frommen Stiftungen** eben ja für diesen besonderen Orden gemacht seien und nicht alteriert werden können, und daß die Gelübde, welche in beiden Orden gelten, verschieden seien, indem die Regel der Templer strenger sei als die der Hospitaliter. Wieder führt da Prutz den bezeichnenden Standpunkt nicht weiter durch, den Molay hiebei vertritt, daß es um des Seelenheils willen, welches zur Haltung solcher Gelübde verpflichte, bedenklich wäre, einiges davon abzuthun eines anderen Ordens wegen, für welchen das gleiche Bedenken gelte. Nicht zum mindesten wichtig ist, was Molay anerkennt als Vorteil einer etwaigen solchen Verschmelzung: Vereinfachung der Kosten wie Konzentration und damit Mehrung der Macht eines solchen Ordens, der damit allerdings in den Stand gesetzt wäre, den mancherlei Angriffen, welchen die Orden jetzt preisgegeben seien, besser zu begegnen, denn „die Achtung, welche ehemals alle Welt vor den geistlichen Leuten gehabt, sei geschwunden; man sucht denselben das Ihre zu nehmen, statt ihnen etwas zuzuwenden; Prälaten, Kleriker und Laien, Hoch und Niedrig suchen ihnen Abbruch zu thun"[1]: ein Satz, der besser als viel anderes die damalige Welt und den Umschwung der Stimmung gegenüber dem Kreuzzugsalter kennzeichnet und ebenso Molays scharfe und treffende Beobachtungsgabe wie seinen echt

---

[1] Entwicklung p. 106.

ordensmäßigen Standpunkt verrät. Überhaupt, wie man die Gründe, welche Molay vorträgt, „recht fadenscheinig"[1]) nennen, darin nur „Vorwände", nicht Gründe erblicken kann, das ist uns unbegreiflich oder ja, begreifen wir nur durch die Annahme einer völligen Unmöglichkeit, sich wirklich auf den Boden der mittelalterlich kirchlich-religiösen Auffassung zu stellen. Daß es mit dieser kirchlich-religiösen Auffassung, wenn auch zugleich allerdings mit einem gewiß erklärlichen Trachten, nichts von den eigenen Privilegien zu verlieren, zusammenhängt, was in einem anderen, von Prutz angeführten, sehr interessanten früheren Antwortschreiben der Hospitaliter auf solche Unionsgedanken, dem beizutreten sie die Templer einluden, zum Ausdruck kommt, sei hier nur noch kurz erwähnt.

Das Resultat dieses Kapitels ist also: daß der Orden allerdings längst die Gunst der Zeit verloren und statt dessen bei kirchlichen wie weltlichen Mächten wie nicht minder der Masse der Bevölkerung unbeliebt war und daß er solche Unpopularität selbst verschuldet hatte und womöglich noch vermehrte durch einen unvernünftigen Hochmut und rücksichtsloses Verfolgen seiner eigenen Privilegien. Aber von keßerischen Neigungen und Tendenzen ist nirgends eine Spur, wie denn auch Prutz selbst recht zurückhaltend damit geworden ist; und nicht verschwiegen kann werden, daß auch mancherlei günstige Zeugnisse für den Orden verlauten, wie z. B. eben jener Walter Mapes, gegen Ende des 12. Jahrhunderts, der so mancherlei an den Templern auszusetzen weiß, bezeugt: „Was sie zu Jerusalem thun, wisse er nicht; in England führen sie ein angemessen frommes Leben"[2]).

Bis hieher konnten wir, neben etlichen Aussetzungen, uns mit der „Entwicklung" des Templerordens im allgemeinen zufrieden geben und in nicht unwichtigen Punkten auch unser Einverständnis erklären. Dafür wird der Leser, von der „Geheimlehre" her, auch überrascht gewesen sein, wie vorsichtig Prutz in der „Entwicklung" in seinen Schlußfolgerungen verfahren ist, wie merkwürdig wenig wir von der berüchtigten Ketzerei der Templer oder auch nur solchen Tendenzen bisher vernommen haben. Es scheint aber fast, als ob es Prutz bei solcher Zurückhaltung selber nicht recht wohl gewesen wäre. Denn nun kommt das VIII. Kapitel[3]), für welches Prutz aufgespart zu haben scheint, was er im vorhergehenden mühsam unterdrückt und verhalten hat, seine Vorliebe für dogmatisch-häretische Entdeckungen eigener Art, die sein liebstes, aber ein höchst unglückseliges Kapitel für ihn sind! So bringt er uns in diesem

---

[1]) Entw. p. 106. — [2]) Entw. p. 88. — [3]) Entw. p. 108—126.

VIII. Kapitel der „Entwicklung" etwas, was sich den Abschnitten VI und VII der „Geheimlehre" würdig an die Seite, ja diese womöglich noch in Schatten stellt.

Ausgangspunkt ist die allgemeine Bemerkung, daß, nach dem bisherigen Ergebnis, der „Ruf des Templerordens zu Ende des 13. Jahrhunderts nicht der beste gewesen" sei[1]). Aber „natürlich hefteten sich die üblichen Nachreden zunächst an Äußerlichkeiten: denn fast nie that ein Uneingeweihter einen flüchtigen Blick in das Innere der Genossenschaft". Also: Ahnung, daß es da drinnen noch viel schlimmer und böser ausgesehen habe! „Gerade das Geheimnis, mit dem sie sich umgab, bot verdächtigendem Gerede bequemen Anhalt." Das scheint wieder auf eine nüchternere Beurteilung der Geschwätze hinauszulaufen! Aber nicht lang; denn — wie Prutz fortfährt —: „Aber auch in Kreisen, die unterrichtet waren und nicht bloß nach mißdeutbaren Äußerlichkeiten urteilten, begegnen wir ernsten Ausstellungen". „Diese betreffen namentlich den Widerspruch zwischen dem Zweck, dem seine Reichtümer dienen sollten, und dem Gebrauch, den der Orden thatsächlich davon machte." Also verhältnismäßig harmlose Dinge? Doch nicht so ganz! Denn — wie Prutz daran weiter schließt —: „Der überwältigenden Mehrheit der Templer fehlte die ihrer bevorzugten Stellung entsprechende besondere Thätigkeit" und — „Müßiggang ist aller Laster Anfang". Da sind wir nun drinnen! Denn was für Lastern ist mit solchem Satz nun nicht Thür und Thor geöffnet? Zunächst sittlichen Ausschweifungen; wir hören nicht bloß von Zechgelagen, wofür uns von der „Geheimlehre" noch das „bibere templariter" in der Erinnerung ist, sondern von noch übleren Sachen in Bezug auf das „geschlechtliche Leben": anmerkungsweise wird uns dabei wieder der „Templerkuß" der „Geheimlehre" ins Gedächtnis zurückgerufen[2]). Indes steht Prutz damit allerdings immer noch auf verhältnismäßig sicherem Boden, wie denn auch die Zeugnisse, welche aus den Protokollen dafür angeführt werden, zu dem schwerwiegendsten Material gehören, das der Prozeß gegen den Orden darbietet. — Dergleichen Dinge sind ja auch von Hause aus für solche Kreise naheliegend genug und, wie Prutz selbst bemerkt, „die deutschen Herren zu St. Marien der späteren Zeit sind auch keine Tugendspiegel gewesen"[3]). Doch scheint „es der Templerorden darin ärger getrieben zu haben als andere". Möglich. Richtig ist auch, daß der Fortfall der den Novizen vorgeschriebenen Probezeit um so mehr getadelt wurde — wir würden lieber sagen: werden

---

[1]) Entw. p. 108. — [2]) p. 109 Anm. 3. — [3]) p. 109.

konnte —, "als man so viele bedenkliche Elemente ohne weiteres mit dem weißen Mantel und dem roten Kreuz geschmückt sah". Das ist alles richtig. "Aber das alles konnte man aufdecken und gebührend verurteilen, ohne die Rechtgläubigkeit des Ordens anzufechten und die Quelle der Mißbräuche in einem Abfall vom Christentum zu suchen. Darauf aber lautet die Anklage, welche nachmals die Katastrophe des Ordens herbei= geführt. Auch hat der Prozeß, was auch gegen ihn eingewandt werden kann, das eine erwiesen, daß bei den Templern gewisse anstößige Bräuche vielfach geübt wurden, welche die Kirche, als sie einmal zur Sprache ge= bracht waren, nicht länger dulden konnte"[1]). Was damit gemeint ist, wissen wir ja glücklicherweise schon aus der "Geheimlehre". Daß wir in deren Bahn wieder einlenken, zeigt Prutz zum Überfluß alsbald deutlich genug, wenn es weiter heißt: "Die Anschauungen aber, aus denen die= selben sich allein erklärten, zeigen eine Verwandtschaft mit häretischen Vor= stellungen des 12. und 13. Jahrhunderts — es genügt, an die Mißachtung des Kreuzes, an die Vorstellung von einem oberen und unteren Gott u. a. m. zu erinnern"[2]). Auch die "sittlichen Mängel" habe man daraus herleiten wollen. Sei es doch "eine echt mittelalterliche Vorstellung, daß sittliche Tüchtigkeit und Untüchtigkeit unmittelbar abhängen von der größeren oder geringeren Rechtgläubigkeit, so daß eine Abweichung von der Kirchenlehre sich an dem Schuldigen sofort auch durch sittliches Sinken rächt". In der "Geheimlehre" haben wir diese Anschauung mehr noch als eine Prutzsche denn als eine mittelalterliche kennen gelernt. Doch die Hauptsache sind nun die Zeugnisse für jene "eine Verwandtschaft mit häretischen Vorstellungen zeigenden Bräuche", wie Prutz sich nun ausdrückt. Was haben wir denn in dieser Hinsicht?

"Dahingestellt" läßt Prutz jetzt, ob Johann von Würzburg mit seiner uns schon aus der "Geheimlehre" bekannten Äußerung, der Orden werde durch den Verdacht der "perfidia" verunziert, auf wirklichen Unglauben, dessen man sie zeihe, oder auf die bei Damaskus ihnen vorgeworfene Treu= losigkeit hindeuten wolle. Er selbst hält, wie er uns in der Anmerkung verrät, nur die erstere Erklärung für die richtige. Von größerem Gewicht scheint die uns gleichfalls schon aus der "Geheimlehre" bekannte Warnung Innocenz' III. an den Orden; nur daß jetzt die "dämonischen Lehren", welche dort so unmittelbar auf höchst bedenkliche ketzerische Mißbräuche, welche dem Papst bekannt gewesen seien, gedeutet wurden, hier ganz hübsch mit den übrigen Dingen, welche das Schreiben des Papstes genauer aufzählt und dem Orden schuld giebt, in Verbindung

---

[1]) Entw. p. 109 f. — [2]) ibid. p. 110. — [3]) Entw. p. 110 Anm.

gebracht werden: daß er sich über Bann und Interdikt hinwegsetze und jedem, der dem Orden ein paar Denare spende, ohne Rücksicht auf die Sentenzen der Kirche, ein Begräbnis mit kirchlichen Ehren zusichere. Trotzdem aber hier Prutz im Unterschied von der „Geheimlehre" die rechte Deutung dieses kurialen Stils, der mit solch kräftigen Redewendungen um sich zu werfen liebte, nahe genug legt und ja eigentlich selbst bringt, kann er es doch nicht unterlassen, die Perspektive auf schwierigere Anstöße als sittliche Verirrungen zu lenken und in diesem Zusammenhang der vorhin bereits besprochenen Warnung vor einer Untersuchung durch Klemens IV., die ja ganz ähnlich laute, einen ähnlichen Sinn unterzuschieben. Also, wenn auch vorsichtiger und zahmer, bewegen wir uns doch im ganzen hier bereits auf der Linie der „Geheimlehre". Natürlich werden dann auch die übrigen Zeugnisse und Spuren von solchen, die ein Bewußtsein und Zugeständnis von Templern, daß nicht alles im Orden richtig sei, verraten, so Molays auf einem Generalkapitel in Nicosia 1291 erhobene Forderung von Reformen, alsbald in dieser Richtung gedeutet und verwertet.

Worin jene Ordensverschuldungen bestanden und in welcher Richtung der Orden der Reformen bedurft habe, darüber will Prutz jetzt nur „vermuten"[1]), es handle sich dabei um eben die Punkte wie im späteren Prozeß, um die bei der Aufnahme vielfach vorkommende Verleugnung des Heilands und Entweihung des Kreuzes, ein Brauch, welchen, so bedenklich er war, er doch „seinem ursprünglichen Sinne nach begreiflich" findet als „eine krasse Erprobung des unbedingten Gehorsams, den die Neuaufgenommenen eben gelobt hatten". Prutz findet sogar, daß „die verwerfliche Form einen an sich berechtigten Inhalt hatte" und daß dies wohl der Grund gewesen sei, aus welchem die Kurie trotz ihrer Kenntnis dieser Dinge geduldet habe, „weil sie gegenüber dem Sinn derselben in Bezug auf die anstößige Form ein Auge zudrücken zu können meinte, diese durch jenen entschuldigt ansah". Schade, daß jetzt wieder wir diese Dinge für nicht so harmlos ansehen können! Aber im Mittelalter Verleugnung des Heilands und Bespeiung des Kreuzes eine harmlose Sache, eine Gehorsamsprobe, auch von der Kurie geduldet, weil „nur eine verwerfliche Form mit an sich berechtigtem Inhalt"! Niemals! Auf diese Weise kommen wir eben nie mit Prutz zusammen! Dazu nun das weitere:

„Nur[2]) war die Frage, ob jener bedenkliche Brauch den ursprünglichen, ihn notdürftig entschuldigenden Sinn auch bewahrte oder nicht im

---

[1]) Entw. p. 112. — [2]) Wenn dies kurze Wörtlein irgendwo vielsagend ist, so scheint es uns das hier: als ob es sich in Wirklichkeit bei solch scheußlicher Zeremonie „nur" um das, diese Deutung gehandelt hätte!

Laufe der Zeit eine wesentlich andere, unbedingt zu verwerfende Deutung erfuhr?" Natürlich brauchen wir über die Antwort auf solche Frage keinen Augenblick im Zweifel zu sein! Für Prutz ist ja eine solche Entwicklung eine Kleinigkeit, wozu man nicht einmal einer weiteren Brücke bedarf. Daher er alsbald fortfährt: „Eben das ist nun thatsächlich geschehen, nicht durchweg im ganzen Orden, aber doch in vielen Teilen desselben." Daß dann aber ein solches Geheimnis nicht lange verborgen habe bleiben können bei der ungeheuren Gewalt, welche die Inquisition eben in Südfrankreich gehabt, und den zahllosen Fäden, durch die sie ihre Wirksamkeit in jeden Stand und jede Organisation erstreckt, und vollends, wenn man bedenke, welche Menge von unzuverlässigen Elementen der Orden in dieser Gegend unter jenen anstößigen Formen sich verpflichtet habe: das glauben wir allerdings auch. Nur können wir nicht umhin, unsere Verwunderung darüber auszusprechen, daß Prutz bei der Betrachtung der furchtbaren Gewalt dieser schändlichen Institution nie der Gedanke gekommen ist, ob nicht diese Gewalt im stande war, auch Unschuldige zu Ketzern zu machen, nicht bloß Schuldige aufzuspüren und zu überführen?

Indes so schnell soll die Inquisition nicht einmal dahinter gekommen sein, sondern „zunächst freilich werden sich einem Verdachte — nur Äußerlichkeiten als Anhalt dargeboten haben" [1]). Zunächst könne man da an die Kulthandlungen in den Templerkirchen denken, welche im Anschluß an die Kanoniker des heiligen Grabes, welchen die Templer ihr Ritual entlehnt, etliche Eigentümlichkeiten bewahrt zu haben scheinen. Doch giebt Prutz selbst wieder zu, daß, soweit sich aus einem auf uns gekommenen Brevier dieser Kleriker erkennen lasse, kein häretisch-verdächtiger Ritus sich darin finden lasse. Einen anderen Punkt aber, „in welchem der Orden oder wenigstens ein Teil desselben bestehende kirchliche Verbote übertrat" und welcher „dem Spürsinn seiner Gegner offenbar entgangen und auch in dem Prozeß unerörtert" [2]) geblieben sei, kann er seinen Lesern als Entdeckung mitteilen: nämlich nichts Geringeres, als eine — templerische Bibelübersetzung!

Vorbereitet wird der Leser auf die Wichtigkeit dieser Entdeckung durch einen doppelten Hinweis, nämlich einmal eben darauf, wie schon durch die Statuten des Ordens über Tisch Schriftvorlesung vorgeschrieben gewesen sei, die natürlich in lateinischer Sprache erfolgte, obgleich ja, wie wir wissen, die allerwenigsten Templer des Lateinischen kundig gewesen seien; sodann darauf, wie es doch so höchst auf-

---

[1]) Entw. p. 113. — [2]) Entw. p. 213.

fallend sei, daß „trotz der Einheitlichkeit und der Plötzlichkeit des Vorgehens gegen die Templer in Frankreich fast nirgends ein Exemplar der Ordensregel in die Hände der mit der Occupation der Templerhäuser und -Güter Beauftragten gefallen sei und dieselbe auch in dem Prozeß nur ganz vereinzelt Verwendung finde." Nach dem, was wir im vorigen Kapitel bei Besprechung des templerischen Statutenbuchs als möglicher Quelle für die Untersuchung bemerkt[1]), ist diese Bemerkung überhaupt nur zum Teile richtig und aus den dabei angegebenen Gründen weiter gar nichts Auffallendes darin zu finden. Indes Prutz ist nun einmal anderer Ansicht; er meint: „offenbar haben die Ordensoberen, welche über die dem Orden drohende Gefahr nicht in Unkenntnis waren, die Exemplare der Regel rechtzeitig in Sicherheit gebracht, nicht als ob sie eine häretische Geheimlehre oder gar eine Zusammenstellung der beobachteten anstößigen Gebräuche enthalten hätte" — also hier ist die „Geheimlehre" glücklich und völlig verschwunden! — „sondern wohl eher, weil gewisse Wendungen angesichts der erhobenen Anklagen böse gedeutet werden konnten"[2]). — Was das für „bös deutbare" Wendungen sind, haben wir ja dem staunenden Leser bei Besprechung des Statutenbuchs nicht vorenthalten[3]). — Indes etliche Exemplare des Statutenbuchs seien doch entdeckt worden, allerdings lange nicht im Verhältnis zur Zahl der Ordenshäuser, und in einem solchen Fall, in Arles, habe man neben einem solchen Exemplar des Statutenbuchs und etlichen kirchlichen Büchern ein Buch gefunden, dessen Inhalt in einer Weise bezeichnet werde, „welche nach mittelalterlichem Sprachgebrauch nur auf eine Bibelübersetzung gedeutet werden kann"[4]). Es heißt nämlich „librum interpretationis super libris biblie", und das könne nicht als ein Kommentar, eine Erklärung, sondern nur als eine „Paraphrase der Bibel" gedeutet werden. Ob das etwas so über allen Zweifel Erhabenes ist? Indes, auch wenn, was ist denn da weiter dabei? Ja, das weiß nicht jeder! Vernimm denn, o Leser, was Prutz darüber zu sagen hat:

„Der mittelalterlichen Kirche war der Besitz und das Lesen einer Bibelübersetzung der Anfang häretischer Verirrung"[5]). Beweis: die Verbote der Päpste und Synoden gegenüber der waldensischen und verwandten Bewegungen, vor allem in Südfrankreich einmal über das andere gegenüber den Albigensern. Nun konnten ja eben infolge dessen die Templer zu Arles „auf ganz unschuldige Art

---

[1]) s. eben p. 100 ff. — [2]) Entw. p. 114. — [3]) s. eben p. 109. —
[4]) Entw. p. 115. — [5]) ibid. p. 115.

in den Besitz der Übersetzung gekommen sein, z. B. als sie in dem von albigensischen Häresien durchsetzten Lande gegen unterthänige Leute als Hüter des rechten Glaubens einschritten"¹). „In einem neuen Licht aber erscheint jene Notiz in dem Inventar von Arles und die sich in ihr wiederspiegelnde Thatsache gewinnt eine ganz andere Bedeutung durch die Auffindung einer französischen Bibelübersetzung, in welcher man nicht gerade jene in Arles vorhanden gewesene" — diesen Riesensatz wagt doch auch Prutz nicht! — „aber doch eine Arbeit wird erkennen müssen, welche sozusagen unter den Auspizien des Templerordens, in seinem Auftrage und deshalb wohl auch zunächst zu seinem Gebrauche angefertigt worden ist"²).

So giebt sich denn nun Prutz alle Mühe, zunächst den Nachweis zu führen, daß die bezeichnete Bibel, eine neulich von der Pariser Nationalbibliothek erworbene Pergamenthandschrift, welche in abgekürzter und zusammengezogener Weise sich als eine Übersetzung der 5 Bücher Mosis, der Bücher Josua, Richter, Könige und Makkabäer und endlich der Bücher Tobias und Judith darstellt, mit Randbemerkungen versehen, welche zum Teil durch „eine Neigung zu urwüchsig rationalistischer Erklärung überraschen", daß diese abgekürzte Bibel wirklich templerischen Ursprungs sei. Die Art, wie dieser Nachweis geführt wird, ist für die Prutzsche Schlußfolgerung wieder höchst charakteristisch. Da dienen als Glieder des Beweises vornehmlich, daß die Übersetzung der Richter unternommen wurde auf Veranlassung eines „Meisters Richard" und „eines Bruders Othon, der Glieder einer ehrenvollen Gesellschaft, einer heiligen Brüderschaft, welche dem Schutz und der fortschreitenden Heiligung durch den süßen, freien, frommen Jesus empfohlen wird"³), wie der Prolog auch mit einer Anrufung Gottes als des allmächtigen Schöpfers beginne. Beide Männer werden „ihrer Tugenden wegen, durch die sie den andern ein zu Gott leitendes Vorbild bieten"⁴), gepriesen. Aus demselben Grunde sollen sie die Übersetzung des Buchs der Richter veranlaßt haben, „um ihren Genossen ermunternde Beispiele stolzer Ritterschaft vor Augen zu stellen, aus welchen diese lernen können, welche Ehre es ist, Gott zu dienen, und welchen Lohn derselbe denen gewährt, welche um seines Todes willen sich Gefahren aussetzen, um sein Gesetz zu verteidigen, wie es der Orden jener beiden thut, die auserwählte Ritterschaft, die auserkorene Schar, der Gott sein Banner anvertraut hat, wie sie auch sein Kreuz tragen, ihren Leib

---

¹) Entwicklung p. 116.   ²) ibid.   ³) Entw. p. 116. — ⁴) ibid. p. 117.

sowohl wie ihr Herz damit gewappnet haben"[1]. Des weiteren wird auf das Vorbild des Heilands, seinen Tod am Kreuz, um die Hölle zu überwinden, hingewiesen und dadurch die Forderung der Tötung des Fleisches für die Genossen jener begründet, indem als die beiden hauptnotwendigen Tugenden Barmherzigkeit und Demut genannt werden. Als Lohn seiner mühevollen Arbeit hofft der Verfasser schließlich zu dem Mitgenuß der Wohlthaten jener Genossenschaft zugelassen zu werden.

Natürlich können für Prutz jener „Meister Richard" und „Bruder Othon" nichts anderes als Angehörige eines geistlichen Ritterordens sein, schon wegen des Zeichens des Kreuzes auf dem Gewande. Und dann kann nur der Templerorden in Betracht kommen — an den Deutschen Orden kann „aus sprachlichen Gründen" nicht gedacht werden, zu den Hospitalitern findet sich auch keine weitere Beziehung — schon wegen der „charité et humilité", welche Bernhard von Clairvaux an ihm gerühmt hat[2]. Nicht weniger weise auf ihn hin, wenn in einer Anmerkung jener Bibel der Name „Bethel" erklärt wird als „Haus Gottes", „dort sei nachmals Jerusalem erbaut worden, wo sich das Haus Gottes, d. i. ‚der Tempel des Herrn' befindet." Beweis ist auch der Ausdruck „durgemant" für „Dolmetscher" in der Geschichte Josephs, weil dieser „arabischen Ursprungs", zuerst „von den im Osten heimisch gewordenen abendländischen Christen gebraucht und im Westen eingebürgert wurde"; endlich erinnere auch jene rationalistische Erklärungsweise an das „ähnliche Verfahren der Korangelehrten in ihren Schriften und Disputationen"[3].

Wir wollen dem Leser ersparen das genauere Eingehen auf die Art und Weise, wie Prutz ferner das Alter dieser Bibel herausbekommt; wie er durch den Vergleich mit einer andern, mit der templerischen Bibel „eine unverkennbare Verwandtschaft" zeigenden Handschrift der Arsenalbibliothek in Paris, welche nicht vor dem Anfang des 13. Jahrhunderts entstanden sein könne, findet, daß die templerische Bibel, welche als älter erwiesen sei, noch dem 12. Jahrhundert angehören müsse; wie er dann unter den Meistern des Templerordens weiter sucht, bis er natürlich in Odo von St. Amand (1171—1179) glücklich den „Bruder Othon" herausgebracht hat. Doch wird dieser ja „Bruder", nicht „Meister" genannt! Macht nichts, denn man darf ja nur an die Zeit denken, wo derselbe noch nicht Meister, sondern einfacher Komtur war!

---

[1] Entw. p. 117. — [2] und welche, ja, wie Prutz selbst uns gezeigt hat, der Orden so trefflich konserviert hat. — [3] Entw. p. 118.

Einen solchen aber findet man 1160 und 1163 urkundlich vorkommen, und jetzt darf man nur noch annehmen, daß dieser dann wiederum identisch gewesen ist mit einem Templer „Otto de Andemaro", der neben einem andern Templer „Ricardus de Corbi" 1156 als Zeuge unterschrieben wird, so haben wir die beiden obigen Namen aufs herrlichste bei einander. Denn auch, daß Richard „Meister" genannt wird, geniert nicht, da ja so häufig auch die Vorsteher einzelner Ordensprovinzen, ja einzelner Ordenshäuser, genannt werden. Somit ist der Beweis erbracht, daß jene Bibel templerischen Ursprungs, daß sie in der zweiten Hälfte des 12. Jahrhunderts verfaßt ist und daß offenbar schon in dieser Zeit unter den Templern ketzerische Neigungen vorhanden gewesen oder wenigstens, wie Prutz nachher[1]) sagt: „daß die Templer in ihrer Ausnahmestellung sich über das hinwegsetzen zu können meinten, was für andere in kirchlichen Dingen galt." So etwa jemand noch Zweifel hegen sollte, der wird von Prutz auf die Schilderung verwiesen, welche Wilhelm von Tyrus von jenem Großmeister Odo de St Amand giebt, der ihn „einen nichtswürdigen Menschen, übermütig, anmaßend, voll wilder Leidenschaft, der weder Gott fürchtete noch vor einem Menschen Respekt hatte", nennt, dessen Ende in sarazenischer Gefangenschaft von diesem kirchlichen Schriftsteller nicht ohne eine gewisse Schadenfreude erzählt werde, und ihm damit zu Gemüte geführt, daß „demnach das Andenken des Odo von St. Amand in den Augen des Klerus irgendwie belastet gewesen zu sein scheine"[2]). Er wird weiter daran erinnert, daß man nachmals den Brauch der Verhöhnung Christi und der Kreuzbespeiung auf einen Großmeister zurückführte, der in sarazenische Gefangenschaft geraten, sich aus dieser durch das Versprechen, jene Bräuche in seinem Orden einzuführen, gelöst habe, und daß man also demnach in diesem Meister den ersten Urheber jener schändlichen Gebräuche vermutet habe. Denn daß der Name „Odo" bei jener Tradition nicht genannt wird, schadet ja wieder nichts, weil „bei ihm allein sich eine historische Anknüpfung findet, insofern er der einzige von den Meistern des Ordens gewesen ist, der sein Leben als Gefangener der Mahomedaner beschlossen hat, da Gerhard von Ridefort, welcher bei Hittin in Saladins Gewalt fiel, losgekauft wurde"[3]).

Wir brechen hier ab und ersparen dem Leser die weiteren Betrachtungen und Erwägungen, die Prutz an diese Entdeckung vollends anknüpft[4]). Der Leser wird wohl auch so längst genug haben. Denn was sollen wir zu dem allem nun sagen? Ist ein Mann, der es fertig bringt, eine der artige Schlußfolgerung zwar nicht als „einen mathematischen Beweis"[5])

---

[1]) Entw. p. 121.   [2]) p. 120.   [3]) Entw. p. 120. — [4]) p. 121—126. — [5]) p. 121.

seinen Lesern vorzuführen, aber doch in diesem Zusammentreffen der Umstände und Thatsachen einen „hohen Grad von Wahrscheinlichkeit" zu erblicken, wirklich noch als ein ernsthafter wissenschaftlicher Gegner anzusehen? Das überschreitet denn doch auch das kühnste Maß von Naivetät, welches wir bei einem Historiker unserer Tage für möglich gehalten hätten! Wer auch nur ein klein wenig mit der kirchlichen Geschichte jener Jahrhunderte vertraut ist, der wird ja längst erkannt haben, wie bei dieser ganzen „templerischen Bibel" es sich um gar nichts anderes handelt, als einen jener zahlreichen Versuche der albigensischen Katharer, die Bibel durch Übersetzung ihren Leuten zugänglich zu machen und sie durch den Trost, den sie in den Schilderungen der Kämpfe und Leiden des Volks Israel fanden, zur mutigen Ertragung der durch die römische Kirche über sie verhängten Martern und Leiden anzuspornen. Auch jener „Meister Richard" und „Bruder Othon" verraten den katharischen Kreis ja ebenso gut wie der Ausdruck „ordo" von ihrer Gemeinschaft, und vollends jener Wunsch, der Übersetzer möge als Lohn die „Zulassung zu dem Mitgenuß der Wohlthaten jener Genossenschaft" erhalten, paßt einzig und allein auf die Stellung, welche die perfecti der Katharer unter ihnen einnahmen, und die eine derartige war, daß allein in der Gemeinschaft mit ihnen man der Seligkeit teilhaftig werden zu können wähnte. Auch das weitere, was Prutz uns von dem Inhalt jener Bibel verrät selbst nach seiner gewiß wieder einseitigen Auswahl: insbesondere das Bemühen, alle anthropomorphischen Vorstellungen fernzuhalten und alles geistig zu deuten; die Schöpfung auf einmal; die Entgegensetzung des Lichts als des Guten und der Finsternis als des Bösen; die Scheidung von Licht und Finsternis als Sonderung der guten und bösen Engel; die starke Betonung der Prädestination u. a. m. wie nicht minder schon die Anrufung Jesu, welcher für die Templer wie für sonstige gut kirchliche Kreise längst hinter der seligen Jungfrau Maria zurückgetreten war[1]): all das paßt so wenig auf die Templer und überhaupt eine solche, selbständige religiöse Bahnen einzuschlagen am allerwenigsten berufene, ritterliche Genossenschaft und so ganz auf die mit religiöser Energie selbständig vordringenden Katharer[2]), daß man sich nur über das eine wundern kann, wie ein Historiker, der über mittelalterliche Dinge Geschichte schreibt, das zu übersehen im stande ist.

Zum Schluß dieses Kapitels wird endlich der unglückliche Ausgang der Kreuzzüge und die Stimmung, welche dadurch erzeugt worden

---

[1]) Dafür liefert auch das Statutenbuch des Ordens einen genügend illustrierenden Beleg, cf. z. B. die Gelübde, welche bei der Aufnahme Art. 675 ff. „à Dieu et à nostre dame sainte Marie" abzulegen sind u. a. [2]) Über diese cf. des weiteren Schmidt.

sei, in ähnlicher Weise verwertet wie schon in der „Geheimlehre". Vor allem findet jenes Sirvente eines templerischen Troubadours¹) seine Stelle und endlich wird nicht unterlassen, darauf hinzudeuten, einen welch anderen furchtbar ernsten Sinn unter solchen Umständen für viele jene erst als Gehorsamsprobe gemeinten Bräuche der Verleugnung Christi und Verhöhnung des Kreuzes haben annehmen müssen. Dann ist dies „lehrreiche" Kapitel zu Ende!

Und nun kommen wir zum **eigentlichen Prozeß** selbst. Da schicken wir voraus, daß, obgleich dies ja die wichtigste Partie des ganzen Buches ist, es doch nicht unsere Aufgabe sein kann, hier bei der Besprechung alle die Einzelnheiten, welche nach unserer Auffassung unrichtig sind und aus welchen sich zuletzt ein völlig schiefes Gesamtbild zusammensetzt, durchzugehen und im einzelnen zu widerlegen. Eine völlige Widerlegung ist nur durch Entgegensetzung eines anderen positiven Bildes möglich und dazu ist der folgende positive Teil bestimmt. Dieser wird zugleich darthun, daß die Falschheit des Prutzschen Bildes noch nicht einmal in den Strichen liegt, die er schief und unrichtig anbringt, sondern mehr noch in dem, was er überhaupt nicht bringt und was doch zur vollständigen Zeichnung des Bildes so notwendig als die andere von ihm besorgte Kehrseite ist. Für die folgende Besprechung der über den Prozeß handelnden Abschnitte haben wir uns daher mehr noch als für die Besprechung der „Entwicklung" überhaupt den Grundsatz vorgehalten, nur die Grundstriche aufzuzeigen, welche die Gesamtdarstellung bestimmen. Es wird auch so an Stoff nicht fehlen, da der Einwände, die wir zu machen haben, mehr als genug sind.

Zunächst gilt das IX. Kapitel²) der **„Niederwerfung des Ordens und dem ersten Prozeß gegen denselben"**. Ein wieder höchst instruktives Kapitel: da wird zuerst das **Inquisitionsverfahren** in seiner ganz **horriblen Willkürlichkeit** beschrieben — z. B. wird nicht verschwiegen, daß für die Protokollführung ausdrücklich die Anweisung gegeben war, nicht alle Aussagen aufzunehmen, sondern nach „Auswahl" zu verfahren³) — und dadurch dem Leser ja ein genügender Maßstab zur Abwägung der Glaubwürdigkeit dieser Protokolle an die Hand gegeben, und ebenso wird die **Gewaltsamkeit und Unmenschlichkeit** dieses Tribunals nicht verhüllt — hier hätte zwar Prutz wohl noch etwas ausführ-

---

¹) v. oben p. 27. — ²) Entw. p. 127—163. — ³) cf. Entw. p. 131: „Von den vielen und sehr verschiedenartigen Fragen, welche je nach der Persönlichkeit und Örtlichkeit zur vollern Ermittlung der Wahrheit gestellt würden, brauchte man in das Protokoll nur die aufzunehmen, welche die eigentliche Substanz oder Natur des Vergehens berührten oder der Wahrheit am nächsten zu kommen schienen."

licher sein dürfen, insbesondere hätten etliche drastische Beispiele aus dem Prozeß dem Leser doch noch einen weitergehenden Begriff von der Wirkung solchen Verfahrens gegeben. Aber im allgemeinen können wir Prutz das Zeugnis geben, daß er die hier in Betracht kommenden Seiten (im Anschluß an Molinier, L'inquisition dans le midi de la France au 13e et au 14e siècle, Paris 1888) nicht verschweigt, sondern das Verfahren der Inquisition in seinen Hauptzügen richtig skizziert[1]), und so, daß man sieht: die Behandlung der Templer ist allerdings keine außergewöhnliche, sondern nur die für gewöhnlich bei Inquisitionsprozessen geltende gewesen. Nur das können wir nicht für richtig halten, was Prutz dabei von der Absolution, die man dem reuig Gestehenden gleich nach seiner Aussage erteilte und wodurch derselbe wieder in den Schoß der Kirche aufgenommen wurde, bemerkt, daß sie nicht nur nicht „der Schlußakt des ganzen inquisitorischen Verfahrens" sei, sondern daß „erst danach", so könne man sagen, „der eigentliche Prozeß beginne"[2]). So kann man ganz gewiß nicht sagen: denn allerdings ist die absolutio et reconciliatio wenn auch nicht der Schlußstein des ganzen inquisitorischen Verfahrens, insofern sich

---

[1]) Hiebei macht es Prutz ein besonderes Vergnügen, Schottmüller etliche Hiebe zu versetzen, indem er anmerkungsweise (p. 129 und 130) darauf hinweist, daß durch die genauere Kenntnis des Inquisitionsverfahrens ebenso dessen Folgerungen, welche er an die Erklärung des Wortes „diffamatio" als „in schlechten Ruf bringen" angeschlossen, als seine Begründung der angeblichen Gewaltsamkeit und Rechtswidrigkeit des von der Kirche gegen die Templer durchgeführten Verfahrens zu einem guten Stück hinfällig gemacht werden. Sieht man näher zu, so schrumpft der Irrtum Schottmüllers darauf zusammen, daß Schottmüller, indem er allerdings das Inquisitionsverfahren vorher nicht so genau studiert hat, wie nun hinterher Prutz, nicht präzis genug faßt, was unter solcher diffamatio zu verstehen sei, und ebenso worin eigentlich die Rechtswidrigkeit liege. Im allgemeinen aber hat er ganz recht: denn daß die Diskreditierung des Ordens vor allem „durch die in den päpstlichen Erlassen erhobene Beschuldigung" erfolgte, die diffamatio erst dadurch besonderes Gewicht erhielt, ist deutlich genug, auch wenn dieselbe, wie Prutz sagt, „lange vor dem Prozeß" da war, d. h. doch wohl eben mit Erhebung der Anklage. Diese aber wurde eigentlich gültig doch erst dadurch, daß ihr der päpstliche Stuhl, die für die Templer einzig gültige richterliche Kompetenz, zustimmte. Oder will Prutz damit wieder auf jenes alte Volksgeschwätz hindeuten? Eine solche diffamatio hätte den Templern wenig geschadet, wenn es dabei geblieben wäre.

Daß aber das ganze Verfahren gegen die Templer doch ein rechtswidriges bleibt, auch wenn es dabei ganz nach den sonstigen Grundsätzen der Inquisition zugegangen ist, dürfte doch schon mit Rücksicht auf den Druck, der auf den Papst Klemens V., den höchsten Richter in dieser Angelegenheit, geübt wurde und der ihm ein wirklich freies Urteil unmöglich machte, nach wie vor zu behaupten sein. Hauptinstanz hier bleibt immer, daß das ganze Benehmen Klemens' V. unzweideutig genug zeigt, daß es ihm in seinem Gewissen bei der ganzen Sache nicht wohl war. — [2]) Entw. p. 130.

das eigentlich über das ganze fernere Leben des einmal vor den Schranken der Inquisition Gestandenen erstreckt, so doch jedenfalls der Schlußstein des eigentlichen Prozesses. Nicht der eigentliche Prozeß, sondern das Buß= oder Sühneverfahren beginnt jetzt, das, was jeder mit der Kirchensprache Vertraute unter dem Namen „Pönitenz" kennt. Wenn also auch das Ganze damit freilich nicht fertig war, so hatte die Absolution deshalb doch eine große Bedeutung, nämlich eben die, daß sie den, der sie erhielt, als einen reuig Geständigen bezeichnete, d. h. als einen Menschen, der es vorgezogen, auf alles, was die Inquisition von ihm verlangte und aus ihm herausziehen wollte, einzugehen — denn anders erhielt er ja die Absolution überhaupt nicht — und daß man also auf solcher Zeugen Aussagen, die als reconciliati und absoluti bezeichnet sind, lediglich keinen Wert legen darf. Das ist aber freilich eben das, was Prutz durch jene Bemerkung ferne halten möchte. Aber wir können ihm nicht helfen. Denn überhaupt — damit kommen wir auf die Hauptsache —: wie Prutz sich mit der im ganzen von ihm ja richtig gezeichneten Inquisition abfindet, das ist wieder eine andere Sache. Das ist ein Kunststück, welches wir ihm nicht nachmachen können. Er meint nämlich, kurz gesagt, daß man sich eben bei all dem nicht auf den Standpunkt unseres, **sondern jenes Jahrhunderts stellen** und danach das ganze Verfahren beurteilen müsse. Und von diesem Standpunkt aus soll das alles „eben nichts besonderes"[1]) sein, „bei den absonderlichen Rechtsbegriffen jener Zeit, die von dem alleräußerlichsten Formalismus nun einmal nicht loskommen", schien „**daran niemand besonderen Anstoß genommen zu haben**". „Überhaupt" dürfe man „nicht glauben, daß die Inquisition den Zeitgenossen verhaßt oder ein Gegenstand des Abscheus gewesen sei"[2]). Das mag zum Teil richtig sein, ist es aber doch nicht ganz. Wenn auch die Einrichtung der Inquisition überhaupt dem herrschenden Geist jener Epoche entsprach), so ist doch der Widerstand nicht zu vergessen, den die Gewaltthätigkeit und Willkür, die mit derselben sich immer mehr verbanden, auch im Mittelalter gefunden hat. Wir erinnern nur an die Thatsache, daß nicht wenige der Inquisitoren selbst, und zwar ebensogut in Italien und Deutschland — hier als das bekannteste Beispiel der blutige Konrad von Marburg — wie in Frankreich der Wut der Bevölkerung zum Opfer gefallen sind, daß die Inquisition in vielen Städten und Gebieten nur nach dem heftigsten Widerstand der Bevölkerung und Obrigkeit, selbst wo diese gut katholisch gesinnt waren, Einlaß fand und manche Staatswesen, wie z. B. Venedig, sie überhaupt nicht herein oder doch nur unter der

---

[1]) Guw. p. 132. — [2]) Guw. p. 132.

schärfsten Kontrolle ihre Wirksamkeit üben ließen¹). Wer sich wirklich mit der kirchlichen Geschichte jener Jahrhunderte vertraut macht, dem kann nicht verborgen bleiben, wie die Geschichte der Inquisition, besonders zu Anfang und vor allem in Südfrankreich, die des zähen, aber freilich aussichtslosen Widerstandes der Bevölkerung und vielfach auch der Obrigkeiten ist gegen die ihr aufgedrungene blutige Gerichtsbarkeit in religiösen Dingen; wie der Staat keineswegs so begeistert gewesen ist, der Kirche sein „brachium seculare" zu leihen, wie es von ultramontanen Schriftstellern gerne hingestellt wird, und selbst die ausgesprochensten Gönner und Schutzherren der Inquisition sie immer wieder zur Mäßigung und Menschlichkeit haben ermahnen müssen. Selbst von einem Friedrich II., dem die Kirche es zu verdanken hat, daß ihre erbarmungslosen Grundsätze, wie sie von Innocenz III. aufgestellt und auf dem Laterankonzil von 1215 kirchlich sanktioniert worden waren, hernach auch zu staatlicher Anerkennung gekommen und für die politische Obrigkeit maßgebend geworden sind, haben wir doch auch Erlasse, welche gegen die übertriebene Strenge der Inquisition gerichtet sind und Einstellung der von ihr anhängig gemachten Prozesse fordern: so vom 12. August 1245²). Um aber näher bei unserer Zeit zu bleiben, so hatte ja Philipp der Schöne selbst nicht nur durch die vor ihn gebrachten Klagen der südfranzösischen Bevölkerung wie persönlich bei seiner Reise in den Süden wenige Jahre vor unserem Prozeß (1303) Gelegenheit gehabt, die wahre Meinung und Stimmung der Bevölkerung über die Inquisition kennen zu lernen, sondern schon vorher durch Erlaß vom November 1301, durch den er die Beihilfe seiner Beamten zur Ausführung der von den Inquisitoren gewünschten Maßregeln auf ein geringstes Maß beschränkte, gezeigt, wie er selbst über die Inquisition dachte: nur daß natürlich ein Mann wie Philipp sich wohl hütete, ein solch brauchbares und mächtiges Instrument zur Förderung seiner Pläne zu sehr verkümmern zu lassen oder gar aus der Hand zu geben. Endlich aber, um zu zeigen, wie man selbst in gut kirchlichen Kreisen über die Wirkung der Inquisition und ihre Mittel dachte, brauchen wir nur zu erinnern an jenen Beschluß des Konzils von Ravenna vom Juni 1310: daß alle (Templer), „welche aus Furcht vor der Folter ein Bekenntnis abgelegt, das sie später widerrufen hätten, oder aber, welche thatkundig den Widerruf nur aus Furcht vor abermaliger Anwendung der Folter nicht gewagt hätten, für Unschuldige gelten sollten"³). In sämtlichen von Prutz bis

---

¹) cf. zu diesen Ausführungen wieder Schmidt, l'histoire des Cathares. — ²) cf. Schmidt, l'histoire des Cath. I, p. 180. — ³) cf. Havemann p. 327.

jetzt über die Templer und ihren Prozeß geschriebenen Büchern — und deren ist es ja nachgerade ein ganzer Stoß — haben wir bisher vergeblich nach einer Spur davon gesucht, wie Prutz sich über diesen gewiß doch wenigstens der Erwähnung werten Beschluß hinweghilft; auch ein Zeichen von dem, was man bei Prutz nicht findet. Oder — weiß er etwa davon nichts?

Aber wenn dem auch nicht so wäre, wenn wirklich im Mittelalter keine einzige Stimme etwas an der Inquisition auszusetzen gefunden hätte und sich nachweisen ließe, daß die Behandlung der Templer ganz und gar nach den für diese Inquisition gültigen Regeln vor sich gegangen sei: was soll denn das helfen? Wird denn das Verfahren gegen die Templer dadurch gerechtfertigt, daß man andere Leute ebenso grausam oder noch grausamer behandelt hat? und werden die Aussagen dadurch glaubwürdiger, daß sie durch dieselben Mittel wie die anderer Opfer der Inquisition ausgepreßt worden sind? Da ist vernünftigerweise doch höchstens der Schluß erlaubt, daß die einen so wenig wie die anderen Glauben verdienen: wenn man nicht etwa nachweisen kann, daß die Templer gegen die Qualen und Schreckmittel der Folter weniger empfindlich gewesen seien. Will Prutz etwa auch diesen Nachweis unternehmen?

Auch über die Glaubwürdigkeit der Protokolle dürfte daher jener Beschluß von Ravenna den richtigen Kanon an die Hand geben. Prutz ist freilich wieder nicht dieser Meinung; ihm sind die Protokolle — trotz jener oben anerkannten willkürlichen Auswahl beim Niederschreiben — im allgemeinen echt, nur daß sie „den Zusammenhang" vermissen lassen, denn „eine bewußte Fälschung der Aussagen dürfte nicht anzunehmen sein; sie war ja ohne Mitwirkung des Zeugen d. h. des Angeschuldigten selbst nicht durchführbar, da das Protokoll diesem ja vorgelesen wurde und seiner Anerkennung bedurfte"[1]). Also weil es den Angeschuldigten ja freistand, dagegen zu protestieren — wohlgemerkt, daß sie in solchem Fall, im Fall irgend eines Widerspruchs gegen irgend einen Teil sich zu gewärtigen hatten, aufs neue die Folter ihrem Gedächtnis zu Hilfe eilen zu sehen — deshalb soll eine bewußte Fälschung nicht wohl möglich gewesen sein? So naiv sind wir nicht, das zu glauben. Indes giebt dabei doch auch Prutz wenigstens das zu, daß, weil man „bloß das, was dem Inquisitor wesentlich und wichtig erschien, schriftlich festhielt, allen diesen Aufzeichnungen der vorherrschende inquisitorische Geist sein Gepräge aufdrücken mußte"[2]). „Die an sich richtigen Thatsachen wurden in eine zum mindesten einseitige Beleuchtung gerückt, und Momente,

[1]) Gutw. p. 133. — [2]) ibid.

die zwischen den in ihrer Vereinzelung vielleicht bedenklichen Antworten vermitteln und die eine oder andere unschuldiger erscheinen lassen konnten, kamen nicht zu ihrem Recht."[1]) Das ist etwas zugestanden, aber nicht genug!

Ein Beispiel dafür soll Molay sein: weil er bei Verlesung des Verhörprotokolls zu Chinon, beim Anhören dessen, was er dort gestanden haben sollte, in der bekannten Weise aufbraust — in einer Weise, welche wir uns nur als die Entrüstung eines ehrlichen Gemüts über einfache und grobe Verlogenheit erklären können —, weil er aber nicht extra „das Protokoll für inhaltlich falsch erklärt, nicht behauptet, etwas anderes gesagt zu haben, als darin stand"[2]), so soll dies Protokoll im allgemeinen richtig sein, nur nicht, „was er zur Erklärung und Rechtfertigung betreffs gewisser dem Orden schuld gegebener" und von ihm eingestandener Bräuche hinzugefügt, dazu gesetzt worden sein. Aber wie in aller Welt soll denn ein Protest gegen falsche und erlogene Unterschiebung aussehen, wenn man Molays außergewöhnliche und ungekünstelte Entrüstung, die ihn so ganz des Orts vergessen läßt, daß er seinen Richtern eine unmißverständliche Herausforderung zugehen läßt, nicht dafür annehmen will? Unter den mancherlei Erklärungen, mit der man Molays Verhalten schon zu deuten versucht hat, ist uns die immer als eine besonders schwache erschienen! Will man also je — womit wir ganz einverstanden sind — diesen Fall Molays als typisch für die Behandlung der Aussagen in den Protokollen gelten lassen, so scheint uns dies Beispiel genau das Gegenteil von dem zu beweisen, was Prutz damit illustrieren möchte: nämlich nicht eine in der Hauptsache getreue und nur in Nebensächlichkeiten unzuverlässige, sondern gerade eine die Hauptsachen entstellende und plump verdrehende, daher höchst willkürliche und verlogene Protokollführerei.

Übrigens sucht Prutz auch das, was er eben noch hinsichtlich der Willkürlichkeit und Ungenauigkeit solcher Protokollführung und der in ihr enthaltenen Zeugnisse zugestanden, wieder abzuschwächen, indem er meint, daß bei den Templern der Fall durch andere Faktoren doch günstiger liege, als bei den meisten sonstigen Inquisitionsprozessen. Einmal, weil wir „die geistigen und sittlichen Zustände" der Kreise und Verhältnisse, welchen viele von diesen Templern angehört, „anderweitig ziemlich genau kennen"[3]). Sodann wegen der mancherlei, vor allem auch der niedrigen, Elemente und Bildungsstufen, welche unter den verhörten Templern vertreten seien und welche damit einen Vergleich ermöglichen, der „das

---

[1]) Cunv. p. 133. — [2]) p. 134. — [3]) ibid.

Material mehrfach beleuchtet und erklärt"¹). Außerdem scheine doch im ganzen bei diesem Prozeß entsprechend seiner Wichtigkeit auch in der Protokollführung etwas sorgfältiger verfahren worden zu sein. Endlich aber — und dies ist wieder ein Hauptpunkt — seien wir hier in der glücklichen Lage, die Akten des Prozesses vor uns zu haben, wie sie „beinahe von entgegengesetztem Standpunkt"²) geführt worden seien. Es ist dies ein Hauptschachzug von Prutz, immer wieder mit der entgegengesetzten Tendenz zu operieren, welche die päpstliche Untersuchung des Prozesses gegenüber der königlichen beherrscht habe. Von den „königlichen Beamten und Bischöfen", welche auf Geheiß des Inquisitors von Frankreich zuerst gegen die Templer einschritten, giebt er ja zu, daß sie „ganz im Geist der Inquisition von Anfang an nur danach strebten, die Schuld der Angeklagten zu erweisen und die denselben anhaftende Diffamation als begründet darzuthun"³). „Von der päpstlichen Kommission, welche die Sache nachher überkam", könne man „beinahe das Gegenteil behaupten"⁴). Wir werden sehen, wie auch dieses „beinahe" noch lange nicht genug Einschränkung ist, sondern daß eine unbefangene Gesamtwürdigung der ganzen Wirksamkeit seitens der Kurie und ihrer Kommission nach ihren thatsächlichen Erfolgen „beinahe" auf das Gegenteil hinausläuft.

Bei der Frage nach der eigentlichen nächsten Veranlassung, dem „entscheidenden Anstoß" zum Einschreiten Philipps gegen den Orden, einem bisher als besonders schwierig erachteten Punkt, der auch Prutz „unklar" erscheint, bemüht er sich besonders, von Philipp den Verdacht abzuhalten, daß er „von langer Hand her einen Gewaltstreich gegen den Orden vorbereitet habe". Dagegen spreche schon das „gute Verhältnis, in welchem beide noch zur Zeit des Streits mit Bonifaz gestanden"⁵). — Was es mit diesem „guten Verhältnis" wohl auf sich hat, haben wir bereits⁶) bemerkt. — Daß der König „zugegriffen" habe, als sich die Gelegenheit bot, sei „begreiflich", aber die Gelegenheit habe er nicht selbst geschaffen⁷). Dies sei ja auch bei dem ganz Südfrankreich, auf welches die mancherlei Berichte über die ersten Entdeckungen der templerischen Ketzerei immer wieder hinweisen, durchdringenden Spionagesystem der Inquisition nicht nötig gewesen. Gewiß, bestanden wirklich solche Geheimnisse, so mußte die Inquisition dahinter kommen. Und dann war es ganz natürlich, daß Philipp dem Antrag des Inquisitors von Frankreich pflichtmäßig stattgab, ohne daß bei den außerordentlichen Vollmachten der In-

¹) Entw. p. 131. — ²) p. 135. — ³) ibid. — ⁴) ibid. — ⁵) Entw. p. 135.
⁶) Vgl. oben p. 135. — ⁷) „Entw." p. 135.

11

quisition die Exemtionsstellung der Templer viel ausmachte. Die Frage ist nur immer die, ob wirklich solche Geheimnisse bestanden oder ob die ganze „diffamatio" nicht erst durch Philipps gewaltthätiges Vorgehen hervorgerufen worden ist? Dieses soll durch den Hinweis darauf, daß „Gefahr im Verzuge" war, entschuldigt werden, wie ja auch die Sorbonne hernach gethan und damit sein Recht, ohne die sonst nötige kirchliche Vollmacht zu handeln, anerkannt habe. Aber mit all dem wird die Thatsache nicht aus der Welt geschafft, daß der kompetenteste Richter, der Papst Klemens V. selbst, das Vorgehen des Königs auch auf Anrufung der Inquisition als eine Rechtswidrigkeit und das des Inquisitors als eine gröbliche Überschreitung seiner Befugnisse aufgefaßt und dieser Empfindung mit der Suspension der Vollmachten des Inquisitors einen scharfen, aber berechtigten Ausdruck verliehen hat. Übrigens scheint uns auch jenes Gutachten der Sorbonne damit keineswegs im Widerspruch; denn wenn dieses des Königs Recht trotz dem Druck, unter dem sie stand, nur mit Rücksicht auf die außergewöhnliche Lage, daß „Gefahr im Verzug" sei, anerkannte, so ist damit deutlich gesagt, daß das Vorgehen desselben eigentlich ein rechtloses und nur durch den Ausnahmefall, der durch jene glückliche Phrase ja überall, wo es notthut, konstatiert werden konnte, zu entschuldigendes war.

Über das Bemühen von Prutz überhaupt, Philipps Verfahren als ein möglichst korrektes hinzustellen und sogar zu behaupten, daß es ihm wirklich um Verteidigung des reinen Glaubens zu thun gewesen sei, dürfen wir wohl kurz hinweggehen. Der Philipp der Geschichte, der zu gleicher Zeit einem Papst Klemens V. die Verurteilung seines Vorgängers Bonifaz VIII. zumutete, zeigt ein anderes Gesicht und es wird nicht gelingen, dem Charakterbild, wie es die genauesten Kenner seiner Regierungszeit, so Boutaric, von ihm gezeichnet haben, einen solch anderen Kopf aufzusetzen.

Daß auch nach der „Entwicklung" die Templer schlecht wegkommen müssen, wird dem Leser immer klarer. Denn da Philipp der Schöne fast lauter edle Motive hat, die Inquisition ihnen gegenüber einfach nur ihre Pflicht thut und auch der Papst Klemens V. schließlich ganz korrekt handelt, so müssen ja natürlich die Templer die Zeche bezahlen. Denn ein Schuldiger muß doch da sein!

Aber wessen sind sie denn nun, nach der „Entwicklung", schuldig, d. h. nach dem Ergebnis der ersten von den Inquisitoren angestellten Verhöre? Von den fünf Punkten, in denen nach der „Geheimlehre" die Schuld der Templer feststand, sind es in der „Entwicklung" eigentlich nur noch zwei, Verleugnung Christi und Kreuzentweihung, deren Prutz jetzt noch die Templer im großen und ganzen schuldig findet, indem er auch von diesen Punkten zugiebt, daß sie wenigstens nicht bei allen Aufnahmen vorgekommen sein müssen, und daß sie hervorgegangen seien aus einer „vermutlich zeitig in Aufnahme gekommenen krassen Gehorsamsprobe, deren ursprünglich reiner Sinn teils in Vergessenheit geriet, teils unter dem Einfluß der Häresien späterer Zeit geflissentlich häretisch mißdeutet wurde"[1]). Also nichts mehr von einer früher so zuversichtlich behaupteten Geheimlehre, auch jene beiden Punkte ursprünglich keinen anderen Sinn enthaltend als den, in der „Geheimlehre" durchaus abgelehnten, der Gehorsamsprobe, freilich im Lauf der Zeit vielfach häretisch gedeutet und gemeint, ohne daß natürlich entschieden werden soll, welche Bedeutung im einzelnen Falle gerade zutraf. Warum aber gerade nur diese beiden Stücke? Was ist's mit den schmutzigen Küssen, was mit der Erlaubnis zu widernatürlichen Ausschweifungen, kurz gesagt, Sodomie, was mit der nach der „Geheimlehre" so bedeutsamen Auslassung der Einsetzungsworte im Sakrament? Der letzteren finden wir nur ganz kurz[2]) als eines der Anklagepunkte des Inquisitors Imbert Erwähnung gethan. Die schamlosen Küsse, die in der „Geheimlehre" gleichfalls eine so wichtige Rolle gespielt und eine so scharfsinnige Deutung gefunden haben, werden kaum noch gestreift, zu verstehen gegeben, daß bei einer sittlich so heruntergekommenen Bande, wie die Templer vielfach, besonders durch Heranziehung so vieler niedrigstehenden Elemente, gewesen seien, dergleichen hin und wieder vorgekommen sein möge. Für die Erlaubnis und Übung der Sodomiterei wird an die weite Verbreitung erinnert, welche dieses scheußliche Laster vielfach im Mittelalter, besonders im Orient bei der Bevölkerung der Kreuzfahrerstaaten gehabt, auch wieder also wenigstens kein häretischer Sinn damit verbunden, wie in der „Geheimlehre"; ja es wird zugegeben, daß in manchem Fall eine einfache Mißdeutung der statutenmäßigen Anweisung, im Notfall auch dem Bruder die Teilung der Lagerstätte nicht zu verweigern — als Ausdruck eben der Brüderlichkeit und zugleich der anfänglichen Armut des Ordens — zu Grunde liegen mochte. Nichts mehr endlich vollends von dem Idolkopf, obgleich auch von ihm erwähnt wird, daß er unter den Geständnissen figuriert und zwar gerade in der Aussage von Hugo von Peraud; jetzt weiß Prutz das nur durch die Thätigkeit der Folter zu erklären[3]). Im ganzen also recht bescheidene Ergebnisse im Vergleich zu den in der

---

[1]) „Entw." Vorwort p. IV. — [2]) Entw. p. 146. [3]) Wie wir oben schon (vgl. p. 134) diesen Mann gekennzeichnet haben, möchten wir gerade bei ihm diese Erklärung nicht für die einzig mögliche halten. Vgl. darüber später im positiven Teil.

„Geheimlehre" einst im Anschluß an Loiseleur gewonnenen, aber doch genug, so daß man nicht in Abrede stellen könne, daß „ein Teil von den gegen den Orden erhobenen Anklagen in einer für die Rechtsanschauung jener Zeit genügenden Weise erwiesen war, d. h. daß viele von den Ordensbrüdern der ihnen schuldgegebenen Verirrungen überführt waren und sich zu denselben bekannt hatten"[1]).

Aber warum denn, wenn man doch einmal so vieles fallen läßt, nicht auch diese paar Punkte vollends aufgeben und kurzer Hand die Grundlosigkeit der Anklage in Bausch und Bogen zugeben? Warum? Weil, wie Prutz meint, „man der Kunst der Inquisitoren und den von ihnen über ihre Opfer verhängten Martern die höchste Wirkung zutrauen möge, für unmöglich" werde „man es doch erklären, daß auf diesem Wege 138 völlig schuldlosen Leuten verschiedensten Standes und verschiedenster Bildung in der Hauptsache übereinstimmende Bekenntnisse herausgepreßt sein sollten von im Orden üblichen und von ihnen geteilten Verirrungen, wenn solche in Wahrheit gar nicht existiert hätten"[2]). Da auch eine Verabredung der Templer **ausgeschlossen** sei schon wegen der **individuellen Färbung** vieler Aussagen, so bleibe nichts übrig als sein Resultat.

Es bleibt doch noch vieles übrig: eine unbefangene Würdigung der Gesamtsituation wie eine einfache statistische Zusammenstellung über diese Verhörergebnisse, wie sie im positiven Teile sich finden soll, wird das deutlich lehren! Daß Prutz eine solche Zusammenstellung nirgends, auch in diesem seinem neuesten Werke nicht, giebt, das macht auch die „Entwicklung" schon von vorneherein wieder zum Stückwerk. Da werden dann zwar immer wieder neue Beweise für die eine Seite, welche gerade seine neueste Entdeckung ausmacht, premiert, von den übrigen nicht minder zahlreichen Gegenbeweisen erfährt der Leser nur ganz beiläufig und nebenher, wenn sie nicht zum Teil ganz fehlen. Prutz könnte daher noch viel mehr einzelne ihm besonders schlagend scheinende Beispiele anführen, es wäre doch nicht weiter gedient: solange nicht alles gleichmäßig für den Leser angeführt wird, ist keine volle Wahrheit möglich!

Wie ungenau Prutz verfährt im gleichen Atem, indem er andere wegen „willkürlicher Annahmen"[3]) tadelt, dafür ließe sich weiter seine Behandlung der Behauptungen Jakobs von Molay anführen und überhaupt dem fortgesetzten Vorwurf der Willkürlichkeit gegenüber Schottmüller leicht allemal ein doppeltes Quantum zuweitgehender Schlüsse entgegensetzen. Doch sei das dem Leser erlassen oder lieber auf ein anderesmal

---

[1]) „Entw." p. 153. — [2]) ibid. p. 149. — [3]) Vgl. „Entw." p. 149 Anm. 1.

aufgespart, falls es extra verlangt wird. Sachlich am wichtigsten in diesem Abschnitt ist noch die Frage, über was eigentlich an dem Verfahren gegen die Templer der Papst Klemens V. so ungehalten gewesen sei? Prutz meint, gegenüber Schottmüller, „nicht an der Untersuchung an sich, sondern an der Plötzlichkeit und Gewaltthätigkeit, dem trotz der Inquisition ausgesprochen weltlichen Charakter derselben" habe „der Papst Anstoß genommen"[1]). Uns scheint in erster Linie eben daran, daß der König es wagte, eine Sache, die zunächst vor sein, des Papstes, Forum gehörte, wie ja der König selbst schon durch seine bisherigen Verhandlungen darüber mit dem Papst anerkannt hatte, in seine eigene Hand zu nehmen, d. h. an sich zu reißen. Aber weil Philipp in der Macht und im Besitz war, und er, Klemens V., zu schwach, so wagte er es nicht, seinen Widerspruch in die gehörige Form zu kleiden, und suchte den König immer wieder durch neues Eingehen auf seine Pläne und Versicherungen seiner innerlichen Übereinstimmung mit ihm auch da zu gewinnen, wo allein eine scharfe und entschiedene Sprache am Platze gewesen wäre. Dies ist die natürliche Erklärung für des Papstes Benehmen, das sonst durch seine eigenen vielen Widersprüche, vor allem durch den Widerspruch zwischen den großen Worten und den kleinen Thaten, ein schwieriges Rätsel aufzugeben scheint. Den, der Klemens' V. Charakter in Anschlag bringt, kann es nicht wie Prutz „überraschen, daß Klemens keinen Versuch zur Rettung des Ordens machte, sondern, so entschieden er das am 13. Oktober 1307 Geschehene mißbilligte, doch mit dem König selbst sich schnell verständigte und zur Weiterführung des inkorrekt eingeleiteten Verfahrens in kanonisch korrekter Form die Hand bot"[2]). Das soll „nicht erklären der Hinweis auf die populäre Agitation, welche von dem König und seinen Beamten ins Werk gesetzt war, auch nicht die Pression, welche Philipp auf Klemens ausübte, indem er auf die unerhörte Forderung eines Ketzerprozesses gegen Bonifazius VIII. zurückkam: verständlich soll das nur werden, wenn der Papst, der die Möglichkeit einer Verschuldung des Ordens schon früher zugegeben hatte, durch die inzwischen erhaltenen weiteren Mitteilungen in dieser Richtung einen Schritt vorwärts gethan hatte"[3]). Prutz wird es uns nicht übel nehmen, wenn wir allerdings bei der Meinung bleiben, daß jener Mangel, seinen Worten auch die Thaten folgen zu lassen, für uns andere „verständlich" genug bleibt durch die drohende Energie, womit der König alles aufbot, um dem Papst begreiflich zu machen, daß er in dieser Sache ihm zu Willen sein

---

[1]) „Entw." p. 155. — [2]) „Entw." p. 156. — [3]) ibid.

müsse, und wenn wir in den „weiteren Mitteilungen", womit der Papst hernach sein Eingehen auf des Königs Wunsch und Meinung begründete, nur einen Vorwand sehen, auf den Klemens sich die Brücke zum Rückzug baute. Und so betrachten wir allerdings mit Schottmüller das Schreiben Philipps an Klemens V. aus der zweiten Hälfte des November¹), nachdem der Papst seinen Erlaß an sämtliche Fürsten mit der Aufforderung zur Gefangennahme der Templer vorher dem König im Konzept mitgeteilt hatte, worauf er nun vom König zur Beschleunigung dieser Sache ermahnt wird, als ein Dokument für die weitgehende Abhängigkeit des Papstes von Philipp, so daß sein Hauptbestreben, in das er nach jedem Anlauf zu selbständiger Behauptung seiner Würde immer wieder pflichtschuldigst einlenkt, der Schlüssel seiner ganzen Politik im Templerprozeß befaßt ist in den Worten, welche Guillaume v. Nangis aus der Bulle „vox in excelso" entlehnt: „Ne scandalizetur charus filius noster rex Franciae"²).

Über den Schluß des Kapitels, in welchem auf den Fortgang des Prozesses in den übrigen Ländern ein Auge geworfen wird, gehen wir kurz hinweg. Wichtig ist hier besonders wieder der Anteil, den der Papst an dieser Verallgemeinerung des Prozesses hat, indem nicht nur auf seine Anweisung hin die Verhaftung der Templer und Einleitung des Prozesses gegen sie überall erfolgte, sondern auch durch seine Autorität die Zweifel unterdrückt wurden, die hinsichtlich der Rechtmäßigkeit eines solchen Vorgehens in manchen Ländern, so hauptsächlich in England bei Eduard II., bestanden. Wenn sonst noch etwas bei der Darstellung dieser Phase des Prozesses zu beachten ist, so ist es, daß Prutz wieder und wieder betont, wie in der Hauptsache, bezüglich der Verschuldung des Ordens, Papst und König ganz einig gewesen und immer mehr — der Papst eben durch die weiteren Aufklärungen, die er erhalten geworden seien, eine Differenz unter ihnen nur hinsichtlich des Schicksals der Ordensgüter bestanden habe; für den Papst wegen seiner Kreuzzugspläne von besonderer Wichtigkeit. Im übrigen sehen wir in dieser Zeit beide im gleichen Fahrwasser segeln, überall in der Welt den Templern dasselbe Geschick wie in Frankreich zu bereiten.

Das X. Kapitel³) bringt unter der Überschrift „der päpstliche Prozeß gegen den Orden" die zweite Phase des Prozesses. Der Standpunkt, welchen Prutz hier einnimmt, erhellt wieder im allgemeinen

---

¹) Baluze II, p. 111; vgl. „Entw." p. 157 Anm. 1. — ²) Schottm. I, 523 vgl. „Entw." p. 221 Anm. 2). — ³) Entw. p. 164-207.

schon aus dem ersten Satz, welchen er voranschickt: „Einig waren Klemens V. und Philipp der Schöne, gegen den Orden einzuschreiten" [1]). Nur sei von seiten Philipps und des hinter ihm stehenden Inquisitors befürchtet worden, „die Kurie werde Ärgernis drohende Enthüllungen zu vermeiden suchen und deshalb weder mit der Öffentlichkeit noch mit der Strenge vorgehen, welche der Inquisition eigen waren. Andererseits besorgte Klemens V., die Ordensgüter möchten der Disposition der Kirche endgültig entzogen werden" [2]). Aus diesen beiden Befürchtungen sollen sich die „unklaren und widerspruchsvollen Schwankungen" im Fortgang der Sache erklären. Doch sind diese Schwankungen eigentlich nur auf der einen Seite, bei der Kurie, zu finden: von Philipp dem Schönen giebt auch Prutz zu, daß er „in allen Formen nachgiebig die Ordensgüter und die Gefangenen festhält, bis er Bürgschaften für den Ernst des päpstlichen Vorgehens erlangt hat" [3]). Also hier ist Festhalten in der Sache, Nachgiebigkeit in der Form: das Gegenteil hätte Prutz getrost von Klemens aussagen können.

Im weiteren bemüht sich Prutz, den „formellen" Zugeständnissen Philipps doch eine weitergehende Bedeutung zuzuerkennen, als wir zugeben können. So wenn der König „die gefangenen Templer und die beschlagnahmten Ordensgüter der Kirche auszuantworten verheißt", gleichwohl aber beide unter der Obhut seiner Beamten beläßt und auch der Papst sich hernach mit jenem „theoretischen Anerkenntnis" zufrieden giebt, so sind wir allerdings abweichend von Prutz der Ansicht, daß „dieses theoretische Anerkenntnis" im Grunde „ganz wertlos" war und auch dadurch nicht wertvoller geworden ist, daß Philipp „erklärte, er habe zur Verwaltung der Ordensgüter besondere Beamte bestellt, die mit der Administration des königlichen Besitzes nichts zu thun hätten" [4]). Es waren eben königliche Beamte und Philipp kannte seine Leute!

Je weiter wir dann kommen, um so mehr behält Philipp eigentlich recht. Denn zu den früheren Motiven, welche ihn zu Betreibung der Sache veranlaßten, soll jetzt noch hinzukommen, daß der König, „wenn die päpstliche Untersuchung mit der Lossprechung des Ordens endete", „in demselben einen Todfeind zu fürchten hatte, stark genug, ihm die schwersten Verlegenheiten zu bereiten" [5]). Daher sein Drängen, von Klemens eine Gewähr zu erhalten, „daß sie wirklich unschädlich gemacht würden". Diese aber habe Klemens nicht zum voraus geben können: „so bereit er war,

---

[1]) Entw. p. 164. — [2]) ibid. — [3]) ibid. — [4]) Hiebei triegt wieder Schottmüller eins ab (p. 165 Anm.), weil er, allerdings wohl unrichtig, statt des Perfektum „curavimus" in dem betreffenden Schreiben übersetzt als ob es hieße: „curabimus". — [5]) Entw. p. 165.

die Sache ernst zu nehmen, so wenig konnte er den Ausgang des Prozesses verbürgen"¹). Einmal weil, wie hier Prutz selbst sagt, „die Recht= mäßigkeit des eingeleiteten Verfahrens" doch „umstritten", selbst von der Kurie „in Zweifel gezogen" war; auch „über die Art, wie die Geständnisse erwirkt waren, bereits damals be= denkliche Gerüchte umgelaufen zu sein scheinen"²). Sodann weil, auch wenn er die Thatsächlichkeit der eingestandenen Verirrungen von vielen einzelnen als erwiesen annahm, der Orden in seiner Gesamtheit damit doch noch nicht als schuldig überführt gewesen sei. Also sei „immer noch die Möglichkeit für Philipp vorgelegen, daß der Orden frei ausging"³). „Gegen diese Gefahr wollte er zum voraus gesichert sein". Es lag also, wie Prutz auch nachher wiederholt, eben „in einem von weltlichen Einflüssen ganz freien, rein kanonischen Verfahren — die Gefahr für den König, für den französischen Staat und für das französische Volk"⁴). Das heißt doch zugestanden, daß ein wirklich gesetzmäßiges Verfahren ohne die Zwangsmittel der Inquisition keine Aussicht auf Erfolg bot!

Für Prutz' Gesamtbeurteilung der Politik von König und Papst in dieser Zeit ist weiter bezeichnend, daß er zugiebt, daß „auf die Verhand= lungen zwischen der Kurie und dem König in den ersten sieben Monaten des Jahrs 1308 andere Fragen, welche gleichzeitig schwebten, aber mit der der Templer als einer actio fidei zunächst nichts zu thun hatten", nicht „ohne Einwirkung" geblieben seien. Andererseits will Prutz einen Zusammenhang nur ganz indirekt zugeben. „Denn", wie er es ausdrückt, „Philipp setzte, war Klemens ihm sonstwo nicht zu Willen, voraus, daß er auch in der Sache der Templer unbequeme Weiterungen zu erwarten habe. Und wo Philipp dem Papste entgegentrat, meinte Klemens einen Zusammenhang mit der Templersache annehmen zu müssen oder in Bezug auf diese eine Pression erfahren zu sollen, während eine absichtliche Verknüpfung ihrem Wesen nach durchaus verschiedener An= gelegenheiten thatsächlich nicht nachweisbar ist"⁵). Das heißt doch: beide trauten sich's einander zu, daß sie die Templersache nur als einen po= litischen Schachzug ausspielten! Und so wird's wohl auch in Wirklichkeit gewesen sein! Prutz aber will das scheint's so lange nicht glauben, als er nicht irgendwo ein königliches oder päpstliches Dokument findet mit dem naiven Eingeständnis solcher Politik! Ja, da wird er wohl lange warten können: so schlau war man damals schon, daß man nicht alles dem Papier anvertraute, was man dachte!

---

¹) Entw. p. 165. — ²) ibid. — ³) p. 166. — ⁴) p. 167. — ⁵) Entw. p. 166.

Den wirklichen Charakter von Philipps Politik kann man freilich auch durch Prutz' Darstellung, so sehr diese jene zu beschönigen sucht, hindurchlesen. So wenn wir hören, wie wieder, wie beim Streit mit Bonifazius VIII., Philipp sich an die Nation wendet und die Templersache „als deren eigene Sache darstellte, indem er sich dazu der scharfen Sprache Dubois' bediente"[1]), von dem dann zugestanden wird, daß er es „im Interesse der Agitation" mit „Ungenauigkeiten" nicht so genau nahm; sodann wie Philipp die Reichsstände auf den 5. Mai 1308 nach Tours bescheidet „als berufene Verteidiger des Glaubens". Es wird da wohl kaum jemand sein, der mit Prutz Lust hätte, Schottmüller darüber zu tadeln, weil dieser aus den zahlreichen Stellvertretungs- und Entschuldigungsschreiben wegen Ausbleibens und aus der Anordnung des Königs, daß die nicht erscheinenden Prälaten den nach Tours kommenden die Reisekosten ersetzen sollten, den Schluß zieht, daß Philipps Politik bei den aufgerufenen Vertretern der Nation keine sonderlich begeisterte Zustimmung gefunden habe[2]). Prutz meint, „dergleichen werde auch bei andern Versammlungen der Reichsstände vorgekommen sein"[3]). Aber ist das nicht wieder eine „willkürliche Annahme", wie sie Prutz bei keinem sonst ungerügt hingehen ließe? Jedenfalls ist doch merkwürdig, daß wir gerade von dieser Versammlung nur das wissen!

Aus dem weiteren Vorgehen Philipps heben wir sodann hervor, wie auch Prutz die Form, in welcher Philipp durch seinen Rat Wilhelm von Plasian und sechs Begleiter seine Forderungen in Poitiers an den Papst bringen läßt, — indem alle 7 einer nach dem andern vor dem Papst auftreten und immer erschwerendere Momente gegen die Templer vorbringen — „äußerst geschickt theatralisch zurecht gemacht findet"[4]), weshalb sie „auch ihres Eindrucks nicht verfehlt haben" werde. Für Klemens V., der sonst eine so traurige Rolle spielt, freuen wir uns, daß er sich durch dieses Stückchen trotzdem nicht imponieren ließ. Und wenn der Papst auch bei dieser Gelegenheit Wilhelm von Plasians Berufung darauf, daß der König „ja nur auf Anrufung des Inquisitors eingeschritten sei"[5]), nicht gelten ließ, weil „eine Angelegenheit von solcher Tragweite Philipp ohne Wissen und Zustimmung des Oberhaupts der Kirche nicht hätte angreifen dürfen": so ist uns das wieder gegen die behauptete Rechtmäßigkeit des Vorgehens gegen die Templer die beste Instanz, wie

---

[1]) Entw. p. 167. — [2]) Von besonders „heftiger Opposition", wie Prutz ihm in die Schuhe schiebt (Entw. p. 168 Anm. 5), bringt auch Schottmüller nichts, sondern nur, daß Philipp „auch bei den in Tours Erschienenen durchaus nicht allgemeines Entgegenkommen fand." Das ist doch etwas anderes! — [3]) Entw. p. 168. — [4]) p. 169. — [5]) Entw. p. 169 f.

Klemens gewiß auch darin recht hatte, wenn er den Vorbehalt, „unter welchem die Pariser Universität ein Einschreiten des weltlichen Arms auch ohne Vollmacht für zulässig erklärt hatte", verwarf: „nach seiner Ansicht" — und da wird der Papst wohl die Zustimmung der meisten haben! — „war nicht Gefahr im Verzuge gewesen"¹).

Offenbar hat sich hier in Poitiers Klemens V. eine Zeit lang mit mehr Energie und Zähigkeit, als wir sonst an ihm gewohnt sind, gewehrt, wie auch aus einem weiteren von Prutz hier mitgeteilten Bericht über diese Vorgänge hervorgeht. Bis zu welchem Grad die Verschärfung der Gegensätze fortschritt, zeigt die bekannte auch von Prutz erwähnte Notiz, „daß der Papst daran gedacht haben soll, aus Poitiers zu entfliehen"²). Und auf der andern Seite läßt er die allgemeinen Verhältnisse doch einigermaßen hier hereinspielen, indem er vom deutschen Thronwechsel und der Werbung um die erledigte Krone für seinen Bruder sagt, daß sie „mäßigend auf Philipps Politik wirkten, da er in offener Feindschaft mit dem Papst dort sein Ziel nicht erreichen konnte". So habe denn Philipp eingelenkt; und eine Folge dieses Einlenkens sei gewesen Philipps Einwilligung, die Templer durch den Papst selbst verhören zu lassen. Das geschieht denn nun mit 72 Rittern, Geistlichen und Servienten. Über den Verlauf dieses Verhörs und das Ergebnis desselben wird auf den Text des Processus Pictaviensis verwiesen, den uns Schottmüller mitgeteilt hat, dessen kritische Bedenken gegen die Glaubwürdigkeit der darin enthaltenen Depositionen Prutz im fünften seiner der „Entwicklung" beigefügten kritischen Exkurse³) möglichst zu zerstreuen sucht: wie uns dünkt, nur mit halbem Erfolg. Wir sprechen darüber später.

Als Ergebnis dieses Verhörs nimmt Prutz in Anspruch wesentliche Übereinstimmung mit dem vor der Inquisition in Paris: auch hier kommen nämlich als meist erwiesene Punkte heraus Verleugnung Christi und Verhöhnung des Kreuzes. Das sei von um so größerer Bedeutung, als „die Folter" bei diesem Verhör „nicht angewandt worden sei": man habe „den Angeschuldigten die Freiheit gelassen, welche das auch hier maßgebende Inquisitionsverfahren erlaubte"⁴). Wir ahnen, daß das kein übertriebenes Maß von „Freiheit" war. So sieht sich auch Prutz zu dem Zugeständnis veranlaßt: „Wohl mag daher der eine oder der andere Aussagen, welche er vor dem Inquisitor angesichts der Folter oder auf derselben gemacht hatte, jetzt aufrecht erhalten haben, nur um nicht rückfällig zu werden"⁵). Aber das treffe „nur Nebenpunkte, wie

---

¹) Entw. p. 170. — ²) p. 171. — ³) Entw. p. 247—248. — ⁴) p. 171. — ⁵) ibid.

den Idolkult, die Freigebung der übelsten Ausschweifungen – nicht das, was hier wiederum als das Wesentliche in den Vordergrund tritt, die Verleugnung und Kreuzentweihung bei der Aufnahme"¹). Also das Dümmste will Prutz wieder nicht gelten lassen; das andere aber soll gelten! vor allem auch wieder wegen der mancherlei „individuellen" Züge, welche schon die Aussagen vor dem Inquisitor in Paris so wahrscheinlich gemacht haben. In jedem Fall sei der **Erfolg dieses Verhörs** gewesen, daß des Papstes „Zweifel an der Schuld des Ordens", wenn solche „noch bestanden hatten", jetzt beseitigt waren. „**Deshalb**" habe er befohlen, „zunächst auch die Ordenswürdenträger zu verhören"²).

So reiht sich nach Prutz denn alsbald das **Verhör derselben zu Chinon** an, wo dieselben „krankheitshalber zurückgeblieben waren". Was das für eine Krankheit war, darüber glaubte man bisher angesichts der Rolle, welche die Folter in diesem Prozeß und vor allem in der ersten Inquisitionsphase desselben gespielt hat, nicht im Zweifel sein zu dürfen. Havemann³) z. B. nimmt sie ohne weiteres als Ursache dieser Krankheit⁴) an. Wenn Schottmüller das auch gethan hätte, so hätte er höchstens unsern Beifall gehabt und schwerlich könnte man ihn mit Grund einer sonderlichen „Willkürlichkeit" anklagen. Er thut es aber gar nicht, sondern er ist ja abweichend der Ansicht, daß diese Krankheit eigentlich nur ein Vorwand gewesen, daß es vielmehr Philipp der Schöne gewesen, der die Reise nach dem nur noch 8 Meilen entfernten Poitiers zu vereiteln gewußt habe. Um so wunderlicher nimmt sich Prutz' Tadel aus⁵), daß Schottmüller I, 195 ff. „ohne Beweis die Folgen der Folter als Grund" annehme. Man sieht, wie wenig genau Prutz es nimmt, wo er etwa einem Gegner einen Verstoß vorwerfen zu können glaubt, daß er nicht einmal zusieht, ob denn dieser Vorwurf auch nur begründet sei?

Den sonstigen Einwänden Schottmüllers gegen die Glaubwürdigkeit dieses Protokolls, unter welchen der bedeutsamste der ist, daß dieses ganze Protokoll, wie aus dem Datum ersichtlich sei, schon am 12. August redigiert worden sei, während das Verhör selbst erst am 17. August ff. stattgefunden habe, widmet Prutz wieder einen besondern kritischen Exkurs⁶): darin erklärt er jenen Widerspruch des Datums eben durch einen Datierungsfehler, indem wohl assumtio und visitatio Mariae verwechselt worden seien, also daß das Verhör nicht vom 17. August an, sondern vom 6.–8. Juli stattgefunden habe. Wir würden mit andern, z. B.

---

¹) Entw. p. 172. — ²) p. 173. — ³) cf. Havemann p. 219. — ⁴) „quod equitare non poterant" heißt es in der Bulle Faciens misericordiam. ⁵) Entw. p. 173 Anm. 2. ⁶) Der VI. p. 249–251.

Buffon[1]), lieber eine einfache Vordatierung annehmen, wie sie auch sonst in Urkunden aus dieser Zeit nichts Ungewöhnliches zu sein scheint, wenn uns nicht eine genauere Bekanntschaft mit dem Inquisitionsverfahren, wie es uns Molinier giebt, solch eine vorherige Redigierung des Protokolls, einfach auf Grund der Voruntersuchung, als etwas durchaus Gewöhnliches erscheinen ließe[2]).

Daß auch dieses Verhör im wesentlichen dieselben Resultate liefert, wird nach allem Bisherigen niemand verwundern. Wie wir's erklären, sei dem positiven Teil vorbehalten.

Trotz dieser Ergebnisse muß Prutz nun wieder neue Verwicklungen des Papstes mit Philipp melden, indem der Papst auch jetzt dem Ansinnen Philipps, das Verdammungsurteil gegen die Templer nun endlich zu erlassen, immer noch nicht willfahrt, erst eine Untersuchung gegen den ganzen Orden für nötig erklärt habe. Wozu doch that er das, wenn ihm alle Zweifel an der Schuld der Templer benommen waren? Oder sollte er doch auch jetzt noch gezweifelt haben? Es kommt eben sogar bei Prutz schließlich heraus, was bei einer wirklichen Überzeugung des Papstes von der Schuld des Ordens undenkbar gewesen wäre, daß es „ein Handeln Zug um Zug" war, „durch welches in einem in jenen Tagen vereinbarten Vertrage das ganze fernere Vorgehen in Sachen des Ordens genau festgestellt wurde"[3]). Und als Hauptergebnis dieses Handels stellt sich schließlich dar, daß der Papst die Verwendung der Ordensgüter zu Zwecken des heiligen Landes, Philipp dagegen die Preisgebung der Templer durchsetzt. Denn darauf lief es doch schließlich hinaus, wie sicherlich auch Klemens wohl wußte, wenn man scharfsinnig dahin übereinkam, zwischen den Personen der Templer und dem Orden zu trennen, die Untersuchung gegen die ersteren den Diözesanen und Metropolitansynoden zu überlassen, mit der gegen den Orden aber eine päpstliche Kommission zu betrauen; während endlich die Würdenträger dem Spruch der Kurie selbst vorbehalten wurden und über den Orden als Ganzes ein allgemeines Konzil als letzte Instanz urteilen sollte. Das wichtigste Zugeständnis war, daß der Prozeß gegen die Personen in letzter Hand dem König überlassen blieb: denn daß es darauf hinauslief, wenn Klemens die Bischöfe mit ihrer Inquisition schalten ließ, deutet auch die Prutzsche Darstellung, nur eben nicht klar und deutlich genug, an. Philipp der Schöne war klug genug, zu wissen, daß auf die Personen alles ankommt: was kümmerte es ihn,

---

[1]) cf. die früher schon erwähnte Rezension Buffons in den Mitteilungen des Instit. für österr. Geschichtsforschung IX p. 496 ff. — [2]) cf. darüber Kap. 4, p. 199. — [3]) Galw. p. 175.

wenn man den Prozeß gegen den Orden ihm nahm, wenn man die Personen und ihr Geschick in seiner Hand beließ? Hatte er die Personen, so hatte er auch den Orden. Daß dieser Schluß richtig war, zeigt der fernere Verlauf des Prozesses.

Im Fortgang der Darstellung ist es immer wieder der doppelte Nachweis, einmal, daß Klemens V. wirklich nun von der Schuld des Ordens überzeugt gewesen, sodann daß er mit Philipp hierüber in vollem Einvernehmen gestanden sei, um den sich Prutz bemüht. Für ersteres, des Papstes Glauben an die Schuld des Ordens, soll Zeugnis ablegen schon der Ausdruck der Bulle „Faciens misericordiam", durch welche die Diözesan-Inquisitionen angeordnet und die Templer zum Erscheinen vor diesen aufgefordert wurden, daß der Papst „arguente conscientia"[1]) die Gefangennahme der Templer überall befohlen habe. Nach dem schon bisher Bemerkten geben wir auf Klemens' V. Gewissen und diesbezügliche Versicherungen nicht so viel, so wenig wie auf Philipps. Für das „volle Einvernehmen" aber zwischen König und Papst findet Prutz einen Beleg vor allem in der Ende Januar 1309 seitens des Papstes erfolgten Sendung seines Kaplans Hugo Geraldi an den König, um diesem „die in Sachen der Templer erlassenen Schriftstücke vorzulegen, die Bulle mit Ausschreibung des allgemeinen Konzils, die Artikel, nach denen bei dem Verhör der Templer verfahren werden sollte, dann die Dekrete gegen die, welche Templergüter einbehielten und über die Ernennung von Kuratoren zu deren Verwaltung für Frankreich im allgemeinen und für jede Diözese im besonderen"[2]). Uns scheint eine solche Vorlegung aller seiner wichtigeren Erlasse an Philipp den Schönen ein Zeugnis dafür, daß jenes „volle Einvernehmen" ein sehr einseitiges, einem sklavischen Abhängigkeitsverhältnis des Papstes vom König verzweifelt ähnliches gewesen ist, ein Verhältnis, von dem wir begreifen, daß es dem Papste nicht wohl dabei sein konnte, weshalb er jede Gelegenheit benützt, seinem Ärger darüber Luft zu machen und sich in eine würdigere Position zu versetzen. Eine solche Gelegenheit wurde für den Papst das Scheitern der französischen Bewerbungen um den deutschen Thron und die Erhebung Heinrichs von Luxemburg auf denselben. Davon sagt auch Prutz: „Klemens war froh, in dem deutschen König einen Rückhalt gegen den übermütigen Franzosen zu finden"[3]). Sogar ein deutsch-neapolitanisches Bündnis kam in Frage. Wie sehr bei dieser politischen Konstellation auch die religiös-kirchlichen Fragen als ein politischer Faktor verwertet und benutzt

---

[1]) cf. Entw. p. 177 Anm.   [2]) p. 179.   [3]) p. 180.

wurden, kommt danach auch bei Prutz zum Ausdruck, wenn er von Philipp sagt, daß er „mit dem Schreckmittel des Prozesses gegen Bonifazius versucht hat, den Papst davon" — von jenem Bündnis — „zurückzuhalten"[1]. „Darüber kam es 1309 und 1310 zu Differenzen zwischen König und Papst, welche auch auf den Gang des Templerprozesses einwirkten". All das scheint sich uns immer wieder schlecht mit einer päpstlicherseits gewonnenen Erkenntnis von der Verschuldung des Templerordens zu vertragen und dagegen nur aufs neue unsere Gesamtauffassung zu illustrieren: daß die Templer eben zuerst als ein Spielball der Politik benützt, hernach ihr Opfer wurden. In dem Stadium, in das wir nun eingetreten sind, kam nur noch das letztere in Betracht, denn richtig sagt Prutz: „Ein Fallenlassen des Prozesses war nicht" — d. h. nicht mehr — „zu befürchten, dazu waren die Dinge schon zu weit gediehen"[2]. Wohl aber konnte Klemens V. die Templer noch so teuer als möglich verkaufen; und das zu thun, hat er sich auch jetzt noch redlich bemüht. Mit diesem Bemühen sind die auch jetzt noch fortdauernden Schwankungen zu erklären, wobei freilich des Papstes Widerstand immer schwächer und nichtssagender wird.

Für der Templer Los machte diese fernere Politik nichts aus. Ihr Schicksal war längst besiegelt, endgültig eben mit der päpstlicherseits erteilten Genehmigung zur Fortsetzung des Prozesses gegen die einzelnen Personen seitens der Diözesaninquisitionen. Auch Prutz sagt, daß der Papst mit dieser Genehmigung „eine Bewegung entfesselt habe, welche sich bald wenigstens da seiner Leitung entzog, wo die alte Feindschaft der Prälaten und Pfarrgeistlichkeit gegen die Templer ins Spiel kam"[3]. Er sollte dazu setzen: und ihr Eifer, Philipps Zufriedenheit sich zu erwerben. Denn der war noch wirksamer als jene Feindschaft. Daß dieser Eifer seine Rolle gespielt, schimmert übrigens auch bei Prutz wenigstens durch: so wenn er bei den 68 in Clermont Verhörten, bei deren Prozeß sich nichts von Gewaltsamkeiten finde, daher ein Teil wenigstens bis zum Schlusse bei seiner Leugnung auch jener zwei Hauptpunkte verharre, bemerkt, daß dieser Bischof „(Arbert Aycelin von Clermont) vor dem Verdachte der Liebedienerei gegen den König einigermaßen gesichert ist, weil er seine Würde ohne des Königs Zuthun durch päpstliche Provision im Sommer 1307 erhalten hatte"[4]. Ein ähnlicher Gegensatz werde „auch sonst noch wiedergekehrt sein". Prutz weist dafür selbst noch auf das Protokoll des Prozesses von Elne[5]

---

[1] Entw. p. 180.　[2] p. 180.　[3] Entw. p. 180.　[4] p. 181. — [5] Michelet II, p. 421–515.

hin, wo sämtliche 25 Vorgeführte „rundweg für erlogen erklären, was der Meister und andere Würdenträger gestanden haben, für schmachvolle Erfindung der Gegner des Ordens, dessen Unschuld zu erweisen gleich der erste Verhörte das Statutenbuch in romanischer Sprache vorlegen läßt"[1]. Wie Prutz sich zu solch günstigen Zeugnissen stellt, wie er sie überall möglichst abzuschwächen und in ihrer Bedeutung zu mindern sucht, zeigt er auch hier wieder durch die beigefügte Bemerkung, „daß die Reinheit der Statuten als ein Beweis für die Unschuld des Ordens nicht gelten" könne, „weil es sich ja nur um eine zur Gewohnheit gewordene Mißdeutung oder Überschreitung der Regel handeln konnte". Zweitens seien ja eigentlich diese südfranzösischen Gebiete dem spanischen Zweig zuzuschreiben, dessen „Freiheit von den gerügten Verirrungen erwiesen" sei. Endlich erwecke die „fast wörtlich gleichlautende Erklärung über die Unglaubwürdigkeit der Anklage den Eindruck einer vorherigen Verabredung". Ja, so kommt es immer wieder nur darauf an, wie man eine Sache ansieht!

Merkwürdig muten uns sodann auch an die Auslassungen von Prutz über die Ernennung Philipps von Marigny zum Erzbischof von Sens, der, weil auch Paris mit umfassenden, wichtigsten Kirchenprovinz von Frankreich. Daß Philipp eben um des Gewichts dieser Stellung für den Prozeß gegen die Templer und der Einwirkung willen, welche er sich von ihm versprach, auf der Ernennung Philipps de Marigny, des Bruders des bekannten Hofmanns Enguerrand de Marigny, Philipps rechter Hand, bestand, kann man auch bei Prutz lesen. Doch dürfte die Zähigkeit, mit der Philipp der Schöne auf dieser Forderung bestand, gegenüber allen Bedenken des Papstes und seinen Versuchen, sich diesem Ansinnen zu entziehen, ebenso die fast cynische Unverfrorenheit, mit welcher der König selbst auf die Rolle hinweist, welche er von diesem Kirchenfürsten in der Sache der Templer erwartete, doch noch etwas besser ins Licht gesetzt sein. Und dann würde jedermann den Eindruck gewinnen, daß die Behauptung, „König Philipp habe die Ernennung Marignys Klemens V. abgedrungen, um sich seiner gegen die Templer zu bedienen"[2], das Richtige trifft, auch wenn der Papst kein volles Jahr sich dagegen gesträubt und in den „Quellen" wieder nicht ausdrücklich gesagt ist, warum der Papst auf solches Ansinnen nicht eingehen wollte und dafür eben das kanonisch noch zu junge Alter des Kandidaten vorschützte. Ob Klemens schon im Herbst 1309 oder erst im Frühjahr 1310 Marignys Ernennung zugestimmt hat, ist nebensächlich. Hauptsache ist, daß Philipp so viel daran gelegen war und daß Klemens V. endlich darauf einging, obgleich

[1] Gutw. p. 181. [2] Gutw. p. 181 gegenüber Schottmüller I, 290 ff.

er dem König zuvor geschrieben hatte, „daß ihm solche Reservationen zuwider seien und ihn gebeten, ihm nicht wieder mit solchen Ansinnen zu kommen"¹). Wenn Schottmüller in dieser Antwort „eine einfache Ab= lehnung der königlichen Bitte" gesehen hat, so geht das wohl zu weit, werden aber die wenigsten wohl „ganz willkürlich"²) finden. Und daß der Papst „mit jener Ernennung ein Opfer gebracht und gegen seine Überzeugung gehandelt habe", das scheint uns durch „die Gunstbeweise, mit denen er die Familie Marignys förmlich überschüttet hat", keineswegs widerlegt! Denn gewiß sind diese Gunstbeweise schwerlich einer besonderen Vorliebe Klemens V. für diese Familie entsprungen oder auch nur von Herzen gekommen: sondern sie galten eben dem „allmächtigen Minister"³) und können uns wenig wundern, wenn wir bedenken, wieviel immer wieder Klemens V. trotz allem Ärger daran gelegen gewesen ist, Philipp den Schönen bei guter Laune zu erhalten. Damit ist aber nicht ausgeschlossen, daß es Klemens V. von Herzen zuwider gewesen ist, nun auch noch die wichtigste Metropolitankirche Frankreichs Philipps Kreaturen auszuliefern und auch auf dem kirchlichen Gebiete die Familie Marigny ebenso dominieren zu sehen, wie vorher auf dem weltlichen.

Wäre nur Klemens energisch auf seiner Weigerung bestanden und hätte Marigny in Cambrai gelassen! Dann ist immer noch fraglich, ob das Provinzialkonzil von Sens einen solchen Ausgang genommen hätte und die Unter= suchung vor der päpstlichen Kommission zu einer solch jämmer= lichen Posse herabgesunken wäre! Denn daß die Wirkung dieses Konzils noch eine ganz andere gewesen ist, als aus der Prutzschen Dar= stellung hervorgeht, ist sicher. Die Wahrheit gesagt, kann man seit dem 11./12. Mai 1310, seitdem die 54 Templer, welche ihre früheren Ge= ständnisse vor der päpstlichen Kommission zurückgenommen hatten, zum Lohn dafür an der päpstlichen Kommission vorbei zum Scheiterhaufen gefahren worden waren, den Prozeß vor dieser Kommission nichts mehr als eine elende Posse nennen und sämtliche 215 (unter 231) Zeugen= aussagen, welche nach diesem Tage abgelegt worden sind, einfach streichen. Denn ein grimmigerer Hohn auf eine Justiz ist wohl noch nie vorgekommen als der, den sich Philipp von Marigny und seine Synode erlaubte gegenüber der päpstlichen Untersuchungskommission. Während diese nach allen Seiten hin verkündigen läßt, daß sie Zeugnisse zur Ver= teidigung des Ordens anzunehmen gewillt sei, und solche, die dazu bereit seien, sich zu melden auffordert, greift der Erzbischof von Sens

---

¹) Gutw. p. 182. — ²) ibid. Anm. 2. — ³) cf. p. 181.

alle diejenigen, die zu seinem Sprengel gehörten, welche früher unter
dem Zwang der Inquisition Geständnisse gemacht, aber nun den Orden
verteidigen zu wollen erklärt hatten, heraus und läßt sie
als relapsi kurzweg verbrennen! Und von einer solchen Gerichtskommission, welche sich das
gefallen läßt oder gefallen lassen muß, behauptet Prutz noch, sie sei
von „der entgegengesetzten Tendenz, die Unschuld des Ordens
zu beweisen", beherrscht gewesen und will aus diesem Grunde ihren
Verhörprotokollen womöglich noch einen besonderen Wert
zuerkennen! Wahrlich, wenn die Sache nicht so tragisch wäre, es wäre
fast lächerlich zu nennen! Und doch giebt Prutz auch jetzt nicht einmal,
trotzdem er diesen Protokollen so viel Ehre anthut, das Ergebnis derselben
ordentlich, begnügt sich vielmehr wieder, aus den mancherlei „individuellen"
Zügen, durch welche Verabredungen, überhaupt Erfindungen, ausgeschlossen
sein sollen, auf den thatsächlichen Untergrund der Aussagen zu schließen
und die am meisten zugestandenen Punkte, Verleugnung und Bespeiung,
als erwiesen anzunehmen. Wenn man aber diesen Aussagen, die
ja thatsächlich immer als Hauptmaterial zum Beweis der
Schuld des Templerordens fungieren, so viel Gewicht bei=
legt, dann muß man sie schon etwas genauer ansehen und
etwas ausführlicher und vollkommener geben! Und wenn
Prutz sich an diese Arbeit — denn eine Arbeit ist das allerdings —
gemacht hätte, dann würde vielleicht auch er gefunden haben, daß es zwar
„ermüdend" sei, aber doch wohl „sachlich einen Gewinn geben" würde,
„wollten wir nun die Masse der Aussagen reproduzieren, welche im Laufe
der mit mehrfachen Unterbrechungen viele Monate dauernden Verhöre die
der Kommission vorgeführten Templer gemacht haben"[1]). Wir haben
uns, weil es bisher noch nie geschehen ist, die Mühe genommen, alle diese
Aussagen in ihren charakteristischen Merkmalen einmal zusammenzustellen
und werden dieselben im positiven Teile dem Leser vorführen. Da wird
er wohl finden, daß jene Protokolle doch noch eine ganz andere
Sprache reden, als nach Prutz sich ahnen läßt, eine Sprache, die dem,
der Augen und Ohren hat, deutlich genug die Unschuld der
Templer zu Gemüte führt, indem sie uns zeigt, was an jenen Zeug=
nissen Wahrheit und was Dichtung ist.

Mit Rücksicht auf diese vollständigere Zeichnung, welche wir von
dem päpstlichen Prozeß gegen den Orden in unserem positiven Teile
bringen möchten, sei hier nur noch auf etliche Punkte in diesem Abschnitt

---

[1]) Entw. p. 184 wird ein solcher Augen von Prutz bestritten.

der „Entwicklung" hingewiesen: einmal darauf, wie auch Prutz betont, daß „eine heimliche Parteinahme Klemens' V. für den Orden und ein Bemühen, denselben zu retten[1]), nicht vereinbar" sind mit den thatsächlichen Schritten, welche Klemens gethan hat, um überall die Verurteilung des Ordens zu erwirken: weder mit dem Bescheid, den der Papst auf diesbezügliche Anfragen den Bischöfen zugehen ließ, daß sie sich „streng an das geschriebene Recht halten und für die ein Bekenntnis Verweigernden oder ihr früheres Bekenntnis Widerrufenden keinen neuen Rechtsbrauch zulassen sollten"[2]); noch mit der Pression, welche Klemens auf den englischen König Jakob II. ausübte, um die ungehinderte Anwendung der Folter in England durchzusetzen[3]). Um so weniger immer wird die Behauptung von einer der königlichen Inquisition entgegengesetzten Tendenz der päpstlichen Kommission begreiflich. Denn wenn die Kommission nicht einmal vom Papste selbst einen Rückhalt hatte für eine solche Tendenz, woher sollte sie dann überhaupt den Mut nehmen, in Philipps Hauptstadt[4]) eine solche auf Vereitelung der königlichen Wünsche hinzielende Richtung zu verfolgen?

Das zweite, was wir zu bemerken haben, ist, daß überhaupt im ganzen Prozeß die Personenfrage überall eine viel größere Rolle spielt, als Prutz' Darstellung erkennen läßt. Bei einem Prozeß, wo die wirkliche Stellung des Papstes so unklar erscheint, der sich über so viel Jahre hinzieht und wo unter der Hand so vielerlei und so mächtige Pressionsmittel möglich waren, um die Angeklagten mürbe zu machen, kam es vor allem darauf an, in wessen Hand sich diese eigentlich befanden und wem der Papst ihr Schicksal schließlich überließ? Wie wichtig die Personenfrage hier gewesen ist, davon giebt uns die Ernennung Philipps von Marigny zum Erzbischof von Sens einen Begriff. Prutz aber thut alles, um die Bedeutung auch solcher Thatsachen möglichst geringfügig erscheinen zu lassen, so, wenn er von jenem schmählichen Aus-

---

[1]) Entw. p. 203. — [2]) p. 183. Hier wird wohl Prutz gegenüber Schottmüller recht behalten, wenn er in diesem Erlaß keineswegs eine „Abwehr gegen eine Einmischung des Königs zum Nachteil der Templer", sondern vielmehr „eine Maßregel gegen allzugroße Milde der Bischöfe" erblickt (cf. Anm. 4 zu p. 183). — [3]) p. 202. — [4]) Eben um dieses Moments willen möchten wir die Abänderung der ursprünglich vom Papst getroffenen Verfügung, daß die Kommission zu dem Zeugenverhör von Diözese zu Diözese reisen sollte, dahin, daß sie ihren ständigen Sitz in Paris haben und dahin die Templer vorgeladen werden sollten, keineswegs bloß als eine naheliegende praktische Vereinfachung ansehen, wie Prutz thut, sondern lieber mit Schottmüller eine „neue Tücke des Königs darin suchen" (cf. Entw. p. 183). Oder sollte der Wunsch von seiten Philipps, die Kommission möglichst in seiner Nähe und unter seinen Augen zu behalten, wirklich „kein Grund" gewesen sein?

gang des Provinzialkonzils von Sens urteilt, daß „man dazu kein besonderes Bemühen, sich dem Könige gefällig zu erweisen" ¹), bei dem Erzbischof vorauszusetzen brauche, sondern daß dieser Ausgang „unvermeidlich" gewesen sei, „nachdem das Verfahren einmal auf die Regeln der Inquisition gegründet worden war und nachdem in dem ersten Teil desselben Schuldbekenntnisse zum Nachteil des Ordens erfolgt waren". Bei solchem Standpunkt dürfen wir uns nicht wundern, daß Prutz sich keine weitere Mühe giebt, die Stellung und Gesinnung der übrigen bei dem Prozeß in Betracht kommenden Personen möglichst näher zu charakterisieren, so der Kardinäle, welchen Klemens V. die zuerst sich selbst vorbehaltene Aburteilung der Großwürdenträger des Ordens anvertraut, oder der Kommissäre, die er mit Untersuchung des Prozesses gegen den Orden beauftragt hat. Da ist Lavocat ²), der sonst ja im wesentlichen auf dasselbe Ergebnis wie Prutz in seiner Entwicklung herauskommt, indem er in naiver Weise eben das, zahlenmäßig am meisten Eingestandene für erwiesen, das andere für erpreßt annimmt, doch viel instruktiver, insofern er eben dieser Personenfrage die gebührende Aufmerksamkeit schenkt. Wie wichtig dieselbe, werden wir uns bemühen, späterhin darzuthun.

Nicht ganz übergehen dürfen wir auch hier den Versuch von Prutz, wenigstens so ein bischen auch die übrigen Anklagepunkte — außer Verleugnung und Bespeiung — begründet erscheinen zu lassen, um seiner „häretischen Tendenz" bei den Templern wenigstens ein bescheidenes Plätzchen zu erobern. Das geschieht, wenn er den Idolkultus wenigstens auf dem Umweg über die richtige Erklärung als Reliquien, die aber „bei den um Morgengrauen gehaltenen Kapiteln niemand zu sehen bekam und an die sich bei ungebildeten Leuten so leicht phantastische Vorstellungen hefteten", — „unter dem Einfluß der erschreckenden Aufnahmezeremonien und der hie und da auftauchenden Vorstellungen von einem oberen und unteren Gott, von Christus als einem falschen Propheten und von einem irdisches Glück und Behagen verheißenden anderen Gott" zum „Ausgangspunkt" werden läßt „für Wahnideen, welche um so mehr lockten, je ausschweifender sie waren" ³). Man sieht: so ein bischen spukt die Ketzerhypothese immer noch! Nur daß uns die volle Ausbildung dieser Ideen zu jenem wunderlichen System in der „Geheimlehre" fast immer noch lieber ist als diese schwächlich unmotivierte Rolle, die solcherlei Vorstellungen nun nach der „Entwicklung" noch zuerkannt wird. Wie weit übrigens Prutz trotz solcher Reprintinationen von dem früheren Stand-

---

¹) Gutw. p. 201. — ²) cf. unsere Besprechung dieser Arbeit im nächsten Kapitel
³) Gutw. p. 185.

punkt sich entfernt hat, zeigt uns schon der eine zu der überlegenen Gewißheit, mit der die „Geheimlehre" aufgetreten ist, in einem schneidenden Widerspruch stehende Satz am Schluß dieses Kapitels[1]): „Von den anstößigen Bräuchen war keiner durch die Regel vorgeschrieben; ein Geheimstatut gab es nicht; die glaubwürdig bezeugten reinen Aufnahmen lehren, daß auch der alte Brauch noch fortlebte". Handelte es sich nur darum, den Widerspruch der „Entwicklung" gegen die „Geheimlehre" aufzuzeigen, so könnten wir uns damit zufrieden geben. Aber das ist es eben, daß die „Entwicklung" zwar etwas anderes, aber darum immer noch nicht etwas vollauf Befriedigendes bringt, sondern überall auf halbem Wege stehen bleibt.

Zu diesen unbefriedigenden Dingen gehört auch die Erklärung, die für Molays Verhalten gegeben wird. Indem wir eine nähere Charakteristik des Großmeisters und seines Verhaltens uns für die zusammenhängende Darstellung vorbehalten, haben wir an dieser Stelle nur das zu bemerken, daß die Zeichnung, die Prutz liefert, uns auch dem bescheidensten Anspruch auf Gerechtigkeit für den Großmeister nicht gerecht zu werden scheint. Schon einem Manne in solch verzweifelter Lage beständig sein Schwanken und seine unsichere Haltung zum Vorwurfe zu machen, scheint uns nur ein Zeichen von Unfähigkeit, die ganze Situation psychologisch zu verstehen. Noch greller zeigt sich diese Unfähigkeit, wenn thatsächlich auf seine ersten Geständnisse, weil er sie „freiwillig" und „ohne Folter" abgelegt habe, so viel mehr Wert gelegt wird als auf das letzte, das Molay im Angesichte des Todes ablegte[2]) und mit dem er, nach dem Urteil anderer und der Zuschauer selbst, seine frühere Schwäche männlich gesühnt hat. Dieses Zeugnis verdient doch eine ganz andere Würdigung, als sie ihm Prutz zu teil werden läßt. Will man gerecht sein, so ist der Vorwurf der Unsicherheit und Zweideutigkeit an eine ganz andere Adresse zu richten: an denjenigen, der dem Templermeister immer und immer wieder ein gerechtes Gericht, Gelegenheit sich vor entscheidender Instanz voll und ganz zu verantworten in Aussicht gestellt, aber schließlich nicht wagte, diese Pflicht zu erfüllen, der nach der Tradition daher im Angesicht des Todes von Molay vor einen höheren Richterstuhl citiert worden ist: Klemens V. Nach Prutz hat der freilich auch Molay gegenüber sich eigentlich kein besonderes Versäumnis zu schulden kommen lassen: es war ihm eben nicht möglich, Molay selbst abzuurteilen,

---

[1]) p. 206. — [2]) Mit Recht wird auf solche Zeugnisse Sterbender und Gestorbener von den templerischen Verteidigern vor der päpstlichen Kommission wiederholt mit besonderem Nachdruck hingewiesen. Für Prutz haben solche Zeugnisse keinen sonderlichen Wert.

und jene ganze Berufung durch Molay vor den Richterstuhl Gottes ist nichts als Mythus, Volksgeschwätz. Aber wenn jene feierliche Citation auch nichts zum Ausdruck brächte als eben die vulgäre Volksstimme, so gilt hier um so mehr das sonst so oft mißbrauchte Wort: vox populi vox dei!

Damit sind wir bereits zu dem letzten Abschnitt¹) gelangt, der den „Ausgang des Ordens" behandelt. Da ist nicht mehr viel zu sagen, insofern diese Endresultate eben den Thatsachen entsprechend mitgeteilt werden. Nur die Erklärung, die allemal gegeben wird, ist öfters zu beanstanden.

Schwach finden wir so schon die Erklärung der **Verschiedenheit dieser Ergebnisse in anderen Ländern**, wo im allgemeinen im Vergleich zu Frankreich dieselben „viel weniger belastend für den Orden"²) gewesen seien. Statt diese Verschiedenheit der Ergebnisse einfach der verschiedenen Behandlung zuzuweisen, welche die wirkliche Hauptursache ist, und daneben allerdings noch einem besseren Gerechtigkeitsgefühl bei Fürsten wie Prälaten, welches eben in jener anderen Behandlungsweise zu Tage tritt, müht sich Prutz, alle möglichen anderweitigen Ursachen zu entdecken und geltend zu machen, so die größere Abhängigkeit von der „staatlichen Autorität"³), was namentlich für Portugal zutreffe⁴), oder „einen bewußten und absichtlichen Gegensatz des aragonischen Königs und des aragonischen Episkopats zu der päpstlichen Kurie"⁵), was Prutz dann doch selbst kaum damit zu reimen weiß, daß Jakob II. „erst mit so vielem Eifer der Inquisition gedient hatte". Aber nun, da er den Templerorden zu retten sucht, wird natürlich bezweifelt, ob er dabei „bloß von selbstlosen Motiven bestimmt wurde"⁶)! Also die einen, welche auf Vernichtung des Ordens ausgehen, wie Philipp der Schöne, werden von dem Verdacht unlauterer Motive möglichst zu reinigen gesucht; den anderen, welche ihn zu retten suchen, wird das aufs übelste gedeutet, darin alsbald selbstsüchtige Pläne gewittert! Da ist die Erklärung des günstigeren Ausgangs in Deutschland doch noch besser: hier wird derselbe wesentlich auf den „adeligeren Charakter"⁷), welchen der Orden hier bewahrt habe, indem er sich vor „einer Überflutung mit ungebildeten und gesellschaftlich niedrigstehenden Leuten" mehr gehütet habe, sodann aber auch darauf zurückgeführt, daß er hier mit dem Klerus nicht so verfeindet war und daß hier eine solch

---

¹) Entw. p. 208—231. — ²) p. 208. Vgl. dazu die früher (eben p. 34) angeführte Behauptung der „Geheimlehre" von „ganz denselben" Ergebnissen in Elsa, Florenz, Sicilien, Ravenna und namentlich England. — ³) Entw. p. 208. — ⁴) cf. eben p. 130. — ⁵) Entw. p. 212. — ⁶) ibid. ⁷) p. 212.

starke Zentralgewalt wie in Frankreich fehlte. Das wird wohl richtig sein, aber auch die Kehrseite: daß der Orden in Frankreich schuldig geworden ist wesentlich durch die Feindschaft des Königs und der Prälaten.

Wie anders sodann wird der **Ausgang des Prozesses in England** jetzt geschildert als in der „Geheimlehre", wo seine Ergebnisse mit denen in Frankreich im wesentlichen zusammenstimmen sollen! Nun heißt es, daß „**eine Verurteilung hier nicht erfolgt ist**, sondern man sich mit **einer zweideutigen Formel begnügte**"[1]: nämlich daß sich der Orden von der „diffamatio", in die er gefallen, nicht reinigen könne und deshalb die einzelnen Zeugen um Wiederaufnahme in die Kirche bitten. Und selbst das ist, wie Prutz nicht verschweigen sollte, nicht einmal von allen zugestanden worden, sondern einzelne beharrten einfach trotzig auf der gänzlichen Unschuld des Ordens. Auch darin unterscheiden wir uns hier von Prutz, daß wir das eine Zeugnis des **Stephan von Stapelbrugge**, eines zuerst flüchtig gewordenen Templers, der, nachdem man endlich seiner habhaft geworden war, allein unter sämtlichen englischen Templern von jener anstößigen Aufnahme etwas weiß, freilich nur, indem er zweierlei Aufnahmen durchgemacht haben will, die erste in reiner und anständiger Weise, die zweite dann erst mit Verleugnung Jesu und der Maria und Bespeiung eines Kreuzes, daß wir dieses Zeugnis im Gegensatz zu Prutz für **gänzlich wertlos** halten. Wer das erbärmliche und feige Benehmen dieses Kameraden zu Rate zieht, wie es aus den Protokollen erhellt[2]), wird uns gewiß darin beistimmen.

In Bezug auf **Italien** haben wir bereits oben[3]) bemerkt, daß wir überall bei Prutz jenen denkwürdigen Beschluß des Konzils von **Ravenna** vermissen. Wie angesichts eines solchen Beschlusses — oder sollte er wirklich nichts davon wissen? — Prutz behaupten kann, daß „das gegen den Orden zu Tage Geförderte" im Kirchenstaat, Florenz und Ravenna „**ungefähr dem entsprach**, was der französische Prozeß ergeben hatte"[4]), ist uns unerfindlich. Überhaupt dürften die Ergebnisse des Prozesses in den anderen Ländern außer Frankreich wohl etwas ausführlicher wiedergegeben sein, da wir, eben weil hier eine solche Pression wie in Frankreich fehlte, eben durch sie vor allem auch das für Frankreich nötige Licht beziehen müssen.

Die **schwächlichste Deutung** unter allen den günstigen Resultaten der Untersuchung erfährt wohl dasjenige des **cyprischen Pro-**

---

[1]) Entw. p. 215. — [2]) cf. Wilkins, Concil. Brit. II, 384. Vgl. das von Havemann p. 313 f. Gesagte. — [3]) oben p. 159. — [4]) Entw. p. 217.

zesses. Prutz selbst sagt von diesem Prozeß, daß er „ein besonderes Interesse"¹) biete — nämlich weil ja auf Cypern der eigentliche Sitz des Ordens und seines Konvents war — und daß „keines anderen Ergebnisse so günstig für den Orden" seien, „dessen Unschuld hier völlig erwiesen" scheine. Wie er um dieses Zeugnis herumzukommen sucht, zeigt aber gleich der nächste Satz: „Das würde man auch gern gelten lassen, wenn eben nicht die große Menge schwer belastender Aussagen in anderen Prozessen" — in Wahrheit gilt das eigentlich bloß von Frankreich — „vorläge, welche sich doch nicht einfach als erschlichen und erpreßt abweisen lassen, sondern darthun, daß im Orden vielfach, und zwar vorzugsweise und überwiegend in dem französischen Teil, höchst anstößige Bräuche in Übung gewesen sind"²). Also immer wieder verfährt Prutz gerade umgekehrt, als wir für richtig halten: immer wieder sollen die Ergebnisse der anderen Prozesse nach denen in Frankreich gedeutet werden, statt diese unter dem allerärgsten Zwang Gewonnenen nach Recht und Billigkeit durch jene zu kontrollieren, wo dieser Zwang gefehlt hat oder wenigstens schwächer war. Um so mehr gilt es, diese Ergebnisse in Frankreich einmal wirklich genau anzusehen und vollständig zu bringen und so die Prutzschen Aufstellungen von ihrer Wurzel aus in ihrer Nichtigkeit darzulegen. Wir wollen's im folgenden Teile versuchen.

Endlich kommen wir nun an das Konzil von Vienne. Da wird zugegeben, wie wenig von der Schuld des Ordens die Väter des Konzils überzeugt waren, trotzdem daß Klemens V. alles thut, um Schuldzeugnisse zu erlangen: so indem er neue Untersuchungen, für welche er stärkere Heranziehung der Folter verlangt, da anstrengen läßt, wo das bisherige Ergebnis zu wenig belastend erschien; so auch indem er aus den eingesandten Protokollen — oder Kopien derselben — Auszüge fertigen läßt, welche ein Muster von unwahrer Einseitigkeit und entstellender Parteilichkeit genannt werden müssen. Schottmüller gebührt das Verdienst, darauf hingewiesen und durch Wiedergabe dieser Erzerpte, die zur Vorlage für die Konzilsväter aus dem britischen Prozeß gemacht worden sind, zugleich den Beweis für diese Behauptung erbracht zu haben. Prutz aber sucht auch dieses Argument möglichst zu entkräften, indem er meint, „man dürfe nicht annehmen, daß überall so verfahren worden" sei³) wegen des Eindrucks, den die auf dem Konzil versammelten Prälaten gewonnen haben aus diesen Auszügen, daß das die Anklage begründende Material nicht genügend sei. Aber wäre es

¹) Entw. p. 217. ²) ibid. ³) Entw. p. 219.

nicht richtiger zu schließen: wenn die Prälaten sogar aus dieser parteiischen Auslese den Eindruck von ungenügender Begründung der Anklage empfangen haben, wie würde ihr Urteil vollends ausgefallen sein, wenn man ihnen einen klaren, unparteiischen Einblick in die Verhöre gewährt hätte? Auf jeden Fall kennt Prutz nicht das Sprichwort von dem, der **einmal lügt**. Überall in der Welt dürfte es als ein anerkannter Grundsatz gelten, daß man dem, den man einmal auf einer Lüge ertappt hat, wenn man ihm ein andermal Glauben schenken soll, wenigstens den Beweis dafür abverlangt, daß er jetzt die Wahrheit rede. Prutz aber verlangt das Neue, daß man dem Lügner jedesmal die Lüge nachweise, wenn man ihm nicht glauben will. Da thun wir nicht mit[1]).

"Wie „peinlich" Klemens V. eigene Lage durch den Widerspruch der Prälaten war, können wir uns denken. Auch Prutz sagt: „Durch sein zuletzt beinahe leidenschaftliches Vorgehen gegen den Orden, welches durchaus darauf berechnet war, mit allen Mitteln für die Schuld des Ordens ein Beweismaterial zu beschaffen, das auch die Zweifelnden überzeugte, hatte sich Klemens in eine Position versetzt, von der aus mit der Konzilsmehrheit eine Verständigung unmöglich war"[2]). Aus dieser unangenehmen Lage hilft er sich in der bekannten Weise heraus, indem er den Orden einfach **im Wege der Provision kassiert**, da, wie auch Prutz sagt, Klemens V. offen zugeben mußte: „Eine kanonische **Verdammung des Ordens wegen Häresie könne nicht erfolgen**"[3]). Der „Ausweg" war — das gestehen wir — „geschickt" gewählt, sieht aber doch einer **Ausflucht** verzweifelt ähnlich, und daß diejenigen recht haben, welche darauf hinweisen, daß demnach eine **wirkliche Verurteilung des Ordens nicht erfolgt ist**, geht auch aus dieser Darstellung deutlich genug hervor.

Höchst ungeschickt dünkt uns, wie Prutz **aus dem schließlichen Resultat des Prozesses in Bezug auf die Ordensgüter auf das Motiv des Ganzen zu schließen** sucht, wenn er sagt: „daß thatsächlich, namentlich in Frankreich, die Güter des Ordens in der Hauptsache an die Hospitaliter gekommen und von denen für ihre Zwecke verwertet worden sind, widerlegt am besten die Meinung, es habe sich bei dem ganzen Verfahren um eine planmäßige Beraubung des reichen Ordens gehandelt"[4]). Wieso denn? Wie soll diese Behauptung durch jenen Ausgang widerlegt werden? Daraus, daß Philipp dem Schönen seine Absicht, das Templergut mög-

---

[1]) Übrigens soll Schottmüller inzwischen ähnliche Auszüge auch für andere Länder in der vatikanischen Bibliothek entdeckt haben; vgl. p. 195 Anm. 3. — [2]) Entw. p. 222. — [3]) p. 223. — [4]) p. 225.

lichst für sich zu gewinnen, nicht gelungen, nicht ganz gelungen ist, folgt doch noch lange nicht, daß er diese Absicht überhaupt nie gehabt hat! Wie merkwürdige Schlüsse traut Prutz doch seinen Lesern zu! Daß aber Philipp bei diesem Handel nicht leer ausgegangen ist, daß er immerhin zufrieden sein konnte und sein Schäfchen geschoren hat, dafür möchten wir Prutz bitten, zum Beweise einmal die Zusammenstellung zu lesen, die Lavocat am Schluß seines Werkes von dem „königlichen" Profit giebt. Wie es mit dem Papst in dieser Hinsicht steht, dürfte noch näher zu untersuchen sein.

Der Schluß der Darstellung bringt das schon besprochene Ende Molays. Als bemerkenswert sei hier nur noch hervorgehoben, daß nach Prutz auch jener Protest Molays im Angesicht des Todes „immer noch keinen Widerruf seiner früheren Geständnisse"[1]) bedeute. Schade, daß wir nicht erfahren, wie nach Prutz' Vorstellung eigentlich ein „Widerruf" aussieht und wie es Molay hätte angreifen sollen, um Prutz' strenge Anforderungen in dieser Hinsicht zu befriedigen! Jetzt wundern wir uns auch nicht mehr, daß „des Königs über= schnelles gewaltthätiges ungesetzliches Eingreifen" — das ist es also doch — gegenüber diesem Protest nicht „auf selbstsüchtige eigen= nützige Beweggründe" zurückgeführt werden darf[2])! Bewahre! es war nur „überhitzter Glaubenseifer", der „Philipp zum zweitenmale und in schlimmerer Weise ungerufen vom Papste — aber vielleicht vom Erzbischof von Sens? — der Kirche seinen weltlichen Arm leihen ließ"[3]). Und so ist das Gesamturteil von Prutz: „Von dem beschränkten Standpunkte ihrer Zeit aus — einen anderen aber kann man billigerweise nicht verlangen, von ihnen eingenommen zu sehen — haben beide", also Philipp der Schöne so gut wie Klemens V., „im wesentlichen gehandelt, wie es die herrschende Anschauung, das geltende Recht und die mit den vorhandenen Hilfsmitteln konstatierten Thatsachen erforderten"[1]): d. h. auf gut deutsch kurz: beide haben also eigentlich recht gehabt! Wer ist dann eigentlich schuldig an dem Untergang des Templer= ordens? Nun, wie jeder sieht, nach Prutzscher Anschauung einmal der Orden selbst, sodann aber — und eigentlich noch mehr — die Zeit. Auch eine Wahrheit, aber keine ganze!

Damit sind wir mit der Besprechung der „Entwicklung" eigentlich zu Ende. Es folgen in dem Prutzschen Buche noch zweierlei Anhänge,

---

[1]) Entw. p. 229. — [2]) p. 230. [3]) So wörtlich auf der letzten Seite p. 231 zu lesen: Philipp der Schöne und „überhitzter Glaubenseifer"! [4]) ibid. p. 231.

auf welche wir zwar nicht näher eingehen, über die wir aber doch kurz unsere Meinung aussprechen möchten. Die beiden Anhänge sind von verschiedenem Charakter: der eine umfaßt sieben „kritische Exkurse"[1], der andere „urkundliche Beilagen"[2], gleichfalls sieben Rubriken.

Unter den „kritischen Exkursen" ist der erste: „Zur Kritik von K. Schottmüller, der Untergang des Templerordens"[3] der umfangreichste und gewichtigste. Nach dem bisher Mitgeteilten über die Stellung von Prutz gegen Schottmüller kann der Leser sich denken, wie diese Kritik ausgefallen ist; wie Prutz sich da müht, nichts zu übergehen, was etwa an Schottmüller auszusetzen ist, um den Eindruck abzuschwächen, den sein Buch hier und dort gemacht haben könnte, und um zugleich denen, die über Schottmüller sich anerkennend geäußert haben, eins aus Bein zu versetzen[4]. Dazu ist zu bemerken, daß thatsächlich Schottmüllers Werk doch „nicht so ohne" sein kann, wie es Prutz hinstellen möchte. Wenigstens dürfte ein einfacher Vergleich der „Entwicklung" mit der „Geheimlehre" jeden darüber belehren, daß Schottmüllers Werk doch seine gute Wirkung gethan haben dürfte: denn dies liegt zwischen jenen beiden Prutzschen Werken. Oder sollte dem wirklich so ganz und gar kein Anteil daran zukommen, daß die „Entwicklung" so viel anders aussieht als die „Geheimlehre"? Und wenn Prutz etwa seine eigene Kritik Schottmüllers als ein Muster einer wissenschaftlichen Kritik angesehen haben möchte, so ist es höchstens wieder ein Muster für seine Wissenschaftlichkeit. Schon bei Besprechung der Entwicklung haben wir ja hin und her dargethan, wie häufig Prutz im Eifer, Schottmüller zu rügen, nur sich selbst neue Blößen giebt. Derartig ist z. T. seine Kritik auch hier. Obgleich er in vielem allerdings ja Recht behalten mag, manche Blöße Schottmüllers, insbesondere gewagte Vermutungen, vor allem Übersetzungsfehler, nicht verdeckt werden können, so dürfte jedenfalls, was Oberflächlichkeit, Willkürlichkeit und Ungenauigkeit anbelangt, der Leser längst einen Begriff davon haben, wieweit Schottmüller hierin gegen Prutz immer noch zurückbleibt. Die Aussetzungen von Prutz an Schottmüller im einzelnen hier durchzugehen, ist nicht unsere Sache: „Baal rechte um sich selbst!" Das Gute mag ja auch solche bittere, einzelne Verstöße so sorgfältig registrierende Kritik immerhin haben, daß sie die Vorsicht schärft. Aber das kann Prutz selbst so gut oder besser als andere brauchen.

---

[1] Entw. p. 233—256. — [2] p. 257—368. — [3] p. 235—242. — [4] So Kugler, weil er Schottmüller ein „vortreffliches" Werk genannt hat. Was für Werte Prutz mit dieser Note beehrt, darüber vgl. oben Einleitung p. 2 und dazu das folgende Kapitel.

Auch die übrigen Exkurse sind meist gegen Schottmüller gerichtet: nicht zwar Nr. 2, welches in Kürze über ein breviarium canonicorum Templi berichtet[1]). Was ein solches überhaupt mit den Templern zu thun haben soll, ist oben[2]) angedeutet worden; dort haben wir auch darauf hingewiesen, wie Prutz selbst die völlige Harmlosigkeit und Unschuld dieses Breviers zugiebt. Als wichtig könnte man daher da höchstens den Schluß dieses Exkurses ansehen, daß dieses Brevier zwischen 1232 und 1234, also 1233, entstanden sei: also, wenn die Templer in ihrem Rituell sich daran angeschlossen haben, so zeigt das wieder, wie grundlos die Idee ist, den Templern um diese Zeit ketzerische Neigungen zuzuschreiben.

Alle übrigen Exkurse 3—7 sind gegen Schottmüller gerichtet. In Nr. 3, über „die Verräter des Ordens"[3]), wo die diesbezüglichen Entdeckungen Schottmüllers angefochten werden, passiert Prutz ein bezeichnendes Malheur. Er meint nämlich, in seinem Eifer, Schottmüller bei jeder Gelegenheit zu rügen, als „Kuriosität" erwähnen zu müssen, daß jener geine (das französische Wort für „Folter") „in kühner Etymologie von Gehenna" herleite[4]). Wie nun aber, wenn diese Etymologie in der That die richtige wäre[5]), woran kaum zu zweifeln ist? Dann wäre ja das fast ein Beispiel davon, daß Schottmüller auch in der Etymologie Prutz „über" ist! Daß andererseits das Übersetzen nicht gerade Schottmüllers starke Seite ist, soll durch den Hinweis auf seine Behandlung der Notiz Villanis („trovandosi in prigione con uno Noffo dei nostri Fiorentino", wo Schottmüller das nostro = lat. „novo" fasse) anschaulich gemacht werden. Mag sein, wiewohl, daß Noffo wirklich ein Eigenname sei und nicht vielmehr = naffo, nuovo „Neuling" heiße, Novize, uns noch keineswegs sicher scheint.

Auch Nr. 4, „Klemens Schreiben vom 24. August 1307"[6]), bringt eine falsche Übersetzung Schottmüllers zur Sprache: „quicquid ordo postulaverit rationis" = „was der Orden zu seiner Rechtfertigung verlangt hat" statt: „was Rechtens ist". Das ist allerdings auch uns gleich aufgefallen. Das Übersetzen ist nun einmal allerdings Schottmüllers Sache nicht.

Nr. 5: „der Prozeß von Poitiers" und Nr. 6: „Über den Zeitpunkt des Verhörs von Chinon" sind schon oben[7]) kurz besprochen worden; so weit sie noch einer weiteren Klarstellung bedürfen,

---

[1]) Entw. p. 243. — [2]) s. eben p. 149. — [3]) Entw. p. 243 ff. — [4]) p. 244 Anm. 3. — [5]) Wir gestehen, daß wir darauf selbst erst durch einen Vortrag von Prof. Dr. Kautzsch, jetzt in Halle, den dieser im Winter 1888/89 in Tübingen gehalten hat, aufmerksam gemacht worden sind. [6]) p. 246. — [7]) s. eben p. 171 f.

hat das in der positiven Darstellung zu geschehen. Vergleiche auch darüber das folgende Kapitel!

Nr. 7[1]) endlich sucht nachzuweisen, daß das von Schottmüller u. a. Jakob von Molay zugeschriebene „Gutachten über die Veranstaltung eines neuen Kreuzzugs" gar nicht von ihm herrühren könne, weil es erst nach dem 12. August 1308 entstanden sein könne. Der Nachweis scheint gelungen.

Mehr Wert noch als diese „kritischen Erkurse" haben die „urkundlichen Beilagen", wiewohl auch unter diesen ein großer Unterschied ist. Das unglücklichste Stück ist V.: „eine französische Bibelübersetzung templerischen Ursprungs"[2]), welches jene oben[3]) besprochene Entdeckung von Prutz näher illustrieren soll. In Wahrheit enthält es nur eine Bestätigung des von uns dort Gesagten.

Die übrigen Stücke, Papst- und Templerurkunden, und solche von französischen Königen und wieder Regesten von Templern und bisher ungedruckten oder wenig bekannten Papsturkunden bieten mehr oder weniger wertvolles Material zur Geschichte des Templerordens. Einiges darunter ist schon bei unserer Besprechung der Entwicklung zur Sprache gebracht worden. Am wertvollsten ist Nr. VI, „Zum Templerprozeß"[4]), vor allem Nr. 1: „Französische Prozesse gegen die Templer"[5]), Auszüge aus achterlei Diözesanverhören der Templer in Frankreich. Da ist viel wertvolles Material mit enthalten — wir verweisen z. B. nur auf den Prozeß gegen die Templer in Clermont[6]) — welches in unserem positiven Teile verwendet werden soll. Zu bedauern bleibt freilich auch hier immer der fragmentarische Charakter dieser Mitteilungen, daß Prutz immer nur Excerpte und nicht das Ganze giebt. Denn wer die Prutzsche Art von Excerpten näher kennt, der ahnt, wieviel wertvolles Material zur Unterstützung der gegenteiligen Auffassung hier allemal übersehen bleibt und kann sich den Wunsch nicht versagen, es möchte auch einmal ein anderer Mann hinter diese Urkunden kommen, von welchem eine gründlichere und völligere Wiedergabe zu erwarten ist.

Damit scheiden wir von der „Entwicklung". Wir haben bei dieser Besprechung derselben den Nachweis versucht, wie wenig genügend auch diese Darstellung des Ausgangs des Templerordens und wie widerspruchsvoll in mehrfacher Hinsicht dieselbe ist: ein Widerspruch nicht nur gegenüber der „Geheimlehre", sondern auch voll Widerspruchs gegen sich selbst. Wir

---

[1]) p. 251–256. — [2]) p. 317–323. — [3]) cf. eben p. 150 ff. — [4]) p. 324 bis 364. — [5]) p. 324–335. — [6]) p. 327–333.

hoffen, daß uns dieser Nachweis gelungen ist, soweit ein solcher durch bloße Kritik zu erbringen ist. Die völlige Widerlegung kann freilich erst die Gegenüberstellung einer andern Darstellung bringen, welche wir schon auch einem Manne, den wir so lebhaft bekämpft, schuldig zu sein glauben. Zu dieser gehen wir im folgenden Teil über. Ehe wir jedoch an diese positive Darstellung selbst gehen, erscheint es nötig, über die Quellen und bisherigen Veröffentlichungen zur Geschichte der Templer, insbesondere soweit die Prutzschen Darstellungen wesentlich dadurch bestimmt worden sind, ein Wort zu reden. Wir thun dies in einem letzten Kapitel dieses ersten polemisch-kritischen Teils.

Viertes Kapitel.
Quellen und bisherige Behandlungen.

Gehen wir nun zu den Quellen und bisherigen Behand=
lungen des Templerprozesses über, so kann unsere Absicht hiebei nicht
sein, eine Zusammenstellung des sämtlichen in dieser Frage zu Tage ge=
förderten Materials oder der in der Templerfrage aufgetretenen Schrift=
steller zu geben. Nicht als ob eine solche Arbeit bei dem Interesse, das
die Templerfrage seit ihrem Auftreten erregt hat, nicht des Interessanten
genug in vieler Hinsicht böte — nach Langlois[1]) geht die Zahl der hier=
über erschienenen Publikationen in die 60 und umfaßt die Litteratur über
den Templerprozeß nicht viel weniger als die über Maria Stuart —:
sondern in erster Linie aus Rücksicht für den Leser, weil, sobald wir mehr
als eine summarische Übersicht geben wollten, bei der Fülle des Materials
dieses Kapitel und damit dieses Buch zu umfangreich werden möchte.
Wollten wir aber auch nur eine solche summarische Übersicht der gesamten
Litteratur überhaupt geben, so würden wir das Risiko laufen, daß ein
großer Teil dieses Kapitels, insbesondere die ganze erste Hälfte, nichts
wesentlich Neues zu bieten vermöchte, sondern in der Hauptsache auf eine
Wiederholung dessen hinauskäme, was schon Havemann im Vorwort
seiner 1846 erschienenen „Geschichte des Ausgangs des Tempelherren=
ordens" geboten hat. Dort ist auf 10 Seiten eine kritische Übersicht
über die bedeutenderen früheren Veröffentlichungen geboten, welche zur
Gewinnung eines summarischen Überblicks bis zu jenem Zeitpunkt in der
Hauptsache auch jetzt noch genügt und dessen Rekapitulierung um so über=
flüssiger sich erweisen dürfte, je weniger die meisten der dort genannten
Werke bei dem heutigen Stande der Forschung, der sie längst überholt
hat, noch in Betracht kommen können. Für unsere Absicht, ebenso die
bisherige, besonders die Prutzsche Geschichtschreibung zu charakterisieren,
als auf Grund des bisherigen Materials ein abschließendes und zusammen=
fassendes Urteil dem künftigen Forscher in die Hand zu liefern, genügt

---

[1]) Revue hist. 40. Bd. p. 169.

es, zweierlei Quellen ins Auge zu fassen: einmal dasjenige Material, welches allezeit unentbehrlich sein wird als Grundlage jeder objektiven Geschichtschreibung in der Templersache: das eigentliche Akten- und Urkundenmaterial; sodann diejenigen Behandlungen, die auch für die noch in den letzten Jahrzehnten aufgetretenen Schriftsteller, vor allem für Prutz, mehr oder weniger maßgebend gewesen sind und so auch auf die Gegenwart noch eine Einwirkung gehabt haben, und das sind eben die bedeutendsten und, in der Hauptsache, auch letzten unter den eben dieser jüngsten Phase der Templerforschung vorausgegangenen Veröffentlichungen.

Somit wird dieses Kapitel, wie schon die Überschrift andeutet, in zwei Hauptteile zerfallen, entsprechend zwei Hauptgruppen von Quellen, die hier wie anderwärts für die Geschichtschreibung in Betracht kommen, nämlich **primären** und **sekundären**. Unter letzteren wären wiederum zu unterscheiden Werke, die speziell den Templerprozeß zum Gegenstand haben, und solche, die nur in allgemeinerer Hinsicht zu unserer Frage in Beziehung stehen, sei es, daß sie auf diesen oder jenen Punkt der Untersuchung ein besonderes Licht werfen oder durch allgemeine Charakterisierung jener Zeit uns den rechten Untergrund für unsere Betrachtung liefern oder vertiefen. Natürlich können hier nur die wichtigsten und eben notwendigen Werke dieser Klasse zur Sprache kommen.

I. Primäre Quellen.

Als solche dienen uns in erster Linie die **Prozeßakten** selbst, soweit diese noch vorhanden oder uns zugänglich sind. Unter diesen sind weitaus die wichtigsten und hervorragendsten

1. die **Akten über den Prozeß vor der päpstlichen Kommission in Paris**, von **Michelet** in 2 Bänden (648 und 515 S.) Paris 1841 unter dem Titel „Procès des Templiers" herausgegeben; für den Templerprozeß jederzeit ein Quellenwerk allerersten Rangs, dem an Bedeutung für unsere in Rede stehende Frage kein anderes zur Seite gesetzt werden kann, entsprechend der Bedeutung, welche der Untersuchung der päpstlichen Kommission in Paris zwar nicht etwa thatsächlich zugekommen, aber um so mehr im Urteil der Mit- und Nachwelt beigelegt worden ist. Freilich schien mit dieser Veröffentlichung noch wenig gewonnen zu sein, wenn man sah, wie seit ihrem Erscheinen ebensowohl die Gegner als die Verteidiger der templerischen Schuld mit gleichem Eifer eben dieses Werk für ihre entgegenstehenden Meinungen citierten und ins Feld führten, Loiseleur, Prutz und Lavocat so gut wie Havemann und Schottmüller. Indessen liegt die Ursache von dieser verschiedenen Verwertung nicht sowohl in der verschiedenen Vermertbarkeit dieser Akten selbst,

als vielmehr in der verschiedenen Art, wie dieselben thatsächlich verwertet oder vielmehr nicht verwertet worden sind. Denn es gehörte zu den größten Überraschungen, welche die genauere Untersuchung der Templerfrage dem Verfasser gebracht hat, zu sehen, in welch außerordentlich geringem Grad eine so wertvolle Geschichtsquelle wie Michelet selbst von denen, welche den Templerprozeß seitdem schriftstellerisch behandelt haben, benützt worden ist, so daß die meisten über eine ganz oberflächliche oder auch nur teilweise Lektüre kaum hinausgekommen zu sein scheinen. Eine Ausnahme macht hierin bis auf Lea, der, wie in der Einleitung bemerkt worden ist, auch hier ein gründlicher Forscher ist, wenigstens bis zu einem gewissen Grad nur Schottmüller, dem in dieser Hinsicht am nächsten noch Havemann und Lavocat kommen. Loiseleur scheint von diesem Werke, trotz zahlreicher Citate, nur das in sein System Passende wahrgenommen und excerpiert zu haben und Prutz dann vollends eine Prüfung dieser Citate und ein eingehenderes Studium der Akten selbst, zunächst für seine „Geheimlehre", für ein überflüssiges Geschäft gehalten zu haben. Denn sonst hätte er sich dort unmöglich in dieser Weise auf Michelet berufen können! Indes scheint er nicht einmal für seine „Entwicklung" eine gründlichere Beachtung Michelets für nötig erachtet zu haben. Denn sonst hätten ihm die von Lea wie von uns gemachten Entdeckungen doch kaum entgehen können! Doch das ist eben seine Art und Weise, mit den Quellen umzugehen. Darum begnügen wir uns hier mit der Bemerkung, daß wir es überhaupt für unmöglich halten, daß ein Mann von Kritik diese Prozeßakten je gründlich lesen, excerpieren und dann noch als einen Beweis für die Schuld der Templer anführen kann. Vollends wenn, wie das zu einer gründlichen Lektüre des Ganzen gehört, er sich die Mühe nimmt, auch noch die beiden äußerst wertvollen Anhänge, die Michelet in den zweiten Band seiner Veröffentlichung aufgenommen hat, einer genaueren Beachtung und Vergleichung mit dem Hauptprotokoll zu unterziehen, nämlich

2. das Verhör im Tempel zu Paris vor dem Dominikaner-Inquisitor von Frankreich Wilhelm Imbert vom 19. Oktober bis 24. November 1307, vorgenommen mit 138 Templern, die zum Teil auch wieder vor der päpstlichen Kommission erscheinen[1]) und

3. das Verhör der Templer der Diözese Elne, 25 an der Zahl, aus dem Jahr 1310[2]). Beide Anhänge, in denen wir zwei weitere primäre Quellen ersten Rangs vor uns haben, sind so äußerst wertvoll,

---

[1]) Mich. II, 275—420. — [2]) ibid. II, p. 421—515.

weil die durch sie ermöglichte und nahe gelegte Vergleichung ihrer Resultate mit denen der Hauptuntersuchung vor der päpstlichen Kommission, vollends wenn man die Widersprüche vor dieser selbst dazu nimmt, deutlich genug zeigt, wie viel oder vielmehr wie wenig auf die mit solcher Wichtigkeit behandelten Zeugenaussagen zu geben, bezw. wie berechtigt und notwendig ein scharfes kritisches Auge dabei ist. Da wir die Ergebnisse einer solchen Vergleichung in dem folgenden Hauptteil in möglichst tabellenmäßiger Darstellung zu bringen gedenken, so sei hier nur noch die Bemerkung gestattet, daß aus diesen Anhängen, in erster Linie aus dem wichtigeren ersten, dem Verhör vor Wilhelm von Paris, auch das hervorgeht, daß zu denen, welche Michelets Veröffentlichungen zu wenig gründlich durchgenommen haben, sogar Michelet selbst gehört; denn wie könnte es sonst vorkommen, daß derselbe diesem zweiten Teil die Überschrift giebt: „Verhör im Tempel von Paris mit 140 Templern", während es in Wahrheit nur 138 sind, wie jeder sich überzeugen kann, der nachzählt? Ein Verstoß, der, so befremdlich er ist, dennoch merkwürdigerweise erst Schottmüller[1]), der auch in diesem Stück sich wieder als den gründlicheren ausweist, wenigstens gegenüber seinen Vorgängern, aufgefallen ist.

Es versteht sich, daß durch Michelets Originalveröffentlichung des Verhörs vor der päpstlichen Kommission samt den beiden genannten Anhängen die bis dorthin erschienenen teilweisen oder in Auszügen davon gegebenen Publikationen wertlos geworden sind. So vor allem das vor Michelet wertvollste, weil umfangreichste, Exzerpt jener Akten, das Moldenhawer[2]) Ende des vorigen Jahrhunderts geboten hatte: ein im ganzen nicht schlechter, aber etwas flüchtiger Auszug, der jetzt nur noch den Wert hat, hie und da bei zweifelhaften oder etwas unverständlich gegebenen Lesarten, woran auch bei Michelet kein Mangel ist[3]), vielleicht auf die richtigere Fährte zu leiten. Sonst ist dieser Auszug, so wertvolle Dienste er einst leisten mochte, solange der Mehrzahl der Forscher die Originalakten noch unzugänglich waren, sehr geeignet, nicht auf die richtige, sondern auf eine falsche Fährte zu leiten, indem er zu einem ganz falschen Bild

---

[1]) Schottm. I, 691. — [2]) Moldenhawer, Prozeß gegen den Orden der Templerherren, Hamburg 1792, über 600 S. — [3]) Schottmüller zwar kommen diese Ungenauigkeiten oder Undeutlichkeiten bei Michelet so bedeutend vor, daß er in seinem Werke wenigstens ein vollständig neues Register sämtlicher templerischer Orts- und Personennamen, bei letzteren mit der Unterscheidung, ob sie am 13. Okt. 1307 noch gelebt haben oder schon verstorben waren, für notwendig hält. So wertvoll eine solche Zusammenstellung für eine genauere Templerstatistik werden möchte, so wissen wir doch nicht, ob sie die auf eine solche Arbeit zu verwendende Zeit und Mühe wirklich lohnen würde:

von den templerischen Aussagen verhilft. Indem er nämlich allemal nur die eine Hälfte der Zeugenaussagen, meist den zweiten Teil derselben, wiedergiebt, d. h. nur die Antworten auf jene Fragen, die verschieden ausfielen, — und das sind eben diejenigen, in denen nach der Ketzerei gefragt war — den andern Teil der Zeugenantworten aber, in denen fast wörtliche Übereinstimmung herrscht und worin vor allem die Aufnahme in den Orden durchaus statutenmäßig ausführlich beschrieben wird, offenbar aus Raumersparnis wegläßt, so geht für den Leser ein wichtiges Moment zu Gunsten der Unschuld des Templerordens verloren, nämlich eben der Eindruck, den jene immer wiederkehrende, oft wörtliche, in jedem Fall aber sachliche Übereinstimmung der Antworten auf den unbefangenen Leser macht und eben in diesem Teile der Aussagen die Stimme der Wahrheit erkennen läßt. In der That läßt sich deutlich genug wahrnehmen, wie bei manchem der nachherigen Schriftsteller, der die Schuld der Templer behauptete, dieses auf Moldenhawer zurückgehende falsche Bild wesentlich eingewirkt hat, z. B. am deutlichsten bei Wilcke. Daß außerdem noch eine ganze Reihe von Einzelverstößen bei Moldenhawer sich findet und unschwer zusammentragen läßt, die zum Teil in dem Charakter eines solch flüchtigen Auszugs ihre natürliche Erklärung finden, zum Teil freilich auch in sonstig mangelhaften Kenntnissen, die sich z. B. besonders in der Einleitung durch eine Serie von Irrtümern verraten[1]), sei nur beiläufig erwähnt.

4. An weiteren allgemein zugänglichen Quellen waren bis vor kurzem von den Originalakten nur noch die Protokolle des Prozesses in England[2]) vorhanden. Und auch jetzt, nachdem eine Reihe weiterer Akten aus dem Prozeß innerhalb Frankreichs wie in andern Ländern veröffentlicht worden sind, möchten wir diesen Akten des englischen Prozesses den zweiten Rang, zunächst nach Michelet, zuerkennen. Nicht nur, weil kaum ein Land ist, nächst Frankreich, in welchem der Orden tiefere Wurzeln geschlagen zu haben scheint, als hier in England, sondern auch wegen des vielfachen und innigen Zusammenhangs, der, wie in den politischen Beziehungen dieser beiden Länder eben um jene Zeit, so noch mehr zwischen den Ordensmitgliedern dieser beiden Zeugen bestand und zwar in der Weise, daß die englische Ordensprovinz in durchgängiger Abhängigkeit von Frankreich und seinen dortigen Oberen als dem Hauptordensland sich befand. In den Prozeßakten selbst spiegelt sich dieses Verhältnis deutlich darin wieder, daß nicht nur zahlreiche

---

[1]) cf. z. B. die gänzlich irrtümliche Übersetzung von Ponzard de Gizis merkwürdigen Art. p. 35 ff. — [2]) Wilkins, Concilia Brit. II. p. 329—401.

Ordensglieder, die in England verhört werden, aussagen, daß sie in Frankreich oder durch französische Ordensobere aufgenommen seien, und ebenso umgekehrt in den französischen Verhören eine, doch kleinere, Anzahl geborener Engländer sich findet, sondern auch über etliche von den wichtigsten Zeugen die Akten von einem Land zum andern versandt und dort für das Urteil mit zu Grunde gelegt werden. So läßt sich denn das Verhältnis dieser beiden Ordenszungen kurz dahin wiedergeben, daß, wenn der Orden in Frankreich der Ketzerei schuldig war, er es auch in England sein mußte, und umgekehrt: wenn sich in England die Unschuld des Ordens ergab, so mußte auch für Frankreich dessen Schuld zum mindesten als äußerst zweifelhaft erscheinen. Aus diesem Grunde wurde allerdings die Prutzsche Behauptung, die er in der „Geheimlehre" aufstellte, daß diese englischen Akten ganz im Einklang mit den übrigen Ergebnissen, insbesondere in Frankreich, stehen, leicht als ein besonderes Moment für die Schuld des Ordens empfunden: wenn nur nicht diese Behauptung, daß die Akten des englischen Prozesses gleichfalls die Schuld der Templer ergeben, eine der bodenlosesten und ungeheuerlichsten wäre, die je in dieser ganzen Frage aufgestellt worden sind[1]. Die Darstellung des Verlaufs in England wird das zeigen.

5. Besonderen Wert haben diese Akten des englischen Prozesses noch erhalten, seit durch Schottmüllers Verdienst wir auch die Erzerpte, welche von jenem Protokoll behufs Verlegung vor dem Konzil zu Vienne verfertigt worden sind, vor uns liegen haben, als eine Frucht seiner Nachforschungen in der vatikanischen Bibliothek[2]. Nicht leicht dürfte es eine interessantere und lehrreichere Vergleichung geben, als die uns hier geboten wird. In welcher Richtung diese Vergleichung ausfällt, hören wir von Schottmüller, der darüber sagt[3]: „Wie selbst dies treue Spiegelbild der stattgehabten Verhandlungen verzerrt werden konnte, um die zu dem Konzil zu Vienne versammelten Väter zu einem den Orden verurteilenden Schluß zu bewegen, zeigt das nur ad hoc angefertigte, hier zum erstenmale abgedruckte Erzerpt". Aber auch darum erscheinen diese von Schottmüller gegebenen Erzerpte gerade zu rechter Zeit, weil sie uns einen Begriff davon geben, wer, d. h. welcher Standpunkt von Entdeckung weiteren Materials, insbesondere des im Vatikan vergrabenen, am meisten gewinnen würde[4]? Nach Prutz und den Anhängern der templerischen

---

[1] cf. oben p. 34 — [2] Im II. Band seines Werks, als 2. Teil der Abteilung III: „Urkunden", herausgegeben als „Excerpta processus Anglici", p. 75—102. — [3] cf. ibid. II, p. 75. — [4] Wir haben oben bemerkt (p. 353), in welcher Weise sich Prutz über die Wirkung, welche diese Entdeckung auf jeden unbefangenen Zuschauer haben wird, hinwegzuhelfen sucht, indem er äußert, es sei nicht erwiesen, daß man all-

Schuld hat die Kurie ja nur deshalb dieses reiche Urkundenmaterial so ängstlich vergraben und gehütet, weil durch allgemeineres Bekanntwerden desselben die Schuld des Templerordens vollends allzu deutlich erwiesen worden wäre und sie selbst dadurch aufs äußerste kompromittiert zu werden fürchtete, wenn man sähe, wie lange sie solche Ketzerei in ihrem Schoße nicht bloß geduldet, sondern geradezu protegiert habe. Natürlich mußten solche Andeutungen den Eindruck erwecken, als brauchte es nur noch der Auffindung und Veröffentlichung des gesamten Materials, um alle Welt zur Prutzschen Auffassung zu bekehren. Nach den von Schottmüller uns gegebenen Proben, was im Vatikan zu finden ist, können wir nur sagen: Nur mehr davon und alles und das Ergebnis wird das gerade entgegengesetzte sein.

6. Bis vor kurzem waren uns außer den von Michelet und Wilkins gebotenen Akten nur noch von einem Schauplatz des Prozesses die Originalakten zugänglich, aus Italien, nämlich die Protokolle der Inquisition von Florenz: außer von Bini (dei Tempieri e del loro processo in Toscana, Lucca 1846) auch noch von Loiseleur im Anfang seines Anhangs (p. 172—212) wiedergegeben [1]). Diese Akten sind weniger wegen ihrer thatsächlichen Bedeutung, als wegen der Wichtigkeit, die sie nach Prutz-Loiseleur, auch Wilcke, haben sollen, bemerkenswert. Und zwar haben sie für diese Männer eine solche Wichtigkeit, weil die hier gewonnenen Ergebnisse sich durch besondere Übereinstimmung mit den Resultaten in Frankreich auszeichnen und daher natürlich auch besondere Beweiskraft zu deren Bestätigung besitzen sollen. Um so mehr werden wir mit Schottmüller, der bereits auf einige Hauptpunkte hingewiesen hat, darzuthun haben, was von dieser merkwürdigen Übereinstimmung, soviel davon wirklich übrig bleibt, zu halten ist. Übrigens würde auch die größte Einstimmigkeit dieser Zeugnisse für das Urteil über den Gesamtprozeß

---

gemein so mit den Prozeßprotokollen umgegangen sei. Auch diese merkwürdige Ausflucht scheint nun abgeschnitten, da Schottmüller indessen, wie Ehrle uns in seinem Artikel über „Ein Bruchstück aus den Akten des Konzils von Vienne" (Archiv für Litteratur- und Kirchengeschichte des Mittelalters Bd. IV, p. 361—470) mitteilt, indessen noch weitere Auszüge aus den Prozessen in andern Ländern, und sogar Exzerpte aus den Exzerpten, gefunden haben soll. — [1]) Prutz hat in seiner Geheiml. p. 30 beide Quellen, Loiseleur und Brici, nebeneinander genannt in einer Weise, die auf den Leser den Eindruck machen mußte, daß es sich um 2 verschiedene Quellen handele, die beide von Prutz benützt worden seien. Daß letzteres nicht der Fall, ging dann aus dem Fehlen jeglichen Citats allerdings genügend hervor. Daß aber überhaupt beide Schriftsteller nur dieselbe Quelle bieten, erfuhren wir erst wieder von Schottmüller. Binis Arbeit, nach der wir vergeblich gefahndet haben, findet sich nach Döllinger (p. 248) in den Atti dell' Accademia Lucchese Bd. 13 (1845).

wenig entscheiden, wenn man bedenkt, daß die Zahl dieser Zeugen 6 nicht übersteigt und das Verhör in Florenz nur einen geringen Teil von Italien, nicht einmal ganz Oberitalien, ja vielleicht nicht einmal das ganze Tuscien begreift.

Von den Akten der Untersuchungen, welche in den übrigen Provinzen Italiens geführt wurden, sind uns erst durch Schottmüllers Verdienst noch zwei vollständiger bekannt geworden, nämlich einmal

7. aus **Unteritalien** die Protokolle der Untersuchung in **Brindisi**[1]),

8. sodann aus **Mittelitalien** die Protokolle des Prozesses im **Patrimonium Petri**[2]), letztere nur in einem Auszug, der aber bei der Gründlichkeit, die Schottmüller bei solchen Arbeiten im Unterschied von Prutz kennzeichnet, immerhin vollständig genug ist, um uns das Fehlen des ganzen Originaltextes nicht zu sehr vermissen zu lassen. Auch diese beiden Protokolle wären übrigens für die Entscheidung unserer Gesamt=frage ohne sonderliche Wichtigkeit, da das ganze Ergebnis der Unter=suchung in Brindisi in nur 2 Zeugenaussagen besteht und auch die Unter=suchung im Patrimonium Petri, trotzdem die Inquisitions=Kommission hier von Ort zu Ort reiste und nicht weniger als 14 Stationen auf diese Weise angeführt werden, nur 7 weitere Zeugnisse zu Tage fördert: wenn nicht auch diese beiden Protokolle durch die Erzerpte, welche Prutz davon in seiner bekannten Weise gemacht und im Anhang zu seiner „Kulturgeschichte der Kreuzzüge" (p. 621—623 und wieder 631—632) veröffentlicht hat, in einer Weise verwertet worden wären, welche allerdings eine gründlichere und vollständigere Mitteilung derselben durchaus wünschenswert und notwendig erscheinen ließ. Denn es geht auch hier wieder wie überall in dieser Sache: sobald man sich mit dem von Prutz Gegebenen nicht begnügt und auch durch seine emphatischen Hinweisungen auf die „überall zu Tage tretende Übereinstimmung" sich nicht verblüffen noch abhalten läßt, das ganze Material näher zu untersuchen, so fallen einem der Widersprüche alsbald so viele in die Hände, daß man jene „Übereinstimmung" nur noch in ironischem Sinn nehmen und mit äußerster Kaltblütigkeit betrachten kann.

Aus demselben Grunde haben wir auch die beiden letzten noch übrigen Aktenmitteilungen Schottmüllers aus der vatikanischen Bibliothek, nämlich seine Veröffentlichung der noch aufgefundenen Stücke aus dem

9. **Prozeß zu Poitiers**[3]) wie des

10. **Prozesses in Cypern**[4]) mit größter Genugthuung begrüßt.

---

[1]) Schottm. II C: Inquesta facta et habita in Brundisio, p. 103—140.
[2]) Schottm. II E, p. 401—419. — [3]) Schottm. II A, p. 7—72. [4]) ibid. p. 141—400.

Diese Stücke sind ja nicht bloß wegen des Gegensatzes zu den von Prutz daraus gegebenen Auszügen, sondern auch wegen der zentralen Bedeutung, welche diesen beiden Episoden im Templerprozeß zukommt, von besonderer Bedeutung. Denn von dem Verhör von Poitiers weiß man nicht, ob man ihm nicht noch eine entscheidendere Bedeutung beilegen soll, als dem vor der großen päpstlichen Kommission in Paris. Hat doch der berufenste Richter des Ordens, Klemens V. selbst, in den Erlassen, in welchen er die Templer verurteilt, sich vor allem immer wieder auf dieses Verhör berufen, wo er selbst mit seinen Kardinälen sich von der Schuld der Templer überzeugt habe! Kein Wunder, wenn dieses Zeugnis von den Schriftstellern, welche die Schuld des Ordens vertreten, immer mit ganz besonderem Triumph angeführt und als jeden Zweifel ausschließend verwertet wird. Da ist es recht gut, daß wir durch diese Protokollfragmente einen Einblick bekommen, wie es bei diesen Zeugnissen zugegangen ist und was es also mit dem Wert derselben auf sich hat.

Schon die Übersichten der 3 Codices, aus denen das uns von diesem Verhör erhaltene Material besteht, vor allem die von Codex 3: „Item depositiones facte coram cardinalibus Landulpho et P. de Columpna... repetende in praesentia domini nostri pape etc." sind von unbezahlbarem Wert, insofern daraus allerdings, wie Schottmüller durchaus richtig hervorhebt, zusammen mit den sonstigen Notariatsvermerken hervorgeht, daß die **Protokolle für das öffentliche Konsistorium vor dem Papst**, bei dem die Templer ihre gemachten Aussagen bestätigten, worauf Klemens V. in seinem späteren Rundschreiben so besonders sich beruft, **schon im voraus, nach dem Verhör der Kardinäle am 2. Juli, festgestellt wurden**; also daß die Bestätigung im Konsistorium vor dem Papst als eine leere Formalität sich herausstellt. Prutz bemüht sich zwar, in seinen kritischen Erkursen, die er seiner Entwicklung angehängt hat, in Nr. 5 gegen diese Folgerungen Schottmüllers zu polemisieren und sie als unerwiesen hinzustellen, indem er darauf hinweist, daß eine genauere Bekanntschaft mit dem Inquisitionsverfahren uns lehre, daß es sich hier um allgemeine Formeln handle, auf die man nicht so viel Wert legen dürfe. Aber gerade die genauere Kenntnis des Inquisitionsverfahrens, wie sie z. B. Molinier an die Hand giebt, hätte ihn darüber belehren sollen, daß es sich in der That um allgemeine Formen handelt, d. h. daß es sich nicht bloß hier so verhält, wie Schottmüller es darstellt, sondern daß wir es in der That mit einer Formalität oder vielmehr Formlosigkeit zu thun haben, die allgemein im Inquisitionsverfahren üblich war und einen Teil der Willkürlichkeit ausmacht, die es kennzeichnet, und welche ebenso die Protokolle der Inquisition überhaupt in ihrem Wert auf ein äußerstes Minimum reduziert, als vollends die Beglaubigung und Bestätigung derselben durch die verhörten Zeugen zu einer einfachen Form, um nicht zu sagen Posse, macht. Also auch hier gewinnt bei näherem Zusehen immer wieder nur Schottmüller und lassen die kritischen Erwiderungen, mit denen Prutz dieselben zu widerlegen trachtet, immer wieder nur neue Blößen und Oberflächlichkeiten des letzteren erkennen.

Nicht besonders zu betonen brauchen wir, wie von hier aus auch das Verhör von Chinon, das mit dem von Poitiers in engem Zusammenhang steht, und die berühmte Frage wegen der hier vorkommenden Vordatierung, welche so verschiedentliche Deutung schon erfahren hat, eine neue und deutliche Beleuchtung erhalten. Wir haben darauf schon oben p. 172 hingewiesen.

Nach diesem Einblick, zusammen mit den übrigen Anhaltspunkten, welche uns die Geschichte des Templerprozesses gewährt, vor allem dem Licht, das durch die Aussagen in Paris auf die Vorgänge in Poitiers fällt, bleibt auch für die Resultate dieses Verhörs von Poitiers nicht viel Beweiskraft übrig, wohl aber ist man auf den schließlichen Ausgang des Prozesses durchaus vorbereitet. Dies ist der wirkliche Wert dieser Protokolle!

Mit diesen können freilich die Protokolle des cyprischen Prozesses nicht ganz konkurrieren, insofern der Hauptschlag gegen den Orden doch in Frankreich geführt worden, dort die Entscheidung gefallen ist. Indes bleibt der cyprische Prozeß bedeutungsvoll genug, insofern nicht nur in Cypern damals der nominelle Hauptsitz des Ordens war, sondern auch, wie Schottmüller mit Glück nachgewiesen hat, durch diese Protokolle eine Reihe von Behauptungen, durch welche frühere Darstellungen der templerischen Geschichte gefälscht worden sind, ihre authentische Widerlegung findet: vor allem die schwerwiegende Behauptung, daß der Schwerpunkt des Ordens längst nicht mehr im Orient gelegen gewesen sei und es sich eben damals darum gehandelt habe, denselben vollends gänzlich nach Frankreich zu verlegen. Aber auch abgesehen davon wären die Zeugenaussagen, welche in diesen Protokollen enthalten sind, schon für sich allein wichtig genug, weil, worauf wiederum Schottmüller mit Recht hinweist, wir es hier nicht wie bei den Protokollen von Paris der Mehrzahl nach mit Leuten zu thun haben, die auf der niedrigsten Stufe der Zugehörigkeit zum Templerorden standen, Servienten, die dem Orden als Hirten, Bäcker, Müller oder Maier dienten, sondern mit fast lauter Rittern und solchen Templern, welche die Kämpfe des Ordens mit den Ungläubigen nicht nur aus der Nähe mitangesehen, sondern zum großen Teile selbst noch mitgefochten hatten. Und nicht nur diese, sondern selbst nichttemplerische

Zeugen, ja selbst politische Gegner des Ordens sprechen sich hier durchaus zu Gunsten der Angeklagten aus. Daß trotzdem Prutz es fertig bringt, auch aus diesen Protokollen etliche weitere Beweise für die Schuld der Templer zusammenzubringen[1]), erscheint an dieser Stelle fast nur als Kuriosum und ist der beste Beweis dafür, wie durchaus wertlos alle derartigen Exzerpte sind.

Dem gegenüber kann das Verdienst Schottmüllers, das er sich durch die möglichst vollständige und wortgetreue Wiedergabe jener Originalprotokolle aus dem Templerprozeß erworben hat, nicht laut und rühmend genug anerkannt werden. Haben wir doch nun in seinem Urkundenteil bei einander, was irgend von Urkunden aus den Akten dieses Prozesses nächst Michelet, Wilkins und Bini-Loiseleur von hervorragender Wichtigkeit erscheinen kann. Freilich mag das alles nur erst den geringsten Teil des ursprünglichen Aktenmaterials ausmachen; ja möglicherweise auch jetzt noch weit mehr vorhanden sein. Denn wie es, nach den Ausführungen Schottmüllers, wahrscheinlich ist, daß der Vatikan auch hiefür noch manche ungehobene Schätze birgt; so ist mit Sicherheit anzunehmen, daß die französischen Bibliotheken, vor allem die Pariser, aber auch manche Provinzialbibliotheken, noch ungleich mehr auf die Templer und ihren Prozeß Bezügliches enthalten, als uns daraus schon geboten worden ist. Was das etwa sein mag und wo etwa zu suchen wäre, dafür giebt Schottmüller wiederum dankenswerte Winke, der uns auch von einem Orte, dem Präfekturarchiv in Marseille, im Auszug eine Vorstellung davon giebt, wie mancherlei Hiehergehöriges selbst in Sammlungen zweiten Rangs sich finden läßt. Indessen, möchte es auch der Mühe verlohnen, nicht nur in Rom und Paris, sondern auch in Marseille, Rouen, Sens, Reims und anderen Städten noch einmal gründliche Nachforschung zu halten, vor allem auch, worauf Lea noch als auf eine besondere Lücke hinweist, das Archiv von Pampelona auf den navarresischen Prozeß hin zu untersuchen, so können wir doch nicht sagen, daß etwaige solche weiteren Funde notwendig seien, um zu einem sicheren Ergebnis in Betreff der Schuld oder Unschuld der Templer — und dies ist in der ganzen Geschichte derselben doch immer die Hauptfrage — zu gelangen. Denn diese Frage zu lösen, dazu genügt das bisher aufgefundene Material vollständig. Mögen zur vollständigen Darlegung des geschichtlichen Verlaufs in seinen Einzelheiten auch wichtige Stücke fehlen: unsere Frage wird dadurch nicht allzusehr berührt. Dazu reichen die bisher genannten Urkunden zusammen mit den Mitteilungen der bisherigen Templer-Geschichtschreiber, vor allem jener, denen noch mehr

---

[1]) Kulturgesch. der Kreuzzüge p. 619 f.

Material vorgelegen ist als uns — hier ist besonders Raynouard zu nennen — und mit etlichen weiteren Originalquellen für die Kenntnis der Templer selbst wie der bei ihrem Untergang beteiligten Hauptfaktoren vollständig aus. Es wäre viel unnötiger Aufwand von Phantasie erspart worden, wenn dieselben nur immer gründlich durchgesehen und verwertet worden wären!

Am meisten gilt dies von der den bisher aufgezählten Originaldokumenten an Wichtigkeit nächstkommenden Quelle:

11. der Templerregel. Wie wenig Beachtung und aufmerksames Studium diese für die Charakterisierung des Templerordens doch unentbehrlichste und wichtigste Quelle bis auf die neueste Zeit gefunden hat, obgleich dieselbe bereits seit einem halben Jahrhundert, seit 1840, durch Maillard de Chambure jedem an die Hand gegeben ist, und wie durch eine halbwegs aufmerksame Lektüre dieses Buchs Prutz für immer vor Verfertigung einer solchen Schrift, wie die „Geheimlehre" ist, hätte bewahrt bleiben müssen — zumal vor der „Vervollständigung und Ergänzung", die er Loiseleur gegenüber durch zeitliche Fixierung der Entstehung jener Geheimlehre geleistet hat —: dies haben wir schon oben in unserem zweiten Kapitel und eingehender noch in unserer Separatarbeit in den „Mitteilungen des Inst. für österr. Geschichtsforschung" genügend betont, wo wir die Regel der Templer auf Grund der wiederholten Lektüre derselben, zu der uns Curzon veranlaßt hat, einer gründlichen Prüfung unterworfen haben. Wir wollen dieses Urteil hier nur noch einmal zusammenfassen, indem wir sagen: wer auch nur diese beiden Hauptquellen, Michelet und die Templerregel, hat, könnte zur Not alle anderen entbehren. Die Unschuld der Templer stände ihm auch so, d. h. wenn er jene beiden wirklich gebührend auskaufte, felsenfest sicher.

Länger schon als die Templerregel bekannt und — nicht gebührend benutzt ist ein zweites, den primären Quellen noch anzureihendes Werk:

12. Baluze, Vitae paparum Avenionensium[1]. Wenigstens gilt dies von der einen Hälfte, dem 2. Bande. Denn wenn auch die geschichtlichen Darstellungen des 1. Bands, die 6 vitae Clementis V.[2],

---

[1] Baluzius, Vitae Paparum Avenionensium, 2 Bände, Paris 1693; Klemens V. und seine Zeit darin auf 112 und wieder 298 S. abgehandelt. —
[2] Über den Wert dieser einzelnen Vitae Clementis fällt Schottmüller I, 671 681 ein von andern Schriftstellern, so Havemann p. 189 f., merklich abweichendes Urteil. Nach ihm sind die erste und die sechste eigentlich am wenigsten wert, mehr die vita II, die Arbeit Tolomeos von Lucca, und die vita III und IV, beide von demselben Verfasser, Bernard Gui, Bischof von Lodève. Jene sind ihm von Philipps des Schönen und der französischen Auffassung allzusehr inspiriert und deswegen

wohl von keinem seitherigen Forscher der Templergeschichte unbeachtet geblieben sind, so läßt sich das doch nicht im gleichen Maße von den Ur-

im höchsten Grade verdächtig. Wir können hier auf das Einzelne nicht näher eingehen, bemerken aber dreierlei: zunächst, daß uns die Ausführungen Schottmüllers nicht haben zu seiner Auffassung völlig bekehren können. Mag immerhin die französische Nationalität jener beiden Verfasser unverkennbar sich ausprägen: von einer besonderen Begeisterung für Philipp oder Abhängigkeit von demselben ist wenig zu merken. Letzteres, allzustarke Beeinflussung durch Philipps Standpunkt, ist um so weniger wahrscheinlich, als ja zwischen Abfassung und Vollendung beider Werke und den in ihnen geschilderten Ereignissen immerhin manches Jahr verflossen ist, nach Philipps Tod aber bekanntlich eine starke Reaktion gegen seine Art von Regiment hereingebrochen ist, unter der auch eine freiere Stellung gegenüber Philipps Regierungsthaten kein besonderes Risiko mit sich bringen konnte. Und mochten auch diese Verfasser in das diplomatische Spiel und die eigentlich treibenden Motive der Politik jener Zeit nicht weiter eingeweiht sein: so ist doch auch die Meinung der Volkskreise, die sich in ihnen wiederspiegelt, nicht ohne Wert, insofern sie uns deutlich zeigt, auf welcher Seite die eigentlich bestimmende Macht in jener Zeit gewesen ist. Im ganzen läßt sich jedenfalls aus jenen 6 — oder eigentlich 4, denn vita III und V kommen nicht weiter in Betracht — vitae wohl ein Bild gewinnen, das jene Ereignisse und insbesondere ihre leitenden Persönlichkeiten, Philipp und Klemens, richtig wiedergiebt. Daß Schottmüller geneigt ist, vor allem der vita II den Vorzug zu geben, hängt offenbar mit seiner durch die römischen Eminenzen gewonnenen Vorliebe für Klemens V. und seine Politik zusammen.

Sollten wir selbst aber eine Wahl treffen, welchem von den 4 Verfassern wir den Vorzug geben möchten, so gestehen wir, daß uns am wertvollsten die vitae III und IV, aus der Feder Bernard Guis, Bischofs von Lodève, erscheinen: von dem auch Havemann sagt, daß er als „eine der vorzüglichsten Quellen" für die Geschichte dieses Prozesses angesehen werden muß. Für uns ist der Standpunkt dieses Mannes von um so größerem Interesse, je mehr wir denselben aus Molinier und Lea als einen der thätigsten Inquisitoren jener Tage kennen gelernt haben, einen Mann, der als solcher zwei für uns besonders wertvolle Eigenschaften in sich vereinigt: einmal eine nicht gewöhnliche kirchliche aber auch sonstige Bildung und Tüchtigkeit, die ihn ebenso von seiten des Königs wie der Kurie wiederholt in die wichtigsten Vertrauensstellungen berief. So hielt ihn vor allem auch der Nachfolger Klemens V., Johann XXII., der in seiner Vorliebe für die Inquisition besonders mit ihm zusammentreffen mochte, für den geeigneten Mann, den Gedanken einer päpstlichen Oberherrschaft über Italien, für welche die Wirren unter Ludwig dem Baier und Friedrich von Österreich besonders günstig waren, verwirklichen zu helfen und sandte ihn als Nuntius zusammen mit dem Franziskaner Bertrand von Aquitanien zur Betreibung dieser Angelegenheit nach Oberitalien. Wie wertvoll der Einblick, den er aus solchen Stellungen in die kirchlichen wie politischen Verhältnisse gewann, für seine Geschichtschreibung sein mußte, liegt auf der Hand. Mehr noch läßt ihn als unseren Mann seine andere Eigenschaft erscheinen, nämlich eben seine Vorliebe für die Inquisition, der er jahrzehntelang als einer ihrer thätigsten Agenten angehörte und die ihm offenbar eine Sache des Herzens und der Überzeugung, nicht der Politik, war. Um so gewichtiger ist für uns sein Urteil über unsern Prozeß, der ja in der Hauptsache nichts anderes als ein Inquisitionsprozeß im größten Stile war und so insbesondere auch von Lea, kunden, die der 2. Band bringt, sagen, vor allem der Korrespondenz zwischen Philipp und Klemens, für uns ein Urkundenmaterial ersten Rangs. Welche Fülle von wertvollen Detailbemerkungen, zumal bezüglich der Persönlichkeiten der im Prozeß eine Rolle spielenden französischen Prälaten, in diesen Briefen steckt, davon scheinen nicht nur weder Wilcke noch Loiseleur, von Prutz zu schweigen, eine Ahnung zu haben, sondern auch Havemann und Schottmüller geben noch keine genügende Vorstellung, Erst Lavocat holt diesen Mangel in der Hauptsache herein.

13. Eine wertvolle Ergänzung dieses Materials bieten die von **Boutaric** in „**Notices et extraits**" Bd. XX, 2 (1862) p. 83—237 gebotenen 44 weiteren „**Documents inédits relatifs à l'histoire de Philippe le Bel**". Für die hiedurch wesentlich bereicherte Kenntnis der allgemeinen politischen wie sozialen Verhältnisse unter Philipp dem Schönen sind insbesondere die Pierre Dubois zugeschriebenen „Mémoires" vom höchsten Belang als authentische Zeugnisse des in dieser Periode mächtig zur Entfaltung strebenden, von Philipp so äußerst geschickt benutzten, französischen Nationalgeistes.

Schon mit Baluze haben wir den Kreis der Dokumente, welche unmittelbar und ausschließlich den Templern und ihrem Prozeß gelten, und insofern urkundliche Quellen ersten Rangs sind, verlassen und sind zu denjenigen Schriftstücken übergegangen, welche mehr nur partienweise und für einzelne Faktoren der Streitfrage in Betracht kommen und insofern an zweiter Stelle zu erwähnen sind, als **primäre Quellen mehr mittelbarer Art**. Als sekundäre Quellen kann man diese noch kaum bezeichnen, indem darunter auch Werke begriffen sind, welche für das Verständnis des ganzen Prozesses sich als kaum weniger wertvoll und notwendig erweisen, denn jene erstgenannten unmittelbaren. In erster Linie kommt hier in Betracht das Sammelwerk der Benediktiner, daraus

14. **die Regesten des Papstes Klemens V.** in sieben stattlichen Foliobänden aus den Jahren 1884—1888 vor uns liegen. Je unzweifelhafter es sich in der Templerangelegenheit um eine von Hause

dem letzten Geschichtschreiber in unserer Frage, dargestellt werden ist. Und da dunkt uns von besonderer Bedeutung, daß Bernhard Gui keineswegs, wie man meinen möchte, mit besonderem Eifer für die Berechtigung des Verfahrens gegen die Templer auftritt, vielmehr wiederholt deutlich genug durchschimmern läßt, daß ihm, dem erfahrenen Inquisitor, ihre Schuld mindestens zweifelhaft vorkommt: ein Urteil, das uns vom höchsten Gewicht erscheint, vollends wenn wir veranstzen dürfen, daß er sich auch hierin mit seinem hohen Auftraggeber, Johann XXII., in Übereinstimmung oder wenigstens nicht im Gegensatz befand und jedenfalls in seinen Kreisen nicht allein stand.

Im übrigen sind alle diese Chroniken für uns von keinem sonderlichen Belang, da unsere Darstellung sich möglichst nur auf die eigentlichen Urkunden stützt. — —

aus kirchliche Frage von universaler Bedeutung handelte und je viel=
umstrittener gerade hier die Haltung der Kurie und speziell ihres Chefs,
des Papstes Klemens V., ist, um so wertvoller muß jedem eine Veröffent=
lichung erscheinen, welche, indem sie dokumentarisch die Gesamtthätigkeit
der Kurie in möglichster Vollständigkeit vor uns entrollt, uns aus dem
Ganzen heraus ein Urteil über das Verhalten des Papstes nach den ein=
zelnen Seiten seiner kirchenregimentlichen Thätigkeit an die Hand giebt.
In welcher Richtung nun für uns hier die Antwort liegt, zeigt am besten
das Urteil Döllingers, das dieser im Gespräch mit Prof. Egelhaaf von
Stuttgart, über fragliche Veröffentlichung gefällt hat[1]): daß sie „den Be=
weis erbringe für die vollständige Käuflichkeit der Kurie unter Klemens V."
Damit ist für die Charakterisierung Klemens' V. eine bleibende Grundlage
gewonnen und allen den Versuchen, diesen Papst gegen die bekannten Vor=
würfe der Habsucht und Simonie, welche nicht am wenigsten von unver=
dächtiger kirchlicher Seite erhoben worden sind — vergleiche den Brief des
Kardinals Napoleon Orsini nach dem Tod Klemens V. an Philipp den
Schönen[2]) —, zu rechtfertigen und dieselben teils auf politische oder kirch=
liche Gegnerschaft teils auf mangelhaftes Verständnis von der Lage der
Kurie zurückzuführen, ihr Urteil gesprochen. So auch demjenigen, den
als einer der letzten Schottmüller sehr zum Schaden seines Werks unter=
nommen und der ihn veranlaßt hat, demjenigen unter den zeitgenössischen
Chronisten, der jener offenbar weit verbreiteten Stimmung über Klemens V.
am lautesten Ausdruck verliehen und ihm in seiner Schlußcharakteristik ein
wenig günstiges Denkmal gesetzt hat,

15. Villani, einen besonderen Abschnitt[3]) zu widmen, welcher den
Nachweis seiner ganz besonderen Unglaubwürdigkeit erbringen soll.

Man könnte diesen Versuch als gelungen betrachten, wenn Schott=
müller nur nicht zuviel beweisen wollte. Denn daß Villani häufig un=
genau und nach Quellen von sehr verschiedenem Charakter berichtet, sieht
jeder, der einen größeren Teil seiner Geschichte einmal aufmerksam durch=
gelesen hat, und ist von seinem eigenen Herausgeber, Muratori, in der
Vorrede zum XIII. Band seiner „Scriptores rerum Italicarum"
unumwunden zugestanden und mit genügenden Beweisen belegt worden.
Was außer diesen von Muratori entlehnten[4]) Beweisen Schottmüller im

---

[1]) Mitgeteilt im Schwäb. Merkur vom 18. Februar 1890. — [2]) Baluzius II,
289 ff. — [3]) Schottmüller II, p 684—689. — [4]) Hiebei begegnet Schottmüller
(p. 685) selbst das Ungeschick, daß er die von Muratori XIII, 4 hervorgehobene Be=
gebenheit — wonach Villani lib VIII cap. 78 in der ersten Person von den Toten
erzählt, die er auf dem Schlachtfeld im flandrischen Krieg gesehen habe — auf die
Schlacht bei Courtray 1302 bezieht, während, wenn er nachgeschlagen oder genauer zu=

Anschluß an Wenck, Hefele und auf Grund seiner eigenen Beobachtungen in Bezug auf die Unglaubwürdigkeit Villanis für die fragliche Periode beibringt, scheint uns keineswegs bedeutend genug, um die S. 687 gemachten Vorwürfe, daß Villani a) nicht nur „nicht immer aus zuverlässigen Quellen schöpfe", sondern auch b) „die ihm selbst genau überlieferten Nachrichten ungenau wiedergebe" und c) „in durchaus unzulässiger Verwendung dieser Basis oft phantasiereiche, aber schlecht begründete Gebäude aufführe", genügend begründet erscheinen zu lassen. Mag immerhin Villani in Bezug auf Kritikfähigkeit die Mängel seiner Zeit teilen und öfters die wünschenswerte Akribie im einzelnen vermissen lassen: in Bezug auf redliche Wiedergabe seines Quellenmaterials und Unparteilichkeit der Gesinnung scheint er uns von wenigen seiner Zeitgenossen übertroffen. Es bleibt dabei, daß er freilich mit Vorsicht zu benützen, aber dann auch als eine beachtenswerte historische Fundgrube anzusehen ist: als ein Mann, der vermöge seiner zahlreichen geschäftlichen wie persönlichen Beziehungen in manche Dinge, so insbesondere die Vorgänge bei der Kurie durch seinen in Avignon residierenden Bruder Matthäus besser eingeweiht war als andere zeitgenössische, in einen engeren Horizont gebannte Chronisten. Gerade seine Beurteilung des Charakters Klemens' V. und seines Verhaltens gegenüber dem französischen König, den deutschen Verhältnissen, den Templern und dem Prozeß gegen Bonifazius VIII. findet durch die genaueren Quellen nur ihre Rechtfertigung, wenn es ihm auch durchweg offenbar mehr um Treue der Gesamtdarstellung als Genauigkeit in allen Einzelheiten zu thun ist. Was auf die heutigen Tages, im Interesse der Schönfärberei, beliebte Verdächtigung dieses Schriftstellers zu erwidern ist, das hat, nach Maßgabe seiner Mittel und Kenntnisse, in vortrefflicher Weise der Prämonstratenser Le Jeune vor nunmehr über hundert Jahren dargethan in

---

gesehen hätte, er hätte finden müssen, daß vielmehr die Schlacht bei Mons-en-Pelève (Villani „Mons-Impevero") 1304 gemeint ist. Auch für die Darstellungen, daß Molay den Sitz des Ordens nach Frankreich habe verlegen wollen, wird mit Unrecht Villani in Lib. VIII, c. 92 (Muratori XIII, p. 429) verantwortlich gemacht: bei ihm steht nur, daß der Großmeister mit 60 Ritterbrüdern in Paris gefangen genommen worden sei, was man kaum als eine sonderliche Unrichtigkeit wird fassen können. Und wenn er endlich auf Befehl Philipps des Schönen die sämtlichen Templer in der Welt auf einen Tag gefangen nehmen läßt, so ist das allerdings eine Ungenauigkeit, in der wir aber nur eine summarische Zusammenfassung erblicken. Denn in ihrer Wirkung kam jene Verfügung Philipps so ziemlich auf dies Resultat hinaus. Wenn nur die zeitgenössischen Chronisten Villanis und er selbst sich keine schlimmeren Verstöße zu schulden kommen ließen! Solche Ungenauigkeiten so streng zu tadeln, ist immer bedenklich, vor allem, wenn man sich selbst dabei auf ähnlichen kleinen Verstößen muß ertappen lassen. Denn dann geht es nach Matth. 7, 2.

seiner Antwort auf einen ganz ähnlichen Versuch der Diskreditierung Villanis durch den Jesuitenpater Berthier, die er in der Einleitung seiner Histoire critique et apologétique de l'ordre des chevaliers du Temple [1]) uns giebt. Für uns würde jedenfalls Villani, auch wenn wir in seinen Berichten nur die Wiedergabe des Volksgeredes seiner Zeit sehen dürften, wichtig genug bleiben eben als ein Zeuge dieser Volksstimmung seiner Zeit, der er, als ein dem Schauplatz der Parteien verhältnismäßig entrückter, unabhängiger Italiener immerhin einen ungeschminkteren Ausdruck geben darf, als dies seinen französischen Kollegen gestattet sein konnte: so z. B. 16. dem Continuator Wilhelms von Nangis, der im allgemeinen von Schottmüller wohl richtig charakterisiert sein wird, und den bei Baluze Bd. I und 17. Bouquet (Recueil des historiens de France) Bd. XXI [2]) bei einander vereinigten französischen Chronisten. Im übrigen sind, wie vorhin bemerkt [3]), alle diese Chronisten für uns von verhältnismäßig untergeordnetem Wert, seit uns die vorher genannten so viel direkteren Originalquellen zu Gebote stehen. Ihr bleibender Wert ist nur Zeichnung der Stimmung einzelner, sei es kleinerer oder größerer Kreise, am wertvollsten da, wo sich in ihnen die eigentliche Volksmeinung, oder besser das Volksgewissen, wiederspiegelt, von dem auch in dieser Frage, wenn auch nicht immer, das Wort zutrifft: vox populi vox Dei.

II. Sekundäre Quellen.

Wir kommen nun zu den im eigentlichen Sinn abgeleiteten oder sekundären Quellen und besprechen hier zuerst etliche Schriftsteller, die,

---

[1]) cf. die Dissertation p. I—XX. — [2]) Hier sind vor allem von Interesse für uns: das „Chronicon Girardi de Fracheto et anonyma episd. op. continuatio" (p. 1—70), eine kürzere Reproduktion Wilhelms von Nangis und seines Continuator, somit die, wenn nicht offizielle, so doch offiziöse Bedeutung dieses letzteren andeutend; ferner die „Extraits d'une chronique anonyme française fin. en 1308" (p. 130—137), wohl vor Ende des Jahres 1308 in Boulogne, dessen Nähe besonders berücksichtigt ist, geschrieben; darin bemerkenswert insbesondere, was als Ursache bei der Verhaftung der Templer angegeben wird: „pour ce que deux ans devant le roy avoit oy aucuns faiz énormes d'eulx", sowie daß der Papst befohlen habe, die Untersuchung auch auf andere Orden auszudehnen und sie im Fall der Schuldigfindung aufzuheben; weiter besonders der letzte Teil der vom Abt Wilhelm dem Schotten verfaßten, durchaus zu Philipps Verherrlichung geschriebenen Chronik von St. Denis (p. 201—212), aus welcher Dupuy so begierig seine Beweise für die Schuld der Templer geschöpft hat; daneben die schon von Baluze herangezogenen Arbeiten Johanns von St. Viktor und Bernhard Guis. Nicht zu vergessen das Itinerarium Philipps des Schönen in „Regum mansiones et itinera" (p. 213–570) mit dem Nachweis der Unmöglichkeit der Zusammenkunft von St. Jean d'Angély. [3]) p. 203 Anm.

obgleich sie den Templerorden und seinen Prozeß nicht zum Hauptgegenstand haben, sondern nur nebenbei, indem ihre Hauptabsicht dem einen oder andern der dabei beteiligten **Hauptfaktoren** gilt, durch die Gediegenheit ihrer Leistungen doch den Wert von Originaldokumenten besitzen oder ihm wenigstens nahekommen. In erster Linie kommt hier in Betracht derjenige Schriftsteller, der uns den vornehmsten Hauptfaktor im Templerprozeß, **Philipp den Schönen**, am gründlichsten und allseitigsten kennen gelehrt, indem er ihm in der Hauptsache das Werk seines Lebens gewidmet hat, **Edgar Boutaric**: ein Mann, der durch seine Leistungen auf diesem Gebiet zu bekannt ist, um noch unseres besonderen Lobs zu bedürfen. Unter dessen zwei hieher gehörigen Werken: „**La France sous Philippe le Bel**" (Paris 1861, 428 S.) und „**Clément V, Philippe le Bel et les Templiers**" (Revue des questions hist. 1871, X. Bd., p. 301—342, und 1872, XI. Bd., p. 1—40, auch in einem Separatabdruck davon Paris 1874 erschienen) ist das erstere unstreitig das bei weitem bedeutsamere, indem es die gesamte Regierungsthätigkeit Philipps IV. vor uns entrollt und uns so, aus dem Ganzen heraus, ein Urteil über seine wahrscheinliche Rolle im Templerprozeß nahelegt. Wer einmal aus dieser Darstellung einen Blick gethan hat in die umfassende Thätigkeit Philipps und seine auf allen Gebieten des Staatslebens einschneidenden Regierungsmaßregeln, wird für immer gefeit sein gegen alle jene Autoren, die ihn als einen im höchsten Grad von seinen Ministern abhängigen Monarchen schildern, dessen Hauptinteresse in dem edlen Weidwerk und daneben in frommen Andachtsübungen aufging, — natürlich zu dem Zweck, um dafür jene seine Kreaturen desto mehr mit dem Konto seines Lebens zu belasten. Er wird sich aber auch mit jener zweiten Arbeit Boutarics, die zu unserer Frage in noch näherer Beziehung steht, „**Clément V, Philippe le Bel et les Templiers**", nur schwer befreunden. Denn wie reimt sich die hier versuchte Apologie Klemens' V. mit der Darstellung, die Boutaric selbst über das Verhältnis Philipps zu diesem Papste in jenem früheren grundlegenden Werke gegeben hat? Die Antwort darauf findet der Leser bei **Renan** in seiner Besprechung eben des Separatabdrucks dieser zweiten Arbeit in der „**Revue des deux mondes**"[1]), überschrieben „**La papauté hors de l'Italie**". Renan macht hier die feine Bemerkung, daß Boutaric bei Schilderung des Verhältnisses zwischen jenen beiden Machthabern selbst nicht ganz vermieden habe „les causes d'erreurs qui ont tant de fois, en ces délicates matières, fait ganchir le jugement des historiens. Écrivant dans un

---

[1]) 33. Band, Paris 1880, p. 107—136.

recueil qui a pour objet avoué l'apologie du catholicisme, et voulant à tout prix laver Clément V des reproches qu'en général les historiens lui ont adressés, il accorde peut-être trop libéralement à ce pontife les qualités qu'on lui refusait jusqu'ici d'une manière tropabsolue". Was jener zweiten Arbeit aber trotz des gerügten Mangels einen besonderen Wert giebt, zeigt der weitere Satz Renans: "Mais son travail, presque tout entier composé de pièces originaux, fournit des moyens de rectifier les conséquences exagérées qu'il cherche à tirer de certains textes".

Für die richtige Charakterisierung Klemens' V. bietet das Beste Wenck in seiner Promotionsschrift „Klemens V. und Heinrich VIII." Halle 1882 (183 S.): eine Arbeit, die man nur als musterhaft bezeichnen kann, weshalb wir uns dem Lob, das ihr von allen Seiten, so nicht am wenigsten von dem Franzosen Langlois, gezollt worden ist, vollständig anschließen. Hat man von der Konfusion, welche in den sich selbst widersprechenden Charakterschilderungen dieses Papstes nicht bloß bei der klerikalen Geschichtschreibung, sondern auch bei Schriftstellern wie Prutz und Schottmüller herrscht, einen gründlich müden Kopf bekommen, so ist es eine wahre Wohlthat, hier bei Wenck einmal einem Bild zu begegnen, das mit psychologischem Verständnis Klemens V. darstellt und hierdurch seine Persönlichkeit, die sonst freilich in sich widerspruchsvoll genug ist, begreifen lehrt. Wie wenig trotz seines sonstigen reichlichen Anschlusses an Wenck diesem Charakterbild Klemens' V. Schottmüller gerecht zu werden wußte und wie recht Wenck hat, sich über diese Art von Benützung energisch zu beklagen, haben wir schon in der Einleitung gebührend hervorgehoben. Dem fügen wir nur noch das eine bei, daß wir uns dieser Charakterzeichnung Wencks um so lieber anschließen, je mehr wir darin unseren eigenen Eindruck von Klemens V. wiedergegeben fanden.

Auch aus dieser Wenckschen Darstellung geht übrigens hervor, daß es keineswegs richtig ist, Klemens V. die Hauptschuld an der Templertragödie aufzubürden oder ihn mit Philipp dem Schönen auch nur auf eine Linie in Bezug auf diese unselige Autorschaft zu stellen. Ja nicht einmal als zweiten Hauptfaktor läßt ihn eine nähere Bekanntschaft mit dem Prozeß mehr erscheinen, sondern diese Rolle kommt einer andern kirchlichen Macht zu, neben welcher der Papst nur noch scheinbar die höchste kirchliche Gewalt repräsentiert, der Inquisition. Welch weitgreifende Wirkung damals diese Macht hatte, vollends wenn sie, wie im Templerprozeß, im Bündnis mit einem kraftvollen, sie zu benützen verstehenden Königtum und — was keineswegs immer der Fall war — in einträchtiger Verbindung mit den Bischöfen und Prälaten stand, und welchen Zwang sie auch auf einen widerstrebenden Papst auszuüben wußte, solange dieser so in ihrem Machtbereich blieb, wie dies bei Klemens V. innerhalb der französischen Grenzen der Fall war — davon wird jeden eine genauere Bekanntschaft mit diesem furchtbaren Offizium in jener Periode, wie sie durch Molinier und nun vollends durch Lea jedem ermöglicht ist, genügend überzeugen. Von letzterem sich belehren zu lassen, war Prutz nicht möglich, da dessen in der Einleitung besprochenes epochemachendes Werk erst später erschienen ist. Um so mehr hätte er wenigstens Moliniers bedeutsames Werk: „L'Inquisition dans le midi de la France au 13e et 14e siècle" („eine Studie über die Quellen ihrer Geschichte", Paris 1880) ausnützen sollen. Wie wenig aber das, trotz mancherlei Citierung, auch noch in der „Entwicklung" geschehen ist, zeigen z. B. zweierlei Behauptungen: einmal der bereits oben[1]) besprochene, wenn auch nicht ausdrücklich behauptete, so doch der ganzen Auseinandersetzung zu Grunde liegende Schluß, daß, weil die Templer im ganzen allerdings nach den für die herrschende Inquisitionspraxis gültigen Regeln behandelt wurden, auch die Frage nach ihrer Schuld eben nach den Rechtsanschauungen jener Zeit beantwortet werden müsse: während doch eben Molinier ihn deutlich genug hätte darüber belehren können, daß dann einfach so ziemlich jeder, der einmal vor dem Inquisitionstribunal gestanden, als schuldig angesehen werden müßte, indem es überhaupt kaum je vorkam, daß dieses Tribunal ein Opfer ganz ungestraft, ohne es in irgend einer Form zu verdammen, entkommen ließ, mochte es sich mit der Schuld oder Unschuld nach unseren Begriffen verhalten, wie es wollte: kurz, daß hier fast immer die Anklage gleichbedeutend war mit Verurteilung. Noch merkwürdiger möchte man bei einem Manne, der dieses Buch gelesen, die oben[2]) citierte Bemerkung der „Entwicklung"[3]) finden, daß man nicht glauben dürfe, daß die Inquisition den Zeitgenossen verhaßt oder ein Gegenstand des Abscheus gewesen sei. Und das angesichts der mancherlei Empörungen, zu denen die Inquisition die verzweifelte Bevölkerung reizte, und von welchen Molinier gleich im 1. Kapitel[4]) Beispiele aus Cordes und Albi berichtet, ja welche eben unter Philipp dem Schönen im Süden Frankreichs einen solchen Grad erreichte, daß es bis zum Angebot der Krone von Languedoc an den König von Mallorca und zum offenen Abfall von Frankreich[5]) kam. Überhaupt aber wird kaum ein Leser dieser Verweisungen auf Molinier bei Prutz auf den Gedanken kommen, daß das Hauptergebnis

---

[1]) p. 156. — [2]) p. 157. — [3]) (Entw. p. 132.   [4]) Molinier p. 5 28. — [5]) cf. das III. Kap. des zweiten Teils: das Register von Geoffroi d'Ablis p. 107 160.

aller dieser sorgfältigen Quellenanalysen Moliniers kein anderes ist als die Entdeckung von der ungeheuren Willkürlichkeit, mit der das heilige Offizium schaltete und waltete, also daß es zu kaum einer Zeit einen Gerichtshof gegeben hat, der ein größerer Hohn auf alle und jede Gerechtigkeit gewesen ist, als diese Inquisitionstribunale! Einen Schriftsteller aber so im gegenteiligen Sinne citieren, sollte — Janssen und seinen Nachtretern überlassen bleiben.

Damit hätten wir die wichtigsten Spezialwerke für die Hauptfaktoren des Templerprozesses besprochen. Von den sonstigen für die Geschichte jener Zeit zu berücksichtigenden Schriftstellern möchten wir vor allem noch einen für die kirchlichen Verhältnisse besonders instruktiven Kirchenhistoriker erwähnen, der auch dem Templerprozeß eine Darstellung gewidmet hat, die man zu den besten kürzeren Zusammenfassungen rechnen wird, das ist Hefeles Konziliengeschichte, zunächst der VI. Band, umfassend die Zeit von 1250—1409. Für uns kommen darin in Betracht vor allem die Bücher 39—41, die Konzilien unter Bonifazius VIII., Klemens V. und das 15. allgemeine Konzil von Vienne wiedergebend. Hinsichtlich Bonifaz' VIII. sind wir sogar geneigt, noch weniger als Hefele auf die Anklagen gegen diesen Papst zu halten: nicht natürlich aus Voreingenommenheit für den Verfasser von „Unam sanctam", sondern aus der Pflicht historischer Gerechtigkeit und Wahrheit, welche auch dem Gegner das Ergebnis kritischer Prüfung ohne weiteres zukommen läßt. Nach unserem Ergebnis aber scheint uns die Schuld dieses Papstes so ziemlich auf einer Linie mit der der Templer zu liegen, d. h. in Bezug auf dogmatische Abweichungen oder Ketzerhaftigkeit soviel wie nichts erwiesen zu sein, während von den Vorwürfen auf dem sittlichen Gebiet allerdings manches hängen bleibt.

Am meisten Wichtigkeit von jenen Abschnitten Hefeles kommt für uns der Darstellung des Konzils von Vienne zu, um so mehr, je deutlicher uns dieses einen Begriff giebt von der Ausdehnung der unter den eingeweihtesten Vertretern der Kirche die Majorität bildenden Überzeugung von der Unschuld der Templer, und je dürftiger sodann unsere sonstigen Nachrichten über diese 15. allgemeine Kirchenversammlung und die auf uns gekommenen Dokumente derselben sind. Etwas zur Ausfüllung dieser Lücke hat neuerdings Franz Ehrle beigetragen, indem er im Archiv für Litteratur- und Kirchengeschichte des Mittelalters Band IV (1888, p. 361—470) ein Dokument aus dem Codex 1450 der Pariser Nationalbibliothek veröffentlichte, das sich als „ein Bruchstück aus den Akten des Konzils von Vienne" entpuppt und ebenso über den Geschäftsgang auf diesem Konzil überhaupt wie insbesondere über denjenigen Punkt im Programm des Konzils, über welchen man bisher am wenigsten wußte, „de reformatione ecclesiae" eine nicht unwichtige Ergänzung unserer Kenntnisse bildet. Für uns giebt dieses Dokument noch in zweierlei Hinsicht bemerkenswerte Fingerzeige, einmal für die Frage nach dem Besuch und der Zusammensetzung dieses Kirchenparlaments seitens der verschiedenen Nationen, und sodann, weil es einen Blick thun läßt in die Gesamtstimmung der Prälaten einerseits und der Zeit, resp. der Laienkreise der Zeit, andererseits. Wir sehen, wie zäh und eifrig auf der einen Seite die Hierarchie darauf aus ist, die umfassenden Privilegien, welche ihr auf allen Lebensgebieten allmählich zugewachsen waren, ungeschmälert zu behaupten, auf der andern Seite wie die Laienwelt, zumal in den Fürsten und Staatsgewalten, aufwacht, um ihr eigenes Recht gegenüber der Kirche zu wahren und womöglich auszudehnen; und wir gewinnen so auch aus diesem Schriftstück eine Bestätigung für die Thatsache, welche uns eben der Templerprozeß nicht als das letzte seiner Ergebnisse bezeugt, daß die Zeit Philipps des Schönen und Klemens' V. nichts anderes bedeutet, als das Aufdämmern einer neuen Zeit, in welcher der Staat bezw. das nationale Leben der Völker die kirchliche Fessel zerbricht und der kirchlichen Bevormundung satt die noch eben allmächtig scheinende Kirche an den luftigen Untergrund ihrer Ansprüche erinnert.

Gegenüber der von Loiseleur=Prutz zusammengedichteten Verwandtschaft der Templer mit den Katharern haben wir an C. Schmidts 2 bändigem Werk: Histoire des Cathares ou Albigeois, Paris=Genf 1848 (392 und 318 S.) einen Anhaltspunkt, um die Sinnlosigkeit solcher Phantasien und wie die Wirklichkeit uns die Katharer als das gerade Antipodentum derartigen Rittertums zeigt, nachzuweisen. Die wirklichen Verwandten der Tempelherren kennen zu lernen geben uns Vertots 7 Bände Hospitalitergeschichte[1], vor allem die beiden ersten, welche die Geschichte dieses Ordens bis zur Mitte des 15. Jahrhunderts führen, Gelegenheit. Daß dieser Orden mit dem der Templer meist in bitterer Feindschaft lebte, ist natürlich dagegen keine Instanz, da der Grund zu dieser Feindschaft eben, wie so oft, in der inwendigen Ähnlichkeit und der daraus entspringenden um so größeren Rivalität zu suchen ist. Worin, bei aller Ähnlichkeit, der wirkliche Unterschied dieser beiden Orden bestand und wie in diese Frage nicht zum wenigsten verschiedene Landsmannschaft hereinspielt, haben wir oben, bei der Widerlegung der „Geheimlehre" im

---

[1] Der vollständige Titel lautet: Histoire des Chevaliers Hospitaliers de S. Jean de Jérusalem, appelés depuis Chevaliers de Rhodes, et aujourd'hui Chevaliers de Malthe; par M. l'Abbé de Vertot, de l'Académie des Belles Lettres. Nouv. éd. Paris 1778.

zweiten Kapitel, zu berühren Veranlassung gehabt. Der Hauptwert einer solchen Parallele, wie sie Vertots Hospitalitergeschichte uns bietet, liegt natürlich darin, daß wir sehen, welches wohl die natürliche Entwicklung des Templerordens gewesen wäre, wenn — nicht eben die Katastrophe erfolgt wäre. Als unmittelbare Quelle für die Geschichte des Templerordens ist dieses Werk sonst, trotzdem die Templergeschichte für die betreffende Periode nicht viel weniger Raum einnimmt, als die der Hospitaliter, nahezu unbrauchbar, weil nicht nur mit der gewöhnlichen Kritiklosigkeit des vorigen Jahrhunderts geschrieben, sondern auch mit einer gewissen, wie vom Gegenstande der Verherrlichung, dem Johanniterorden, ererbten Verkleinerungssucht gegenüber dem alten Rivalen erfüllt.

Damit sind wir bei der letzten Klasse von Quellen angelangt, den bisherigen Behandlungen der Templergeschichte und ihres Prozesses, soweit dies in besonderen Werken geschehen ist. Als letzte kommen diese unmittelbaren Vorläufer für den Forscher in Betracht, weil eben ihr Charakter als abgeschlossener Vorarbeiten durch das fertige Urteil, das sich in ihnen ausspricht, geeignet ist, einen irreführenden Einfluß auf die Späteren auszuüben und durch ihr Ganzes zu bestechen, ohne das thatsächliche Fundament und die im einzelnen verwerteten Bausteine genügend zu erkennen zu geben. Eben deshalb sind solche Vorarbeiten mit doppelter Vorsicht aufzunehmen und für ein Werk, das die Kritik nicht scheuen möchte, bloß insoweit und in dem Grade verwertbar, als in ihnen selbst die Kritik ihre Stätte gefunden hat. Bleiben wir nun unserem bereits ausgesprochenen Grundsatz getreu, nur die für uns bedeutsamsten Werke, d. h. diejenigen, welche in der Litteratur des Templerprozesses nicht bloß die größte Rolle gespielt, sondern auch auf diese neueste Phase des Templerstreits noch eingewirkt haben oder überhaupt auch ins künftige für den Forscher noch von Wert sind, zugleich diejenigen, welche wir selbst gründlicher durchgenommen haben, zu Wort kommen zu lassen, so scheiden sich diese Werke einfach genug in Werke mit und Werke ohne Kritik. Letztere fallen, kurz gesagt, im wesentlichen zusammen mit denjenigen, welche die Schuld des Templerordens auf ihre Fahne geschrieben haben, erstere mit den für die Unschuld desselben eingetretenen. Wem das gar zu merkwürdig und verdächtig für unsere Unparteilichkeit vorkommen sollte, nun der ist eingeladen, mit doppelter Schärfe die von uns den beiden Klassen zugewiesenen Autoren daraufhin anzusehen, ob sich's also verhalte? Er wird vielleicht noch mehr darüber erstaunen, daß das bisher nicht mehr aufgefallen und so mancher auch von den neuesten Geschichtschreibern des Templerordens daran vorübergegangen ist. Somit legen wir unserer folgenden Aufzählung ohne weiteres diese einfache Einteilung zu Grunde, die sich auch deswegen besonders empfiehlt, weil daraus deutlich hervorgeht, wie beide Klassen immer aufs neue sich aus sich selbst rekrutieren: die kritiklosen neueren Schriftsteller fußen in der Hauptsache eben auf ihren kritiklosen früheren Vorgängern und ebenso kommen in den kritischeren Neueren mit Vorliebe die kritischeren Älteren zur Verwertung, so daß eine doppelte parallel laufende Leiter entsteht: eine kritische und eine kritiklose. So wird auch hier das Sprüchwort wahr: „Gleich und gleich gesellt sich gerne".

Derjenige Schriftsteller nun, mit dem auf der einen Seite die **kritiklose Leiter** beginnt, heißt **Dupuy**. Da er ein Schriftsteller aus der Zeit und nach dem Sinn Ludwigs XIV. — die erste Auflage datiert von 1654 — und offenkundig genug bestrebt ist, der Verherrlichung des französischen Königtums zu dienen, kann man von ihm kaum etwas anderes erwarten, als noch eine Übertrumpfung der tendenziösen Hofhistoriographie, die unter Philipp dem Schönen selbst geherrscht hatte. In dieser Erwartung enttäuscht uns Dupuy in keiner Weise. Zum Ausgangspunkt die Chronik von St. Denis nehmend, trägt er alles zusammen, was er von den bis dorthin aufgetretenen Schriftstellern (Walsingham, Gaguin, Paradin, Bzovius) zum Erweis der Wahrheit oder Wahrscheinlichkeit der gegen die Templer erhobenen Anklagen erbeuten kann. Welcher Art zum Teil diese Ausbeute ist, zeigt z. B. Guillaume Paradin, der sich selbst für jenen Wahrscheinlichkeitsbeweis gegen die Templer auf die Vorwürfe eines Minucius Felix gegen die ersten Christen beruft! Von weiteren Schriftstellern, die ihm als Sekundanten für seine Auffassung von der Schuld der Templer zur Seite stehen, führt Dupuy namentlich noch Zurita und Mariana (gegen Villani und Antonin von Florenz) auf, endlich den Dekan von Hamburg, Albert Krantz. Daß er trotzdem selber das Gefühl hatte, noch lange nicht alle Leute zu seiner Ansicht bekehrt zu haben, zeigt seine naive Polemik gegen diejenigen, welchen die Ehre Frankreichs und „unseres Königs" so wenig gelte, daß sie an solcher Verleumdung Philipps des Schönen festzuhalten wagen. Offenbar war der überlieferte allgemeine Eindruck auch damals auf Seiten der Unschuld des Templerordens. Die Ironie des Schicksals zeigt sich darin, daß gerade diesem Buch Dupuys in den folgenden Auflagen (im ganzen 4 bis 1751) eine Reihe von weiteren Beweisstücken zugefügt wurden, welche, wie schon Havemann[1]) sagt, mit dem beibehaltenen apologetischen Text häufig „in schneidendem Widerspruch" stehen. Uns selber ist die 2. Auflage, von

---

[1]) Havemanns Vorwort p. VI. cf. dazu auch die Vorrede bei Le Jeune, die auch sonst wertvolle Auseinandersetzungen über seine Vorgänger bietet.

1723 (Druckort Brüssel), vorgelegen, welche, bereits die Mehrzahl dieser Zusätze enthaltend, mit einer weiteren kurzgefaßten Templergeschichte, „Nicolai Gürtleri Historia Templariorum". bereichert ist: d. h. die ganze „Bereicherung", welche diese Arbeit eines evangelischen Dr. theol. liefert, liegt darin, daß sie zeigt, wie für wirklich historisches Verständnis die starre Orthodoxie des Protestantismus gerade so unfähig ist als die des Katholizismus.

Dupuy ist dann, vor allem durch seine zahlreichen hinzugefügten Beweisstücke, unter welchen den, uns an Prutz erinnernden, Auszügen aus dem jetzt durch Michelet vollständig vorliegenden „Prozeß gegen die Templer" (p. 121—180) eine hervorragende Wichtigkeit zugekommen ist, zumal solange noch nicht Moldenhawers umfassendere Wiedergabe eine vollständigere, wenn auch freilich zum Teil noch einseitigere[1]) Kenntnis jener Verhöre ermöglichte, die maßgebende Fundgrube[2]) geblieben nicht nur für die meisten Templer-Geschichtschreiber des vorigen Jahrhunderts, unter denen neben dem Franzosen Grouvelle[3]) besonders Anton[4]) und Nicolai[5]) — letzterer der Hauptautor der Theorie von den verschiedenen Aufnahmen oder Graden im Orden — zu nennen sind, sondern auch insbesondere für denjenigen Schriftsteller, der über ein Menschenalter bis kurz vor der allerneuesten Phase des Streits thätig, in weiten Kreisen sich das Ansehen des gründlichsten Kenners der Templergeschichte erworben, in Wahrheit aber das meiste zu der noch andauernden, von Loiseleur-Prutz aufs neue belebten, Konfusion beigetragen hat: Wilcke[6]). Obwohl bereits Schottmüller[7]) auf das zweifelhafte Verdienst, die schädliche Wirkung dieses scheinbar gründlichen Schriftstellers im Vorbeigehen hingewiesen hat, dürfte es im Interesse der Klärung der Sachlage doch nicht überflüssig sein, diesen Mann, Oberkonsistorialrat der Provinz Sachsen, etwas näher kennen zu lernen. Da muß darauf hingewiesen werden, daß Wilcke nicht nur, was Schottmüller besonders betont, durch seine immer wiederholte Behauptung von dem schon vor Verlust des heiligen Landes[8]) unverkennbar

---

[1]) cf. p. 193 f. — [2]) Neben ihm kommt eigentlich nur noch der vorhin charakterisierte Bertet in dieser Hinsicht in Betracht, nicht am wenigsten für Wilcke. [3]) Histoire de l'abolition de l'ordre des Templiers, Paris 1779. 8. — [4]) Versuch einer Geschichte des Tempelherren-Ordens. Zweite Aufl. Leipzig 1781. 8. [5]) Nicolai, Versuch über die Beschuldigungen, welche dem Tempelherren-Orden gemacht werden und über dessen Geheimnis. Nebst einem Anhange über das Entstehen der Freymaurergesellschaft. Berlin 1782. 2 Voll. 8. — [6]) In 1. Aufl. Leipzig 1826—27, in 2. 1860, beidemal 2bändig erschienen. Uns ist die zweite vorgelegen. — [7]) Schottm. I, 8. — [8]) Im Grunde soll sich dieses Bestreben schon in dem Widerstande gegen den Zug Ludwigs des Heiligen nach Ägypten, ja eigentlich schon in der aus Gleichgültigkeit gegen eine neue günstige Gestaltung des

sich zeigenden Bestreben der templerischen Politik, den Hauptsitz des Ordens nach Frankreich zu verlegen und im Abendland ein dem Deutschordensstaat in Preußen ähnliches unabhängiges Machtgebiet zu gewinnen, in die Auffassung der politischen Verhältnisse des Ordens eine heillose Konfusion gebracht; sondern auch durch seine beständigen, von den freimaurerischen Traditionen über den Templerorden beeinflußten, haltlosen Reflexionen über die eigentliche Natur des Ordens jeglicher Phantasterei auf diesem Gebiet Vorschub geleistet und Thür und Thor geöffnet hat. Bis zu welchem Grade der Sinnlosigkeit die üppige Phantasie diesen Autor treibt, zeigt z. B. der, seine ganze Anschauung von der inneren Richtung der Templerei am besten kennzeichnende, Schluß des 4. Kapitels [1]): „Abgestreift vom Wesen des Mittelalters zeigt sich die politische Templerei in der Kirche als Jesuitismus, im Staate als Aristokratismus, die häretische dagegen als religiöser Indifferentismus, von ihrer besseren geistigen Seite als Protestantismus im allgemeinen, als Rationalismus im besonderen und korporativ als Freimaurerei. Es darf daher auch von hier aus nicht befremden, daß der Orden in einer Zeit unterging, der er so weit vorausgeeilt war. Denn daß er eine höhere Intelligenz, geistige Kraft und Freisinnigkeit in sich barg, konnte ihm die Kirche nicht vergeben. Wohnten ihm auch wie allen menschlichen Bestrebungen große Schwächen bei, seine geistigen Güter verblieben späteren Geschlechtern, sie heißen religiöse Aufklärung und Kampf gegen kirchlichen Aberglauben und gegen hierarchisches Joch." Also die Templer ein Gemisch von Jesuitismus und Aristokratismus einerseits, von **Protestantismus**, genauer **Rationalismus**, und **Freimaurerei** andererseits! Kann man die Konfusion und den Mangel an Verständnis für die treibenden politischen wie religiösen Mächte jener Zeit weiter treiben? Erreicht wird der in dieser Charakteristik zu Tage tretende Mangel an Verständnis für die ganze historische Situation vielleicht nur durch die gleichfalls öfters wiederholte Versicherung, daß es eigentlich nur Gutmütigkeit Philipps des Schönen, ein Zeichen seiner weitgehenden Gerechtigkeit gewesen sei, wenn er das Schlußurteil über den Orden dem Konzil von Vienne überlassen und sich überhaupt auf die ganze kirchliche Prozedur eingelassen habe: da er ja durchaus auch von sich aus hätte den Orden vernichten und die Templer ins Gefängnis und auf den Scheiterhaufen bringen können [2])! Auf welche Momente aber Wilcke die behauptete „Freigeisterei", welche in der Templerei „ihr System und ihren Kultus" erhalten habe, zu stützen versteht, davon giebt uns

Königreichs Jerusalem erfolgten Verwerfung des Vorschlags von Alkamel zur Räumung von Damiette a. 1219 sich ankündigen. [1]) Wilcke II, 159. — [2]) Vgl. Wilcke II, 166 und 310.

einen Begriff seine Bemerkung¹), daß selbst die Umschrift des Beau=
jeant: „Non nobis. Domine, non nobis, sed nomini tuo gloriam!"
auf — Deismus bezogen werden könne! Ja, wahrlich! fragt sich nur,
von wem? Dem sei nur noch als eine Probe von der philologischen
Begabung Wilcfes hinzugefügt seine Übersetzung eines Zeugen im englischen
Prozeß, des Minoriten Johannes Wolby von Bust²). Dieser sagt aus,
er habe einen anderen Bruder sagen hören: „Curiam Romanam non
tenere viam directam, sed quaerere diverticula, ut magnus Templarius evaderet." Das heißt doch nach unserem Latein: „die Kurie
suche Ausflüchte, damit der große Templer (scil. Orden) entrinne."
Wie aber übersetzt Wilcke? „Sie macht Winkelzüge, als wollte sie
ein tüchtiger Tempelherr werden." Unglaublich, aber wahr! Als
eine Probe aber, wie Wilcke citiert, kann gelten, wenn er bei Aufzählung
der Zeugnisse, welche für die Unschuld des Ordens eingetreten sind³), von
Alberich von Rosate, Jurist um 1350, im Text nur berichtet,
Klemens habe gesagt, „kann der Orden nicht auf dem Wege des Rechts
aufgehoben werden, so doch auf dem der Vorsicht und Willfährigkeit,
damit König Philipp nicht geärgert werde", in der Anmerkung aber
nicht umhin kann, zuzugeben, daß derselbe Alberich erklärt, wie er von
einem, „qui examinator causae et testium fuit", gehört habe: „de-
structus fuit contra justitiam". Da fällt uns Janssen ein.
Und dieser selbe Mann, dessen ganzer Wert darin aufgeht, daß er die
vor allem für die frühere Geschichte des Templerordens vorhandenen
Quellen, namentlich Le Jeune, breiter und ausführlicher wiedergiebt — oft
genug, ohne sie zu nennen und so scheinbar als eigene Weisheit —, der
aber in seinen eigenen Ausführungen über den Templerorden überall
phantastische Hirngespinste an Stelle der geschichtlichen Thatsachen setzt,
erdreistet sich, über Havemann in abschätzigem Tone zu urteilen, indem
er von seinen weit über den seinigen stehenden Auseinandersetzungen sagt¹):
„Was Havemann über diesen Gegenstand sagt, ist wenig eingehend,
vag und gehaltlos." Solcher Unverfrorenheit gegenüber ist es eine
Pflicht der Gerechtigkeit, die wirkliche Bedeutung dieser beiden Männer
einmal festzustellen, zunächst, wer und was Wilcke ist!

Und diesen Schriftsteller hat Prutz von Anfang an, wie
überall aus seiner „Geheimlehre" hervorgeht, als Hauptquelle für seine
Kenntnis des Templerordens benützt! Damit hat er sich selbst und seiner
Arbeit ein Zeugnis ausgestellt, das eines weiteren Kommentars wohl kaum

---

¹) II, 122. — ²) Concil. Brit. II, 362. — ³) Zu dem Abschnitt über die
Schuld des Ordens (II, 297—299); einer der schwächsten Partien überhaupt. —
⁴) II, 299.

bedarf. Freilich ist daran wohl am meisten sein unmittelbares Vorbild, Loiseleur, schuld, der einem Wilcke das höchste Lob erteilt, indem er ihn einmal¹) „l'auteur d'une des meilleures histoires des Templiers qu'on possède", das andere Mal²) „le plus profond peut-être des historiens que les Templiers aient encore rencontrés" nennt; ein Urteil, mit dem Loiseleur nur wieder seiner eigenen Kritik das Urteil spricht für diejenigen, die nicht in der Lage sein sollten, dasselbe sonst aus seiner eigenen Lektüre zu gewinnen. Unser Wunsch ist zwar, daß der Kreis dieser Historiker möglichst klein sein und vielmehr möglichst allgemein der Empfehlung, welche Prutz in der Vorrede seiner „Geheimlehre" dieser „vortrefflichen" Arbeit Loiseleurs³) verschafft hat, Folge geleistet werden möchte. Nicht leicht dürfte es eine Gelegenheit geben, die Unselbständigkeit und Oberflächlichkeit von Prutz besser kennen zu lernen als durch Vergleichung dieser ihm als Muster dienenden Arbeit mit seiner eigenen in engem Anschluß daran geschriebenen „Geheimlehre". Freilich zeigt sich Prutz, seinem deutschen Naturell entsprechend, doch wieder besonnen genug, um diesen Anschluß nicht überall streng einzuhalten, um so insbesondere die allerkühnsten Sätze und Sprünge Loiseleurs diesen allein machen zu lassen. Wieviel der in dieser Hinsicht fertig bringt, um die den Templern angedichtete Ketzerei ja recht in allen ihren Einzelheiten plausibel zu machen, das muß man selbst nachlesen: wie da die ganze Welt ausgeplündert wird, nicht bloß, was Prutz nachgemacht hat, die Manichäer und Katharer in ihrem albigensischen wie ihrem noch geheimnisvolleren Zweige, den Bogomilen, ganz besonders aber in ihrer schauerlichsten Abart, den Luciferianern, wofür eben die Stedinger als besonders leuchtendes Beispiel herhalten müssen; sondern auch auf die wahnsinnigen Berichte, welche der russische Aberglaube noch in den letzten Jahrzehnten von den „Khlisten" und „Skoptzen" zu Tage gefördert hat, allen Ernstes hingewiesen wird⁴). Prutz hat diese Analogien weislich ignoriert, ebenso wie er kurz hinweggeht über den Kater, von dem uns Loiseleur versichert, daß er, als ein lebendiges Zeichen des Teufels, eine seiner in der Symbolik des Mittelalters gebräuchlichsten Verwandlungen, sich oft in den geheimen Zusammenkünften der zeitgenössischen Sekten zeige. Die Bulle Gregors IX.⁵) lasse uns hineinsehen in die

---

¹) La doctrine secrète des Templiers p. 13. — ²) p. 33. An dieser zweiten Stelle fügt er freilich hinzu: „esprit étendu, mais avantureux". Schade nur, daß diese Abenteuerlichkeit Wildes Loiseleur wenig zurückgeschreckt hat, ihn als eine Autorität ersten Rangs zu behandeln und voll zu verwerten. ³) cf. unsere Einleitung p. 2. ⁴) p. 73; cf. oben p. 69. ⁵) cf. oben unsere Bemerkungen über diese päpstlichen Bullen in der Anmerkung zum Stedinger-Prozeß p. 69 f.

Taschenspielerkünste, durch welche man ihn erscheinen ließ. „Also" schließt Loiseleur diesen Passus — „sehen wir keinen triftigen Grund, um die wenn auch wenig zahlreichen Aussagen als Fabeln zu behandeln, welche die Erscheinung dieses symbolischen Tiers inmitten der nächtlichen Versammlungen der Ritter und des Kults, der ihm dargebracht wurde, bezeugen"[1]). Dem haben wir nichts hinzuzufügen als, daß wir uns nur wundern, wie ein solches Werk noch zu unserer Zeit irgendwo in der Welt als etwas anderes aufgenommen werden konnte, denn als ein phantasievoller Scherz, und wie der Beifall, den, aus Loiseleurs Vorrede zu schließen, die „Académie des Inscriptions et Belles-Lettres" im J. 1869 dem Verfasser gezollt hat, uns eben nur den weitgehenden Mangel jedes religiösen Verständnisses in dieser bedeutenden Körperschaft unseres Nachbarlandes, zurückweisend auf einen allgemein bekannten Mangel der „großen Nation" überhaupt, zu beweisen scheint. Daß dieses selbe Urteil über Loiseleur auch seinem Bewunderer Prutz, mit dem die kritiklose Leiter bisher ihren Abschluß findet, nicht erspart werden kann, haben wir bei Besprechung der auf Loiseleur (resp. Wilcke) sich aufbauenden „Geheimlehre", aber auch der späteren „Entwicklung" offen genug ausgesprochen und nachgewiesen.

Solche fortgesetzte Kritiklosigkeit erscheint als eine um so unverzeihlichere Sünde, je mehr neben dieser ersten Autorenleiter eine zweite sich erhebt, welche die Kritik zu ihrem Recht kommen läßt. Den Anfang und einen guten Anfang macht hier die schon durch ihren Namen sich kennzeichnende „Histoire critique et apologétique de l'ordre des chevaliers du Temple de Jérusalem dits Templiers par feu le R. P. M. J. (Le Jeune) Chanoine Régulier de l'Ordre de Prémontré, Docteur en Théologie, Prieur de l'Abbey d'Étival, Paris 1789 (2 Bde. 4°): eine fleißige, auf einer ausgebreiteten Bekanntschaft mit der früheren historischen Litteratur und eingehender Verwertung aller möglichen Quellen, so insbesondere auch von Vaissettes „Histoire de Languedoc" beruhende Arbeit, in der insbesondere die Nachrichten über die frühere Templergeschichte, über die einzelnen Persönlichkeiten wie Besitzungen des Templerordens sorgfältig zusammengetragen sind. Wir haben diesen Autor oben, im 2. Kapitel, bei der Aufzählung der Großmeister des Ordens, öfter citiert. Auch Wilcke hat vor allem diesem Werke das ausführlichere Material über die Templergeschichte, das seine Geschichte so umfangreich gestaltet, entnommen, indem er jedoch den apologetischen Zweck desselben durch seine eigenen bekannten Raisonnements möglichst abzuschwächen und

---

[1]) Loiseleur p. 147.

ins Gegenteil zu verwandeln suchte. Allerdings läßt sich, wie auch Havemann hervorhebt[1]), nicht leugnen, daß der Verfasser, von dem Gegenstand seines Werks, der Tapferkeit und dem tragischen Geschick des Ordens mit zu großer Sympathie eingenommen, in der Kritik sich häufig gar zu sehr von der Apologetik bestimmen läßt, indem er öfters den Orden auch da von jeglicher Beschuldigung rein zu waschen sucht, wo eine solche Rechtfertigung vergeblich ist und nur den Eindruck des Künstlichen und der Parteilichkeit erweckt. Vgl. so seinen Versuch, den Templermeister vor dem Vorwurf der Plünderungssucht bei der Belagerung von Ascalon, wodurch die fast schon gelungene Einnahme dieser Stadt sich aufs neue in unglückseliger Weise verzögerte und der Orden so schweren Verlust erlitt, zu bewahren[2]); ebenso seine Rechtfertigung des Ordens bei der Ermordung des Gesandten der Assassinen[3]) u. a. m. Indessen in den meisten Fällen wird man seinen Ausführungen beistimmen müssen. Hätte Prutz diesen Schriftsteller rechtzeitig kennen gelernt, so würde er wohl manche unglückliche Behauptung oder Auslegung, die in seiner „Geheimlehre" sich findet, von Anfang an unterlassen haben, so z. B. die wunderbare Deutung, die er jenem Brief Innocenz III. an die Templer mit Vorwürfen wegen teuflischer Lehren und Abfall vom rechten Glauben giebt[4]). Denn er hätte wohl schwerlich sich der treffenden Beurteilung dieses Schreibens, welche Le Jeune[5]) giebt, worin er gleich uns die Ursachen dieses päpstlichen Ausfalls eben in der öfteren Mißachtung des Interdikts von seiten der Templer sieht, entziehen können. Nicht vorenthalten wollen wir ihm, daß unter den von Le Jeune zum J. 1229[6]) als Wohlthätern von kirchlichen Anstalten aufgezählten Templern auch ein Kleriker dieses Ordens, Wilhelm „der Bretone", sich befindet, der den Kanonikern von S. Katharina du val-des-Écoliers neben anderen Zuwendungen, Mitteln zur Erbauung eines Refektoriums und anderer Gebäulichkeiten, auch eine prächtige Bibel nebst einem corpus theologicum mit Glossen vermacht. Wie? sollte das nicht wieder eine „templerische Bibel" gewesen sein? Am Ende gar ein Exemplar von der im VIII. Kapitel der „Entwicklung" genannten, so verdächtig gefundenen templerischen Bibel der Pariser Nationalbibliothek? Wir empfehlen Prutz, diesen Fund nicht aus den Augen zu verlieren, um so mehr, da er der Zeit nach ja „auffallend" zu seiner eigenen Entdeckung stimmt!

Wertvoller noch als diese kurz vor Anbruch der Revolution geschriebene ist eine zweite in den Schluß dieser Zeit unter Napoleon I.

---

[1]) Havemann, Vorwort p. VIII f. — [2]) I, 62 f. [3]) I, 111—118. —
[4]) cf. oben p. 23 zu „Geheiml." p. 16. — [5]) Le Jeune I, 233—236. — [6]) I, p. 337.

fallende kritische Arbeit, Raynouards „Monuments historiques relatifs à la condemnation des Templiers" (Paris 1813. 8.): nicht nur wegen der dramatischen Lebendigkeit der Schilderung und des in einer ehrlichen Entrüstung sich bekundenden Gerechtigkeitsgefühls des Verfassers, sondern vor allem, weil derselbe, bei der damals noch nicht wieder rückgängig gemachten teilweisen Überführung der vatikanischen Bibliothek nach Paris eine Reihe von wichtigen Originalurkunden und Dokumenten zu benützen im stande war, die seitdem wieder verloren oder wenigstens noch nicht wieder aufgefunden worden sind. Schottmüller giebt davon im Anhang seines 1. Bands eine übersichtliche Zusammenstellung [1]). Je beklagenswerter sonst solche Verluste im Interesse der Geschichtsforschung sind, um so mehr dürfen wir uns freuen, in Raynouard, dem jene vorlagen, einen Mann zu haben, der das Wesentliche und Unwesentliche scharf genug zu scheiden wußte, so daß wir überzeugt sein dürfen, in seiner eigenen Darstellung wenigstens das Wertvollste davon mittelbar zu besitzen und uns so über jenen Verlust nicht allzusehr zu grämen brauchen. Freilich ist die Darstellung Raynouards, ohne Einleitung und Appendix 216 S. in Oktav, in einer Kürze zusammengefaßt, die es, neben jenem leicht als Parteilichkeit erscheinenden sittlichen Pathos, erklärlich macht, warum Prutz, der diese Arbeit für seine „Geheimlehre" gekannt haben muß, da er sie öfter citiert, trotzdem sich mehr von jenen anderen Quellen, neben Loiseleur selbst besonders von Wilcke und dem, wegen seiner Abhängigkeit von seinen Vorgängern von uns nicht weiter benützten, Grouvelle samt Dupuy bestimmen ließ.

Raynouards Arbeit ist dann, in noch kürzerer Zusammenfassung, im wesentlichen wiedergegeben durch Soldan (in v. Raumers Historischem Taschenbuch 1845): eine kurze, die Hauptpunkte treffend hervorhebende, zum Lesen äußerst genußreiche und in mancher Beziehung uns an Renans oben[2]) citierten Artikel in der Revue des deux mondes erinnernde Abhandlung, doch zu weiterer Verwertung eben wegen ihres Mangels an näherem Eingehen auf Quellen und Einzelnheiten nicht geeignet.

Das Beste, was vor dieser neuesten durch Prutz eröffneten Phase über die Templer und ihren Prozeß geschrieben worden ist, bleibt Havemanns „Geschichte des Ausgangs des Tempelherrenordens"[3]): ein Werk, das, angeregt durch die kurz zuvor erschienenen Veröffentlichungen Michelets vom Prozeß vor der päpstlichen Kommission und Maillards von der Templerregel, die sämtlichen bis dahin hervorgetretenen früheren

---

[1]) Schottm. I, 706 ff. [2]) p. 207. — [3]) Stuttgart und Tübingen 1846: XIV und 382 S.

Werke, soweit sie überhaupt Beachtung verdienen, vor allem Le Jeune und Raynouard, in sich vereinigt, und zwar nicht in phantasievollem Aufputz wie bei Wilcke, sondern in selbständiger, vom Geiste der Kritik und historischer Gerechtigkeit getragenen Forschung. Daß Prutz diesen bedeutendsten Vorgänger im Anfang seiner Templerarbeiten — die „Geheimlehre" kennt und citiert ihn nirgends — ganz auf der Seite gelassen und statt seiner an den konfusen Wilcke sich gehalten hat, dies wird immer der größte Schaden bleiben, den er sich selbst zugefügt hat. Wenn man freilich nur Wilcke hört, so könnte man, nach dessen Gebahren in der 2. Auflage, meinen, Havemann sei durch ihn weit in Schatten gestellt und gänzlich widerlegt, während er in Wahrheit höchstens in etlichen unwesentlichen Einzelnheiten denselben berichtigt, in der Hauptsache aber Havemann turmhoch über Wilcke stehen bleibt. Zu Ehren gebracht ist Havemann wieder von Schottmüller, dessen Darstellung in der Hauptsache durchaus auf jenem ruht, und zwar mehr, als die oberflächliche Lektüre vermuten läßt, nur daß er in der Auffassung der päpstlichen Politik zu seinem eigenen Schaden von ihm abweicht.

Auch heute noch ist Havemann ein in der Hauptsache brauchbarer Führer, so sehr, daß er jede neue Darstellung des Templerprozesses entbehrlich gemacht haben würde, wenn nicht die seither aufgefundenen Dokumente, abgesehen von den sonstigen Fortschritten der Geschichtswissenschaft, unser Wissen immerhin nicht unwesentlich bereichert hätten und der durch Loiseleur-Prutz unternommene Vorstoß zu gründlicherer Abwehr — dies Verdienst kommt jenen beiden allerdings zu — gedrängt hätte. Wie eine solche in ihrer Art bei uns von Schottmüller, in Frankreich von Lavocat versucht worden ist, beide Arbeiten aber, obgleich in verschiedenem Grade, als ungenügende Leistungen erkannt worden sind, haben wir bereits in der Einleitung, welche damit als Schluß dieses Kapitels gelten kann, dargelegt. Ebendort haben wir zugestanden, wie auch nach unserem Urteil der eigentliche Meister schon in Lea erstanden ist, aber auch gesagt, warum, trotzdem daß wir in allem wesentlichen zu denselben Ergebnissen gelangt sind, wir doch nicht darauf verzichten zu dürfen geglaubt haben, eine eigene allseitigere und umfassendere Darstellung zu geben. Zu dieser gehen wir jetzt, nachdem wir im bisherigen den entgegenstehenden Schutt aufgeräumt und in polemisch-kritischer Auseinandersetzung den Grund gelegt haben, im folgenden, für uns wie hoffentlich auch für den Leser genußreicheren Teile, dem positiven, über.

Zweiter Hauptteil.
Positiv-Darstellender Teil.

Erstes Kapitel.
Was waren die Templer?

Die erste Frage ist: was waren denn die Templer? Und hierauf lautet die Antwort zunächst: wie bekannt, ein **geistlicher Ritterorden**, d. h. eine ritterliche Vereinigung, aber auf geistlicher Grundlage und, wenigstens in nächster Absicht, zu geistlichen Zwecken. Jene, die geistliche Grundlage, tritt uns entgegen schon in der Übernahme der drei Mönchsgelübde, von Armut, Keuschheit, Gehorsam, welche den sämtlichen Ritterorden gemeinsam mit den sonstigen geistlichen Orden, den Mönchsorden, waren, aber für den Templerorden noch deutlicher und spezieller in der mönchischen Regel überhaupt, welche die Grundlage seines Statutenbuchs bildet. Diese, die geistlichen Zwecke der Vereinigung, sind angezeigt durch das vierte Gelübde, das den Kampf gegen die Ungläubigen zum Schutze der Pilger nach den heiligen Stätten und des heiligen Landes überhaupt zur besonderen Pflicht macht. Denn obgleich diese Absicht uns alsbald an das ritterliche Handwerk als die Hauptsache beim Ganzen erinnert, so war doch der letzte Zweck auch dieses Waffenhandwerks ein durchaus geistlicher: mit dem Schwerte in der Hand der Kirche zu dienen und als die „neuen Makkabäer", wie der heil. Bernhard sie so gerne nannte, das irdische Vaterland der Kirche zu verteidigen und damit sich um so gewisser das himmlische Vaterland zu erobern. Dieser Jenseitigkeitsgedanke bildete ja für alle geistlichen Genossenschaften des Mittelalters überall den letzten entscheidenden Gesichtspunkt, das inbrünstig begehrte Ziel ihres Lebens und Strebens. So könnte es freilich, infolge jener Grundlage wie dieses Zwecks, scheinen, als ob für religiös-schwärmerische Gedanken und Bestrebungen eine breite Grundlage gegeben gewesen wäre. Indes: wie uns ein Blick auf die Geschichte aller Ritterorden, nicht bloß der Templer, bei diesen aber noch ganz besonders deutlich ein Vergleich der folgenden späteren Teile des Statutenbuchs mit jener „Regel von Troyes" belehrt: so tritt dieses, das geistlich=mönchische Element, bald genug immer mehr in den Hintergrund, um dem ritterlichen Element immer entschiedener die unbestrittene Vorherrschaft zu überlassen. Es war eben die praktische Beschäftigung, welche das Waffenhandwerk bald in immer ausgedehnterem Maße fand, mächtig genug, die mönchisch=asketischen Gedanken und Gefühle zu verscheuchen: über der Arbeit, das Schwert alle Tage blank zu erhalten, um es im blutigen Kampfe gegen die Ungläubigen zu schwingen, fand man wenig Zeit mehr und noch weniger Stimmung zu Andachtsübungen. Ja, es will uns, vor allem immer wieder auf Grundlage unserer Lektüre des Statutenbuchs, scheinen, als ob auch die auf das Ansuchen des Ordens gewährte Einrichtung eines eigenen Ordensklerikats infolge der bekannten Bulle „Omne datum optimum" (1163) durchaus in der Richtung dieser Entwicklung liege; als ob wir darin ebenso ein Zeugnis von dem Zuge im Orden, die geistlichen Obliegenheiten auf besondere Schultern zu legen, um sie sich selber desto ungenierter zu ersparen, sehen dürften, als dieser, der Ordensklerikat, selbst wieder nur den Abschluß zu bilden scheint der mönchisch=ritterlichen Epoche des Ordens, ein Zeugnis, daß jener, der Mönchsgedanke, keinen Raum mehr hatte in den Ritterherzen. Daß aber dieser Ordensklerikat selber jemals zu irgend welcher größeren, für die geistige Strömung im Orden maßgebenden Bedeutung gelangt wäre, dafür ist, trotz der ehrenvollen Stellung, die man ihm im Orden einräumte, keine Spur zu finden: es war offenbar mehr eine Verzierung oder Einstellung eines neuen, als Verstärkung eines alten Elements im Orden oder, wenn etwas verstärkt werden sollte und verstärkt worden ist, so war es die Leichtigkeit, sich mit seinen geistlichen Pflichten oder Versäumnissen überhaupt abzufinden, vom Orden selbst aus Gelegenheit zu bekommen, den für ein solches, im Dienst der Kirche stehendes Gemeinwesen immerhin doppelt wichtigen kirchlichen Anforderungen und Eigenschaften zu genügen, ohne dadurch allzusehr, mehr als im Ordensinteresse und Ordensgeist lag, belastet zu werden. Übrigens folgte da der Templerorden nur einem allgemeinen Zuge der Entwicklung, der durch die ganze Zeit ging und in der mittelalterlichen Entwicklung deutlich genug das 13. Jahrhundert von dem 12. unterscheidet; einem Zug, um es kurz zu benennen, zur Weltseligkeit. Dieser Zug zur Weltseligkeit war es, der, entsprungen eben aus der Übertreibung des religiös=kirchlichen Faktors und seine Hereinziehung in die rein irdischen

Angelegenheiten, die Macht der Kirche inwendig immer mehr, in dem Augenblick und in dem Grade brach, als sie äußerlich ihre Gewalt immer fester fügte und als eine über allen Widerstand erhabene Macht sich darstellte.

Diesem "weltseligen" Zuge begegnen wir in jener Epoche auf allen Gebieten, so auch in der Kirche. Am deutlichsten ist dies hier an deren Spitze wahrzunehmen, an der Kurie und den Trägern der Tiara. Treffen wir in den Päpsten der hildebrandinischen und der ihr folgenden Periode im allgemeinen wirklich auf Männer, die von dem gregorianischen Ideal, der Herstellung einer alle Lebensgebiete umfassenden Theokratie, inwendig erfüllt und begeistert waren: so ist es, vollends seit diese Träume in Innocenz III. ihre Vollendung und gewaltigste Personifikation gefunden haben, mehr nur die rein politische Herrschbegierde, die sich von da an, in den das 13. Jahrhundert am deutlichsten vertretenden Päpsten, so in einem Innocenz IV. wie in einem Klemens IV., bemerklich macht. Und "wie die Glieder, so auch das Haupt", dies gilt hier durchaus auch im umgekehrten Sinn. Der Herrschsucht der Hierarchie jener Zeit kommt nur ihre Üppigkeit gleich, Eigenschaften, welche auf ernster veranlagten Gemütern in einer Weise lasteten, daß wir es begreifen, wenn sie sich voll Ekel und Verzweiflung an der gegenwärtigen Welt entweder in chiliastische Träumereien vergruben oder überhaupt einer so entarteten Kirche den Rücken kehrten und mit Begierde sich den, mit dem evangelischen Ideal mehr Ernst machenden, Sekten anschlossen. Denn auch die geist=lichsten Institute des mittelalterlich=christlichen Geistes, die Klöster, Mönchs= und Nonnenorden, machten keine Ausnahme: im Gegenteil, wenn irgendwo die Verweltlichung grell hervortrat, so war es hier der Fall, weil eben bei den "Religiosen" der Widerspruch des Lebens gegenüber den ideal=asketischen Forderungen besonders kraß zum Bewußtsein kam. Kein Wunder, wenn die kirchliche Geschichte jener Zeit, vor allem der Kirchenversammlungen, wimmelt von Versuchen der Reform dieser Institute, sei es nun, daß man die Regel für ihr Zusammenleben im einzelnen noch schärfer zu fassen und zu begrenzen suchte, sei es, daß man den unver=besserlich scheinenden alten immer neue Reform=Orden gegenüberseßte, die doch in Kürze demselben Schicksal zu verfallen pflegten. Bei Vereinigungen aber wie den geistlichen Ritterorden, in denen von Hause aus der religiöse Geist die Herrschaft mit einem weltlich=politischen Zweck zu teilen hatte und dieser letztere schon durch die Verhältnisse, die äußerliche Situation, in beständiger Übung erhalten und zu immer größerer Anspannung gezwungen wurde, während jener im gleichen Grad an Bedeutung wie an Kraft, ein Neues zu gebären, verlor: bei solchen Korporationen kann es nur als selbstverständlich, wie eine logische Notwendigkeit, erscheinen, wenn jene Entwicklung bei ihnen zu dem doppelten Ausweg führte, daß sie eine immer **politischere** und Hand in Hand damit eine **immer weltlichere** Genossenschaft wurden.

Man hat — unter den Früheren besonders Wilcke und am letzten und heftigsten Prutz — gegen die Templer den Vorwurf erhoben, daß sie eine eigene Politik getrieben, sich um die Gesamtinteressen des h. Landes oder der Kirche überhaupt eigentlich nie gekümmert hätten. Dieser Vorwurf ist offenbar nicht unberechtigt, wenn man ihn überhaupt als Vorwurf gelten lassen will, da er doch eigentlich nur eine selbstverständliche Sache ausspricht. Die Templer **konnten ja gar nicht anders**, da, wie wir bereits früher ausgeführt haben, weder die wechselnden Machthaber im Königreich Jerusalem, noch — um von den abendländischen Fürsten und Staaten und den einzelnen Kreuzfahrern zu schweigen — diejenige Macht, auf die sie prinzipiell am nächsten angewiesen waren, das Papsttum jemals die Interessen des h. Landes für längere Zeit ausschlaggebend sein ließ, sondern oft genug, durch Ablenkung der für das h. Land bestimmten Kräfte, empfindlich schädigte, in entgegengesetzten Fällen aber, wo sie sich allzu speziell um die Angelegenheiten des h. Landes kümmerte, vielleicht nicht weniger oft verhängnisvoll als förderlich für diese geworden ist [1]). Trotzdem haben sich die Templer immer wieder als die zuverlässigsten Stützen dieser päpstlichen Politik bewährt und wurden so verwertet: man denke nur an den Kreuzzug Kaiser Friedrichs II. und die Rolle, die sie da spielten! Und gegenüber den noch verwickelteren und streitigeren Interessen der abendländischen kreuzfahrenden Herrscher bot dieser Anschluß, wie er schon im Wesen des Ordens als eines kirchlichen lag, immer noch die beste Gewähr für die Einheitlichkeit ihrer Politik im großen und ganzen, enthob sie aber nicht der Notwendigkeit und damit der Pflicht, zu den einzelnen Angelegenheiten und brennenden Streitfragen des h. Landes, wo ihr Hauptquartier war, nach dem Maße ihrer diesen Dingen ja am nächsten stehenden Einsicht und in der Hauptsache auch Interessen selbst ihre besondere Stellung zu nehmen, d. h. „eigene Politik" zu treiben [2]).

---

[1]) Vgl. den schon oben angeführten Anteil des Kardinallegaten Pelagius an dem unglücklichen Ausgang der Unternehmung gegen Damiette, von größeren Unternehmungen aber den ganzen 4. Kreuzzug! Zu dem ganzen Abschnitt s. oben p. 137 ff. — [2]) Daß diese Selbständigkeit in einzelnen Angelegenheiten sie auch mit der Kurie hin und her in Verwicklungen brachte, ist naheliegend: Vgl. den oben (p. 141) besprochenen Handel mit Stephan de Sissy! Es ist höchst instruktiv zu sehen, wie da die Kurie klug genug ist, nachzugeben. Freilich mochte manche Verstimmung da zurückbleiben.

Vielleicht mögen sie da manchmal unglücklich gewesen und durch ihre eigene Politik, die anderen leicht als eine eigensinnige erscheinen konnte, manches verschuldet haben. Z. B. ist die Ermordung jenes Gesandten des „Alten vom Berge" vielleicht wirklich von unheilvoller Wirkung für die Beziehungen des h. Landes geworden; obgleich man den Templern doch nicht ganz Unrecht geben wird, wenn sie der angeblichen Bekehrungslust dieser „Mörder" nicht recht trauten. Schwerer würde der Vorwurf wiegen, daß sie an dem Mißerfolg gegen Damaskus auf dem zweiten Kreuzzug die Schuld getragen haben — und zwar infolge von Bestechung —, wenn dieser Vorwurf auch nur einigermaßen Grund hätte und er nicht bei dem Zwiespalt der zeitgenössischen Quellen, unter denen nur die wertlosesten die Templer als die Schuldigen bezeichnen[1]), und bei der Unwahrscheinlichkeit der ganzen Anklage an sich in das Reich der Fabeln und der sinnlosen Verdächtigungen zu verweisen wäre, mit denen die Abendländer um so freigebiger zu sein pflegten, je weiter sie selbst vom Schauplatz entfernt und dadurch verhindert waren, die thatsächlich naheliegenden Ursachen zu erkennen; und je mehr sie einerseits nur die Fülle von Kräften, die über das Meer geschickt worden, sahen, andererseits die Ritterorden ihnen von Hause aus die bekanntesten der dort streitenden und maßgebenden Mächte waren. Bei dieser naheliegenden Erklärung für die Entstehung derartiger Verdächtigungen hat es keinen Sinn, alle die Gerüchte und Behauptungen von ihrer Teilnahme und Schuld an dem schließlichen Verlust des h. Landes ins einzelne weiter zu verfolgen und auf ihren Ursprung hin näher zu untersuchen; es genügt die Bemerkung, daß kein einziger wirklicher Verrat an der christlichen Sache dem Orden als solchem in seinem politischen Verhalten vorgeworfen werden kann[2]), daß aber, wollte man jede Durchkreuzung der politischen Unternehmungen anderer Christen gegen die Ungläubigen als Verrat rechnen, dann das Konto der übrigen im h. Land beteiligten und kreuzfahrenden Mächte ungleich mehr belastet wäre, als das der Templer. Je mehr man sich mit der Geschichte der christlichen Herrschaft im h. Lande beschäftigt,

---

[1]) Das Wahrscheinlichste ist immer, daß, wenn jemand hier eine bestimmte Schuld der Bestechung trifft, es die Pullanen waren: denn diese treulosen Morgenländer schwankten immer zwischen den Sarazenen und ihren eigenen Glaubensgenossen hin und her. Freilich war das Glück, das sie letzteren verdankten, nicht so groß, daß sie nicht das Recht gehabt hätten, sich darüber zu besinnen, ob sie nicht unter dem sarazenischen Joch sich besser befunden hätten? — [2]) Man müßte denn den Verratsversuch gegen Kaiser Friedrich V. als solchen, falls er nämlich historisch ist, rechnen, der aber dann doch mehr auf das Konto der Kirche, die den Kaiser ja schlechter als die Ungläubigen behandelte, zu setzen wäre, als eines einzelnen Organs derselben.

um so mehr muß man sagen, daß der schließliche Untergang derselben bei ihrer sittlichen, sozialen und politischen Bodenlosigkeit so wenig ein Wunder ist, daß man sich eher darüber wundern muß, wie dieselbe nur so lange Zeit hat bestehen können. Und daß man die Ursache dafür, daß der Sturz so lange hat hinausgeschoben werden können, zumeist in der Thätigkeit der beiden Ritterorden, der Templer wie der Hospitaliter, entdecken muß, das zeigt doch, daß vielmehr Verdienst als Schuld in dieser Hinsicht ihnen zukommt. Der klassischte Zeuge dafür ist Kaiser Friedrich II., wenn er, trotz seiner ausgesprochenen und berechtigten Abneigung gerade gegen die Templer, einen Zusammenstoß mit ihnen geflissentlich vermeidet, wohl wissend, daß damit vollends das h. Land seiner letzten Stützen beraubt würde. Aber auch das allgemeine Volksbewußtsein der Christenheit hat diese Vorstellung nie ganz aufgegeben, sondern zu gleicher Zeit, da man sie für den Verlust des h. Landes verantwortlich machte, für die Rettung und hernach Wiedergewinnung desselben in erster Linie auf sie gerechnet. Auch ist nicht unwahrscheinlich, daß, hätte man dem Orden nur Zeit gelassen, er keineswegs den Vorwurf dauernder Zwecklosigkeit infolge des Verlustes von Palästina und der damit eingetretenen Schwierigkeit, seinem eigentlichen Beruf zu genügen, gerechtfertigt haben würde, sondern mit der Zeit es schon verstanden hätte, in irgend einer Form ein Bollwerk gegen den hereinflutenden Islam zu werden, so wie es, obgleich in bescheidener, so doch nicht wertloser Form, der Johanniterorden von der gerade in diese Zeit fallenden Eroberung von Rhodus an geworden ist. Kein Geringerer als Döllinger hat noch in seinem letzten Vortrag, der ja unserem Templerprozeß galt, diese Überzeugung ausgesprochen, und zwar nach der Hinsicht, daß, wie von den Johannitern Rhodus, so von den Templern Cypern, wo sie seit dem Verlust des h. Landes ihr Hauptquartier hatten und, wie auch der Verlust des Prozesses gegen den Orden zeigt, eine Achtung gebietende Stellung einnahmen, zu einer Festung gestaltet worden wäre, die dem Anprall des Muhammedanismus auf seinem Zuge gegen Westen Einhalt gethan und, wenn ihn auch nicht bleibend aufgehalten, so doch jedenfalls nicht wenige seiner Kräfte absorbiert hätte. In jedem Fall dürfte Lavocats Ansicht Beherzigung verdienen, der vom Standpunkt des Franzosen aus in dem Untergang des Templerordens eine schwere Einbuße und Schädigung der nationalen Interessen erblickt, insofern mit dem Sturze dieser, wie auch wir gesehen haben, wesentlich französischen Institution der Einfluß und die Vorherrschaft des Franzosen oder „Frankentums" im Orient einen schweren Stoß erlitt und der französische Adel eine Expansionskraft einbüßte, die wesentlich der Nation selber zu gute kam.

Aber steht dem nicht entgegen die Beobachtung, daß die Templer in der letzten Zeit immer mehr jenen ursprünglichen Zweck des Kampfes gegen die Ungläubigen aus den Augen verloren und statt dessen darnach trachteten, sich in Frankreich, und zwar im Süden desselben, niederzulassen, gleich den Deutschordensherren einen eigenen Staat dort zu gründen und so in höchster Potenz zu einer Gefahr für den französischen Staat geworden sind? Bekanntlich ist letzteres unter den Neueren besonders von Wilcke und ihm nach von Prutz behauptet worden; ersterer Vorwurf, daß sie es am Kampf gegen die Ungläubigen allzusehr haben fehlen lassen, ist dagegen schon von den Zeitgenossen gemacht worden. Die beste Antwort auf alle solche Verdächtigungen giebt Molay selbst vor der päpstlichen Kommission in seiner Erwiderung auf den Vorwurf Nogarets, den ihm dieser auf Grund einer Erzählung der Chronik von St. Denis machte, daß die Templer zeitweise sogar dem Sultan Saladin gehuldigt hätten[1]): Molay bekennt hier — ein wertvoller Einblick in die innere Geschichte des Ordens in dieser vorangegangenen Periode —, daß es für ihn selbst eine Zeit gegeben habe, da er mit anderen jüngeren Genossen unzufrieden gewesen sei über den Waffenstillstand, den sein Vorgänger Wilhelm von Beaujeu gegenüber dem Sultan Kelavun gehalten habe, indem er in der Weise der Jugend nach Kampf und Krieg gedürstet habe. Später aber habe er einsehen lernen, wie jene Mäßigung und vertragsmäßige Ruhe Beaujeus das einzig Richtige gewesen sei, da der Orden sonst noch viel früher vollends um seine Besitzungen im h. Land, die er anders nicht hätte verproviantieren können, gekommen wäre. Ein Zeugnis, daß es in erster Linie mangelnde Einsicht in die Situation war, die zu jenen Beschwerden und Vorwürfen führte, die aber deshalb bei näherem Zusehen auf Grund eigener Erfahrung sich auch alsbald als hinfällig erwiesen. Molays ganze hier charakterisierte Gesinnung ist auch ein Beweis dafür, daß der Kampf gegen die Ungläubigen und die Wiedergewinnung des h. Landes von dem Orden nie aus dem Auge verloren wurde, auch wenn das Memorandum „De recuperatione terrae sanctae" nicht von ihm herrührt und nur das Gutachten über die Verschmelzung der beiden Ritterorden ihm zugeschrieben werden kann. Denn überall ist auch hier die durchgehende Voraussetzung, daß die Zwecke beider Orden unverändert fortbestehen und es als eine schwere Verletzung der Religion und des Gewissens empfunden würde, irgendwie erheblich davon abzugehen. Doch ist diese Gesinnung Molays zum Glück noch lange nicht der einzige Beweis. Entscheidender in dieser Hinsicht bleibt der von Schottmüller auf Grund

---

[1]) Michelet I, 44; vgl. Havemann p. 231.

seines „Processus Cypricus" erbrachte Nachweis, daß das Hauptquartier des Ordens noch zur Zeit des Prozesses keineswegs in Frankreich, sondern durchaus auf Cypern zu suchen ist, und daß selbst durch die Reise des Großmeisters und seine so oft ungebührlich aufgebauschte Begleitung dieser Schwerpunkt nur in unwesentlichem Grade verrückt worden ist. Übrigens haben ja zu allem Überfluß die Templer auch mit der That bewiesen, daß es ihnen Ernst war, das Ihrige zur Wiedergewinnung des h. Landes zu thun. Wenn sie noch im J. 1301 (nach Schottmüller I, 607 1302) den Versuch machten, die Insel Tortosa zum Ausgangspunkt neuer Aktionen an der syrischen Küste zu machen und hiebei nicht weniger als 140 Templerritter mit 600 Söldnern verloren, so war das für den in den Kämpfen um Accon militärisch erschöpften Orden eine Unternehmung, die nicht so kurzer Hand als geringfügig und unbedeutend abgefertigt werden kann, wie vielfach, auch von Prutz, geschehen ist. Vielmehr kehrt nicht bloß bei den Templern vor der päpstlichen Kommission das Andenken an dieses Ereignis wieder[1]), sondern selbst im Mund fremder Zeugen (so in Cypern des Genuesen Parseval de Mar, Bürgers von Nicosia) wird es, vor allem wegen der hernach in der Gefangenschaft in Ägypten bewährten Glaubenstreue dieser Templerritter, welche sie einen elenden Tod der Verleugnung ihres Glaubens vorziehen ließ, zu einer glänzenden Rechtfertigung ihres Charakters als Helden und Christen[2]). Freilich ist das seit den Tagen von Accon, also in den letzten anderthalb Jahrzehnten, die einzige kriegerische That, die von dem Orden berichtet wird. Aber eben der Ausgang dieses Unternehmens bezeugt klar, wie der Grund, warum der Orden in dieser Zeit nicht mehr und größere Dinge unternahm, einfach darin liegt, daß er für sich allein viel zu schwach war, um nach dem Verlust jeder Stütze im h. Land den muhammedanischen Mächten, allen voran Ägypten, die Spitze bieten zu können[3]). Und nehmen wir die mit jener Katastrophe verbundene Erschöpfung des Ordens genügend in Rechnung, so haben wir darin einen vollwiegenden Beweis, daß der kriegerische Geist im Orden keineswegs erloschen war, wenn auch zugegeben werden muß, daß in den abendländischen Provinzen des Ordens, besonders in Frankreich, das — allgemein gesagt — Verwaltungselement im Orden das militärische allmählich weit in den Hintergrund gedrängt zu haben scheint. Darauf kommen wir alsbald.

Erledigt sich somit der den Templern gemachte Vorwurf, ihren ursprünglichen Zweck längst aus den Augen verloren zu haben, schon aus

---

[1]) s. Mich. I, 222. — [2]) s. Processus Cypricus bei Schottm. II. 160.
[3]) Vgl. auch jenes früher Molay zugeschriebene Gutachten „De recuperatione terrae s."

der den muhammedanischen Mächten gegenüber ungenügenden Stärke des
Ordens, so ist vollends die Behauptung, daß sie eine Gefahr für den
französischen Staat und das Königtum Philipp des Schönen
gewesen seien, kaum ernsthaft zu nehmen. Möglich geworden ist ein der=
artiger Gedanke nur durch eine ebenso starke Unterschätzung der könig=
lichen als Überschätzung der templerischen Macht. Von jener, der Macht
des Königtums, erinnert mit Recht Boutaric[1]) daran, daß sie auch in
den schwierigsten Zeiten, in der Zeit der eigentlichen Feudalherrschaft im
10. und 11. Jahrhundert, stärker war, als man vielfach glaubte: denn
„das Königtum war ein Prinzip, das der Nationalität und des
Patriotismus". Und seitdem waren die Zeiten andere geworden und zwar
in der Richtung eines immer mächtigeren Aufschwungs der Monarchie.
Vertreten ist dieser Aufschwung vor allem durch die Namen Philipp August
und Ludwig der Heilige. Wie sehr sich die Templer ihrer eigenen Ohn=
macht selbst auf dem Schauplatz ihrer konzentrierten Herrschaft, im h. Lande,
einer solchen königlichen Gewalt gegenüber bewußt waren, geht aus der
Unterwürfigkeit hervor, mit der sie selbst eine solche Demütigung, wie den
Widerruf eines fest, aber eigenmächtig, geschlossenen Vertrags mit dem
Sultan von Damaskus ertrugen, die Wilcke[2]) seiner Schilderung ihrer
Furchtbarkeit wegen des Respekts, den sie den Assassinen einflößten und
der gerade Ludwig dem Heiligen hier zu gute kam, unmittelbar muß folgen
lassen. Welche Machtstellung aber vollends das Königtum Philipps des
Schönen einnahm, schon infolge des mächtig erwachenden Nationalbewußt=
seins, aber auch der jenes meisterlich zu benutzen verstehenden konsequenten
Politik dieses Königs, das ist durch Boutaric erst recht bekannt und zur
unverrückbaren Thatsache geworden.

Andererseits ist die Macht der Templer, d. h. ebenso ihre Zahl
wie ihr Reichtum, vielfach außerordentlich überschätzt worden. So
schwierig eine Aufstellung hierüber, schon hinsichtlich ihrer Zahl, ist, so
dürfen wir doch hier nicht ganz an dieser Frage vorübergehen. Über
Schätzungen und Schlüsse werden wir freilich wohl nie hinauskommen.
Aber wenn jene durch diese richtig kontrolliert werden, so läßt sich doch
vielleicht annähernd ein richtiges Bild von der Wirklichkeit gewinnen.
Mit bloßen Schätzungen ist viel gesündigt worden: hat man sich doch
bis auf 30 000 Streiter, welche die Templer sollen aufzustellen im stande
gewesen sein, verstiegen; so Maillard de Chambure, während Wilcke für
Frankreich allein die Hälfte, die ungeheuerliche Zahl von 15 000 Rittern,

---

[1]) Im ersten Buch von „La France sous Philippe le Bel". — [2]) Wilcke
I, 278.

annimmt, und selbst Schottmüller, der sich sonst redlich bemüht, die Zahlen mit den Thatsachen in Einklang zu bringen, immer noch für Frankreich allein 15 000 Ordensmitglieder, nicht Ritter, rechnet und über 20 000 für den ganzen Orden.

Lea gebührt auch hier das Verdienst, allen diesen Schätzungen gegenüber in erster Linie die Thatsachen zu Wort kommen zu lassen. Und diese stehen allen solchen Schätzungen in schwer zu vereinbarender Weise gegenüber. Und zwar handelt es sich da mehr noch um die Zahl der Ritter, als die der Templer überhaupt. Was erstere betrifft, so ist es eine geschichtliche Thatsache, daß im h. Land selbst, wohin doch die Kraft des Ordens sich in seiner besten Zeit immer konzentrierte, nie mehr als 500 Ritter im Kampf gegen die Ungläubigen beisammen waren. Die höchsten Ziffern ergeben: die Schlacht bei Paneas 1156, wo 300 Tempelritter fallen, 87 mit dem Großmeister und Ordensmarschall gefangen werden und nur 30 übrig bleiben[1]); bei Hittin, wo der Verlust sich auf 60 Gefallene, 230 nach der Schlacht Gefangene, die Saladin auf ihre Weigerung, überzutreten, hinrichten läßt, beziffert[2]); im 13. Jahrhundert aber in der Schlacht bei Gaza gegen die Khovaresmier (1244) auf 312 Ritter und 380 Servienten, während vergleichsweise der Verlust der Hospitaliter 325 Ritter und 224 Servienten betrug, vom Deutschorden aber von 400 Rittern nur 3 übriggeblieben sein sollen. Endlich beträgt die Zahl der Verteidiger von Accon 1291 500 Templer, von denen nur 10 mit dem (stellvertretenden?) Großmeister Gaudin entkommen[3]). Damit stimmt die Angabe des Juden Benjamin (bei Fleury, Histoire ecclésiastique), daß zur Zeit Odos von St. Amand, also dem gefährlichsten Gegner Saladin gegenüber, die beiden Orden, Hospitaliter wie Templer, täglich 400 zum Streit gegen die Ungläubigen gerüstete Ritter ins Feld stellten. Wen diese im Verhältnis zu dem gefürchteten Ruf, in dem der Orden bei Freund und Feind stand, bescheidenen Zahlen in Verwunderung versetzen, der sei daran erinnert, daß die Templer neben ihren eigenen, aus Rittern und Servienten bestehenden, Leuten für gewöhnlich eine weit bedeutendere Anzahl von Soldtruppen, vor allem Bogenschützen, unterhielten: in welchem Verhältnis, dafür giebt einen ungefähren Anhaltspunkt die Besatzung von Safed, die nach dessen Wiederaufbauung 1240 aus 50 Rittern, 30 Servienten, 20 Turkopolen und dazu 300 Bogenschützen bestand, wozu 850 teils als Arbeiter teils als Dienerschaft beschäftigte Männer und 400 Sklaven hinzukamen, so daß die gesamte Bevölkerung für gewöhnlich mit Weib und Kind 2820 Seelen betrug, von welchen der Orden in Friedenszeiten

---

[1]) Le Jeune I, 71. — [2]) Le Jeune I, 155. — [3]) Le Jeune II, 103.

täglich 1700, im Krieg aber 2200 ernährte[1]). Dürfen wir somit — entsprechend dem Unternehmen gegen Tortosa 1302, welches mit 140 Templern und 600 Söldnern in Scene gesetzt wird — die Zahl der templerischen Truppen für gewöhnlich auf mindestens das vier- bis fünffache der eigentlichen Ordensmitglieder, Ritter und Servienten, veranschlagen, so erhalten wir für Palästina ein Kriegscorps von immerhin vielleicht 4000—5000 Mann, die der Orden ins Feld stellte, deren Kern ca. 500 schwergerüstete Ritter und etwa annähernd ebensoviel kaum viel weniger kriegstüchtige Servienten bildeten, für die Verhältnisse des h. Landes eine durchaus Respekt gebietende Streitmacht. Nun gelten diese Zahlen freilich zunächst nur für Palästina, und versteht es sich von vornherein, daß bei der Ausdehnung des Ordens über die ganze Christenheit diese Zahlen mehrfach zu multiplizieren sind. Indes fiel der Schwerpunkt des Ordens doch, solange der Kampf mit den Ungläubigen hier brennend war — und das war ja bis in die letzte Zeit des Ordens der Fall — hieher. Hier strömte die kriegstüchtige Elite des Ordens immer wieder zusammen und, wenn die Templer selbst es als einen berechtigten Ruhmestitel ansahen, daß in den 180 Jahren ihres Bestehens 20 000 Brüder im h. Land das Leben gelassen hätten, von denen die wenigsten wohl im Bette gestorben sind, so scheint uns das mit Lea[2]) Beweis genug, daß zu keiner Zeit die Zahl der Ritter ein paar Tausend, höchstens, überschritten haben kann.

Das scheint allerdings viel zu wenig, wenn man damit die Nachricht des Matthäus von Paris, auf den jene großen Zahlen fast alle im letzten Grunde zurückgehen, nur daß sie denselben noch zu überbieten trachten, vergleicht, wonach in seiner Zeit die Zahl der templerischen Häuser oder „manoirs" 9000 (gegenüber 19 000 der Hospitaliter) betragen haben soll. Indes stellt schon Le Jeune[3]) dem einen andern Schriftsteller, des Alberich Chronicon trium fontium ad a. 1313, als besser instruiert gegenüber, der jene 9000 auf 3500 reduziert[4]). Damit scheint die Nachricht des Ferretus von Vicenza, der die Zahl sämtlicher im Prozeß gegen den Orden umgekommenen Templer auf 15 000 angiebt, wobei er offenbar die Gesamtzahl der dem Orden angehörigen Glieder meint, im allgemeinen wohl vereinbar, wenn wir bedenken, daß darunter nicht bloß kriegstüchtige Männer, Ritter und Servienten, sondern auch zahlreiche in die letztere Klasse aufgenommene Verwaltungselemente befaßt sind, Pächter und Handwerker, welche die Güter des Ordens umtrieben oder welche der Orden

---

[1]) Le Jeune I, 372. — [2]) Lea III, p. 250. — [3]) Le Jeune I, 385. — [4]) Im 18. Jahrhundert gab es nach Le Jeune für ganz Frankreich für sämtliche Besitzungen der in die Erbschaft der Templer ja eingetretenen Hospitaliter nur 240 Komture.

sich sonst, zur Erhöhung seiner Einkünfte und Vermehrung seines Besitzes, angliederte.

Die Zahl dieser niederen Ordenselemente muß, insbesondere für Frankreich, wo der Orden von Anfang an am meisten zu Hause war und so am längsten und reichsten begütert und mit der Bevölkerung am meisten verschmolzen, nach den Ergebnissen der Prozeßprotokolle als verhältnismäßig sehr bedeutend angenommen werden. Es ist eine fast verblüffende Thatsache, daß unter den Hunderten von Templern, welche vor den verschiedenen Instanzen des Prozesses uns vorgeführt und namhaft gemacht werden, so außerordentlich wenige als Ritter, milites, bezeichnet sind: unter den 138 vor dem Inquisitor zu Paris im Oktober bis November 1307 Verhörten nur 14, von 546 [1]) vor der päpstlichen Kommission zur Verteidigung erschienenen nur 18 und von den 225 als Zeugen wirklich Verhörten gar nur 10; von den 33 in Poitiers namentlich aufgeführten, offenbar besonders auserlesenen, wenigstens 12 [2]). Schottmüller weiß diese Thatsache in der Hauptsache nur durch die Wirkung der Folter, welcher die Ritter als die tüchtigsten und zähesten und so am wenigsten zu „Geständnissen" zu vermögenden Mitglieder des Tempels am zahlreichsten zum Opfer gefallen seien, zu erklären. Aber wenn wir ihm auch beistimmen, daß diesem Faktor noch eine ganz andere Bedeutung, als bisher meist geschah, zugeschrieben werden muß, so können wir uns doch so weit gehend diese Wirkung kaum denken, sondern möchten — wenn nicht ein einfaches Übersehen oder eine verschiedene Behandlung von seiten der verschiedenen Protokollführer anzunehmen ist, was bei der allgemeinen Übereinstimmung doch kaum geht — dieses Rätsel eher damit erklären, daß neben den „milites", die in Wahrheit allein den Namen Tempelritter verdienen, auch unter den „Servienten" zahlreiche kriegstüchtige Edelleute sich befanden. Dem Namen nach lassen sich wenigstens letztere schwer von den ersteren, den milites, als von der höher berechtigten Gruppe unterscheiden. Jedenfalls wird man die Zahl der eigentlichen milites, und vollends der im Kampf erprobten Rittersleute, als verhältnismäßig weitaus die Minorität der Genossenschaft bildend denken müssen. Nach dem, was aus den Prozeßprotokollen der verschiedenen Länder zu finden ist, wonach die Behauptung des Bischofs Durandus von Mende als Berichterstatters vor dem Konzil von Vienne, daß, nachdem insgesamt ca. 2000 Templer verhört worden seien, weitere somit kaum mehr auf zutreiben sein werden, bereits als eine bedeutende Abrundung nach oben

---

[1]) Insgesamt erschienen vor dieser Kommission 590, vgl. unsere Statistik oben p. 94 ff. — [2]) Schottmüller I, 237.

erscheint, wird man wohl Lea durchaus zustimmen müssen, wenn er für die Mitgliederschaft des Ordens insgesamt jene Zahl des Ferretus von Vicenza, 15 000 acceptiert, aber unter diesen höchstens 1500, $^1/_{10}$, Ritter sein läßt [1]).

Wie viele von diesen 15 000 Templern auf Frankreich kommen mochten? Nimmt man das Verhältnis, in dem die verschiedenen Zungen oder Provinzen auf Cypern, wo der Konvent sich befand, vertreten waren, als entscheidenden Maßstab an — was, wie unsere Nationalitätenstatistik ergeben hat, im allgemeinen mit den übrigen Spuren stimmt —, so dürfen wir für die französische Zunge im weiteren Sinn etwa die Hälfte, also 7000—8000 Glieder, annehmen, wovon auf das Philipps Botmäßigkeit unmittelbar unterstehende Gebiet vielleicht $^2/_3$, also ca. 5000 Ordensgenossen, kämen. Indes darf bei der Ausdehnung, in welcher nach den Ergebnissen der Protokolle eben in Frankreich die Aufnahme auch nicht militärischer, niedrigerer, eigentlich nur zur Verwaltung der Ordensgüter dienlicher Elemente stattgefunden hatte, von Hintersassen, die als Bauern oder Pächter die Ländereien des Ordens bewirtschafteten, oder als Bäcker, Zimmerleute und sonstige Handwerker dem Orden Dienstleistung thaten, und welche hernach so zahlreich unter den Zeugen auftauchen, diese Zahl vielleicht um die Hälfte vermehrt, auf 7000—8000 erhöht werden [2]), ohne daß damit die Zahl der dem Orden mittelbar Dienste leistenden und zu ihm im weiteren Sinn in Beziehung stehenden, nur nicht förmlich in den Orden aufgenommenen, Bevölkerung schon erschöpft wäre. Aber wenn letztere auch vielleicht das Zwei- bis Dreifache betrug, also daß die ganze in Frankreich irgendwie vom Orden abhängige Bevölkerung vielleicht auf 15 000—20 000 Seelen anzuschlagen wäre — gewiß die höchste hier zulässige Schätzung —: was war das alles gegen Philipps königliche Macht? Ja, wenn das, oder auch nur die Hälfte davon, lauter kampfgeübte Ritter und sie alle auf einem Punkt bei einander gewesen wären! Aber über ein Land von ca. 6000 Quadratmeilen und über eine Bevölkerung von — nach der zuverlässigsten Schätzung — etwa 6 Millionen Seelen verstreut, dazu nur zum geringsten Teile, höchstens ein paar Hundert, aus wirklichen Männern des Kriegs bestehend, konnte sie als eine wirkliche Macht in militärisch-politischer Hinsicht gegenüber dem König Philipp dem Schönen keinen Augenblick in Betracht kommen. Man

---

[1]) Lea III, p. 251. — [2]) Freilich steht dann damit die Zahl der thatsächlich im Prozeß auftauchenden, noch nicht einmal ein volles Tausend betragenden Templer in einem immer wieder schwer zu lösenden Widerspruch und mahnt uns daran, daß die von uns gegebenen Zahlen wirklich das Höchste, oder fast schon ein Zuviel, einer erlaubten Schätzung bedeuten.

denke doch nur an den thatsächlichen Hergang! Wie lächerlich leicht sind diese „gefürchteten Rivalen" des Königtums gerade in Frankreich aufgehoben worden! Da ist auch nicht eine Spur von Widerstand — bis zu der offenbar von der Phantasie des Volksgerüchtes aufgebauschten, aber für ein schlechtes Gewissen, wie das des Papstes Klemens V. sein mußte, genügend schreckhaften Nachricht von den 1500 Rittern, die 1312 in der Umgegend von Lyon sich versammelt haben sollten, um das Konzil von Vienne mores zu lehren. Während sie in anderen Ländern, wie Deutschland, Aragonien, Cypern, trotz geringer Zahl doch zu männlicher Gegenwehr sich aufraffen oder wenigstens anschicken, bieten sie in Frankreich kaum einen anderen Anblick als den von Schafen, die zur Schlachtbank geführt werden. Denn — dies ist eben das Bezeichnende des französischen Prozesses — gerade hier ist am allerwenigsten Wille zu einem solchen Widerstand vorhanden. So schlecht die Templer von den königlichen Beamten behandelt werden und so schreiend das Unrecht ist, das ihnen von dieser Seite angethan wird, nirgends ist dem König gegenüber eine andere Haltung zu finden, als die der äußersten Unterwürfigkeit; ein Zeugnis einerseits von der Furcht, welche die königlichen Schergen ihnen einzuflößen verstanden, andererseits doch auch wieder des angeborenen Respekts vor dem König, der bei seinen eigentlichen Unterthanen kaum größer sein konnte. Es hat fast etwas Rührendes, immer wieder diese Loyalitätsversicherungen zu hören, mit denen die Protokolle, zumal zu Anfang der Verhandlungen vor der päpstlichen Kommission, wo es sich noch um eine Möglichkeit der Verteidigung gegen die Anklagen handelte, angefüllt sind, wie gegenüber dem Papst, so mehr noch gegenüber dem König: „salvo jure Regis et Pape". solche und ähnliche ausführlichere Versicherungen („quod non intendit dicere aliquid contra ecclesiam Romanam nec contra dominum nostrum Papam nec contra dominum nostrum Regem Francorum seu eorum curias" etc.[1]) kehren auf Schritt und Tritt wieder und müssen einen jeden von des Ordens Ungefährlichkeit und Harmlosigkeit gegenüber jener Verdächtigung überzeugen. Wer, der all das unbefangen liest, wird nicht unwillkürlich zu dem Geständnis gezwungen: wahrlich, diese Männer sind keine Verschwörer!

---

[1] So z. B. Mich. I, 81 Ritter Gerhard de Caus und ähnlich I, 82 Raoul de Giji; daß sie auf keinen Fall gegen Papst und König streiten wollen, erklären die 13 bei Plavet (beim Thor S. Antoine) inhaftierten Templer I, 135 und ganz ähnlich Aymo de Pratinis I, 138. Besonders zu beachten aber ist die Erklärung der an Stelle von Prokuratoren, also als Hauptvertrauensmänner ihrer Ordensgenossen, gewählten 4 Templer (II, 165—168) vor der Kommission, indem hier der König von Frankreich möglichst geschont und als selbst von Feinden des Ordens getäuscht hingestellt wird.

Das schließt nicht aus, daß sie **unbequem** werden konnten, unbequem ihre ganze Genossenschaft schon in ihrer eigenen ziemlich selbständigen Politik. Zumal einem Herrscher gegenüber, der die gleichmäßige Unterwerfung aller Elemente des Staats unter die alles nivellierende monarchische Gewalt so konstant als erstes Ziel seiner Politik verfolgte, konnte und mußte eine Gesellschaft, die mit ihren Privilegien so mannigfach diese Gleichheit, und zwar von der empfindlichsten Seite, schon hinsichtlich ihrer Besteuerung, durchbrach, ein steter Dorn im Auge sein. Und es läßt sich nicht leugnen, daß die Templer diese Privilegien mannigfach mißbraucht haben, daß sie z. B. gelegentlich Hoheitsrechte beanspruchten, die einen so mißtrauisch seine Rechte wahrenden Monarchen wie Philipp den Schönen aufs äußerste reizen mußten. Prutz verweist in seiner „Entwicklung"[1]) ja auf einige derartige Konflikte mit den königlichen Beamten wie mit der Bürgerschaft königlicher Städte, so von Provins und La Rochelle. Indem wir das Nähere über das Verhältnis des Ordens zu Philipp und umgekehrt dem 3. Kapitel vorbehalten, können wir doch nicht umhin, hier zu bemerken, daß schon die vorhin erwähnte, eben in Frankreich uns begegnende Templerpraxis, sich zur Bereicherung ihrer Einkünfte wie ihres Einflusses möglichst zahlreiche, dem Ordenszweck sonst durchaus fremde Bevölkerungselemente anzugliedern, die dann der Ordensprivilegien teilhaftig und so den staatlichen Pflichten mehr oder minder entzogen wurden, — vor allem mit Bezug auf die Besteuerung, die unter Philipp mit besonderer Strenge auf der Bevölkerung lastete und diese mit Freuden derartige Auskunftsmittel ergreifen ließ — den Interessen des Staats durchaus entgegen war und diesen zwang, auf Repressivmaßregeln gegen ein solch störendes Element zu sinnen.

Und dieses neidische Mißtrauen wurde vermehrt dadurch, daß der Orden **reich** war. Es sind zwar über diesen Reichtum des Ordens nicht weniger übertriebene Vorstellungen verbreitet worden, als diejenigen, welche wir bezüglich der Zahl und Macht der Templer zu korrigieren hatten: Vorstellungen und Behauptungen, welche fast noch schwieriger als diese sich auf ihr berechtigtes Minus reduzieren lassen. Indem wir hier auf eine eingehendere Untersuchung, welche in der uns gebotenen Kürze sich kaum abmachen ließe, verzichten, bemerken wir nur dreierlei: 1. daß die von Wilcke beliebte, aus Grouvelle gezogene und danach von Prutz wieder aufgewärmte Vergleichung, wonach die Einkünfte der Templer sich auf 20 Millionen Thaler belaufen haben sollen, während der König von Frankreich aus seinem gesamten Domanialbesitz kaum über 2 Millionen

---

[1]) S. „Entw." p. 65 ff.

Francs bezogen habe, vor Boutaries eingehenden Untersuchungen gerade dieser Finanzverhältnisse nicht Stich gehalten hat. Nach diesen[1]) betrugen allein die Kosten für den königlichen Hofhalt nach unserem Geld ca. 17 Millionen Francs jährlich; die Gesamtsumme der außerordentlichen Steuern und Auflagen aber, die von 1295—1314 erhoben wurden, übersteigt eine Milliarde. 2. Nicht weniges von jenen übertriebenen Gerüchten über des Ordens Reichtum ist, wie Schottmüller überzeugend nachgewiesen hat, auf den Umstand zurückzuführen, daß die Templer in jener Kreuzzugsperiode überhaupt, vor allem in Frankreich, den Geldverkehr vermittelten und als Wechsler und Banquiers, selbst für den König, vielfach thätig waren, eine Thätigkeit, welche ebenso durch den Umtrieb des Geldes zur Vermehrung ihrer Kräfte als durch die infolge davon vergrößerten und durch den Anblick des durch ihre Hände laufenden Geldes scheinbar bestätigten Phantasien und Gerüchte[2]) von ihrem Reichtum zur Steigerung der Gefahr von seiten neidischer Mächte führte. 3. Möchten wir nicht unterlassen, zur Gewinnung eines richtigen Maßstabs für eine Vergleichung des templerischen Besitzes die von Boutarie[3]) gegebene und von Lea[4]) reproduzierte Notiz anzuführen, daß 1300 bei einem dem König durch den Klerus verwilligten Zehnten die Templer in der Provinz Bourges[5]) zu 6000 Livres (tourisch) und zu ebensoviel die Hospitaliter, die Cistercienser aber auf das Doppelte geschätzt wurden. Diese Provinz macht aber etwa 1/5 des damaligen Frankreich aus. Die Notiz stimmt mit unserer Bemerkung, daß in diesem Landesteil, umfassend vor allem die Auvergne, Templer und Hospitaliter in gleichem Maße, nämlich ziemlich stark, angesiedelt gewesen zu sein scheinen, während sonst die Templer mehr aus dem (fränkischen) Norden, die Hospitaliter aus dem (romanischen) Süden sich rekrutierten. Sie ist aber auch deshalb bemerkenswert, weil sie einen wertvollen Anhaltspunkt bietet für den Beweis, daß zwar die Angaben über den templerischen Besitz, wonach unsere Ritter vielfach als die reichsten unter allen Ordensleuten verschrieen wurden, übertrieben sind, aber immerhin der Orden im Vergleich zu seiner verhältnismäßig bescheidenen Mitgliederzahl ein durch seinen Besitz jedenfalls in die Augen fallendes Bevölkerungselement bildete.

Und dazu wurde dem Orden vorgeworfen, daß er diese Reich-

---

[1]) Vgl. Pontarie, X. Buch, p. 327—346. — [2]) Auf das bekannteste dieser Gerüchte, von den 150 000 Goldgulden und 10 Maultieren voll Silberdenaren, die Molay bei seiner Ankunft in Paris mit sich geführt habe, gehen wir nach der Abfertigung durch Schottmüller nicht weiter ein. — [3]) Im 3. Kapitel des IX. Buchs. — [4]) Lea III, p. 251. — [5]) Nach unsern Notizen schreibt Lea Bordeaux, was wohl ein Versehen wäre, da diese Provinz meist englisch war.

tümer nicht immer auf rechtliche Weise zusammengebracht hat. Bekanntlich hat dieser Vorwurf auch unter die Anklage=Artikel Aufnahme gefunden (Art. 97—100) in der Form, daß die Templer „es für keine Sünde gehalten haben, per fas et nefas den Orden zu bereichern; daß sie das bei der Aufnahme sogar eidlich haben versprechen müssen; ebenso daß die Almosen nicht nach den Statuten ausgeteilt und die Hospitalität nicht beobachtet wurde". Nun lassen sich auch diese Vorwürfe gar leicht auf Volksgeschwätz zurückführen, ohne ihm weitere Beachtung zu schenken. Denn wie leicht derartige Geschwätze auch ohne die mindeste Unterlage entstehen, weiß jedermann; und daß bei den Templern vollends schon wegen ihrer Finanzgeschäfte solche Verdächtigungen aufkommen mußten, liegt ja auf der Hand. Indes wenn wir hören, wie allgemein dem Orden in verschiedenen Ländern dieser Ruf nachging[1]) und auch von manchem, den Orden sonst in Schutz nehmenden templerischen Zeugen dieser Vorwurf zugegeben wird[2]), so werden wir doch geneigter, anzunehmen, daß etwas Wahres daran sein mußte. Entscheidend aber wirkt auch hier die Heran= ziehung der Statuten und die fast dominierende Rolle, welche hier dem Vergehen „larrecin" zugewiesen wird[3]). Derartige Bestimmungen konnten offenbar nicht ohne Einfluß auf das praktische Verhalten der Ordens= genossen bleiben, sondern mußten ihnen allerdings Bereicherung des Ordens um jeden Preis fast als die erste aller Tugenden erscheinen lassen. In dieses Kapitel gehört auch die, trotz des strengen Verbots von Simonie durch die Statuten, von einer Reihe von Templerzeugen in aller Trocken= heit beigebrachte Aussage, daß sie die Aufnahme in den Orden eben ihrem Vermögen, sei es dem später zu hoffenden, oder öfter dem gleich bei der Aufnahme mitgebrachten, zu verdanken gehabt hätten[4]). Diesen Teil der

---

[1]) Vgl. z. B. die nicht templerischen Zeugen im englischen Prozeß, Havemann p. 322. — [2]) Vgl. über die Rolle, die Molan in dieser Hinsicht zugekommen sein soll, Schottmüller I, 604 auf Grund von Mich. I, 640 und 186. Über den ganzen Vor= wurf von Habgier und Geiz vgl. insbesondere noch die Zeugen 15 bei Mich. I, 264 ff.; 13 (I, 249 ff.); 20 (II, 301 ff.); 22 (I, 311 ff.); 37 (I, 367); 56 (I, 446); 136 (II, 12) u. a. — [3]) Vgl. oben p. 104. — [4]) Vgl. so den Zeugen Peter de S. Ma= merto (103) vor der päpstlichen Kommission (Mich. I, 588), der gesteht, auch er wäre gleich andern schon früher aus dem Orden getreten, wenn er das Geld, das seine Freunde für ihn hergegeben, hätte wieder bekommen können; oder den Zeugen Raynand Vergeron (105), der wegen seines Reichtums in den Orden gelockt worden sein will (er besaß Güter im Wert von 800 Livr. tourisch). Ähnlich sagt der Priester Albert de Rumercourt (Mich. II, 407) vor der Inquisition in Paris 1307 aus, er habe sein ganzes Vermögen, 40 Pfd. jährl. Einkünfte, in den Orden gebracht, bereue es aber. Hugo de Narsac (Zeuge 206 Mich. II, 205 ff.) gesteht ohne weiteres, daß Simonie im Orden häufig vorgekommen sei. Noch schlimmer ist die Aussage von Bartholomäus

Anklage werden wir somit im allgemeinen, d. h. in ihrem allgemeinen Sinn, wie als öfteres Vorkommnis als berechtigt anerkennen müssen, wodurch nicht ausgeschlossen ist, daß das Almosengeben bis zu einem gewissen Grad formell als Statutenpflicht eingehalten und daß in manchen Ordensprovinzen wie von einzelnen Templerhäusern auch eine mildere und freigebigere Praxis befolgt worden ist, worauf man sich zur Verteidigung berufen konnte und auch berufen hat¹). Für den Orden im großen und ganzen herrschte offenbar der Zug vor, lieber zu wenig als zu viel nach dieser Richtung zu thun und verschaffte ihm nicht ohne Grund den Ruf der Habsucht. Freilich müssen wir solche Eigenschaft auch wieder für ebenso natürlich ansehen wie die Anklage auf eigene Politik. Denn wie sollte eine derartige Korporation ehrgeiziger Rittersleute einer solchen Gefahr entrinnen?

Überall um sie herum sehen wir ja denselben Vorwurf gegen die Klöster wie den Klerus, vor allem die Hierarchie, erhoben. Und bei den Templern trat hinzu, daß es bei ihnen viel mehr als bei vielen anderen in ihrem berechtigten Zwecke lag, möglichst viel materielle Hilfsmittel in die Hand zu bekommen, da sie eben zu ihrem Hauptberuf, dem Schutz und der Verteidigung und vollends der Rückgewinnung des h. Landes notwendig das brauchten, was schon damals nicht weniger als heutzutage für das Kriegführen die Hauptsache war: Geld, Geld und wieder Geld²)! Und daß darüber, über dieser steten Gewöhnung, das Geld als das Hauptmittel zum Zweck anzusehen, letzteres gerne und bei vielen zum Selbstzweck wurde, läßt sich anders gar nicht denken; ebenso, daß die auch in den Templerhäusern ausgegebenen oder hingeworfenen Almosen, auf die man im ganzen Mittelalter solchen Ordensgenossenschaften gegenüber ein göttliches Anrecht zu haben glaubte, wenig im stande waren, mit jener mißgünstigen Stimmung wieder zu versöhnen. Mochten sie doch oft genug mehr mit hochmütiger Verachtung oder unwilliger Gebärde mehr aus Pflichtgefühl gegeben werden, als daß wirkliche teilnehmende Barmherzigkeit aus ihnen herauszufühlen gewesen wäre. Dem Templerorden

---

Barthélet (Zeuge 198 vor der päpstl. Kommission, Mich. II, 187), er sei mit Schulden beladen, aber mit Gütern im Wert von gut 1000 Pfd. tournois in den Orden getreten, der Orden habe aber seine Schulden nicht bezahlt, sonst hätte man ihn wahrscheinlich nicht aufgenommen. Hier ist wirkliches „nefas". — ¹) So führt besonders Johannes de Rivella (Zeuge 90 bei Mich. I, 548 ff.) an, daß er in Barletta 3mal in der Woche Almosen an 1500 Personen habe austeilen sehen. Vgl. als Zeugen für die Mildthätigkeit des Ordens besonders noch 50 (Mich. I, 131), daneben 31 (I, 347) u. a. — ²) Darauf hat auch Döllinger in dem letzten seiner „Akademischen Vorträge" hingewiesen.

fehlte eine solche Anleitung zu wirklich menschenfreundlichen Gefühlen, wie sie der Johanniterorden in seinem Statut der Krankenpflege besaß, welche die durch den Stolz des Ritters verletzte Empfindung wieder versöhnte und durch die mancherlei persönlichen Beziehungen erfahrener Hilfe den Neid und die Mißgunst der Bevölkerung oft wieder in Dank und Sympathie verwandelte.

Denn auch *stolz* und *hochmütig* waren die Templer, müssen es allem nach gewesen sein. Das Bewußtsein von den in der That nicht geringen Verdiensten um die allgemeine Sache der Christenheit und ihrer Unentbehrlichkeit für die immer noch als höchste Aufgabe derselben angesehenen Kreuzzugsideale, wie die *adelstolze* Gesinnung, mit der man darüber wachte, daß kein nicht den strengsten Anforderungen aristokratischer Geburt genügender Bruder unter die eigentliche Ritterschaft aufgenommen wurde — der Kommentar zu den Statuten giebt dafür einige lehrreiche Beispiele — sorgten offenbar dafür, daß der weiße Mantel mit dem roten Kreuz nicht durch übertriebene Bescheidenheit auffiel. So wird denn auch von einer ganzen Reihe templerischer Zeugen selbst **Übermut** und **Stolz** als das einzige oder öfter als eines der größten Gebrechen des Ordens zugegeben [1]), wenn auch von manchen auf die „Oberen" beschränkt [2]). Für derartigen Hochmut pflegt sich das Volk von jeher dadurch zu rächen, daß es solchen Herren oder Klassen um so üblere Dinge zutraut und nachsagt.

Dieser Nachrede gaben die Templer durch ihre starre Abgeschlossenheit und besonders durch die übertriebene Strenge, mit der sie über die **Heimlichkeit** und Geheimhaltung ihrer **Kapitelssitzungen** und Kapitelsbeschlüsse wachten, erst recht Nahrung. Wie gefährlich diese Heimlichkeit wegen des Verdachts, den das Volk daraus schöpfte, für den Orden war, wurde von manchem weiterschauenden Kopf unter den Templern selber empfunden [3]), am stärksten von Himbert Blanche [4]), dem Großpräzeptor von Auvergne und Poitou, der bei seinem Verhör in England auf die Frage nach ihrer Ursache einfach „Dummheit" („per foliam") als ihren Grund anzugeben wußte. Der ursprüngliche Grund dieser Heimlichkeit ist ja leicht zu erraten, wenn wir uns erinnern, daß in diesen Kapiteln die kriegerischen Unternehmungen, vor allem im h. Land, besprochen und geplant wurden, zu deren Gelingen Verschwiegenheit so gut

---

[1]) Vgl. Gerald de Augny, Zeuge 103 bei Mich. II, 82; Wilhelm de Torrage, 126 bei Mich. II, 12; Wilhelm de Liège, Zeuge 125 bei Mich. II, 9 u. a. — [2]) So besonders Stephan de Cellario, der 221. Zeuge (bei Mich. II, 243 ff.). — [3]) So wieder von Wilhelm de Liège Mich. II, 8 f. — [4]) Vgl. dessen Aussage Wilkins, Konzil. Brit. II, 364 (Lea III, p. 255).

wie heutzutage erforderlich war. Außerdem war, wie uns die Statuten zeigen, eine zweite Hauptabsicht dabei Verhütung von gegenseitiger Mißgunst und Zwietracht infolge von Ausplaudereien. Indes so berechtigt diese Gründe uns scheinen müssen, so wurde die Sache doch übertrieben und auch für Situationen, wo kein Grund dazu vorlag, beibehalten. Und welch schädliche Wirkung das hatte, zeigt unser ganzer Prozeß, ahnt aber auch vorher jeder, der die Gefährlichkeit dieses Faktors „Verdacht" im Mittelalter kennt. Für uns sind die greulichen Dinge, welche man ihnen da nachzuerzählen wußte und die Prutz zum großen Teile für bare Münze nimmt, freilich nur ein Zeugnis, wie wenig wirkliche Sympathien der Orden in der Volksmenge besaß und wie gefährlich eine solche Absperrung vom Volksgemüt auch für bevorzugte Klassen wirken kann.

Aber nicht nur des gewöhnlichen Volkes Sympathien gingen auf diese Weise dem Orden verloren, sondern auch einflußreichere Stände wie den Klerus und zumal die Hierarchie stieß der Orden ab, indem er ihnen seine durch die mancherlei päpstlichen Privilegien allerdings in außerordentlichem Grad unabhängige Stellung zu fühlen gab und zwar, infolge der mit jenen Privilegien verbundenen Eingriffe in ihre eigene Sphäre auf die empfindlichste Weise, durch Entziehung von mancherlei sonst der Geistlichkeit zustehenden Gebühren oder Schenkungen, einen Ausfall, für den Prälaten wie niederer Klerus ein sehr empfindliches Gefühl besaßen. Kein Wunder, wenn die Hierarchie im allgemeinen nichts weniger als günstig auf die Templer zu sprechen war und die Kurie sie fortgesetzt gegen Berationen von jener Seite in Schutz zu nehmen hatte: ein Schutz, den die Templer übrigens so selbstverständlich gefunden und so wenig mit besonderer Erkenntlichkeit gelohnt zu haben scheinen, daß im Streitfall wegen des Ordensmarschalls Stephan de Sissy[1]) Klemens IV. dem Orden alles Ernstes zu bedenken geben muß, daß es nur die päpstliche Gunst sei, die ihn noch gegen die Feindschaft der weltlichen Fürsten wie gegen den Ansturm der Bischöfe aufrecht erhalte.

Was sonst noch die in diesem Schreiben berührten Punkte, wegen welcher der Orden es auf keine Untersuchung ankommen lassen sollte, gewesen sein mögen? Außer gewissen Übertreibungen ihrer päpstlichen Privilegien und Gleichgültigkeit gegen einzelne sie noch beschränkende kirchliche Berordnungen, welche Gleichgültigkeit offenbar schon von Innocenz III. unter seinen im Kurialstil zu verstehenden „dämonischen Lehren" gemeint ist, wahrscheinlich etliche Abweichungen von der ursprünglichen Ordensregel, wie die von den Templern zugestandenermaßen frühzeitig außer

---

[1]) Bgl. eben p. 142 zu Prutz „Entw." p. 101.

Praxis gesetzte Einrichtung eines Noviziats[1]) oder — und dieses mehr noch — die bereits erwähnte hin und her vorkommende Simonie bei der Aufnahme und mannigfache Versäumnis der religiösen Ordenspflichten. Über diese muß man sich, wie schon die früheren Statutenbestandteile erkennen lassen, allerdings immer leichter weggesetzt haben, wenn auch nicht überall. Daneben haben wir aller Wahrscheinlichkeit nach vor allem an sittliche Defekte zu denken. Daß solche auch bei den Templern vorkamen, kann uns bei ihrem Hochmut und ihrer Mißachtung anderer Leute nach dem Sprichwort „Hochmut kommt vor dem Fall" wenig wundernehmen, wäre auch bei der ganzen äußeren ebensosehr als inneren Situation dieser Ritterleute ein wirkliches Wunder gewesen. Worin dieselben aber bestanden und in welcher Richtung sie lagen, dafür scheint uns die Anklage auf Sodomie eher irreführend als ein Wegweiser. Diese sehen wir vielmehr nicht nur in den Statuten mit solcher sittlichen Entrüstung behandelt, sondern es entspricht dieser Entrüstung auch das Verhalten der im bischöflichen Garten versammelten, zur Verteidigung vor der päpstlichen Kommission erschienenen Templer so durchaus, daß wir kaum mehr als an vereinzelte Vorkommnisse denken dürfen. Dagegen scheint uns bisher zu wenig Beachtung gefunden zu haben, was von Winken in einer andern Anklageurkunde enthalten ist, nämlich in Ponzard de Gisis' zornmutigem Denunziationszettel. Dieser Zettel, von dem Propst von Poitiers, Philipp de Vohet, dem Oberaufseher der Gefangenen, am 27. November 1309 vor der päpstlichen Kommission zur Widerlegung der eindrucksvollen Beredsamkeit, womit er sich nun zur Verteidigung des Ordens bekennt und alle früheren Geständnisse auf die ungeheure Qual der Folter und die Angst vor derselben schiebt, ihm selbst nun vorgehalten, ist deshalb so merkwürdig, weil Ponzard gesteht, daß er diesen Zettel in der Wut über eine Beleidigung, die ihm der Schatzmeister des Ordens zugefügt hatte, geschrieben hatte „tamquam turbatus contra ordinem"[2]), in der Absicht, gegenüber dem Mißerfolg, welchen die offiziellen Anklage-Artikel wegen ihrer Grundlosigkeit gegenüber dem Orden haben mußten, eine bessere thatsächliche Grundlage zur Anklage gegen den Orden zu liefern. Havemann[3]) und Schottmüller[4]) gehen über diese Artikel, als von augenblicklicher Rachsucht eingegeben, und weil sie mit dem sonstigen Auftreten dieses Zeugen, der sein früheres Verhalten am 12. Mai 1310 in den Flammen sühnte, allerdings durchaus in Gegensatz stehen, kurz hinweg.

---

[1]) Diese Versäumnis wird als bedenkliche Statutenwidrigkeit von den gewichtesten templerischen Zeugen wie Gerard de Caur (Nr. 71) und Rainaud de Tremplay (Nr. 48) ganz besonders getadelt (i. Mich. I, 388 und 423). — [2]) Mich. I, 37. — [3]) Havem. p. 232 erwähnt die Artikel gar nicht einmal. — [4]) Schottmüller I, 311 f.

Aber offenbar mit Unrecht. Denn wenn die Rache auch oft gegen bessere Absicht handeln läßt, so macht sie deswegen doch nicht notwendig zum Lügner; sondern eben die von der Rachsucht diktierte Absicht, den Anklagen gegen den Orden eine thatsächliche Unterlage zu liefern, muß uns diese Artikel als eine Äußerung über die Wirklichkeit doppelt beachtenswert machen. Dazu stimmt ihr Inhalt so merkwürdig mit dem, was sonst teils die Analyse des Statutenbuchs, teils die allgemeine psychologische Wahrscheinlichkeit an wirklich begründeten Vorwürfen gegen den Orden ergiebt, überein, daß wir uns nur wundern können, daß man bisher diesen wegen ihres provençalischen Dialekts allerdings etwas schwerer zu entziffernden Artikeln nicht größere Aufmerksamkeit geschenkt hat, und uns um so mehr veranlaßt fühlen, zur Charakteristik der Tempelritterschaft wenigstens die Hauptpunkte dieser Anklage hier wiederzugeben.

Es sind im ganzen 14 Artikel, über die man die Templer verhören solle: 5 davon, die 4 ersten und Nr. 6, enthalten eigentlich nichts, als was statutenmäßig war — ein weiteres Zeugnis dafür, daß Ponzard die Wirklichkeit schildern wollte, obgleich er dieselbe wohl verallgemeinert und so übertrieben hat —. Es weisen diese Artikel hin 1. auf das Verbot, das von Ordensmeistern an die Templer ergangen sei, bei der Messe dem Priester an die Hand zu gehen — offenbar sollte damit die auch in den Statuten dokumentierte Superiorität des Ritters gegenüber dem Kleriker ausgedrückt werden, ein weiteres Zeugnis, wie sehr der ritterliche Geist den mönchischen längst überwunden hatte —. Nr. 2 gilt dem gleichfalls statutenmäßigen Verbot der Taufpatenschaft. Nicht minder statutenmäßig ist das 3. Verbot, daß kein Templer übernachten dürfe, wo ein Weib liege. Ebenso durchaus nach der Regel war, wenn 4. die Ordensmeister bei der Aufnahme von Ordensschwestern, als Affiliierten des Tempels, diese das Ordensgelübde von Armut, Gehorsam und Keuschheit schwören ließen und ihnen selber dagegen „foi et loiauté", redliches Verhalten gemäß den Ordensgesetzen verhießen. Indes führt Ponzard diesen Artikel (wie auch schon Nr. 3) wohl nur deshalb an, um in desto merkwürdigerem Kontrast damit den 5. erscheinen zu lassen, in dem er den Ordensoberen vorwirft, daß sie, wenn die Schwestern auf jenes Gelübde hin eingetreten seien, dieselben ihrer Jungfrauschaft beraubten („les desponcelointt", und andere Schwestern in gutem Alter, welche dächten, in den Orden gekommen zu sein, um ihre Seelen zu retten, müßten mit Gewalt den Meistern zu Willen sein und hätten von ihnen Kinder und aus diesen Kindern machten die Meister Ordensglieder. Letzteres sei wieder im Widerspruch mit dem als 6. Klagepunkt angeführten Ordensstatut, daß kein Bruder einen andern aufnehmen dürfe, wenn er nicht an allen Gliedern gesund und aus rechtmäßiger Ehe gebürtig und ein Mann von guter Aufführung und Gerücht sei. Damit kommen wir also auf den bereits wiederholt behandelten Vorwurf von Simonie bei der Aufnahme, worauf auch Art. 8 und 9 gehen: jener besagend, daß die Meister der Balleien um die eintretenden Brüder markteten, wie man auf dem Markt ein Pferd verkauft, obgleich doch Simonie von der Regel als ein eo ipso Erkommunikation, von der nur der Papst lösen könne, nach sich ziehendes Vergehen gebrandmarkt werde. Dieser, offenbar einen von lange her datierenden Ingrimm verratend, giebt den Oberen schuld, daß sie sich auf die Heiligen schwören ließen, daß ein Bruder weder durch Geschenk noch Versprechungen in den Orden gekommen sei, während sie doch wohl wüßten, welch falsche Eide damit geleistet würden und so die Leute nur um ihr Seelenheil brächten. Auf den gleichfalls als motiviert wiederholt anerkannten Vorwurf übertriebener Habsucht, von „larrecin", aber führt uns Art. 7, besagend, insgesamt seien es räuberische Leute, welche andere um ein bischen Geld umbrächten, „sil estoient freres"[1]). Ferner zeigt Art. 10 das Vorhandensein von Parteilichkeit und Ungerechtigkeit im Orden an, indem den Präzeptoren der Balleien vorgeworfen wird, daß sie, wenn ihnen von einem gewöhnlichen Bruder irgend etwas gesagt werde, was sie ärgere („li annuient"), diese mit Geschenken beim Provinzialmeister verfolgten, so daß die armen Brüder über das Meer oder in ein fremdes Land verschickt würden, wo sie unbekannt seien und wo sie im Krieg oder aus Mangel sterben müßten; und wenn einer dann den Orden verlasse und man werde seiner habhaft, müsse er es mit dem Kerker büßen. Ein Artikel, der allerdings dafür zu sprechen scheint, daß sonderliche Begeisterung für das Ausrücken zum Kreuzzug gegen die Ungläubigen im Orden nicht mehr vorhanden war und man, wenigstens teilweise, die Einberufung in den Orient mehr als Strafe denn als Erfüllung eines Herzenswunsches betrachtete. — Endlich schreibt Art. 11 den Verlust der Insel Tortoja und der dort gefangenen Brüder einem der Templer, Gerot de Villers, und einem andern zur Last, weil dieser mit seinen Freunden, den tapfersten Rittern, einen Tag zu früh aufgebrochen sei und so die anderen im Stiche gelassen habe. Das Ganze, und besonders dieser letzte Artikel, ein Zeugnis, daß die alte Eintracht und Brüderlichkeit im Orden, für welche der „baussant". die zwei Reiter auf einem Pferd zeigende Ordensstandarte, das bekannteste Kennzeichen gewesen war, längst gewichen und einem ge-

---

[1]) Hier wird wohl durch Versehen die Negation weggeblieben und so zu ergänzen sein „sil n'estoient freres" = wenn es nicht Brüder wären. Oder sollte wirklich beabsichtigt sein zu sagen, daß auch die Ordensbruderschaft bei Besitz von einigem Vermögen nicht vor Nachstellungen nach dem Leben sichert?

fährlichen Faktionswesen, voll ärmlicher Intriguen und Parteiungen, Platz gemacht hatte. Und wie Schottmüller hervorhebt, erhält dieses Resultat durch zahlreiche Spuren in den Prozeßprotokollen seine Bestätigung.

So sind es freilich mancherlei schwere Mißstände und Mißbräuche, in welche uns dieses Schriftstück einen Einblick thun läßt, auch wenn man daran festhält, daß Ponzards schadenfroher Ärger übertrieb und verallgemeinerte, was nur vereinzelt vorgekommen war oder für einzelne Provinzen und Teile des Ganzen Geltung hatte. Es ist doch das Bild von einer gefährlichen Krisis, in der der Orden sich befand und nach welcher wir nicht mehr erstaunt sein werden, daß der Orden nicht mehr leistete, als was thatsächlich von ihm berichtet wird, und daß der von Philipp gegen ihn geführte Schlag ihn in solche Konfusion und widerstandsunfähige Zusammenhangslosigkeit versetzte, welche so manchesmal unser Befremden erregen möchten. Besonders der tiefen Entfremdung der Ordensmitglieder gegen einander infolge der **Parteiungen**, die der Neid der Landsmannschaften wie der einzelnen Ordensgrade gegen die andern mit sich brachte, müssen wir nicht wenig die Schuld daran beimessen, daß die Katastrophe den Orden so unvorbereitet und so wenig auf der Höhe der Situation stehend traf. Dürfen wir dem Urteil eines der einsichtigsten Ordensgenossen, des öfters genannten Gerhard de Caur[1]), glauben, so trug zu diesem gegenseitigen Mißtrauen nicht wenig die Unbekanntschaft der gewöhnlichen Ordensgenossen mit dem Ganzen des Statutenbuchs, aus dem sie ihre eigentümlichen Rechte und Pflichten leicht hätten entnehmen können, bei. Andererseits weist uns die Bemerkung desselben Mannes[2]), es sei allgemeine Ansicht unter den ältern Brüdern (den „prud'omes" der Statuten), daß das Eindringen von Gelehrten dem Orden keinen Gewinn gebracht habe, auf eine spezifische Quelle dieser Eifersüchteleien näher hin und mag als ein weiterer Beleg dafür dienen, daß die Bulle „Omne datum optimum" mit ihrer Einführung eines eigenen Ordensklerikats kaum anders als ein zweifelhaftes Geschenk angesehen werden kann. Nächst diesem durch Simonie und intriguante Nachsucht sich bloß stellenden Parteiwesen war es offenbar **sittliche Larheit**, die in den letzten Zeiten immer allgemeiner eingerissen war und das Gelübde immerwährender Keuschheit, an welche die von so vielen Templern gar nicht mehr recht verstandene leinene Schnur um den bloßen Leib beständig mahnen sollte, gleich so vielem andern als bloße Formel beim Schwur erscheinen ließ. So erwidert einer der Zeugen[3]) auf den Anklageartikel

---

[1]) Mich. I, 388.   [2]) ibid. 389. — [3]) Theobald de Taverwau, der 25. Zeuge vor der päpstlichen Kommission, f. Mich. I, 325 ff.

wegen Erlaubnis zur Sodomiterei oder Päderastie cynisch genug, das sei nicht nötig gewesen, da man im Orden stets „schöne Weiber genug" habe haben können. Ein anderer aber, Peter de S. Mamert, berichtet, er sei vor dem Besuch anrüchiger Weiber gewarnt worden, aber doch nur so, „quod iret ita caute, quod nescirent fratres, quod in religiosis erat turpius, quod irent palam ad dictas mulieres quam in aliis"[1]).

Letztere Äußerung giebt uns auch einen Fingerzeig, warum der Orden trotzdem keineswegs einen besonders schlimmen Ruf genoß? Nach Prutz wäre das ja in hohem Grade der Fall gewesen. Dagegen weist ein so gründlicher Kenner der mittelalterlichen Litteratur wie Döllinger[2]) darauf hin, daß die „in der neueren deutschen Litteratur fast allgemeine Behauptung, die Templer seien schon seit geraumer Zeit eine ausgeartete, dem Geist und dem Buchstaben ihrer Regel untreu gewordene, üppig lebende Verbindung gewesen und als solche in der öffentlichen Meinung damals sehr tief gestanden", bei genauerem Zusehen sich nicht bestätige, sondern man statt dessen überall auf Zeichen und Zeugnisse des Gegenteils, selbst bei den Feinden und Zerstörern des Ordens, stoße. Zwar glauben wir, daß der Satz, daß „vor dem 13. Okt. 1307, dem Tage, an welchem der große Schlag gegen den Orden geführt wurde, niemand sich im Sinne dieser angeblichen Korruption dieses Verfalls der Gesellschaft ausgesprochen habe", doch etwas gar zu absolut hingestellt ist. Wenigstens fehlt es doch auch nicht an Spuren eines ungünstigen Rufs bei der Bevölkerung. Zum mindesten ist dies teilweise, d. h. für manche Kreise wie in manchen Gegenden, anzunehmen[3]). Indeß verdient doch immer die höchste Beachtung, was Döllinger fortfahrend sagt: „Ich habe im Gegenteil gefunden, daß in der unmittelbar vorausgegangenen und in der gleichzeitigen Litteratur, noch bis in die ersten Jahre des 14. Jahrhunderts, Schriftsteller, die sonst scharf urteilen über die damalige Ausartung der geistlichen Körperschaften, für den Templerorden Zeugnis ablegen, entweder negativ, indem sie ihn bei Aufzählung verdorbener Orden und Klöster übergehen, oder positiv, indem sie ihn den anderen Orden als

---

[1]) Zeuge 103, Mich. I, 586 ff. — [2]) Akad. Vorträge III, p. 249. — [3]) Zu beachten ist in dieser Hinsicht die Bemerkung Leas (III, p. 328), daß die Tradition von Nordfrankreich den Templern andauernd ungünstig gewesen sei, sie z. B. in einer bretonischen Sache als Mädchenräuber erscheinen — ganz im Einklang mit dem Bile, das Walter Scott im „Ivanhoe" von dem Templerritter gezeichnet hat — während sie in Südfrankreich, so in einer Sage aus Gavarnie (bei Bigorre) als unschuldig verurteilte Kämpfer für das h. Land gelten. Das würde ganz mit den Prozeßergebnissen, nicht am wenigsten mit Benzards Artikeln, und mit der inneren Wahrscheinlichkeit stimmen, daß es der Templerorden da am ungeniertesten trieb, wo er sich am meisten zu Hause fühlte: in Nordfrankreich.

ein Muster entgegenhalten". Freilich muß man sich hiebei vergegenwärtigen, daß die mittelalterlichen Schriftsteller in dieser Hinsicht durch das allgemeine Leben des Klerus nicht verwöhnt waren und so schon einen besonderen Grund haben mußten, um sich zu außerordentlichen Klagen über eine Gesellschaft veranlaßt zu sehen. Ausartungen, die weniger in die Augen fielen, sind dadurch nicht ausgeschlossen, und bei den Templern sorgte ihre verhältnismäßige Erklusivität und die Heimlichkeit, mit der sie sich umgaben, wie ihr Bestreben, äußerlich wenigstens die Form zu wahren, dafür, daß sie von den Schriftstellern weniger mitgenommen wurden. Andere Dinge ließ man wohl als selbstverständlich passieren. Z. B. ist die Redensart „bibere templariter" doch wohl kaum so zu verstehen, daß man ihnen in dieser Hinsicht einen besonderen Vorwurf machen wollte, sondern eher, daß man es für natürlich fand, daß solch tapfere Haudegen, für welche die Templer galten, einen scharfen Zug wohl vertragen konnten: wie dies auch heutzutage noch der Fall zu sein pflegt. Gefährlicher, d. h. einen größeren Vorwurf in sich schließend, dürfte da die analoge Redensart „bibere papaliter" sein. Sonst weiß doch auch Prutz der wirklich zwingenden Zeugnisse über übeln Ruf der Templer während des 13. Jahrhunderts nicht allzuviele beizubringen, bezw. gehen seine Schlüsse viel zu weit. Eigentlich sittlich verlumpt waren sie offenbar nicht. Von dem in jener Zeit wie es scheint in weiten Kreisen, selbst unter Prälaten, verbreiteten Laster der Päderastie und Sodomie z. B. können wir nach dem Kommentar zum Statutenbuch wie nach der ehrlichen Entrüstung, mit der die gefangenen Templer diese Anklage aufnehmen, nicht glauben, daß sie je allgemeiner im Orden verbreitet gewesen sei. Speziell von Molay berichtet ein Zeuge, daß er mit äußerster Strenge gegen derartige Fälle vorgegangen sei. Und gerade ihm wieder wird dasselbe Laster von zwei anderen Zeugen nachgesagt: wir werden aber auch sehen, von was für Zeugen. Letzte und eine Hauptinstanz ist, daß eine solche Verlumptheit nicht zu reimen wäre mit der ungewöhnlichen Tapferkeit, die man ihnen bis zuletzt nachrühmte und von welcher die Geschichte der Kreuzzüge so viele Proben berichtet: ein Renommee, das wohl auf ihr stolzes Auftreten nicht wenig einwirkte. Auch gegenüber ihren Richtern und im Angesicht des Todes haben nicht wenige diese Tapferkeit bekundet. Aber freilich doch mehr nur als Ausnahme. Denn Märtyrer ihres Glaubens und ihrer Überzeugung sind sie im allgemeinen nicht. Aber die findet man überhaupt unter den Menschen selten, seltener,

---

[1]) Schottm. I, 604 u. giebt darüber eine eingehendere Auseinandersetzung; vgl. unsere spätere Tabelle!

als man oft annehmen möchte: und am meisten und häufigsten noch im Mittelalter unter den überzeugten Häretikern.

Auch zu solchen hat man ja die Templer gemacht, aber eben davon waren sie so weit, als man nur sein kann, entfernt. Was man ihnen auch vorwerfen mag: wie man auf die Anklage der Häresie gegen sie geraten konnte, wird ewig eine Merkwürdigkeit bleiben. Vergleichen wir die beste geschichtliche Quelle, das Statutenbuch, in seinem letzten Teile mit dem Kommentar das getreueste Spiegelbild des inneren Ordenslebens, so finden wir da überall nicht nur den Anschluß an das System der römischen Kirche als etwas so Selbstverständliches, sondern auch die gerade in jener Periode sich vollziehende Entwicklung in der Kirche, mit der Neigung zum Heiligen= und vor allem Mariendienst, als etwas so Wesentliches der templerischen Religiosität, daß wir sehen, hier kann nur von absoluter Orthodoxie, wie sie einer solchen Soldateska von Hause aus angeboren ist, die Rede sein, obgleich diese Orthodoxie von inwendigem Glaubensleben wenig an sich hatte, sondern mehr nur selbstverständliche Form war. Sämtliche Erklärungen der Templer vor der päpstlichen Kommission, so besonders das Glaubensbekenntnis Molays vom 28. Nov. 1309[1]), sind nicht nur so durchaus unanfechtbar, als man etwas finden kann, sondern man gewinnt auch den Eindruck, daß der orthodoxe Glaube den Templern doch fast mehr als nur eine Form, daß er ihnen, wenn nicht Gewissens=, so doch Ehrensache war, ein point d'honneur, auf welchen die Ritterschaft nicht wenig hielt. So kommt denn auch der für die Templer äußerlich so nahe liegende Abfall zum Islam äußerst selten vor, wofür man aus den paar Beispielen, die sich dafür finden lassen, allemal um so größeres Kapital geschlagen hat[2]). Aber aus derartigen vereinzelten Fällen auf eine allgemeine Neigung zum Islam als im Orden vorhanden schließen wollen, dünkt uns ungefähr ebenso, wie wenn man aus dem Umstand, daß ein paar preußische Offiziere in türkischen Diensten zum Islam übergetreten sind, auf eine Neigung des preußischen Offizierkorps zum Islam schließen wollte. Und ist schon der Abfall zum Islam äußerst selten, so selten, daß sich einem jeden derartigen Fall hundert andere gegenüberstellen lassen, in denen die Templer ihre Glaubenstreue in sarazenischer Gefangenschaft mit dem Leben gebüßt haben, so haben wir vollends für den Übertritt zu den christlichen Sekten auch nicht ein einziges Beispiel aufzufinden vermocht. Offenbar sah der stolze Tempelritter, dem der Anschluß an die Kirche Natur war, auf

---

[1]) Mich. I, 42–45. cf. Havem. p. 233 u. a. — [2]) So Wilcke I, 124 aus dem Übertritt des englischen Templerritters Robert von St. Alban.

jene Sektierer, Katharer wie Waldenser, mit viel zu großer Verachtung herab, als daß in diesen Kreisen jemals der Gedanke hätte kommen können, sich solchen Leuten zuzugesellen. Ja, nicht einmal für einige Sympathie und menschliche Teilnahme, wie sie bei den Baronen des Südens für jene armen Verfolgten vielfach begegnen, haben wir bei den Templern eine Spur zu finden vermocht, sondern, soweit wir in unseren Quellen, vor allem bei Le Jeune, der selbst aus Vaissette schöpft, templerischer Teilnahme an den Albigenserkreuzzügen begegnen, so scheinen Angehörige dieser Ritterschaft mehr, als man nach den Statuten, die das Kriegführen gegen Christen strenge verpönen, schließen sollte, an den Kriegszügen gegen die Albigenser beteiligt gewesen zu sein. Kurz, wenn irgendwo in der Welt Leute zu finden sind, die zur Erzeugung von und zur **Teilnahme an Häre=
sien unfähig** waren, so waren es allem nach die Templer. Und es ist eine eigene Tragik, daß gerade sie, die getreuesten Schildknappen der Kurie und die hartnäckigsten natürlichsten Verfechter des mittel= alterlich=kirchlichen, d. h. religiös=weltlichen Systems, wegen einer Anklage auf das greulichste Ketzertum aufgehoben und zum Teil persönlich mit jenem qualvollsten Tode, den die römische Kirche für Abtrünnige aus ihrem Schoße zu finden wußte, bestraft worden und so als „**hartnäckige**" und „**rückfällige**" Ketzer aus der Welt gegangen sind.

Die Frage ist: **wie sind sie das geworden?** Die Antwort giebt das nächste Kapitel: durch die **Inquisition**.

Zweites Kapitel.
Die Inquisition und ihre Bedeutung im Templerprozeß.

Neben den mancherlei Faktoren, denen man bisher als erstbeteiligten die Schuld am Untergang des Templerordens aufgebürdet hat: König Philipp dem Schönen, Papst Klemens V. und der Ketzerei des Ordens selbst, ist bisher die Inquisition, obgleich sie nirgends ganz übergangen werden konnte, doch mehr nur als ein nebensächlicher Faktor genannt worden. Erst Lea[1]) hat diese Stellung umgekehrt, indem er den Templerprozeß im Zusammenhang seines Werks einfach als Inquisitionsprozeß behandelt und so, wenn es ihm auch nicht in den Sinn kommt, jene andern als geringfügig hinzustellen, ihnen als einen mindestens koordinierten Faktor die Inquisition zur Seite gestellt, diese Ansicht aber zugleich in einer Weise begründet, gegen die es schwer sein wird, aufzukommen, wo etwa Lust dazu vorhanden sein mag. Der Grund von diesem verhältnismäßigen Übersehen der Inquisition liegt einfach darin, daß dieselbe bis auf die neueste Zeit zu wenig bekannt war. Denn man kannte wohl einzelne Phasen und besonders berüchtigte Schauplätze derselben — so am besten, durch Llorente, ihre Wirksamkeit in dem Lande, in dem sie sich am längsten behauptet hat, in Spanien —, aber nicht oder wenig ihre Gesamtorganisation, ihre Entwicklung in der Geschichte als die eines zusammenhängenden, nahezu die gesamte abendländische Christenheit oder „Kirche" schlechtweg umfassenden, nur in einzelnen Perioden und nach den einzelnen Ländern verschieden wirkenden Mechanismus. Noch Döllinger hat den Mangel einer allgemeinen Geschichte der Inquisition beklagt, so gegenüber demjenigen, der hernach versuchte, ergänzend in die Lücke zu treten, ohne doch durch seine publizistische und journalistische Bildung zu einer den wissenschaftlichen Anforderungen genügenden Arbeit befähigt zu sein: Fridolin Hoffmann. Da ist nun eben zu rechter Zeit

---

[1]) Auch Döllinger wäre hier zu nennen in seinem letzten Vortrag über die Templer, nur daß dieser jener ausführlicheren Arbeit Leas kaum zur Seite zu setzen ist.

Leas dreibändige Geschichte der Inquisition gekommen, als ein erlösendes Werk, um der Inquisition in einer Zeit, in der sie wieder zu einem vielfach mißverstandenen Schibolet zu werden droht, so sehr man sie von gewisser Seite am liebsten gänzlich begraben sehen möchte, ihre Bedeutung für alle Zeiten zu retten. In welcher Richtung diese Rettung wirkt, das ist kurz damit gesagt, daß, so Schreckliches ihr auch bisher schon aufgebürdet wurde, ihre ganze Furchtbarkeit doch erst durch solch genauere Kenntnis zu ermessen ist. Nicht so, als ob das Ergebnis einer solch genaueren Bekanntschaft eine so viel größere Zahl blutiger, auf den Scheiterhaufen der Inquisition umgekommener Opfer wäre, als die bisherigen Vorstellungen hiefür schätzungsweise ergaben. Im Gegenteil: ihre „Blutigkeit", die vielfach bisher als ihr Hauptkennzeichen angesehen wurde, büßt die Inquisition verhältnismäßig eher ein, je genauer man ihre Geschichte und ihr Verfahren kennen lernt. An Menschlichkeit gewinnt sie dafür nichts. Denn es ergiebt eine genauere Bekanntschaft drei andere Haupteigenschaften, welche für jene Blutigkeit einen mehr als ausreichenden Ersatz liefern, um den ungeheuren Schrecken, den mit der Zeit das Wort „Inquisition" in sich befaßte, zu begreifen: die erste ist ihre Schrankenlosigkeit, die zweite ihre Willkürlichkeit, die dritte ihre Unerbittlichkeit. Die letztere ist als fanatischer Eifer, Ketzer zu machen, im Grunde eine auch schon vorher nicht unbekannte Größe gewesen, verdiente aber trotzdem vielfach noch genauer gekannt zu werden, schon bezüglich ihrer zeitlosen Hartnäckigkeit, womit sie auch nach Jahrzehnten und Generationen noch die Ahnen in ihrem Grabe verfolgt, um sich an den Enkeln zu rächen bezw. zu bereichern. Die beiden ersteren Eigenschaften aber hat man bisher überhaupt zu wenig in Rechnung genommen.

So vor allem schon ihre Schrankenlosigkeit. Diese kommt hier in Betracht nach der doppelten Hinsicht: äußerlich und innerlich. Äußerlich gilt dieser Satz weniger hinsichtlich der territorialen Unbegrenztheit. Zwar in der Theorie war sie auch hier allmächtig: durch keine staatlichen Grenzen aufgehalten und eingeschlossen umfaßt ihre Macht nicht bloß einzelne Länder oder besonders unglücklich dazu bestimmte Völker, sondern reicht im Prinzip so weit, als die Macht der katholischen Kirche überhaupt. In der Praxis setzten aber allerdings Umstände und Menschen, wie das Volksgemüt, der Wille eines einzelnen Herrschers oder einer regierenden Behörde, mannigfache Schranken, teils vorübergehender, teils aber auch dauernder Natur. So konnte die Inquisition, in ihrer genuinen Ausprägung als päpstliche Inquisition, im ganzen Norden, in Skandinavien wie vor allem in England, eigentlich nie recht Fuß fassen,

auch in Deutschland nur partiell, offenbar weil ihr das germanische Volks=
gemüt mit seinem Freiheitsstreben allzusehr widerstand; zum Teil freilich
auch schon wegen der räumlichen Entferntheit. Anderwärts behauptete die
Obrigkeit entweder fortwährend eine gewisse staatliche Kontrolle über sie,
wie in der venetianischen Republik, oder gelangte die Inquisition erst
später, dafür aber um so vollständiger, zu der ihrem Wesen entsprechenden
Herrschaftsstellung, während sie vorher mit einer verhältnismäßig unter=
geordneten Rolle sich begnügen mußte: so auf der spanischen Halbinsel,
dem späteren Schauplatz ihrer höchsten Blüte. Alle diese Unterschiede
kommen auch bei den Ergebnissen des Templerprozesses in überraschender
Weise zum Vorschein, nur daß wir über die Templer der venetianischen
Republik, die mit dem päpstlichen Stuhl zu jener Zeit in besonderen Zer=
würfnissen lebte, am wenigsten unterrichtet sind. Es scheint der Orden
hier so gut wie gar nicht vertreten gewesen zu sein. Am meisten aus=
gebildet finden wir die Inquisition in jener Zeit, Ende des 13. Jahr=
hunderts und Anfang des 14., einmal in dem Lande, welches dem Sitz
der päpstlichen Zentralgewalt am nächsten war, ihn seit seinem Ursprung
umfaßte und von ihm immer mehr umfaßt wurde, in Italien; und
sodann in demjenigen, von dem die Inquisition ihren eigentlichen Aus=
gangspunkt genommen hatte, weil sie eben hier zuerst Bedürfnis geworden
war: in Frankreich, speziell Südfrankreich. Auf dies weist ja auch
Prutz zur Begründung seiner katharisch=ketzerischen Schuld der Templer
besonders hin als auf das Stammland und Zentrum der albigensischen
Häresie. Viel mehr Sinn hat es, auf diese Gegend hinzuweisen als auf
das Heimatland ihrer fanatischen Gegnerschaft, der Inquisition, die von
da aus, entsprechend dem Gewinn, den Frankreich von ihr zog, über ganz
Frankreich sich verbreitete, wie entsprechend der päpstlichen Gönnerschaft
über Italien. Werden wir da noch überrascht sein, allerdings eine merk=
würdige Übereinstimmung der Prozeßresultate zwischen eben diesen Ländern,
d. h. zwischen Frankreich und Italien, wenigstens seinem größeren Teil
nach, einerseits, wie zwischen Deutschland, England, Spanien und dem
fernen Cypern andererseits zu finden?

Übrigens dürfen diese Unterschiede infolge der Nationalität, räum=
lichen Entfernung und politischen Situation auch wieder nicht übertrieben
werden. Eine absolute Schranke bilden sie nicht. Vor allem
rechtlich nicht: vielmehr bildet eben dies eines der Merkmale, welche
die Inquisitionsgerichtsbarkeit von der sonstigen, zumal weltlichen, Gerichts=
barkeit unterscheiden, daß die sonst vorhandenen Differenzen infolge staat=
licher Verschiedenheit oder, wie oft bei der kirchlichen Gerichtsbarkeit, in=
folge größerer oder geringerer bischöflicher Trägheit oder Gleichgiltigkeit

hier nahezu außer Betracht bleiben. Es mußte doch einen außerordentlichen Eindruck auf die Bevölkerung machen, wenn, während der gewöhnliche, selbst schwerere Verbrecher, Dieb oder Mörder, der peinlichen Gerichtsbarkeit der Zeit nur gar zu leicht entging, damit, daß er sich auf ein anderes Territorium, wo ein anderer Seigneur oder Magistrat die Obrigkeit übte, begab — da infolge der Umständlichkeit des Verkehrs wie der feudalen Abgeschlossenheit an eine weitergehende Verfolgung in den seltensten Fällen gedacht wurde —: wenn dagegen ein sonst durchaus unbescholtener Mensch, der einmal vor den Schranken des geistlichen Gerichts gestanden oder wegen irgend einer Abweichung vom Glauben vor dieses Tribunal geladen worden war, noch nach Jahr und Tag von den Schergen dieser unheimlichen Richter gefaßt wurde, während Länder und Meere zwischen dem Orte seiner That und seines Aufenthalts lagen und er selbst durch jahrzehntelange Verborgenheit, die seitdem verflossen war, längst die Sache verjährt und Gras darüber gewachsen glaubte. Lea wie Molinier teilen einige derartige Fälle mit, die wir ungern dem Leser vorenthalten, durch die Rücksicht auf den Raum genötigt. Ganz übergangen konnte diese Seite hier nicht werden, weil gerade Derartiges nicht am wenigsten einen Begriff davon giebt, in welchem Umfang die der Inquisition nachgesagte Schrankenlosigkeit zu verstehen ist und welchen Mitteln dieselbe den lähmenden Schrecken verdankte, mit dem sie, wo sie einmal festen Fuß zu fassen wußte, die Bevölkerung von Stadt und Land unter ihrem Banne erhielt. Und auch im Templerprozeß spielt ja, so manigfach die nationalen Unterschiede, wie bereits bemerkt, sich geltend machen, doch auch die Internationalität dieses schrecklichen Kollegiums eine nicht zu übersehende Rolle.

Das Gleiche, was hinsichtlich der staatlichen, gilt für die Standesgrenzen: auch sie waren mit wenigen Ausnahmen der Inquisition gegenüber hinfällig. Kein Geschlecht, Alter, Stand noch Beruf schützte vor dem „geistlichen Gericht". Selbst die den sonstigen Gerichten gegenüber so eifersüchtig gewahrte Immunität des Klerus kam hier nicht weiter in Betracht; im Gegenteil war die Inquisition von Anfang an nicht zum wenigsten dazu bestimmt, den Eifer des Klerus in Aufspürung und Anzeigung häretischer Glieder der Herde scharf zu überwachen und anzureizen. Darüber kam es oft genug zu Kollisionen mit der bischöflichen Gerichtsbarkeit, bei welchen die Inquisition in den seltensten Fällen den kürzeren zog, meist als unmittelbar päpstliche den Vorrang vor den bischöflichen Offizialen behauptete und diese zu fügsamer Unterwürfigkeit zwang. Selbst das Asylrecht der Kirche war für die Inquisition nicht vorhanden und ebenso wenig begründete die Eremtion der Mendicantenorden eine Aus nahme¹). Natürlich war das Vorrecht der geistlichen Ritterorden nicht größer und, wenn wir auch keinen speziellen Erlaß haben, der sie ausdrücklich den Inquisitoren unterwarf, so war letzteres doch schon durch die allgemeine Aufhebung aller Exemtionen, die durch das Dekret von Verona bereits 1184 ausgesprochen²) und von der Inquisitionsgesetzgebung der Folgezeit wiederholt wurde, eo ipso gegeben. Durch das Recht, auch gegen die eigenen Oberen die Anklage zu erheben, war die Vollmacht der letzteren, der Dominikaner- und Franziskaner-Provinzialen über die ihrem Orden angehörigen Inquisitoren, aufs äußerste beschränkt; mehr noch die der Bischöfe durch den Erlaß Alexanders IV. von 1257, welcher die Inquisitoren völlig unabhängig von den Bischöfen machte, wenn gleich diese später doch vielfach ein Konkurrenzrecht behaupteten. Die Bischöfe selber behaupteten von ihrer ursprünglichen Würde so viel, um der Inquisitionsgerichtsbarkeit nur im Fall besonderer päpstlicher Briefe unterworfen zu sein. Aber wie wenig unter Umständen ein Inquisitor auch nach derartigen Schranken fragte, zeigt der Fall des Inquisitors von Sizilien, Matthäus de Pontigny, der 1327 selbst den Archidiacon von Fréjus, Wilhelm von Balet, päpstlichen Kaplan und Vertreter des Papsttums von Avignon in der Campagna, zu exkommunizieren wagt: allerdings zur höchsten Indignation Johanns XXII., der auf dies hin ausdrücklich die Beamten und Nuntien des h. Stuhls ohne päpstliche Vollmacht für von keinem Richter oder Inquisitor angreifbar erklärt³). Natürlich fielen Laien gegenüber vollends alle Skrupeln weg: durch die Bulle „Ad exstirpanda" wurden 1252 nicht bloß in Italien, sondern durch deren Verallgemeinerung und Aufnahme in das kanonische Gesetz durch Urban IV. 1265 in der ganzen katholischen Welt sämtliche Machthaber und Regierungen, wenigstens in der Theorie, den Befehlen des heiligen Offiziums unterworfen, indem sie im Weigerungsfall mit der Exkommunikation bedroht wurden, die nach 1 Jahr und 1 Tag von selbst die Verurteilung wegen Häresie nach sich zog. Auch Könige machten hievon keine Ausnahme, obgleich es in solchem Fall der Inquisitor Eymerich doch für klüger hält, den Papst zu benachrichtigen und seine Instruktion abzuwarten⁴); ein Grundsatz, der auch gegenüber einem so umfassenden Körper wie einem ganzen Orden maßgebend sein mußte und dessen Außerachtlassung gegenüber dem Templerorden seitens des französischen Inquisitors Klemens V. offenbar mit Recht in jene bekannte Entrüstung versetzte, die ihn bis zu zeitweiliger Suspension der Vollmachten Wilhelm Imberts gehen ließ.

War so die Inquisition in äußerlicher Hinsicht thatsächlich und noch mehr prinzipiell nahezu unbeschränkt, indem auch die höchsten kirchlichen

---

[1] S. Lea I, p. 347. — [2] Lea I, p. 314 f. — [3] Lea I, p. 347. — [4] ibid.

Privilegien ihr als der höchstprivilegierten gegenüber wertlos, die anerkanntesten Exemtionen gegenüber ihrer Ausnahmestellung hinfällig wurden: so gilt diese ihre „exemte", den sonstigen Schranken entnommene Stellung erst recht für das innerliche Gebiet, in Bezug auf das eigentliche Rechtsverfahren wie für die ihr zustehende Strafgewalt. Was das Rechtsverfahren der Inquisition betrifft, so kennzeichnet sich dies eben wieder dadurch, daß fast sämtliche Maßregeln zum Schutz des Angeklagten hier einfach hinfällig werden. Döllinger hat in seinem letzten Vortrag über den Templerorden die für unsern Fall einschneidendsten unter diesen Rechtsausnahmen beim „Glaubensgericht" namhaft gemacht: 1. Verschweigung des Namens der Zeugen; 2. daß zur Zeugenschaft alle, auch Verbrecher, Meineidige, Gebannte, ehrlose Schurken zugelassen wurden; 3. Anwendung der Folter, sobald irgendwelche Zeugnisse vorliegen und der Beklagte leugnet, und zwar auch mehrmals und mit steigender Verschärfung; 4. Androhung des Bannes gegen jeden, der es versucht, dem Beklagten juristischen Beistand zu leisten oder sonst Rat zu erteilen; 5. überhaupt Belegung mit den schwersten kanonischen Strafen von allem, was unter den Begriff der „fautoria", d. h. Begünstigung oder Unterstützung des Beklagten, fällt; 6. Verurteilung der Widerrufenden und sich für „bußfertig" Erklärenden zu lebenslänglichem Kerker; und endlich 7. „was in diesem Trauerspiel am wirksamsten gewesen ist —: wer sein Geständnis widerruft, wird als Rückfälliger behandelt und verbrannt". Wer Leas Inquisitionsgeschichte gelesen hat, wird mit dieser Aufzählung die Zahl der für uns in Betracht kommenden krassen Rechtsausnahmen noch lange nicht erschöpft finden. Insbesondere macht Lea noch auf eins aufmerksam, was den Inquisitionsprozeß vielleicht noch am allermeisten und schlagendsten illustriert und die grausamste Rechtsverletzung dieser Gerechtigkeitspflege bedeutet, nämlich daß vor diesen Tribunalen der Verdacht selbst schon als strafwürdig gilt und zwar so, daß der schwere Verdacht dem bewiesenen Verbrechen gleich gesetzt, meist mit lebenslänglicher Einkerkerung bestraft wurde, aber auch der leichte Verdacht („suspicio levis") genügte, um im Falle der Wiederholung, nämlich des Verdachts, ohne weiteres als Rückfälliger, „relapsus", angesehen und so behandelt, d. h. verbrannt zu werden. Reinigung vom Verdacht aber war, da dazu entweder der Nachweis gehörte, daß die Anklage von einem Todfeind ausgehe, und es ja im Belieben des Inquisitors stand, die Namen der Ankläger überhaupt zu verschweigen; oder die Stellung einer Anzahl von Compurgatoren gefordert wurde, die aber wieder eine fragwürdige Aushilfe war, da es nicht bloß dem Inquisitor zustand, ein solches Eintreten von andern zuzulassen oder zu verwerfen, sondern sogar einen jeden derartigen Versuch ohne weiteres als „fantoria" zu behandeln, d. h. mit der Eröffnung des Anklageverfahrens wegen Ketzerei gegen den betreffenden Helfer selbst zu erwidern, und somit eine ungewöhnliche moralische Stärke zu jeder solchen Hilfe gehörte: Reinigung war unter solchen Umständen thatsächlich so schwierig, wenn nicht unmöglich, daß kein Einsichtiger in der Erklärung der englischen Templer, „se ita diffamatos esse, ut a suspicione haud purgari possent", ein Eingeständnis ihrer Schuld erblicken kann.

Daß durch eine derartige Außerkursfetzung aller Rechtsschranken und -Begriffe die Gerechtigkeit überhaupt aufgehoben und statt ihrer die reine Willkür zum Grundsatz erhoben wurde, leuchtet von selbst ein. In der That ist dies das zweite Kennzeichen der Inquisitionsgerichtsbarkeit: ihre Willkürlichkeit. Für die Strafbestimmung des Inquisitors kam neben der faktischen Möglichkeit der Strafe in Wirklichkeit eigentlich nur sein eigener Wille in Betracht. Liegt das schon eben in der Schrankenlosigkeit dieses Gerichts, so wird es durch die eigenen Kanones der Inquisition, die wir in der „Practica magna" Bernhard Guis und dem „Directorium" Eymerichs mit wünschenswerter Vollständigkeit vor uns haben, nackt ausgesprochen, daß es jederzeit im Belieben des Inquisitors stand, eine leichte Strafe in eine schwere und eine schwere in eine leichte zu verwandeln: nur daß das letztere selten vorkam, ungleich seltener als das erstere. Insbesondere konnte der Inquisitor jeden, der einmal vor den Schranken seines Tribunals gestanden, ohne weitere Formalität jederzeit wieder vor dasselbe ziehen: eine Vollmacht, von der ausgiebiger Gebrauch gemacht worden ist und die als eine Art Steuerschraube so häufig wiederkehrt, daß Molinier als zweites Kennzeichen der Inquisitionsgerechtigkeit neben ihrer Willkürlichkeit ohne weiteres ihre „Fiskalität" nennt [1]). Daß ein derartiges Gericht, auch wenn es den Scheiterhaufen meist erst als letztes Mittel und thatsächlich viel weniger, als man vielfach geglaubt hat, in Anwendung brachte [2], vielmehr neben „ewigem Kerker" („murus perpetuus") vor allem mit Konfiskationen und „Kreuzen" (d. h. Verurteilung zum Tragen eines eingenähten Kreuzes vorn und hinten auf der Kleidung) wirkte: daß ein solches Gericht schon eben durch seine absolute Willkür, die über jedem, der einmal mit ihm Bekanntschaft gemacht hatte, das Damoklesschwert der Strafe für hartnäckige Ketzerei schweben ließ, einen tötlichen Schrecken überall verbreitete, wo es sich niederließ, läßt sich denken; ebenso daß schon der Schrecken vor dieser Willkürlichkeit als ein Mittel, gefügig zu machen, einschneidender

[1]) S. Molinier p. 453 ff. — [2]) Vgl. Lea I, p. 550 ff.

als oft die Strafen selbst wirkte und Geständnisse massenhaft auch da hervorbrachte, wo für häretische Vergehungen selbst die absolute Möglichkeit fehlte. Unter solchen Umständen erscheint fast überflüssig die Warnung, den Protokollen und Urkunden eines solchen Gerichts kein allzu großes Vertrauen zu schenken. Was einem solchen Vertrauen vollends den letzten Stoß geben müßte, ist die Erinnerung, daß gerade für die Protokollführung die Willkürlichkeit einfach Gesetz war in der naiven Vorschrift, die auch im Templerprozeß wiederkehrt, nur das Bedeutsame und für den Zweck des Prozesses Förderliche niederzuschreiben[1]). Rechnet man dazu, daß auch Täuschung, List, selbst der Rausch und daneben jedes Mittel, das den Angeklagten mürber machen konnte[2]), den Inquisitoren bei ihrem Ausfragen ausdrücklich empfohlen und vorgeschrieben und daß Zurücknahme irgend eines im Unverstand oder in der Unbesonnenheit entschlüpften Wortes unstatthaft und unmöglich war, so werden für einen ernsthaften Menschen diese Protokolle als Beweisurkunden einfach wertlos und nur noch von pathologischem — das allerdings um so mehr — Interesse werden.

Daß aber diese Willkürlichkeit thatsächlich zur Unerbittlichkeit wurde, wie sie keinem zweiten Gericht in der Welt nachgesagt werden kann — am krassesten illustriert durch die auch den Templern gegenüber[3]) praktizierte Verfolgung der Toten, hier nur zur Vermehrung des Eindrucks auf die Bevölkerung, sonst aber vielfach zu praktischen „fiskalischen" Zwecken in Scene gesetzt —, dafür liegt die Ursache in einem weiteren Faktor, der bisher meist übersehen worden ist: nämlich in der für diese einzigartigen Tribunale charakteristischen Verquickung des seelsorgerlichen Gesichtspunkts mit dem der juristischen Gerechtigkeit. Erst Lea hat auf diesen Umstand, der von so ungeheurem Gewicht ist für das Verständnis dieser menschlichen Rechtsverirrung, gebührend aufmerksam gemacht: darauf, daß es den Inquisitoren als geistlichen Richtern nicht eigentlich um das Recht, sondern vielmehr um die Seele, die Seelenrettung ihrer Anbefohlenen, zu thun war. Man sollte denken, darin wäre ein milderndes Moment gelegen gewesen. Aber gerade das Gegenteil ist

---

[1]) S. Molinier, p. 268. Die Practica (Bernhard Gui's) V fol. 73 A giebt die Regel: „Non expedit quod omnes interrogationes scribantur sed tantum ille que magis veresimiliter tangunt substantiam vel naturam facti et que magis videntur exprimere veritatem." (Molinier p. 258). — [2]) Weil „vexatio dat intellectum" Peinigung schärft das Gedächtnis, heißt es in der Practica V fol. 88 C. (Molinier, p. 337) — [3]) So gegenüber dem † Schatzmeister Johannes de Turno, dessen Leichnam ausgegraben und verbrannt wurde. Conten. Guil. Nang. ad a. 1310 (Bouquet, Rec. des Hist. des Gaules XX, p. 602).

richtig. Denn indem diese seelsorgerliche Maxime sich überall auf dasjenige System stützt, welches für die Entwicklung der mittelalterlichen Religiosität und Kirchlichkeit das eigentlich ausschlaggebende geworden ist, das **Beichtsystem**, so erschien sofort dem Inquisitor, der als geistlicher Vater den armen Verirrten zurecht zu bringen suchte, als erstes und notwendigstes Ziel, schon um seiner Seelen Seligkeit willen, die Erlangung eines möglichst umfassenden Geständnisses. Daher kommt es, daß es als Begnadigung angesehen und angekündigt wurde, wenn dem reumütigen Rückfälligen nur der Leib, bei ganz besonderer Gnade nach vorheriger Erwürgung, verbrannt, der Seele aber zuvor die absolutio, die Freisprechung, erteilt wurde. War doch eigentlich die ganze Bestrafung, auch der qualvolle Flammentod, nur eine geistliche „Gnade", die auf dem Wort des Apostels Paulus — wir brauchen nicht zu sagen, wie grober Mißverstand allein das fertig bringen konnte — 1 Kor. V, 5 beruhte. Daraus erklärt sich, wie ein Gericht, welches der grimmigste Hohn auf alle und jede Gerechtigkeit und Barmherzigkeit war, auf seine Fahne schreiben konnte: misericordia et justitia. Wie das zu verstehen ist, das zeigt mit naiver Deutlichkeit die oft wiederkehrende Bitte eines Angeklagten aus dem 14. Jahrhundert: „Petens misericordiam et non judicium confiteor etc."[1]). Wahrlich, wer vor diesem Gericht als Angeklagter erschien und ihm überlassen blieb, der mußte einfach schuldig werden, er mochte sein, wer er wollte. Und es ist ungeheuer instruktiv, wenn wir bei Molinier lesen[2]), daß in den zahlreichen Inquisitionsprotokollen, die er durchgesehen hat, der Fall völliger Freisprechung nicht ein einziges Mal vorkommt, beziehungsweise das einzige Mal, wo er vorgekommen war, hintendrein von dem Inquisitor doch wieder in „Kreuze" verwandelt wurde.

Um die Mittel konnte ein solches Tribunal nicht verlegen sein. Das Mittelalter erlaubte schon von Hause aus, durch seinen barbarischen Charakter, der oft an die Indianer erinnert, viel und die Inquisition trug kein Bedenken, von dieser Weitherzigkeit reichlichen Gebrauch zu machen. Ja, Lea behauptet — und was er behauptet, das beweist er auch — daß für die Ausbildung der **Folter als Beweismittel** im Rechtsverfahren überhaupt, das erst seit dem vorigen Jahrhundert verpönt ist, in erster Linie die Inquisitionsgerichtsbarkeit verantwortlich zu machen ist und die Begriffe, die von hier aus dann auch in das bürgerliche Recht übergingen. So wenig wahr ist die von bekannter Seite auch heutzutage wieder verfochtene Behauptung, daß das Verfahren der Kirche

---

[1]) Molinier, p. 457. — [2]) Molinier, p. 327 ff.

nie strenger als das der weltlichen Gerichte gewesen, ja daß es hinter der gewöhnlichen Strenge dieser letzteren um ein Bedeutendes zurückgeblieben sei. In Wirklichkeit ist, ob auch nicht die Erfindung, so doch die Verallgemeinerung und vor allem die raffinierte Ausbildung der Tortur ein Werk der Inquisition. Was für Mittel von dieser angewandt zu werden pflegten, dafür liefern in späterer Zeit die Hexenprozesse, in denen wir die genuinen Ausläufer der Ketzerverfolgungen vor uns haben, Belege genug. Ein Glied, und ein wichtiges, in dieser Kette bildet auch der Templerprozeß. Hat er doch nicht wenig Schuld an der Verallgemeinerung jenes grausamen Mittels, wenn wir nur an die Empfehlung der Folter von seiten des Papstes Klemens' V. an jene Länder denken, die bisher mit diesem greulichen Instrument unbekannt gewesen waren: so an England. So bieten uns auch die Protokolle des Prozesses, obgleich kein vollständiges Bild, so doch Anhaltspunkt genug für die Praktizierung jenes Mittels. Natürlich nicht in den Protokollen über die eigentlichen Inquisitionsverhöre, von denen uns das wichtigste in dem Verhör des Inquisitors Wilhelm Imbert im Tempel zu Paris mit 138 Templern vorliegt. Hier begegnet uns, nachdem im Unterschied von den Verhörprotokollen vor der päpstlichen Kommission die einzelnen Zeugen in ca. vierfacher Kürze, je einer auf kaum einer Seite, abgemacht sind und so nur allemal dasjenige, was dem Inquisitor von Wert erschien, aufgenommen worden ist, allemal zum Schluß als ständige, nur wenig im Wortlaut differierende Formel: „Requisitus utrum vi, vel metu carceris seu tormentorum, aut alia de causa, aliquam dixerit falsitatem vel immiscuerit in deposicione sua, dixit per juramentum suum quod non: immo puram et meram dixerat veritatem". Häufig mit dem Zusatz: „pro salute anime sue"[1]). Die Ankläger des Ordens, so Prutz, sind geneigt, diese Versicherungen mehr oder weniger als Beweis dafür, daß die Folter hier wirklich außer Gebrauch geblieben sei, anzunehmen. Zum Glück besitzen wir für den Templerprozeß noch andere Verhörprotokolle, die nicht nach den Inquisitionsgrundsätzen abgefaßt und schon darum, wie eben bemerkt, länger und umfassender sind, die der

---

[1]) So Mich. II, 287, 288, 289, 291, 293 (zweimal), 295, 296, 297, 298 (zweimal), 299, 300, 303, 304, 306, 307, 308, 309; dann wieder 327, 328, 329, 330, 331, 333, 334, 336, 337, 338, 339; wieder 349, 350, 351, 352, 353, 354, 355, 356, wieder 371, 379, 389, 391 (zweimal), 395, 400, 409, 410, 411; somit ca. 50 mal, bei etwas über ein Drittel der Gesamtverhörten. Diese Verschiedenheit scheint, wie andere kleine Abweichungen im Wortlaut der Schlußformel, mehr der Persönlichkeit der jedesmaligen Protokollführer als der Inquisition zur Last zu fallen, soweit sich aus den Protokollen ersehen läßt. Vgl. unsere spätere Tabelle I–VI.

bekannten päpstlichen Kommission in Paris (und daneben die der Diözesan=
untersuchung in Elne). Und da hören wir¹), daß allein in Paris
36 Gefangene und viele andere an anderen Orten infolge der
Folter ihr Leben gelassen haben („per jamnam et tormenta")²)!
Wem kommt es da nicht, welchen Wert alle derartigen Versicherungen
bezw. Formeln in den Inquisitionsprotokollen haben, nämlich daß sie nicht
nur gleich Null sind, sondern vielmehr eben als bloße Formeln Zeugnisse
der ungeheuren Verlogenheit, genauer gesagt, der Unfähigkeit für den ge=
wöhnlichsten Wahrheitssinn, welche jene durch ihren Fanatismus zu einer
„eigenen Rasse von Menschen"³) gestempelten Männer, die Inquisitoren,
kenntlich macht? so daß sie es fertig brachten, sich von den ihren Mitteln
unterworfenen Opfern noch die Versicherung geben zu lassen, daß sie bei=
leibe nicht aus Furcht, sondern rein der Wahrheit und ihrer Seelen
Seligkeit zuliebe ihre Geständnisse gemacht haben. Über die Art der
Folter aber und ihre Wirkung giebt derselbe Ponzard de Gisi auf die Frage
der Kommission, ob er jemals gefoltert worden sei? eine Auskunft mit
einer Schilderung jener Qual, die wohl als typisch gelten darf für die
Behandlung seiner Ordensgenossen und darum verdient, hier wörtlich
wiedergegeben zu werden. Es heißt da, daß „er 3 Monate vor dem
Geständnis, das er vor dem Bischof von Paris gemacht habe, gefoltert
worden sei, indem man ihm die Hände auf den Rücken geschnürt habe,
so fest, daß das Blut ihm aus den Fingernägeln gelaufen sei, in einer
Grube, in der er eine ganze Stunde habe stehen müssen: indem er er=
klärte, daß, wenn er noch einmal einer solchen Folter unterworfen würde,
er alles zurücknehmen würde, was er jetzt sage, und dagegen sagen, was
man von ihm wollte. Er sei ja bereit, wenn es nicht zu lange
daure, sich für den Orden köpfen oder verbrennen oder sieden
zu lassen, nur so lange Qual könne er nicht aushalten, wie
er schon habe durchmachen müssen in den zwei Jahren, die er
nun im Kerker schmachte"⁴).

---

¹) Durch den bereits wegen seiner merkwürdigen, aus Ärger und Rachsucht ent=
worfenen, Anklage=Artikel bekannten Ponzard de Gisi. Mich. I, 37. — ²) Mich. I, 36;
vgl. Havem. p. 232. — ³) Molinier p. 457. — ⁴) Mich. I, 37. Havemanns Übersetzung
(p. 232) ist etwas ungenau, daher wir die ganze Stelle im Grundtext hiebersetzen:
„Interrogatus si umquam fuis positus in tormentis, respondit quod fuit positus,
tres menses erant elapseante confessionem factam per eum coram domino Parisiensi episcopo, manibus ligatis retro ita stricte quod sanquis sibi enucrit usque
ad ungues in quadam fovea, in qua stetit per spacium unius lenge, protestans
et dicens quod, si poneretur ad huc in tormentis, quod ipse negaret omnia
que dicit modo, et diceret quecumque homo vellet. Tantum pro modico
tempore, paratus erat vel capitis obtruncacionem, vel igneum, vel bullicionem

Daraus ersehen wir, welch namenlose Pein schon ein verhältnismäßig so einfaches Mittel wie das Schnüren der Hände auf den Rücken, nur eine Stunde lang, bereitete und welche Wirkung das that, so daß selbst Sichtköpfen- oder -Verbrennenlassen erträglicher erschien, wenn man es nur kürzer machte. Oder, wem etwa dieser Zeuge wegen seiner bereits gerügten, in jener Denunziation zu Tage tretenden, maliziösen Art verdächtig und zu Übertreibungen geneigt vorkommen möchte, der lasse sich von dem Priester Bernhard de Vado aus Toulouse, der vor der päpstlichen Kommission am 17. Februar 1310 erscheint, erzählen, wie man dort, wo man freilich Routine hatte, das Foltern verstand¹): „wie er so lange gefoltert und peinlich verhört und an das Feuer gehalten wurde, daß das Fleisch von seinen Knöcheln verbrannte und nach wenigen Tagen die Beine von seinen Knöcheln herausgefallen seien", indem er zum thatsächlichen Erweis zwei Knochen, eben jene herausgefallenen, der Kommission vorzeigte. Sollte dieser Thatsachenbeweis irgend jemand wirklich noch nicht genügen, und er mit Prutz Lust haben, darauf hinzuweisen, daß derartige Dinge auch sonst in den Inquisitionsprozessen vorgekommen seien: so verzichten wir derartigen Einwänden gegenüber auf weitere Erwiderung, als daß wir wiederholen, daß nach unserer Meinung diese Gründe für jeden vernünftigen und rechtlichen Menschen genügen, sämtliche durch die Inquisition erbrachten Schuldbeweise, gegen wen immer sie erzielt worden sein mögen, ohne weitere Instanzen ihrer Wahrheit zu null und nichtig zu machen. Denn daß die Menschen jener Zeit, weil in ihr so scheußliche Qualen vorkamen, deshalb nicht auch fähiger waren, jene Qualen zu ertragen, dazu brauchen wir kaum das Zeugnis eines Ponzard de Gisi oder eines Bernhard de Vado: es genügt, auf die ihren Qualen Erlegenen hinzuweisen, soweit uns darüber positive Nachrichten vorliegen. So wird uns außer jenen 36 von Paris dasselbe von 25 Templern der Diözese Sens durch dort Verhaftete berichtet²). Daß das aber immer noch lange nicht die einzigen waren und es an vielen Orten kaum besser stand, geht nicht bloß aus jener verallgemeinernden Bemerkung Ponzards, sondern besonders aus zweierlei noch hervor: einmal schon aus der ungeheuren Angst, welche sämtliche vor der päpstlichen Kommission erscheinenden Templer, wenn auch natürlich in je nach der Individualität verschiedenem Grade

---

pati pro honore dicti ordinis, tantum ita longa tormenta sustinere non poterat, in quibus jam fuerat, duobus annis elapsis et plus carcerem sustinendo.
¹) S. Mich. I, 75: Dixit dictus Bernhardus de Vado quod in tantum tortus et questionatus fuerat et tamdiu tentus ad ignem quod carnes talorum suorum combuste et ossa talorum infra paucos dies ceciderunt eidem, ostendens duo ossa que dicebat illa esse que ceciderant de talis." — ²) Mich. I, 69.

bekunden, sie möchten wieder in die Hände der Inquisition fallen, und aus den in allen möglichen Formen an die Kommissäre gerichteten Bitten, diese möchten, ehe sie sich zu einer Verteidigung des Ordens anschicken, ihnen, den betreffenden Templern, Versprechen und Bürgschaft geben, daß es ihnen nicht zum Schaden gereiche und daß sie nicht wieder in die bisherige Gefangenschaft zurückkehren müssen. Sodann aber spricht dafür, wie früher gestreift wurde, schon die unverhältnismäßig k l e i n e A n z a h l v o n T e m p l e r n, die im Jahr 1309 und 1310 noch als lebend vor der Kommission auftauchen oder über deren Übriggebliebensein noch Spuren vorhanden sind; eine Zahl, die, auch wenn man die gewöhnlichen Vorstellungen von ihrer numerischen Stärke in Frankreich noch so sehr reduziert und mit sonstigen Ursachen, Angst, in Paris zu erscheinen, absichtlicher Verhinderung von seiten ihrer Kerkermeister u. dgl. zu begründen sucht, doch immer noch lange nicht erklärlich wird, falls man nicht als einen sehr stark reduzierenden Faktor die auch an den höchsten Würdenträgern noch so lange nachwirkende[1]) Folter, verbunden mit der den Beschwerden und Klagen der Templer zufolge so schlecht als nur möglich zu denkenden Behandlung, Verköstigung u. s. w. in der Kerkerhaft, in Rechnung nimmt. Letztere dauerte ja bereits nun in das dritte Jahr, und wie wenig genügend, ja mehr wie ärmlich dabei für die Gefangenen gesorgt wurde, können wir uns denken, wenn wir uns erinnern, daß die Einkünfte des Ordens inzwischen in der Hauptsache in die königlichen Taschen flossen und daß Philipp nicht der Mann war, seinen Beamten auf seine Kosten Liberalität zu empfehlen. Und doch wollten diese Beamten auch ihren Teil haben und ihren Profit aus den unglücklichen Gefangenen ziehen, wie wir aus den Angaben dieser vor der päpstlichen Kommission ersehen[2]).

---

[1]) Vgl. Molay und seine Gefährten, die nach der Bulle Faciens misericordiam von Chinon nach Poitiers nicht gebracht werden konnten „quod equitare non poterant, nec ad nostram presenciam quoquo modo adduci". Obgleich Prutz die Wirkung der Folter hier als Ursache nicht gelten lassen will und auch Schottmüller einen anderen Grund noch sucht, so bleibt doch jene die einfachste Erklärung. Näheres siehe darüber oben p. 171 bezw. später. — [2]) Am instruktivsten ist hier die Erklärung von 8 im Haus des Abts von Tiron in Haft sitzenden Templern (Mich. I, 151), daß sie bereit seien, den Orden, der gut und rein sei, zu verteidigen, so gut als dies Männer können, die zu zweit aneinander gekoppelt in Haft gefesselt liegen und die Nacht in dunklen Löchern zubringen. Dann beklagen sie sich über die Unzulänglichkeit ihrer Löhnung von 12 deniers täglich; denn 3 davon bezahlten sie täglich allein für ihr Bett; für die Miete von Küche, Weißzeug und Kleider 2 sous 6 deniers wöchentlich; 2 sous für Abnahme und Wiederanschmiedung ihrer Ketten, wenn sie vor der Kommission erscheinen; für Wäsche 18 deniers alle 15 Tage; Holz und Beleuchtung 4 deniers täglich und für Fuhrlohn bis Notre Dame 16 deniers. Und dabei erinnert Lea (III, 292) daran, daß diese Löhnung in die Zeit der verschlechterten Münze fällt.

Es findet diese Erklärung auch in den Protokollen der Kommission Bestätigung genug durch die zahlreichen Angaben der späteren Zeugen von Templern, die mit ihnen aufgenommen oder bei ihrer Aufnahme zugegen gewesen seien, nun aber als „defuncti" bezeichnet werden, auch von solchen, die noch verhältnismäßig jugendlichen Alters waren [1]). Endlich aber stimmt damit die allgemein zusammenfassende Bemerkung des Verfassers der Vita VI bei Baluze, des Amalrich Augier, derzufolge, während manche nach anfänglicher Weigerung „postea cum tormentis veritatem libenter confitebantur", andere „aliqui ipsorum in tormentis sine confessione moriebantur vel comburebantur et tunc de confitentibus ultra veritatem rex mitius se habebat" [2]): während die Vita IV bezüglich der vor den König geführten Ordensoberen sagt: „Plurimi ipsorum confiteri minime volebant, quamvis nonnulli ipsorum subjecti fuerint questionibus et tormentis" [3]). Geht man den Spuren der Protokollberichte nach, so handelt es sich bei diesen „aliqui" und „nonnulli" um ziemlich viele, und faßt man den Gesamteindruck zusammen, so ist dieser kurz der, daß die Folter eine sehr große Rolle gespielt hat und daß ihr, eben im Verein mit der ungewöhnlich langen und schweren Kerkerhaft, im Verlauf der Jahre ungleich mehr Ordensgenossen in Frankreich erlegen sind, als man gemeiniglich bisher angenommen hat.

So erscheint es als kein Wunder mehr, wenn hernach, vollends nachdem das Autodafé des Erzbischofs von Sens vom 12. Mai 1310 seine Wirkung gethan hat, von den Überlebenden verhältnismäßig so viele, über 200 Templer, sich als Zeugen gegen den Orden gebrauchen lassen. Im Gegenteil, wundern kann man sich nur, daß trotz und nach der ganzen Prozedur die Unschuld des Ordens, wenigstens zeitweise, so laute Verteidiger gefunden hat und es der Folter nicht gelungen ist, jeden Widerspruchsgeist zu ersticken. Auch das wäre nicht geschehen, wenn man die Inquisition wie sonst hätte allein die Sache fertig machen lassen, und wenn nicht in der päpstlichen Kommission wenigstens ein leiser Funke von Hoffnung den unglücklichen Opfern aufgegangen wäre. Nur dieser Kommission und ihren Protokollen verdanken wir jene einzigartige Aufhellung über die Art und Weise, wie die Inquisitoren wirkten. Und daß durch eine derartige Wirksamkeit jedes Geständnis der Schuld hinfällig wird, eben weil durch sie jedes Geständnis erzwungen werden konnte: das ist gottlob nicht bloß unser heutiges Urteil, sondern auch in jenen finstern Jahrhunderten wenigstens den besseren Geistern nicht verborgen geblieben. Wir dürfen

---

[1] Schottm. hat auf eine Reihe solcher Opfer namentlich hingewiesen. Vgl. dazu auch unsere späteren Tabellen. — [2]) Baluze I, 101.   [3]) Baluze I, 66.

da wieder nur an jenen denkwürdigen Beschluß des Provinzialkonzils von Ravenna erinnern unter seinem erleuchteten Erzbischof Rainald, der alle auf inquisitionsmäßige Weise, d. h. nicht bloß durch Anwendung der Folter, sondern auch schon durch Drohung damit und Angst davor gewonnenen Geständnisse für ungültig erklärt und damit die Ehre des Jahrhunderts gerettet hat. Und daß diese Auffassung keineswegs eine vereinzelte war, beweist das Generalkapitel von Vienne, wo diese Stimmung und allgemeine Überzeugung vor allem der nichtfranzösischen Prälaten dem zur Aufhebung des Ordens längst entschlossenen Papst noch so große Schwierigkeiten bereitet hat und jene Aufhebung zuletzt nur in der zweifelhaftesten Form gelingen ließ. So wenig selbstverständlich und unanfechtbar fand man auch in jener Zeit, die doch bei einer genaueren Bekanntschaft mit der Geschichte der Inquisition, wie wir Lea sie verdanken, als der **Höhepunkt dieses Instituts** erscheint, die Thätigkeit und Wirkung dieser Tribunale.

Übrigens dürfen jene Inquisitionsergebnisse im Templerprozeß nicht alle auf Rechnung der eigentlichen Inquisitoren, der päpstlichen oder „apostolischen" gesetzt werden, sondern es ist notwendig, daran zu denken, wie hier sich noch eine ganze Reihe weiterer Faktoren an diesem Verfahren beteiligten. Schon ihre **Zahl** machte es ja den Inquisitoren unmöglich, allein alles zu leisten. Wenn auch die Zahl des Inquisitionspersonals in einem Lande wie Frankreich sich kaum mehr feststellen läßt, schon weil sie eine je nach dem Bedürfnis wechselnde war, indem den eigentlichen Inquisitoren das Recht zustand, ihrerseits Gehilfen, Assistenten oder „socii" nach Bedarf, sei es dauernd oder nur auf Zeit, zu ernennen, so ist doch sicher, daß das ganze, ja schon wegen seiner Kostspieligkeit[1]) in verhältnismäßig enge Schranken gewiesene Institut auf einen derartig allgemeinen Fall lange nicht vorbereitet war. Wie uns Lea[2]) belehrt, so umfaßte für gewöhnlich ein Inquisitionsbezirk, als zusammenfallend mit den Provinzen der Mendicantenorden, von deren Oberen die Inquisitoren ernannt werden, doch mehrere Bistümer. Die Templer aber finden wir so ziemlich in jedem Bistum, wenn auch in sehr verschiedener Stärke, vertreten[3]). Schon

---

[1]) Diese Seite ist in der Geschichte der Inquisition eine der belehrendsten, indem es merkwürdig anzusehen ist, wie so oft der Eifer auch der sonst für die Inquisition noch so begeisterten Fürsten und Prälaten erlahmt, sobald es an die Frage geht, wer soll sie zahlen? Ein Umstand, der in seiner Wirkung den armen Häretikern, wie den Waldensern der abgelegenen Gebirgsthäler, nicht wenig zu gute kam, während umgekehrt die „lohnendere" Verfolgung der reicheren Katharer viel länger und intensiver aufrecht erhielt. — [2]) I, p. 370. — [3]) Vgl. unsere Zusammenstellung oben p. 94 96, wo 61 französische Bistümer vertreten sind.

damit ist gesagt, daß die Inquisition, sollte sie nicht an den entscheidenden Punkten, Mangels von Einheitlichkeit und Zusammenstimmung, versagen, auf anderweitige Unterstützung wesentlich angewiesen war. Nun ist ja bekannt, wie König Philipp hier eingetreten ist mit seiner ganzen königlichen Machtfülle, schon durch jene Generalanweisung an seine Seneschalls, die auf einen Schlag die Verhaftung sämtlicher Templer im ganzen Königreich auf den Morgen des 13. Oktober 1307 anbefahl und zur Folge hatte. Und daß die königlichen Beamten und Kerkermeister, die trotz der Mühe, die sich Klemens V. gab, um wenigstens theoretisch seine Rechte an die Ordensmitglieder aufrecht zu erhalten, ja thatsächlich fortwährend die Gefangenen unter ihren Händen behielten, nicht dazu angethan noch darauf aus waren, glimpflicher mit ihren Schutzbefohlenen zu verfahren und die Intentionen der Inquisition ihrerseits womöglich noch überboten, das liegt nicht bloß von vorneherein auf der Hand, sondern wird wieder durch die Beschwerden der Templer vor der Kommission wie durch die ganze Rolle, welche zumal die Oberaufseher der Gefangenen, der Provst von Poitiers Philipp de Vohet und Johannes de Jamville, spielen[1]), endlich ganz besonders durch jenen von dem vielseitigen Ponzard de Gisi[2]) geschriebenen Zettel, auf dem er die Namen der „treytours" des Ordens, von Schottmüller[3]) mit Glück = maltraiteurs erklärt, angiebt, vollauf bestätigt.

Doch wird über Philipps des Schönen Anteil noch in einem besonderen Kapitel zu sprechen sein. Hier ist nur noch eines Faktors, der der Inquisition ohnehin verwandt ist, namentlich zu gedenken, nämlich der Thätigkeit der Diözesanbischöfe. Wie einschneidend diese sein konnte, das leuchtet von selbst ein, wenn man bedenkt, daß die eigentliche Entscheidung über das Geschick der Templer in ihre Hände gelegt war, indem diese ihnen nicht nur die längste Zeit, zwischen den ersten im wesentlichen von den Inquisitoren vorgenommenen Verhören vom Herbst 1307 bis zur Untersuchung vor der päpstlichen Kommission 1309 und 1310, also circa 2 Jahre lang, zur Verfügung standen, sondern ihnen auch das Schlußurteil über die Personen des Ordens vorbehalten blieb. Denn was half da ein den Orden als Ganzes freisprechendes Urteil von seiten der Kommission oder des Papstes, solange das Leben des einzelnen Ordensangehörigen in ihrer Hand ruhte und es im wesentlichen in ihrer Macht

---

[1]) Über diese Rolle der Gefangenenaufseher vgl. z. B. die Wandlung, die mit dem Zeugen Johann de Pollencours, offenbar unter dem Einfluß Jamvilles, vor sich geht Mich. I, 377 f, Havem p. 269 f. — [2]) Der hier offenbar sein früheres Unrecht mit jenem rachsüchtigen Denunziationszettel durch doppelten Eifer für den Orden wieder gut zu machen sucht und jedenfalls zu den begabteten Ordensgenossen zählt. [3]) Vgl. seinen Exkurs „Über die sogenannten Verräter des Ordens" Schottm. I, 720 ff.

stand, demselben Leben und Freiheit in Aussicht zu stellen oder ihn für immer auf dem Scheiterhaufen oder hinter Kerkermauern verstummen zu machen? In welcher Richtung aber die französischen Prälaten diese entscheidende Vollmacht gebrauchten, dafür ist uns nicht bloß der Erzbischof Marigny von Sens mit seinem Provinzialkonzil das klassische Beispiel, sondern ist auch von anderen seiner Kollegen aus der vornehmsten Originalquelle, den Protokollen der päpstlichen Kommission, deutlich zu ersehen. Wir werden später darauf zurückkommen, wie die bischöflichen Inquisitoren, bezw. deren Offiziale, von Perigueux, Amiens, Paris, Nevers — vor welchem 3 namentlich genannte Templer ihren Geist aufgaben —, von Saintes, Bourges, Poitiers u. a. hinsichtlich der Kunst, „Ergebnisse" d. h. Geständnisse zu erzielen, hinter den „apostolischen" kaum zurückblieben, ja wie sie diese zum Teil offenbar noch zu überbieten und in Schatten zu stellen wußten.

Wundern dürfen wir uns darüber nicht: denn 1. war die Inquisitionspraxis während ihres nun nahezu 100jährigen Bestehens — als eigentliches Geburtsjahr darf man das Laterankonzil von 1215 ansehen — nach mancherlei Anfechtung und Bestreitung nicht am wenigsten von seiten der Prälaten eben wegen ihrer Wirkungen, daneben freilich auch infolge der fortgesetzten päpstlichen wie königlichen Begünstigung, so sehr zu allgemeiner Anerkennung und Adoptierung auch durch die, daneben noch fortbestehende, bischöfliche Inquisitionsgerichtsbarkeit durchgedrungen, daß ein großer Unterschied zwischen dieser und der eigentlich oder unmittelbar päpstlichen Inquisition nicht mehr bestand oder daß es hiefür nur noch auf einzelne Persönlichkeiten unter den Prälaten ankam. Und daß 2. diese, so sehr sie sonst oft der Inquisition mißgünstig oder eifersüchtig gegenübertraten, in unserem Falle ihren Beruf in möglichst persönlichem Anteil an „Ergebnissen" sahen — mehr noch als die ihr Geschäft in der Hauptsache ex officio, d. h. mit ehrlichem, ob auch fanatischem, Eifer treibenden Dominikaner- (und Franziskaner-) Inquisitoren —[1]: dafür sorgten die beiden anderen Faktoren, die allein wirksam der Inquisition entgegenzutreten vermocht hätten, hier aber, obgleich nach und unter mancherlei Zwist, aus verschiedenen Gründen und in verschiedenem Grad, doch in der Hauptsache, hinsichtlich des schließlichen Erfolgs, einträchtig zusammenwirkten; die geistliche und die weltliche Obergewalt, Papst und König.

---

[1] Ein Beispiel hiefür scheint, nach unserer obigen Besprechung p. 202, Bernhard Gui zu sein, der gerade über den Templerprozeß mit nichts weniger als Begeisterung berichtet, also, daß man auf den Gedanken kommt, daß ihm keineswegs wohl bei dieser Erinnerung gewesen sei, sondern er den politischen und so des Inquisitors eigentlich unwürdigen Zweck der Sache wohl herausgefühlt habe.

Erstere, die kirchliche Obergewalt, war **theoretisch** oder im Prinzip, wenn nicht allein so doch in ganz anderem Grade als die andere, **höchst berechtigt**. Von ihr, die so manches Opfer schon dem Rachen der Inquisition, ihrer eigenen Dienerin, entrissen hatte — meist auf dem Wege der „Apostoli", indem sie um schweres Geld sich ihre Erlasse zur Einstellung des Inquisitionsverfahrens erkaufen ließ — hätte auch in unserem Falle trotz den Ergebnissen der ersten Verhöre durch Inquisitoren und Bischöfe noch Hilfe kommen können und sollen. Warum sie ausblieb bezw. nach dem schönen Angriff mit der Suspension der inquisitorischen Gewalt Imberts wieder fallen gelassen wurde, werden wir später zu erörtern haben, nachdem wir erst den andern Faktor besprochen haben, der hier **praktisch die Gewalt** hatte und deshalb von größerer Bedeutung wurde als jener prinzipiell Erstberechtigte; jenen Faktor, den man darum vielfach allein- oder erstverantwortlich gemacht hat, und der auch, bei allem Anteil der Inquisition, und wenn man deren Verdienst noch so sehr im Auge behält, eine **Erstlingsschuld**, die Schuld der letzten Absicht, des ersten Anstoßes, wie der nachdrücklichsten Unterstützung der Inquisitionsarbeit immer behalten wird, um so mehr, je mehr die **Ohnmacht des heiligen Offiziums** ohne ihn und dessen thatsächliche Abhängigkeit von ihm in Rechnung genommen wird: **Philipp den Schönen.**

Unbestreitbar ist soviel: daß die Inquisition nicht an die Templer gekommen wäre, hätte König Philipp der Schöne nicht mitgethan, und zwar, indem er den Anstoß gab.

Somit ist die nächste Frage: **wie kam er dazu?**

Drittes Kapitel.
Philipp der Schöne und seine Politik.

Die Antwort auf diese Frage liegt in der Persönlichkeit Philipp des Schönen, die überall zugleich den Schlüssel zu seiner Politik giebt. Die Persönlichkeit Philipp des Schönen ist lange Zeit verschieden gedeutet worden, wenn auch immer nur von mehr untergeordneter Seite. Man hat ihn auf der einen Seite zu einem Spielball seiner Minister, auf der andern zu einem bigotten Fanatiker gemacht; jenes, weil er in der That bei den entschiedensten seiner Handlungen überall seine Minister und Geschäftsträger vorschiebt; dieses, indem man seine äußerlich zur Schau getragene kirchliche Haltung und den Wortlaut seiner Erklärungen, auch in dem schwierigsten Handel seines Lebens, im Streit mit Bonifazius VIII., betonte. Aber vor jener ersteren Auffassung hätte doch schon die Behandlung, die er seinen Günstlingen zu teil werden ließ, die Art, wie er sie in verhältnismäßig untergeordneter Stellung, die für sich selbst nichts bedeutete, nur durch die königliche Gunst etwas wurde, ihr Leben lang beließ, bewahren sollen, um erkennen zu lassen, wie sehr trotz und bei aller Zurückhaltung, deren sich Philipp befleißigte und die ein Stück seiner Politik, d. h. seiner Vorsicht und Schlauheit in derselben, bildete, jene Organe seines Willens eben seine Kreaturen und Werkzeuge blieben, nicht er das ihre. Letzteres Bild, das von dem bigotten Fanatiker, das auch bei Prutz in dem „überhitzten Glaubenseifer", den er ihm einmal zuschreibt, wiederkehrt, wird für den nüchternen Beobachter schon durch jenen Streit mit Bonifaz VIII. unmöglich gemacht, wenn man dabei auf die Thaten, nicht auf die Worte, sieht. Seit man diesen Maßstab, den Menschen nach seinen Thaten zu beurteilen, wie die ernste Historik es immer gethan hat, auch auf Philipps Regierung angewandt hat, und je mehr man diese, d. h. den ganzen Zug seiner Regierungspolitik wie die Früchte derselben, ins Auge gefaßt und, hauptsächlich durch Boutaric, genauer kennen gelernt hat, sind alle jene Urteile, die darin zusammentreffen, daß sie Philipp als einen von außen her beeinflußten Charakter erscheinen lassen, mehr und mehr verstummt oder erregen nur mehr Achselzucken. Man weiß und anerkennt jetzt allgemein, was von jeher das Urteil der schärferen Beobachter war: daß man es mit einem der bedeutendsten Monarchen des Mittelalters zu thun hat, falls man ihn überhaupt dieser Epoche noch zuzählen will. Erscheint doch als ein besonderes Kennzeichen seiner Regierung eben dies, daß, wie er in einer Übergangszeit lebte, auf der Grenze des zu Ende gehenden Mittelalters und der anhebenden neueren Zeit, hier zum erstenmal uns der „schneidende Luftzug moderner Politik"[1]) begegnet. Freilich gilt dies nur zum Teil oder in einer Weise, die in anderer Hinsicht wieder etwas echt Mittelalterliches an sich hat und jene Auffassung, die ihn zu den bedeutendsten Regenten der Vergangenheit zählt oder wenigstens von denen, die über Frankreich geherrscht haben, nicht unwesentlich modifiziert. Denn sollen wir den ganzen Geist Philipp des Schönen und seiner Regierungspolitik auf einen kurzen Ausdruck bringen, so ist es kein anderer als der **absoluter**, auf einem Unfehlbarkeitsbewußt=sein, das nur nach dem eigenen Recht fragte, beruhender **Rücksichtslosigkeit**, die aus allen seinen Handlungen uns entgegenleuchtet. Daß Rücksichts=losigkeit der Grundcharakter seiner Politik ist, das hat Boutaric in einer Weise dargethan, welche dieses Urteil im wesentlichen für alle Zeiten fest=gestellt und die Zustimmung aller namhaften Historiker und Kenner unserer Periode, eines Ranke und Döllinger so gut wie eines Wenck und Lea gefunden hat und die uns schon vor Boutaric bei Männern wie Le Jeune und Havemann begegnet. Nur dürfte zu betonen sein, daß diese Rück=sichtslosigkeit nicht bloß als eine solche seiner Politik, sondern zunächst als eine solche **persönlichen Unfehlbarkeitsbewußtseins** erscheint. Denn die Politik ist ihm überall mit seiner eigenen Person, der des ab=soluten Monarchen, in einer Weise verbunden, wie wir das unter allen seinen Nachfolgern und sämtlichen Inhabern des französischen Throns nur noch bei Ludwig XIV. finden. Wir würden auch Napoleon I. nennen, wenn diesen nicht seine dämonische Genialität doch allzusehr über Philipp den Schönen, der von derartigem nichts an sich hat, erhöbe. Noch weniger treffend ist die Vergleichung mit Karl dem Großen, der ihn eben durch seine wirkliche Größe doch unvergleichlich überragt. Mit Ludwig XIV. dagegen hat er am meisten Ähnlichkeit, schon darin auch, daß diese rück=sichtslose Selbstbestimmtheit nach einer Richtung, nach Seiten des kirchlich=religiösen Faktors, durchaus beschränkt erscheint. Wie Ludwig XIV. zeigt sich auch Philipp der Schöne dogmatisch durchaus als ein in der Bahn

---

[1]) cfr. Boutaric, La France sous Philippe le Bel, p. 428 und wieder p. 430 f.

seines Jahrhunderts erzogener und theoretisch in keiner Weise darüber hinausstrebender Kopf. Mit der religiösen Freigeisterei und spottsüchtigen Unabhängigkeit, mit der z. B. Kaiser Friedrich II. den Beschränktheiten seiner Zeit gegenüberstand und womit er doch nur seinen Zeitgenossen fremd geworden ist, hat Philipp der Schöne durchaus nichts gemein. Im Gegenteil ist dogmatisch seine kirchliche Korrektheit außer allem Zweifel. Aber diese Teilnahme am Glauben und Dogma seiner Zeit entspringt bei Philipp dem Schönen wie bei Ludwig XIV. — nur mehr noch als bei diesem — keinem eigenen positiven Bedürfnis, ist vielmehr nur ein Zeichen seiner religiösen Bedürfnislosigkeit und diente ihm, als ein weiterer Faktor seines rücksichtslosen Unfehlbarkeitsbewußtseins, nur mehr dazu, seine Zeit und deren geistigen Hauptfaktor, die Kirche, zu beherrschen, statt sich von ihr beherrschen zu lassen. Genauer gesagt: er beherrschte sie, indem er ihre Formeln, ihre theoretischen Prinzipien mit um so größerer Meisterschaft verwandte, je weniger er selbst davon inwendig ergriffen war, je mehr ihn sein eigenes unbegrenztes Unfehlbarkeitsbewußtsein dieselben nur als Stützen seines unbedingten Eigenrechts auffassen ließ und je völliger er praktisch dem jener kirchlichen Theorie entgegengesetzten Geist, der weltlichen Reaktion gegen die kirchliche Unfehlbarkeit, huldigt. So schlug er hernach — und das ist die Nemesis in der Geschichte — die Kirche sozusagen mit ihren eigenen Waffen, indem er, wie diese erst die geistlichen Waffen benutzt hatte, um ihre weltliche Herrschaft zu begründen, nun diese selben Waffen benutzte, um ihre Niederlage weltlich und geistlich, eben weil dies so zusammenhing, entscheidender als dies in jener Zeit sich eigentlich denken ließ, herbeizuführen.

Natürlich konnte eine solche Politik nicht in offener, mit der Konsequenz der Wahrhaftigkeit operierender, Weise vor sich gehen. Aber gerade darin zeigt er sich wieder als der rechte Zögling seiner Zeit und der Kirche dieser Zeit, die das Inquisitionssystem ausgebildet hat, daß überall zwischen seinen Worten und angeblichen Absichten und zwischen den wirklichen Zwecken, für die ihm die Worte als Mittel dienen mußten, ein solcher, ihm selbst wohl kaum mehr bewußter, aber darum nicht weniger unverhüllter Widerspruch zu Tage tritt. Dies ist die auch von seinen Bewunderern, wenn nur Kennern — in erster Linie wieder von Boutarie — zugegebene Unwahrhaftigkeit, die als eine ihm zur zweiten Natur gewordene Doppelzüngigkeit sich äußernde Perfidie seines Charakters, die offenbar ebenso seiner innersten Anlage entsprach, als wir andererseits in ihr ein Produkt seiner Zeit sehen dürfen. Dieses — wenn wir so sagen dürfen — Weiblich-Katzenartige seines Wesens, das überall Um- und Schleichwege der geraden Linie, diplomatisches Ränkespiel dem offenen

Kampf vorzieht und die feindseligsten Absichten hinter glatten Freundschaftsversicherungen verbirgt[1]: diese Unwahrhaftigkeit und Perfidie hindert uns, in Philipp dem Schönen trotz aller staatsmännisch wahrhaft ungewöhnlichen Anlagen den wirklich bedeutenden Mann anzuerkennen, geschweige denn ihn den eigentlich großen Königen von Frankreich zuzuzählen.

Wohl scheint seine Regierung eine glänzende Etappe auf dem Wege der Entwicklung der französischen Monarchie zu bilden. Aber sie war es doch vielleicht mehr nur scheinbar als in Wirklichkeit. Daß es mehr nur Schein war, beweist die Vergänglichkeit, die kurze Dauer seiner Erfolge, der Fall, den die Monarchie nach ihm in so rascher Folge that, daß er kaum viel weniger jäh erscheint, als den er selbst dem Papsttum bereitet hatte. Wohl mag man den Hauptanteil hieran der Unfähigkeit seiner Nachfolger zuschreiben, die nichts thaten, um sein Werk auf seiner Höhe zu erhalten, wohl aber alles, um es wieder zu verderben. Aber daß sie so wenig auf solche Erhaltung des von ihm Geschaffenen aus waren, das lag doch nicht zum geringsten Teil darin, daß in dem Andenken der öffentlichen Meinung seine Regierung mit einem gewissen Unrecht belastet war, welches zu leugnen oder auch nur zu übersehen selbst diejenigen, denen es zu gute kam, kurz gesagt die französische Monarchie, nicht wagen konnte. Selbst ein Franzose wie Boutaric, der bei aller rühmenswerten Unparteilichkeit doch geneigt ist, alles im Lichte des Glanzes, der auf den französischen Namen davon fällt, zu besehen, muß angesichts all der Vorwände Philipps für seine Kriege und sonstigen Aktionen gestehen: „Die Ungerechtigkeit ist der Hauptfehler dieses Regiments, alles ist davon angesteckt"[2]; und wieder, nachdem er sein eigenes politisches Glaubensbekenntnis dahin ausgesprochen hat, daß „die schlechten Handlungen auch in der Politik ihren Urhebern niemals Nutzen gebracht haben, vielmehr die Rechtschaffenheit noch immer das sicherste Mittel gewesen ist, um Erfolge zu erzielen", so fährt er selber fort[3]: „Nun aber ließ es Philipp, man kann es sich nicht verhehlen, manchmal an Geradheit fehlen; er zog allzuoft seine Interessen der Gerechtigkeit vor und beging Fehler, die sein Andenken so in Abscheu brachten, daß sein Sohn sich veranlaßt sah, mit Gewalt die Kirche zur Gewährung der Fürbitten für ihn zu zwingen."

Und doch war Philipp der Schöne mit dieser Kirche, wenigstens ihren

---

[1] Wer denkt da nicht wieder an jenes vorhin besprochene Produkt derselben Zeit, die Inquisition, die entsprossen schon aus einer ebenso perfiden als naiven Auslegung von 2. Kor. XII, 16 allezeit diese Gregerie Innocenz III. gerechtfertigt hat, am meisten, wenn sie einem Angeklagten für ein Geständnis Gnade versprach, um ihn hinterher auf Grund desselben zu erwürgen? [2] E. Boutaric, La France sous Philippe le Bel, XIV. Buch, 2. Kap.: Resumé. [3] Ebenda p. 436.

Spitzen, so vielfach liiert gewesen! Wie stark mußte demnach diese Empfindung der Nation innewohnen! Können wir einer solchen Regierung den Vorwurf, daß sie selbst die Kürze ihrer Erfolge mitverschuldet habe, ersparen? Wenn aber das, dürfen wir dann wirklich von Größe bei einem Regenten reden? Haben wir nicht vielmehr in all dem wieder ein Gegenstück zu jener späteren Vollendung des absoluten Regiments unter Ludwig XIV. vor uns, welche uns gleichfalls trotz der glänzenden Außenseite, die sie dem oberflächlichen Beobachter darbietet, in ihrer Gesamtwirkung doch mehr ein Unglück als ein Glück für Frankreich bedeutet? Es hält Mühe, dasselbe Urteil über die Regierung Philipp des Schönen zurückzuhalten, zieht man die Gesamtwirkung in Betracht. Und nicht das geringste Stück von dieser Wirkung, der Einbuße an der sittlichen Autorität des Königtums, ist der Unterdrückung des Templerordens zuzuschreiben. Somit müssen wir unser Urteil über die Erfolge von Philipps Regierung dahin zusammenfassen, daß der Glanz derselben, die im Königtum sich konzentrierende nationale Kraft, die sie uns oft als eine Höhezeit französischer Geschichte erscheinen läßt, mehr als man bisher vielfach gethan hat, dem Verdienst seiner Vorgänger, vor allem des h. Ludwig, zugemessen werden muß; ihre Schwäche, wo nicht Hohlheit, dagegen, die sich in ihrem schnellen Verfall manifestiert, gleichfalls mehr, als oft geschehen ist, Philipp dem Schönen selbst denn wie seinen Nachfolgern in die Schuhe geschoben werden muß.

Trotzdem ist eine gewisse Größe seiner Politik nicht zu verkennen, die nicht bloß deren ungewöhnlichen momentanen Erfolg veranlaßt hat, sondern die auch, wenn sich mit ihr nicht jene schweren Mängel verbunden hätten, seine Regierung in der That zu einer der wirkungsvollsten, für die Entwicklung des Staats nach allen Seiten wohlthätigsten gestaltet hätte. Diese Größe besteht eben in der Rücksichtslosigkeit, mit der Philipp seine Pläne verfolgt, und daß diese Rücksichtslosigkeit nicht privaten Leidenschaften gilt, sondern dem, was sein scharfer Blick in dieser entscheidungsvollen Übergangszeit als Wohl des Staats, das ist ihm die absolute Monarchie, erkannt hat. Wohl bleibt es dabei, daß „Rücksichtslosigkeit allein noch nie einen Herrscher groß gemacht hat, so oft wir sie unter den Eigenschaften derselben finden, sondern, wo sie allzusehr hervorsticht, sein Andenken in der Erinnerung mit einem Makel behaftet, und ohne diesen Makel auch Philipp nicht geblieben ist"[1]). Aber darüber dürfen wir doch nicht die nur zum Teil von der Folgezeit wieder rückgängig gemachten Erfolge seiner Regierung vergessen. Trotz aller persönlichen Schatten-

---

[1]) Boutaric a. a. O.

seiten seines Charakters sind, zumal im Verhältnis zu der Kürze der Zeit, doch bedeutende Dinge erreicht worden. Hören wir, wie Boutaric [1]) dieselben zusammenfaßt: „Die auswärtige Politik Heinrichs IV. und Richelieus inauguriert, die Feudalität gedemütigt, die Verwaltung eingerichtet, die Trennung der geistlichen und der weltlichen Macht vollzogen, die Justiz geregelt, die Armee organisiert, die Finanzwissenschaft geschaffen und, um das Werk zu krönen, die Nation (auch eigentlich eine Schöpfung Philipps gegenüber den einzelnen Ständen) zum erstenmal in den Generalständen versammelt": alles zusammen nichts Geringeres als das Ende des Mittelalters bedeutend. Dem stehen freilich als den schließlichen Erfolg vielfach in Frage stellende Dinge jene bereits gerügten Eigenschaften, die Unwahrhaftigkeit und Ungerechtigkeit des ganzen Systems, entgegen, die äußerlich ihre konzentrierte Sühne in Flandern finden, durch das jene Politik bitter gerächt werden sollte. So sagt auch Boutaric [2]): „Der Schatten für die Regierung Philipps ist Flandern; dies das Hindernis, an dem sich seine Pläne brechen sollten, die Quelle all des Unglücks für Frankreich, der Anforderungen des Fiskus, der Münzveränderungen, der Erschöpfung der Finanzen, des Niedergangs der Industrie, der allgemeinen Mißstimmung, der Unzufriedenheit aller, des Mißtrauens seitens der Fürsten und der Maßregeln der Strenge, zu denen sich die Regierung genötigt glaubte, um Empörungen zu ersticken." Gewiß eine inhaltsschwere Unglücksliste, schwer genug, um jenen Erfolgen das Gegengewicht zu halten. Dennoch sind diese, zumal in ihrem augenblicklichen Gewinn, bedeutend genug, um auf eine ungewöhnliche Kraft zurückzuweisen und die Frage nahezulegen, durch welche Mittel sie erreicht wurden?

Die Antwort darauf liegt immer wieder in erster Linie in jener Rücksichtslosigkeit, die Boutaric zu dem Bekenntnis zwingt: „Seine Zwecke zu erreichen, gebraucht er alle Mittel." Aber welches waren diese Mittel? Da ist vornean ein geistiger Faktor zu nennen, der Philipp in merkwürdiger Weise zu Hilfe kam und den wir in einer Zeit, wo es der Kirche nahezu gelungen schien, alles unter ihren Hut zu bringen, nicht vermuteten, müßten wir nicht, wie sehr eben jenes Streben nach einer unwahren Universalherrschaft die Reaktion in den einzelnen Nationen weckte und wecken mußte: wir meinen das neuerwachte Nationalbewußtsein. Erwacht vor allem infolge der Wirkung der Kreuzzüge, welche mit ihrem gemeinsamen Wetteifer aller abendländischen Völker nach einem und demselben Ziel und Kämpfen auf einem und demselben Boden den beteiligten Nationen erst recht ihre Unterschiede offenbarten und durch den Vergleich

---

[1]) "La France sous Philippe le Bel", p. 430. [2]) Ebenda p. 434.

mit anderen die Eigenheit um so klarer zum Bewußtsein brachten. Vor allem die französische Nation, die an den Kreuzzügen von Anfang an in einer Weise teilgenommen hatte, daß diese vielfach, so besonders im Orient, einfach als ein fränkisches Unternehmen aufgefaßt wurden und welche, trotz des schließlichen Mißerfolgs, den französischen Namen mit einem Nimbus umgaben, der in den „Gesta Dei per Francos" zum Ausdruck gekommen ist, verdankte den Kreuzzügen nicht bloß ein mächtig gesteigertes Selbst- und Nationalbewußtsein überhaupt, sondern auch das einer speziellen göttlichen Mission, aus welcher von selbst der Anspruch auf besondere Beachtung seitens der kirchlichen Faktoren und besondere Rechte gegenüber diesen flossen. Verkörpert sah sich dieses Nationalbewußtsein in dem h. Ludwig, jener königlichen Figur, die trotz ihrer Niederlagen eben in dem heiligen Krieg mit einem Nimbus heiligen Heldentums umgeben wurde, der zur Bildung jenes einheitlichen Nationalbewußtseins, d. h. jenes französischen Nationalstolzes, nicht weniger beigetragen zu haben scheint als die planmäßigen, von maßvoller Weisheit getragenen Maßregeln dieses seltenen Fürsten. Diese hatten bereits das Hauptziel seines Enkels Philipp des Schönen, die Vereinigung von ganz Frankreich unter der eigentlich königlichen Macht, mitbefaßt und mit der Erwerbung des Südens, der Grafschaft Toulouse, als Beute der Albigenserkriege, einen wesentlichen Stein diesem Gebäude eingefügt. Mit je größerem Selbstgefühl die französische Nation auf ihre in diesem Nationalheros personifizierten Leistungen zurückblickte und je unanfechtbarer sie damit den Beweis für ihre besonderen Verdienste um die Kirche erbracht sah, um so mehr mußte sie sich in der Behandlung ihres Königs von seiten Bonifazius VIII., vollends wie Philipp ihr diese darzustellen wußte, beleidigt fühlen, um so gewaltiger mußte sich jenes gesteigerte Nationalbewußtsein gegen die ihm vom Papsttum angesonnene Erniedrigung aufbäumen. In diesem Gefühl sehen wir die gesamte Nation ohne Unterschied des Ranges und Standes einig, am meisten den von Philipp erst eigentlich geschaffenen oder vielmehr in seine Bedeutung eingesetzten dritten Stand, daneben nicht viel weniger aber den Klerus, wenigstens teilweise. Was für eine wertvolle Bundesgenossenschaft für seine Kämpfe und zwar mehr noch gegenüber der Feudalität als gegenüber Papst und Kirche sich Philipp in jenem dritten Stand, der in den „Generalständen" zum erstenmal neben Klerus und Adel als ein gleichberechtigtes Glied in der Vertretung der Nation anerkannt wurde, gewann und wie sehr er es verstand, diese Unterstützung auszunützen, ist bekannt. Nur daß auch hier vielleicht noch mehr betont werden dürfte, wie es sich bei den Berufungen jener Generalstände unter Philipp dem Schönen weniger darum handelte, die freie Meinung der Vertreter der

Nation zu hören, als vielmehr, den königlichen Beschlüssen die Zustimmung einer möglichst breiten Grundlage zu gewinnen und dadurch um so mehr zu imponieren bezw. zu schrecken. Auch darum handelte es sich, einen Stand gegen den andern auszuspielen und die ganze Nation um so ungenierter seinem Willen dienstbar zu machen, z. B. dem Widerspruch gegen das königliche Besteuerungssystem von vorneherein vorzubeugen. Wie sehr diese Unfreiheit empfunden und, wenigstens von den höheren, politisch geschulteren und selbständigeren Ständen, Adel und Geistlichkeit, jene Absicht vielfach durchschaut wurde, sehen wir an dem geringen Eifer, der für die Teilnahme an jenen Versammlungen von dieser Seite entwickelt wurde: den zahlreichen Entschuldigungsschreiben von seiten des Adels, die in dem Trésor des Chartes[1]) noch heute niedergelegt sind und die geringe Begeisterung des in die Verhältnisse eingeweihten und mit den Templern durch zahlreiche Beziehungen verknüpften Adels zur Mitwirkung am Sturze des Ordens zeigen, steht als bezeichnende Parallele das Edikt des Königs zur Seite, daß diejenigen Prälaten, welche ausblieben, die Kosten der Erscheinenden zu tragen hätten. Da sehen wir, wie wenig Entgegenkommen im allgemeinen Philipp bei diesen Klassen fand und wie man in diesen Kreisen wohl durchschaute, daß es Philipp keineswegs um den Willen der Nation, sondern nur um seinen eigenen zu thun war, für den er bei den erst durch ihn zu politischer Bedeutung berufenen Vertretern des dritten Standes eine um so willigere und bequemere Grundlage fand, je mehr diese auf gespanntem Fuße mit den beiden anderen Ständen, vor allem mit den vom König meistgehaßten Feudalherren, standen. Indes, wenn auch Philipp weit davon entfernt war, für die wirkliche Freiheit der Nation sich zu erwärmen, oder auch nur diese Freiheit befördern zu wollen: thatsächlich haben jene Versammlungen doch in befreiendem Sinne gewirkt, indem damit das späterhin so bedeutungsvolle Organ geschaffen wurde, durch welches die Stimme der Nation sich vernehmen lassen konnte und durch welches deren Meinung wenigstens da, wo sie mit Philipps Intentionen übereinstimmte, zu lautem Ausdruck gelangt ist. Es stimmte aber diese Nationalstimmung mit Philipp überein überall, wo er die nationale Ehre und den nationalen Stolz vertrat. Und daß es Philipp verstand, seine eigenen Zwecke möglichst mit den nationalen Interessen zu kombinieren, dies ist, wie bereits bemerkt, das Große seiner Politik, welche ihr, soweit sie sich auf dieser Bahn hielt, den Erfolg garantierte, indem sie sie in den Stand setzte, mehr als einmal und gerade bei den am

---

[1]) Templiers J. 414; vgl. Boutaric, Revue des quest. hist. XI, 7 und Schottm. I, 169.

weitesten reichenden unter seinen Handlungen an das Gewissen der Nation zu appellieren. Und mit welcher Begeisterung dieser Appell von den eigentlichen geistigen Wortführern der Nation aufgenommen wurde und welch ein Eifer in diesen glühte, unter der Ägide von Philipps Monarchie für Frankreichs Größe einzutreten und zu wirken, in einem Grad, daß Philipp selbst oft mehr als der Geschobene denn als der Schiebende erscheint, sehen wir an Männern wie Pierre Dubois u. a., die in ihrer Nützlichkeit erkannt und ihnen so freien Spielraum gewährt zu haben keinen der geringsten Ruhmestitel Philipps bildet, ein Zeugnis für seinen überlegenen politischen Verstand.

Weniger beachtet ist im allgemeinen bisher worden, wie Philipp auch den **Klerus auf seine Seite** zu bringen verstand. In dem Streit zwischen der geistlichen und weltlichen Macht, um den es sich bei Philipps Hauptaktionen in erster Linie drehte und für welchen auch der Templerprozeß eigentlich nur eine Phase bildet, mußte dieser von Hause aus auf der ersteren Seite, der kirchlichen, stehen. Indes hat sich das französische Nationalgefühl seit seinem Erwachen fast zu allen Zeiten bei diesem Volke auch in seinem Klerus stärker erwiesen als das einzelne Standesinteresse. Und daß dieses Interesse mit dem ihrigen keineswegs immer zusammenfiel, sondern oft im Gegenteil weit genug auseinanderklaffte, dafür sorgte die Kurie selbst durch Übertreibung ihrer Ansprüche eben auf dem Gebiet, wo sie am empfindlichsten auch von den Prälaten empfunden wurden, auf dem Gebiete des Zahlens, der kirchlichen Besteuerung. Wie sehr im Verlauf der Kreuzzüge die Kurie es verstanden hat, auch diese großartigste und allgemeinste Bewegung der Christenheit selbst ihren eigenen Angehörigen, den Dienern der Kirche, verhaßt zu machen, dadurch, daß sie sie zu einer Finanzquelle ersten Rangs, zu einem Mittel, die ganze Kirche zu besteuern, umschuf, wie es in dieser Ausdehnung kaum ein zweites wieder gegeben hat, ist ja sattsam bekannt; ebenso wie diese Kreuzzüge und Kreuzzugszwecke herhalten mußten auch in einer Zeit, wo auf Verwirklichung solcher Kreuzzüge immer weniger Aussicht war, unter Klemens V. so gut wie unter Bonifazius VIII. Denn die Kirche, einmal an solche Ausgaben im großen Stil gewöhnt und eben im Kreuzzugszeitalter zu einer Weltmacht ersten Rangs, ja über alle Weltmächte, erhoben, bedurfte zur Erhaltung ihrer Macht wie des dazu gehörigen Glanzes fortwährend mehr als königlicher Einkünfte, und in Ermanglung einer eigentlichen materiell-irdischen Unterlage dafür blieb nichts anderes übrig, als ihre geistliche Macht fortwährend auszubeuten, und die nächste Grundlage hiefür bot wieder die Kirche mit ihren Dienern im weitesten Sinn, die dann sehen mußten, wie sie sich dafür an den Laien schadlos halten konnten:

was sie bekanntlich meist auch fertig brachten. Aber bis diese ganze Maschinerie glücklich in Gang gebracht war, daß sie tadellos und in arithmetischer Progression nach unten fungierte, wurden vor allem die nächstobersten Glieder in vermehrtem Grad herangezogen, mit anderen Worten: mußten die Prälaten doppelt bluten. Und Klemens V. war derjenige Papst, dem es, schon wegen der neuen Lage, in welcher er das Papsttum vorfand, und noch mehr, in welche er es brachte, zufiel, diese kirchliche Besteuerungskraft in ein System zu bringen. Es paßte damit offenbar auch seine persönliche Begabung, sein Naturell, besonders zusammen. Denn welche Fähigkeiten er in dieser Richtung besaß, zeigt am deutlichsten die Aufzählung der Schätze, die er seinem Nachfolger hinterließ und welche als die ersehnte materielle Grundlage einen äußerst wertvollen Beitrag zur Erhöhung des Papsttums von Avignon lieferten[1]). Natürlich, daß dieses System auch lokal wieder diejenigen am nächsten treffen mußte, die ihm in dieser Hinsicht am nächsten standen: die französischen Prälaten, Kirchen und Klöster, die gallicanische Kirche überhaupt. Wie schwer auf dieser der Dank, daß einer der Ihrigen zum Pontifex maximus erkoren worden war und sich dazuhin dauernd in ihrer Mitte aufhielt, lastete, dafür stimmen nicht bloß so ziemlich sämtliche gleichzeitige Chroniken, die Chronik von St. Denys so gut wie die bei Baluze vereinigten vitae Clementis V. oder Villani überein, sondern offenbart am besten die Beschwerde, zu welcher sich die französischen Prälaten einstimmig aufrafften, und die sie, für Clemens ein überaus empfindlicher Schlag, gegen den Papst bei Philipp vorbrachten, wie die ziemlich klägliche und die Berechtigung jenes Schrittes kaum bestreitende Antwort, mit der sich der Papst, wie ein Angeklagter vor seinem Richter, vor dem König zu entschuldigen suchte[2]).

Freilich lastete Philipps Hand kaum minder schwer auf der französischen Kirche[3]). Der Unterschied war nur, daß man es von ihm allmählich gewohnt war, im Namen des Vaterlandes belastet zu werden, mehr aber noch, daß sich gegen ihn einfach nichts machen ließ. Dagegen waren

---

[1]) cfr. Maurice Faucon, „Les arts à la Cour d'Avignon sous Clemens V. et Jean XXII. (1307—1334), d'après les Registres caméraux de l'Archivio segreto vaticano, in Mélanges d'Archéologie et d'Histoire, II. J. 1882. — [2]) Daß Schottm. I, 87 diese Antwort (sie steht bei Baluze II, 38 f.) „in sich würdevoll gehalten" findet, hängt offenbar mit seinem Bestreben, den Papst möglichst zu rechtfertigen, zusammen. Andern wie Wenck hält es schwer, darin viel „Würdevolles zu finden".
[3]) Vgl. die Zusammenstellung, welche Boutaric (im 4. Kap. des X. Buchs, p. 277 bis 290) über die Zehnten und kirchlichen Beiträge überhaupt gibt, die Philipp der Schöne sich bewilligen ließ und die nach seiner Bereicherung insgesamt mehr als 400 Mill. Franks (nach heutigem Geld) ausmachten, ein Zeugnis, wie wenig die der Kirche im Prinzip gewährte Steuerfreiheit für einen Monarchen wie Philipp ein Hindernis war.

die mit der Festsetzung des Papsttums unter Klemens V. in Frankreich dem Klerus dieses Landes plötzlich erwachsenden Lasten neue und wurden um so unwilliger empfunden, je mindere Autorität dasselbe Kirchenoberhaupt in seinem Heimatland genoß und je mehr seine höchste Gewalt als eine nur nominelle, in Wirklichkeit von dem Könige abhängige erkannt wurde. Eben die Männer der Kirche bekamen dieses Verhältnis am meisten und auch in der Hinsicht zu fühlen, daß **Gefügigkeit gegenüber Philipps Willen sich von selbst auch kirchlich bezahlt machte**, einfach, weil er der Mächtigere, um nicht zu sagen, Allmächtige, war. Thatsächlich ging, wollte man in der Kirche etwas werden, ohne doch zu den Nepoten Klemens' V. zu gehören, der **Weg über und so durch Philipp**; und zwar in dem Grade, daß, wo beide Willen gegeneinander waren und sich widersprachen, doch kein Zweifel sein konnte, welcher von ihnen der entscheidende sein werde: nämlich ausnahmslos der des Königs. Wie rücksichtslos dieser seit dem Aufkommen Klemens' V. es verstand, seine Superiorität zumal in den praktischsten und so thatsächlich wirkungsvollsten, den **Personalfragen**, geltend zu machen, dafür liegt bei Baluze seit nahezu zwei Jahrhunderten eine reiche Fülle von Belegen vor, ohne daß diese Quelle indessen nach Gebühr verwertet worden wäre. Erst Lavocat hat nach etlichen Ansätzen bei Havemann und Schottmüller auf dieses Kapitel ein spezielleres Augenmerk gerichtet und davon zur Beleuchtung des ganzen Verhältnisses zwischen Papst und König ergiebigeren Gebrauch gemacht. Will man diese, für unseren Prozeß so unendlich weitreichende, wo nicht den Schlüssel des Ganzen bietende, Situation genügend verstehen und begreifen, woher eigentlich die Fügsamkeit stammt, die in der Templerangelegenheit gerade die Männer der Kirche, die Prälaten von Frankreich, dem Könige gegenüber entfalteten, so vergleiche man doch nur, auf welche Weise z. B. die Bischöfe von Auxerre[1]), Laon[2]), Avranches[3]), Bayeux[4]) zu ihren Sitzen gelangt sind, nämlich einfach dadurch, daß sie als „fideles clerici nostri" von Philipp dem Papste, der deshalb das Wahlrecht der betreffenden Domkapitel kassieren mußte, aufgedrungen worden sind, und man bekommt einen Eindruck davon, wie Philipp es verstand, „treue Dienste" königlich und doch zugleich so, daß es ihn nicht bloß nichts kostete, sondern erst recht zu neuem Vorteil gereichte, auf Kosten der Kirche, zu belohnen, und wie wichtig es für das

---

[1]) Baluze II, 85 f.: Hier wird es der „clericus" Philipps P. des Grés (de Gressibus) II, 187 auf demselben Sitz P. de Bellapertica, gleichfalls vorher dasselbe, ernannt. — [2]) Bal. II, 87; wichtig wegen der mit diesem Sitz verbundenen Pairswürde. — [3]) Bal. II, 87. — [4]) Ibid.; hier handelt es sich um Wilhelm Barnet, gleich den vorhergehenden a. 1306 ernannt.

Avancement innerhalb der französischen Kirche war, sich durch besondere Leistungen — umsonst that Philipp nichts — die königliche Empfehlung zu verschaffen. Aber auch bei den vom Papste direkt, d. h. wieder unter Umgehung der Nächstberechtigten, der Diözesankapitel, ernannten Bischöfen von Clermont, Limoges, Bayeur[1]), Langres[2]), Agen, die der Papst dem Wohlwollen des Königs speziell empfiehlt, indem er um ihre Bestätigung bittet, wird die Wirkung kaum eine viel andere gewesen sein. Erwägt man, was für ein vorsichtiger, die Gunst seiner Lage vor allem in den Personenfragen aufs äußerste ausnützender, mißtrauischer und darum überallhin seine Spione entsendender Monarch Philipp der Schöne gewesen ist, so wird man es für selbstverständlich finden, daß nicht leicht ein dem König mißfälliger oder ihm Trotz zu bieten fähiger Prälat auf einen bischöflichen oder gar Metropolitansitz in Frankreich gelangt ist, solange er, Philipp, die Kirche beherrschte, d. h. in der Hauptsache während des ganzen Pontifikats Klemens' V. In welcher Weise sich dann aber solche Kreaturen für ihr Emporkommen erkenntlich zu zeigen suchten und wußten, das zeigen die Protokolle des Prozesses gegen die Templer an mehr als einem Ort deutlich genug, wenn man auf die Behandlung achtet, der die Angehörigen des Ordens von dem Tag ihrer Verhaftung bis zu dem ihres Erscheinens vor der päpstlichen Kommission in Paris in den verschiedenen Diözesen Frankreichs unterworfen worden sind, worüber wir bei Besprechung des Ergebnisses der Diözesanuntersuchungen das Genauere bringen werden. Das klassische Beispiel dafür ist der bekannte Erzbischof von Sens Philipp de Marigny, der, auf Philipps hartnäckiges, mit unverschämter Rücksichtslosigkeit betriebenes, Verlangen dem widerstrebenden und Ausflüchte suchenden Klemens V. endlich abgetrotzt, seinen Dank gegen den königlichen Promotor damit bekundet, daß er alsbald diejenigen Ordensgenossen, die zu seiner, besonders wichtigen, Provinz gehörten und die trotz ihrer früheren Geständnisse es wagten, vor der Kommission des Papstes sich zur Verteidigung des Ordens bereit zu erklären, dieser Kommission ohne weitere Umstände abnimmt und in ihrem Angesicht, während sie behufs der Untersuchung über die Schuld oder Unschuld des Ordens als Ganzem zur Verteidigung desselben auffordert, auf dem Scheiterhaufen verbrennen läßt. Daß dann auf dem Schlußkonzil von Vienne die französische Kirche sich von der übrigen dadurch unterscheidet, daß ihre Prälaten im Gegensatz zu der weit überwiegenden Majorität die Schuld des Ordens für erwiesen halten, wird niemand mehr wundernehmen noch hinsichtlich

---

[1]) Hier handelt es sich um eine frühere Ernennung aus dem J. 1305. cfr. Bal. II, 61. — [2]) Zweimal cfr. Bal. II, 64 und wieder II, 78.

der Ursache ein Rätsel sein können. Bemerkenswert ist diese Verschiedenheit des Schlußurteils je nach den verschiedenen Nationalitäten hier nur darum noch, weil sie zeigt, wie trotz Vorhandenseins der uns bereits bekannten allgemeinen Antipathie der Prälaten und Diözesangeistlichkeit gegen die geistlichen Orden überhaupt und die Templer speziell doch keine Rede davon sein kann, daß diese Stimmung allein schon entscheidend für die Verurteilung des Ordens ins Gewicht gefallen ist, ob sie auch schuld gewesen sein mag, daß ein eifrigeres, wärmeres Eintreten für den Orden von dieser Seite nicht vorgekommen zu sein scheint und in mancher Beziehung den Prälaten von Frankreich da, wo jene Mißstimmung besonders verbreitet sein und Grund haben mochte, ihr Eingehen auf Philipps Pläne und Absichten gegen den Templerorden um so mehr erleichtert, zum Teil auch jene persönliche Gehässigkeit hervorgerufen haben mag, mit der manche Bischöfe ihren Anteil an der Untersuchung betrieben haben. Alles in allem war somit, wenn auch nicht von der Hierarchie überhaupt, so doch von dem französischen Klerus für die Templer nichts zu hoffen, weil dieser vollständig in der Hand und so aus äußeren wie inneren Gründen zu Willen Philipp des Schönen war.

Noch abhängiger vom König war der andere kirchliche Faktor dieses Prozesses, die Inquisition. Zwar theoretisch war, wie wir gesehen haben, dieselbe unter allen kirchlichen Instanzen die unabhängigste, weil nur der Kurie unmittelbar verantwortlich. Praktisch aber war das h. Offizium, schon weil es der eigenen festen Einkünfte ermangelte und sein Personal ein geringes, weit unzulängliches war, überall auf die Unterstützung derjenigen Macht, welche die thatsächliche Gewalt in Händen hatte, angewiesen, d. h. in Frankreich auf die des Königs. Ja, hätte die Kirche, d. h. die Kurie, die Macht besessen, welche sie unter Bonifazius VIII. in Anspruch nahm und hundert Jahre zuvor, unter Innocenz III., in manchen Ländern, wenn auch nicht gerade in Frankreich, in Wirklichkeit besaß, dann würde das h. Offizium, das für derlei Dinge eine feine Nase besaß, sich wohl gehütet haben, sich auf eine Sache von so weitreichender und so unmittelbar die Kurie berührender Natur einzulassen, ohne der absoluten Zustimmung jener obersten Instanz sich zuvor versichert zu haben, so erregt sonst diese geistlichen Richter nach neuer Arbeit ausschauten, und so willkommen jede Beute ihrem seelsorgerlichen Fanatismus war. Aber diese Zeiten waren vorbei, wie das Attentat von Anagni mit jäher Klarheit plötzlich aller Welt zeigte. Und daß vollends nicht daran zu denken war, daß einem Philipp dem Schönen gegenüber Klemens V. in Frankreich die Rolle spielen konnte, die ein Bonifaz VIII. in Rom nicht hatte durchführen können, davon lieferte ja jeder Tag dem Mitlebenden sonnenklare Beweise. Er zeigte jedem Sehenden, daß in Frankreich nicht nur die höchste weltliche, sondern auch die höchste geistliche Macht Philipp in Händen hatte und daß es schwer war, mit ihm etwas nicht zu erreichen. Wie hätten da einem Inquisitor Bedenken kommen sollen, seines Amtes zu warten, wo er dieser Unterstützung sicher war? Dazu kommt, daß die Inquisition Philipp gegenüber sich nicht bloß abhängig, sondern auch vielfach verpflichtet wußte. Denn von Hause aus war Philipp gut Freund mit ihnen, ja die Dominikaner, denen in Frankreich das h. Offizium mit wenig Ausnahmen anvertraut war, hatten ihm mannigfache Bevorzugung zu verdanken. Ihnen galt nicht bloß nach seiner letztwilligen Verfügung der Hauptanteil seiner Vermächtnisse, ihnen baute er, wesentlich unter dem Einfluß des bei ihm viel geltenden Inquisitors von Carcassonne, Geoffroi d'Ablis[1]), den Konvent von Poissy, wo er so oft weilte, ihnen überließ er seinen Leichnam, sondern gleich zu Anfang seiner Regierung überließ er ihnen, den Dominikanern von Paris, das Herz seines Vaters trotz der Beschwerden des Abts von St. Denis, der es für sich reklamierte,[2]) eine Auszeichnung, die ihm von den Dominikanern während seiner Regierung mit reichen Zinsen gedankt worden ist. Trotzdem meint Boutaric, gestützt auf seine mannigfachen Maßregeln zur Beschränkung der Inquisition im Süden von Frankreich: Philipp „scheint wenig Sympathie für dieselben gehabt zu haben"[3]). Und allerdings war er allmählich nicht nur nahe daran, ihnen Beschränkungen aufzulegen, die einem Verbote gleichkamen[4]), sondern neigte eine Zeitlang auch dazu, der von der kühnen Beredsamkeit des Franziskaners Bernard Delicieux[5]) getragenen und geschürten Empörung des Südens gegen die unheimliche Schreckensherrschaft des h. Offiziums durch Fallenlassen ihrer Quäler Genugthuung zu leisten. Daß es sich aber auch hier um Politik und nicht um prinzipielle Abneigung gegen sie handelte, zeigt der mehrmalige, das einemal in Beschränkung, dann wieder in Erleichterung der Inquisition sich vollziehende, Wechsel seiner Maßregeln. Und wenn auch schließlich mit der hier bleibend gewordenen Bestimmung von 1301, daß die Inquisition ohne Einverständnis des Bischofs keine Verhaftung vornehmen sollte, einige Beschränkung derselben herauskam,

---

[1]) Vgl. Molinier p. 126 und seinen besonderen Anteil am Templerprozeß im 5. Kap. — [2]) Boutaric p. 421. — [3]) Im IV. Buch, 3. Kap., p. 84. — [4]) So vor allem mit dem Erlaß von 1291, der festsetzt, daß der weltliche Arm nur den „offenkundigen" Ketzern geliehen werden sollte, wodurch die Entscheidung in die Hand des königlichen Beamten gelegt worden wäre. — [5]) Vgl. über diesen merkwürdigen Mann Lea II, p. 75 u. Auch Friedolin Hoffmann in seiner zweibändigen, wenn gleich nicht auf der Höhe wissenschaftlicher Ansprüche stehenden Geschichte der Inquisition widmet ihm ein lehrreiches Kapitel.

und Philipp 1301 selbst die Absetzung des Inquisitors Fulco von Toulouse durchsetzte: so zeigt die ganze Behandlungsweise doch, daß ihm unsympathisch und mit seiner politischen Auffassung unverträglich das absolutistische Verfahren der dort ihr Wesen treibenden geistlichen Tyrannen und ihm die Hauptsache war, auch sie der Kontrolle seiner eigenen oder wenigstens der in seinem Machtbereich stehenden Behörden zu unterwerfen; nicht aber, ein Institut, von dessen Nützlichkeit ihn schon seine, für Philipp in erster Linie in Betracht kommende, Einträglichkeit[1]) während der Regierung seiner Vorfahren wie unter seiner eigenen überzeugt hatte, wirklich aufzuheben oder zu vernichten. Vollends nachdem der Sturm gegen die Inquisition in Languedoc sich schließlich mit dem Gedanken des offenen Abfalls von Frankreich und Anschluß an den König von Mallorca verbunden hatte, den Philipp mit der ganzen Rachgier seines rücksichtslosen Zornes an den Bürgern von Carcassonne rächte, scheint die Inquisition, obgleich ihr nie das Herz des Königs gehörte — bei einem solchen Monarchen fragt es sich, ob er überhaupt ein Herz hatte? — wieder in vollem Umfang in ihr Gehör bei Philipp eingesetzt worden zu sein[2]) und schenkte der König, wenn er auch weit davon entfernt war, ihren möglichen Mißbrauch zu übersehen, schon um ihrer erkannten trefflichen Verwertbarkeit willen dem Dominikaner-Inquisitor Wilhelm Imbert, der zugleich sein Beichtvater war, in so ausgedehntem Maß, als davon bei Philipp die Rede sein konnte, sein Vertrauen. Und daß die Inquisition ihrerseits hiefür dankbar war, um so mehr, je mehr sie in den vorhergehenden Händeln die Wichtigkeit der königlichen Gnade erkannt hatte und je weniger sie bei Klemens V. auf sonderliche Gunst — daran kommen wir gleich nachher — rechnen durfte, dafür liefert eben der Templerprozeß den vollgültigen Beweis. Zu diesem verschafft sie in ihrem Zusammenwirken mit den königlichen Beamten, Gefängniswärtern und Henkern der Anklage gegen den Orden eine Grundlage, welche durch keinerlei Instanz hernach mehr zu erschüttern sein sollte.

Wie ist nun aber Philipp an die Templer gekommen? Die Frage hat mancherlei Antworten gefunden. Neben der Ketzerei des Ordens als alleiniger[3]) oder wenigstens mitwirkender[4]) Ursache sind alter Haß gegen den Orden aus politischen Motiven, weil der König in demselben einen Bundesgenossen des Papsttums wie der Feudalität, seiner beiden Hauptgegner, erblickte und endlich — last not least — einfach

---

[1]) Über diese Einträglichkeit i. Lea III, p. 254. — [2]) Vgl. jenen vorhin bereits erwähnten Einfluß des Inquisitors von Carcassonne (1303—1316) Geoffroi d'Ablis. — [3]) So die früheren Apologeten Philipps mit Dupuy an der Spitze. — [4]) So in der Hauptsache Prutz, in verschiedener Abstufung.

Habsucht als treibende Beweggründe genannt worden. Daß letzteres Motiv jedenfalls wesentlich mitbeteiligt ist, wird so ziemlich von allen Geschichtschreibern der Templer oder Philipps zugestanden, von Boutaric, Wenck, Lea so gut wie von Le Jeune, Raynouard, Havemann, Schottmüller, Lavocat, bis zu einem gewissen Grad ja auch von Prutz. Nur über das Maß des Anteils an der Schuld, der diesem Beweggrund zukam, weichen die Ansichten von einander ab. Lea ist geneigt, denselben für die alleinige oder wenigstens für sich genügende Ursache zu halten, und bedenkt man die fortwährende, und zumal in seinen Jahren besonders gesteigerte, finanzielle Not Philipps und wie wenig wählerisch derselbe sich allezeit, vorher und nachher, in der Wahl seiner Mittel, dieser Not abzuhelfen, gezeigt hat, wie da der Reihe nach ein Stand um den andern bluten mußte, Juden und Lombarden geplündert wurden, die Kirche einen Zehnten um den andern verwilligen durfte, immer neue Steuern und Auflagen ersonnen und mit immer größerem Widerstreben, bis zur offenen Empörung gehend, ertragen wurden; wie der König mehr als einmal zu dem äußersten Mittel, der Verschlechterung der Münze, die ihm den Titel „Falschmünzer" eintrug, griff und wie trotz alledem die Verlegenheit kein Ende nahm bis zu dem Jahr, das mit Verhaftung der Templer und Einziehung ihrer Güter endigte; würdigt man vollends nach Gebühr die Thatsache, daß von diesem Zeitpunkt an für etliche Jahre die Finanzen sich wesentlich besserten, also, daß für die ganze Regierungszeit Philipps als „gute Zeiten", d. h. als Zeiten, während deren gute Münzen im Umlauf waren, nur vier Monate des Jahres 1303, dagegen die ganze Periode vom Juni 1306—Januar 1311 (daneben nur noch September 1313—1314) angegeben werden können [1]): so wird auch ein minder scharfsinniger Beobachter sich dem Eindruck nicht entziehen können, daß diese Wirkung keine zufällige gewesen ist u. ebenso wenig zufällig die Ursache, der sie entstammte. Zu allem Überfluß zeigt noch ein im Trésor des Chartes sich befindendes Memorandum, daß eine Zeit lang die Absicht bestand, die Templer in ganz ähnlicher Weise zu behandeln, wie man es den Juden gemacht, die Philipp einfach aus seinem Lande vertrieb, um nachher gegen Bezahlung dieses Verbot wieder rückgängig zu machen: nur daß hiebei der Umstand übersehen wurde, daß das Templergut als kirchliches Besitztum den unveräußerlichen Rechten der Kirche unterworfen war [2]).

Sicher ist also, daß die Absicht, den Besitz des Templerordens, dessen Umfang der König durch seinen früheren, mit Inventarisierung der Templer-

---

[1]) Vgl. Boutaric, XI. Buch, 6. Kap.: Münze, p. 305—326. — [2]) Wir entnehmen diese Notiz wieder Lea III, p. 255.

güter verbundenen, Versuch der Einziehung vom Jahre 1267¹) bereits kennen gelernt hatte, und der in der Zwischenzeit um so weniger aus seinen Augen gekommen sein konnte, je mehr er von dem Reichtum des Ordens durch seine eigenen geschäftlichen Beziehungen zu ihm Proben bekommen hatte, auch demselben nicht unbedeutend verschuldet worden war, sich zu Nutzen zu machen von langer Hand her bestand. Nur fragt es sich, wie weit daneben noch jene anderen Faktoren in Betracht kommen? Unserem Eindruck nach dürfen dieselben nicht so kurzer Hand übergangen werden, wie Lea thut: um so weniger, als sie bis zu einem gewissen Grad die Handlungsweise des Königs noch am ehesten rechtfertigen. Zieht man den Charakter des Königs Philipp und seine Politik in Betracht, so springt in die Augen, daß es weniger persönlicher Haß gegen den Orden, als ein politischen Erwägungen entspringender Groll gewesen sein muß, mit dem der König persönlich dem Orden gegenüberstand, schon der Unbequemlichkeit wegen, die er für das Königtum hatte. Schon daß der Monarch, der rücksichtsloser als alle seine Vorgänger in seinem eigenen Willen die höchste Staatsräson erblickte, überhaupt mit dem Orden rechnen mußte, und daß diese Rücksichtnahme infolge des internationalen wie des kirchlichen Charakters des Ordens eine doppelt verwickelte und schwierige war, mußte ihm eine solche Gesellschaft innerlich aufs höchste zuwider machen. Und diese Stimmung konnte bei einem Manne wie Philipp durch Wohlthaten, die er ihnen verdankte, zumal wenn sie von für ein Herrscherbewußtsein so demütigender Natur waren, wie die beim Münzaufstand in Paris 1306 im Tempel gewährte Zuflucht vor dem Pöbel seiner eigenen Hauptstadt, während zu dieser Zeit die Vernichtung des Ordens bei ihm nicht bloß längst beschlossene Sache war, sondern auch er bereits eine Reihe von Schritten dazu bei dem Papste gethan hatte, nicht in ihr Gegenteil verwandelt, sondern, weil mit der Empfindung persönlicher Demütigung verknüpft, nur gesteigert werden. Und dann wurde auch durch eine solche vereinzelte Unterstützung, selbst wenn sie sich wiederholte, die Thatsache nicht aus der Welt geschafft, daß die Templer von Hause aus dem Papsttum als eine Art internationales Gardekorps desselben aufs engste verbunden waren, ein Band, das durch die vielfachen Beziehungen des Ordens zu dem französischen Adel, dem zweiten Gegner Philipps, gerade für die französische Monarchie doppelt lästig und hemmend sich geltend machte. Aber auch sonst mußten sie im allgemeinen von einer Politik, die so auf Uniformität, Vernichtung aller Sonderrechte gegenüber der einen königlichen Gewalt, aus war und

---

¹) Vgl. Prutz, Entwickelung, p. 77 f.

ihr so zielbewußt entgegenstrebte, als ein Hindernis, ein aufhaltendes Element empfunden werden, schon wegen der vielfältigen kirchlich=weltlichen Privilegien, die mit ihrem mittelalterlichen Ursprung verbunden der modernen Staatsentwicklung in jeder Weise im Wege standen. Insofern nun Philipp diese moderne Staatsentwicklung, in welcher die absolute Monarchie schon wegen ihrer einheitlichen Staatszusammenfassung ein notwendiges Glied der Kette bildete, thatsächlich, wenn auch mit mehr oder weniger persön= licher Berechtigung, vertrat, hatte er unzweifelhaft ein R e c h t, gegen derartige hemmende Institute, wie der Templerorden eines war, um der Staatsraison willen k o n s e q u e n t, ja energisch, e i n z u s ch r e i t e n. Nur die Art, wie er es that, auf dem Wege der Inquisition und mit dem Mittel der Anklage wegen Ketzerei, ist durchaus zu ver= werfen, weil durch Lüge und Persidie gekennzeichnet.

Denn daß Philipp irgendwann an die ketzerische Schuld des Ordens selber geglaubt habe, ist für gänzlich ausgeschlossen zu erachten. Hätte er auch nur eine Spur von Verdacht in dieser Rich= tung gehabt, so dürfen wir es ihm zutrauen, daß er schwerlich so lange gewartet und so mancherlei andere Wege, zu seinem Ziele zu kommen, versucht hätte. Eben das Schwanken seiner Politik beweist, daß es nur Politik war, was ihn leitete. Prutz weist ja in seiner Entwicklung nach, welch mannigfachem Wechsel Philipps Politik gerade den Templern gegenüber unterworfen war, wie er zu Anfang es mit gewaltsamer Be= schränkung des Ordens versucht; dann, nachdem dieser Versuch mißglückt ist, darauf aus ist, die Freundschaft und Unterstützung des Ordens, mit dem er mancherlei Pläne vorhatte, und welcher für seine Absichten auf Konstantinopel und das Reich Jerusalem als einer französischen Sekunde= genitur als ein wichtiges Bindeglied dienen sollte, zu gewinnen; endlich, wie erst, als er auch diese Projekte, offenbar infolge des spröd konserva= tiven Charakters des Ordens, als gescheitert ansehen muß und der Orden in seiner Gesamtheit auf das von König Philipp noch 1303 angetragene Bündnis nicht eingeht, zu seiner anfänglichen Politik wieder zurückkehrt, der Unterdrückung. Wie leicht ihm dies von Anfang an geworden wäre, sobald er eine solch unvergleichliche Handhabe, wie wirkliche Ketzerei im Orden sie bieten mußte, an der Hand gehabt hätte, sieht jeder; ebenso, daß er dann frühzeitig genug, mindestens von dem Augenblick an, wo jener Glaube sich in ihm festgesetzt hätte — und dafür müßten wir als spätesten Zeitpunkt die Stuhlbesteigung Klemens V., dem er ja alsbald mit jenen Anträgen kam, annehmen — darauf ausgegangen sein müßte, den Orden in der öffentlichen Meinung zu diskreditieren, auch dadurch, daß er jede Berührung mit ihm möglichst vermieden hätte. Was Philipp der Schöne that, ist das Gegenteil hievon: nicht nur, daß er bis in die letzte Zeit den Orden mit Gunstbeweisen auszeichnete; selbst persönlich sich demselben zu verbinden trug er kein Bedenken, indem er erst den Großmeister Molay zur Patenschaft eines seiner Söhne berief, sodann bekanntlich noch am 12. Oktober 1307, am Vorabende der Verhaftung des Ordens, denselben bei der Beerdigung seiner Schwägerin Katharina, der Erbin von Konstantinopel, zusammen mit den höchsten Würdenträgern des Reiches einen Zipfel des Bahrtuchs tragen ließ. Das ist nicht das Verhalten eines Glaubenseiferers gegenüber einem Mann, den man inwendig als Ketzer verabscheut; das ist das Verhalten einer Katze, die ihr Opfer erst sicher macht, ehe sie sich auf dasselbe stürzt. Und daß Philipp das Perfide seiner Handlungsweise wohl fühlt, sehen wir an seiner offenkundigen Scheu, den Opfern seiner Tücke von jenem Tage an persönlich noch einmal gegenüberzutreten. So wichtig Philipp diese Angelegenheit war und so unermüdlich er die Verurteilung des Ordens betrieb: persönlich der Exekution Molays anzuwohnen oder während der langen Jahre seiner Haft ihn auch nur einmal noch vor sich kommen zu lassen, hat er sich wohl gehütet. Warum denn? Der unbefangene Menschenverstand wird nie anders urteilen, als: er hatte kein gutes Gewissen.

Daß Philipp aber schließlich, bei seinem letzten Unterdrückungsversuch, zu dem Mittel der Inquisition, dem nur für religiöse Vergehungen eingesetzten Glaubenstribunal, griff, wird niemand wundernehmen, der bedenkt, wie vielfach Proben seiner politischen Verwertbarkeit diese Institution allmählich von sich gegeben hatte, von dem Tage an, da der ganze reiche Süden Frankreichs als eine Beute der Glaubenskriege der französischen Monarchie anheimgefallen war. Mit Recht weist Lea[1]) darauf hin, wie eben um jene Zeit „der Strom der Konfiscationen von Languedoc anfing, trocken zu rinnen, während die Summen, mit denen er den königlichen Schatz für mehr denn ein halbes Jahrhundert gefüllt hatte, den Nutzen gezeigt hatten, den eine wohl angewandte Ketzerverfolgung abwarf". Daß es aber ebensowenig Philipp verborgen geblieben ist, wie wenig dieses Schreckensgericht sich auf die wirklichen Schuldigen beschränkte und wie unterschiedslos es alles, was zu packen ihm einmal gelungen war, auch zur sichern Beute zu machen wußte: das sehen wir ja eben aus seinen Ordonnanzen nach Südfrankreich, mit denen er einst den ärgsten Mißbräuchen und Auswüchsen der „Inquisitionsgerichtsbarkeit zu steuern gesucht hatte, deutlich genug.

Dazu kommt — als ein immer wieder zu betonender, weil noch lange nicht genug beachteter Umstand —, daß Philipp offenbar im Innern

---

[1]) Lea III, p. 254.

des Ordens selbst nicht wenig Verbündete, d. h. nicht bloß etliche Verräter, sondern geradezu eine eigene Partei besaß, als deren Haupt man jenen, von ihm überall besonders bevorzugten, zum Generalsteuereinnehmer ernannten und mit Molay schon von der Großmeisterwahl an in unversöhnlichem Gegensatz stehenden Hugo de Peraud ansehen muß[1]). Offenbar war er durch diese Parteigänger so genau, als er wünschte, von allen Vorgängen im Orden, am besten von dessen Uneinigkeit und Zwietracht, aber auch von den mancherlei sonstigen üblen Dingen, die im Orden umgingen und immerhin seine Reformbedürftigkeit bewiesen, unterrichtet. Außerdem gab es, wie den Prozeßprotokollen zu entnehmen ist, nicht wenig ausgetretene oder hinausgeworfene Templer, die auf Rache sannen und den Orden mit Wollust und Genugthuung ins Unglück geraten sahen und ihr Möglichstes dazu verhalfen. So bedarf es kaum mehr jener Geschichte mit dem gefangenen Templer, der bald als ein Unbekannter, bald als der Prior von Monfaucon bezeichnet wird, und seinem Mitgefangenen, gewöhnlich als ein Florentiner Noffo Dei, bei Baluze Vita VI. als ein Bürger aus Béziers Squin von Florian betitelt[2]): wenn man dieser Geschichte auch immerhin den Wert einer populären Darstellung, in welcher das Volksgemüt seine Ahnungen und wohl auch thatsächlich vorliegende Anhaltspunkte zur Erklärung des Vorgehens gegen den Orden in anekdotenhafter Weise zusammenfaßte, nicht wird absprechen können. Dergleichen Geschichten lassen sich ja, sind sie einmal aufgetaucht und von Mund zu Mund gegangen, schwer mehr ausrotten und zumal die Chroniken des nach greifbaren groben Personifikationen und Gestalten begierigen Mittelalters konnten eine solche umlaufende Volkserklärung kaum übergehen. Daß aber das Volksgeschwätz den Templern alle möglichen greulichen Dinge zutraute, ist zu natürlich, als daß es dafür einer besonderen Erklärung bedürfte. Es genügt, mit Lea auf die Geheimniskrämerei hinzuweisen, womit die Templer ihre Versammlungen zu umgeben liebten, die jederzeit für das phantasiereiche Volksgemüt zur Quelle der märchenhaftesten Geschichten geworden ist, sowie auf die ganz ähnlichen Dinge, die dem konkurrierenden Orden der Johanniter wie noch viel später den Deutschrittern nachgesagt wurden. Für Philipp war es jedenfalls genügend, zu wissen, daß ein ernster, einheitlicher Widerstand aus dem Orden selbst nicht zu erwarten sein werde, ja daß er sich offenbar Hoffnung machen durfte, es werde nicht bloß in den Reihen des Ordens selbst vielfach sein Vorgehen mit

---

[1]) Vgl. immer wieder dessen Verhalten im Prozeß! [2]) Vgl. Havem. p. 192, vor allem aber die eingehende Auseinandersetzung bei Schottmüller über die sogenannten „Verräter des Ordens", I, 720 ff., wo besonders dem Prior von Monfaucon seine richtige Stellung zugewiesen wird.

Schadenfreude begrüßt werden und so mannigfacher Unterstützung sicher sein, sondern auch und mehr noch, es werde der Schrecken und die Einschüchterung infolge seiner Maßnahmen ein so allgemeiner sein, daß es nicht schwer fallen werde, ein Eingeständnis böser, den Orden unmöglich machender Mißbräuche zu erlangen. Für das nähere Detail, das aber nicht bloß sittlich bedenkliche Mißbräuche umfassen durfte, sondern in dem dogmatische Abweichungen die Hauptrolle spielen mußten[1]), ließ er dann das Glaubenstribunal der Inquisition selber sorgen, die sich in solchen Fällen nie verlegen zeigte. Auch hier nicht.

Trotzdem sollte es doch nicht so leicht gehen und der König mehr Schwierigkeiten finden, als er ursprünglich wohl gedacht hatte. Diese Schwierigkeit lag in dem internationalen Charakter des Ordens und dem infolge davon zur Mitwirkung unentbehrlichen Faktor, dem Papsttum. Daß Philipp mit diesem leichter fertig zu werden gedachte, als es nachher thatsächlich ging, war der schwerste Fehler in der Rechnung Philipps, der Punkt, wo es nicht klappte. Das macht, Philipp hatte die Persönlichkeit des Papstes, Klemens V., unterschätzt, so gründlich er gerade in dieser Hinsicht seine Vorbereitungen getroffen hatte, und auf Grund dieser Vorbereitung zu seiner Schätzung sich berechtigt glaubte. Trotz aller persönlichen Bürgschaften, die Philipp in der Person des Papstes Klemens V. zu haben glaubte, war das Papsttum in ihm mächtiger und schwerer zu überwinden, als Philipp der Schöne rechnete. Aber doch ist es schließlich mit Hilfe jener Verbündeten gezwungen worden und daß es sich zwingen ließ, das ist trotz des geleisteten Widerstandes eine der schmählichsten Niederlagen, die es je erlitten, ein steter Flecken in der Geschichte seiner Kirche.

Die Frage ist: wie ging das zu?

---

[1]) Dies zur Erklärung, warum nicht mehr und in erster Linie solche Dinge, wie sie Ponzards Artikel an die Hand geben, unter die Anklagepunkte aufgenommen wurden. Man brauchte eben Ketzereien, und jenes waren nur Unsittlichkeiten.

Viertes Kapitel.

Klemens V. und sein Charakter. Sein Verhältnis zu Philipp dem Schönen.

Die Antwort liegt wieder in einer Persönlichkeit, der des Trägers der Kurie, Klemens V. Und zwar kommt hier die Persönlichkeit in noch viel höherem Grad entscheidend in Betracht, als bei Philipp dem Schönen, insofern es eben diese, die Persönlichkeit Klemens V. war, die der Politik Philipp des Schönen unterlag. Nicht als ob dieser Papst so gar unbedeutend, geschweige denn ein solcher Ausbund von Verworfenheit oder Unfähigkeit gewesen wäre, wie er oft geschildert worden ist. Es hat ja gegen den Urheber des Exils von Avignon von jeher an den schwerwiegendsten Vorwürfen nicht gefehlt, die um so leidenschaftlicher erhoben wurden, je tiefer die verhängnisvolle Wirkung dieses Exils für die Autorität der Papstkirche empfunden und in ihrer Tragweite erkannt wurde. So dürfen wir vielleicht ein gut Teil des dunklen Bildes, das der Italiener Villani in seiner Charakteristik von dem Papste Klemens V. entwirft[1]), auf die Rechnung jener kirchlich-patriotischen Entrüstung setzen. Gegenüber solchen Vorwürfen, die ihn nicht schlecht genug machen können, kommt den Bemühungen von anderer Seite, Klemens V. in ein helleres Licht zu rücken, wie z. B. von Schottmüller, ein gewisses Verdienst zu, um so größer, je mehr auch hier die wirklichen Leistungen betont werden. Nur darf dieses Bemühen nicht gar zu weit gehen, zu einer Ehrenrettung um jeden Preis werden, wozu auch bei Schottmüller mehr als ein bedenklicher Ansatz sich findet. Sonst wirkt die Ehrenrettung schlimmer als die Verunglimpfung. Dem wirklichen Historiker kann es weder um Verurteilung noch um Rettung zu thun sein, sondern nur um Verständnis zum Zweck der Erklärung, eben damit aber um gerechte Würdigung.

Zunächst ist festzustellen, daß es Klemens V. weder an der **intellektuellen Fähigkeit** noch auch im allgemeinen an dem **guten Willen** gebrach, die erforderlich waren, eine derartige Angelegenheit wie die

---

[1]) Er nennt ihn (Muratori XIII, p. 471) „huomo molto cupido di moneta e simoniaco, che ogni beneficio per moneta in sua corte si vendea, e fu lusurioso che palese si dicea che tenea per amica la contessa di Palagorgo" &c.

Templerſache in die rechte Bahn zu leiten. Hinſichtlich erſterer muß uns ſchon ſeine Autorſchaft der Fortführung des großen Defretalienwerks, in den nach ihm genannten „Klementinen", vor Unterſchätzung bewahren. Setzt ſie doch wenigſtens einen **tüchtigen Kanoniſten** und Kenner des kirchlichen Rechts, wofür Klemens V. galt, voraus, eine Eigenſchaft, deren Wichtigkeit eben für unſeren Prozeß als eine Rechtsfrage im größten Stil einleuchtend iſt. Aber auch als Politiker dürfen wir ihn keineswegs für ſo unbedeutend halten, wie er von manchen Schriftſtellern, ſo Wilcke, hin= geſtellt wird. Sondern, wie ihm ſchon für die Kandidatur zum Kirchen= oberhaupt neben ſeinen juriſtiſchen Kenntniſſen wahrſcheinlich die **diplo= matiſche Feinheit**, wodurch er es verſtanden hatte, ſich ebenſo bei Eduard I. von England beliebt zu machen, als Bonifacius' VIII. Gunſt zu erwerben und doch es mit Philipp dem Schönen nicht ganz zu ver= derben, beſonders zur Empfehlung gereichte und als den geeigneten Mann erſcheinen ließ[1]), ſo ſind auch thatſächlich ſeine nachherigen politiſchen Er= folge, wenn wir nur an ſeine Politik gegenüber dem Luremburger Kaiſer Heinrich VII. und die mancherlei Abſichten, die Philipp für den deutſchen Thron gehegt hatte[2]), erinnern, durchaus nicht ſo unbedeutender Natur, daß ſie ignoriert werden dürfen. Durchkreuzt er hier die Pläne Philipps in der empfindlichſten Weiſe, ſo iſt damit ſchon geſagt, daß er wenigſtens nicht immer die willenloſe Kreatur Philipps des Schönen geweſen iſt, zu der man ihn gemacht hat. Ja ſogar dafür, daß er im Gegenteil die Schwäche von Philipps Regiment wohl durchſchaute und bei Gelegenheit den Mut hatte, dies dem Tyrannen unverhüllt vorzureiben, haben wir an der von Schottmüller[3]) freilich wohl in ihrer Bedeutung übertriebenen An= ſprache an Philipps Geſandten vom 24. Dezember 1310 einen unwiderleg= lichen, die Fähigkeit Klemens' V. im glänzendſten Lichte zeigenden, Beweis. Freilich fällt dieſe Anſprache in eine Zeit, da er ſich in Avignon vor dem König von Frankreich geborgen wußte und, wie wir ſehen werden, für die Templer viel zu ſpät, hatte überhaupt thatſächlich kaum eine Wirkung, ſondern kam, wie ſo vieles, hintendrein. Und ſo erinnert auch dieſer Vorgang an Klemens V. unglückſelige Eigenſchaften: mochte er auch in ſeinen Fähigkeiten Philipps Politik noch ſo ſehr gewachſen,. ja vielleicht theoretiſch überlegen ſein, ſo hat er doch in der Praxis oft, ja meiſt am

---

[1]) Wie Wenck meint, im III. Abſchnitt ſeiner Spezialſtudie über Klemens V. und Heinrich VII., p. 29—37, deſſen Charakteriſtik wir, wie oben bemerkt (p. 208), für die beſte halten, die Klemens V. gefunden hat und darum gerne folgen. — [2]) Vgl. wieder dieſe Spezialſtudie von Wenck. — [3]) Schottm. I, 223, auf Grund der Mit= teilungen Boutaric in der Revue des quest. hist. XI, p. 24. Nach Boutaric han= delte es ſich zwar um den 24. Dezember 1309.

entscheidenden Ort, nicht gewagt, seiner Erkenntnis auch entsprechenden Ausdruck zu verleihen und so seine wahre Meinung zu offenbaren. Und dies macht das Widersprechende in seinem Charakter aus, was so verschiedenerlei Beurteilung zunächst seiner Fähigkeiten, dann aber auch seiner ganzen Stellung zu den Fragen seiner Zeit veranlaßt hat und seine Persönlichkeit im ganzen so weit unter ihrem Werte erscheinen läßt.

Daß Klemens V. seiner Zeit im großen und ganzen wohl gewachsen, ja eher überlegen war, das merken wir am besten, wenn wir sein Verhalten zu dem geistigen Faktor, den dogmatisch-kirchlichen Begriffen seiner Zeit, beobachten: vor allem gegenüber dem Faktor derselben, in welchem als dem echtesten Kinde des mittelalterlichen Systems die dogmatisch-kirchliche Gebundenheit wie die rechtliche Unfreiheit desselben am deutlichsten sich offenbart und der in unserer Angelegenheit eine so einschneidende Wirkung entfaltet hat, gegenüber dem Institut der Inquisition. Zu den wertvollsten Bereicherungen unseres Wissens, die wir Lea verdanken, gehört der Nachweis, daß Klemens V. nicht bloß kein Fanatiker wie sein Nachfolger Johann XXII. gewesen ist, sondern eher das Gegenteil: daß er der Inquisition gegenüber durchaus eine kritische Stellung eingenommen, wiederholt Appellationen gegen sie angenommen und Visitationen ihres Verfahrens vorgenommen hat, ja daß, soweit sich dieser Papst überhaupt zu wirklichen Thaten aufgeschwungen hat, seine bedeutsamsten Erlasse einer Beschränkung und Beschneidung der Kompetenzen dieses Instituts, seiner Unterwerfung unter die bischöfliche Prüfung, gelten[1]): Beschränkungen, die, so wenig sie einschneidenden Erfolg gehabt und auch nur zur Abschneidung jener ärgsten Auswüchse geführt haben, von den Inquisitoren doch als die unerträglichsten Eingriffe in ihr Gebiet, als eine Lahmlegung ihrer ganzen Thätigkeit empfunden wurden und so dazu gedient haben, Klemens V. Andenken auch von dieser keineswegs einflußlosen Seite aus in einer für kirchliche Kreise bedenklichen Weise zu belasten[2]). Offenbar hatten die zum Teil wohl mit dem in Südfrankreich heimischen Klemens V. näher bekannten Glaubensrichter nicht ohne Grund die Empfindung, daß dieser Papst nichts weniger als Sympathien für sie hatte. Und er, der dem Hauptschauplatz ihres Wirkens von Jugend auf nahe war, konnte zu solchen Sympathien um so weniger kommen, je weniger seiner Einsicht die Blößen und Übergriffe der Inquisition, die rechtlose Art, wie sie Beweise herzustellen verstand, verborgen bleiben konnten. Lauter Momente,

---

[1]) Das Nähere hierüber s. bei Lea a. v. O. (vor allem I, p. 335, 344, 358, 383, 387, 419, 421, 453, 478, 492). Auch Molinier stimmt damit ganz überein (vgl. besonders seine Charakterisierung Klemens V., p. 98). [2]) Vgl. Bernhard Gui's bittere Klagen und Proteste Lea I, p. 424 und 454.

die gerade ihn in besonderer Weise zu dem Manne der Situation hätten machen sollen.

Wenn trotzdem gerade dieser Papst durch die bedeutendste Hekatombe, die je der Inquisition geopfert worden ist, im Andenken fortlebt, so lag das somit noch weniger an seiner Fähigkeit als an seinem Willen; aber auch an letzterem nicht, denn er wollte von Anfang an den Orden keineswegs verderben, vollends nicht durch die Inquisition, viel eher aus ihren Klauen retten. Wenn diesem Bestreben sein späteres Verhalten so wenig entspricht, daß es viel eher das Gegenteil, völlige Übereinstimmung mit Philipps Unterdrückungsplan, zu beweisen scheint [1]), so ist hier wieder einfach der Unterschied der Zeit zu beachten, der die genügende Erklärung giebt. Denn sowie Klemens sieht, daß er mit seiner Ansicht und mit seinem Willen nicht durchdringt, so sehen wir ihn um eine Schwenkung, die größeren Vorteil bringt, nie verlegen. So gilt es denn, überall die ursprüngliche Absicht und die eigentliche Meinung von der späteren Haltung wie von seinen offiziellen Erklärungen zu unterscheiden. Diese richten sich nach der augenblicklichen Lage. Und da die Lage Klemens V., vor allem in der entscheidenden ersten Zeit, fast immer eine unfreie ist, so kommt jene eigentliche Willensmeinung mehr nur indirekt, vor allem durch das Lieblingsmittel Klemens V., das wir ihn überall anwenden sehen, wo ihm etwas gegen den Strich geht, nämlich durch Zaudern und Hinauszögern, auch in der Templersache angewendet und mehr noch anzuwenden versucht, zum Vorschein, daneben auch, obgleich nur selten, durch Überwallungen des Gefühls, die dann aber auch durch ihren Eindruck unmittelbarer Empfindung um so schärfer mit den sonstigen gewundenen, durch ihre Künstelei erst recht ihre innere Unwahrhaftigkeit offenbarenden Erklärungen kontrastieren. Auf diese Unwahrhaftigkeit, welche die Bullen Klemens V. zu einem solch fragwürdigen, nur mit höchster Kritik zu benützenden Quellenmaterial macht, weist uns auch Lea [2]) ganz besonders hin. Umgekehrt zeigen jene wahrhaften, wenn auch selteneren, Äußerungen des unmittelbaren Gefühls, daß es keineswegs die einfache Unmöglichkeit gewesen ist, warum es Klemens V. nicht gelang, die Templerangelegenheit auf dem Wege des Rechts zu erledigen. Er hätte nur jene Suspension der inquisitorischen Gewalten, womit er deren und Philipps gewaltthätiges Vorgehen beantwortete und worin wir den echtesten Ausdruck seiner Stimmung über die Durchkreuzung seiner eigenen Absichten sehen dürfen, zur rechten Zeit eintreten lassen und auf diesem Weg beharrlich weiter machen dürfen, so war thatsächlich Philipps Vorgehen lahmgelegt, in

---

[1]) Darauf beruft sich Prutz wiederholt in seiner „Entwicklung". — [2]) Lea I, p. 259.

jedem Fall Klemens Name an jenem Unrecht unbeteiligt, ja vielmehr, er strahlte für immer in der Glorie eines Rächers der Unschuld und eines — Märtyrers des Rechts. Was hinderte ihn daran, dies zu werden? Nicht physische, wohl aber moralische Unfähigkeit; es fehlte der Mut, zum Märtyrer zu werden. Zum Märtyrer seiner Überzeugung, auch nur wie Bonifacius VIII., war Klemens V. nicht geschaffen. So bedeutend seine Fähigkeiten und so gut auch im allgemeinen sein Wille sein mochte: so wenig war sein Charakter wert, seine sittliche Kraft.

Klerikale Geschichtsschreiber und Schottmüller haben ihn damit zu rechtfertigen gesucht, daß er ein kranker Mann gewesen sei. Daß er das war, sagt uns auch Wenck, auf den sich Schottmüller hiebei beruft. Aber ganz abgesehen von der Frage, woher jene fortwährende Kränklichkeit kam und ob sie nicht doch zusammenhing mit den von Villani und anderen dem Papste schuldgegebenen Ausschweifungen seiner früheren Zeit: so entschuldigt doch physische Schwäche die sittliche nicht, ob sie sie auch zum Teil erklärt. Den Hauptteil der Erklärung haben wir doch in seinem Charakter, seiner Persönlichkeit zu suchen, oder, um es noch besser zu sagen, in dem Persönlichen seines Charakters.

Denn, wie schon Wenck hervorgehoben hat, so liegt der Schlüssel des ganzen Verhaltens Klemens V. durchaus in dem Persönlichen seiner ganzen Politik, dadurch, daß er in seiner Politik wie in seinem Privatleben das gewesen ist, was man einen „persönlichen Charakter" nennt, d. h. ein überall, in allgemeinen wie in Privatangelegenheiten, von persönlichen Motiven geleiteter Mann. Solche Charaktere kann man freilich eigentlich überhaupt nicht mehr „Charakter" nennen, weil ihnen ja eben das fehlt, was den Charakter macht: ein sittliches, auf allgemeingültigen Grundsätzen beruhendes Motiv ihrer Handlungen. Dies geht verloren, sobald die eigene Persönlichkeit, das eigene Wohl und Wehe so zum Maßstab der Entscheidung gemacht wird, wie es von Klemens geschah. Diesen schwerwiegenden Vorwurf, den schwerwiegendsten, den man einem Manne machen kann, kann man Klemens V. nicht ersparen. Denn nicht nur, daß er überhaupt ehrgeizig war, sondern, daß er in einem Maß von persönlichen Motiven beherrscht war, daß das allgemeine Interesse, die Forderungen der Pflicht und Gerechtigkeit, dagegen nicht aufkamen, ist durch seine Thaten unwiderleglich festgestellt. Es handelt sich da nicht bloß um sein Verhalten im Templerprozeß oder bei größeren Angelegenheiten überhaupt: viel bezeichnender und das Behauptete noch deutlicher illustrierend ist seine Haltung in kleineren Angelegenheiten, sobald und wo sie seine Person betreffen. So wenn er an dem Erzbischof von Bourges, mit dem er als Kollege von Bordeaux einen Streit wegen des Primats von Aquitanien gehabt hatte, und an dessen Erzdiözese ebenso wie an dem Bischof von Poitiers, mit dem er gleichfalls einen Span gehabt, nach seiner Erhebung auf den päpstlichen Stuhl dadurch Rache nimmt, daß er sie durch Visitationsreisen einfach ruiniert [1]). In solchen Zügen offenbart sich der ganze Klemens V., die Kleinlichkeit seines Charakters, worauf übrigens schon der Geiz hinweist, von dem sämtliche Quellen und nicht zum wenigsten die Regesta Clementis V.[2]) in einer Weise übereinstimmend zeugen, daß daran alle Rettungsversuche, die gemacht worden sind und zu denen sich auch Schottmüller hat verführen lassen, kläglichen Schiffbruch leiden müssen. Und ebensowenig läßt sich der Nepotismus Klemens V. angesichts der plumpen Bevorzugung seiner Familie und ihrer Ausstattung mit Bistümern und Kardinalshüten wegleugnen oder nur als eine berechtigte und gewöhnliche Fürsorge für die Angehörigen eines Papstes hinstellen. Fassen wir alles zusammen, so können wir mit Wenck ihn nicht anders denn als einen ehrgeizigen und charakterlosen, wenn auch gewandten und klugen Streber bezeichnen, dem zudem eine gewisse Gutmütigkeit nicht abgesprochen werden soll. Solche Leute aber sind, wo sie zu irgend einer maßgebenden Stellung gelangen, die allergefährlichsten und schlimmsten: sie verderben mehr, als selbst die vollendete Unfähigkeit fertig bringen könnte, und, was das sittliche Urteil betrifft, so kann hier von einer Entschuldigung keine Rede mehr sein.

Wie unentschuldbar sein ganzes Verhalten zumal im Templerprozeß gewesen ist, das hat übrigens Klemens V. selbst offenbar wohl empfunden, als einen Stachel, der ihn inwendig nicht zur Ruhe kommen ließ und für den er umsonst versuchte, sich hintendrein in seiner Weise zu rächen eben durch solche Bitterkeiten und Nadelstiche, wie sie in jener Kritik der Regierungszeit Philipps des Schönen in der Ansprache an seine Gesandten liegen. Wir sehen darin ein Zeugnis des inwendigen Ingrimms, mit dem er die Tyrannei Philipps des Schönen so lange schweigend ertragen und zu allen möglichen Dingen hatte mißbrauchen lassen, der nun, da er sich in Sicherheit weiß, endlich unaufhaltsam herausbricht, aber für die Opfer jener Unterwerfung wider besseres Wissen und Gewissen leider zu spät. Noch deutlicher tritt uns dieses schlechte Gewissen in der Behandlung der Templer selbst entgegen, vor allem in der ihres Großmeisters Molay, dessen rührendes, offenbar auf den bestimmtesten Zusicherungen von seiten des Papstes beruhendes Vertrauen er so schnöde enttäuscht und

---

[1]) Vgl. dazu oben p. 277, wo bereits darauf hingewiesen worden ist, wie unter demselben System das ganze Land, oder vielmehr die ganze französische Kirche seufzte. — [2]) Vgl. oben p. 204 die Bemerkung von Döllinger über diese Regesten und ihr Ergebnis.

den er darum konsequent vermeidet, noch einmal unter die Augen zu bekommen, ebenso wie Philipp der Schöne, mit dem er überhaupt trotz aller Verschiedenheit in manchem eine unbestreitbare Ähnlichkeit besitzt, so in der Zähigkeit, mit der er seine Ziele verfolgt, zumal wo sie persönlicher Art waren, und in dem Persönlichen seiner Politik.

Auch Philipps Politik war ja, wie wir gesehen haben, eine durchaus persönliche, auf die Erhöhung seiner eigenen Person und ihrer Machtfülle bedacht. Nur daß diese Erhöhung, weil er das Haupt und der Repräsentant einer weltlichen Macht war, zusammenfiel mit der Erhöhung der absoluten Monarchie, und daß damit in jener Entwicklungsperiode des Staats, der in der Monarchie sein notwendiges Zentrum hatte, seine Herrschbegierde einen sittlichen oder wenigstens sachlichen Untergrund hatte. Klemens aber war ein geistlicher Herrscher, der Repräsentant einer Gewalt, deren Macht nicht zusammenfiel mit dem Glanz und der äußeren Herrschaft und Herrlichkeit ihres Trägers, sondern die auf ein Prinzip gegründet war und sein sollte und darum von ihrem Träger selbst in erster Linie Prinzipientreue, wenn auch und eben im Leiden sich bewährend, als Grundlage und Bedingung ihres Siegs verlangte. Wie gewaltig die Kirche, als ein geistlicher Faktor, eben im Leiden dastand und wie viel größer der Einfluß war, den sie durch würdig ertragenes Unglück und Unrecht auf die Welt ausübte, als den sie mit allem Glanz und äußerer Gewalt fertig brachte, hatte ja eben Bonifacius VIII. Geschichte gezeigt. In Wahrheit war trotz der scheinbaren Niederlage Bonifacius VIII. und mit ihm die Papstkirche seiner Zeit nie stärker, als da er mit Würde seinen ungeheuren Sturz ertrug und der Welt das Schauspiel nicht eines herrschenden, sondern eines leidenden Statthalters Christi gewährte. Den gewaltigen Eindruck, den dieses Schauspiel auf die Gemüter gemacht hatte, zu beseitigen, strengte sich ja eben nun Philipp der Schöne an und in Wahrheit kostete ihm diese Absicht mehr Mühe, als ihm der Sieg über Bonifacius VIII. gekostet hatte. Damit war deutlich genug angezeigt, welcher Weg für das Oberhaupt der Kirche unter einem Philipp dem Schönen der allein richtige sein konnte: der der leidenden Prinzipientreue, im Notfall, den jedoch Philipp selbst durchaus zu vermeiden wünschen mußte, der des Märtyrers. Klemens V. war nicht der Mann hiezu, ihm graute vor dem Schicksal Bonifacius VIII. und er war bereit, lieber jedes Prinzip zu verleugnen, als es mit Opfern seiner Person zu erkaufen. Einer solchen Politik, d. h. einem solchen Manne gegenüber war Philipps Politik doch die ungleich größere und mußte daher, wie sie von Hause aus die überlegene war, auch den Sieg davontragen. In Wahrheit hat sich Philipps staatsmännische Fähigkeit, seine Kunst, die Menschen zu verstehen und zu behandeln, nie größer und glänzender gezeigt und — trotz des Fehlers einiger Überschätzung, der dann freilich Schwierigkeiten genug brachte — nie reichere Zinsen getragen, als da er diesen Mann, Bertrand de Got, als Kandidaten für den päpstlichen Stuhl acceptierte und zum Klemens V. zu befördern wußte, obgleich der von Hause aus der Gegenseite, der Bonifacianischen Partei, angehörte. Philipp kannte seine Leute und wußte, daß er, trotz der bisherigen Gegnerschaft, der rechte sein werde, oder vielmehr, er verstand es, ihn von Anfang an zum „rechten" Manne zu machen. Da hierin, in der Papstwahl Klemens V., der Schlüssel zu fast sämtlichen nachfolgenden Ereignissen, weil des ganzen Verhältnisses des Papstes Klemens V. zu Philipp dem Schönen, liegt, so hat hier, zur Erklärung des Ganzen, die geschichtliche Schilderung einzusetzen.

Nach dem Tode Benedikt XI., der selbst nur 8 Monate das Pontifikat bekleidet hatte, blieb der Stuhl Petri nahezu ein volles Jahr unbesetzt. Das Kardinalskollegium war zwiespältig und konnte sich über die Wahl nicht einigen. Die Mehrheit der Kardinäle, nach Wencks[1]) Berechnung 10 gegen 7, war bonifacianisch gesinnt, die Minderheit französisch und einem Konzil geneigt. Auf jeder Seite stand ein Orsini als Haupt, dort Matteo Orsini und neben ihm Gaëtani, hier Napoleon Orsini neben Nicolaus de Prato. Wie wichtig die Wahl für Philipp den Schönen war, ist bekannt und erhellt von selbst, wenn man bedenkt, daß das Ergebnis der Katastrophe von Anagni für Philipp weit mehr eine Niederlage als einen Sieg bedeutete, daß das Attentat auf den h. Vater selbst nicht bloß von der eigentlich kirchlichen Partei als ein unerhörter Frevel aufgefaßt wurde, sondern auch in vorher antibonifacianischen Kreisen eine Reaktion der Gemüter hervorgerufen hatte, die von Philipp um so unangenehmer empfunden wurde, als es zu seinen Liebhabereien gehörte und ein Stück seines Ehrgeizes bildete, nicht bloß als ein getreuer Sohn der Kirche wie andere, sondern womöglich als deren Schutzvogt und Vorkämpfer angesehen zu werden. Allen diesen Gedanken hatte die unerhörte That von Anagni einen Stoß gegeben und mit bedenklicher Scheu vor dem Zusammengehen mit dem König auch solche erfüllt, die vorher zu den eifrigsten Schürern des Widerstands gegen den Papst gehört hatten. Kein Wunder, daß es Philipp dem Schönen so darum zu thun war, nicht nur jede Verantwortlichkeit für das Attentat von Anagni energisch

---

[1]) s. Wenck, Klemens V. und Heinrich VII., 2. Kap.: „Das Conclave von Perugia".

von sich abzulehnen, sondern auch in der öffentlichen Meinung, die immer noch eine wesentlich kirchliche war, möglichst glänzend restituiert zu werden, d. h. nicht nur von allen durch Bonifaz über ihn verhängten Zensuren befreit zu werden, sondern auch in seinem ganzen Handel gegen dieses Recht zu bekommen und zwar durch feierliche Erklärung von seiten der obersten Vertretung der beleidigten Kirche, der Kurie selbst. Ein kühner Wunsch, der uns das Unfehlbarkeitsbewußtsein Philipps in seiner ganzen Maßlosigkeit zeigt und zu seiner Verwirklichung ein außergewöhnliches Maß der Willfährigkeit seitens des Trägers der Tiare erforderte. Benedikt XI. besaß dieses Maß nicht. Zwar war er eine von Hause aus milde und versöhnlich angelegte Natur, den Händeln der Welt wenig geneigt, dafür aber den geistlichen Aufgaben der Kirche, die im Dominikanerorden, dem er seit seinem 14. Lebensjahr angehörte und dessen General er gewesen war, ihre eifrige Pflege fanden, um so innerlicher zugewandt, somit mit dem kirchlichen System durchaus verwachsen, aber keineswegs in allen Stücken mit der oft gar zu weltlichen Handlungsweise Bonifacius VIII. einverstanden. Philipp von Frankreich und seiner Partei war er gleich anfangs so weit entgegengekommen, daß er die gegen den König und sein Land erlassene Achtserklärung aufhob und den status quo ante im allgemeinen unverzüglich wieder herstellte, ja auch den beiden Colonna, Jakob und Peter, Verzeihung angedeihen und sie in ihr Land zurückkehren ließ. Dagegen war er nicht zu bewegen, den der Kurie in der Person Bonifacius VIII. persönlich zugefügten Schimpf in gleicher Weise zu vergessen und vergessen zu machen bezw. für berechtigt zu erklären dadurch, daß er auch die persönlichen Ankläger und Verfolger seines Vorgängers, Nogaret an ihrer Spitze, in seine Indemnitätserklärung einbezog. Im Gegenteil, noch am 7. Juni 1304 ließ er gegen diese die Bulle „Flagitiosum scelus" ausgehen, in der er jene Verfolger in scharfen Worten als die „Erstgebornen des Satans, die das Hohepriestertum geschändet haben[1]," von neuem in Bann that und damit mittelbar die Widersacher Bonifacius VIII. abermals vor aller Welt in schweres Unrecht versetzte. Vier Wochen darauf, am 7. Juli 1304, war Benedikt XI. eine Leiche. Was ihm den Tod gebracht, ob wirklich Nogaret auch diesen auf dem Gewissen hat, ist eine offene Frage geblieben. Wenck neigt dazu[2], denselben mit den meisten besser Unterrichteten auf übermäßigen Genuß unreifer Feigen zurückzuführen; erwähnt aber doch, daß andere und nicht wenige von Vergiftung berichten, so Ferretus von Vicenza, der sogar zwei Kardinäle im

---

[1] Vgl. Schottm. I, 35 f. unter Berufung auf Theiner, cod. dipl. x. I, 402. — [2] p. 14 f.

Solde des Königs nennt. Jedenfalls war die Meinung weitverbreitet und geeignet, für einen Nachfolger eine unmißverständliche Warnung zu sein, wessen er sich bei ernstlichem Widerstreben gegen Philipps Wünsche zu versehen habe. Für Leute wie Klemens V. mußte eine solche Mahnung etwas Fürchterliches haben.

Daß unter diesen Umständen die Wahl des neuen Papstes eine schwierige Sache war, leuchtet ein; mehr noch, in welchem Grade Philipp an derselben interessiert war. Und Philipp war nicht der Mann, eine solche Gelegenheit ungenützt zu lassen. Auch wenn wir keinerlei weitere Nachricht besäßen, so dürften wir es ihm getrost zutrauen, daß seine diplomatische Kunst in dieser Zeit so geschäftig als je bei der Hand war, den rechten Kandidaten zu finden. Indessen ist sicher die Entsendung einer französischen Gesandtschaft nach Perugia, wo das Wahlkollegium versammelt war, im April 1305. Die Seele dieser Gesandtschaft war der französische Banquier Musciatto in Florenz. Wozu der Banquier gut war? wird niemand lange fragen. Daß die französische Partei, die in den Colonna ja die eifrigsten Bundesgenossen besaß, eine rührige Agitation entfaltete; daß hiebei das Geld eine besondere Rolle spielte, wie Ferretus von Vicenza[1]) u. a. berichten, wird schwerlich einer besonderen Beglaubigung bedürfen, wie Schottmüller[2]) verlangt, da doch nicht bloß „dieser Argwohn", sondern auch die Sache selbst, d. h. Bestechung, durchaus „im Zuge der Zeit" lag. Und wozu wäre sonst der Banquier da gewesen? Die übrigen Details sind dagegen von untergeordneter Bedeutung: ob die Erzählung Villanis[3]), wonach der französisch gesinnte Kardinal von Prato dem Kardinal Gaëtani den Vorschlag gemacht haben soll, seitens der bonifazianischen Partei 3 Kandidaten auf eine Liste zu setzen, unter denen dann die französische die Auswahl haben sollte; worauf von den Bonifazianern als erster Bertrand de Got auf die Wahlliste gesetzt worden und hierauf, nach inzwischen geschehener Benachrichtigung Philipps und Gutheißung durch diesen, nachdem er sich derweilen mit Bertrand de Got ins Einvernehmen gesetzt, dessen Wahl hierauf einstimmig[4]) erfolgt sei — und alles dies im Rahmen von 35 Tagen —:

---

[1]) Bei Muratori IX, 1014. — [2]) Schottm. I, 39. — [3]) Muratori XIII, p. 416 ff. — [4]) Hefele macht auch hiegegen (Conciliengesch. 40. Buch), § 695 p. 357 ff.) geltend, daß nach Ausweis des Wahldekrets diese Einstimmigkeit bei der Wahl keineswegs vorhanden, vielmehr die Wahl mit 10 gegen 5 Stimmen erfolgt sei, und erst nachher auch die Minorität, bestehend aus dem Kardinalbischof Theodorich von Civitas papalis, dem Kardinalpriester Gentilis von St. Martin de Montibus und den Kardinaldiakonen Franz von St. Maria in Silice, Jakob von St. Georg ad velum aureum und Lukas von St. Maria in via lata beigetreten seien; während 4 andere: der

ob diese, im übrigen wenigstens für ihren ersten Teil, der als eigentlichen Papstfaktor die Schlauheit des Kardinals von Prato zeigt, durchaus nicht unwahrscheinliche Erzählung dem thatsächlichen Hergang entspricht oder nicht: als Thatsache steht fest, daß Bertrand de Got einem Kompromiß zwischen beiden Parteien seine Wahl verdankte und ebenso auch dies, daß er von Hause aus als bonifazianischer Parteigänger galt, daß aber auch die andere Seite sich mit ihm befreunden zu können glaubte und vor allem dies, daß er nicht ohne Wissen und Zuthun Philipps des Schönen gewählt worden ist. Für ebenso sicher, schon wegen der inneren Wahrscheinlichkeit, möchten wir aber auch das andere halten, daß Philipp sich nicht nur mit einer allgemeinen Gutheißung auf Grund seiner vorherigen Kenntnis des Erzbischofs von Bordeaux begnügte, sondern daß er sich von diesem bestimmte Garantien, wodurch er sich seiner künftigen Ergebenheit und Dankbarkeit versichert halten konnte, geben ließ, ehe der zustimmende Wink nach Perugia erging. Die von Villani berichtete Zusammenkunft beider in St. Jean d'Angély wird sich, nach dem für beide Seiten beigebrachten Alibibeweis auf Grund des Itinerariums Philipps des Schönen wie der Visitationsreisen des Erzbischofs Bertrand de Got, zwar kaum aufrecht erhalten lassen und ist so von Döllinger, Dönniges, Rabanis, Schwab, Hefele und Schottmüller fallen gelassen worden. Immerhin lassen sich auch gewichtige Stimmen dafür anführen, wie Drumann, Gregorovius, Lorenz, Havemann, die freilich gegenüber jenen nicht aufkommen. Aber auch Wenck, dem wir diese Zusammenstellung entnehmen[1]), giebt zu, daß der Sinn jener Erzählung gleichsam „die einfache Formel sei, auf welche das Volk die großen Ereignisse gebracht habe, jedenfalls den Thatsachen entsprechend." Und zwar möchten wir Döllinger[2]) folgend den historischen Untergrund dieser Vereinbarung in der Gesandtschaft sehen, die Philipp noch vor der Papstwahl in der Person seines Reichskanzlers Gilles Aycelin an de Got hatte abgehen lassen, um eine Verständigung mit ihm zu erzielen. Dies ist jedenfalls die Hauptsache: daß Philipp sich Bertrand de Gots vorher versicherte und seine Garantien besaß, ehe er

---

Kardinalbischof Johannes von Tusculum, der Kardinalpriester Gualter und die zwei Kardinaldiakonen Matteo Rosso (Orsini) und Richard von St. Eustache das Konklave wegen Krankheit verlassen haben oder zu spät gekommen seien. So dankenswert dieser nähere Nachweis ist, so dürfte er doch schwerlich als Gegenbeweis gegen jene Einstimmigkeit dienen. Denn mit jener Notiz muß ja nicht alsbaldige, sondern nur schließliche Einstimmigkeit gemeint sein. Und das entspricht durchaus der Wirklichkeit auch nach Hefeles Untersuchung.

[1]) p. 21. [2]) Akad. Vortr. III, p. 254.

seine Zustimmung zu dessen Wahl kundgab. Worin diese Garantien bestanden, läßt sich freilich jetzt mit Sicherheit kaum mehr angeben; ein derartiger Handel wurde sicherlich nicht schriftlich abgemacht und entzog sich dem Licht der Oeffentlichkeit. Ebensowenig läßt sich jetzt mehr entscheiden, ob die von Villani mitgeteilten 6 Bedingungen wirklich das Ganze jener vorherigen Abmachungen wiedergeben. Der inneren Wahrscheinlichkeit nach läßt sich gegen keine derselben etwas Stichhaltiges vorbringen: denn die 2 ersten: Klemens solle die Aussöhnung der Kirche mit dem König veranlassen und letzteren samt den Seinigen von den auf ihm lastenden Kirchenstrafen freisprechen, und die 5.: die beiden durch Bonifazius VIII. aus dem Kollegium gestoßenen Kardinäle Jakob und Peter Colonna sollen wieder in ihre Würden und Güter eingesetzt und weitere Freunde des Königs zu Kardinälen ernannt werden, entsprachen so durchaus der kirchlichen Situation Philipps, daß sie eigentlich selbstverständlich sind. Ebenso begründet, nämlich in der äußeren Lage, erscheint die 4. Forderung (Nr. 3): Zusicherung des Zehnten aller geistlichen Güter auf 5 Jahre zu den Kosten des flandrischen Kriegs. Aber selbst die 5. (an 4. Stelle genannte) und härteste Forderung: Verdammung des Andenkens Bonifazius VIII. und Ausgrabung und Verbrennung seiner Gebeine als der eines Ketzers, ist, so ungeheuerlich sie lautet, so durchaus in den nachherigen Zumutungen Philipps an den Papst Klemens V. begründet, als ein Pressionsmittel, mit dem Philipp später alle seine sonst unbegreiflichen Anforderungen von dem dadurch eingeschüchterten Klemens erzwang, daß man gerade von dieser Bedingung als einer zuvor gestellten und allein von der heißen Begierde des das Ziel seiner Wünsche vor sich sehenden Ehrgeizes Bertrands de Got zugestandenen am allerwenigsten wird abgehen können. Bewilligte aber Bertrand de Got diese Forderung — und er muß sie damals bewilligt haben, da trotz der abhängigen Lage, in der sich Klemens V. auch nachher gegenüber Philipp befand, kein Motiv denkbar ist, das Philipp später das Recht gegeben hätte, eine solch ungeheuerliche Forderung zu stellen — so ist es vollends von untergeordneter Bedeutung, ob wirklich noch eine 6. Bedingung, die der König erst nach geschehener Krönung dem Papst anzeigen wollte und womit die Aufhebung des Templerordens gemeint war, als eine noch unbekannte im Sack gefordert und zugestanden wurde oder nicht[1]). Mit seinem fünften Zugeständnis, das, auch abgesehen von seiner Konsequenz, daß dadurch seine eigene, ja eben auf der

---

[1]) Daß sie wenigstens nicht ausdrücklich namhaft gemacht wurde, könnte man aus dem späteren Brief vom 24. Aug. 1307 schließen, in dem bemerkt ist, daß in Lyon zum erstenmale von der Templersache geredet worden sei; falls man nämlich diesem Brief so viel Vertrauen schenken will. So urteilt auch Döllinger a. a. O. (p. 254).

Rechtmäßigkeit der von Bonifazius VIII. ernannten Kardinäle beruhende Wahl wieder zweifelhaft wurde, einem moralischen Selbstmord gleichkam, konnte Philipp alles und jedes von diesem Kirchenoberhaupt herausschlagen, sobald er ernstlich auf die Ausführung jener Bedingung drang.

Ob also Philipp der Schöne schon vor der Papstwahl Klemens V. die Templerbedingung gestellt hat oder erst später, macht zwar nicht allzuviel aus. Wahrscheinlich ist es jedoch bei Philipps weit vorausjorgender und -sehender Natur immerhin, daß er schon damals an die Templer dachte und dafür sorgte, daß ihm der Papst auch in diesem Stück nicht ernstlich zuwider sein konnte. Und Sicherheit hiefür gewann er, indem er sich den Prozeß gegen Bonifazius VIII. bewilligen ließ.

Je ungeheuerlicher immer wieder diese Forderung erscheint, um so mehr ist die Frage berechtigt, wie nur ein künftiger Papst etwas derartiges bewilligen könnte? Die Antwort giebt uns der unersättliche Ehrgeiz solcher Strebernaturen. Dieser wird im verhängnisvollen Augenblick bis zu einer Art Rausch, dem gefährlichsten von allen, der den charakterschwachen Bertrand de Got völlig übermannt und ihn vermochte, Ja zu sagen auch da, wo seine gesunde Vernunft nur ein lautes Nein hätte übrig haben sollen. Natürlich mochte er als ein Mann, der sich vieles zutraute, wie das bei solchen Naturen gerne der Fall ist, zudem als Vascone, denen man diese Eigenschaft ja sprichwörtlich nachgesagt hat, denken, hintendrein schon Wege zu finden, um der Erfüllung seines Versprechens auszuweichen. Er kannte wohl als ein bisher unter englischer Botmäßigkeit stehender und mit Philipp dem Schönen persönlich weniger aus der Nähe vertrauter Kirchenfürst, der bisher auch in schwierigen Verhältnissen sich durchzulawieren verstanden hatte, die ganze rücksichtslose Energie Philipps, womit dieser auf seinen Forderungen bestand, viel zu wenig. So merkte er erst nachträglich die ganze Schwierigkeit seiner Lage, in die er sich durch jenes Zugeständnis gebracht, um so schwieriger, je mehr Leute, selbst Kardinäle, sich fanden, die thatsächlich bereit waren, als Zeugen gegen Bonifaz zu dienen und jene fast wahnsinnigen Anklagen, durch die seine Ketzerei bewiesen werden sollte, durch ihren Eidschwur zu erhärten. Es kam ihm erst hintendrein zum Bewußtsein, welch ungeheure Verwirrung die wirkliche Durchführung dieser Anklage für die Christenheit zur Folge haben mußte und wie nicht bloß seine eigene moralische Autorität, sondern die so heiß ersehnte Würde selber von diesem Prozeß abhing. Und als er das merkte, so sah er, daß er verkauft sei. Was thun? Es war zu spät, den Handel rückgängig zu machen. Klemens that, was ein Händler unter solchen Umständen thun muß, wenn er in einem Handel zu viel versprochen hat und nicht Wort halten kann, um sich aus der Schlinge zu ziehen: er zahlte eine Abfindungssumme. Und der Preis war der Templerorden.

Übrigens hat Klemens doch nicht ohne weiteres den Templerorden preisgegeben. Wie es die Art solch kleiner Naturen ist, die um eigenen Vorteils willen nicht im stande sind, einer ungerechten Forderung zu widerstehen, hintendrein erst recht Schwierigkeiten zu machen, und statt den einmal bedungenen Preis ohne weitere Widerrede voll auszuzahlen, daran immer aufs neue herunterzumarkten: um einmal die Größe des Preises dem glücklichen Gewinner immer aufs neue vorzureiben, und so die Freude daran thunlichst zu vergällen; sodann aber auch, um den Stachel des eigenen Gewissens damit zu beschwichtigen, daß man sich einreden kann, man habe nur dem Zwang der Notwendigkeit der Lage nachgegeben und das Seinige in redlichem Widerstand geleistet: so machte es auch Klemens V., der eine solche kleine Natur war. Hintendrein, da er den Preis eingeschoben hatte und mit der dreifachen Krone geschmückt war, versuchte er erst den König um den bedungenen Lohn zu prellen und seine diplomatische Meisterschaft darin zu zeigen, daß er sich der Erfüllung seiner Zusage entzog. Zum Teil ist ihm dies, mit der Anklage gegen Bonifaz, gelungen, nicht zum wenigsten dank der glücklichen Konstellation der äußeren Lage, die mit der Erledigung und Neubesetzung des deutschen Thrones für ihn eintrat und die ihn aus der unwürdigen Abhängigkeit von König Philipp doch mehr befreite und seine Bundesgenossenschaft für weiter hinausliegende Pläne als eine immer wertvollere erscheinen ließ. So ist Klemens V. die ärgste Demütigung und Schande, die, seinen eigenen Vorgänger, der trotz aller seiner Fehler doch im allgemeinen überall als die Personifikation der höchsten Ansprüche und Ideale der Kirche galt, als Ketzer noch im Grabe verfolgen und auf den Scheiterhaufen schleppen zu müssen, erspart geblieben. Dafür ließ ihn Philipp um so weniger in der andern Frage, der Templerangelegenheit, los, die ihn zunächst materiell berührte und deren Durchführung er daher um so eifriger als erste Frucht des päpstlichen Gehorsams betrieb, je erschöpfter seine Kassen waren und je bringender seine Finanzen eben damals einer nachhaltigen Aufbesserung bedurften. Und es war ein Glück für Philipp, daß er bei diesem Stück in der Einforderung des bedungenen Preises nicht säumte. Hätte er es noch ein paar Jahre anstehen und Klemens Zeit und Atem gelassen, sich einigermaßen in eine widerstandsfähige Position zu versetzen, so wär er gewiß auch um diesen Teil seiner Erwartungen geprellt worden oder hätte sich wenigstens in ähnlicher Weise mit halber Befriedigung, einer Art platonischen Genugthuung, begnügen müssen, wie es beim Prozeß gegen Bonifaz geschah. An Versuchen dazu, die Sache auch gegenüber den Templern auf die lange Bank zu schieben und Philipp mit scheinbaren Maßregeln und Vorbereitungsanstalten hinzuhalten, hat es Klemens nicht fehlen lassen und zwei Jahre auf diese Weise glücklich herumgebracht. Aber dem Templerorden gegenüber war Philipp doch nicht in gleicher Weise auf den Papst angewiesen, wie gegenüber dem Andenken des verstorbenen Bonifaz VIII. Dort hatte er noch andere Handhaben. Und, da Klemens fortwährend zögert und der König immer mehr den Eindruck erhält, daß es ihm nur darum zu thun ist, Zeit zu gewinnen, so reißt ihm die Geduld und trägt er kein Bedenken, dem Papst begreiflich zu machen, daß er noch andere Mittel besitze, um seinen Willen durchzusetzen und dem Papste Füße zu machen. Mit dem entscheidenden Schlag, der allgemeinen Verhaftung der Templer am 13. Oktober 1307, den er ohne Rücksicht auf den Papst thut, und der Überlieferung der Gefangenen an die Inquisition, liefert er diesem den Beweis, daß seine Mittel auch ohne den Papst doch weiter reichten, als dieser glaubte; daß sie nicht bloß das staatliche Gebiet umfaßten, sondern auch in die Sphäre der Kirche weit hineinragten, daß auch hier ein seine Gewalt rücksichtslos brauchender und keine dogmatische Blößen sich gebender Monarch mächtiger sei, als das geistige Oberhaupt dieser Kirche selbst, vollends als eines, dem nicht nur die äußere Macht fehlte, sondern das auch inwendig der Fähigkeit ermangelte, seine ideale Kraft zu verwerten, durch Leiden. Mit jener Verhaftung am 13. Oktober 1307 ist thatsächlich das Drama entschieden: der Staat siegt auch auf einem Rechtsgebiet, das wie kaum ein anderes lediglich in die Kompetenz der Kirche zu gehören scheint. Und das Tragische daran, die Nemesis des Gerichts, das damit vollzogen wird, ist dies, daß die Mittel seines Siegs nicht nur im allgemeinen aus dem Arsenal der Kirche entlehnt sind, sondern daß Klemens V. selbst während seines Widerstandes fortwährend die Waffen liefert, diesen Sieg erst recht vollständig und unwiderruflich zu machen. Jenes, indem Philipp seine Zwecke mit Hilfe des fürchterlichsten wie des echtesten Instruments der Kirche durchsetzt, der Inquisition. Dieses, indem ihn der Papst in der selben Spanne Zeit, in der er zum Widerstand gegen Philipps Absichten sich aufzuraffen versucht, durch Nachgiebigkeit in den Personalfragen der französischen Kirche zu befriedigen sucht und ihm damit erst recht die geeigneten Waffen liefert und das Arsenal des Königs vervollständigen hilft.

So kann der schließliche Ausgang von Anfang an nicht zweifelhaft sein. Darum bietet auch dieser Kampf — wenn man ein derartiges Verhältnis so nennen will —, eben weil der Ausgang so von Anfang an feststeht, weder im ganzen noch in seinen einzelnen Phasen etwas

Erhebendes. Das Ganze bietet den Anblick eines Wolfes und eines wehrlosen, nur mit einem Stabe bewaffneten und erst noch nicht einmal besonders tapferen Schafhirten, der aus Neugier und Eitelkeit dem Versteck des Wolfes sich allzuweit genähert hat und nun, während ihm von Anfang an die Flucht als unica salus feststeht, krampfhaft bemüht ist, soviel als möglich von der Herde zu retten und doch zuvörderst seine eigene Haut in Sicherheit zu bringen, eines geschickten Hirten, der vermöge seiner Geschmeidigkeit sich dem Terrain anzupassen und von diesem merkwürdig begünstigt durch im rechten Augenblick sich darbietende Schlupfwinkel wirklich nicht bloß sich selbst rettet, sondern auch einen leidlichen Teil der Herde davonbringt, bei dem übrigen aber, der dem Wolf zur Beute fällt, wenigstens einen Teil von der Wolle sich zu sichern versteht. Ein solcher Hirte mag wegen seiner Geschicklichkeit im Rückzug von feigeren oder gleich feigen Genossen bewundert werden: wirklichen Ruhm verdient er für sein Verhalten nicht und — einen guten Hirten nennt man das nicht.

So konzentriert sich denn das Interesse des Zuschauers für den weiteren Verlauf dieser Angelegenheit neben den unglücklichen Opfern solcher Hirtentreue einesteils darauf, die Drehungen und Wendungen, die der Hirte macht, um möglichst viel von seinen Schafen und mehr noch von ihrer Wolle zu behalten, andernteils die Kunst jenes Raubtiers zu bewundern, immer aufs neue seine Zähne zu zeigen und immer gefährlicher sie zu fletschen, so oft der Hirte es wagt, ernsthaft mit seinem Stabe zu drohen und zu einer wirklichen Verteidigungspositur sich anschickt. Ob dieses Zähnefletschen, am grimmigsten auf den Tagen von Tours und Poitiers gezeigt, nun wirklich so gefährlich war, daß Klemens für sein Leben oder doch seine Stellung zu fürchten hatte, oder nicht: genug, daß es seinen Eindruck nicht verfehlt und Klemens nachgiebt. Daß er dann, wie er sich endlich gründlich zum Rückzug entschlossen und diese Linie für die einzige Möglichkeit der Rettung erkannt hat, plötzlich ganz mit der Verstörung seiner Herde oder vielmehr jenes Teils von ihr einverstanden ist, sie von nun an nur mehr als räudige Schafe hinstellt und selber möglichst schnell aus der Welt fortzuschaffen sucht, hat nichts Wunderbares an sich; man muß doch immer wenigstens den Schein zu retten suchen! Und erleichtert wurde dies Klemens damit, daß von der Wolle doch nicht wenig für ihn selbst abfiel, ein anderer Teil auf dem Schlachtfeld liegen und ihm somit die Möglichkeit blieb, zu erklären, daß der Wolf jene Schafe aus purer Hirtenliebe zerrissen habe, weil er sich ja mit dem Fleische derselben begnügte. So präsentieren sich zuletzt Schäfer und Wolf in schönster Harmonie, so sehr, daß man später vielfach gezweifelt hat, ob das Ganze nicht eine abgekartete Komödie gewesen sei, so daß es sich nur darum handle, wer mehr den Mord der Schafe auf dem Gewissen oder den größeren Triumph bei der Sache davongetragen habe, Philipp oder Klemens. In Wirklichkeit war es Philipp bei dem ganzen Handel in erster Linie um die Sache, die Vernichtung des Templerordens und den Raub seiner Güter, zu thun: und indem er rücksichtslos darauf ausging und seine Überlegenheit über Klemens infolge von dessen Wahlkapitulation ausnützte, gewann er die Sache auch im wesentlichen, freilich nicht, ohne einen Teil der Beute daran geben zu müssen, um nicht Größeres zu verscherzen. Für Klemens aber war der Schein die Hauptsache, die Sache Nebensache, um so mehr, je mehr sie mit einer anderen Angelegenheit verquickt war, die ihm wirklich Hauptsache war. So begnügte er sich zwar nicht mit nichts — dazu hätte er nicht Klemens V. sein dürfen —, aber doch mit einem kleineren Teil des Profits und im übrigen mit dem Schein. Je widerwilliger er aber das that und je mehr er das Unwürdige dieses Verhältnisses fühlte, um so eifriger war er bemüht, der Welt glauben zu machen, als handle er nur nach vollster Überzeugung und Pflicht, als sei es ihm nur um Recht und Gerechtigkeit für und gegen den Orden zu thun. Dies aber nennt man im gewöhnlichen Sprachgebrauch Komödie spielen und einen viel besseren Titel kann man der Handlungsweise Klemens V., auch wenn man anerkennt, daß es ihm wenigstens zu Anfang ernstlich um Rettung des Ordens zu thun gewesen ist, kaum erteilen: mindestens nicht dem zweiten Teil seiner Schachzüge, in dem die große päpstliche Kommission zur Untersuchung der Anklage gegen den Orden scheinbar so glänzend die Unparteilichkeit, ja Sympathie des Papstes für den Orden offenbart, in Wirklichkeit nur der Gipfelpunkt der Komödie oder, in ihrer Wirkung für die Templer, der Tragödie ist.

Damit haben wir in kurzen Zügen den Verlauf des Dramas skizziert, das sich vor unsern Augen in dem Prozeß gegen die Templer abspielt und für welches uns den eigentlichen Schlüssel das eben geschilderte Verhältnis zwischen dem König Philipp dem Schönen und dem Papste Klemens V. liefert, ein Verhältnis, das selber in den Verhandlungen vor der Wahl Klemens V. seinen Ausgangspunkt und seine Erklärung hat.

Wir gehen nun, nachdem wir so die Hauptpersonen des Dramas und ihr Verhältnis zu einander, mit dem schon die Lösung des Ganzen gegeben ist, kennen gelernt haben, weiter, die einzelnen Scenen und Aufzüge an der Hand der Geschichte zu verfolgen.

Fünftes Kapitel.
Einleitung des Prozesses und erstes Stadium desselben. Inquisitionsthätigkeit und Anklageartikel.

Der erste Akt nach aufgerolltem Vorhang versetzt uns in das Ende des Jahres 1305, nach Lyon¹). Hieher hatte sich Bertrand de Got, oder — wie er sich seit seiner Erhöhung auf den Stuhl Petri (15. Juni 1305) in bezeichnender Bezugnahme auf seinen landsmännisch-französischen Vorgänger, den durch die völkerrechtswidrige Hinrichtung des letzten Staufensprossen Konradin und die Übertragung seines Reichs an Karl von Anjou gekennzeichneten Klemens IV.²), schrieb — Klemens V. im Spätherbst desselben Jahres über Montpellier, wo er die Huldigung der Könige von Aragonien und Mallorca empfing, und Nimes, dann das Rhonethal aufwärts ziehend, begeben, um am 14. November 1305 seine, durch die Gegenwart vieler Fürsten und Barone, vor allem aber Philipp des Schönen und seines Hofs, verherrlichte Krönung zu feiern. Bekanntlich erfuhr diese Krönung ein Intermezzo von tragisch-symbolischer Bedeutung, indem nach geschehener Krönung bei dem pomphaften Umritt des Papstes

---

¹) Schon vorher hatten, wie wir aus einem von Bal. II, 62 mitgeteilten, aus Salzanum vom 13. Okt. 1305 datierten Briefe des Papstes an Philipp ersehen, weitere geheime Verhandlungen stattgefunden, indem Philipp nach der Wahl Bertrand de Gots durch besondere Gesandte feierlich gratulieren und bei dieser Gelegenheit seine Wünsche wohl noch genauer formulieren und sich gewährleisten ließ. Worin diese bestanden, wissen wir zwar weiter nicht. Von welch schwerwiegender Natur sie aber waren, ersehen wir daraus, daß der Papst den König ersucht und dieser versprochen hatte, niemand in der Welt davon zu reden, und auch jetzt, da der König ihn brieflich gebeten habe, noch weiteren drei bis vier Vertrauten davon Mitteilung machen zu dürfen, sein Einverständnis zwar giebt für solche, „de quibus circumspectioni regiae videbitur expedire"; aber mit dem Beisatz: „denn wir wissen ja, daß Du jene Dinge nur solchen Personen offenbaren wirst, von denen du das Vertrauen hast, daß ihnen unsere und Deine Ehre eifrig angelegen ist." Boutaric meint so ziemlich die Beweise zu haben, daß hiermit nur die Templersache und der Prozeß gegen Bonifacius VIII. gemeint gewesen sein könne. Dann kommt es im wesentlichen auf dasselbe heraus, was in Lyon persönlich vom König betrieben wurde. —
²) Vgl. Hefele, Conc.Gesch. 40. Buch, § 695.

um die Stadt — König Philipp sah man dabei das päpstliche Maultier am Zügel führen — eine mit Zuschauern überfüllte Mauer zusammenbrach, wobei nicht nur des Königs Bruder, Karl von Valois, schwer verwundet, der Herzog Johann von Bretagne und des Papstes Bruder, Gaillard de Got, aber zum Tode getroffen, sondern auch der Papst selber vom Sattel geworfen wurde und, was den Chronisten besonders bemerkenswert erschien, die dreifache Krone von seinem Haupt fiel und einer ihrer wertvollsten Edelsteine verloren ging. Das in diesem tragischen Zusammentreffen liegende Omen für die Regierung Klemens V. und seine Wirkung für die Kirche gilt offenbar ganz besonders für die Verhandlungen, welche während dieses mehrwöchentlichen Zusammenseins Philipps — erst nach Weihnachten (1305) kehrte dieser mit seinen Baronen nach Frankreich zurück¹) — mit dem Papste in Lyon gepflogen wurden, und für die Ergebnisse, welche diese Verhandlungen hatten. Das Genauere über erstere, insbesondere soweit sie die Templersache betrafen, besitzen wir allerdings auch jetzt wieder nicht. Doch ist aus dem späteren Brief des Papstes an Philipp vom 24. August 1307²), der freilich selbst wieder in die Kategorie jener päpstlichen Bullen gehört, von denen Lea³) bemerkt, daß sie „so mit Lügen durchzogen seien, daß wenig Verlaß auf ihre Behauptungen sei", wenigstens soviel zu ersehen, daß Philipp hier in Lyon wiederholt die Angelegenheit vor Klemens brachte und zum Teil bereits mit den Verdächtigungen, welche über den Templerorden umliefen und die der König also schon vor dieser Zeit zu sammeln Sorge getragen haben muß⁴), motivierte, daß aber Klemens V. wenig geneigt war, diesem Ge-

---

¹) Val. Vita I, p. 4. — ²) Revue des quest. hist. X, 325, Val. II, 75 f.; v. Schottm. I, 118 in der Hauptsache wiedergegeben, aber mit jener unglücklichen Übersetzung für „quicquid ordo postulaverit rationis", vgl. oben p. 187. — ³) Lea III, p. 258. Vgl. auch Schottm. I, 9, wo dieser zu demselben Ergebnis, der Unzuverlässigkeit der päpstlichen wie königlichen offiziellen Schreiben, schon auf Grund seiner chronologischen Zusammenstellung derselben gelangt. — ⁴) Den sicheren Beweis dafür sieht Döllinger in einem von Boutaric Not. et extr. XX, 2, p. 152 f. mitgeteilten Auftrag des Königs an Wilhelm v. Nogaret, Peter v. Belleperche, Wilhelm v. Plaisian und Beraud de Mercoeur vom Aschermittwoch 1304, in dem diesen die beispiellose Vollmacht erteilt wird, in den Gefängnissen des ganzen Landes einzelne Personen in Freiheit zu setzen und ihnen volle Restitution aller ihrer kirchlichen und weltlichen Güter, nicht nur in seinem Namen, sondern selbst in dem seiner Nachfolger zu verbürgen. Döllinger (Akad. Vortr. III, p. 256) bemerkt dazu: „Man sieht, es handelt sich darum, Ankläger und Zeugen gegen den Orden aufzutreiben", die man dann natürlich in dem Courrier von Menjancon Squin und dem Florentiner Noffo Dei gefunden habe. Wenn diese Auslegung auch nicht ganz zutreffen mag, indem mit Boutaric der nächste Zweck dieser Verordnung einfach in der Beitreibung von Geld zum flandrischen Kriege, wozu jedes Mittel, auch der Verlauf der Gerechtigkeit, gut schien, zu finden sein dürfte, so

rede Glauben zu schenken, ohne doch deshalb eine nähere Untersuchung über den Grund solcher Anklagen von der Hand zu weisen. Möchte es hienach scheinen, als ob Philipp bei diesen Verhandlungen nicht allzuviel erreicht habe, so sind dafür die sonstigen allgemeinen Ergebnisse derselben wie des Aufenthalts in Lyon überhaupt von um so schwerwiegenderer Natur, schwerwiegend genug, um thatsächlich auch die Templerangelegenheit in ihrem weiteren Verlauf aufs wirkungsvollste zu beeinflussen, ja ihre schließliche Lösung im Sinne König Philipps sicherzustellen. Den allgemeinen Charakter dieser Vorgänge zeichnet am kürzesten der doch ziemlich vom französischen Standpunkt aus schreibende Johann von St. Viktor, wenn er sagt[1]): „Clemens V Papa moram faciens Lugduni ab Episcopis et Abbatibus Franciae qui habebant negotiari in curia innumerabilem pecuniam extorsit. Sed Rex Franciae et fratres ejus Baronesque Francorum ipsum invenerunt propitium ac benignum. Clericis Gallicis gratias largas fecit." Also schon hier ein im Vergleich zu dem bisherigen unerhörtes Aussaugungssystem, das die kirchlichen Würden und Ämter, bezw. ihre Bestätigung zu ungewohnten Preisen verschacherte, gegenüber der Kirche einerseits, dagegen möglichste Willfährigkeit und Botmäßigkeit gegenüber dem König, seinem Hof und seinen Beamten andererseits: darin faßt sich die Situation dieser Anfangszeit kurz, aber deutlich, zusammen. Suchte in den einzelnen Angelegenheiten von größerer Tragweite, wie in der Templersache, Klemens auch die eigentliche Entscheidung möglichst hinauszuschieben oder zu umgehen, so ließ er sich von Philipp um so ausgiebiger in Personalfragen, durch die dem kurzsichtigen Politiker im Prinzip nichts vergeben zu sein schien und von denen doch die prinzipiellen Entscheidungen erst recht abhängig wurden, bestimmen. Als die wichtigste, scheinbar nur auf praktischen Erwägungen beruhende und doch für das ganze Prinzip verhängnisvollste Entscheidung ist so schon der Entschluß Klemens V. zu betrachten, diesseits der Alpen, trotz der gegenteiligen Bitten des Kardinalskollegiums, zu bleiben: ein Entschluß, durch den Klemens V. der Vater der babylonischen Gefangenschaft der Kirche geworden ist und dessen damals unabsehbare Bedeutung heute von einem jeden, der die verhängnisvolle Wirkung dieser Gefangenschaft für die Kirche kennt, nicht groß genug angeschlagen werden kann. Mag man auch zugeben, daß die praktischen Erwägungen nicht leicht wiegen, die Klemens vom Aufbruch nach der heiligen Stadt

---

lag doch jene andere Verwertung, Beitreibung von Zeugen gegen den Templerorden, auf derselben Linie und ließ sich mit solchen Vollmachten leicht erreichen. Daß es übrigens der Geschichte mit jenen gefangenen Verrätern gar nicht bedarf, cfr. oben p. 287.

[1]) Vgl. Vit. I, 3.

Rom abschreckten, damals infolge der ewigen wüsten Fehden der dortigen Adelshäupter einer der unsichersten und ungemüthlichsten Aufenthaltsorte, die es für einen Papst geben konnte; mag man die Kränklichkeit und als Folge davon die Ruhebedürftigkeit Klemens V. noch so sehr als ein berechtigtes Moment in Anschlag bringen: ein Verhängnis und eine persönliche Schuld bleibt es doch, daß Klemens V. sich da von persönlichen und praktischen Erwägungen bestimmen ließ, wo es sich um die höchsten Interessen der Kirche handelte und nur diese den Ausschlag geben durften. Daß aber diese die Rückkehr nach dem geheiligten Sitz der Apostelfürsten aufs dringendste verlangten; daß von keiner anderen Stadt die Kirche mit gleichem Ansehen und gleicher Würde geleitet werden konnte: das hat nicht nur die Folgezeit aufs klarste bewiesen, sondern haben auch die „Brüder des Papstes", die mit der Lage der Kirche vertrauten und in ihre Bedürfnisse eingeweihten Kardinäle, damals schon richtig erkannt und demgemäß dringend verlangt. Klemens aber schenkte lieber demjenigen Gehör, der ihn auf seine eigene Bequemlichkeit, sein Leben und seinen leidenden Zustand Rücksicht nehmen hieß und als der wohlwollendste Freund zu beraten schien, in Wahrheit der „Versucher" war: Philipp dem Schönen. Und je begieriger sein eigenes Herz auf diese freundschaftlichen Einflüsterungen horchte, um so weniger mochte er sich Skrupel daraus machen, vielmehr es für in seinem eigenen Interesse gelegen halten, dieser Stimme auch an der sachlich beratenden Stelle zu Ausschlag gebender Bedeutung zu verhelfen: im Kardinalskollegium. Und so erfolgte der Kardinalsschub vom 15. Dezember 1305, in dem außer der vollen Restituierung der beiden schon durch ihren gemeinsamen Kampf gegen Bonifacius VIII. mit Philipp aufs engste verbündeten Colonna noch 10 andere Kardinäle, worunter nicht weniger als 9 Franzosen, ernannt wurden: nämlich (nach der Aufzählung der Vita II[1]) und IV[2]) bei Baluze) 4 aus der eigenen Verwandtschaft des Papstes — diese vergaß Klemens V. am allerwenigsten —; sodann die beiden Bischöfe von Toulouse und Béziers, Petrus de Capella und Berengar de Frédole, ersterer im Dezember 1306 zum Kardinalbischof von Palestrina[3]), letzterer seit 10. August 1309 zu dem von Tusculum vorrückend[4]), nachdem er bis dorthin den Titel von S.S. Nereus und Achilleus geführt[5]) hatte; ferner als weitere Kardinalpriester der Archidiakon von Brügge, Stephan von Suisy (bei Laon), bisher Kanzler[6]), und der Abt zum h. Kreuz in Bordeaux, Peter Arnaud von

---

[1]) Bal. I, 24. — [2]) Bal. I, 63 f. — [3]) Vgl. die Notiz bei Bal. I, 623 f., wonach er vorher nach den einen den Titel von St. Apollinaris, nach den andern von St. Praxedis den Titel als Kardinalpriester geführt hätte. — [4]) Bal. I, 633. — [5]) Unter diesem Titel im Templerprozeß vielfach vorkommend. — [6]) Vgl. Bal. I, 638.

Béarn, bisher Vizekanzler des Königs[1]), letzterer binnen Jahresfrist verstorben; endlich der bisherige Beichtvater des Königs von Frankreich, Nikolaus, unter dem Titel von St. Eusebius, und der des Königs von England, Thomas, unter dem Titel von St. Sabina rezipiert; die beiden letzten Dominikaner, Thomas dazu als Engländer der einzige Nichtfranzose von Geburt. Wenn Prutz meint[2]), daraus, daß „von diesen am 15. Dez. von Klemens ernannten 12 neuen Kardinälen 2, nämlich Berengar de Frédole, ehemals Bischof von Béziers, als Kardinal vom Titel der H.H. Nereus und Achilleus, und Stephan von Suisy, Kardinal vom Titel des H. Cyriacus, nachmals in dem Templerprozeß eine Rolle gespielt haben", folge noch nicht, daß „jene Ernennung zur Vernichtung des Ordens vorgenommen" worden sei, so ist ihm mit dieser Einschränkung natürlich hier zuzustimmen. Die Templerangelegenheit war ja nur eine aus der Reihe derer, um die es sich für Philipp den Schönen handelte und wofür er dem Papst seine geeigneten Kandidaten vorschlug. Daß sie aber nicht auch für diese Angelegenheit von Hause aus als brauchbare Werkzeuge erschienen seien, dafür müßte erst bewiesen werden, daß jener ganze Kardinalsschub vom 15. Dez. 1305 keineswegs Philipps Wünsche in erster Linie berücksichtigt habe: ein Beweis, der angesichts der augenblicklichen Situation und der Thaten, welche diese Kardinäle späterhin verübten, wie der biographischen Notizen über das Vor- und Nachleben dieser Persönlichkeiten, die Baluze 1, 626 ff. giebt, doch schwer fallen dürfte. Nicht für den Templerprozeß allein, sondern für das ganze Verhältnis zwischen Philipp und Klemens ist „auch der Verleihung des Kardinalshutes an den Beichtvater des Königs eine solche symptomatische Bedeutung beizumessen", die nichts weniger als widerlegt wird dadurch, daß ihr „die gleiche Auszeichnung für den Beichtvater des englischen Königs gegenübersteht". Daß „beides wohl in Beziehung mit Klemens' Bemühungen um den englisch-französischen Krieg zu bringen" sei, könnte man für den letzteren ja gelten lassen, läge nicht auch hiefür es näher, einfach das Bemühen, bei den beiden ihm nächststehenden Herrschern sich wohl bran zu machen, als Hauptmotiv anzunehmen. Aber wie viel wichtiger Philipp als Eduard für Klemens war, ersehen wir aus der Zahl der Kardinäle, wo — um von des Papstes Verwandtschaft abzusehen — auf 5 französische Vertrauensmänner nur 1 englischer kommt. Thatsächlich war damit Philipp vollends Herr der Situation, indem dieser Schub der französischen Partei, d. h. ihm, auch im Kardinalskolleg eine erdrückende, zum Teil aus den unbedingtesten Anhängern bestehende, Majorität sicherte.

---

[1]) Bal. I, 64 und 65. — [2]) Entwicklung p. 139.

Dieses Verhältnis wurde auch durch die folgenden Kardinalsernennungen vom 25. Dez. 1310, die 5 Gascogner, und vom Dez. 1312, die 9 Gascogner und Franzosen in das h. Kollegium brachte, nur unwesentlich, nämlich durch die Gascogner offenbar zu Gunsten des Papstes, der in diesen seinen unmittelbaren Landsleuten seine besonders ergebenen Anhänger suchte, alteriert, während dieselben in der Hauptsache die beiden Hauptrichtungen des Pontifikats Klemens' V., seine Ergebenheit gegenüber Philipp und — dies freilich noch mehr — sein Streben pro domo trefflich illustrieren. Doch kommen diese beiden Nachschübe, als hinter der Entscheidung über die Templersache liegend, für uns nur wenig mehr in Betracht, oder höchstens insofern, als jene vom Dez. 1310 mit ihren 5 Gascognern einen Hinweis darauf enthalten, wie lebhaft damals Klemens in Rücksicht auf die vorangegangenen Ereignisse das Bedürfnis empfand, gegenüber der französischen Partei ein gewisses Gegengewicht zu gewinnen zum Schutz seiner eigenen Interessen. Denn mit jener ersten Ernennung hatte er das Heft doch in weitergehender Weise, als er selbst gedacht, aus der Hand gegeben. Was Wenck in der Einleitung seiner Arbeit über Klemens V. und Heinrich VII. beim allgemeinen Überblick über die Regierungsthätigkeit des ersteren bemerkt[1]): „Nur für wenige Jahre von Klemens' Pontifikat entspricht der Gedanke, den man von alters her mit der babylonischen Gefangenschaft der Päpste verbunden hat, in vollem Maße der Wirklichkeit", das gilt eben für diese ersten Jahre von 1305 an, im höchsten Maße für die Ereignisse in Lyon, wo Philipp eilte, den bedungenen Lohn möglichst voll sich auszahlen zu lassen, und der Papst noch nicht den Mut fand, noch die Notwendigkeit empfand, die Ausbezahlung desselben an irgend einem Punkte ernstlich zu verweigern. Scheute sich Philipp doch schon hier nicht, sein stärkstes Mittel zur Erreichung seiner Pläne, die Drohung mit dem Prozeß gegen Bonifaz, der ihm von Klemens vorher versprochen worden sein muß, in Anspruch zu nehmen, während Klemens noch kein anderes Gegenmittel zu Gebot stand oder er ein anderes wußte, als den König mit allen möglichen Zugeständnissen zu beschwichtigen. Wie weit unter solchen Umständen Klemens V. in Lyon in den Zugeständnissen zu gehen bereit war, zeigt die Aufhebung der Bulle „Clericis laicos" für Frankreich; wie weit Philipp gegen Bonifaz zu gehen gesonnen war, zeigt seine Forderung der Kanonisation Cölestins V.

Für die gallikanische Kirche bedeutete dieser Zustand nichts Gutes. Schon daß mit der Ernennung der französischen Kardinäle der Gedanke

---

[1]) p. 9.

an Übersiedelung nach der Heimat der Kirche endgültig aufgegeben wurde und die Kurie sich anschickte, in Frankreich dauernd ihren Wohnsitz zu nehmen, brachte der Kirche dieses Landes ebensoviel Nachteil, als der Obrigkeit desselben politische Vorteile. Dies schon in materieller Hinsicht, insofern für die Kosten des päpstlichen Hofhalts mitsamt allen Anhängseln desselben niemand anders aufzukommen hatte, als in erster Linie die französische Kirche. Wie schwer diese neue Auflage auf den französischen Prälaten und Stiftern lastete, ersehen wir aus den Klagen und Beschwerden, zu welchen sich diese — nach der Rückreise Klemens' V. von Lyon, die im Frühjahr 1306 in äußerst langsamem Tempo quer durch Frankreich vor sich gegangen war und die blühendsten Stifter und Abteien, so Clugny, nahezu an den Bettelstab gebracht hatte, und mehr noch anläßlich der exorbitanten Forderungen päpstlicher Nuntien und Legaten, die in der auf Lyon folgenden Zeit überall im Lande erschienen und Schrecken erregten — auf mehreren zu diesem Zweck extra einberufenen Synoden im Juli 1306 veranlaßt sahen[1]). Zum Anwalt und Verfechter dieser Klagen gegenüber dem Papste ließ sich Philipp herbei und offenbar mit um so größerem Vergnügen, als er damit ebenso die erwünschte Rolle eines Vorkämpfers und Verteidigers der Kirche seines Landes spielen, als Klemens V. seine Macht und seinen Einfluß auch auf dem kirchlichen Gebiet an einem besonders empfindlichen Punkt in Erinnerung bringen konnte. Die Antwort Klemens' V., die dieser darauf aus Bordeaux vom 27.[2]) Juli 1306 erteilte, können wir keineswegs mit Schottmüller als eine „entschiedene, wenn auch in milder Form" gehaltene, im ganzen würdevolle[3]) Zurückweisung der Einmischung des Königs, vielmehr mit Hefele nur als eine schwache, die Berechtigung jener Klagen kaum zu bestreiten wagende Entschuldigung betrachten. Der Papst erwidert hier dem König, was seine eigene Person betreffe, so verklage ihn sein Gewissen in keinem Stück; die Handlungsweise seiner Boten wolle er nicht entschuldigen, ehe er die Wahrheit wisse, weil, wie Augustin sage: „quantumlibet disciplina vi-

---

[1]) Vgl. auch das sich zum Echo des Spotts wie der Empörung über diese Plündereien machende Gedicht Geoffrois von Paris (Chronique métrique de Godefroy de Paris, Buchon p. 107), mitgeteilt bei Boutaric, Revue des quest. hist. X, 316; daneben vor allem den Kontinuator Guillelmi de Nangiaco (Bouquet XX, p. 593), dem wir besonders auch die Notiz über die Rache Klemens' V. an dem Erzbischof Ägidius von Bourges verdanken. — [2]) Nicht am 26., wie Schottm. I, 87 bemerkt; cf. Bal. II, 59: VI. Kal. Aug. pontif. nostri anno primo. Baluze bezieht dieses Datum fälschlicherweise noch auf das Jahr 1305. Es geht aber natürlich auf 1306, da vom Tag der Krönung an gerechnet ist, wie oft, wenn auch nicht immer. — [3]) So meint freilich auch Boutaric, Revue des quest. hist. X, 318. Wir halten es hier aber lieber mit Hefele (VI, 370).

gilat domus nostrae, homines sumus et inter homines conversamur". Sein Haus sei nicht besser als das Noahs, wo unter acht Auserwählten ein Gottloser gefunden worden sei, noch das Abrahams oder Isaaks. Doch seien weder Noah noch Abraham noch Isaak vom Herrn verklagt worden. Er wundert sich nur und beschwert sich darüber, daß jene Prälaten, die doch seine Vertrauten gewesen seien und seine Freunde vor seiner Erhöhung, von all dem weder ihm noch seinen Kardinälen etwas zu wissen gethan haben. Dies hätte sich für die Ehre des apostolischen Stuhls und ihre eigene geschickt; und er, der Papst, hätte für Abhilfe in einer Weise gesorgt, daß keine Klage mehr nötig gewesen wäre. Obgleich Statthalter Christi, könne er doch Verborgenes nicht ahnen und bitte daher Den, der alles wisse, daß Erzesse der Seinigen vor ihn gebracht werden, damit er ein Exempel statuieren könne. Das ist zwar eine ziemlich billige Art, sich zu entlasten, indem die Schuld auf die Umgebung geschoben wird, aber schon mit der sofortigen Einräumung möglicher Erzesse von seiten dieser ein ziemlich umfängliches und zaghaftes Eingeständnis einer der Hauptschwächen dieses Papstes, seines Nepotismus und seines eigenen Bewußtseins, wie leicht er durch solche Angehörigen kompromittiert wurde. Der ganze Ton ist im Widerspruch zu den Worten keineswegs der eines seines guten Rechts sich bewußten Gewissens, viel weniger eines selbst zum obersten Hüter und Richter der Sitten berufenen pontifex maximus, sondern viel eher der eines Angeklagten vor seinem Richter, oder wenigstens der eines Beauftragten vor seinem Auftraggeber.

Letztere Stellung nimmt Philipp in diesen Jahren ohne wesentliche Einschränkung auch in einer weiteren, für die gallische Kirche fast noch drückenderen Hinsicht ein, hinsichtlich der Personalfragen. Wie schon für jenen ersten entscheidenden Kardinalschub Philipps Wünsche an erster Stelle maßgebend gewesen waren, so sehen wir diesen Willen auch in den folgenden Jahren bei Bestellung der höchsten kirchlichen Würden, der Bistümer und Erzbistümer der französischen Kirche, in einer Weise zum ausschlaggebenden werden, daß dieses Gebiet nahezu als eine Privatdomäne des Königs erscheint. Es dürfte lehrreich sein, zu hören, was Boutaric darüber bemerkt, was unter dem Pontifikat Klemens' V. aus der Freiheit der Kirche von Frankreich wurde und was, wie auch Wenck bemerkt hat[1]), jedenfalls für diese ersten Jahre Gültigkeit hat: "Man sah keine Wahl von Bischöfen durch Kapitel mehr. Philipp befahl und es hieß gehorchen. Vermittelst dieser Unterwürfigkeit erlaubte der König dem Papste, direkt

---

[1]) Vgl. oben p. 311.

Bischöfe zu ernennen. Klemens versah so die Sitze von Langres und Agen, von Auxerre, von Bayeux und Clermont. Der König wußte vortrefflich Nutzen zu ziehen aus diesem Nominationsrecht, das er dem Papste ließ, um seine eigenen Kreaturen durchzusetzen. Im Jahr 1309 bat er Klemens V., das Erzbistum Sens seinem Rat Philipp de Marigny, Bischof von Cambrai, zu geben. Klemens weigerte sich, in Anbetracht der Wichtigkeit des Sitzes[1]). Philipp erneuerte zweimal seine Bitte und Klemens gab seinem Drängen nach, aber er bat den König, ihn nicht mehr ohne äußerste Notwendigkeit mit ähnlichen Bitten zu belästigen, die seinen Absichten zuwiderlaufen. Die römische Kanzlei expedierte eine feierliche Bulle („ad perpetuam rei memoriam"), in welcher der Papst sagte, daß er, willens an die Spitze der Kirche von Sens einen Mann nach seinem Herzen zu stellen, der ihre Lasten wie ihre Ehre auf sich zu nehmen im stande sei, aus schwerwiegenden Gründen der Überlegung, welche auch diejenigen, an die er sich wende, gebilligt haben würden, und im Einverständnis mit seinen Kardinälen sich die Ernennung vorbehalten habe. Man weiß, welches diese bestimmenden Gründe waren. Klemens V. war schwer bestraft: jeder Tag hielt ihm aufs neue seine Erniedrigung und seine Schwäche vor. — Philipp kannte keine Scham. Im nämlichen Brief, in dem er dem Papst dafür dankt, daß er seinen Kandidaten auf das Erzbistum Sens ernannt habe, bat er ihn, das Bistum Cambrai an seinen Vertrauten, Wilhelm de Trie, zu geben. Ein andermal verlangt er das Bistum Orléans für Peter von Laon, seinen Notar (clericus) 2c.[2])."

Wir haben diese Stelle hier mitgeteilt, weil sie den besten Eindruck giebt einerseits von der Art und Weise, wie die päpstlichen Bullen unter Klemens V. dem wirklichen Sachverhalt zu widersprechen wagten, andererseits von der Art, wie Philipp in dieser Zeit mit Klemens V. und so mit der französischen Kirche umging. Denn wenn auch jene Ernennung erst ein paar Jahre später fällt, so giebt sie doch das getreueste Spiegelbild, auf was für Weise in dieser Zeit, nach Lyon, die Sitze von Bayeux, Langres, Clermont, Agen, Auxerre, Laon, Avranches, sämtlich in dieses (1306) und das nächste Jahr fallend, nach Ausweis der bei Baluze[3]) nachzulesenden Dokumente besetzt worden sind. Es sei davon nur die, am meisten an die bei Sens befolgte Praxis erinnernde, Besetzung von Laon näher angeführt[4]). Da schreibt Philipp an Klemens: Da die Kirche von Laon, die zwar „in facultatibus tenuis", aber durch die Pairswürde

---

[1]) Besonders wichtig in jener Zeit für die Templerangelegenheit. — [2]) La France sous Philippe le Bel, p. 124. — [3]) Vgl. II, p. 61—87. — [4]) Nr. 24 der dort von Baluze gegebenen Dokumente, p. 87.

besonders ausgezeichnet sei und deren Ehre daher der König für seine wie des Königreichs eigene halte, durch den Tod des Bischofs Gazo verwaist sei, so bitte er "urgente causa rationabili", wünschend, daß die Stelle mit einer Persönlichkeit besetzt werde, "quae honoris regii et regni nostri zelatrix existat", daß der Papst zu seiner Maßregel betreffs Neubesetzung schreiten möge vor ihrer demnächst zu haltenden Zusammenkunft. Der König habe nämlich bereits eine geeignete Persönlichkeit im Auge, welche dieser Ehre würdig sei, dem Papst bekannt und genehm, wie er glaube, der Kirche in künftigen Zeiten in vielfacher Beziehung nützlich sein werde und die er mit gutem Gewissen ihm werde empfehlen können. Dem König sei um so mehr daran gelegen, als es sich wegen der damit verbundenen Pairswürde um einen nicht unbedeutenden Teil der königlichen Würde selbst handle, vor allem, da diese Kirche ganz am Eingange des Deutschen Reiches liege (n. 1306). Was wollte Klemens solcher um einen Vorwand nie verlegenen Zudringlichkeit des Königs gegenüber machen? Ausnahmslose hat er eines und dasselbe gemacht: nachgegeben. Und da meint Schottmüller[1]) es um so anerkennenswerter finden zu müssen, daß trotz solcher Nachgiebigkeit Klemens doch immer noch den Mut gesunden habe, in der Templersache Philipps Willen zu widerstehen. Einem Gegner aber ernstlich widerstehen wollen und zu gleicher Zeit ihm die Waffe in die Hand zu drücken, welche diesen Widerstand vergeblich machen muß, dünkt uns nicht löblich, sondern einfach schwach. Einen solchen Widerstand wird niemand ernstlich fürchten.

Unter solchen Umständen war es somit eigentlich selbstverständlich, daß Philipp der Schöne an einen ernsthaften Widerstand des Papstes in der Templersache nicht dachte. Trotzdem hat Klemens einen solchen in seiner Weise versucht. Es könnte dies, angesichts seiner sonstigen Nachgiebigkeit gegen den König, befremden, wenn wir uns nicht zweierlei immer wieder ins Gedächtnis rufen: 1. Daß Klemens, so sehr er darauf ausgegangen war, um jeden Preis Papst zu werden und so unmögliche Bedingungen er dazu eingegangen war, darum doch nicht darauf verzichtet hatte, ein richtiger Papst sein zu wollen; und daß er, ausgerüstet mit der Fähigkeit, das Richtige zu erkennen, keineswegs des Ehrgeizes entbehrte, demgemäß auch zu thun, soweit das nicht mit persönlichen Opfern verbunden war. Denn vor diesen schreckte er zurück. Das Zweite, was wir zu bedenken haben, ist, daß der Papst, so sehr in der Theorie sein Wille der entscheidende war, doch nach der herkömmlichen Praxis an die Zustimmung der Kardinäle gebunden war und daß diese, ein so großes

---

[1]) Schottm. I, 54 oben.

Gewicht auch) nach dem Schub am 15. Dez. 1305 der Wille des Königs von Frankreich unter ihnen hatte, darum doch nicht aufhörten, zur Vertretung der Interessen der Kirche berufen zu sein und sich so zu fühlen; und daß, wenn dies von der Mehrzahl des Kardinalkollegiums, vor allem von den neu ernannten französischen Kardinälen, auch außer acht gelassen werden wollte, die in den kirchlichen Geschäften ergraute bonifacianische Gegenpartei um so nachdrücklicher daran erinnerte, daß sie auch noch vorhanden sei. Diese zu ignorieren konnte aber Klemens mit samt seinem Anhang um so weniger wagen, je mehr nicht nur jene die eigentliche Tradition der Kirche vertraten — vollends in der Templersache, wo der Standpunkt der Kirche so wenig zweifelhaft sein konnte wie gegenüber Bonifacius VIII. —, sondern auch überhaupt es als eine Art Postulat galt, die Einheit der Kirche in der Einheit des Kardinalkollegiums mit dem obersten Haupt der Kirche darzustellen. Solche Einigung schien unter den obwaltenden Umständen freilich unmöglich. So berichtet denn einerseits Johann von St. Viktor[1]) anläßlich der Verhaftung der Templer, daß „etliche von den Kardinälen darüber längst mit dem König verhandelten", d. h. einverstanden waren; andererseits Ptolemäus von Lucia[2]), daß es über die Anforderungen Philipps des Schönen bei der Kurie in Poitiers zu nicht geringem Zwiespalt gekommen sei, da die Kardinäle dieselben für nicht erhörbar erachtet haben, schon weil sie weit über die königliche Sphäre hinausgingen. Schließlich hat man die Sache einer Kommission von 6 Kardinälen anvertraut mit der Wirkung, daß die Sache einzuschlafen schien.

Nach Poitiers war Klemens V. mit seinen Kardinälen behufs weiterer persönlichen Verhandlungen mit Philipp anfangs April 1307[3]) gekommen, nachdem er den Sommer 1306 und den darauf folgenden Winter in Bordeaux — nicht zur Freude der Bürgerschaft, die ihn kannte und daher bei seiner Rückkehr von Lyon nicht allzu freundlich empfing[4]) — und in dessen Umgebung, so in seinem Geburtsort Villandraut, zugebracht hatte und schon vom Herbst 1306 an von Philipp um eine solche weitere Zusammenkunft angegangen worden war. Dieselbe war aber durch die Erkrankung des Papstes hinausgeschoben worden, welche ziemlich schwer

---

[1]) Vita I bei Bal. I, 8. — [2]) Vita II bei Bal. I, 27: Der Wortlaut heißt: „Quaedam petitiones per regem Francorum summo pontifici porrectae apud Pictavum, quas cardinales judicaverunt non exaudiendas. De quibus in curia exorta est non modica discordia, quia petitiones transcendebant regalem statum. Unde facta est commissio sex cardinalibus et nihil usque modo est obtentum. — [3]) Nach Boutaric (Revue des quest. hist. X, 324) am 7. oder 8. April 1307. — [4]) cf. Bal. I, 4.

gewesen sein muß und in seinem Schreiben an Philipp eine große Rolle spielt, auch von Philipp, der gerne den zärtlich besorgten Freund machte, um dafür von dem für solche Besorgnis um sein persönliches Ergehen sehr empfänglichen Klemens um so größere Zugeständnisse herauszuschlagen, nicht übersehen wird. Es ist interessant, zu sehen, wie diese Krankheit auch politisch verwertet wird, indem sie einerseits dem Papst zum willkommenen Vorwand dient, erst jene Zusammenkunft möglichst hinauszuschieben, dann wenigstens nicht allzu weit in das unmittelbar französische Gebiet sich vorzuwagen, und so lieber Toulouse als Poitiers für die Zusammenkunft in Vorschlag zu bringen; während Philipp aus denselben Besorgnissen für die Gesundheit des Papstes ihm Tours empfiehlt, einmal wegen des Reichtums der Gegend und der Reinheit und Milde der Luft, die für des Papstes Erholung äußerst zuträglich wäre, sodann wegen der Möglichkeit freien und unbeobachteten Verkehrs zwischen beiden, welche das über der Loire in etlicher Entfernung von der Stadt gelegene königliche Schloß bieten würde[1]).

Für Klemens mochte nach den Erfahrungen von Lyon dieser „accessus liber et secretus" eher ein Grund gegen als für Tours, wo er vollends in der Gewalt des Königs gewesen wäre, sein und so entscheidet er sich, unter dem Vorgeben, daß ihm das Klima von Tours als ungesund geschildert werde, für das an der Grenze der Kirchenprovinz Bordeaux gelegene und so ihm von früher her bekannte Poitiers. Daß übrigens diese Sprödigkeit nicht als eigentlicher Widerstand gegen Philipps Wünsche aufgefaßt werden dürfe, hatte Klemens schon dadurch dokumentiert, daß er mit der Einleitung der für diese Zusammenkunft projektierten heiklen Angelegenheiten — „pro arduis negotiis" nennt er sie[2]) — unter dem 5. Nov. 1306 diejenigen beiden Kardinäle, die er als „honoris tui et commodi ferventissimos zelatores" kenne, nämlich die Kardinalpriester Berengar von St. Nereus und Achilleus und Stephan von St. Cyriac in Thermis[3]) entsendet, welche diese Gelegenheit zu jener oben bemerkten Sonderpolitik eines Teils der Kardinäle gründlich wahrgenommen zu haben schienen. Philipp aber dankte ihm dieses Entgegenkommen so wenig bezw. fand es in seiner Unersättlichkeit so wenig für genügend, daß er kein Bedenken trug, den Papst in seiner Weise seine üble Laune merken zu lassen, indem er demselben drunter hinein seine Aufträge durch Leute niederen d. h. gewöhnlichen Standes zukommen ließ: eine Rücksichtslosigkeit, über die sich Klemens V. von Villandraut aus

---

[1]) cf. Pat. II, 88. — [2]) Pat. II, 77. — [3]) Über deren Vorleben und frühere Eigenschaften, wonach sie allerdings zu Philipp in besonderen Beziehungen standen, s. oben p. 309.

unter dem 7. Januar 1307 bitter beklagt. Wir sehen: für Formsachen hatte er ein scharfes Auge: hätte er nur für sachlich ungehörige Zumutungen gleiche Empfindlichkeit bewiesen!

Philipp umgekehrt nahm formelle Zugeständnisse nicht so schwer, wenn er sie mit sachlichen sich bezahlen lassen konnte. Das bewies er, indem er auch nach Poitiers ging und auch im übrigen sich bereit erklärte, den ihm von den Kardinälen seitens des Papstes vorgeschlagenen Weg zu gehen. Welcher das war? wissen wir nicht genau: vermutlich handelt es sich um die endgültige Versöhnung mit England wie um die Angelegenheit gegen die Templer und Bonifaz und darum, daß dem Papst Zeit zu einer wirklichen Untersuchung gelassen werden sollte. Wenigstens empfand der Papst eine außerordentliche Freude darüber und fühlt sich sehr erleichtert, wie er in dem Schreiben vom 17. März 1307, aus Poissy datiert[1]), dokumentiert, wo er den König lobt als „prudenter per semitas pacis et salutis incedens, per quas regnandi status augetur et sine quibus nihil potest perfectae prosperitatis habere." Dann giebt er der Hoffnung Ausdruck, daß diese Angelegenheit, nachdem sie einen so guten Anfang genommen, mit Gottes Hilfe nach Wunsch zum guten Ende gelangen werde.

Für uns ist diese Nachgiebigkeit nur ein Beweis mehr, wie außerordentlich viel dem König daran gelegen war, daß die Zusammenkunft zu stande komme. Auch in Poitiers wußte er es so einzurichten, daß der Papst nicht weniger sein Gefangener wurde, als er es in Tours gewesen wäre. Zunächst freilich ging das nicht so rasch, indem Klemens auch hier sich ziemlich hartnäckig und nicht ohne Geschick wehrte. Hauptsache war dem König im Unterschied vom Papst, dem in erster Linie der Friede mit England am Herzen lag, offenbar wieder die Templerangelegenheit, für die Philipps Herz um so mehr gebrannt zu haben scheint, je mehr ihn die im vergangenen Sommer 1306 bei dem Märzaufstand in Paris von seiten der Templer erfahrene Wohlthat wurmte, die Zuflucht, die sie ihm gewährt hatten und die seinen Stolz aufs empfindlichste verletzte; und je schwerer er die finanzielle Kalamität empfand, die eben in jenem Aufstand zur Entladung führte. Der Papst aber eilte nicht so sehr: er wollte offenbar auch hier zwar Philipp nicht gerade zuwider sein, aber deswegen sich auch nicht allzu schwerem Vorwurf aussetzen und so die Sache in möglichst schickliche Wege leiten. Dazu gehörte in erster Linie, daß der Orden nicht ungehört verdammt wurde. So hatte er denn schon von Bordeaux aus den beiden Großmeistern, dem Johanniter- wie dem Templer-

---

[1]) Bal. II, 91 f.

meister, Einladungsschreiben zugesandt, welche sie nach Frankreich beriefen (angeblich) zur Beratung der den genannten ja immer noch vorschwebenden Kreuzzugssache¹). Daß er beide berief, ist wohl weniger damit zu erklären, daß dem Johanniterorden dasselbe Los von seiten Philipps zugedacht gewesen sei, wie manche meinen, ohne daß wir uns davon haben überzeugen können, sondern wahrscheinlich schon aus dem einfachen Grunde, weil der nächstliegende Weg, der dem Papst zur Erledigung der Angelegenheit vorschwebte, der von so mancher früheren Kirchenversammlung empfohlene: Verschmelzung beider Orden in einen, war. So war denn auch das erste, was Klemens that, als der Templermeister Molay — der Großmeister der Hospitaliter, Villaret, war durch den eben damals glücklich zur Ausführung kommenden Anschlag auf Rhodus verhindert, ist dann aber nachträglich, wie die Vita I bei Baluze²) meldet, richtig nach Frankreich gekommen und zwar während der Anwesenheit des Papstes in Poitiers Sommer 1307, um dort nach diesem glänzenden Siege um so bessere Chancen zu finden, — bei ihm in Poitiers eintraf³), daß er ihm ein Gutachten über eine solche etwaige Verschmelzung beider Orden abverlangte. Die Antwort, welche Molay hierauf erteilte und die uns bei Baluze⁴) erhalten ist, haben wir bereits im I. Teil gegenüber Prutz⁵) und wieder oben im ersten Kapitel⁶) dahin charakterisiert, daß wir sie so wenig für „fadenscheinig", wie Prutz meint, halten können, daß sie uns vielmehr mit Schottmüller, der jenes Gutachten wortgetreu übersetzt⁷), als eine vom Standpunkt eines Templermeisters durchaus wohlbegründete und unanfechtbare erscheint⁸): indem sie zwar einen ziemlichen Mangel an diplomatischem Geschick, sonst aber einen gesunden Menschenverstand und vor allem einen durchaus ehrlichen Charakter verrät, einen Mann, der seinem Ordensberufe mit Leib und Seele lebte und in ihm seine Welt beschlossen fand, einen Mann, der so wenig sich auf diplomatische Künste, auf die es jetzt ankam, verstand, daß er allen Ernstes sogar die religiösen

---

¹) Unentschieden darf hier bleiben, ob es Klemens selbst wirklich Ernst gewesen sei mit seinen Kreuzzugsplänen, die er gleich seinem Vorgänger Bonifazius VIII. immer aufs neue wieder vorbrachte, so schon in Lyon, wo ihm Philipp die Freude machte, scheinbar mit Begeisterung darauf einzugehen, indem er selbst mit seinen Söhnen das Kreuz nahm. Jedenfalls war es dem Papst mit dem Gedanken ernster als Philipp, der der letzte ist, dem wir eine solche, von der gegebenen Basis so weit abschweifende, von Enthusiasmus eingegebene, Unternehmung zutrauen dürfen. — ²) Bal. I, 6 und 11. — ³) Daß die Legende von seiner großartigen Begleitung durch den gesamten Konvent, vollends von jenen 12 goldbeladenen Maultieren der thatsächlichen Anhaltspunkte entbehrt, haben wir schon oben (p. 237) als durch Schottmüller nachgewiesen bezeichnet. — ⁴) Bal. II, p. 180—185. — ⁵) Vgl. p. 145. — ⁶) p. 228. — ⁷) Schottm. I, 108 bis 113. — ⁸) Vgl. sein Urteil über Molay im Anfang. Schottm. I, 597 ff.

Motive, aus denen die Ritterorden erwachsen waren und die für den Beitritt zu denselben wie den Schenkungen an dieselben noch immer eine wirksame Ursache waren, als Bedenken gegen die geplante Verschmelzung, die sonst mit vieler Objektivität erörtert wird, anführt. Dieselbe gerade und offene, die Ziele der Diplomatie zu durchschauen unfähige und so ahnungslos in ihre Schlingen tappende Natur verrät es, wenn Molay, wie weiter berichtet wird, auf die vom Papst ihm gemachten Andeutungen über das, was von Philipps Seite dem Orden Schuld gegeben wurde[1]), eindringlich eine Untersuchung durch den Papst als seinen obersten Richter verlangte, nicht, wie Prutz meint, weil er wußte, daß diese nur eine scheinbare sein und zu nichts führen werde, sondern offenbar in dem Bewußtsein eines guten Gewissens, daß eben eine gründlichere Untersuchung ohne weiteres die Grundlosigkeit aller solchen Verdächtigungen darthun werde. Sicher ist einmal, daß die Art, wie Molay sich verteidigt, Klemens vollends über den Ungrund der Anklagen Philipps und die wahre Natur seiner Absichten nicht den geringsten Zweifel ließ, weßhalb Lea[2]) die spätere Erklärung des Papstes, daß Molay schon vor seiner Verhaftung in Gegenwart seiner Untergebenen wie von Klerikern und Laien die Wahrheit jener Anschuldigungen eingeräumt habe, eine offenbare Lüge nennt. Sodann aber geht mit kaum weniger Evidenz aus dem Folgenden hervor, daß der Papst es an beruhigenden Zusicherungen über seinen guten Willen, dem Orden keinerlei Unrecht geschehen zu lassen, in keiner Weise fehlen ließ. Obgleich Molay der Vorwurf allzugroßer Blindheit und Kurzsichtigkeit und eines gar zu großen Vertrauens in die Gerechtigkeit seiner Sache wie zu der Gerechtigkeit und dem guten Willen des Papstes schwerlich erspart werden kann, so war er doch zu diesem Vertrauen berechtigt oder muß sich wenigstens berechtigt geglaubt haben durch die Zusicherungen, die ihm Klemens damals in Poitiers gemacht haben muß: ein Vertrauen, das in fast rührender Weise immer wieder nachher im Prozeß wiederkehrt und ohne das die mancherlei zum Teil widerspruchsvollen, in der Hauptsache aber bis zuletzt auf eine merkwürdige Passivität hinauslaufenden Erklärungen desselben durchaus unbegreiflich bleiben. Offenbar hat ihn Klemens V. damals darüber beruhigt, daß, wenn es auch Philipp noch so angelegentlich um diese Sache zu thun sei und manche Schritte von dieser Seite in Aussicht zu nehmen seien, daß er, der Papst

---

[1]) Daß dabei sogar (wie auch Schottm. I, 124 hervorhebt) auf Grund der Aussage des Großpräzeptors von Poitou-Guienne, Gottfried de Gonaville, vor der Inquisition in Paris Nov. 1307 (Mich. II, 400) die Anbetung des Idolkopfes („de capite") zur Sprache gebracht wurde, konnte bei Molay wie beim Papste gewiß nicht dazu helfen, das Ganze ernsthafter zu nehmen. — [2]) Lea III, p. 259.

doch nie einwilligen werde in eine unrechtmäßige Unterdrückung des Ordens und daß eine solche ohne ihn, den Papst, der schon zu rechter Zeit das Seinige thun werde, durchaus unmöglich sei. Nicht nur der ganzen Situation und nachherigen Verhaltungsweise Molays, sondern auch dem Charakter Klemens V. nach dürfen wir derartige Erklärungen mit Bestimmtheit annehmen, ohne daß wir damit sagen möchten, daß dieselben irgendwie erheuchelt gewesen seien, sondern vielmehr, indem wir annehmen, daß der Papst nur seiner wirklichen inwendigen Absicht Ausdruck gegeben und damit auf Molay einen um so gründlicher beruhigenden Eindruck gemacht hat.

Seine wahre Meinung giebt Klemens allemal dadurch kund, daß er, wo ihm etwas gegen den Willen und seine Überzeugung geht, zaudert und hinausschiebt und unter allen möglichen Ausflüchten Zeit zu gewinnen sucht. So machte er es auch hier: nachdem Philipp bereits Mitte Mai mit einem ansehnlichen Gefolge, mit dem er dem im Gegensatz hiezu meist auf ein geringes Personal beschränkten Papste imponieren wollte, in Poitiers eingetroffen und bis Ende Juni, also circa 6 Wochen, bei ihm geblieben war; nachdem er in dieser Zeit, wie es seine Art war, dem Papst womöglich täglich zugesetzt hatte, mit der Sache voran und ein Ende zu machen, und er trotzdem unverrichteter Dinge Ende Juni hatte abziehen müssen; nachdem sodann am 7. Juli Eduard I. von England, Klemens V. Hauptstütze gegenüber Philipp, gestorben war: so schreibt er unter dem 24. August 1307 aus dem Priorat von Lugudiacum bei Poitiers jenen, bereits für die Verhandlungen von Lyon als Zeugnis angeführten Brief, in dem er den König bittet, die letzten Schwierigkeiten für den Frieden mit England — immer wieder Klemens das wichtigste — und die geplante Verschwägerung zwischen England und Frankreich durch Räumung des Schlosses Mauléon endgültig wegzuräumen. Wegen ärztlicher Maßregeln zu seiner Gesundheit könne er erst von Mitte Oktober an die ihm vom König schon auf Mariä Himmelfahrt in Aussicht gestellten Boten empfangen. Wegen der schon in Lyon und wieder in Poitiers vom König an ihn gebrachten Auflage gegen den Templerorden aber wolle er, nachdem der Großmeister auf die Nachricht hievon inständig eine Untersuchung verlangt habe, nächsten Freitag nach Poitiers kommen und thun, „quicquid ordo postulaverit rationis", d. h. „was bei solcher Sachlage billigerweise angezeigt" oder kürzer, „was recht und gut sei"[1]), d. h eben eine Untersuchung in aller Form vornehmen. Der

---

[1]) Nicht natürlich: „was der Orden zu seiner Rechtfertigung verlangt hat", wie Schottmüller berühmterweise I, 119 übersetzt hat. Vgl. oben p. 187.

König möge ihm zu diesem Behuf seinen Rat und das Material seiner Informationen hierüber wie, was sonst ihm zweckmäßig scheine, brieflich oder durch Boten zukommen lassen. Was dann Klemens auf solche Weise herausgebracht hat, wissen wir nicht. Vermutlich: nichts, wie Philipp allmählich mit steigender Wut merken mochte. Das war nicht die Art, wie er seinen Forderungen entsprochen zu sehen wünschte, noch der Weg, überhaupt zu etwas zu kommen. Aber Philipp hatte noch andere Mittel, seinen Willen durchzusetzen. Und wie er merkte, daß gütliches Zureden nicht genügte, den Papst nach seiner Pfeife tanzen zu lassen, so zögerte er nicht, seine ganze rücksichtslose Natur wieder einmal zu offenbaren und ohne weitere Rücksicht auf Klemens V. die Würfel fallen zu lassen.

Am 13. Oktober 1307 wurde die staunende Welt überrascht durch die Nachricht von der in der Frühe des Tags erfolgten Verhaftung sämtlicher Templer in ganz Frankreich. Die Überraschung war für das Volk der Hauptstadt, wo in der Hauptordensburg, dem Tempel zu Paris, das zahlreichste Ordenskontingent dem Schlag zum Opfer fiel, um so größer, als es noch am Abend zuvor, den 12. Oktober 1307, Augenzeuge gewesen war von jener bei dem Begräbnis der Prinzessin Katharina, der Erbin von Konstantinopel, dem Großmeister Molay widerfahrenen Ehre. Eben dies, daß die Überraschung eine so allgemeine war, wie die Chronisten zeigen [1]), beweist, wie wenig die Welt bisher trotz der mancherlei umlaufenden Gerüchte an eine wirkliche Verschuldung des Ordens zu glauben geneigt war, und daß die Behauptung, der Orden sei in der öffentlichen Meinung längst der schlimmsten Dinge bezichtigt und für jede Schandthat fähig gehalten worden, der thatsächlichen Begründung entbehrt. Um so mehr galt es, öffentliche Meinung zu machen, und darin war Philipp der Schöne mit seinen Helfershelfern Meister, wie nicht leicht einer. In einem, zugleich mit der Anweisung zur Gefangennahme der Templer an seine Beamten vom 14. September 1307 aus der Abtei Maubuisson bei Pontoise datierten Manifest, der Adresse nach an „unsere lieben und getreuen Herren von Ouevale und Johann de Torvavilla, Ritter und Bailli von Rouen" gerichtet, aber wohl ebenso an seine übrigen Oberbeamten ergangen, erklärt der König in den überschwenglichsten Ausdrücken sittlicher Entrüstung über so fluchwürdige Vergehen seinen tiefen Schmerz, daß er „nach sorgfältiger Beratung mit dem heiligen Vater wie mit den Prälaten und Baronen seines Reichs" als „ein zur Verteidigung des Glaubens und der kirchlichen Freiheit an erster Stelle berufener und vor allen anderen Wünschen auf Vermehrung des katholischen Glaubens bedachter Herrscher"

---

[1]) Vgl. besonders Bal. I, 8 und wieder I, 101.

auf Anrufung des vom päpstlichen Stuhl bestellten Inquisitors Wilhelm von Paris sich gezwungen sehe, die ausnahmslose Verhaftung sämtlicher Ordensgenossen im ganzen Königreich, um dem Urteil der Kirche vorbehalten zu werden, samt Einziehung ihres sämtlichen beweglichen und unbeweglichen Vermögens „ohne irgend welche Verbrauchung oder Verwüstung desselben" anzuordnen¹). Schade nur, daß der so als im Einverständnis mit des Königs Vorgehen befindlich hingestellte Papst auf die gerüchtweise Kunde hievon sich unter dem 27. Oktober in den stärksten Ausdrücken des Unwillens über dieses eigenmächtige Vorgehen des Königs²) beklagt, das er um so beleidigender für ihn, den Papst, findet, als er in der Nähe geweilt und dem König durch sein Schreiben vom 24. August angezeigt habe, daß er dieselbe Angelegenheit bereits in Untersuchung genommen habe! und daß auch die Prälaten und Barone, auf die sich Philipp beruft, keineswegs alle dieser Art von Vorgehen zustimmten, wie es denn ein bemerkenswertes Faktum ist, daß der Großsiegelbewahrer, der Erzbischof Gilles Aiscelin von Narbonne, sein Amt aus diesem Anlaß, bei der Beratung über die Verhaftung der Templer, unter dem 23. September 1307 niederlegte, und zwar in die Hände des skrupellosesten Rats Philipps, des bekannten Wilhelm de Nogaret. Eine Bemerkung an der Spitze eines Registers der französischen Kanzlei, die Boutaric im Trésor des Chartes entdeckt hat³), teilt uns dies ausdrücklich mit. Offenbar fand an diesem 23. September in Maubuisson die letzte endgültige Beschlußfassung über diesen außerordentlichen Schritt statt, nachdem unter dem 22. September der in des Königs Manifest vom 14. September bereits erwähnte Inquisitor Wilhelm Imbert von Paris seine Einwilligung und Mitwirkung bei der Sache definitiv erklärt hat: wenigstens trägt das Schreiben, durch das er seine beiden Kollegen von Carcassonne und Toulouse von seiner Anrufung des Königs in Kenntnis setzt und sie zu gleicher Thätigkeit auffordert, da er nicht überall hin könne, erst dieses Datum. Somit ist wohl auch die vom König behauptete Aufforderung seitens der Inquisition, wenn auch thatsächlich erfolgt, doch erst hintendrein, nachdem sich der König mit seinen vertrautesten Ratgebern, unter die wir

---

¹) Den Wortlaut des aus dem Trésor des Chartes genommenen Manifestes giebt Boutaric in der Revue des quest. hist. X, p. 329—331, französisch p. 327—329, wieder. — ²) Er redet von „non tam preposteo, quam nullo ordine". Das ganze Schreiben, das uns Boutaric wieder in der Rev. des quest. hist. X, p. 332—335 mitteilt (aus dem Trésor des Chartes), ist von Baluze, offenbar weil es nicht zu den Ehrendenkmalen der französischen Könige, zunächst Philipps, dessen Wahrheitsliebe hier so grell wie kaum irgendwo beleuchtet wird, gehört, einfach weggelassen worden (s. die Bemerkung Boutarics Rev. des quest. hist. X, p. 332). — ³) Mitgeteilt in der Rev. des quest. hist. X. p. 326.

wohl auch jene beiden Kardinäle zählen dürfen, endgültig schlüssig gemacht hatte, als **bestellte Arbeit** ergangen. Daß es dem Inquisitor deshalb nicht weniger Ernst mit seiner Mitwirkung gewesen sein und er diese aufs freudigste zugesagt haben werde, haben wir bei Besprechung dieses Instituts (s. Kap. 2) bereits dargelegt, ebenso, wie außerordentlich wertvoll und weitreichend die so gewonnene Unterstützung war. Nicht nur, weil sie dem König thatsächlich, d. h. nach der herrschenden Theorie, ein gewisses, sonst durchaus fehlendes, formelles Recht zu seinem Vorgehen verlieh, indem die Inquisition laut ihren päpstlichen Privilegien unzweifelhaft die Vollmacht besaß, ob auch nicht gegen den Orden als solchen, so doch gegen die einzelnen verdächtigen Glieder desselben einzuschreiten [1]) —

---

[1]) Von Schottmüller und andern Verteidigern der templerischen Unschuld und Anklägern Philipps ist dies Recht des Königs, ohne Autorisation von Seiten des päpstlichen Stuhls, lediglich auf Grund der Aufforderung durch die Inquisition vorzugehen, durchaus bestritten und mit dem Hinweis auf die privilegierte Stellung des Ordens, seine Exemtion von aller kirchlichen Gewalt, zu widerlegen gesucht worden. Aber man vergißt hiebei, daß die Vollmacht der Inquisition ausdrücklich (durch das Dekret von Verona, vgl. Lea I, p. 315) auch auf die sonst exemten Körperschaften ausgedehnt worden war, daß ihre Exemtion eigentlich alle andern Exemtionen außer derjenigen, von der sie ihre eigene Vollmacht hatte, der päpstlichen, verschlang und theoretisch kaum die souveränen Fürsten ihrem Bereich entnommen waren, wenn auch in der Praxis hier immer der Grundsatz bestand, zuerst den h. Stuhl zu befragen und um Anweisungen zu bitten. Angesichts dieser Sachlage kann man kaum anders als mit dem gründlichsten Kenner der Inquisition, Lea, zugeben, daß es sich um Verletzung eines eigentlich formellen Rechts durch Philipps Berufung auf die Inquisition nicht handeln kann, wohl aber um die einer naheliegenden gebührenden Rücksichtnahme auf den Papst und Rücksprache mit demselben, die unter solchen Umständen natürliche Pflicht war. Daß der König diese so gänzlich außer Augen setzte und trotz des päpstlichen Schreibens vom 24. August, ja wie in absichtlicher Verachtung desselben so eigenwillig vorgieng, das, aber nicht gerade die formelle Rechtlosigkeit des Verfahrens war es, was den Papst so in Empörung versetzte. Letztere wird übrigens von Schottmüller stark übertrieben, wenn er den Papst in jenem Schreiben vom 27. Oktober 1307 ohne weiteres die Vollmachten der Inquisitoren suspendieren läßt. Davon steht in diesem ganzen Brief kein Wort, so naheliegend eine solche Maßregel auch in diesem Augenblick gewesen wäre. Sondern das ist es gerade, daß Klemens diesen Schritt auch jetzt, wo es gegolten hätte, noch nicht that, sondern erst viel später, als die ganze Maßregel nur mehr den Wert hatte, Philipp in Harnisch zu bringen, ohne etwas Ernsthaftes zu nützen. Eben dieser Mangel an Folgerichtigkeit zur rechten Zeit brachte seine Handlungsweise um ihre Wirkung. Am richtigsten finden wir dieses ganze Verhalten des Papstes in der Vita I (bei Bal. I, 10) gezeichnet, wo es heißt: „Dicebatur autem, quod papa captione Templariorum plurimum turbatus est, quia rex hoc videbatur nimis festinanter et quasi praecipitanter egisse. — Sed postea placuit et captionem approbavit". Die von Prutz („Entw.", p. 155, Anm.) vertretene Auffassung fällt damit noch nicht ganz zusammen.

ausdrücklich wird letzteres vom Inquisitor Wilhelm in seinem Schreiben an die ihm unterstellten Kollegen hervorgehoben: daß diese Unterscheidung aber in Wirklichkeit belanglos war, daß es für die Templer wertlos war, ob ihr Orden als solcher intangibel war, solange die einzelnen Angehörigen desselben damit nicht vor dem Scheiterhaufen geschützt waren, brauchen wir nicht weiter zu begründen, der Prozeß selbst hat die schauerliche Illustration dazu geliefert —: sondern auch und mehr noch, indem der König damit, mit der **Unterstützung** seitens der Inquisition ohne weiteres auch **die Waffe** in die Hand bekam, für seine unsinnigen Anschuldigungen gegen den Orden erst noch **den Beweis zu liefern.**

Diese Anschuldigungen besaßten, wie uns jenes Manifest vom 14. September zeigt, bereits die 3 Hauptpunkte, welche, natürlich eben weil auf sie von Anfang an inquiriert wurde, hernach als die meist bewiesenen und so nach der Ansicht mancher als die sichersten Ergebnisse des Prozesses eruiert worden sind: Verleugnung des Erlösers mit Bespeiung seines Kruzifires, je 3 mal; ebenso viele unanständige Küsse, nämlich den ersten „in posteriori parte spine dorsi," den zweiten auf den Nabel, den dritten auf den Mund; endlich Erlaubnis zu widernatürlicher Unzucht, kurz gesagt: Sodomiterei. Daß diese Punkte als Ergebnisse herauskommen **mußten**, dafür sorgte die **Instruktion**, die von Philipp für die Verhaftung wie die nachfolgenden Verhöre seinen Kommissären mitgegeben wurde.

Sehen wir uns diese Instruktion[1]) näher an, so wird zuerst Anweisung gegeben für die Verhaftung, wie diese, ohne den Templern eine Möglichkeit zum Widerstand zu lassen, bewerkstelligt werden sollte, sodann — eine Hauptsorge für den König — für die Konfiskation der Güter Vorsorge getroffen, so daß nichts davon verloren gehen konnte. Dann kommt er an die Behandlung der einzelnen Ordensgenossen. Hier heißt es, daß die Kommissäre „hernach die Personen in gute und sichere Bewachung, einzeln und jede für sich, nehmen und **zuerst die Untersuchung mit ihnen anstellen**, hernach die Kommissäre des Inquisitors rufen und **sorgfältig die Wahrheit, wenn es nötig ist, durch die Folter, erfragen und, wenn sie die Wahrheit gestehen**, ihre „Zeugnisse" betitulierten Aussagen niederschreiben sollten[2])."

---

[1]) Von Boutaric, gleichfalls als ein ursprünglicher Bestandteil des Archivs von Reuen im Trésor des Chartes (J 413 Nr. 20) wiedergefunden und in Rev. des quest. hist. X, 330 f. veröffentlicht. — [2]) Après ce il metront les persones sous le bonne et seure garde singulièrement et escum par soi, et enquerreront de eus premierement et puis apeleront les commissaires de l'inquisiteur et examineront diligenment la vérité par gehine se mestier est, et si il confessent la vérité ils escriniront leur déposicions tesmoings apelés". Rev. d. q. h X, 331.

Des weiteren wird für das „Verfahren bei der Untersuchung" („la manière de l'enquerre") gesagt, daß man den Angeschuldigten sagen solle, „wie der Papst und der König durch mehrere sehr glaub= würdige Zeugen aus dem Orden über die Ketzerei desselben infor= miert seien", speziell über jene Dinge, die sie bei ihrem Eintritt und bei ihrem Gelübde thun, und daß man ihnen „Verzeihung versprechen solle, wenn sie die Wahrheit unter Rückkehr zu dem Glauben der Kirche gestehen", andernfalls ihnen Verurteilung zum Tode in Aussicht stellen. „Endlich solle man von ihnen eidlich sorgfältig und klug erfragen, wie sie aufgenommen wurden und welches Gelübde oder Versprechen sie ablegten und sie mit allgemeinen Worten so lange ausfragen, bis man die Wahrheit aus ihnen ziehe und sie zum Beharren in dieser Wahrheit ermahnen¹)".

Was soll man sagen von einer solchen Art, eine Rechtsfrage zur Erledigung zu bringen? Klar wird einem jeden so viel sein, daß, wenn die ausführenden Organe nicht gar zu ungeschickt waren und nach dieser Regel strikte verfuhren, das Ergebnis der Untersuchung von vorneherein feststand. Enthält doch jene Instruktion in aller trockenen Kürze nicht weniger als 5 Pressionsmittel ersten Rangs, die in ihrem Zusammen= wirken unmöglich versagen bezw. ebenso unmöglich die Wahrheit ans Licht fördern konnten:

Das erste Mittel — und gleich ein erlogenes — war die Fiktion von dem Einverständnis zwischen Papst und König, praktisch zum Bewußtsein gebracht dadurch, daß der vorläufigen Untersuchung durch den königlichen Kommissär²) — man beachte, daß dieser die Vorhand hat — alsbald die durch den Inquisitor, mehr oder weniger direkt — auf dem Fuße folgt. Eine solche Fiktion mußte um so lähmender wirken, als

2. zugleich mit der plötzlichen Verhaftung der Templer für die Vereinzelung der Gefangenen gesorgt wurde, zur doppelten Not

---

¹) „L'en leur demandera par serement diligenment et sagement com= ment il furent receu et quel veu on promesse il firent, et leur demanderont par generau paroles jusqu'à tant que l'en tire de eus la vérité et que il per= severent dans cette vérité." — ²) Über diese ersten Verhöre von Seiten der König= lichen Beamten liegen uns leider nur wenige Spuren in den Berichten vor. Offenbar waren diese Verhöre durch weltliche Beamte ebenso regellos als sie regelwidrig waren, daher auch keinerlei Protokolle noch Aktenberichte uns einen Einblick in den näheren Hergang bei diesen Voruntersuchungen thun lassen. Es handelt sich ja nur darum, die Opfer für die eigentlichen Verhöre durch die Inquisition herzurichten und vorzubereiten. Daß sich Philipps Schergen hiebei keinen Zwang auferlegten, läßt sich denken. Damit stimmt, was darüber sich aus den späteren Verhören an Spuren bei= bringen läßt: vgl. Schottm. I, 242, 256 u. a. Die instruktivste Spur s. Mich. I, 276 (Tab. IX Nr. 17, 11 Anm. 6).

werdend durch den Hinweis auf die Geständnisse anderer, wodurch der einzelne sich dann auch innerlich vollends isoliert fühlen mußte.

3. Diese Not wurde aber ohne weiteres zum Zwang, zunächst innerlich, durch die einfache **Identifizierung von Wahrheit = Geständnis des Verlangten**, illustriert durch die fürchterliche Alternative: einerseits Versprechen von Freiheit und Leben, andererseits — Verurteilung zum Tod, d. h. Flammentod.

Wo dieser psychologische Zwang je nicht genügend wirkte, da wußte man

4. **physisch nachzuhelfen** „par gehine", durch **die Folter, d. h.**, wie Prutz nicht versäumt hat, zu betonen, nur „wo es nötig war" („se mestier est"), d. h. nur, wo ein Opfer eigensinnig genug war, es auf diese Kraftprobe ankommen zu lassen, wurde dieselbe auch angewendet, sonst nicht. Welche Gnade!

Wenn aber trotzdem auch dieses fürchterliche Mittel versagt und ein Angeklagter hartnäckig leugnet? Allzuviel konnte auch das zur Ermittlung der Wahrheit nicht helfen, indem ja ausdrückliche Vorschrift war, daß

5. **nur die Geständnisse des Abverlangten** als „Wahrheit" niedergeschrieben und so als „Zeugnisse" verwertet werden sollten. Wenn also einer hartnäckig schwieg und dabei das Leben ließ, so galt das einfach als -- Null.

Sollte man es für möglich halten, daß je eine so abscheuliche Instruktion „zur Erforschung der Wahrheit und des Rechts", in Wirklichkeit als der grimmigste Hohn auf beide, erlassen worden ist? Und doch belehrt uns Lea, der Geschichtschreiber der Inquisition, daß wir darin lediglich nichts Außerordentliches sehen dürfen, daß vielmehr all das nur „in Ordnung", d. h. streng im Einklang mit der Praxis der Inquisition war. „Thatsächlich war die ganze Angelegenheit durchaus ein Geschäft der Inquisition und es ist eine bemerkenswerte Thatsache, daß, wo die Inquisition in ungehinderter Ordnung vor sich ging, wie in Frankreich und Italien, es keine Schwierigkeit hatte, den nötigen Beweis zu erlangen"[1]). „Das Resultat entsprach den Erwartungen." Wie sicher der König und seine Räte sich schon in diesem Augenblick wußten, sehen wir aus den Erklärungen, womit, noch ehe die eigentlichen Verhöre hatten angestellt werden können, durch die Agenten des Königs und des Inquisitors die ungeheure Aufregung, in welche das Volk von Paris durch den unerwarteten Schlag versetzt worden war — den es nach seinen bisherigen Erfahrungen am nächsten mit der Gier des Königs nach den Schätzen des Ordens sich zu erklären geneigt war —, beschwichtigt werden sollte. Schon

---

[1]) Lea III, p. 261.

am 14. Oktober, dem Tage nach der Verhaftung, werden solche von Nogaret, von dem Prévôt von Paris und anderen königlichen Beamten vor einer Versammlung der Doktoren der Universität und der Kanoniker der Kathedrale in der Kirche von Notredame, am darauf folgenden Tag aber, dem 15. Oktober, einem Sonntag, nach öffentlicher Einladung von den Kanzeln im Garten des königlichen Schlosses vor allem Volk durch die Ordensgenossen des Inquisitors Imbert, die Dominikaner, abgegeben. Als Grundlage dafür dienten die Geständnisse, welche sie sich schon seit geraumer Zeit[1]) von ehemaligen Templern, offenbar den schlechtesten Elementen derselben, aus diesem Grund wohl auch aus dem Orden gestoßen und demselben daher nichts weniger als freundlich zugethan[2]), wenigstens teilweise zu verschaffen gewußt hatten. Wenigstens erzählt Johann von St. Viktor[3]), daß die Ursache ihrer Gefangennahme in Wahrheit das Verbrechen der Häresie, der Blasphemie und Verachtung Christi und des christlichen Glaubens und Auferlegung von Sodomie gewesen sei und daß dies „fuit scitum diu ante per aliquos magnos ordinis sui et per quosdam nobiles et ignobiles qui Templarii fuerant, ut putatur, quos Dominus Guillelmus de Nogareto captos in diversis partibus regni Franciae fecit ad testificandum adduci et Corbolii in carcere reservatos diu et secretissime custodiri." Es ist dann aber von diesen gesagt, daß sie „sich männlich und mutig dem Versuch, genannte Verbrechen als Ausflüsse ihres gemeinsamen Gelübdes zu beweisen," widersetzt hätten und in Corbeil solange in Haft gehalten worden seien, bis der Großmeister und andere gefangen worden seien und genannte Verbrechen wenigstens zum Teil gestanden hätten. Über diese Vergehen erzählt derselbe Johann von St. Victor weiter, daß nicht nur die vorhin und schon im Manifest vom 14. September 1307 genannten 3, sondern auch die übrigen beiden, bei Herausstellung der templerischen Schuld hernach besonders betonten Punkte: Anbetung eines Idols und Auslassung der Sakramentalworte, als gegen die Templer bewiesen vor dem Volk in jenen Tagen bereits genannt worden seien. Um aber vollends

---

[1]) Daß dies „diu ante" schon auf die Zeit vor der Wahl Klemens V. zurückweist, wie Schottm. I, 242 will, ist nicht gerade gesagt noch sicher anzunehmen, kann aber zum Teil zutreffen. — [2]) Ein Exemplar davon ist Johannes de Banbellant (Mich. I, 550 ff.), der dort gesteht, 2 Jahre vor der Verhaftung, also 1305, abtrünnig geworden und hiebei freiwillig zum Verräter an dem Orden geworden zu sein und zwar in Poissy, nachher aber wieder eingetreten zu sein, ohne von dieser Denunziation etwas zu sagen. Dazu vgl. die Rolle, die der Abt von Poissy als Inquisitor in Paris unter Imbert Oktober bis November 1307 spielt (cf. auch Schottm. I, 242). — [3]) Val. I, 8 ff.

eine unangreifbare Grundlage zu liefern und durch den Augenschein zu wirken, wurde am selben (dem 15. Oktober) der **Großmeister selbst** mit etlichen seiner Genossen einer Versammlung sämtlicher Magister und Scholaren jeder Fakultät im Tempel vorgeführt, in der sie — durch welche Mittel? — „confessi sunt quosdam[1]) artienlorum praedictorum". Durch all das fühlte sich Philipp der Schöne schon so sicher, daß er **Montag den 16. Oktober** bereits an **sämtliche Fürsten der Christenheit** Briefe mit der **Aufforderung zur Nachahmung** seines Beispiels erließ.

Indes hatte der König durchaus recht, eine Desavouierung seiner Erklärungen nach solchen Vorbereitungen und, da er seiner Leute durchaus sicher war, auch durch die nachfolgenden Verhörergebnisse für unmöglich zu halten. Diese selber liefern dafür, soweit sie uns vorliegen, den vollgültigen Beweis. Das ist in erster Linie der Fall bei dem bedeutsamsten dieser **Inquisitionsverhöre**, dem in Paris. Vom 19. Oktober bis 29. November 1307 wurde dieses von **Wilhelm von Paris** und seinen Gehilfen vom Dominikanerorden mit **138 Templern**[2]) — d. h. wenigstens sind so vieler Aussagen zu Protokoll genommen worden, gefangen wurden ursprünglich mehr — abgehalten; und zwar bis auf 2[3]) am Orte der Verhaftung, im Tempel selbst, der großen Burg des Ordens in Paris, die durch ihren Umfang wie durch die Solidität ihrer Bauart längst Philipp ins Auge gestochen hatte, weshalb er auch alsbald nach der Verhaftung der Templer dorthin seine Residenz verlegte.

Betrachten wir uns dieses **Inquisitionsverhör** etwas genauer, als bisher meist geschah, hinsichtlich seiner Ergebnisse. Die beigefügte Tabellenreihe A (I—VI) giebt diese so übersichtlich und zugleich so vollständig als möglich wieder, indem wir uns dabei Mühe gegeben haben, auch kleinere Differenzen nicht zu übergehen, sondern möglichst hervortreten

---

[1]) Nicht sämtliche fünf, wie Schottm. u. A. annehmen, um von da aus eine unfängliche Polemik, den Nachweis des Widerspruchs gegen die späteren Erklärungen Molays bezweckend, zu führen. Diesen unleugbar vorhandenen Widerspruch nachzuweisen, erschwert man sich, wenn man übersieht, daß es nur heißt: „quosdam". Offenbar bekannte der Großmeister hier eben im allgemeinen, daß Mißbräuche vorhanden waren und ebenso vor einer andern Versammlung der Universität, wo es heißt, daß sie „totum simpliciter sunt confessi et magister pro toto ordine" (Bat. I, 10). — [2]) Nicht 140, wie noch von Michelet, der doch das Protokoll selber herausgegeben hat, Dupuy nachschreibend gezählt worden ist, obgleich schon Raynouard auf diesen faux pas aufmerksam gemacht hat (p. 229); cf. oben p. 193. — [3]) Nr. 23 und 24, die im Dominikanerkloster verhört wurden (cf. Tabelle I), vermutlich, weil sie erst zugereist waren, oder weil der Tempel wegen der Residenzverlegung Philipps keinen Platz mehr hatte?

zu lassen. Der Haupteindruck, den man daraus gewinnen wird, ist doch wohl der einer weitgehenden **Einförmigkeit**, nicht nur, was den Hauptgesichtspunkt, die Bejahung und Verneinung der Hauptanklagen, betrifft, sondern auch bezüglich der Art und Weise, wie diese bejaht bezw. verneint werden. Als zugegeben, wenigstens von Majoritäten, und somit als „erwiesen" figurieren die 3 Hauptpunkte: 1. der Verleugnung Jesu Christi und der Bespeiung eines Kruzifixes oder Kreuzes als des Symbols der christlichen Erlösung; 2. der unanständigen Küsse (auf Mund, Nabel und Rückenmarksende) und 3. der Sodomiterei, d. h. der Erlaubnis bezw. Anweisung hiezu[1]). Doch ist schon hier eine bemerkenswerte Verschiedenheit zu konstatieren. Am sichersten erwiesen, weil von allen bis auf 6[2]) zugestanden, scheint **Verleugnung und Bespeiung**. Mit schwach ³/₄ Majorität, von ca. 100 unter 138, zugestanden finden wir die unanständigen Küsse; die übrigen wissen entweder überhaupt nichts von Küssen, oder nur von solchen auf den Mund (so im ganzen 11[3]). Von dem Inquisitor wurden übrigens auch letztere als „geständig" gerechnet. Fast genau dasselbe Verhältnis kehrt bei dem 3. Punkt wieder, der Sodomiterei: 36 (in unserer Tabelle leicht zu finden) wissen gar nichts davon (oder sind über diesen Punkt gar nicht befragt worden?); weitere 10[4]) wissen nur von Redensarten, die allenfalls so gedeutet werden konnten („lecti fratrum communes") oder haben später davon Andeutung erhalten. Von positiver Erlaubnis dazu wissen weitere ca. 30 zu reden. Die meisten über diesen Punkt Geständigen dagegen, ca. 60, bezeugen, geradezu die Anweisung zu jener Sünde erhalten zu haben. Übrigens läßt sich ein sicherer Unterschied zwischen „Erlaubnis" und „Anweisung" oft genug

---

[1]) Auf die beiden übrigen Hauptpunkte der späteren Anklageliste: **Auslassung der Einsetzungsworte beim Sakrament** und **Anbetung eines Idolkopfes**, von denen die erstere hier nur durch ein einziges Zeugnis (das von Nr. 7) gestreift wird, die letztere von 8 Zeugen (vgl. die Tabelle) in zum Teil überaus konfuser Weise, und doch wieder merkwürdig an eine und dieselbe Person sich anschließend, bestätigt wird, kommen wir erst nachher bei Besprechung der resultierenden Anklageliste zurück. — [2]) Darunter sind die 4, die überhaupt nichts gestanden haben (Nr. 91, 96, 106, 115), und 2 andere, deren Geständnisse als particlle anzusehen sind (Nr. 89 und 129). Von diesen gesteht der erstere nur die beiden anderen Punkte, einen unanständigen Kuß (auf das männliche Glied) und spätere Andeutung von Sodomiterei zu; der andere führt seine Verschonung mit all diesen Dingen auf die Rücksicht seines Rezeptors, der zugleich sein Erzieher gewesen sei, zurück. — [3]) Nr. 13, 18, 20, 51, 52, 77, 85, 91, 106, 115, 126: nicht hier gezählt sind diejenigen, von denen die andern Küsse zwar nicht gegeben, aber doch gefordert und nur eben verweigert oder in der Eile erlassen worden sein sollen: so Nr. 45, 96, 126. — [4]) Nr. 21, 89, 103, 108, 109, 111, 114, 118, 119, 122.

nicht machen, da die Ausdrucksweise unbestimmt ist¹). Der in unserer Tabelle gemachte Unterschied ist also nicht als ein absoluter zu verstehen. Doch haben wir die vorhandenen Nuancen soviel als möglich anzudeuten gesucht.

In merkwürdigem Gegensatz dazu steht, daß nur von 3 Zeugen (Nr. 8, 12 und 16) berichtet wird, daß sie jemals von Ausübung dieser Erlaubnis gehört und selbst, aktiv oder passiv, davon Gebrauch gemacht hätten. Freilich scheinen 2 von diesen Zeugnissen dafür um so bemerkenswerter, insofern es, bei Nr. 12, Wilhelm de Giac, dem Stallmeister des Großmeisters, dieser selbst ist, der jenen 3mal in einer Nacht mißbraucht haben soll; Nr. 16 aber der Koch desselben, Peter von Safed, wenigstens in der Kammer des Großmeisters, und zwar von einem Spanier Martin, gemißbraucht worden sein will. Doch fällt auf das erstere Zeugnis, abgesehen von des Großmeisters eigenem späteren Verhalten, schon dadurch ein merkwürdiges Licht, daß derselbe Wilhelm von Giac hernach bis zum 19. Mai 1310 vor der päpstlichen Kommission als Verteidiger der Ordensunschuld erscheint und später als Zeuge vor dieser²) nie etwas von Ausübung der Sodomiterei gehört zu haben erklärt: doch wohl ein Hinweis darauf, daß jenes erste Zeugnis eben dem Zwang der Folter, die gegen solche Leute aus der „Familie" des Großmeisters aus naheliegenden Gründen besonders eifrig gehandhabt worden sein mag, seine Entstehung verdankt. Überhaupt ist es bemerkenswert, daß alle diese Zeugnisse den ersten 3 Tagen, in denen Wilhelm von Paris selber inquirierte und in denen, als im Anfang, den vorhandenen Quellen wie den Spuren unserer Protokolle zufolge die Folter besonders stramm zu Hilfe genommen wurde, entstammen und daß 2 von diesen 3 Hauptzeugen der Sodomie, außer Wilhelm von Giac auch Johannes von Torteville (Nr. 8), später als Verteidiger der Ordensunschuld auftreten (vergl. die Tabelle). Somit bleibt hier höchstens das 3. Zeugnis, das Geständnis des Kochs Peter von Safed über seine Mißbrauchung durch einen Spanier Martin auf dem Zimmer des Großmeisters als ein so weit, als dies überhaupt von allen diesen Zeugnissen gelten kann, unerschüttertes, aber auch gegen den

---

¹) Es heißt hiefür z. B. Mich. II, 284: „Dixit sibi recipiens quod, si calor naturalis moveret eum ad libidinem faciendam, faceret secum jacere unum de fratribus suis et rem haberet cum eo, et permitteret hoc idem similiter sibi fieri ab aliis fr."; oder II, 287 (und ähnlich öfter): Fuit sibi injunctum, quod non haberet rem cum mulieribus, sed si continere non posset, commisceret se carnaliter cum hominibus"; dagegen II, 291: „Recipiens precepit quod, si aliqui de ordine vellent se commiscere carnaliter cum eo, quod permitteret, et ita tenebantur eum admittere ad hoc, et quod non erat peccatum". — ²) Nach Mich. I, 564.

Großmeister selbst nichts weiter beweisendes Moment übrig. Gegenüber dem Orden überhaupt muß es als ein beachtenswertes Faktum erscheinen, daß somit selbst für diese, von Hause aus keineswegs ganz unwahrscheinliche, Anklage so überaus wenig thatsächliche Anhaltspunkte sich ergeben, in keinem Verhältnis stehend zu der Menge der Bejahungen für die Erlaubnis hiezu.

Bewiesener noch, schon weil diese Art von Gegenbeweis fehlt, scheint somit die zweite, durch etwa ebensoviel Zeugnisse erhärtete Anschuldigung wegen der unanständigen Küsse. Zwar fehlt es auch hier nicht an mancherlei Differenzen unter jenen ca. 100 dafür verwertbaren Geständnissen. Die Hauptdifferenz ist hier, daß der dritte wüsteste Kuß, der „in fine spine dorsi" (oder, wie bei Nr. 73 „in vili parte inferiori", oder „in culo" bei Nr. 135) nur 47 mal (alle 3 Küsse miteinander werden überhaupt nur 40 mal erwähnt) vorkommt (wobei es von untergeordneter Bedeutung ist, ob er wirklich gegeben oder, wie bei Nr. 22, 45, 56, 65, 75, 99, 108, 113, 130, 132, 135, 137 und 138, also 13 mal, entweder nur fingiert oder geradezu verweigert oder durch den Rezeptor erlassen worden sein soll; während zu Mund- und Nabelkuß, oder nur Nabelkuß, weitere 51 Zeugen sich bekennen (darunter wieder etliche den auf den Nabel nur fingiert erteilt haben wollen). Eine andere Verschiedenheit ist, daß, während für gewöhnlich der entblößte Leib vorausgesetzt oder ausdrücklich bemerkt wird, ein paarmal (bei Nr. 57, 79 und 135) der Kuß über die Kleider gegeben wird; eine noch bemerkenswertere, daß, während in der Regel es der Neuling ist, der den Kuß zu geben hat, bei Nr. 86, 88—90 und 90, also 5 mal — und alle 5 auffallenderweise am gleichen Tag, dem 9. November, verhört — der Rezeptor sich zu dieser schamlosen Cordialität herabgelassen haben soll, und zwar bei Nr. 86 einer der höchsten Würdenträger, der von dem König Philipp zum Generalsteuereinnehmer ernannte Visitator des Ordens Hugo de Peraud, bei Nr. 92 ein nicht viel weniger hochstehender Mann Raoul de Gysi („Receptor Campanie"). Immerhin fallen diese Verschiedenheiten nicht so bedeutend ins Gewicht, daß man nicht, wenn es nur auf die Übereinstimmung dieser Verhörresultate unter sich ankäme, diesen Punkt, mehr noch als die vorhin erörterte Sodomie, als erwiesen gelten lassen könnte. Doch ist dieser Anklagepunkt, dem gleich dem vorigen dritten man von Hause aus ja nicht alle und jede Wahrscheinlichkeit absprechen kann, nicht bedeutend genug, um für sich allein, oder auch in Verbindung mit Nr. 3, der Sodomie-Erlaubnis, eine Verurteilung wegen Häresie zu begründen.

Dagegen wäre eine solche berechtigt gewesen und müßte auch uns als unanfechtbar erscheinen, wenn der erste Anklagepunkt, Verleugnung und Bespeiung des Kreuzes oder Kruzifixes, des Symbols der christlichen Erlösung, als bewiesen gelten könnte. Wie verhält es sich nun mit diesem Punkt? Wie schon vorhin bemerkt worden, so herrscht in Bezug auf ihn allerdings weitaus am meisten Übereinstimmung, indem diese Anklage von allen bis auf 6 zugestanden wurde, 132 unter 138. Das scheint eine Übereinstimmung, so gewaltig, daß jede Widerrede dagegen von Anfang an wenig Aussicht zu haben scheint. Indes eben diese merkwürdige Übereinstimmung bei diesem einen Hauptpunkt muß uns erst recht stutzig machen: um so mehr, wenn wir sehen, daß auch die Harmonie in Bezug auf die nähere Art und Weise oder die Umstände bei dieser Verleugnung und Bespeiung vielfach etwas Auffälliges hat. Es fehlt ja zwar nicht an mancherlei Verschiedenheiten in den Einzelheiten: einmal ist das Objekt, dann der Ort, dann wieder die Zeit, endlich die Zahl der Bespeiungen oder Verleugnungen verschieden. In Bezug auf das Objekt ist es meist ein **Kruzifix**[1]), manchmal nur ein **Kreuz**, sei es auf dem Altar oder (am öftesten) „in missali" = auf oder in einem Meßbuch, oder überhaupt einem Buch, oder auch auf dem Gewand (Mantel) des Rezeptors[2]), oder endlich ein nicht näher bestimmtes Kreuz, oder gar nur Christus überhaupt, etwa als „falscher Prophet"[3]), welches oder welchen der Neuling verleugnet und bespeit. Der Ort ist entweder unbestimmt gelassen, sehr häufig aber ist es **abseits** (Nr. 1, 10, 11, 21, 22, 27, 73, 77, 109) oder **hinter dem Altar** (bei Nr. 26, 30, 37, 76, 78, 82, 85, 99, 100, 110—112) oder ein **dunkler** (Nr. 4) oder wenigstens **besonderer** (Nr. 6) Ort, an welchem die Sache vor sich geht. Hinsichtlich der Zeit ist vollends eine nähere Bestimmung selten: im allgemeinen heißt es „post receptionem". Wenn eine nähere Bestimmung noch gegeben wird, so liegt meist eine zeitweilige **Kerkerhaft** dazwischen, durch die der Rezipient mürbe gemacht worden sein will (so bei Nr. 7, 66, 79, 110); oder sind es Gewaltthätigkeiten (so bei Nr. 18, 69, 75) oder wenigstens Drohungen (bei Nr. 26, 65, 131, 134), die jenes Resultat erzielt haben, meist 3mal, oft aber auch nur 1mal (vereinzelt bei Nr. 27 2mal) das Kreuz zum Zeichen der Verleugnung zu bespeien oder auch ausdrücklich daneben Christum zu verleugnen oder überhaupt denselben nur mit Worten oder auf nicht näher angegebene Weise zu verleugnen. Scheint es so an mancherlei Differenzen nicht zu fehlen, so sind dieselben doch zu nebensächlicher Natur und die Erklärung zu naheliegend,

---

[1]) Dieses ist bei Nr. 25, 72, 104 **ehern**, bei Nr. 40, 62, 71, 73, 99, 109, 111, 117, 119, 128, 130, 132, 136 **hölzern**, dazu bei 116 **klein und schwarz**, bei 122 **grün**, bei 119 **alt**, bei 118 **alt und farblos**. — [2]) So bei Nr. 81, 90, 137, 138 u. a. — [3]) Vgl. dafür Nr. 4, 17, 56, 80, 82, 102, 103, 121.

als daß man auf sie weiteres Gewicht legen könnte. Viel wichtiger ist die Harmonie bezüglich eines anderen Nebenpunktes: daß nämlich nahezu die Hälfte (wenigstens über 50) der so der Verleugnung und Bespeiung Geständigen thatsächlich dieselbe nur fingiert, entweder „ad terram" danebengespieen oder im schlimmsten Fall nur „ore non corde" begangen haben wollen. Man sieht, den Inquisitoren kam es auf inwendige Widersprüche nicht an, wenn nur äußerlich das Hauptfaktum von dem Delinquenten irgendwie zugestanden wurde. Und nimmt man alles zusammen, so muß man zugeben, daß sie es verstanden, genügende Übereinstimmung, wenigstens äußerlich, in ihren Resultaten herbeizuführen, um auf Grund derselben wenigstens den Schein des Schuldbeweises liefern zu können.

Diese Übereinstimmung ist so stark, daß Prutz sich veranlaßt sieht, den bedenklichen Eindruck derselben abzuschwächen dadurch, daß er möglichst die „individuellen Verschiedenheiten", an denen es doch auch nicht fehlte, betont. Indes sieht jeder, daß diese Verschiedenheiten, soweit sie jene oben erwähnten Nebendinge betreffen, leicht auf andere Weise zu erklären sind: einfach damit, daß doch etwas erwidert werden mußte, da nicht bloß, ob das Verbrechen überhaupt begangen worden sei, sondern auch den näheren Umständen nachgefragt wurde. Je mehr die Gefangenen mit der Verhaftung alsbald isoliert wurden, um so mehr hing es in erster Linie von dem Inquisitor ab, welcherlei Verschiedenheiten er fertigbringen wollte. Daß diese Differenzen mehr auf Rechnung der Inquisitoren und auch ihrer Schreiber als der Angeklagten zu setzen sind, das dürfte ein genaueres Studium unserer Tabellen zur Genüge zeigen, wo die Teilnahme, der größere oder geringere Eifer oder auch die Routine der einzelnen Inquisitoren und zum Teil auch der Notare sich reihenweise an den Resultaten deutlich genug verfolgen läßt. Ganz besonders weisen wir auf die bemerkenswerte Erscheinung hin, daß mit dem Fortschritt der Inquisition in diesen Wochen nicht, wie man denken sollte, die Resultate ergiebiger, sondern viel eher geringer und leichterwiegend werden (vgl. z. B. den 2. Punkt, die Küsse). Den Schlüssel zu dieser auffallenden Thatsache haben wir nicht etwa in dem allmählichen Erlahmen der Inquisitoren zu suchen, wiewohl das bei manchem auch mitgespielt haben dürfte, sondern ergiebt einfach jene Notiz von Amalrich Augier[1]), daß es dem Könige, im Hinblick auf die unter den Folterqualen Erliegenden, selbst allmählich zu stark geworden sei und er infolge dessen für Ermäßigung der Folter gesorgt habe. So konnte es,

---

[1]) Vita VI bei Baluze I, 101.

wohl infolge des Winks, die Zahl der Opfer nicht gar zu groß werden zu lassen, vorkommen, daß in den letzten Tagen nicht nur manche nach ganz geringen Zugeständnissen entlassen wurden, sondern sich sogar etliche, die gar nichts gestanden hatten (die 4 bereits erwähnten Nr. 91, 96, 106, 115) unter die Protokolle verirrt haben. Daß aus dieser Thatsache nicht allzuviel Kapital geschlagen werden darf in der Hinsicht, sie als einen Beweis für die Milde der Behandlung seitens der Inquisitoren aufzuspielen, dafür sorgt immer wieder jene Notiz Ponzard de Gisis, wonach nicht weniger als 36 Templer bei dieser Prozedur in Paris ihr Leben gelassen haben. Daneben nimmt sich die, schon in dem Kapitel über die Inquisition besprochene, in diesen Protokollen immer wiederkehrende Versicherung der reinen Freiwilligkeit und Liebe zur Wahrheit um so eigentümlicher und für das Ganze bezeichnender aus.

Daß ein solches Verfahren **Ergebnisse** liefern mußte, die deswegen noch **keine Beweise** sind, liegt auf der Hand. Zum Überfluß haben wir für den **Gegenbeweis** eine ganze Reihe wichtiger Anhaltspunkte; vor allem zweierlei: den einen liefert die **Vergleichung** der hier gemachten **Aussagen untereinander**. Zu achten ist in dieser Hinsicht schon auf die verschiedenen Zeugen, die allemal bei einer Aufnahme als gegenwärtig angegeben werden. Wer sich die Zeit nimmt, der wird unschwer bereits auf Grund dieser Tabellen für eine ganze Reihe dieser Zeugnisse den Nachweis der Unglaubwürdigkeit aus den Widersprüchen untereinander erbringen können. Für die meisten ist dieser Nachweis aber noch aus einer bedeutsameren Quelle zu führen, nämlich aus dem **Vergleich der hier gemachten Aussagen mit den Aussagen derselben** (oder auch anderer) Zeugen in späteren Verhören, vor allem **vor der päpstlichen Kommission 2—3 Jahre später**. Da wir an diesen Vergleich später, bei Besprechung des Prozesses vor der päpstlichen Kommission, noch einmal kommen, so begnügen wir uns hier, auf die Hauptwidersprüche, wie wir sie in den Bemerkungen am Schluß jedes Zeugen zusammengestellt haben, zu verweisen. Es geht aus diesen hervor, daß von sämtlichen 138 Zeugen nur ca. 18 (Nr. 16, 23, 33, 38, 48, 59, 61, 71, 76, 81, 83, 104, 105, 111, 117, 118, 121, 134), also nur ca. $^1/_8$, durch unsere sonstige Quellen bisher nicht positiv widerlegt oder wenigstens als verdächtig hingestellt werden. Und auch für diese bleibt das stärkste Gegenargument, daß ihre Aussagen im Inquisitionsverfahren gewonnen worden sind. Dieses Argument ist für sich allein stark genug, daß wir uns füglich die ganze Tabellenreihe (A) über dieses Verhör, als auch im besten Falle nichts beweisend hätten ersparen können, böte dieselbe 1. nicht nur durch die ermöglichte Vergleichung mit den späteren Zeugnissen vor der päpstlichen Kommission einen über dieses Verhör hinausreichenden Wert, und 2. lieferte dieselbe nicht in ihrer Art das interessanteste Bild eines eigentlichen Inquisitionsverhörs, das wir vielleicht überhaupt besitzen: für uns von besonderem Wert noch aus dem weiteren Grund, daß es, indem es uns einen Begriff giebt davon, wie es zu dieser Zeit bei den Inquisitionsverhören gehalten worden ist, uns erspart, die übrigen in diesem Herbst 1307 von Wilhelm Imberts Kollegen und Stellvertretern auf Grund seines Rundschreibens abgehaltenen Verhöre gegen die Templer im übrigen Frankreich im einzelnen näher darauf hin anzusehen.

Diese Inquisitionsverhöre im übrigen Frankreich sind uns nur teilweise und in sehr ungleichem Grade bekannt. Was davon vorhanden ist, findet sich in der Hauptsache bei Raynouard in einem Anhangskapitel[1]) in 12 Paragraphen in chronologischer Ordnung mit Besprechung der Hauptergebnisse kurz zusammengestellt. Unter diesen gehören jedoch 5 Paragraphen, nämlich I, VII, X—XII, nicht eigentlich hieher, da § I das bereits besprochene Verhör vor dem Inquisitor in Paris zum Gegenstand hat, X—XII aber die im nächsten Kapitel zu besprechenden Verhöre vor dem Papst, vor dem Bischof von Clermont und vor dem von Elne. In dasselbe Kapitel, der bischöflichen Untersuchungen, gehörte eigentlich auch, weil es vor dem Bischof spielt, Nr. VII, das Verhör von Carcassonne, der Zeit nach aber hieher, weswegen, wie noch aus anderen Gründen, wir demselben bereits hier wenige Worte widmen werden. Somit bleiben als eigentliche Inquisitionsverhöre aus dem Ende des Jahres 1307 und Anfang von 1308 nur übrig die Verhöre von Nîmes (II), Troyes (III), Chaumont (IV), Pont de l'Arche (V), Caen (VI), Bigorre (VIII) und Cahors (IX), von Havemann p. 206—210 kürzer und etwas ausgiebiger, in deutlicher Anlehnung an Raynouard von Schottmüller[2]) verwertet. Endlich hat Prutz in seiner „Entwicklung", als Nr. VI seiner „Urkundlichen Beilagen" das Material dieser Inquisitionsverhöre in acht Stücken[3]) mehr oder weniger vollständig im Wortlaut, in der Hauptsache

---

[1]) Raynouard, p. 229—258. — [2]) Schottm. I, p. 254—259. — [3]) Von diesen 8 gehören jedoch Nr. VI und VII a wieder nicht eigentlich hieher, jene das Verhör von Clermont (besonders ausführlich), diese unter der irreführenden Überschrift Renneville u. a. die Vorladung des Bischofs von Bazas an 8 gefangene Templer wiedergebend. Nur VII b bezieht sich auf Renneville oder genauer auf die Templer von St. Etienne in Renneville, die in Pont de l'Arche eingesperrt, dort (7 an der Zahl) verhört werden und ihre Aussagen machen. Fällt somit zusammen mit Nr. V bei Raynouard, dessen Nummern bei Prutz nach alphabetischer Ordnung der Dinge wiederkehren, nur daß bei ihm das wichtige, aber von Ménard genugsam besprochene Nimes fehlt und dafür das von Raynouard weggelassene Bayeux (als Nr. II) sich findet.

aber eben auszugsweise mitgeteilt, ein wertvolles Material, das jedoch durch den dabei, wie allemal bei Prutz, maßgebenden Gesichtspunkt, nur die positiven Geständnisse möglichst herauszustellen, leicht wieder in einseitiger Weise wirkt. Wir haben uns erst gefragt, ob wir nicht alle diese Stücke in ähnlicher Weise wie bei dem Inquisitionsverhör von Paris tabellarisch zusammenstellen sollten. Aber besser dürfte es sein, von diesem Material überhaupt möglichst abzusehen. Denn was hat es viel Wert, zu wissen, was in Bigorre mit 6, in Bayeux mit ebensoviel, in Caen mit 4, in Cahors mit 7, in Chaumont mit 2 (der deutschen Nationalität angehörenden Durchreisenden), in Troyes mit 3 [1]) Templern herausgekommen ist, solange wir in dem allem doch nur geringe Fragmente der allgemeinen Inquisitionsuntersuchung vor uns haben und dazu nicht deutlicher hervortritt, wie es dabei zugegangen ist, mit welchen Mitteln jene Aussagen erreicht wurden? Freilich läßt sich auf diese Mittel genügend schließen durch die Bemerkung, daß es fast überall königliche Beamte sind, die das Verhör vornehmen, und zwar entweder ganz allein, ohne weitere geistliche Richter, wie in Bigorre (am 20. Dezember 1307 durch die beiden vom König dazu abgeordneten Ritter Wilhelm de Rabastanet und Bertrand de Agassa), in Pont de l'Arche (28. Oktober durch Peter von Hangest, Baillif von Rouen), in Cahors (am 2. Januar 1308 durch den Ritter Johann d'Arteblay, Seneschall von Périgord und Cahors [2]); oder wenigstens so, daß diese, die königlichen Beamten, dem eigentlichen Inquisitor vorangehen, so daß dem nur übrig bleibt, das Material entgegenzunehmen oder durch eine kleine Nachlese zu vervollständigen; so bei der bedeutendsten dieser Untersuchungen, der von Nîmes, auf die wir gleich nachher besonders kommen, und daneben in Caen, wo die in Pont de l'Arche bereits weltlich verhörten 7 Templer zusammen mit 6 andern vor den, durch Wilhelm von Paris entsandten, Dominikaner-Inquisitoren wiederholt verhört werden — natürlich machten sie dieselben Geständnisse, nachdem ihnen nicht bloß von den geistlichen Richtern, sondern auch den weltlichen Beamten Straflosigkeit zugesichert worden war, übrigens, wie ein von Raynouard hervorgehobener Vermerk zeigt, nachdem sie erst durchaus geleugnet hatten —; oder endlich wie in Bayeux, wo am

---

[1]) Wenn man den, nach Dupuy (p. 80) am gleichen Tag, nach dem 9. Okt. 1307 (somit, wie es scheint, noch vor der allgemeinen Verhaftung, die Raoul im Tempel in Paris traf) durch Wilhelm von Paris besonders verhörten Raoul de Gisi dazu rechnet, der, am 9. November in Paris wieder verhört, ziemlich abweichende Aussagen macht (Rayn., p. 237), vollends anders endlich vor der päpstlichen Kommission 1310. — [2]) Mit welchen Mitteln hier operiert wurde, sehen wir später aus Anlaß des Verhörs von Poitiers; cf. dort (Tabelle B) Nr. 32.

28. Oktober 1307 Hugo de Castro „miles domini Regis" verhört[1]), nach Havemann p. 210 aber der von Wilhelm von Paris entsandte Dominikaner=Prior erwähnt wird, derselbe, der auch in Troyes das von den Beamten Philipps (2 Edelleuten) angefangene Werk vollendet. In Chaumont endlich ist es der für die 3 deutschen Bistümer (Metz, Toul und Verdun) fungierende Inquisitor Radulph de Lincy, der am 25. Okt. 1307 zwei auf der Durchreise von Paris nach Deutschland verhaftete Templer[2]) verhört und zwar, trotz der Folter[3]), ohne jeden Erfolg[4]). Diese Erfolglosigkeit veranlaßte den dabei beteiligten Notar Ferrietus von Langres, die Beisetzung seines Siegels einfach zu verweigern, wie der Inquisitor klagend berichtet[5]). Er fürchtete offenbar, den König zu wenig zu befriedigen; wieder ein äußerst interessanter Hinweis darauf, welches bei diesen Verhören der maßgebende Hauptgesichtspunkt war.

Dieser Gesichtspunkt mußte von um so größerer Wirkung sein, als, wie wir sahen, fast überall die Hauptarbeit, d. h. die erste, von den königlichen Beamten gethan wurde. Dies erklärt wohl auch, daß wir verhältnismäßig so wenig Berichte über diese ersten Untersuchungen haben: offenbar wurden diese an vielen Orten äußerst regellos abgehalten oder so, daß die Hauptregel einfach die Folter[6]) bis zum Geständnis der von der königlichen Instruktion vorgeschriebenen Irrtümer war, die z. B. für das Verhör von Caen ausdrücklich als Mittel bei einem beharrlich Leugnenden[7]) erwähnt wird, und zwar als erfolgreiches. In welch unwürdiger Weise dieses Hilfsmittel manchmal bei diesen Verhören angewandt wurde, dafür liefert neben dem Protokoll der Untersuchung durch die päpstliche Kommission besonders das vorhergehende, noch in das Jahr 1308

---

[1]) Nach Prutz „Entw." p. 325; nach Dupuy p. 81 waren es 2 Edelleute, was überall die Regel gewesen zu sein scheint. — [2]) Nämlich ein Kaplan Konrad von Mangoncia (= Mainz?) und sein dienender Genosse Heinrich. — [3]) Wenigstens wird für Heinrich ausdrücklich bemerkt, daß man bei ihm darauf verzichtet habe, weil er schwer krank gewesen sei. — [4]) Vielmehr erklärt er „interrogatus super abnegatione crucis et crucifixi ac spuitione super eos et super osculationibus et pluribus aliis cum rubore et signo maximo indignationis se nihil scire" etc. — [5]) „Et licet in presentia mea et Ferrieti de Ling. — fuerunt examinati, dictus Ferrietus signum suum non apposuit, tum quia nichil videbantur recognoscere, tum quia reversurus Lingonas festinabat". Prutz, Entw. p. 327. — [6]) Wobei wir ausdrücklich daran erinnern, daß hiebei allemal nicht bloß an eigentliche Folterung des Leibes im engeren Sinn, durch die bekannten Marterwerkzeuge, gedacht werden muß, sondern an Gewaltmittel überhaupt, wozu neben der elenden Kerkerhaft vor allem schon die Drohung mit den Folterwerkzeugen oder das Vorzeigen derselben gehörte, für viele, wie sie selber gestehen, genügend, um alles zu erlangen (cf. besonders Processus Pictaviensis Nr. 20, 23, 26). — [7]) Dupuy, p. 91: „mis à la question".

fallende, über das Verhör vor dem Papst in Poitiers eine Reihe wert=
voller Anhaltspunkte¹). Dem entspricht, daß von den bei diesen Verhören
genannten Templern später eine ganze Reihe als Verteidiger des Ordens
vor der päpstlichen Kommission auftreten: so allein von den 6 in Bigorre
Geständigen nicht weniger als 4²), von den 7 in Cahors Verhörten 2,
von denen einer, Wilhelm Arnaud³), hernach unter den Opfern des Pro=
vinzialkonzils von Sens wieder auftaucht. Ebenso figurieren unter diesen
Opfern als „relapsi" 2 der in Caen geständig gewesenen Zeugen⁴): um
von anderen Widersprüchen dieser Zeugen untereinander zu schweigen.
Übrigens wäre auch im besten oder vielmehr schlimmsten Fall, wenn
keinerlei Widersprüche sich hier nachweisen ließen, die Zahl dieser Zeugen
viel zu gering, um irgendwie erheblich ins Gewicht zu fallen; vollends
nach dem, was über die Art und Weise dieses Verfahrens urkundlich fest
steht oder aus Schlüssen gefolgert werden muß.

Um von dieser Art und Weise noch einen deutlicheren Begriff zu
geben, sei wenigstens das wichtigste dieser Verhöre, das von Nîmes oder
genauer das der Seneschaussée von Beaucaire, zu der auch Nîmes gehörte,
mit ein paar Strichen hier geschildert⁵). Von größerer Wichtigkeit ist
dieses Verhör schon durch die größere Zahl von Templern, um die
es sich handelt, 66 im ganzen, die in der Seneschaussée Beaucaire von
dem Ritter Oudard de Maubuisson und dem Stellvertreter des Sene=
schalls Wilhelm von St. Just am 13. Oktober 1307 verhaftet und
größtenteils, 45, nach Aigues=Mortes, zum kleineren, 15, nach Nîmes und
nach dem königlichen Schloß Alais, 6, gebracht werden. Zunächst ist es
wieder Maubuisson, der in Aigues=Mortes im Verein mit 4 anderen,
lauter königlichen Beamten, ohne Zuziehung eines geistlichen Richters, vom
8. November 1307 an die Untersuchung vornimmt, zuerst mit 8, aus den
Tempelhöfen von Jalès und St. Gilles herbeigeführten, Servienten, die
einer wie der andere wörtlich übereinstimmend die Anklagepunkte zuge=
stehen, übrigens gleich ihren Genossen in Paris so, daß sie die Verleug=
nung immer nur „ore non corde" begangen, desgleichen die Sodomiterei
zwar erlaubt bekommen, aber nie ausgeübt oder erlitten haben wollen.
Etwas anders ist das Resultat vom 9. November und den beiden fol=
genden Tagen: hier erscheinen erst 13 und dann wieder 24 Templer,

¹) cf. dort Nr. 19—21 und wieder 27—32, besonders Nr. 19 und 27.
²) Raynouard, p. 244. — ³) ibid. p. 245. — ⁴) Gautiers de Bullens, der aus=
drücklich erst auf die beruhigende Antwort auf seine Frage, ob man ihm das Leben
schenke, wenn er aussage, wie die andern? seine Geständnisse gemacht hatte (Dupuy
p. 81), und Matthieu de Renaud (Raynouard, p. 211). — ⁵) Die Quelle dafür ist
Ménard, Histoire de Nîmes, und vor allem seine „Preuves" dazu, von Raynouard
p. 233—235 im Auszug wiedergegeben.

darunter nur 3 Ritter und 1 Priester, von denen die einen gleich den vorigen die vorgelegten Frage- und Anklageartikel übereinstimmend gestehen, die anderen dagegen auch von dem in Montpellier angebeteten Idolkopf etwas wissen; während der Priester, offenbar auf die entsprechende Fragestellung, behauptet, angewiesen worden zu sein, beim Abendmahl eine nicht konsekrierte Hostie zu gebrauchen und die Einsetzungsworte wegzulassen, was er übrigens natürlich wieder nur „ore non corde" gethan hat. Diese, durch ihn selbst gewonnenen, Resultate läßt Maubuisson sodann am Montag nach St. Martin von diesen sämtlichen Templern vor 2, durch Wilhelm von Paris ernannten Inquisitoren, Dominikanern von Nîmes, nochmals insgesamt bestätigen, worauf diese geistlichen Richter den Gefangenen bei Strafe der Exkommunikation aufgeben, etwaige weitere Ketzereien binnen 8 Tagen anzugeben. Ebenso wird es sodann in Nîmes gehalten: auch hier nimmt zuerst Maubuisson mit seinem Kollegen Wilhelm von St. Just die, somit rein weltliche, Inquisition vor, selbstverständlich mit denselben wörtlich übereinstimmenden Ergebnissen, um sie hernach vor den geistlichen Inquisitoren einfach bestätigen zu lassen. Später, während die in Paris zur Verteidigung vor der päpstlichen Kommission eingetroffenen Templer ihren Widerruf zum Teil mit dem Tode büßen, wagen es auch diese Templer von Nîmes, ihre früheren Geständnisse zurückzuziehen, ohne daß ihnen deswegen dasselbe Schicksal geblüht hätte. Erst als es gilt, für das Konzil von Vienne Material beizuschaffen, August 1311, erinnert man sich auch dieser Templer wieder und sorgt durch abermalige Folter oder Drohung mit derselben für Wiederholung der Geständnisse, die vor allem bei denjenigen, die auf Kapiteln in Montpellier den Teufel in Gestalt eines Katers und Dämonen in Gestalt von Frauen hatten erscheinen sehen, einen Beitrag liefern, auf den wir ungern verzichten würden.

Dieses Teufelsidol bekundet überhaupt eine merkwürdige Vorliebe für Südfrankreich. Während wir, wie unsere Tabelle zeigt, von den 138 in Paris Verhörten nur bei 8 eine Bekanntschaft mit demselben antreffen, unter denen wieder 4 sich an Hugo de Peraud anschließen, insofern 3 auf von ihm geleiteten Kapiteln ein solches gesehen haben wollen, während der vierte Peraud selber ist (Nr. 85), der ein solches Idol in Montpellier besessen und dem dortigen Präzeptor hinterlassen haben will: so begegnet uns dasselbe allgemeiner erst bei diesen Templern von Südfrankreich wieder und zwar in merkwürdiger Übereinstimmung auch hier mit dem Hinweis auf Montpellier. Sollte wirklich dort der Teufel seine Lieblingsresidenz gehabt haben? Auf die richtige Erklärung dürfte uns wohl die Erinnerung bringen an den lebhaften Austausch der an verschiedenen Orten gewonnenen Ergebnisse, der eben im Inquisitionsprozeß stattzufinden pflegt¹). Was war natürlicher, als daß man, wenn einmal von einem Zeugen ein Ort oder eine Person für einen der Anklagepunkte besonders genannt war, bei den mit diesen in näherer Beziehung stehenden Angeklagten um so eifriger darauf hin inquirieren ließ? Für derartige Reziprozität trug jedenfalls Philipp, der ja befohlen hatte, daß alle „Ergebnisse" in möglichster Schnelligkeit ihm eingesandt werden sollten, schon die nötige Sorge. So kann es uns nicht wundernehmen, wenn wir auch noch bei einem andern Verhör in Südfrankreich auffallende Idolgeständnisse bekommen, nämlich in Carcassonne, das, wie vorhin bemerkt, hiehergehört, obgleich die Untersuchung durch den Bischof (Peter von Rochefort²) geführt wurde und danach dieses Verhör in die Reihe der Diöcesanuntersuchungen gehörte. Aber wie diese Diöcesanuntersuchungen sich überhaupt vielfach schwer trennen lassen von den ersten eigentlichen Inquisitionsverhören, so gehört die Untersuchung durch den Bischof von Carcassonne hieher nicht bloß, weil dieselbe gleich anfangs November 1307 stattfand³), somit zu einer Zeit, daß ihr schwerlich eine andere vorausgegangen sein kann; sondern mehr noch wegen jenes merkwürdigen Zusammentreffens hinsichtlich der sonst so seltenen Idolaussagen. Zwar von einer sonderlichen Übereinstimmung in der Beschreibung des Idols kann man nicht reden, wenn man liest, wie dieses (von dem Zeugen Nr. 22 in Paris, dem Almosenier des Königs, Wilhelm de Herbley, als „alt, hölzern und außen versilbert und vergoldet" beschriebene) Inventarstück von dem ersten und Hauptzeugen, auf den man sich am meisten berufen hat⁴), Johann Cassanhas, als „ein Idol von gelber Farbe, in Gestalt eines Menschen und mit einer Art Dalmatica bedeckt", geschildert wird, dem Neuling als „ein Freund Gottes, der mit ihm redet, wann er will", vorgestellt: während der zweite, Gauceraud de Mont-Pezat, von einem vergoldeten Idol redet in Gestalt eines bärtigen Mannes, das nach einer „baphometischen Figur" gemacht sein sollte und durch das man allein gerettet werden könne; der dritte, Raymond Rubei, ein Holz von einer (wieder) baphometischen Figur als „Yalla" verehrt; der vierte, Wilhelm Boz, gleichfalls ein Holz gesehen hat, ohne aber unterscheiden zu können, was es vorstellte, nur daß es ihm von weißer und schwarzer Farbe zu sein schien; endlich der fünfte und sechste, Arnaud Sabatier und Pierre

---

¹) Vgl. die Einsendung des Protokolls, das über Himbert Blanke, den in England gefangenen Präzeptor von Auvergne, in Clermont aufgenommen wurde, von dort nach London. Wilkins, Conc. Brit. II, 364, Schottm. I, 378. ²) S. Havemann p. 210 auf Grund von Raynouard p. 211 ff. und Dupuy p. 92 ff. ³) Über den etwaigen Grund, daß dieser Bischof so Eile hatte, gleich an diesen ersten Verhören sich zu beteiligen, s. nachher. ⁴) So Prutz, Geheiml. p. 57, cf. oben p. 41.

de Mossi, einfach ein Holz in Gestalt eines Menschen gesehen und verehrt haben wollen. Es bedarf nicht, diesen Widersprüchen lange nachzuspüren. Wie Raynouard mit Recht bemerkt, hätte von Verwertung dieser Geständnisse zum Aufbau eines Systems, wie es noch von Loiseleur-Prutz geschehen ist, schon der Umstand abhalten sollen, daß sich der erste wie der sechste Zeuge, Cassanhas und P. de Mossi, später als Verteidiger des Ordens präsentieren und daß Cassanhas in der Folgezeit in Carcassonne als hartnäckiger Ketzer verbrannt wurde, weil er bei seinem Widerruf bis zum Tode standhaft beharrte; während der zweite Zeuge, Gauceraud de Montpesat, zwar auf sein erstes Geständnis hin die Ehre hatte, unter die dem Papste vorzuführenden eingereiht zu werden, aber später in Paris ausdrücklich und schriftlich diese Geständnisse vor dem Papste widerrief [1]).

Zum Überfluß haben wir gerade für Carcassonne eine urkundliche Erklärung dafür, wie es kam, daß man gerade hier so allgemein vom Idol etwas wußte, die alle unsere Vermutungen, wie es hier zugegangen, vollauf bestätigt: in dem einundzwanzigsten Zeugen des Verhörs von Poitiers [2]), dem Hirten (oder Schmied) Raymond Etienne, der auf die Frage der Kardinäle, ob er gefoltert worden sei, "dixit quod fuit fortiter tormentatus in Carcassona. Interrogatus quare non dicebat veritatem (naive Identifizierung mit Geständnis des Gewünschten) dixit quod non recordabatur sed rogavit senescalcum (also auch hier dieser in erster Linie beteiligt), ut permitteret quod possit loqui cum sociis, et habita deliberatione cum sociis recordatus fuit de hiis". Kann man naivere Beweise finden? Diese besondere Routine im "Verhören", wie der daraus folgende Umstand, daß gerade Südfrankreich als die besondere Heimat des Idols erscheint, hat für denjenigen nichts Befremdendes, der daran denkt, daß wir hier die Heimat der Ketzerverfolgung und damit der Inquisition vor uns haben und daß speziell Carcassonne nicht bloß mit Toulouse um die Ehre stritt, als Hauptresidenz der Inquisition zu dienen, sondern daß Geoffroi d'Ablis, einer der thätigsten Inquisitoren [3]) jenes ganzen Jahrhunderts und ein besonderer Günstling Philipp des Schönen, dem heiligen Offizium damals hier vorstand: womit auch der besondere Eifer des Bischofs Peter von Rochefort in der Teilnahme an diesen Verhören ohne weiteres erklärt sein wird.

Fassen wir alles Bisherige über diese ersten Verhöre zusammen, so sind es überall, soweit unsere Spuren reichen — und außer den beson-

---

[1]) Rayn. p. 243, vgl. Mich. I, 70. — [2]) Processus Pictav. bei Schottm. II, 50. [3]) cf. oben p. 281 und Molinier p. 126.

deren Kreisen sind hier vor allem die bei Michelet in dem Protokoll der päpstlichen Kommission gelegentlich sich findenden Aufschlüsse von Wichtigkeit[1]) — echt inquisitorische Mittel und so auch echt inquisitorische Ergebnisse: in der Hauptsache merkwürdige Übereinstimmung in den Geständnissen der Hauptanklagepunkte schon wegen der merkwürdigen Übereinstimmung der Fragen, entsprechend der königlichen Instruktion vom 14. Sept. 1307.

Der Natur der Sache nach hat diese Instruktion aus dem Verlauf schon eben dieser ersten Verhöre, wo die königlichen Beamten und die Inquisitoren freie Hand hatten, mannigfache Bereicherung erfahren und so ist das, in der Bulle „Faciens misericordiam" durch Klemens V. adoptierte, von Philipp dem Schönen zusammengestellte Verzeichnis der Anklagepunkte zu stande gekommen, welches das gesamte Material in 123, seit 1310 durch Einschiebung von 4 weiteren in 127, Artikeln[2]) zusammenfaßt und überall in der Kirche nun zur offiziellen Grundlage der weiteren Untersuchung dient. Da für unsere Frage nach der Schuld oder Unschuld des Templerordens diese Artikel, als die offizielle Anklageakte, von erster Bedeutung sind, schon insofern sie die Fragestellung illustrieren, so setzen wir dieselben möglichst vollständig hieher, nach der Bulle, wie sie Mich. I, 90—96 (also in erweiterter Gestalt, mit den 4 Zusatzartikeln) giebt, nur daß wir zur besseren Übersicht die zusammengehörigen Punkte je unter einer Überschrift zusammenfassen. So gewinnen wir 18 Hauptanklagepunkte:

I. Art. 1–8: **Verleugnung Christi und seines Erlösungswerks** (Art. 1: daß man bei der Aufnahme allemal, zuweilen auch nachher oder sobald der Aufnehmende Gelegenheit dazu finde, Christum verleugne, manchmal den Gekreuzigten, manchmal Jesum, manchmal Gott, manchmal die selige Jungfrau, manchmal alle Heiligen Gottes, auf Ver-

---

[1]) So über den Beamten von Mâcon, der durch Anhängung von schweren Gewichten an die Geschlechtsteile und andere Glieder des Körpers für „Ergebnisse" sorgte (Mich. I, 216), mehr noch über den später zum Oberaufseher sämtlicher gefangenen Templer in Paris bestellten Johann von Janville, der in Gemeinschaft mit dem Seneschall von Poitiers z. B. den Servienten Himbert de Puy dreimal foltern ließ, weil er das nicht eingestand, was sie wollten, und ihn hernach 36 Wochen in einem Turm bei Niort auf Wasser und Brot setzte, worauf er endlich, mürbe gemacht, die verlangten Anklagepunkte einräumte und mit einem körperlichen Eide sich verpflichtete, von dieser Aussage nicht abzugehen: bei diesem Manne mit dem Erfolg, daß er 1310 in Paris mit desto größerem Ingrimm die Unschuld des Ordens verteidigt (Mich. I, 261; cf. Schottm. I, 253). — [2]) Doch ohne daß man sich streng an diese bestimmte Zahl band: so wurden für das Verhör der nichttemplerischen Zeugen in England jene 123 auf 87 Artikel reduziert, die Templer selbst aber über noch weitere 29 (24 + 5) Artikel verhört (cf. Wilkins, Conc. Brit. und Schottm. I, 239).

anlassung oder Überredung durch den Rezeptor; — Art. 2: daß man es allgemein so halte; — Art. 3: der größere Teil; — Art. 4: zuweilen auch nach der Aufnahme selber; — Art. 5: daß den Aufzunehmenden seitens der Rezeptoren gesagt und gelehrt werde, Christus sei nicht wahrer Gott, manchmal auch Jesus, und manchmal der Gekreuzigte; — Art. 6: daß er als ein falscher Prophet hingestellt werde; ebenso (Art 7), daß er nicht für die Erlösung des Menschengeschlechts gelitten habe oder gekreuzigt worden sei, sondern für seine eigenen Verbrechen; — 8: daß man deswegen auch keine Hoffnung auf Seligkeit durch ihn haben könne und daß ihnen dieses oder etwas Ähnliches durch den Rezeptor gesagt werde).

II. Art. 9—13: **Bespeiung, Tretung und Anpissung des Kreuzes** (Art. 9: man werde seitens der Rezeptoren angehalten, das Kreuz oder das Zeichen oder die Skulptur des Kreuzes oder das Bild Christi zu bespeien, wenn auch zuweilen der Aufzunehmende danebenspukte; — Art. 10: ebenso, daß man zuweilen sie das Kreuz mit Füßen treten („conculcare") heiße; — 11: daß die Aufgenommenen dies auch wirklich manchmal thun; — 12: ebenso, daß sie es zuweilen bepißten oder mit Füßen traten und andere dazu anhielten, und das öfters am heiligen Karfreitag; — 13: daß manche von ihnen die Gewohnheit haben, an diesem oder einem anderen Tag der Karwoche zu diesem Zwecke zusammenzukommen).

III. Art. 14—15: **Anbetung eines Katers** (Art. 14: daß sie einen Kater, der manchmal auf ihren Versammlungen erscheine, anbeten; — Art. 15: daß sie dies zur Verhöhnung Christi und des orthodoxen Glaubens thäten).

IV. Art. 16—19: **Unglauben an das Altar- und andere Sakramente** (Art. 16: daß sie nicht an das Altarsakrament glaubten; — 17: etliche; — 18: der größere Teil von ihnen; — 19: noch an andere Sakramente der Kirche).

V. Art. 20—23: **Auslassung der Einsetzungsworte bei der Messe** (Art. 20: daß die Ordenspriester bei der Messe die Einsetzungsworte weglassen; — 21: etliche; — 22: der größere Teil von ihnen; — 23: daß sie dazu seitens ihrer Rezeptoren angehalten würden).

VI. Art. 24—29: **Absolution durch den Großmeister und andere Laien** (Art. 24: daß sie glaubten und ihnen gesagt werde, der Großmeister könne sie von ihren Sünden absolvieren; — 25: oder der Visitator; — 26: oder die Präzeptoren, obgleich vielfach Laien; — 27: daß sie so thatsächlich thäten; — 28: oder etliche von ihnen; — 29: daß der Großmeister dies selber vor seiner Verhaftung in Gegenwart hoher Persönlichkeiten gestanden habe).

VII. Art. 30—33: Schmutzige Küsse (Art. 30: bei der Aufnahme küßten zuweilen der Aufnehmende und der Aufgenommene sich wechselseitig auf den Mund, auf den Nabel oder den nackten Bauch und auf den After („in ano seu spina dorsi"); — 31: oder zuweilen auf den Nabel; — 32: oder in fine spinae dorsi; — 33: oder auf das männliche Glied).

VIII. Art. 34 und 35: daß man bei der Aufnahme schwöre, den Orden nicht zu verlassen und alsbald zu Profeſſen mache (Mangel eines Noviziats).

IX. Art. 36—39: Heimlichkeit bei der Aufnahme und infolge dessen Verdacht gegen den Orden (Art. 36: die Aufnahmen geschehen heimlich; — 37: nur in Gegenwart von Ordensbrüdern; — 38: deswegen laufe seit langer Zeit gegen den Orden schwerer Verdacht („vehemens suspicio") um; — 39: daß man diesen allgemein hege).

X. Art. 40—45: Sodomiterei (Art. 40: daß bei der Aufnahme seitens der Rezeptoren Erlaubnis zur Sodomiterei untereinander gegeben werde; — 41: daß es ihnen erlaubt, oder (42), daß es ihnen zur Pflicht gemacht wurde, dies wechselseitig zu thun und zu leiden; — 43: daß das keine Sünde für sie gewesen sei; — 44: daß sie das auch selber oder eine größere Zahl, — 45: etliche von ihnen gethan haben).

XI. Art. 46—57: Idol und Glaube daran (Art. 46: daß sie in den einzelnen Provinzen Idole haben, d. h. Köpfe, von denen etliche drei Angesichter, etliche eines und etliche einen Menschenschädel haben; — 47: daß sie dieses Idol anbeten, besonders auf ihren Generalkapiteln und Versammlungen; — 48: daß sie es verehrten; — 49: als Gott; — 50: als Erlöser; — 51: etliche von ihnen; — 52: der größere Teil der Kapitelanwesenden; — 53: daß sie behaupteten, jenes Haupt könne sie erlösen; — 54: oder reich machen; — 55: oder ihnen alle Reichtümer des Ordens verschaffen; — 56: oder die Bäume blühen, oder (57) die Erde sprossen machen).

XII. Art. 58—61: Die Schnur (Art. 58: daß sie sich über das Hemd oder das bloße Fleisch mit einer Schnur umgürten, die mit einem solchen Idol in Berührung gebracht worden sei; — 59: bei der Aufnahme werde den Brüdern eine solche Schnur übergeben; — 60: das geschehe zur Verehrung des Idols; — 61: zur Anlegung einer solchen Schnur und ihrer beständigen Tragung werden sie angehalten und thäten dies auch bei Nacht).

XIII. Art. 62—67: Allgemeinheit dieser Art von Aufnahmen und Zwang dabei (Art. 62: diese Art von Aufnahme sei

allgemein; — 63: überall, — 64: zum größeren Teil dieselbe; — 65: wer sich der genannten Dinge weigere, werde getötet oder mit Kerkerhaft bestraft; — 66: etliche, — 67: der größte Teil von ihnen¹).
XII. Art. 68—72: **Verbot der Mitteilung an andere bei schweren Strafen** (Art. 68: es werde ihnen eidlich auferlegt, diese Dinge nicht kund werden zu lassen; — 69: bei Todes- oder Kerkerstrafe; — 70: auch die Art und Weise ihrer Aufnahme dürfen sie nicht mitteilen; — 71: noch wagten sie über diese Dinge unter sich zu reden; — 72: wer bei der Mitteilung an andere ertappt werde, erleide Todes- oder Kerkerstrafe).
XV. Art. 73: **daß sie zur Beichte nur bei Ordenspriestern** angewiesen seien.
XVI. Art. 74—76: **Versäumnis der Abstellung dieser Ketzereien und der Mitteilung an die Kirche** (Art. 74: daß die Brüder um diese Ketzereien gewußt und sie doch abzustellen oder (75) der heiligen Mutter Kirche zu berichten versäumt haben; — 76: daß sie von Beobachtung dieser Ketzereien und der Gesellschaft solcher Brüder nicht abgelassen haben, obgleich sie die Möglichkeit dazu gehabt hätten).
XVII. Art. 77—96: **Allgemeine Beobachtung dieser Bräuche** (Art. 77: genannte Dinge werden jenseits des Meers, am Aufenthaltsort des Meisters und Konvents, beobachtet; — 78: zuweilen habe diese Ableugnung Christi in Gegenwart des Meisters und Konvents stattgefunden; — 79: in Cypern; — 80: in allen Ländern und an allen Orten, wo Aufnahmen stattfanden; — 81: im ganzen Orden allgemein und überall; — 82: infolge allgemeiner und alter Beobachtung („observantia"); — 83: aus alter Gewohnheit; — 84: aus Ordensstatut; — 85: genannte Observanzen, Gewohnheiten, Weisungen („ordinaciones") und Statuten gelten und werden beobachtet im ganzen Orden, diesseits und jenseits des Meeres; 86: genannte Dinge gehören zu den nach Bestätigung durch den h. Stuhl eingeführten Punkten; — 87: die Aufnahmen der Brüder fänden überall auf diese Weise statt; — 88: der Großmeister habe die Beobachtung dieser Dinge anbefohlen; — 89: der Visitator, (90) die Präzeptoren, (91) andere Obere des Ordens; — 92: sie selber beobachteten dies und lehrten es andere beobachten; — 93: etliche von ihnen; — 94: eine andere Art von Aufnahmen beobachteten sie nicht; — 95: keiner erinnere sich, daß je eine andere Aufnahme beobachtet worden sei; — 96: die sich dessen Weigernden werden von Meister und Konvent schwer bestraft).

¹) Hier tritt der Widersinn dieses Schematismus besonders klar zu Tage.

XVIII. Art. 97—100: **unerlaubte Bereicherung des Ordens** (Art. 97: Almosen und Gastfreundschaft werden im Orden nicht nach Gebühr beobachtet; — 98: man halte es im Orden nicht für Sünde, durch Recht oder Unrecht („per fas aut nephas") fremde Rechte sich anzueignen; — 99: man verpflichte sich eidlich, für Bereicherung und Gewinn des Ordens auf jede Weise, per fas et nephas zu sorgen; — 100: man halte es nicht für Sünde, auch einen Meineid zu diesem Zwecke zu schwören).

Die Art. 101—127 endlich sind im Grunde lauter Wiederholungen oder Modifikationen eines Teils dieser Artikel. So betrifft

101—106 (ähnlich Art. 36—39) die **Heimlichkeit bei Abhaltung von Kapiteln**;

Art. 107—111 das (seit alter Zeit im Orden gültige) **Absolutionsrecht des Großmeisters und der Oberen**, die Ordensglieder von Sünden, auch ungebeichteten, die sie aus Scham oder Furcht vor der Buße zu beichten unterlassen haben, freizusprechen (Art. 109: daß der Großmeister diese Ketzereien vor der Verhaftung aus eigenem Antrieb vor glaubwürdigen Klerikern und Laien, 110: in Gegenwart von Großpräzeptoren seines Ordens gestanden habe, 111: daß sie solche Vollmacht nicht bloß dem Großmeister, sondern auch anderen Präzeptoren und vor allem den Visitatoren zuschreiben);

Art. 112—113: die **Gültigkeit der Festsetzungen von Großmeister und Konvent für den ganzen Orden**;

Art 114—117: **Versäumnis der Verbesserung dieser Ketzereien**, obgleich seit langer Zeit im Orden eingewurzelt;

Art. 118: daß wegen dieser Schändlichkeiten viele ausgetreten seien, teils zu andern Orden, teils um Weltleute zu bleiben;

Art. 119—123 besagen wieder, daß **daraus schweres Ärgernis gegen den Orden**, sowohl bei hohen Persönlichkeiten, Königen und Fürsten, als fast bei dem ganzen christlichen Volk entstanden; daß dies alles bekannt und offenkundig unter den Ordensgliedern sei; daß darüber — oder wenigstens über den größeren Teil — oder etliche dieser Punkte — nur eine Stimme und öffentliche Meinung sowohl innerhalb als außerhalb des Ordens herrsche.

Endlich Art. 124—127: daß der **Großmeister, Visitator und die Großpräzeptoren von Cypern, der Normandie, von Poitou** und mehrere andere Präzeptoren samt einer ganzen Anzahl von Ordensgliedern genannte Dinge gestanden haben, sowohl vor als außer Gericht, vor hohen Persönlichkeiten und vor mehreren öffentlichen Personen wie an solchen Orten; ebenso daß sie dies vor dem Papst und seinen Karbinälen; daß sie es eidlich und endlich, daß sie es vor vollem Konsistorium gestanden haben.

Betrachten wir diese Anklageliste etwas näher hinsichtlich ihrer Entstehung, wenigstens ihrer nächsten, und ihrer Zusammensetzung! Für die Frage nach der Schuld des Ordens dürfte eine solche Untersuchung manches Licht abwerfen. Zunächst wird jedem aufgefallen sein, wie ungleichartige Dinge hier neben- und durcheinander gemengt sind. — Neben verhältnismäßig harmlosen oder doch selbstverständlichen, weil in der Regel des Ordens liegenden Punkten, Dingen, die somit keines weiteren Beweises bedurften, wie z. B. dem Schwur, den Orden nicht zu verlassen, der alsbaldigen Aufnahme von Professen, der Heimlichkeit bei Aufnahmen und Kapiteln (s. VIII und IX), dem Verbot der Mitteilung der Ordens- und Kapitelvorgänge und der Beichte nur bei Ordenspriestern (XIV und XV), vollends der allgemeinen Beobachtung von Anordnungen des Meisters und Konvents, stehen andere Dinge, die durch keinerlei Beweis glaubhaft gemacht werden können, wie vor allem das Erscheinen des Katers (III) und die damit zusammenhängende Verehrung eines Idols und der Glaube an ein solches (XI). Neben den Punkten, die für die eigentliche Ordensverschuldung von jeher als die gravierendsten erschienen sind, nämlich den drei Hauptpunkten der Verleugnung Christi und Bespeiung seines Kreuzes (in I und II, Art. 1—13), den schmutzigen Küssen (VII) und der Erlaubnis oder Anweisung zur Sodomie (IX) stehen andere, von denen wir uns wundern müssen, wie dieselben jemals in eine Anklageakte haben im Ernst Aufnahme finden können, so z. B. der infolge der Heimlichkeit erwachsene Verdacht (Art. 38 und 39), auch die Versäumnis, jene Dinge zu bessern oder anzuzeigen (XVI, Art. 74—76), vollends die Fragen im Anhang, von Art. 101 an, daß der Großmeister und andere Ordensobere jene Ketzereien ganz oder teilweise gestanden haben und dergl. Diese Punkte sind keineswegs bloß, wie man meinen könnte, als bloße Anhaltspunkte für die Fragestellung des Inquisitors aufgenommen, sondern, wie das Ganze als Anklage gemeint ist ("isti sunt articuli super quibus inquiretur contra ordinem militie Templi"), so sind auch die einzelnen Artikel samt und sonders als wirkliche Anklageartikel gemeint, so daß deren Bejahung jedesmal ein Stück Eingeständnis der Schuld enthielt. Verständlich wird uns dies wieder nur, wenn wir uns erinnern, daß wir es mit einem Inquisitionsprozeß zu thun haben, in dem nicht bloß die Versäumnis der Beichte vor dem regelrechten Beichtvater und, im Fall von Ketzerei, vor dem Inquisitor als ein schweres Verbrechen, das nach 1 Jahr und 1 Tag eo ipso die Verurteilung wegen Ketzerei nach sich zog, behandelt wurde, sondern schon der Verdacht, zumal wenn es sich, wie hier, um schweren handelt, als Beweis der Schuld behandelt wurde. Daneben dienten diese Artikel, zumal die letzten, mit ihrem Hinweis auf die mancherlei Geständnisse, die von den Großmeistern und Ordensoberen bereits abgelegt worden seien, sichtlich zur Einschüchterung der Angeklagten, für die es einem solchen Beweismaterial gegenüber fast eine Unmöglichkeit war, die Unschuld des Ordens aufrecht zu erhalten. Denn auch wer die speziell entscheidenden, weil eigentliche Ketzerei im Orden involvierenden, Anklagepunkte hartnäckig zurückwies, war doch kaum im stande, auch solche Dinge, wie die Heimlichthuerei, den Mangel eines Ordensnoviziats, den Schwur, den Orden nicht zu verlassen oder ihn auf alle mögliche Weise zu bereichern, abzuleugnen, und da auch diese Dinge auf gleicher Linie mit jenen als Anklagepunkte figurierten, so konnte es nicht ausbleiben, daß der Satz „semper aliquid haeret" wieder einmal gründliche Bestätigung fand. Auf diese Weise verstehen wir es, wie die Templer in England, obgleich sie eigentlich nichts nach unserer Rechtsanschauung für die Sache Wesentliches und Gravierendes eingestanden haben, auf Grund dieser Anklageakte doch zugeben, daß „sie so diffamiert seien, daß sie sich vom Verdacht nicht reinigen könnten", und wie dann nach den Begriffen der Inquisition und nach denen von Prutz darin ein wirkliches Eingeständnis ihrer Schuld erblickt werden konnte, nach unserem Urteil und der allgemeinen Rechtsanschauung unserer Zeit jedoch nur ein Beweis für die Ungerechtigkeit jenes Prozeßverfahrens überhaupt. Freilich hätte es, wenn überall nur das Resultat von England herausgekommen wäre, schwerlich je zur Verurteilung des Ordens oder auch nur zu seiner Aufhebung gelangt. Daß aber das nicht der Fall war, sondern mehr, daß die „Hauptsache" herauskommen mußte, dafür wußte Philipp und seine Inquisition, welche die päpstlichen Inquisitoren ohne weiteres mit umfaßte und sich dienstbar machte, zu sorgen. Auch unsere Artikel, die ja von Philipps Hof ihren Ausgang nahmen und vom Papst nur acceptiert wurden, lassen unschwer erkennen, was bei dieser Inquisition die Hauptsache war. Verfolgt man nämlich die Reihenfolge der Artikel, so springt jedem eine gewisse Stufenfolge in die Augen, die sich als eine sachliche und chronologische zugleich darstellt, d. h. die anzeigt, nicht nur, was den Inquisitoren von Anfang als das erste und wichtigste, die Hauptsache, erschienen, sondern auch was der Reihe nach aus den Verhören dazu gekommen ist.

Das erste ist die von Anfang an am bestimmtesten fixierte und in der königlichen Instruktion[1]) obenan gestellte Anklage auf eigentliche

---

[1]) Auch von Wilhelm von Paris seinen Untergebenen als wichtigster Punkt angegeben, unter den Geständnissen, die unverzüglich in Abschrift dem Könige einzusenden seien, ganz speziell eingeschärft (cf. Raynouard, p. 39).

Ketzerei, in der Verleugnung Christi und Bespeiung, wozu im Verlauf der Verhöre noch als weitere Modifikationen die „conculcatio" und „minctio" desselben hinzugekommen waren, bestehend. Ihr Gegenstück hat diese Ketzerei im Erscheinen eines Katers, der Personifikation des Teufels, auf den Versammlungen einerseits, dann im Unglauben an das Hauptmysterium des christlichen Glaubens, das Sakrament des Altars und die Messe mit der hiemit zusammenhängenden alleinigen Absolutionsvollmacht des Priesters andererseits. Hernach kommt die **sittliche Degeneration**, die allemal bei den Ketzern als Wirkung ihres Abfalls von der Kirche vorausgesetzt wurde: die schmutzigen Küsse einer= und die Sodomiterei andererseits; und, um gleichsam die Quelle für diese Beschuldigungen anzuzeigen, so steht mitten inne die Heimlichkeit, die bei den Aufnahmen im Orden eingehalten worden sei, und, um zu erklären, wie bei solchen Greueln der Orden seine Mitglieder habe festhalten können — in merkwürdigem Gegensatz zu der nachherigen Beschuldigung, daß viele deswegen ausgetreten seien — der Schwur, den Orden nicht zu verlassen. Daran schließt sich als letztes dieser von Anfang an vorgesetzten Fragestücke als ein, zuerst nur schüchtern gewagtes, dann aber, nach den ersten Erfolgen damit, in manchen Gegenden um so reichlicher verwertetes, Objekt das Idol, in dem die ketzerische Verschuldung ihren Höhepunkt und ihre Vollendung findet. Die weiteren Beschuldigungen von Punkt XII an (Art. 58 ff.) betreffen sodann Dinge, die bei jeder Untersuchung teils als der Wirklichkeit angehörende Elemente, teils als Konsequenzen jener ersten Anklagen herauskommen mußten: so für ersteres, als Elemente der Wirklichkeit, die im Orden (als Keuschheitszeichen) gebräuchliche Schnur, das Verbot der Mitteilung der Ordensvorgänge an andere, die Beichte nur bei Ordenspriestern (in den Statuten wenigstens als Regel eingeschärft), von Habsucht und Sucht möglichster Bereicherung für den Orden[1]). Endlich als Konsequenz jenes ganzen ersten Anklageteils erkennen wir die Artikel, welche die allgemeine Beobachtung dieser Art von Aufnahme oder dieser ketzerischen Bräuche überhaupt, oder die Versäumnis der Abstellung dieser Dinge, zum Vorwurf machen. Zuletzt sind von Art. 101 an eine Reihe von weiteren Punkten ohne inwendige Logik, dafür um so mehr chronologisch, angereiht, die im Verlauf der Zeit als weitere Erfolge des Scharfsinns der Inquisitoren sich ergaben und die jene früheren Artikel nach irgend welcher Seite noch genauer definierten oder eine weitere Nuance dafür lieferten, in der Hauptsache eben eine spezielle Anwendung

---

[1]) Auch diese Analyse der Anklageartikel liefert somit eine Bestätigung des Bildes, das wir im 1. Kapitel von den wirklichen Schäden im Orden bekommen haben.

jener sind. Insbesondere giebt die dreimalige Anführung des Großmeisters nur eigentlich ein historisches Referat darüber, was mit diesem im Laufe des ersten Inquisitionsjahres erzielt wurde, bis derselbe, das letzte Stück dieser Artikel und gewissermaßen der Knalleffekt des Ganzen, unmittelbar vor (oder nach)? cf. darüber nachher!) dieser Bulle im August 1308 vor den Kardinälen, wie andere vor dem Papst und Konsistorium, verhört werden sollte.

Damit sind wir zeitlich bereits um ein Jahr weitergelangt und haben zusammenfassend vorausgenommen, was durch jene ersten eigentlichen Inquisitionsverhöre vor den königlichen Beamten, den Inquisitoren und teilweise auch schon den Diöcesanbischöfen an Ergebnissen im einzelnen erzielt wurde. Die Hauptwirkung dieser Verhöre liegt jedoch darin beschlossen, daß durch sie Philipp der Schöne ein Beweismaterial für seine Anklage gewann, womit er nicht bloß das populäre Bedenken beschwichtigen, sondern auch dem Papst gegenübertreten konnte. Letzteres war nötig. Denn zunächst war Klemens V., der um diese Zeit mit der Eintreibung aller kirchlichen Zehnten, wofür wieder einmal die Wiedereroberung des h. Landes den Vorwand liefern mußte, beschäftigt war, von der unerwarteten Aktion Philipps aufs übelste überrascht und, wie der Brief vom 27. Okt. 1307 zeigt[1]), aufs höchste indigniert, und zwar einmal, wie der Papst nachdrücklich betont, wegen der in Philipps Vorgehen sich kundgebenden Geringschätzung des Papstes als des ordentlichen Richters für solche Dinge, doppelt ostensibel, als ja Klemens in der Nähe, in Poitiers, weilte und so ohne Schwierigkeit oder Verzögerung von dem Vorhaben des Königs hätte in Kenntnis gesetzt werden können. Sodann aber mochte, wie Lea wohl nicht mit Unrecht bemerkt, zur Steigerung dieses Zorns beitragen die Besorgnis, der König möchte jene ganze reiche Beute sich selber zu nutze machen, ein Gedanke, der einem die irdischen Güter so wenig unterschätzenden Papste immer mehr zur Hauptsorge werden mußte. Wenigstens bewies das weitere Verhalten Klemens V., daß, wenn ihm diese Sorge abgenommen werde, er im übrigen mit sich reden lassen werde. Daß seine Wut nicht gar so tragisch zu nehmen sei, konnte Philipp schon aus der Persönlichkeit der beiden Kardinäle ersehen, die ihm Klemens zur weiteren Verhandlung zusandte, und zwar, wie er schon in jenem Schreiben vom 27. Okt. ankündigte, hauptsächlich, um die Personen und Güter der Templer sich vom Könige ausliefern zu lassen. Es waren die Kardinäle Berengar von Frédole, Kardinal von St. Nereus und Achilleus, und Stephan von Suisy,

---

[1]) Boutaric in der Rev. X, p. 332; cf. oben p. 323.

Kardinal von St. Cyriac, beide Franzosen und, wie wir schon bei ihrer Erhebung hervorgehoben haben, Kreaturen Philipps, in dessen Dienst sie avanciert waren, daher, wie Klemens V. selber schreibt, dem König „non leviter, sed ex intimis in amoris vinculo et devocione conjunctos¹)". Solche Leute konnten Philipp nicht allzusehr bange machen, und so kann es uns nicht wundernehmen, wenn die ganze, in den päpstlichen Bullen der Folgezeit mit solchem Nachdruck als Beweis der Rechtlichkeit des Verfahrens betonte, Übergabe der Personen und, wenigstens zum Teil, auch der Güter der Templer lediglich ein Scheinmanöver blieb. Was die Personen der Templer betrifft, so fehlte es dem Papst ja schon an Lokalen wie an Leuten zu ihrer Bewachung und Bewahrung. Um so leichter konnten sich die Vertrauensmänner des Papstes, in Kenntnis der Willensmeinung ihres Meisters, damit zufrieden geben, wenn ihnen nur über das konfiszierte Vermögen des Ordens Garantie für abgesonderte Verwaltung gegeben wurde, die Personen einfach in den bisherigen Händen der königlichen Beamten zu lassen, was auch dann nicht anders wurde, als der Kardinalbischof Peter von Palästrina am 13. Juli 1308 feierlich mit der Oberaufsicht über die gefangenen Templer betraut wurde. Thatsächlich blieben dieselben in den Händen der königlichen Leute, über welche als Oberaufseher der Propst von Poitiers, Philipp de Vohet, und der Ritter Johann de Jamville fungierten. So kam es, daß die Verhöre über den ganzen Winter 1307 auf 1308 ungeniert ihren Fortgang nahmen und trotzdem Klemens V. schon am 1. Dez.²) 1307 in einem weiteren Brief³) Philipp zu beloben wagt, daß er die ganze Angelegenheit nicht zur Verminderung der Freiheit der Kirche, sondern lediglich aus Eifer um die Ehre Gottes, die Erhöhung des katholischen Glaubens und aus Verehrung für die Person des Papstes unternommen habe: indem er nur für das eine Sorge trägt, sich vom Könige bezeugen zu lassen, daß das (eben vom König ausgesprengte) Gerücht, wonach der Papst dem Könige von Anfang an die ganze Angelegenheit zur Erledigung überlassen habe, des thatsächlichen Grundes entbehre. Diese Auffassung beeiferte sich Philipp unter dem 24. Dez.⁴) 1307 zu bestätigen, indem er feierlich erklärte, daß er nicht die Absicht gehabt habe, den Rechten der Kirche zu nahe zu treten, noch ihr Eigentum anzutasten, weshalb er auch die Templer den beiden Kardinälen anstandslos überlassen und Sorge getragen habe, daß die Verwaltung ihres Vermögens abgetrennt von dem der Krone geführt werde. Schon vorher, noch ehe das Verhör von Paris zu Ende ging,

---

¹) Reg. X, p. 335. — ²) Nicht am 30. Nov., wie Lea (I, 278) schreibt. — ³) Bal. II, 112 f. — ⁴) Bal. II, 113 f.

hatte Klemens V. sich zu dem Schritt herbeigelassen, der am meisten beweist, wie wenig es ihm um diese Zeit noch einfiel, Philipps Absichten ernstlich durchkreuzen zu wollen, wie er vielmehr, trotz jenes erst zur Schau getragenen Zornes, durchaus darauf aus war, thatsächlich im Einklang mit dem Könige zu bleiben: am 22. Nov. 1307 ließ er die Bulle „Pastoralis praeeminentiae solio", zu der er das Konzept vorher, unter dem 17. Nov.¹), dem Könige hatte zugehen lassen, ausgehen, in der er sämtliche Machthaber von Europa zur Nachahmung von Philipps Thun auffordert, d. h. dazu, überall die Templer im Namen der Kirche zu verhaften und in Gewahrsam zu halten und ihr Eigentum für den Papst einzuziehen. Dabei ist Klemens bestrebt, im Unterschied vom 27. Okt. 1307, Philipps Vorgehen als möglichst berechtigt hinzustellen, indem er ausdrücklich hervorhebt, daß Philipp jenen Schritt auf Anrufung des päpstlichen Großinquisitors gethan habe; daß die Häupter des Ordens die ihnen vorgeworfenen Ketzereien zugegeben haben und daß ihm selbst ein Templer aus seiner Umgebung, den er darüber verhört, die Wahrheit jener Beschuldigungen zugestanden habe. Damit erklärte sich der Papst in einer Weise für solidarisch mit dem Könige und griff in das Schicksal des Ordens durch die Wirkung seiner Bulle, die einem Befehle an die ganze Christenheit glich, in einem Grad persönlich ein, der für ihn selber ein Rückwärtsgehen bereits unmöglich machte und das Schicksal des Ordens so gut wie definitiv besiegelte.

Trotzdem versuchte Klemens den Dingen noch einmal eine andere Wendung zu geben, indem er im Fortgang der Sache plötzlich die Vollmacht der Inquisitoren, der päpstlichen wie der Prälaten, suspendierte. Leider sind wir über das Datum dieser vielberufenen Suspension nicht genauer instruiert, da hier eine Lücke im Briefwechsel zwischen Philipp und Klemens klafft²). Allem nach muß sie im Januar oder Februar 1308 ergangen sein. Ebenso sind wir darüber, worin der eigentliche Grund dieser überraschenden Schwenkung lag, auf Mutmaßungen angewiesen. Schottmüller hat in dieser Verlegenheit daher diese Suspension ohne weiteres auf die Nachricht von der Verhaftung der Templer verlegt und mit dem Brief vom 27. Oktober kombiniert. Nur steht leider in diesem Brief, wie Prutz mit Recht bemerkt³), davon kein Wort. Zwar würde solcher Zeitpunkt für eine derartige Verfügung schon wegen der päpstlichen Empörung über die Eigenmächtigkeit Philipps einem von Hause aus am

---

¹) Bal. II, 110 f., cf. Schottm. I, 654. — ²) Ob diese Lücke auf absichtliche Unterdrückung zurückzuführen ist, wozu bekanntlich Baluze auch sonst bei Schriftstücken, die für das französische Königtum zu wenig ehrenvoll waren, sich herbeigelassen hat? — ³) Culw., p. 155 Anm.

meisten einleuchten. Aber weder paßt dazu die schon in jenem Brief angedeutete und mit der Bulle „Pastoralis praeeminentiae" feststehende baldige Besänftigung des Papstes, noch die schon vorhin konstatierte Thatsache, daß bis zum Anfang (sicher noch im Januar) des Jahres 1308 die Inquisitionsverhöre ungestört ihren Fortgang nahmen. Das Richtige trifft hier wahrscheinlich Lea[1]), wenn er den Grund in Besorgnissen des Papstes hinsichtlich des Schicksals der Ordensgüter vermutet: „Vielleicht fand er, daß Philipp seine Versprechungen hinsichtlich der Templerbesitzungen nicht zu erfüllen auf dem Wege war und daß eine Versicherung über ihre Kontrolle notwendig war." Das würde ganz zu dem sonstigen Charakter Klemens V. stimmen. In jedem Fall: so wertvoll uns diese Verfügung schon dadurch ist, daß der Papst darin nicht bloß aufs neue über die Plötzlichkeit der Verhaftung klagt, sondern auch sein Mißtrauen gegenüber den ihm vorgelegten bisherigen Verhören bekennt, die eher geeignet seien, Unglauben als Glauben zu erregen[2]) — in merkwürdigem Widerspruch mit den Versicherungen seiner Bulle „Pastoralis praeeminentiae": — so kam sie doch zu spät und diente so nur dazu, Philipp in unbeschreibliche Wut zu versetzen, eine Wut, die uns doch zeigt, wie richtig das Mittel war, wenn es zur rechten Zeit gewählt worden wäre. So aber setzte sich Klemens V. vor aller Welt in Widerspruch mit sich selber und gab Philipp das Recht, sich nicht bloß zu ärgern, sondern auch den Papst selbst in ein gefährliches Licht zu rücken, das eines Begünstigers der Ketzerei; um so gefährlicher, da der König zugleich gegen ihn die Prälaten ausspielen konnte, die er mit jener Verfügung aufs schwerste gekränkt habe. Was den königlichen Zorn am meisten veranlaßte, verrät die im gleichen Brief sich findende Bemerkung, „er habe die Templer mit neuen Hoffnungen erfüllt und sie seien daran, *ihre Geständnisse zurückzunehmen*", so besonders Hugo de Peraud, der mit den Kardinalabgeordneten zu speisen die Ehre hatte[3]). Das zeigt, wie weitreichend auch in diesem Stadium noch des Papstes Willenserklärung war und wie das ganze bisherige Ergebnis auf der Inquisitionsgewalt basierte, mit deren Aufhebung die ganze Sache ein anderes Gesicht bekommen mußte, für den König um so empfindlicher, als ihn die Enthüllung des bisherigen Ge-

---

[1]) Auch Prutz neigt im allgemeinen einer ähnlichen Auffassung zu. Lea III, p. 279. — [2]) Damit stimmt seine Bemerkung in dem späteren Schreiben vom 5. Juli 1308 an die Erzbischöfe von Rheims, Tours und Bourges, in dem er ihnen die Rückgabe der Inquisitionsbefugnisse anzeigte: daß er über die Ergebnisse der ersten Verhöre seine eigene Ansicht gehabt habe und an den Grund der Anlagen lange nicht habe glauben können (d'Achery, Spicil X, p. 358, von Havem. p. 213 nicht ganz richtig verwertet). — [3]) Lea III, p. 279.

waltverfahrens vor der ganzen Welt aufs beschämendste bloßstellen mußte. Kein Wunder, daß Philipp alle Hebel in Bewegung setzte, um auf dem eingeschlagenen Wege vorwärts zu kommen. Zunächst versuchte er, mit seiner eigenen Gerichtsbarkeit das Ziel zu erreichen. Dazu sollte die Universität durch eine Erklärung über die Kompetenz derselben dienen. Aber die theologische Fakultät erwiderte am 25. März 1308, daß sie nicht helfen könne: die Templer seien Religiosen und als solche von der weltlichen Gerichtsbarkeit exemt; das einzige Erkenntnis, das dem weltlichen Gerichtshof über Häresie zustehe, sei auf Ersuchen der Kirche, nachdem diese einen Häretiker ihm überlassen habe; im Falle der Not könne die weltliche Gewalt einen Häretiker verhaften, aber einzig in der Absicht, ihn dem kirchlichen Gerichtshof zu überantworten; und schließlich müsse der templerische Besitz für den Zweck, zu dem er dem Orden übergeben worden sei, behalten werden[1]). Letzteres ist wieder ein deutlicher Wink, um was es sich bei dem ganzen Konflikt vornehmlich handelte: daß Philipp dachte, auch hier denselben Nutzen zu ziehen, wie sonst von den verurteilten Ketzern, deren Vermögen in der Regel, wenigstens in Frankreich, dem königlichen Fiskus zufiel. Das war ja der Hauptgesichtspunkt von Anfang an, den Philipp nicht ohne Not preisgab, wozu er die Verurteilung des Ordens wegen Ketzerei so nachdrücklich verfolgte.

Zum Glück hatte er noch andere Bundesgenossen, die in dieser Angelegenheit sich willfähriger zeigten, als die störrischen Gelehrten der theologischen Fakultät. So schon die Prälaten Frankreichs, die, wie wir oben gesehen haben, dank Philipps Hartnäckigkeit und des Papstes Nachgiebigkeit in Personalfragen, zum größten Teil seine ergebenen Kreaturen waren. Wertvoller noch erwies sich die öffentliche Meinung, die durch Dubois, des rührigen Vogts von Coutance, Pamphlete[2]), die den Papst in den schärfsten Ausdrücken der Versäumnis seiner Pflicht anklagten, ihm das Gericht über Ketzer in Aussicht stellten und den König zur Rache der beleidigten Majestät Gottes an seiner Stelle aufriefen, in geschickter Weise in Aufregung versetzt wurde und in den Generalständen ein ebenso imponierendes, als durchaus vom Könige abhängiges und schon im Streit mit Bonifazius VIII. erprobtes Organ des Nationalwillens besaß.

So fand, nach einer vorausgehenden Notabelnversammlung in Melun, die Nationalversammlung in Tours nach etlicher Verschiebung[3]) im Mai 1308 statt, um mit dem Könige „de facto Templariorum" zu beraten. Zwar versagte nicht bloß der mit den Templern in vielfachen

---

[1]) Nach Lea III, p. 280. Das Datum nach Dupuy, der das Dokument gegeben hat, p. 75. — [2]) Not. et extr. XX, 2, 175 ff. [3]) Ursprünglich hatte sie Philipp schon auf den 15. April einberufen.

Beziehungen stehende Abel, sondern auch die, in solchem Streit zwischen
König und Papst wegen ihres Einblicks in die Rechtslage doppelt bedenk=
liche, Geistlichkeit in solchem Grade, daß der König sich zu dem Befehl
veranlaßt sah, daß die dem Reichstag fernbleibenden Prälaten die Kosten
der dabei erscheinenden zu tragen hätten. Doch erschien dafür der dritte
Stand, die Vertreter der Kommunen, um so zahlreicher, und ging die ganze,
immerhin imponierende Versammlung um so williger auf die Vorschläge
des Königs ein. So mit dem Prestige der Nation hinter sich kehrte Philipp
von Tours Ende Mai zu Klemens nach Poitiers zurück, in Be=
gleitung einer starken Vertretung, die seine Brüder, seine Söhne und seine
Räte einschloß. Lang und ernst waren die Verhandlungen über diese An=
gelegenheit[1]), da Philipp durch seinen Wortführer Wilhelm von Plasian
darauf drang, daß die Templer schuldig befunden worden seien und un=
mittelbare Bestrafung folgen solle; Klemens seine Beschwerden wiederholte,
daß eine Angelegenheit von solcher Größe, die ausschließlich dem h. Stuhl
angehörte, ohne seine Initiative vorwärts geführt werden sollte. Eine
Korporation gleich dem Templerorden hatte mächtige Freunde durch ganz
Europa, deren Einfluß bei der Kurie groß war, und die päpstliche Ver=
legenheit war mannigfaltig, je nachdem die eine oder andere Seite über=
wog; aber Klemens hatte sich unwiderruflich im Angesicht von ganz Europa
durch die Bulle vom 22. November preisgegeben, und es war in Wirk=
lichkeit bloß eine Frage der Zeit, wann er die Sache in Frankreich weiter
vor sich gehen lassen würde durch Aufhebung der Suspension über die
Befugnisse der Inquisitoren[2]). Der Handel war um so verwickelter, je
mehr andere Angelegenheiten hereinspielten. So brachte Philipp sein
altes Pressionsmittel, den von Klemens versprochenen Prozeß gegen Boni=
fazius VIII. wieder nachdrücklich vor. Andererseits kam dem Papst der
mit der Ermordung Kaiser Albrechts am 1. Mai 1308 sich vollziehende
Wechsel der äußeren politischen Situation zu Hilfe, indem damit Philipp
des Schönen Pläne für den deutschen Kaiserthron wieder in den Vorder=
grund rückten und ihn, da diese ohne des Papstes Unterstützung keine
Aussicht auf Realisierung hatten, zur Ermäßigung seiner Ansprüche und
zu möglichstem Entgegenkommen gegen Klemens V. mahnten. So wirkten
diese weiteren Verwicklungen der Sache doch wieder darauf hin, beiden
Teilen die Notwendigkeit einer Verständigung zum Bewußtsein und eine

---

[1]) Wie hart Philipp im Verlauf dieser Verhandlungen auf den Papst drückte,
und wie unerträglich dessen Situation eine Zeit lang gewesen sein muß, dafür giebt das
Gerücht über den durch den König vereitelten Fluchtversuch des Papstes aus Poitiers,
auch wenn wir es nur als leeres Gerücht nehmen, den allgemeinen Eindruck wieder.
— [2]) In der Hauptsache nach Lea III, p. 280 f., der hier am kürzesten und treffendsten
die Situation wiedergiebt.

Vereinbarung zu stande zu bringen, für welche Klemens sich durch ein eigenes Verhör mit einer Anzahl von Templern, das in Poitiers vorgenommen wurde und den nötigen Beweis ihrer Schuld lieferte, die formelle Grundlage zur Begründung seines abermaligen Umschwungs verschaffte. Der Inhalt dieser **Vereinbarung** war, abgesehen von der Formalität, daß die Templer dem Papste ausgeliefert, aber in seinem Namen von dem König in Verwahrung gehalten werden sollten: **Fortsetzung der Verhöre durch die Bischöfe** in ihren verschiedenen Diöcesen und zwar, auf spezielles und ernstliches Ersuchen des Königs, unter **Beiziehung der Inquisitoren** — Philipp wußte diese zu schätzen —: Molay und die Großwürdenträger, soweit sie in Philipps Hände gefallen waren, die Großpräzeptoren des Orients, der Normandie, von Poitou und der Provence sollten dem päpstlichen Urteilsspruch vorbehalten, die Besitztümer des Ordens in die Hände von durch den Papst und die Bischöfe ernannten Kommissären gelegt werden (denen der König insgeheim von seinen eigenen Agenten beigab?). Aber zu beklagen war er darin, daß er unterschreiben mußte, daß diese Güter für das h. Land verwertet werden sollten. Das Schicksal des Ordens als Institution wurde einem allgemeinen Konzil vorbehalten, das auf Oktober 1310 berufen werden sollte. „Der Kardinal von Palästrina wurde als päpstlicher Vertreter zur Überwachung der Personen der Templer ernannt — eine Pflicht, der er sich schleunigst unterzog durch Übertragung derselben auf den König unter der Bedingung, daß sie der Kirche zur Verfügung gehalten werden sollten. Klemens vollendete seinen Anteil an dem Handel durch Aufhebung der Suspension über die Inquisitoren und Bischöfe vom 5. Juli 1308 und Wiederherstellung ihrer Gerichtsbarkeit in der Sache. Zu gleicher Zeit wurde jedem der Bischöfe in Frankreich die Weisung zugesandt, sich selbst 2 Kathedral-Kanoniker, 2 Franziskaner und 2 Dominikaner zuzugesellen und mit den Verhören gegen die einzelnen Templer ihrer Diöcesen vorzugehen, unter Zulassung von Inquisitoren zur Teilnahme auf deren Wunsch, aber ohne gegen den Orden als ganzen vorzugehen. Jedermann wurde zur Verhaftung der Templer und ihrer Auslieferung an die Bischöfe oder Inquisitoren bei Strafe der Erkommunikation aufgefordert und Philipp befahl seinen Unterthanen, den päpstlichen Deputierten alles Eigentum des Ordens, wirkliches und persönliches, zurückzugeben" [1]. Wilhelm von Plasian aber, der Philipps Hauptwerkzeug bei diesen Verhandlungen gewesen war, erhielt einen besonderen Beweis von Klemens' Gunst durch Breves vom 5. Aug. 1308: doch wieder ein beredtes Zeugnis dafür, worüber der eigentliche Streit angegangen und was dem Papst die Haupt-

---

[1] Wieder nach Lea III, 282, wie in der Hauptsache dieser ganze Abschnitt.

sache war: weniger der Orden selber als sein Gut. Denn in der Hauptsache gipfelt jene Abmachung in nichts anderem, als daß der Papst die Personen der Templer preisgiebt, um die Güter des Ordens vom Könige herauszubekommen. Übrigens war auch dies wieder, wenigstens zum Teil, nur Schein. Denn, wie Lea weiter mit Recht bemerkt: „Obgleich Klemens in seinen Bullen Europa erklärte, daß Philipp seine Uneigennützigkeit an den Tag gelegt habe durch Rückgabe alles templerischen Eigentums, so war das doch eine Phrase, die einen guten Teil der kundigen Verteidiger auf beiden Seiten lachen machte. Es ist nicht der Mühe wert, die Angelegenheit in ihren Einzelnheiten zu verfolgen, aber wir werden sehen, wie am Ende Philipp Zug um Zug seine Partner bei diesem Spiel über das Ohr hieb und die Kontrolle, die er scheinbar fahren ließ, zurückbehielt."

Übrigens sorgte auch Klemens nach Kräften dafür, daß er selber bei diesem Handel nicht gar zu kurz wegkam. Nicht bloß wurden 6 Kuratoren in Frankreich bestimmt, um nach dem Eigentum für den h. Stuhl zu sehen, denen durch Breve vom 5. Jan. 1309[1]) Diäten von 40 Pariser Sous guter Münze für jede Nacht, die sie von Hause wegzubleiben haben, verstattet wurden; sondern ein Breve vom 28. Jan. 1310[2]), das die Bewachung gewisser Tempelhäuser in den Diöcesen von Bordeaux und Bazas vom Bischof Wilhelm von Bazas auf den Kanoniker Gerhard de Bussy von Agen überträgt, liefert auch den Beweis, daß Klemens in der Folgezeit von einem Teil der templerischen Güter, wie es scheint, besonders solchen, die ihm von Bordeaux aus am meisten in die Augen gestochen und seine Begehrlichkeit gereizt hatten, Besitz ergriff. Eine vollständigere Übersicht über diesen päpstlichen wie über den königlichen Anteil an der Beute giebt am Ende seiner Arbeit Lavocat[3]).

So war die Bahn für Weiterführung des Prozesses in der Anfangsrichtung frei, indem mit diesen Abmachungen nicht nur der päpstliche Widerstand endgültig gebrochen war, sondern auch von da an Klemens womöglich noch größeren Eifer als Philipp an den Tag legt, „Resultate" zu erzielen und damit seine moralische Niederlage gegenüber dem König vor der Welt zu verschleiern. Damit aber war der Ausgang des Prozesses endgültig entschieden.

---

[1]) Reg. Clem. IV, p. 439. — [2]) Reg. Clem. V, p. 56. — [3]) In dasselbe Kapitel, Bereicherung der Kurie bei diesem Anlaß, gehört auch wohl die schon vorher unter dem 21. Dez. 1307 dem Johanniterorden durch päpstliche Rundschreiben durch ganz Europa erteilte Zustimmung des päpstlichen Schutzes unter Bestätigung aller ihrer Privilegien und Freiheiten. Offenbar war, wie Lea III, p. 278 bemerkt, die allgemeine Erwartung, daß die Hospitaliter das Schicksal ihrer Rivalen teilen würden, und vielfach Neigung vorhanden, über sie herzufallen. Daß sie den deshalb erbetenen päpstlichen Schutz nicht kostenlos erhielten, bedarf keiner besonderen Versicherung.

Sechstes Kapitel.
Zweite Phase des Prozesses: Weiterführung desselben. Die Diöcesanuntersuchungen. Poitiers und Chinon.

Seine unumstößliche Rechtsgrundlage erhielt dieses Resultat durch die auf Grund der Vereinbarung von Poitiers sanktionierten Diöcesanuntersuchungen. Diese sind auch nach jener, das Ergebnis in Aussicht nehmenden und damit sichernden Vereinbarung mit Philipp von viel größerem Belang, als man ihnen oft zuerkannt hat, schon dadurch, daß sie 1. das Beweismaterial beibringen, das nach der Anschauung der Zeit nötig und gültig war; 2. daß sie über die Personen der Ordensangehörigen entscheiden, womit zusammenhängt, daß sie 3. in der Hauptsache auch die Aussagen der Einzelnen und damit das Urteil über den Orden endgültig bestimmt haben.

In die Reihe dieser Diöcesanuntersuchungen gehört auch, schon wegen des ersten Gesichtspunkts, das bereits im vorigen Kapitel erwähnte Verhör von Poitiers. Zwar figuriert dieses Verhör in den päpstlichen Schreiben, welche die Vereinbarung mit Philipp wiedergeben, oder sich auf diese beziehen, so ganz besonders nachdrücklich in der Bulle „Faciens misericordiam" vom 12. August 1308, allemal als Grundlage und entscheidender Faktor jener Vereinbarung, indem sich Klemens V. namentlich auf dieses Verhör für seinen nunmehrigen Glauben an die Schuld der Templer beruft: sei doch eben durch dieses sein bisheriges Mißtrauen in die Wahrheit und Rechtsgültigkeit der von Philipp ihm vorgehaltenen Geständnisse beseitigt worden, indem er durch eigene, in Gemeinschaft mit den Kardinälen vorgenommene sorgfältige Untersuchung die schwerwiegendsten Beweise von der Schuld des Ordens erhalten habe. Indes ist, wie wir wiederholt zu erklären hatten, auf solche Behauptungen[1])

---

[1]) Auch Schottmüller, der doch überall Klemens V. möglichst zu rechtfertigen sucht, muß „von hier ab eine Unterordnung der Wahrheit unter die Zweckmäßigkeit der Auffassung und die Rücksichtnahme auf politische Verhältnisse annehmen". Schottmüller I, 185.

von Klemens Bullen bei deren fortgesetztem Selbstwiderspruch kein weiteres Gewicht zu legen. In Wirklichkeit ist jenes Verhör vielmehr ein Zeugnis für die schon geschehene oder feststehende als ein Faktor und eine Ursache der noch ausstehenden Vereinbarung. Überblicken wir die Umstände, unter denen, und die Art und Weise, wie dieses Verhör hier stattfand, so müssen wir sagen, daß es sich nur um eine Scheinuntersuchung handeln kann. Das Ergebnis war vorher ausgemacht. Den Beweis liefert eine nähere Betrachtung, wie sie durch Schottmüllers „Processus Pictaviensis" nunmehr ermöglicht ist[1]).

Schon daß die dem Papst vorgeführten Templer dazu besonders ausgelesen waren, läßt ihren Aussagen kein allzugroßes Vertrauen entgegenbringen. Es war ja der König, der sie dem Papst vorführen und somit auch die Auswahl treffen ließ, und wir können uns genügend vorstellen, was für Subjekte seine Beamten, auch ohne ausdrückliche Anweisung von ihm, an der es schwerlich gefehlt haben wird, auszulesen Sorge trugen und mit welchen Mitteln sie sich möglichste Garantien dafür zu verschaffen suchten, um von den Gefangenen keinerlei Dementierung und damit Diskreditierung vor dem König befürchten zu müssen. Diese Vermutung wird durch eine Prüfung der urkundlich vorliegenden 33 (unter 72) Zeugen vollauf bestätigt. Nach Schottmüller[2]) setzen sich dieselben aus 3 Gruppen zusammen: „a) aus schon früher dem Orden abtrünnig gewordenen; b) solchen Brüdern, welche entweder schon vorher mit dem Orden unzufrieden gewesen waren und beim Eintritt der Katastrophe durch Versprechung oder Androhung härterer Maßregeln leicht zu bewegen waren, vielleicht auch durch leichtere Foltern erst bewegt wurden, derartig gegen den Orden zu zeugen, wie es dem König erwünscht war, und c) solchen Templern, die erst durch schwere und wiederholte Marterung, sowie vor allem durch die auf die Länge der Zeit nicht zu ertragende Entbehrung ausreichender Nahrungsmittel und Entziehung auch der allergewöhnlichsten Lebensbequemlichkeit zu Aussagen bewogen worden waren." Indem wir auf die zweite Kategorie (b), die mit ihrer unklaren Zusammenmengung verschiedener Gesichtspunkte eher Schwierigkeiten schafft, als beseitigt, Verzicht leisten, unterscheiden wir einfach solche, die aus moralischen Gründen keinen Kredit verdienen, d. h. charakterlose Subjekte, und 2. solche, bei welchen wir die Erklärung in physischen Zwangsmitteln finden, kurz gesagt, der Folter. In die erstere Kategorie, der „Subjekte", gehören vor allem eine Reihe der im ersten Pro-

---

[1]) Vgl. Schottm. II, 1–72. Der Inhalt dieses „Processus" ist in der Tabellenreihe B (VII und VIII) zusammengestellt. — [2]) Schottm. I, 266.

tofoll¹) Genannten und durch den Kardinalpriester Berengar Verhörten, so gleich Nr. 1²), 2³), 3⁴), 4⁵) und 6⁶); dann wieder der Anfänger der 2. Reihe (der durch die Kardinaldiakonen Landulph und P. de Colonna Verhörten) Nr. 13, der wiederholt als Hauptdenunziant seines Ordens sich entlarvende Priester Johannes de Folliac⁷), außerdem aus dieser Reihe auch noch Nr. 17⁷) und 18⁸). Das 3. Protokoll, Kodex γ, das Resultat des Kardinalpriesters Stephan (de Suisy), umfaßt, mehr noch als die zweite Abteilung, besonders solche, die durch die Folter mürbe geworden sind. Dahin sind zu rechnen nicht bloß solche, von denen früher eigentliche Folterung ausdrücklich bezeugt wird, so Nr. 12, 15, 19, 21, 27⁹), 31¹⁰) und 33¹⁰), unter welchen besonders Nr. 19 und 21 bemerkenswert sind, jener, weil er mehrfach und unter besonders unwürdigen Umständen, dieser, weil er besonders stark („fortiter") gefoltert worden zu sein erklärt, und zwar, in merkwürdiger Übereinstimmung, beide in Carcassonne¹¹); sondern auch diejenigen, bei denen ihrem eigenen Geständnis nach schon der Anblick der Folter die gewünschte Wirkung hatte: so Nr. 20, 23, 26. Wie dieser Anblick auf schwache Naturen wirkt, zeigt besonders deutlich Nr. 20, der Ritterpräzeptor von Gencils

¹) Dieser Codex ist wohl auch aus diesem Grund an die Spitze des Ganzen gestellt, so wie Johannes de Folliac nicht nur in Codex B. an der Spitze prangt, sondern auch bei dem Verhör im Tempel in Paris von Wilhelm Imbert als Erster vorgenommen wird: des weiteren cf. die Tabelle. — ²) Dieser, der Ritter Johannes de Monte alto aus Asturac (an der Adour?), also Südfranzose, war offenbar erbittert darüber, daß sein Vater sein Vermögen dem Orden übergeben und ihn so gezwungen hatte, Templer zu werden, bezw. zu bleiben (wird wohl gewußt haben, warum er seinen Sprößling hier aufgehoben haben wollte).   ³) Berichtet selber, daß er bei erster Gelegenheit aus dem Orden entflohen sei. — ⁴) Auch dieser gehört nicht bloß zu denen, die schon früher dem Orden den Rücken gekehrt hatten, nur daß er auf Bitten seiner vornehmen Freunde regelrecht entlassen worden war, sondern hatte auch „gratis" vor der Inquisition, die solche Vögel prinzipiell als Denunziatoren zu verwerten pflegte, seine Aussagen gemacht. — ⁵) Wird nicht bloß gleich den beiden vorhergehenden als „olim Templarius" bezeichnet, sondern auch durch den im Mai 1310 verbrannten Präzeptor Morel, der sein Rezeptor gewesen sein soll, Lügen gestraft. — ⁶) Auch dieser heißt bei der Vereidigung „olim Templarius". — ⁷) Über diesen, offenbar ein besonderes Früchtchen, der seine Verwandten vergeblich gebeten hatte, ihn aus dem Orden, in dem er „nie mehr froh geworden sei", zu thun, wie über seinen ähnlichen Compagnon, ⁸) Nr. 18, vgl. die Tabelle (B II).   ⁹) Dieser, obgleich er nur „etwas" gefoltert zu sein behauptet („parum"). Für einen solch schwachen Kopf, wie dieser „agricola" sich als einer entpuppt, war jenes „parum" mehr als genügend. — ¹⁰) Diese beiden aus der Diöcese Béziers, weshalb wir uns nicht wundern dürfen, daß bei ihnen auch das Idol wieder seine Rolle spielt. — ¹¹) Natürlich, daß darum auch von ihnen, wenigstens dem einen unter ihnen, Nr. 21, das Idol gesehen werden sein will, hier als ein weißer Kopf mit einem Bart, „ut sibi videbatur".

(Diöcese Limoges) Peter de Conders, der offen klagt, daß er „seit seiner Verhaftung in steter Angst" sich befinde. Mit noch größerem Recht müssen selbstverständlich diejenigen hieher gesetzt werden, deren Widerstandskraft nach ihrer eigenen Angabe durch die Kerkerhaft gebrochen worden ist: so Nr. 14, 16, 28, 29 und 32, auch wohl Nr. 22¹). Vor allem Nr. 29, d. h. mit seinem Namen der Ritter Gerald de St. Marcial, Präzeptor von Charrières, Diöcese Limoges²), liefert wieder quellenmäßig den Beweis, daß wir uns wirksamer noch als die eigentliche Folter die Kerkerhaft jener Zeit denken müssen: hier als eine „dreiwöchentliche bei Wasser und Brot in einem Turm" beschrieben. Die sonstigen Dinge, die eine solche Haft zu besonderer Qual machten, Kälte, Nässe, Unreinlichkeit, dürfen wir uns jedoch getrost hinzudenken, wenn wir uns erinnern, daß in der Seneschaussie Poitiers, in der dieser Zeuge verhaftet wurde, einer der fähigsten Agenten Philipps, der hernach zum päpstlich approbierten Oberaufseher der Gefangenen ernannte Propst von Poitiers, Philipp de Vohet, funktionierte. Daß es übrigens einer solch extra schlimmen Kerkerhaft zur richtigen Vorbereitung dieser Verhöre nicht bedurfte, daß schon die Art, wie die Zeugen hieher, nach Poitiers, geführt wurden: auf einem Karren mit auf den Rücken gebundenen Händen und in Beinschienen gelegt, ebenso in diesen Opfern das Bewußtsein völliger Machtlosigkeit wie in der Bevölkerung, die sie so als erklärte Verbrecher behandeln sah, das von ihrer völlig erwiesenen Schuld wecken mußte, läßt uns Nr. 30 erkennen. Fügen wir hinzu, daß sich Nr. 5 und 7 (ähnlich Nr. 20 und 27), jener Schafhirte, dieser Müller, als offenbare Schwachköpfe verraten³), so haben wir auf diese Weise schon bei über ³/₄, 27 unter 33, dieser Zeugnisse den Beweis ihrer Unzuverlässigkeit auf Grund der naheliegendsten Erklärungen, welche uns die Protokolle für ihre Aussagen geben, erbracht.

Aber auch die noch übrigen 6 halten einer näheren Prüfung nicht stand. Zunächst erklärt Nr. 11, der Servient Stephan Trobati de Gabian aus der Diöcese Béziers⁴), später, im Februar 1310⁵), vor der päpstlichen Kommission mit allem Nachdruck seine Geständnisse vor dem

---

¹) Darauf weist wenigstens der Vergleich mit Nr. 32 hin, mit dem er dieselbe Diöcese, Cahors, und wohl auch dieselbe Kerkerhaft teilte, die bei diesem für die mangelnde Folter als Ersatz genannt wird: ein Ersatz, der wohl auch bei Nr. 22 zu dem „nicht gefoltert" zu ergänzen ist. — ²) cf. vorhin Nr. 20. ³) Nr. 5, der Schafhirte Wilhelm de Sancto Supplete, wird wohl auch aus diesem Grund (wie aus dem allgemeineren, nachher oben im Text angeführten) vor der päpstlichen Kommission, von der er am 11. April 1310 bereits vereidigt worden war, nicht weiter verhört. — ⁴) Daher wieder „Jeolanbeter" = Nr. 31 und 33. — ⁵) Mich. I, 70.

Papst für erlogen, was er, soweit wir erkennen können, im Mai 1310 mit dem Scheiterhaufen büßte. Damit stimmt er nicht bloß mit dem zunächst nach ihm verhörten Ritter Ademar de Sparres, der gleich ihm später die hiesigen Geständnisse für erlogen erklärt und wahrscheinlich dasselbe Los dafür erlitten hat (nur daß er für sein Geständnis vor dem Kardinal noch dazu die Folter, die er in Toulouse erlitten, als Erklärungsgrund giebt), sondern auch mit dem 190. Zeugen vor der päpstlichen Kommission[1]), Audebert de la Porte, überein. Dieser einer der übrigen 39 Zeugen von Poitiers, deren Protokolle wir nicht mehr besitzen, leugnet dort sämtliche Anklagepunkte, bittet aber weinend um Schonung seines Lebens, „weil seine Aussage vor dem geistlichen Gericht in Poitiers, in Folge der erlittenen Folter, anders gelautet habe". Der Wert dieses Bekenntnisses besteht nicht bloß darin, daß es uns, zusammen mit den ähnlich lautenden anderen Nr. 11 und 12, erlaubt, die Versicherungen aller dieser Protokolle über die pure „Freiwilligkeit" ꝛc. der hier gemachten Geständnisse auf ihren wahren Wert, nämlich Null, zu reduzieren, sondern uns ein weiteres Recht giebt, alle diese Zeugnisse, nicht bloß jene 39, deren Protokolle verschwunden sind, sondern sämtliche 72, unter diesem Gesichtspunkt, nämlich einfach als erlogen, als Produkte des Zwangs oder der Charakterlosigkeit, anzusehen. Darauf führt nicht bloß die Analyse dieser sämtlichen protokollarisch vorliegenden 33, der noch ausstehenden 5[2]) kaum weniger deutlich als der bisher betrachteten 28, Zeug-

[1]) Mich. II, 178, cf. Havem. p. 278. Das Verhör fand im April 1311 statt. — [2]) Schauen wir uns diese 5 wenigstens anmerkungsweise noch näher an — es sind die Nummern 8, 9, 10, 24, 25 — so widerspricht zunächst 25 seiner eigenen Aussage, die er ein halbes Jahr früher, im Okt. 1307, in Paris gemacht (f. Mich. II, 298 f.). Auf diese Weise gewinnt auch seine Behauptung, daß er „nie gefoltert" worden sei, ihre naheliegende Erklärung; offenbar war er einer von denen, die so schnell als möglich gestanden, was man von ihnen haben wollte, was es auch sein mochte. Dürfte daher auch den „Subjekten" beigezählt werden, ebenso wie Nr. 24, dessen Aussagen schon durch den um seines Widerrufs der Geständnisse willen später verbrannten Präzeptor Morel, der sein Rezeptor gewesen sein soll, widerlegt werden, außerdem aber sichtlich auch auf Verabredung mit Nr. 25 beruhen. Solche Verabredung, und zwar als eine paarweise Verständigung, geht durch das Ganze dieser Protokolle mit seltener Deutlichkeit hindurch (vgl. so besonders Nr. 1 und 2, 6 und 7, 10 und 11, 17 und 18, 22 und 23, 24 und 25, 26 und 27, 28 und 29, 30 und 32, auch das noch ausstehende 8 und 9) und verrät, daß die hier vorgeführten Zeugen vorher meist paarweise in ihren Zellen verteilt waren. Daneben ist noch besonders wieder zu beachten, wie allemal die aus Südfrankreich herbeigeführten ebenso von der Folter mehr als die andern zu reden wissen, wie entsprechend reichhaltigere Geständnisse, zumal in Betreff des Idols, machen. Dies gilt besonders auch für Nr. 10, der ebenso deutlich mit Nr. 11 seine Sache verabredet hat, als Nr. 8 mit 9. Die Aussagen dieser beiden, somit noch allein übrigen, werden, abgesehen von dieser Verabredung unter-

nisse hin, sondern damit stimmt auch der Beschluß der päpstlichen Kommission im Mai 1310[1]), von denjenigen Zeugen, die „per dominum papam vel per dominos cardinales deputatos" früher inquiriert worden seien, zunächst abzusehen. Was man auch als Ursache dieses Beschlusses ansehen mag — der Hauptgrund mochte das Bedenken sein, durch andere Resultate, als sie von Papst und Kardinälen gewonnen waren, oder durch bedenkliche Aussagen der Zeugen über die Art, wie diese Ergebnisse gewonnen worden seien, mit jenen höchsten Instanzen selber in Konflikt zu kommen — jedenfalls schimmert die Überzeugung der Kommission deutlich durch, daß von solchen Zeugen ein wahrheitsmäßiges Zeugnis schwerlich oder nur auf gefährliche Weise zu erlangen sei. So ist dieser Beschluß in keinem Fall ein rühmliches Zeugnis, das die Kommission ihrem Herrn und Meister ausstellt, sondern beweist, daß die „Sorgfalt", mit der Klemens V. hernach bei diesen Verhören vorgegangen zu sein behauptet, schon von seiner eigenen Kommission auf ihre Weise gedeutet worden ist.

Übrigens kann von „sorgfältiger" Untersuchung bei diesem Verhör nach allem, was wir davon besitzen, überhaupt keine Rede sein. Wer diese Protokolle durchliest, wird ohne weiteres ihrem Herausgeber Schottmüller beipflichten, daß sie im Gegenteil mit ganz besonderer Oberflächlichkeit und Flüchtigkeit abgefaßt sind. Es wimmelt darin von Schreibfehlern und sprachlichen Verstößen aller Art und man bekommt den Eindruck, daß die Hauptsorge der Kardinäle war, mit ihrem Pensum zu Ende zu kommen, so daß die Notare[2]) Mühe hatten, mit der Niederschrift der Zeugnisse nachzukommen. Man sieht, daß die Zeugen ihre Aussagen wie etwas auswendig Gelerntes, erst von ihren früheren Inquisitoren und Gefängniswärtern Eingelerntes und dann noch mit je ihren Zellengenossen in Poitiers Verabredetes, daherleiern, und die Kardinäle, dieses Geschäfts ungewohnt, sich wenig um eine bestimmte Ordnung

---

einander — beide sind aus der Diöcese Limoges — durch andere Zeugnisse aus den Protokollen der päpstlichen Kommission um so mehr in ihrer Glaubwürdigkeit erschüttert, je eifriger sie selber solche Kontrolle zu verhindern suchen durch die Erklärung, daß alle Zeugen bei der Aufnahme bis auf einen gestorben seien (so Nr. 8) oder, daß man ihre Namen nicht mehr wisse (so Nr. 9): beides überhaupt ein beliebtes und eine Absicht deutlich verratendes Manöver. Beachten wir vollends, daß diese beiden letzten Zeugen ihre Unsicherheit bei ihrer Hauptaussage, von der Verleugnung, durch ein „soviel er wisse", „soviel er glaube", noch besonders offenbaren, so werden auch diese Zeugnisse mehr als genügend entkräftet erscheinen. Wie viele von diesen 33 Zeugnissen haben somit eine nähere Prüfung bestanden? Keines.

[1]) Mich. I, 232. — [2]) Oder allemal der Notar, denn es ist regelmäßig nur einer bei diesen Verhören genannt, während für die Abschrift der beiden ersten Abteilungen noch der Notar Nikolaus Federici aus Maceratar fungiert.

kümmern¹) oder wenigstens froh sind, wenn es keinen weiteren Anstand giebt. Und ist schon bei den vorliegenden 33 Zeugnissen Flüchtigkeit das hervorstechende Merkmal, so muß das bei den fehlenden 39 in noch weit höherem Grad zutreffen. Hier sind es ja, während jene 33 doch wenigstens 3 Abteilungen bildeten, die je von einem Kardinalpriester, die mittlere von 2 Kardinaldiakonen, verhört werden, nur noch 2 Haufen, somit allemal 19—20, die je auf einen der inquirierenden Kardinäle, hier den Kardinalbischof Peter von Palästrina²) und den Kardinalpriester Thomas von St. Sabina, kommen, und zwar in derselben Zeit von 3 (oder höchstens 4³) Tagen. Für das Resultat steht uns hier nur jene eine spätere Erklärung Audeberts de la Porte zur Verfügung⁴); aber diese genügt auch und besagt offenbar alles, was über diese fehlenden Aussagen wie über alle diese Zeugnisse von Poitiers zusammenfassend zu sagen ist: daß sie samt und sonders erlogen sind. Fertig gebracht ist dieses Ensemble von **präparierten Leuten** und, wie die Protokolle zeigen, so konnte es **nur** von solchen, schon der Zeit nach, fertiggebracht werden.

Klemens V. selber konnte das alles nicht verborgen bleiben. Wenn darum er, der wußte, wie es bei solchen Inquisitionsverhören herging und dessen Widerwille gegen das ganze Inquisitionsinstitut wohl auf dieses Wissen zum guten Teil zurückzuführen ist, auf eine solche Art von Beweisverfahren überhaupt einging, so ist das schon Beweis genug, daß er sich vorher mit Philipp verständigt hatte, daß er entschlossen war, gleich diesem Geständnisse zu erlangen, oder vielmehr, daß er sich nur, um vor der Welt damit operieren zu können, solche vormachen ließ.

Diese Gesinnung Klemens V. tritt schon in der **Auswahl der betreffenden Kardinäle deutlich zu Tage**. Je mächtiger die

---

¹) So z. B. ist auffallend (in der Tabelle konnten wir das nicht besonders herausheben), daß die Frage nach den Küssen meist **vor** der Verleugnung ꝛc. kommt. Folglich richteten sich die Kardinäle weder nach den 123 Artikeln, die künftig überall zu Grunde liegen, noch nach der königlichen Instruktion, sondern hielten eine eigene – oder etwa von dem Papst angewiesene? — Reihenfolge ein. Sollte dies darauf hin weisen, daß dem Papste weniger die Verleugnung, woran er doch schwerlich glaubte, als jene Unsauberkeiten als das Wichtigste erschienen? und daß letzteren auch thatsächlich mehr Wirklichkeit zu Grunde lag? Auffallend ist auch, daß immer nach der Schnur besonders gefragt wird. Man sieht, wie völlig das Verständnis bei den Prälaten, wie leider auch den Templern selbst, für derartige Bestimmungen der ursprünglichen Regel verloren gegangen war, wie man zu dieser Zeit geneigt war, alles nur noch vom Standpunkt des krassesten Aberglaubens anzusehen. — ²) S. oben p. 309 und 357. — ³) Wenigstens wird vom Kardinal Stephan bezeugt, daß er auch am 28. Juni verhört habe; freilich sollen dabei sämtliche Kardinäle zugegen gewesen sein (etwa um ein Beispiel zu haben?). Aber vielleicht gilt das nur für den Anfang, während sie hernach je an ihre eigenen Verhöre gingen. — ⁴) Vgl. oben p. 363. Für weitere Spuren vgl. das nächste Kapitel.

Rolle ist, welche die Personalfragen bei dem ganzen Verhältnis zwischen Philipp und Klemens spielen, um so mehr Aufmerksamkeit ist den Persönlichkeiten überall in unserer Angelegenheit zu schenken: liegt doch in ihnen öfters noch besser als in den Aktionen der Schlüssel zum Verständnis der Lage. Sehen wir uns nun die Persönlichkeiten der Kardinäle, welche die Verhörkommission in Poitiers bildeten, näher an, so bedeutet gleich der Name des Vorsitzenden, des Kardinalbischofs Peter (de la Chapelle) von Paläſtrina ein ganzes Programm, und zwar ein dem König in einem Maße freundliches, daß Philipp selber es nicht besser wünschen konnte. Wie beharrlich dieser Mann in seinen französischen Sympathien war, das lehrt uns die Notiz von Wenck[1]), wonach er allein unter sämtlichen Kardinälen der Bestätigung Heinrichs VII. widersprach. Und daß Philipp eben in der zu Rede stehenden Zeit, im Jahr 1308, mit seinem Verhalten höchst zufrieden war, ersehen wir aus der weiteren Bemerkung, daß er ihm in diesem Jahr ein Geschenk von 16 000 Pfund kleiner Turonen machte. Und diesem Mann vertraute der Papst den wichtigsten Posten in der Templerangelegenheit an, indem er ihn um diese Zeit zum Oberaufseher sämtlicher, ihm vom König auszuliefernder Templer ernannte. Kein Wunder, daß, wie diese Auslieferung lediglich auf dem Papiere vor sich ging, Philipp in jeder Hinsicht zufrieden sein konnte.

Und ähnlicher Richtung waren die übrigen 5 Kardinäle: 4 von ihnen, die Kardinalpriester Berengar de Frédole (früher Bischof von Béziers) und Stephan de Suisy (vorher Archidiakonus von Brügge und Kanzler Philipps des Schönen) sind nicht weniger wie die beiden Colonna durch ihre französischen Sympathien allgemein bekannt. Der letzte, Thomas von St. Sabina, war zwar Engländer von Geburt und dazu Beichtvater des Königs von England gewesen[2]). Aber als Dominikaner mochte er wie Wilhelm von Paris eher ein eingefleischter Freund als ein Gegner der Inquisition sein, wahrscheinlich auch mehr als die andern in derartige Geschäfte eingeschossen: darauf weist vielleicht hin, daß ihm wie dem Vorsitzenden, dem Kardinalbischof von Paläſtrina, der größte Hause von Inquisitionsobjekten zufiel, 39 : 2. Sicher ist, daß von keinem dieser Kardinäle Schwierigkeiten in Bezug auf das gewünschte Endergebnis zu erwarten waren, sondern daß, wenn auch mancherlei Differenzen in den verschiedenen Abteilungsergebnissen nicht zu verkennen sind, entsprechend den verschiedenen Persönlichkeiten der Visitierenden, in der Hauptsache doch alles aufs schönste klappte, entsprechend der Absicht, mit diesen Verhören als Beweismaterial aufwarten zu können. Welchen Standpunkt diese

---

[1]) Wenck, p. 159. — [2]) Vgl. über ihn Val. I, 4, 64, 582; oben p. 310.

Unterſuchungsrichter dabei ſelber von vornherein einnahmen, das iſt mit naiver Deutlichkeit ausgeſprochen in der Frage an den 21. Zeugen, der erklärt hatte, mehrfach gefoltert worden zu ſein: „Warum er denn nicht die Wahrheit geſagt", d. h. gleich geſtanden habe?[1]) Das iſt durchaus der Standpunkt der Inquiſition und dem entſpricht es, daß das Reſultat dieſes Verhörs kein anderes iſt als das der Inquiſitionsverhöre.

Daß dann vollends die Beſtätigung dieſer Verhörergebniſſe am 2. Juli vor dem Papſt in feierlichem Konſiſtorium („in pleno consistorio") nur eine reine Formalität und ſomit Komödie war, verſteht ſich von ſelbſt und liegt ſchon in dem Gerundivum „repetende", das der Abſchreiber vor dieſer Konſiſtorialſitzung als Überſchrift über die Reinſchrift ſetzte, mit naiver Deutlichkeit[2]). Thatſächlich kam es auch, wie wir aus Lea und Molinier wiſſen, kaum jemals vor, daß ein „Zeuge" bei der Verleſung ſeiner Geſtändniſſe zum Zwecke der Beglaubigung noch Schwierigkeiten machte. Im Inquiſitionsprozeß war da gut vorgeſorgt.

Fügen wir hinzu, daß nach der Ausſage von Nr. 13 (Johannes de Folliac) der König ſelber, wenigſtens teilweiſe, bei den Verhören zugegen geweſen und nach dem Rechten geſehen haben muß, ſo wird hoffentlich niemand mehr fragen, wie eine ſolche Übereinſtimmung bei dieſem Verhör zu ſtande kommen konnte, aber auch das Geſagte genügen, um die Berufung wenigſtens auf dieſen Teil der Unterſuchung, das Verhör von Poitiers, fürs künftige unmöglich zu machen.

Noch weniger Beweiskraft kann man dem von Chinon zuſchreiben, d. h. dem Verhör, das mit den dort zurückgebliebenen 5 Großwürdenträgern des Ordens, an ihrer Spitze Molay, von den (3) päpſtlicherſeits dorthin entſandten Kardinälen vorgenommen wurde. Protokolle ſtehen hiefür keine zu Gebot, ſondern nur der nachträgliche Bericht der Kardinäle an den König, der ſo bezeichnenderweiſe durchaus als Hauptperſon und Auftraggeber erſcheint. Daneben wird meiſt als Hauptquelle die bereits citierte Bulle Klemens V. „Faciens misericordiam" angerufen.

Der Inhalt des Berichts der Kardinäle[3]) iſt kurz der: daß der Großpräzeptor von Cypern (Raymbaud de Caron[4]) ſowohl Verleugnung als Beſpeiung; der von der Normandie (Gottfried de Charney[5])

---

[1]) cf. Schottm., Proc. Pict. II, 50: „quare non dicebat veritatem". — [2]) S. oben p. 198. — [3]) Derſelbe findet ſich Bal. II, 121—123. — [4]) Als 95. Zeuge vor der Inquiſition in Paris verhört, Mich. II, 374. — [5]) Zeuge 17 vor Wilhelm von Paris, Mich. II, 295.

die Verleugnung; der von Poitou und Aquitanien[1]) (Gottfried de Gona=
ville) aber nach Forderung einer Frist zur Überlegung bis zum folgenden
Tag an diesem gestanden habe, daß er seinem Rezeptor versprochen habe,
„quod si unquam a fratribus dicti ordinis peteretur ab
eodem utrum fecisset abnegationem Domini nostri, responderet
quod fecisset eandem" — man beachte diese gewundene Erklärung, die
ganz aussieht, wie eine vorsichtige Ausflucht gegenüber Richtern, die den
Zeugen auf belastende Aussagen anderer über ihn hingewiesen hatten[2]);
endlich daß der Visitator (Hugo de Peraud) und zum Schluß der Groß=
meister Molay, beide nach jedesmaliger Frist zur Überlegung am andern
Tag, jener sein Geständnis von Paris[3]), Verleugnung einschließlich Idol=
verehrung und andere unerlaubte Punkte, wiederholt, dieser wenigstens
die Verleugnung[4]) zugestanden habe mit der Bitte, auch seinen Diener
und Vertrauten, den er bei sich habe[5]), zu verhören. Offenbar hatte
man Molay diesen Ausweg, seinen Diener an seiner statt zu vernehmen,
nahegelegt und dieser war, ahnungslos über die Tragweite einer solchen
Stellvertretung und froh, sich selber damit augenblicklich weitere Not zu
ersparen, darauf eingegangen.

Der ganze Bericht läßt deutlich erkennen, wie es den Kardinälen
in der Hauptsache einfach darum zu thun war, ihre Klienten zur Bestäti=
gung ihrer früheren Geständnisse, die sie wohl abschriftlich bei sich trugen,
zu bringen. Das stimmt durchaus zu dem, was des Papstes Bulle
behaupten mußte: nämlich einerseits damit, daß hier betont wird, daß

---

[1]) Von dem Bericht der Kardinäle wird dieser in konfuser Weise mit dem Prä=
zeptor von der Normandie durcheinander geworfen, so daß man beim Lesen meinen
möchte, zwei verschiedene Personen in den Präzeptoren von Poitou und Aquitanien vor
sich zu haben, was wieder nicht gerade auf ein Übermaß von Pünktlichkeit bei Ab=
fassung dieses Berichts und bei dem ganzen Verhöre hinweist. — [2]) Auch aus dem
sonstigen Bericht der Kardinäle scheint hervorzugehen, daß dieser (Großpräzeptor von
Aquitanien, wie auch sein Kollege von der Normandie, sich nicht so mürbe und zer=
knirscht benahmen wie die andern: wenigstens ist auffallend, daß nur die andern 3 der
Gnade des Königs ganz besonders empfohlen werden, sie aber nicht. — [3]) Dessen Aus=
sagen in Paris (als 85. Zeuge) s. Mich. II, 362 ff. und unsere Tabelle IV. — [4]) Nach
dem Protokoll der Inquisition von Paris (als 25. Zeuge) solle er dort auch die Be=
speiung, aber nur einmal auf die Erde, zugestanden haben (s. Mich. II, 305). — [5]) Wohl
Wilhelm de Giac, Zeuge 12 vor der Inquisition in Paris (Mich. II, 289 f., Tab. I),
dessen weitgehendes, später durch sein Erscheinen zur Verteidigung des Ordens demen=
tiertes Geständnis ihn als einen Menschen zeigt, der für die Inquisitoren ein bequemes
Objekt war, wie sie es sich nicht besser wünschen konnten. Um so verhängnisvoller für
Molay, daß er damals in diese Stellvertretung einwilligte, auf die ihn wohl die Kar=
dinäle, die im Besitz von Giacs Aussagen den Nutzen einer solchen Unterschiebung wohl
kannten, aufmerksam gemacht haben. Das weitere vgl. den Text!

die Ordensoberen in Chinon ihre früheren Geständnisse vor dem Inquisitor in Paris bestätigten, besonders die Verleugnung und Bespeiung zugestanden; andererseits mit dem verallgemeinernden Ausdruck der Bulle, daß sie „noch viel anderes Abscheuliches und Unrechtes gestanden haben, das der Papst, um das Schamgefühl zu schonen, verschweige". Das macht ganz den Eindruck, als habe der Papst mit diesem Ausdruck weitere Geständnisse, die er im einzelnen noch nicht wußte, die er aber nach den Erfahrungen, die er in Poitiers mit der anstandslosen Bestätigung der früheren Geständnisse voraussetzte, unterbringen wollen. Sonst ist von dieser Bulle für unsern Zweck noch bemerkenswert — außer der gewohnten Betonung der „Freiwilligkeit" jener Geständnisse und dem rührseligen Zug, der durch die ganze Erzählung von Chinon hindurchgeht — einmal, daß Philipp des Schönen Absicht ganz im Unterschied von dem päpstlichen Brief am 27. Okt. 1307 möglichst herausgestrichen wird; zum andern, daß der Papst zur Erklärung seiner Sinnesänderung gegenüber seinem früheren Unglauben an die Anklagen gegen den Orden sich besonders auf das Zeugnis eines einzelnen Tempelritters beruft „magne nobilitatis et qui non leve opinionis in dicto ordine habebatur"[1]), durch dessen Geständnis der Verleugnung und Bespeiung und gewisser anderer unanständigen Dinge er zuerst dahin gebracht worden sei, jenen Gerüchten nicht fernerhin sein Ohr zu verschließen. Wenn nicht von einem im Dienste des Papstes stehenden Templer auch sonst die Rede wäre, so möchte man wetten, daß nur Hugo de Peraud, der unterlegene neidische Nebenbuhler Molays, mit dieser Bemerkung der Bulle gemeint sein könne.

Bekanntlich bietet jedoch die Erzählung dieser Bulle als ein Hauptargument gegen ihre Verwertung der Kritik noch eine andere schier unglaubliche Blöße dar, diejenige, die in dem Widerspruch ihres Datums mit dem des Verhörs von Chinon liegt. Denn während letzteres, wie der Bericht der Kardinäle vom Dienstag nach Mariä Himmelfahrt zeigt, vom 17.—20. August 1308 stattfand, ist die päpstliche Bulle vom 12. August datiert. Dieser Widerspruch ist so kraß, daß die meisten der bisherigen Geschichtschreiber und Kritiker des Tempelprozesses[2]) glaubten einen Irrtum annehmen zu müssen, d. h. meist so, daß sie eine einfache Vordatierung, oder nachträgliche Vorrückung des Datums der päpstlichen Bulle, annehmen. Allein diese Auskunft ist, ange-

---

[1]) S. Reg. Clem. V, A. III, p. 285. In der gleichnamigen Bulle vom 8. Aug. 1308 sind es mehrere Ritter, die so insgeheim vor dem Papst verhört, demselben diese Schändlichkeiten gestanden. Daneben ist jener Eine noch als „alter eorum", der „tune confessus extitit coram nobis", besonders hervorgehoben. — [2]) Vgl. zu diesen Ausführungen oben p. 172 f und 199.

sichts der Übereinstimmung, die über das Datum dieser Bulle in sämtlichen Redaktionen derselben und der sich daran anschließenden Ausführungsbullen[1]) herrscht, eine so prekäre, daß auch Prutz auf dieselbe verzichtet und dafür lieber in dem Bericht der Kardinäle den Irrtum finden möchte, indem dort die Himmelfahrt mit der Heimsuchung Mariä, die „assumptio" mit der „visitatio" verwechselt worden sei (also der 2. Juli statt des 15. August): eine Hypothese, die doch nur den Wert einer Ehrenrettung der päpstlichen Bulle um jeden Preis hat. So bleibt uns, da wir in Ermanglung anderer Gründe und wegen des Wortlauts wie des ganzen Zusammenhangs der Bulle unter sich wie mit den anderen Bullen auch diese Erklärung als eine allzu gute ablehnen müssen, nichts übrig, als mit Lea diesen „Irrtum" nach seinem ganzen Gewicht gegen die Behauptungen von Klemens' Bullen überhaupt zu verwerten. Daß diese Ausbeutung, so verblüffend ein derartiger Widerspruch für jeden sein muß, durchaus berechtigt ist, das ist uns neben Lea durch Molinier zur absoluten Gewißheit geworden, durch seine oben erwähnte Analyse der Inquisitionsprotokolle, die zeigt, daß eine derartige naive Vorausnahme der Bestätigung von Geständnissen im Inquisitionsprozeß als etwas ganz Gewöhnliches häufig genug vorgekommen ist, weil der Widerspruch gegen das, was auf Grund einmaliger protokollierter Aussagen zusammenfassend (d. h. mit Auswahl des „Wichtigsten") ins reine geschrieben war und zur Bestätigung vorgelesen wurde, im Inquisitionsprozeß einfach eine unerhörte Sache war.

So werden wir zu der Annahme gezwungen, daß die Kardinäle — es waren die 3 Hauptfranzosen[2]) Berengar, Stephan und Landulph — in ihrer Willfährigkeit gegenüber Philipp dem Schönen einfach das Verhörprotokoll, das dessen Inquisitoren auf Grund der früheren Inquisitionsgeständnisse der Ordensoberen und dessen, was von anderer Seite

---

[1]) Es sind ja nicht nur unter diesem Datum, vom 12. Aug., ein ganzer Haufe von Bullen zur Publizierung und Ausführung von „Faciens misericordiam" in alle Teile der Christenheit ausgegeben worden (cf. Reg. Clem. V. a. III, p. 281—302, Nr. 3400—3533, also nicht weniger als 134): sondern schon vorher, unter dem 8. August, war eine andere Bulle mit demselben Eingang „Faciens misericordiam" erschienen, durch die sämtliche Templer auf ein künftiges Konzil vorgeladen wurden, welches durch „Regnans in coelis", wieder vom 12. Aug. 1308, auf den 1. Okt. 1310 ausgeschrieben und allen Prälaten und Fürsten der Christenheit mitgeteilt wurde. Dazu war in der Bulle vom 8. Aug. der Kardinal von Palästrina, der die Ausführung dieses ganzen Handels zu überwachen hatte, beauftragt, Molay und die Großwürdenträger (außer den 5 von Chinon auch den Großpräzeptor der Provence [und Auvergne]), der damals in England in Haft saß, dem Papste vorzuführen, um ihr Urteil, das sich Klemens vorbehielt, zu empfangen. — [2]) Auch Hefele, Konziliengesch. VI, p. 386, bezeichnet sie ausdrücklich als „französisch gesinnt".

zur Ergänzung dessen gestanden worden war, ausgefertigt hatten und das der Papst **vorher** zu Gesicht bekommen hatte¹), mit nach Chinon nahmen, um es sich von ihren Klienten hier einfach bestätigen zu lassen. Dabei macht es wenig aus, ob die Gefangenen mehr nur summarisch auf ihre früheren Aussagen verwiesen wurden oder, wie behauptet wird, ihnen dieses Protokoll in der gewöhnlichen Weise vorgelesen wurde. Auch für den letzteren Fall dürfen wir uns ja vergegenwärtigen, daß solche Vorlesung nicht nur uno tenore mit äußerster Flüchtigkeit vor sich zu gehen pflegte, sondern daß es auch der Inquisition nicht darauf ankam, ihre lateinisch abgefaßten Protokolle von dieser Sprache völlig unkundigen Leuten bestätigen zu lassen²). Die Behauptung der päpstlichen Bulle, daß ihnen diese ihre Aussagen ausdrücklich auch in der Muttersprache vorgehalten worden seien, ist dagegen keine Gegeninstanz, indem eine solche Interpretation auch ganz im allgemeinen summarisch gehalten sein konnte. Wem eine solche Erklärung, auf die auch Leas³) kurze Andeutungen hinauskommen, unstatthaft erscheint, weil sich danach das Verhör der Kardinäle in Chinon samt der päpstlichen Bulle gar zu sehr zur reinen Komödie gestaltet, den verweisen wir immer wieder auf die ungeheuerliche Entrüstung, die sich Molays bemächtigt, als ihm vor der päpstlichen Kommission seine angeblichen „Geständnisse" von hier vorgehalten werden. Diese Empörung, in ihrer vulkanischen Gewalt selbst Ort und Zeit vergessend, ist eine so ungeschminkte und verrät damit so sehr die Sprache der Wahrheit, daß damit alle die offiziellen Berichte, päpstliche Bulle wie Bericht der Kardinäle, Lügen gestraft werden und als eine Fiktion erscheinen, der wir wie Schottmüller nicht einmal soviel Gültigkeit zuweisen können, als sie mit den früheren Geständnissen (vgl. Tab. A.) vor der Inquisition in Paris übereinstimmt, sondern vielmehr auch diese „urkundenmäßigen" Geständnisse nach jenem späteren Verhalten glauben beurteilen zu dürfen; d. h. wir sind überzeugt, daß Molay bei jenem ersten, einzig protokollarisch vorliegenden, Geständnis im Tempel von Paris, dessen Bestätigung zusammen mit den Aussagen Wilhelm von Giacs in Chinon erschlichen wurde, von den Schergen Wilhelms von Paris in einer Weise behandelt wurde, daß er nicht mehr wußte, was er sagte, sondern

---

¹) In der Bulle „Faciens misericordiam" vom 12. August ist ja ausdrücklich gesagt, daß der Papst jene Geständnisse vor der Inquisition zu Gesicht bekommen hatte „receptas et in publicam scripturam redactas nobisque et fratribus ostensas": Reg. Clem. V. a. III, p 234. — ²) Daß die meisten Templer, auch die Großwürdenträger, in diese Kategorie der „illiterati" gehörten und selbst der Großmeister nicht allzuviel davon verstand, ersehen wir aus den Protokollen der päpstlichen Kommission. — ³) Vgl. Lea III, p. 283 f.

im Übermaß der Pein einfach auf die zumeist premierten Fragen „Ja" nickte, nachdem er noch früher, vor der Universität von Paris, nur wohl im allgemeinen zugegeben hatte, daß Mißbräuche oder Irrtümer, "errores", im Orden vorhanden seien, welches Wort ja einen gar vieldeutigen Sinn, vor allem = Ketzereien, in sich schloß. Daß durch seine Würde auch der Großmeister nicht vor solchen Mitteln, vor der Folter, geschützt war, ersehen wir aus der ganzen Behandlung, die derselbe seit dem Abend des 12. Okt. 1307, der ihn, bei der Beerdigung der Katharina von Valois, der Erbin von Konstantinopel, in seiner ganzen Ehrenstellung gezeigt hatte, in jähem Wechsel erfuhr. Was das für eine Behandlung war, das verraten uns jene Worte, mit denen der Papst in seiner Bulle erklärt, warum Molay und die anderen Ordensoberen nicht vor ihn nach Poitiers gebracht worden seien: „quoniam quidam ex ipsis sic infirmabantur tunc temporis, quod equitare non poterant nec ad nostram presenciam quoquo modo adduci"[1]). Von jeher hat die unbefangene Geschichtschreibung unseres Prozesses, von Le Jeune, Raynouard, Havemann bis herab auf Hefele, Lavocat u. a., in dieser Krankheit die Wirkung der Folter und der ganzen damit im Zusammenhang stehenden Behandlung im Kerker erkannt, die uns hernach vor der päpstlichen Kommission so ergreifend in ihrer Unwürdigkeit und Ärmlichkeit geschildert wird und jenen Großwürdenträgern als den verwöhntesten Gliedern des Ordens am meisten zusetzen mochte. Gegen diese natürliche Erklärung will ebensowenig Prutz Einwand, daß sie, d. h. die Anwendung der Folter auf den Großmeister, „nicht bewiesen" sei, Stich halten, als wir die von Schottmüller herangezogene Erklärung, daß das Ganze nur als ein Vorwand Philipps zu verstehen sei, weil er habe verhindern wollen, daß Molay dem Papst persönlich gegenübergestellt werde, noch nötig haben[2]). Letzteres schon deshalb nicht, weil die gute Meinung, die Schottmüller von Klemens V. hat, als ob dieser im Unterschied vom König immer noch darauf aus gewesen sei, vom Großmeister selber möglichst die Wahrheit zu erfahren, mit Klemens sonstigem Verhalten zu dieser Zeit durchaus im Widerspruch steht, man vielmehr durchaus den Eindruck bekommt[3]), daß wenn man in jener Krankheit überhaupt nur einen „Vorwand" sehen will, dieser Klemens V. mindestens so erwünscht war, wie Philipp: eben weil er sich mit diesem in dasselbe schlechte Gewissen teilte. Daß die sachkundigen Helfers-

---

[1]) Vgl. oben p. 262. — [2]) Schottmüller stützt diese Meinung darauf, daß es von Corbeil, wohin die Ordensoberen von Paris aus in Haft gebracht worden waren, nach Chinon ja lange nicht so weit sei, als von da nach Poitiers. Aber für sich allein ist das doch noch kein genügender Beweis. — [3]) Vgl. so auch Lea III, p. 281 und wieder 284 f.

helfer Philipps freilich die gefährliche Blöße wohl kannten, die in der etwaigen Enthüllung dessen, was an diesen Verhörberichten Wahrheit war, lag, offenbart auch die Rolle, die Wilhelm von Plasian[1]) später vor der päpstlichen Kommission Molay gegenüber spielte: wie er während dessen Erscheinen vor der Kommission sorgfältig auf der Lauer liegt, um den Großmeister zu überwachen, und so gerade in dem Augenblick eintritt, als dieser im Begriff steht, Mitteilungen über seine thatsächlichen früheren Geständnisse „sowie über die Art, wie diese zu stand gekommen seien", zu machen; und wie er dann unter der Maske des besorgten Freundes den Großmeister richtig dazubringt, auch jetzt wieder das Schweigen, zu dem man ihn bisher zu bereden gewußt hatte, zu beobachten. Somit faßt sich unser Ergebnis in Bezug auf dieses Beweismaterial dahin zusammen, daß, wenn man schon das Verhör von Poitiers kaum anders auffassen kann als eine Komödie, dieses Anhängsel, Chinon, vollends den possenhaftesten Teil derselben bildet.

Die würdige Fortsetzung und Vervollständigung dieses Schauspiels, nur daß die Komödie immer mehr zur Tragödie wird, bilden die, durch die päpstliche Suspension der Inquisitorialvollmachten eine Zeit lang unterbrochenen, doch schon laut der Vereinbarung vom 5. Juli aufs neue eingerichteten Diöcesanuntersuchungen. Auch ihr Zweck war ja nicht nur wohl von Anfang an derselbe, dem sich hernach auch der Papst mit seinem Verhör in Poitiers-Chinon anbequemt hatte: Schaffung von Beweismaterial, sondern die Bulle „Faciens misericordiam" vom 12. Aug., die neben Wiederherstellung und Neueinrichtung dieser Diöcesanuntersuchungen vor allem deren Abschluß auf Provinzial-Konzilien anordnet[2]), und die vom gleichen Tag datierten, im Inhalt verwandten (meist mit der Vermögensseite sich befassenden) Ausführungsbullen[3]) lassen auch deutlich erkennen, daß dem Orden sein Urteil schon gesprochen war, daß es sich nur darum handelte, überall gründlichen Prozeß „contra ordinem" zu machen. So werden denn nicht nur die Angehörigen des Ordens zu unweigerlichem Erscheinen vor ihren Diöcesanbischöfen überall aufgefordert, sondern auch die Inquisitionsbestimmungen gegen alle Art von „fautoria",

---

[1]) Von diesem Hauptagenten Philipps in der Templersache wird ja auch am Schluß des Berichts der Kardinäle ausdrücklich bezeugt, daß er samt Nogaret (offenbar mit dem vielsagenden G = Guilelmus gemeint) und Jamville bei ihren Verhören zugegen war. Val. II, 123. Dieselbe Auffassung vertritt Lea III, 284. — [2]) Nur die nach Deutschland gesandten Redaktionen der Bulle enthalten nichts von solchen Provinzialkonzilien. — [3]) Durch diese wurde u. a. auch konstatiert, daß bereits eine Menge von templerischem Eigentum widerrechtlich angeeignet war und die betreffenden Personen zur Rückgabe bei Strafe der Exkommunikation angehalten (Lea III, p. 285).

Begünstigung oder Unterstützung der Angeklagten, nachdrücklich in Erinnerung gebracht. Die Parteinahme der Kurie gegen den Orden war damit in einer Weise ausgesprochen, die außerhalb Frankreichs vielfach überraschte und Walter von Hemingford veranlaßte, sie „bullam horribilem contra Templarios" zu nennen¹). Besiegelt wurde diese päpstliche Stellungnahme durch die Bulle vom 30. Dezember 1308, aus Toulouse, „Ad omnium fere notitiam"²), der Adresse nach an Philipp gerichtet, in welcher der Papst über den bisherigen Gang der Untersuchung aufs neue referiert, dabei die Geständnisse des Großmeisters und der Ordensoberen vor ihm bezw. seinen Kardinälen besonders hervorhebt und mit dem Verbot der Unterstützung der Templer und dem Befehl, sie überall zu verhaften und ihren Diöcesanoberen zur Untersuchung vorzuführen, die Androhung von Bann und Interdikt gegen alle Zuwiderhandelnden verbindet. Und wo trotzdem noch irgend ein Zweifel über des Papstes eigentliche Willensmeinung vorhanden sein konnte, da mußte — und muß jetzt noch — solchen vollends hinwegnehmen der Bescheid, den Klemens unter dem 1. August 1309 von Avignon aus an diejenigen Bischöfe und Erzbischöfe von Frankreich erteilte, die ihn wegen eines Ausdrucks der Bulle „Faciens mis."³) sowie in Bezug auf die ein Geständnis hartnäckig Verweigernden oder gar ihr früheres Geständnis Widerrufenden um Auskunft gebeten hatten. Der Papst verweist dem gegenüber in dürren Worten auf die bestehenden schriftlichen Inquisitionsrechte hin, denen gemäß zu verfahren sei, da er „für die Gegenwart keine neuen Rechte aufzustellen beabsichtige⁴)." Damit war die Inquisitionsgerechtigkeit in ihrer ganzen Ausdehnung von Klemens approbiert und die Prälaten ausdrücklich auf diesen strengsten Maßstab gegenüber den Templern verwiesen.

So konnten diese Diöcesanuntersuchungen nur mehr in verhängnisvoll einseitiger Richtung wirken, dahin, entweder den gewünschten Beweis für die Schuld des Ordens durch die hier gewonnenen Aussagen für immer

---

¹) cf. Lea ebenda nach Chron. Ed. 1849, II, 279. — ²) Reg. Clem. V. a. IV, Nr. 3641 (p. 3) und Bal. II, 133; cf. auch Schottm. I, 661 und wieder Lea III, p. 285. — ³) Es handelte sich um den Ausdruck „vocatis qui fuerint evocandi": ob danach auch andere als Ordensmitglieder zu berufen oder, falls sie unaufgefordert zur Verteidigung des Ordens sich meldeten, zuzulassen seien? — ⁴) Bal. II, 123, Reg. Clem. V. a. IV, Nr. 5074 (p. 467). Schottmüller I, 291 hat diesen Bescheid als eine den Wünschen des Königs zuwiderlaufende Antwort verstanden. Das zeigt doch nur, daß er über die Bestimmungen der Inquisitionsgerechtigkeit und deren Tragweite sehr unvollkommen unterrichtet gewesen ist, wie schon Prutz ihm verwerfen kann. (Eine „bessere" Gerechtigkeit als die der Inquisition konnte auch Philipp nicht für sich verlangen.

festzulegen oder die Personen der letzteren dem Scheiterhaufen auszuliefern¹). Natürlich mußte, da die meisten der hier Vorgeführten schon früher in den Händen der Inquisition, nämlich der Kommissäre Wilhelms von Paris im Verein mit den königlichen Beamten, gewesen und dort auf Inquisitionsmanier zu Geständnissen gebracht worden waren, erstere Wirkung die gewöhnliche sein, da ein hartnäckiges Leugnen jenes früher Gestandenen sonst schon hier, vor dem Tribunal der Diöcesanbischöfe, das Urteil für Rückfällige nach sich zog. In jedem Fall war nach diesen Diöcesanuntersuchungen ein Einstehen für des Ordens Unschuld in thesi für die hier Verhörten nur dann möglich, wenn einer die moralische Kraft besaß, in sämtlichen Verhören mit ihrer jedesmaligen Wiederholung der Inquisitionsmittel sämtliche Anklagen zurückzuweisen. Andernfalls stand für jede Abweichung im Sinne des Widerrufs der Scheiterhaufen in Aussicht. Natürlich ließ man die Angeklagten über diesen Sachverhalt nicht im Unklaren, um jeden unnötigen Anstand für Erreichung des gewünschten Ziels zu beseitigen. Ausdrücklich ist dies bezeugt durch einen Zettel, welcher der päpstlichen Kommission 1310 präsentiert wurde in Gestalt eines Briefs von Philipp de Vohet und Johannes de Jamville, den päpstlichen und königlichen Oberaufsehern der Gefangenen, an die in Sens eingeschlossenen Templer zur Zeit, da der Bischof von Orleans dorthin zum Verhör entsandt wurde²) (1309). Den Inhalt des Schreibens bildete die Warnung vor Zurücknahme der vor „los quizitors" gemachten Geständnisse unter Hinweis auf den sonst drohenden Flammentod. Der von der Kommission darüber befragte Vohet gesteht zu, daß es sein Siegel sei, leugnet aber die Urheberschaft des Briefs und die Kommission zeigt sich klug genug, der Sache nicht näher auf den Grund zu gehen³). Außerdem sehen wir aus der Angst, welche die meisten Zeugen vor der päpstlichen Kommission an den Tag legten, ob ihre Aussagen auch im Einklang mit ihren früheren Geständnissen vor den Bischöfen sein möchten, daß sie die Gefahr, in der sie schwebten, wohl kannten. Der 12. Mai 1310 nahm vollends jeden Zweifel darüber hinweg.

Trotzdem liefern gerade diese Diöcesanuntersuchungen eines der schwerwiegendsten Momente für die Unschuld des Ordens. Indem nämlich ein Vergleich zwischen den Resultaten dieser sämtlichen Gerichtshöfe, als welche sich die Diöcesen präsentieren, verschiedene Resultate je nach den verschiedenen Diöcesen ergiebt, gewinnen wir für diese Resultate selbst eine Erklärung, wie sie einfacher

---

¹) Vgl. hierzu oben p. 265. — ²) Es sind dann auch die Ergebnisse dieses Verhörs von Sens vor dem Bischof von Orléans danach gewesen. Vgl. nachher. —
³) Mich. I, 71; Schottm. I, 316, Lea III, 286.

und unwiderleglicher nicht gefunden werden kann: daß die Ursache dieser
Verschiedenheit einfach in der verschiedenen Behandlung durch
die verschiedenen Diöcesanbischöfe liegt. Diese Verschiedenheit
muß ja um so mehr auffallen, als allemal die vor einem und demselben
Bischof Verhörten keineswegs auch aus derselben Diöcese gebürtig oder in
derselben in den Orden aufgenommen worden sind, somit diese relative
Übereinstimmung nicht mit entsprechender Identität der Gebräuche je nach
den verschiedenen Tempelhäusern oder -Provinzen erklärt werden kann:
sondern nur die Verhaftung oder jeweilige Unterbringung in
den verschiedenen Diöcesen entscheidet in merkwürdiger Weise. Zwar sind
die Protokolle dieser verschiedenen Diöcesangerichtshöfe meist, und wohl
für immer, verschwunden. Aber zum Glück läßt sich wenigstens die Haupt=
sache davon aus den späteren Angaben derselben Zeugen vor der päpst=
lichen Kommission mühelos rekonstruieren: vornehmlich aus diesem Grunde
sind diese Protokolle, wie sie durch Michelet vorliegen, ein so unbezahl=
bares Material. Wir stellen das Wichtigste und Signifikanteste davon
hier in der Kürze zusammen, indem wir für die Vervollständigung dieses
Bildes, soweit unsere Quellen ein solches ermöglichen, auf die Tabellen (C)
über die Ergebnisse der Untersuchung vor der päpstlichen Kommission verweisen.

Einer der Bischöfe, die, innerhalb der Grenzen des damaligen
Frankreich, am mildesten verfuhren, scheint der Bischof von Cler=
mont gewesen zu sein[1]). Ihm wurden 69 Templer vorgeführt, von
denen 40 gestanden[2]), 29 dagegen jede Verschuldung des Ordens in Ab=
rede stellten. Letztere hatten die Kühnheit, nicht nur vor dem Bischof
feierlich zu erklären, daß sie bei ihrer Weigerung beharren wollten, sondern
auch alle etwaigen künftigen Geständnisse, die sie aus Folter, Gefängnis
oder anderer Pein machen sollten, im voraus zu desavouieren und gegen
ihre Gültigkeit Protest einzulegen. Damit wird das Zeugnis, das einer
von diesen, Renard de Vort (Nr. 181), später doch gegen den Orden ab=
legte, von selbst hinfällig. Dieser war zudem vorher vor der päpstlichen
Kommission mit 18[3]) anderen von jenen 29 als Verteidiger erschienen,
unter ihnen Bertrand de Sartiges und Wilhelm de Chambonnet, 2 der
von den übrigen Gefangenen zu Prokuratoren erwählten Templer.
Da sie von Anfang an jedes Geständnis verweigert hatten, so konn=

---

[1]) cf. Raynouard p. 254—256, Havem. p. 225 f., Lea III, 286 f., am aus=
führlichsten Prutz, Entw. p. 327—334, der im Auszug das Protokoll dieser Diöcesan=
untersuchung mitteilt. Hier sind wir somit in der glücklichen Lage, nicht auf Michelet
beschränkt zu sein, sondern das Protokoll selber noch zu haben. — [2]) Prutz nennt nur
39, cf. Anm. 1 zu p. 269. Was sie gestanden, cf. Prutz' Auszug (p. 328 ff.). —
[3]) Vgl. Raynouard p. 254.

ten sie auch später nicht als relapsi behandelt werden und entgingen somit dem grausamsten Geschick, dem Flammentod. Von den geständigen 40 erscheinen, trotz ihrer Geständnisse, später noch 2 weitere zur Verteidigung des Ordens, von der sie aber nach dem Drama vom 12. Mai 1310 zurückstehen. Von den übrigen 38 lassen sich 20[1]) vor der päpstlichen Kommission als Zeugen gegen den Orden brauchen, die wir in unsrer Tabelle unter Nr. 171—180 und 217—226 wiederfinden, ohne daß jedoch, wie Raynouard näher ausführt, diese späteren Zeugnisse in allen Punkten mit den früheren übereinstimmten. Gemeinsam ihnen ist, wie die Tabelle zeigt, daß das Kruzifix, das sie bei der Aufnahme bespien haben wollen, meist ein metallenes gewesen ist; noch mehr fällt auf, daß diese Zeugen sämtlich von dem wüstesten Kusse, dem 3., nichts wissen[2]). Letzterer Zug scheint deutlich auf einen nobleren Charakter dieses Bischofs — es war der durch päpstliche Provision vom August 1307 ernannte vorherige Archidiakonus von Chartres Arbert Aycelin — hinzuweisen. Damit finden wir das Lob, das demselben bei Gelegenheit seiner Ernennung durch Klemens V. erteilt wird[3]), indem er ihn „virum utique literarum scientia preditum, moribus et vita laudabilem, fama preclarum, in spiritualibus providum et in temporalibus circumspectum" nennt, wohl gerechtfertigt. Sollte er dem Papst wegen seiner Abneigung gegen Inquisitionsmittel, die wir bei Klemens V. von Hause aus fanden, seiner Zeit besonders sympathisch gewesen sein!

Auf eine ähnliche Gesinnung darf wohl auch bei einem andern Bischof, der[4]) in einem besonders engen Verhältnis zu Klemens V. gestanden zu haben scheint, dem schon von Bonifazius VIII. 1302 zur Untersuchung der Inquisition in der Lombardei gebrauchten[5]) Bischof Guido von Saintes geschlossen werden, der auf Spezialmandat des Papstes 7 ihm besonders überlassene Templer in seinem Gewahrsam gehalten hatte und 1310 der Kommission zusendet: Nr. 204—210. Aus dem, was von diesen Zeugen, zumal Nr. 207, zusammen mit den gleichfalls durch Saintes verhörten und rekonzilierten Nr. 125—130 über harte Haft bei Wasser und Brot als Ursache ihrer Geständnisse beigebracht wird, glaubte Schottmüller[6]) auf besondere Willfährigkeit dieses Bischofs gegenüber Philipps

---

[1]) Nicht, wie Raynouard schreibt, nur 15; genau genommen finden wir allerdings nur 19 unter den von Prutz Genannten wieder; der 20., Peter Mavi (Zeuge 222) fehlt bei Prutz. Sollte dies nicht jener 40., den er weggelassen hat, sein? (cf. verbis Anm. 2 zu p. 376). Dazu kann Nr. 181 als 21. — [2]) Wohl aber die meisten von dem „in umbilico". — [3]) Bal. II, 72; vgl. eben p. 279. — [4]) Nach Mich. II, 198. — [5]) Vgl. Lea I, 478. — [6]) Schottm. I, 260.

Wünschen und Geschicklichkeit in Anwendung harter Maßregeln schließen zu dürfen. Es dürfte aber vielmehr hervorzuheben sein, daß aus diesen Geständnissen hervorgeht, daß der Bischof Guido die eigentliche Folter nicht in Anwendung gebracht hat¹), wohl aber durch sonstige Mittel, längere entbehrungsreiche Haft und Drohung mit der Folter die Gefangenen mürbe zu machen gewußt hat. So gar schrecklich kann diese Erinnerung doch nicht gewesen sein: wenigstens muß auffallen — und ist auch der päpstlichen Kommission schon aufgefallen — daß Nr. 125—130 trotz jener Haft später wagen, sämtliche Anklagen gegen den Orden, entgegen ihren früheren Geständnissen vor Saintes, in Abrede zu ziehen; was von der zweiten Gruppe wenigstens einer, Nr. 204, nachahmt, während die übrigen, die bei ihren Geständnissen verharren, gleich denen von Clermont von dem schmutzigsten Kusse doch höchstens, und auch das nur teilweise, gehört haben wollen, keiner aber ihn ausgeteilt hat. Danach scheint auch dieser Bischof eher einer der anständigeren als der schlimmsten.

Daß Klemens V. selber die feineren Naturen, welche die gröbsten Mittel ebenso wie das Unanständige verabscheuten, sympathischer waren, scheint mit noch größerer Deutlichkeit aus der Wahl der Männer, die seine spätere Kommission bildeten, hervorzugehen. Verfolgen wir diese möglichst auf die von ihnen früher, in ihren Diöcesen, erzielten Resultate hin, so kommt hier besonders der Bischof von Limoges²) in Betracht, für welchen uns den vergleichenden Maßstab die Nummern 107—112 und wieder 211—216 liefern: alle 12 in merkwürdiger Harmonie trotz der auseinanderliegenden Zeit von fast einem Vierteljahr nichts von Sodomiterei, nichts von dem 3. unanständigsten Kusse, und nicht einmal den „in umbilico" sondern höchstens einen „in pectore et in humero", und immer „supra vestes", vermeldend, endlich bei der Bespeiung sämtliche auf die Erde spuckend, so daß als belastende Aussage nur die Verleugnung Jesu, 3mal, und zwar meist in einem Winkel oder abseits, übrig bleibt³). Man sieht, Reginald de la Porte⁴) war eine feine und mit dem Notwendigsten sich zufriedengebende Natur⁵).

¹) Die von Nr. 128, Thomas de Pampelona, bezeugte furchtbare Folter in St. Jean d'Angély dürfte nicht diesem bischöflichen, sondern dem früher, wohl durch den Seneschall von Poitiers vorgenommenen, Verhör zur Last fallen. — ²) Auch dieser wurde bereits oben p. 279 erwähnt. — ³) Daß die schon in Poitiers aus der Diöcese Limoges aufgetauchten Zeugen (vor allem Nr. 8, 20, 29 und 30 im „Processus Pictaviensis", neben denen Nr. 2 und 17 wegen ihres zweideutigen Charakters weniger in Betracht kommen) dort so viel reichhaltigere Ergebnisse liefern, scheint auf die frühere Thätigkeit der Inquisition zurückgeführt werden zu müssen. Auffallend ist zwar auch schon dort, daß von Sodomiterei wie hier wenig die Rede ist. Jedenfalls dürfen wir aber die strenge Haft, von der besonders die Zeugen Nr. 29

Zu den anständigeren Prälaten scheinen auch, unter der Ägide ihres Metropoliten, die Bischöfe der **Provinz Tours** gehört zu haben. Diese Provinz, in der Hauptsache aus der dem königlichen Frankreich unter ihren eigenen Herzögen ziemlich fremd gegenüberstehenden Bretagne bestehend, weist, wie unsere Zusammenstellung p. 94 ergeben hat, freilich überhaupt verhältnismäßig wenige Ordensangehörige auf: wenigstens entsendet sie vor die päpstliche Kommission nur 18 Templer, die als ihre Heimat diese Provinz angeben [1]), während als vor Tours verhörte Zeugen nachher Nr. 7, 9, 154, 157, 159, 160, 161, 163, 191, 192, 195, 196, 197, also 13, auftauchen, wobei Nr. 196 und 197 ausdrücklich bemerken, daß sie nicht zur Verteidigung erbötig gewesen seien. Immerhin ist bemerkenswert, daß sich auch ihre Geständnisse nicht nur durch verhältnismäßige Magerkeit überhaupt vorteilhaft auszeichnen, sondern insbesondere auch hier die unanständigsten unter den Küssen [2]) und dazu die Sodomiterei fast ganz in Wegfall kommen. Die Erklärung für diesen auffallenden Mangel liefert die Bemerkung Schottmüllers, daß der Erzbischof von Tours auch auf dem Konzil von Vienne für rechtliche Verteidigung des Ordens eingetreten ist. Daß auch eines solchen Mannes Gerechtigkeitsliebe, ob sie gleich vor der eigentlichen Folter zurückschreckt, harte und schwere Kerkerhaft nicht für ebenso unstatthaft ansah, wird durch Zeuge 197 extra erklärt, wonach wir uns nicht wundern dürfen, daß auch dieses Tribunal immerhin seine Resultate, wenn auch in merklichem Unterschied von andern, zuwege brachte.

Diese verhältnismäßige Milde, die übrigens deswegen auf die wirkungsvollsten Mittel, lange und schwere Kerkerhaft und Drohungen einerseits wie Versprechungen andererseits, noch lange nicht verzichtete, sondern nur von der eigentlichen Folter möglichst sparsamen Gebrauch machte, und so auch mit relativ bescheideneren Resultaten sich zufriedengab, repräsentiert endlich auch noch der Bischof (**Wilhelm**) **von Paris**[3]), der, obgleich

---

und 30 in Poitiers zu reden wissen, mit auf die Rechnung des Bischofs schreiben. — [4]) Vielleicht ein Verwandter jenes **Aubebert de la Porte** (Nr. 190), dessen Widerruf seiner früheren Geständnisse von Poitiers wir schon dort erwähnten, bei solcher Verwandtschaft allerdings doppelt leicht zu begreifen. — [5]) Die übrigen Mitglieder der Kommission lassen sich auf solche Resultate hin nicht weiter verfolgen, sind übrigens in der Hauptsache offenkundig Philipp zu Liebe ernannt: vgl. das nächste Kapitel.

[1]) Zwei von diesen, die mit 4 andern (1 aus Poitiers, 1 aus Anjou, 1 aus Limoges und 1 aus Chartres) vor dem Bischof von Le Mans verhört worden waren, erklären, daß ihnen dieser keinerlei Geständnisse habe entlocken können. [2]) Nur Nr. 7 weiß davon etwas. — [3]) Diesem Bischof fiel naturgemäß die meiste Arbeit unter allen seinen Kollegen zu. Von den 226 templerischen Zeugen, die hernach vor der Kommission erscheinen, waren nicht weniger als 46, über ein Fünftel, vor ihm gestanden

früher Leibarzt Philipps des Schönen und deshalb 1304 vom König auf den Bischofsstuhl seiner Hauptstadt promoviert¹), in beachtenswertem Unterschied von dem, was die Inquisition im Tempel Okt. bis Nov. 1307 erzielt hatte, auf die unanständigen Küsse meist Verzicht leistet und sich dadurch auch von seinem Kollegen von Orléans, Bischof Rabulph²), unterscheidet, der eine derartige Feinfühligkeit nicht für nötig erachtet zu haben scheint³).

Doch gewinnt man überhaupt, aus der Vergleichung ihrer Ergebnisse, den Eindruck, als ob die Bischöfe durchgehends eine größere Milde an den Tag gelegt haben als die Inquisitoren⁴). Dafür kam ihnen die Erinnerung an jene frühere Behandlung, vielfach aufgefrischt durch die Anwesenheit und Teilnahme dieser selben Inquisitoren, die der Papst ausdrücklich dem König zugegeben hatte, als ein sehr förderlicher und gedächtnisstärkender Faktor zu Hilfe⁵). Die Hauptsache, Verleugnung und Bespeiung, wurde so doch offenbar überall erzielt. Dann aber konnten die übrigen Punkte getrost fallen gelassen werden. Übrigens ist doch auch von diesen, die so für die Unterscheidung der verschiedenen Bischöfe in erster Linie in Betracht kommen, nicht wenig erzielt worden. Nicht alle Bischöfe waren so anständig wie die bisher genannten, unter denen doch schon der Bischof von Orléans auf den Kuß „in ano" oder „in anca" (und ähnliche) einen Hauptwert gelegt zu haben scheint. An ihn schließen sich als nächst schärfere Schattierung in besonders deutlicher Übereinstimmung die zur Kirchenprovinz Rheims gehörigen Diöcesen an, nämlich außer Rheims selber⁶), wo der Erzbischof Robert de Courtenay in ganz

---

(und meist von dem Provinzialkonzil von Sens rekonziliert worden) vgl. die Nummern 12, 13, 41—45, 47—53, 71—74, 76, 83, 86—93, 95—98, 100, 102, 105, 106, 132, 133, 135, 136, 165, 170, 201, 203, 227, 228.

¹) Contin. Guil. Nang. a. 1304 bei Bouquet XX, p. 590. — ²) Nach Bouquet XX, 595 war er vorher (bis 1306) Dekan des Kapitels von Orléans und ein rechtserfahrener Mann. Als solcher scheint er sich in den Mitteln seiner Zeit besser ausgekannt zu haben, als sein Pariser Kollege, der frühere Arzt. — ³) Vgl. wenigstens die von ihm verhörten 31 Nummern — die zweithöchste Zahl — mit denen des Bischofs von Paris: es sind Nr. 14, 18, 19, 22—37, 54, 55, 75, 94, 101, 103, 137, 138, 142—144, 193. Der Kuß „in ano" oder in ähnlicher Gestalt figuriert hier als Hauptkennzeichen. — ⁴) So wird die Erlaubnis zur Sodomie trotz der massenhaften Geständnisse hierüber vor der Inquisition nicht bloß von den Objekten des Bischofs von Paris, sondern auch denen von Orléans merkwürdig wenig gestanden. Es stimmt das alles mit der Bemerkung von Leas Inquisitionsgeschichte über die viel größere Milde der bischöflichen Gerichte gegenüber der eigentlichen Inquisition. — ⁵) Vgl. darüber für den Bischof von Paris und seine Vorbereitungen zum Verhör den nachherigen Verweis auf Ponzard de Gisis bereits oben, p. 260, angeführte Aussage. — ⁶) Dieser bleibt mit seinen 27 „Zeugen" nur wenig hinter Orléans zurück: s. die Nummern 57, 58, 61—64, 84, 85, 114, 116—121, 123, 145—149, 151—153, 166, 168, 169.

ähnlicher Weise verfuhr, wie nachher von Philipp de Marigny in Sens berichtet werden wird, neben Noyon[1]) und Soissons.[2]) vor allem die Diöcese Amiens[3]) deren Bischof Wilhelm uns wieder aus Bouquet[4]) ganz besonders als Rechtserfahrener bekannt ist. Hier kommt neben der Verleugnung und Bespeiung nicht bloß auch der 3. wüsteste Kuß, sondern namentlich die Erlaubnis zur Sodomie als gemeinsames Ergebnis heraus.

Daß hier, wie übrigens selbst bei solchen Bischöfen, die wir den relativ anständigen zugezählt haben, die Folter zur Vorbereitung auf die Verhöre keine kleine Rolle gespielt hat, darüber benimmt uns Ponzard de Gisis bereits oben besprochene Aussage jeden Zweifel. Ausdrücklich wird die Anwendung derselben, und zwar in sehr starkem Grad, so daß ihr 3 Templer erlegen seien, von dem Bischof von Nevers[5]) durch den 77. Zeugen der päpstlichen Kommission, Robert Vigier, bezeugt, der seine eigene Aussage dort darum als erfoltert zurücknimmt. Besonders stark muß aber, wie schon bei der ersten Inquisition, auch jetzt wieder in Südfrankreich gewirtschaftet worden sein: wenigstens geben vor der päpstlichen Kommission am 2. Mai 1310 19 Templer aus der Diöcese Périgueur ausdrücklich zu Protokoll[6]), daß sie durch Folter und Hunger zu ihren Aussagen vor dem dortigen Bischof gebracht worden seien. Einer derselben, Ritter Consolin de Jorio (Jour?) fügt hiezu, daß er nach dieser Folterung vom Freitag nach Weihnachten bis Samstag nach Johannis dem Täufer, also ½ Jahr lang, bei Wasser und Brot gefangen gehalten worden sei, so daß er bei der heftigsten Kälte der notwendigsten Kleidungsstücke habe entbehren müssen[7]). Auch in Rhodez giebt dieses Mittel die Erklärung für die eigenartigen, umfassenden, selbst den Befehl zur Auslassung der Einsetzungsworte einschließenden Geständnisse, für welche die Zeugen 181—189 Gewährsmänner sind und deren Motiv am besten aus dem noch immer um sein Leben fürchtenden Zeugen 188 (Raymund Amalin) spricht. Dem kommen am nächsten die einen ebenso eigenen Charakter an sich tragenden 3 letzten Zeugen vor der päpstlichen Kommission, Nr. 230—232, die, wie das Protokoll meldet, vor ca. einem Jahr auf

---

[1]) Nur durch Nr. 46, — [2]) durch 113, 115 und 167 vertreten. — [3]) cf. für seinen Wirkungskreis (15 Zeugen nämlich) die Nummern 38—40, 56, 60, 65—70, 139—141, 150. — [4]) XX, p. 592 (Contin. Guil. Nang. a. 1304), wo er als Dr. jur. canon. mit Erzbischof Ägidius von Bourges, Mag. Bertrand von St. Denis, dem 1307 gestorbenen Bischof von Orléans, als Schiedsrichter in dem durch Johann von Paris angeregten Lehrstreit fungiert. — [5]) Vgl. über ihn oben p. 266. — [6]) Mich. I, 230. — [7]) cf. Havem. p. 256, Schottm. I, 259.

der Flucht ergriffen worden waren und, wenigstens die 2[1]) vor dem Bischof von Mâcon verhörten, schön zugerichtet worden sein müssen, daß sie selbst die sonst sehr seltene „Conculcatio", oder doch die Anweisung dazu, ebenso wie die andere, an das Sakrament des Altars nicht zu glauben, übereinstimmend bezeugen, während sie doch von Sodomie nichts wissen wollen. Daß die scheußlichste Folterung an den Hauptsitzen der Inquisition, in Toulouse[2]), wo ein Neffe des Papstes, Gaillard de Preissac, residierte, der von Johann XXII. wegen seines Übermuts und Stolzes einfach abgesetzt wird[3]), und Carcassonne[4]) vorgekommen sein muß, haben wir schon oben bei Besprechung der Inquisition überhaupt und wieder beim Prozeß von Poitiers[5]) gesehen, weßhalb wir uns begnügen, hier nur kurz darauf zu verweisen.

Übrigens treten diese Differenzen, wenn sie auch auffallend genug sind, daß Michelet, der Herausgeber der Protokolle der päpstlichen Kommission, glaubt, darin ein besonders Moment für die Glaubwürdigkeit dieser Aussagen erblicken zu dürfen, doch wieder hinsichtlich ihrer Ursache, der Zugehörigkeit zu den verschiedenen Diöcesen, nicht in dem Grade hervor, daß man es für unbegreiflich finden müßte, daß weder Michelet noch einer der übrigen Geschichtschreiber des Tempelordens bis auf Lea, von denen aber auch keiner sich veranlaßt gesehen hat, einmal diese Resultate tabellenmäßig unter einander zu schreiben, dieses Verhältnis bemerkt hat. Der Grund dafür liegt darin, daß jene ursprünglichen, sagen wir kurz, Diöcesanverschiedenheiten bezw. -Gleichheiten doch wieder vielfach durch andere Umstände verwischt oder modifiziert worden sind, so durch gemeinsames Logis oder anderweitigen Verkehr der Templer mit Genossen aus andern Diöcesen während ihres Aufenthalts in Paris und dergl. Ein eingehenderes Studium unserer Tabellen wird darüber noch manchen Wink

---

[1]) Der Dritte, aus der Diöcese Châlons gebürtig, war vorher noch gar nicht verhört. — [2]) Vgl. hiefür den p. 261 besprochenen Priester Bernhard de Bado; dazu 3. 12 im „Processus Pictaviensis". — [3]) Lavocat C. XXII. — [4]) Vgl. Zeuge 19 und 21 im „Processus Pictaviensis", besonders aber das im vorigen Kapitel schon besprochene (bischöfliche) Inquisitionsverhör von Carcassonne. — [5]) Nur anmerkungsweise soll hier nicht unterlassen werden, darauf hinzuweisen, daß es auch vor der päpstlichen Kommission wieder dieselben Diöcesen sind, die schon nach Poitiers die meisten „Zeugen" geliefert haben: nämlich außer den in Poitiers besonders vertretenen südfranzösischen Diöcesen (von Toulouse Nr. 12, Carcassonne 19, 21, Béziers 11, 31, Cahors 22, 23, 32, Narbonne 10) neben dem dort am stärksten vertretenen Limoges (hieher gehören die Nummern 1, 2, 3, 8, 9, 17, 20, 29, 30) wieder in erster Linie Paris (cf. Nr. 13—15, 25—27) und Amiens (Nr. 6, 7, 16, 18, 28). Ein weiterer Vergleich wird ebenso durch das Fehlen der Protokolle für die übrigen 39 Zeugen von Poitiers als durch den Beschluß der päpstlichen Kommission vom Mai 1310 (Mich. I, 232), von diesen Zeugen von Poitiers zunächst abzusehen, verhindert.

geben, den wir hier nicht weiter ausführen können. Und zweitens bleibt doch auch wieder Gemeinsames genug, das über diesen Besonderheiten nicht vergessen werden darf, besonders die Grundanklageartikel, Verleugnung und Bespeiung, so daß der Jurist Lavocat glaubte, diese als thatsächliche Grundlage festhalten zu müssen. Aber 1. löst sich doch auch diese gemeinsame Grundlage, sobald man auf die näheren Bestimmungen genauer achtet, was verleugnet worden ist: ob Christus oder Gott überhaupt, und unter welchen Umständen, bezw. an welchem Ort? und ebenso bei der Bespeiung: ob es nur ein Kreuz im allgemeinen oder ein Kruzifix, und dann was für eines, bezw. aus welchem Stoff, gewesen ist?[1]) in so mancherlei Verschiedenheiten entsprechend jenem Kanon auf, daß auch von dieser Übereinstimmung nicht allzu viel übrig bleibt. Und 2. muß man, um auf diese Lavocatsche Auffassung zu kommen, doch immer wieder erst vergessen, daß ja etwas herauskommen mußte vor Richtern, für welche die Grundlage Philipps des Schönen Artikel, d. h. sein Wille, daß die Templer Ketzer seien, bildete.

Was herauskam, wo dieser Wille nicht zu Grunde lag, das lehrt uns eine Diöcese, die in nächster Nachbarschaft der ergiebigsten unter allen, Carcassonne, lag und zu derselben Kirchenprovinz Narbonne gehörte: Elne, umfassend das heutige Departement Pyrénées orientales, bekannter unter dem Namen Roussillon. Der Gegensatz zu den andern macht diese Diöcesanuntersuchung so ungeheuer lehrreich, daß wir uns ungern versagen, das Protokoll derselben, das Michelet im Anhang seines 2. Bandes p. 421—505 giebt, eingehender hier wiederzugeben. Es sind 25 Templer, sämtliche aus der Templer-Commende Masdieu (Mansi Dei), die in dem benachbarten Schlosse Troulars von Raymund, dem Bischof von Elne, auf die Aufforderung seines Metropoliten Egidius von Narbonne (datiert vom 5. Mai 1309) vom 14.—26. Januar 1310[2]) ins Verhör genommen werden. Als Teilnehmer dabei werden außer 2 Kanonikern von Elne der Prior der Dominikaner und der Guardian der Minoriten von Perpignan mit je einem Ordensbruder nebst 3 Notaren genannt, wie denn das Ganze in musterhafter Ordnung vor sich geht. Um so schwerer ist es, sich dem Eindruck der Harmonie, der durch diese sorgfältig abgefaßten Protokolle von Anfang bis zu Ende hindurchgeht, zu entziehen. Sämtliche Artikel, soweit sie die eigentliche Anklage enthalten, werden mit großer Bestimmtheit zurückgewiesen. Von den übrigen Punkten werden Art. 34: Schwur den Orden nicht zu verlassen; 35: alsbaldige Annahme

---

[1]) Unsere Tabelle ist darauf eingerichtet, auch diese feineren Nüancen möglichst erkennen zu lassen. — [2]) Die Verspätung rührte davon her, daß der Bischof vorher durch Krankheit verhindert war.

von Profesfen; 36: Heimlichkeit bei der Aufnahme, ohne daß darüber aufsteigender Verdacht (Art 37) begründet gewesen wäre, ferner das Verbot, die Kapitelsverhandlungen den Nichtteilnehmern mitzuteilen ¹) (Art. 69—72), was ebenso wie unrechter Erwerb²) mit Ausschluß aus dem Orden bestraft worden sei; endlich (Art. 73 f.) die Anweisung zur Beichte nur bei Ordenspriestern, jedoch so, daß man in Ermanglung deren auf Dominikaner und Minoriten, im Notfall auch auf Weltgeistliche, ausdrücklich verwiesen worden sei, unumwunden zuzugeben. Die Schnur, die übrigens von beliebiger Länge sein und genommen werden durfte, woher man wollte — Nr. 12³) hat sie in Perpignan gekauft — wird übereinstimmend⁴) als Keuschheitszeichen erklärt, von Nr. 1, dem wichtigsten Zeugen, dem Ordenspriester Bartholomeus de Turri (Latour?) unter Berufung auf Luk. 12, 35. Sodomiterei werde mit Ausstoßung und lebenslänglichem schwerem Kerker bestraft⁵). Der Großmeister und andere Ordensobere können nach Ordensstatut Strafen auferlegen (körperliche Geißelung) oder dieselben erlassen, je nach ihrem Gutdünken, aber keine geistlichen Bußen⁶). All das ist durchaus statutengemäß und zeigt die Vertrautheit dieser Templer mit ihrer Regel, von welcher gleich Nr. 1 dem Bischof und seiner Kommission ein Exemplar überreicht, das mit den romanischen Worten beginnt: „Quanaleum proom requer la compaya de la Mayso⁷)". Dieselbe Vertrautheit mit dem katholischen Glauben zeigt nicht nur der bereits mehrfach erwähnte 8. Zeuge, der Präzeptor von Masdieu und damit dieser Templer, Ritter Raymund de Gardia (Lagarde?), sondern ebenso auch der Laien=Servient Bn. Septembre Nr. 22⁸). Ersterer zählt sämtliche Sakramente auf und spricht sich über den Glauben der Kirche in einer Weise aus, wie man dieses nur von jedem ihrer Glieder hätte wünschen dürfen; letzterer erzählt, wie das Kreuz an den beiden Festen im Mai und September und noch feierlicher am Karfreitag mit bloßen Füßen und Häuptern, Ablegung der Waffen und gebeugten Knien verehrt wurde mit den Worten: „Ador te Christ et benesese te Christ. qui per la sancta tua cron nos recemist." In gleichem Sinn beruft sich Nr. 5⁹) auf das Blut, das die Templer für die Christenheit vergossen haben wie Christus das seinige.

---

¹) Dieses Verbot wird von Nr. 5 (dem Ritter Berengar de Collo) ganz richtig und statutengemäß mit der Absicht, Zwietracht zu verhindern, begründet. — ²) Vgl. die Aussage des vierten Zeugen, des Kaplan Bernhard Guerrier (Mich. II, p. 443—446). — ³) Arnald Septembris, s. Mich. II, 474—478. — ⁴) Vgl. besonders Nr. 1, 3, 6, 12. — ⁵) Aussage von Nr. 8 (Mich. II, 457—462). — ⁶) Vgl. denselben 8. und daneben den 23. Zeugen (Wilh. de Sto. Ypolito II, 506—509). — ⁷) Mich. II, p. 434 unten. — ⁸) II, 503—505. — ⁹) Der bereits erwähnte Ritter Berengar de Collo, p. 448—449.

Dieselbe gut katholische Gesinnung atmen die Aussagen über das Idol. Nr. 1 glaubt nicht, daß irgendwo in der Welt bei Christen solche Idole sich finden. Andere, wie Nr. 6¹), wissen nicht, was das überhaupt für ein Ding sei! Daher meint Nr. 20²), „quod sit diabolus sive nihil." Ganz besonders aber mutet uns an, wie diese Ordensgenossen ihren Unglauben an die in der Bulle Fac. mis. behaupteten Geständnisse des Großmeisters und anderer Ordensoberen bezw. ihre Entrüstung darüber kundgeben; Nr. 2³) erklärt, wenn der Großmeister, was er nicht glaube, diese Geständnisse gemacht habe, so habe er „in seinen Hals hinein fälschlich gelogen⁴). Nr. 7⁵) glaubt ebensowenig, daß eine größere Anzahl von Templern solche Geständnisse gemacht haben könne und „wenn etliche sie etwa gethan, seien es nicht Menschen, sondern vollständig höllische Geister, die gewohnt seien, natürlicherweise zu lügen"; ebenso Nr. 25⁶): die Geständigen seien keine Templer, sondern Teufel in Menschengestalt („in pelle hominum incarnatos"). In ähnlicher Weise, nur gemäßigter, sprechen sich Nr. 1, 5, 6, 9⁷) aus. Die sittliche Empörung läßt diese Leute alle gewohnte Rücksicht vergessen, so daß sie sich bewußt sind, einer besonderen Versicherung ihres Respekts vor dem Papst und seinen Kardinälen zu bedürfen⁸). So durchgehends ist diese Übereinstimmung, trotz der mancherlei Unterschiede des Standes und der Bildung⁹), daß Prutz glaubt, auf vorherige Verabredung schließen zu müssen. Indessen ist die Übereinstimmung doch mehr noch eine sachliche als eine wörtliche und eine besondere Verabredung daher durchaus unnötig, wird auch von Nr. 7 auf die Frage, ob er zu seiner Aussage angewiesen worden sei, aufs bestimmteste verneint, vielmehr nur damit erklärt, daß der Präzeptor Raymund de Gardia alle ermahnt habe, die Wahrheit zu sagen. Dieser Ermahnung entspricht der Ton der ganzen Aussagen, die überall die Sicherheit eines guten Gewissens¹⁰) und die Empörung über das Gewebe von Betrug und Unrecht anderwärts verraten.

¹) Der Ritter Wilhelm de Tamarit Mich. II, 451—453. — ²) Wilhelm de Terratio, Servient, II, 497—499. — ³) Der Servient Peter Bleda, dessen Aussagen überall mit ganz besonderer Entschiedenheit gehalten sind: vgl. Mich. II, 436—438. — ⁴) „Mentitus est per gulam suam falso modo": II, 466. — ⁵) Der Priesterkaplan Raymund Sapte II, 454—456. — ⁶) Jakob Mascaroni II, 512—514. — ⁷) Der Priesterkaplan Johannes de Gema: Die Geständigen seien falsche Brüder gewesen, die nur ehebrecherisch das Ordensgewand getragen haben. — ⁸) Salva excellentia sedis apostolicae et honore" heißt es bei Nr. 7 und ähnlich Nr. 1, 3 und 25. — ⁹) Es sind neben 4 Priestern (Nr. 1, 4, 7, 9) und 3 Rittern (Nr. 5, 6 und 8) 18 Servienten, darunter Viehhirten wie Nr. 15 und 18, und Leuten wie Nr. 12, der als „homo simplex, rudus et laycus" bezeichnet wird. — ¹⁰) Für dieses spricht auch, daß die Zeugen der Aufnahmen mit überall namentlich angeführt werden und die Kontrolle, soweit wir sie üben können, stimmt. Das ist anders vor der päpstl. Kommission, in Poitiers und vor der Inquisition.

Mehr Grund hat die andere Erklärung von Prutz[1]), wenn er diese Templer überhaupt den Spaniern zuzählt und ihre Aussagen somit nicht für den französischen, sondern den spanischen Zweig des Ordens, der ja im Unterschied von den Franzosen von jenen Mißbräuchen relativ wenig berührt gewesen sei, maßgebend sein läßt. Thatsächlich ergiebt allerdings eine nähere Prüfung dieser Templer hinsichtlich ihrer Aufnahme, daß dieselben, soweit sie nicht aus Roussillon selbst stammten[2]), in katalonischen[3]) oder aragonischen[4]) Ordenshäusern aufgenommen worden waren. Indes ist eine solche Scheidung der Ordensschuld nach verschiedenen Ländern bezw. Provinzen, wie Prutz sie macht, bei genauerer Betrachtung mit dem Wesen des Ordens unvereinbar, wird ohnedies gerade in unserem Fall durch das besonders enge Verhältnis, in dem Catalonien mit Südfrankreich stand — es unterstand vielfach demselben Großpräzeptor, dem von der Provence — entkräftet. Sondern was an jenem Hinweis Wahres ist, das ist, daß der Grund für dieses entgegengesetzte Ergebnis der Diöcesanuntersuchung von Elne einfach darin liegt, daß diese Diöcese damals zwar kirchlich zu Narbonne, politisch aber zu Aragonien gehörte, somit **außerhalb von Philipps Machtbereich** lag.

Will man ein gerechtes Urteil über die Schuld des Ordens gewinnen, so wird man auf das Resultat dieser einen Diöcesanuntersuchung, wo Gewaltmittel ferne blieben, mehr Gewicht legen müssen, als auf das jener sämtlichen andern, bei denen Philipps Wille und damit das Inquisitionsrecht suprema lex war, der eigentlichen Inquisitions- wie der bischöflichen Untersuchungen. Für die eigentliche Bedeutung dieser Diöcesanuntersuchungen, vollends mit ihrem Abschluß auf den Provinzialkonzilien, bleibt das klassische Beispiel **Philipp de Marigny** mit seinem bekannten **Provinzialkonzil von Sens**, das mit seiner energischen Durchführung der päpstlicherseits approbierten Inquisitionsgrundsätze gegenüber den Personen der Templer es fertig brachte, auch die wichtigste Veranstaltung, die Klemens V. traf, um wenigstens den Schein von Gerechtigkeit gegenüber dem Orden zu retten, **die gesamte päpstliche Kommission zur Posse zu degradieren.**

Diese müssen wir jedoch in einem besonderen Kapitel betrachten.

---

[1]) Vgl. Prutz (Entw. p. 181. — [2]) Hieher gehören, als in Masdieu aufgenommen, Nr. 1, 3, 4, 7, 9, 12—16, 18—25 = 18 unter den 25. — [3]) Hieher gehören Nr. 5 (in Miravete), 11 (in Gerena), 6 und 17 (Gardegues) = 4. — [4]) Hieher Nr. 2 (in Alfambre), 8 (Zaragoza) und 10 (Moncon) rezipiert.

Siebentes Kapitel.
Die päpstliche Kommission.

Dieser hat man vielfach eine Hauptrolle von ausschlaggebender Bedeutung in unserem Prozeß zugewiesen. Es ist das geschehen, schon weil nur von diesem Teil die Protokolle vollständig, eben durch Michelet, vorliegen. Und dann, weil im Unterschied von dem übrigen Verfahren, wo in erklärter Parteinahme gegen den Orden auf inquisitionsmäßige Weise die Beweise gegen die Angeschuldigten genommen werden, diese Untersuchung in der Hauptsache die Form des gewöhnlichen Rechts beobachtet und dadurch so sehr von jenen andern Parteien absticht, daß sie schon manchem, so Prutz, als „beinahe vom entgegengesetzten Standpunkt ausgeführt" vorgekommen ist. Indes stand mit der Wertung dieser Protokolle ihre Benützung nicht im gleichen Verhältnis. Wäre dies geschehen, so wäre man von jener Überschätzung bald genug zurückgekommen und hätte erkannt, daß der Wert dieser Urkunden weniger darin liegt, daß wir in ihnen wenigstens über diesen Teil des Prozesses, das Verhör vor der päpstlichen Kommission, eine glaubwürdige Berichterstattung besitzen, als vielmehr in dem, was daraus für die früheren Phasen des Prozesses und die vorhergehende Behandlung der Templer an indirekten Zeugnissen zu gewinnen ist. Über diese indirekten Zeugnisse haben wir bereits im vorigen Kapitel des näheren uns ausgelassen und gesehen, ein wie reichliches Licht daraus, aus einer vollständigeren Verwertung dieser Protokolle mit statistischer Zusammenfassung der Hauptresultate, für das Ganze sich ergiebt. Eine solch gründliche Betrachtung ergiebt dann aber auch, was von der Behauptung des fast entgegengesetzten Standpunkts, den diese Kommission eingenommen haben soll, zu halten ist: daß davon keine Rede sein kann. Auch wenn es ja der Fall wäre, würde es uns nicht viel nützen bezw. die Templer nicht viel genützt haben. Denn bei allem größeren persönlichen Wohlwollen dieser Richter kommt ihnen wie ihrer ganzen Thätigkeit so wenig Gewicht zu, daß das Ganze nicht viel mehr als eine reine Komödie ist. Immerhin hat schon diese relativ größere Milde der Behandlung und zumal das Fehlen der eigentlichen Inquisitionspraxis eine von dem bisherigen so verschiedene Wirkung, daß wir erkennen, wie anders der schließliche Ausgang hätte werden müssen, sobald es sich um ein wirklich unabhängiges Rechtsverfahren, das gegenüber Philipp des Schönen Gewaltpolitik eine wirkliche Oppositionsstellung gewagt hätte, handelte.

Von einer derartigen Stellung kann aber bei unserer päpstlichen Kommission nicht die Rede sein. Wohl war sie dazu geschaffen, um wenigstens den Schein einer rechtlichen Untersuchung zu retten, zumal gegenüber den Vätern der Kirche, die in ihrer Gesamtheit als Konzil berufen waren, das letzte Wort über den Templerorden zu sprechen. Ihr nächster Zweck war ja, da das Konzil selbst unmöglich die eigentliche Untersuchung erst führen konnte, für dieses das nötige Material zu liefern, ein Material, das in etwas anderem bestehen mußte, als in bloßen Inquisitionsergebnissen, mit denen allein aufzuwarten doch auch Klemens V. Bedenken trug. Forderte so freilich schon dieser Zweck ein besonderes Maß von Unparteilichkeit und somit Selbständigkeit gegenüber Philipp dem Schönen, so schloß doch diese, und vollends eigentlichen Widerspruch gegen den König, schon die Zusammensetzung der Kommission gänzlich aus. Von ihren 7 Mitgliedern ist uns das hervorragendste, der Erzbischof Gilles Aiscelin von Narbonne, der den Vorsitz führte, bereits bekannt als einer der besonderen Vertrauten Philipps, von diesem viel verwandt in den wichtigsten Staats- und Kirchenangelegenheiten, so mit Pierre de Latilly die Gesandtschaft bildend, die der König unmittelbar nach der Wahl Klemens V. an diesen abgesandt hatte, um ihm seine Pläne mitzuteilen und zwar „in den mysteriösen Formen, die ihm eigentümlich waren"[1]. Im Templerprozeß haben wir ihn freilich von einer verhältnismäßig günstigen Seite kennen gelernt durch die Niederlegung des königlichen Siegels in jener Sitzung des Staatsrats in Maubuisson vom 23. September 1307, in der die Verhaftung der Templer beschlossen wurde. Wer aber aus dieser Amtsniederlegung auf ein besonderes Maß der Widerstandsfähigkeit bei diesem Manne schließen möchte, der wird durch die fortgesetzte Gunst, in der er sich auch nachher bei dem König zu erhalten wußte, dahin belehrt, daß es doch wohl mehr nur Vorsicht und ängstliches Vermeiden einer ausgesprochenen Stellungnahme gewesen ist, was ihn zu jener Handlung bestimmte. Denselben Charakter verrät die Rolle, die er als Mitglied der päpstlichen Kommission spielt. Wie schon Havemann[2] hervorgehoben hat, macht er sich in unseren Protokollen dadurch

---

[1] Renan in s. Art. in der Rev. des deux mondes 1850 (38. Bd.), p. 114. — [2] Havem. p. 227.

besonders bemerklich, daß er den Sitzungen nur mit Auswahl beiwohnt, indem er nicht nur auch in dieser Zeit vielfach mit anderweitigen Geschäften für den König betraut wurde[1]), sondern auch „in bedenklichen Augenblicken, wo z. B. Beschwerden über die von königlichen Dienern abgehaltenen Verhöre vorgebracht wurden[2]) oder die Gefangenen an den Papst und an die Kommission Appellation einlegten[3]), sich unter einem beliebigen Vorwand zu entfernen pflegte". Dieselbe Taktik[4]) befolgt der Bischof von Bayeur, Wilhelm de Trie, einer der Lieblingsschreiber Philipp des Schönen und als solcher dem König zu liebe vom Papst unter dem 17. Aug. 1306 zu seiner Würde erhoben[5]). Für die Thätigkeit der Kommission kommt er schon deswegen weniger in Betracht, weil eben diese sonstigen Aufträge von seiten Philipps[6]) ihn die meiste Zeit der Kommission gänzlich fern halten. Desto mehr fällt seine Ernennung zu dieser von seiten des Papstes ins Gewicht und zeigt, wie wenig er daran dachte, Philipp dem Schönen im Ernst hier Schwierigkeiten zu bereiten. Denselben Sinn hatte auch nicht nur die Wahl des Bischofs von Limoges, Reginald de la Porte, den wir bereits im vorigen Kapitel als einen der erfolgreichsten, wenn auch die gröbsten Mittel vermeidenden Diöcesanrichter kennen gelernt haben, sondern deutlicher noch die des thätigsten Mitglieds der Kommission, des Bischofs Wilhelm Durandi von Mende; zwar von Hause aus kein Günstling Philipps, sondern schon durch Bonifacius VIII. am 17. Dezember 1296, obgleich er noch nicht das kompetente Alter erreicht hatte, ernannt und seinerzeit sogar gegen

---

[1]) Vgl. sogleich die Erklärung, die er beim Beginn der eigentlichen Untersuchung in der Kommission am 3. Febr. 1310 abgiebt, Mich. I, 55. — [2]) Auch bei der Vorlegung des Einschüchterungszettels der beiden Oberaufseher der Gefangenen (Bohet und Jamville) am 14. Febr. 1310 (Mich. I, 71 f.) und überhaupt während der ganzen Zeit vom 7. bis 19. Febr., der Hauptzeit für die Verteidigungserklärungen, glänzt der Erzbischof durch Abwesenheit wegen Berufung zum Könige (s. Mich. I, 59). — [3]) Am bezeichnendsten ist hierfür die Art, wie nach der Appellation der 4 Prokuratoren des Ordens gegen das Verfahren des Erzbischofs von Sens vom Sonntag den 10. Mai der Erzbischof von Narbonne die Kommission plötzlich allein läßt unter dem Vorgeben, die Messe celebrieren oder hören zu wollen. — [4]) cf. Mich. I, 59, wo er mit dem Erzbischof von Narbonne und seinem Kollegen von Mende zum König berufen wird, um von da an noch mehr als der Erzbischof, so fast den ganzen Rest des Februar, durch Abwesenheit zu glänzen. Derselbe Bischof erscheint sonst auch, so in der Antwort an die Notare vom Sonntag den 5. April als ein besonders wichtiges und auf Beschleunigung der Untersuchung drängendes Mitglied der Kommission. — [5]) Vgl. eben p. 314. — [6]) So wurde er im Febr. 1310 mit Enguerrand de Marigny zum römischen König Heinrich VII. entsandt, um einen Allianzvertrag mit ihm zu schließen (Lavocat p. 214). Im Herbst 1310 gehört er zu den Gesandten Philipps, die jene ungnädige Antwort Klemens V. vom 24. Dez. 1310 aus Avignon entgegennehmen müssen, Schottm. I, 223.

den ausgesprochenen Willen des Königs auf den Appell Bonifacius VIII. zu einem allgemeinen Konzil in Rom im November 1302 eingetroffen [1]). Die Instanz für Unabhängigkeit und Widerspruchsfähigkeit auch gegenüber dem König, die in solchem Vorleben liegt, wird jedoch entwertet dadurch, daß er es verstanden hatte, längst für jenes Verhalten Philipps Verzeihung zu erlangen. Offenbar gleich seinem Meister Klemens V., einer jener Politiker, die den Mantel nach dem Wind zu drehen wissen. Der Wind aber in unserer Angelegenheit blies fortgesetzt von Philipp her, dem sich Klemens V. seit den Abmachungen von Poitiers wenigstens in der Templer= sache vollständig anbequemt hatte. Ein Beweis dafür ist wieder eben die Zusammensetzung der päpstlichen Kommission, der außer den Angegebenen noch Matthäus von Neapel, päpstlicher Notar und Archidiakonus von Rouen, Johann von Mantua, Archidiakonus von Trient und Johann von Montlaur, Archidiakonus von Maguelonne, angehörten, als mehr unter= geordnete Glieder, die den Charakter der Kommission nicht zu ändern ver= mochten, falls sie auch den Willen dazu je gehabt hätten. Soviel wir sehen, ist diese Neigung auch bei keinem von ihnen vorauszusetzen, viel= mehr das Gegenteil [2]), daß sie Philipp und zugleich Klemens durchaus zu Willen zu sein bestrebt waren. Andererseits kann der Kommission überhaupt das Zeugnis nicht vorenthalten werden, daß sie der Unpartei= lichkeit, die ihre Aufgabe erforderte, soviel als es solchen Männern mög= lich war [3]), sich bestrebte, daß sie ihrer heiklen Aufgabe mit ziemlichem Geschick nachgekommen ist und daß insbesondere die Milde, deren sie sich gegenüber den Angeklagten befleißigte, wirklich einen Lichtpunkt in dem düsteren Gemälde des ganzen Prozesses bildet. Als Hauptsache bleibt, daß die Kommission, wie schon Lavocat sagt, wenn auch zusammengesetzt

---

[1]) Lavocat Kap. XXVII. — [2]) Matthäus von Neapel, Archidiakonus von Rouen, war als solcher der Untergebene von Bernard be Farges, einem Neffen Klemens V., den dieser deshalb auf den erzbischöflichen Stuhl erhoben hatte, wo er gleich Marignn in Sens wirkte; vermutlich war er durch diesen Neffen dem Papste empfohlen. Von Johann von Montlaur, Archidiakonus von Maguelonne, wissen wir nur, daß er aus der Zahl derjenigen war, die 1295 Philipp dem Schönen die Erwerbung des Lehens von Montpellier erleichtert hatten (Lavocat p. 214). Ein ursprünglich 8. Mitglied der Kommission, der Propst Wilhelm Agarni von Aix, that überhaupt nicht mit, sondern ließ sich entschuldigen. — [3]) Eine gewisse Voreingenommenheit gegen die Angeklagten schloß das nicht aus, tritt vielmehr in den Protokollen gelegentlich deutlich zu Tage, so in der Bemerkung der Protokolle auf die Bitte Molays um einen Kaplan und die Möglichkeit Messe zu hören, mit der er seine Erklärung vom 28. Nov. 1309 schließt: „laudantes devocionem quam pretentebat" (Mich. I, 45; cf. Havem. p. 234). Dazu vgl. später die Beschwerden der Templer über die Nichterfüllung von Versprech= ungen, die ihnen seitens der Kommission gemacht waren.

aus auserlesenen und aufgeklärten Männern, soviel man das in dieser Periode[1]) sein konnte, „der Unabhängigkeit unter den schwierigsten Verhältnissen ermangelte; die Ereignisse waren stärker als ihre Festigkeit" oder als ihr Wille. Im besten Fall konnte sie es Philipp gegenüber zu einem halben Willen bringen. Philipp aber hatte einen ganzen.

War so Philipps Wille bei der päpstlichen Kommission schon in Hinsicht auf deren Subjekte genügend gewahrt, so war er es noch mehr in Betreff ihrer Objekte. Schon daß die Kommission überhaupt ihre Aufgabe, durch eigenes Verhör Zeugnisse gegen oder für den Orden zu gewinnen, anfangen konnte, hing, da die zu Verhörenden sich sämtlich, mittelbar oder unmittelbar, in den Händen von des Königs Leuten befanden, von Philipp ab. Wie sehr? Dafür muß man die Protokolle bei Michelet nachlesen. Es überkommt einen förmliches Mitleid, wenn man sieht, wie da die Kommission eine Zeit lang geradezu aufs Trockene gesetzt ist, weil ihr die königliche Mitwirkung fehlt: wie sie, nachdem sie seit dem 7. August 1309 sich auf Grund der ihr zugesandten päpstlichen Bullen, vor allem der Bulle „Faciens misericordiam", konstituiert und in den folgenden Tagen durch Anschlag am päpstlichen Schloß in Poitiers, sowie durch beeidigte Boten an die 9[2]) erzbischöflichen Sitze Frankreichs, Sens, Rheims, Tours, Rouen, Lyon, Bordeaux, Bourges, Auch und Narbonne, sämtliche Templer auf den 12. November desselben Jahrs zur Verteidigung, sei es in eigener Person oder durch Prokuratoren, vorgeladen hatte, von dem besagten 12. November an Tag um Tag vergeblich wartet, daß jemand vor ihr erscheine und so nicht weniger als sechsmal allemal auf den folgenden Tag ihre Vorladungen wiederholt, um dann stets unverrichteter Dinge nach Hause zu gehen; wie sie endlich, nachdem sie bis zum 18. November lediglich keine Antwort erhalten, an diesem Tage es wagt, den Bischof von Paris, der sie bis dahin einfach ignoriert hatte, um Beschleunigung seiner Antwort zu bitten, indem sie in ihrem Schreiben betont — offenbar um den Bischof zu beruhigen darüber, daß sie nicht in dessen Sphäre eingreifen wolle — daß ihr Auftrag ja nicht gegen die Personen im einzelnen, sondern nur gegen den Orden als solchen sich richte und daß ja niemand gezwungen sei, zu erscheinen, sondern nur Freiwillige sich stellen sollten; und wie dann, nachdem endlich laut Erklärung vom 28. November, dem Termin des letzten Aufschubs, der Bischof von Paris sich herbeigelassen hatte, wenigstens die Großwürdenträger des Ordens und

---

[1]) Allzuviel dürfen wir uns unter solcher Aufgeklärtheit nicht vorstellen: vgl. so die immer wiederkehrende Nachfrage der Kommission nach Zicis' abenteuerlichem „Kevi" (Tabelle XV Nr. 122) vgl. Nr. 176, 218 und 219. — [2]) Havem. p. 228 zählt nur 8 auf, indem er Tours vergißt.

eine Anzahl anderer Templer, die in Paris gefangen saßen, mit der Vorladung bekannt zu machen und daraufhin bis zum 28. November eine Reihe von Templern, gegen zwei Dutzend, sich gemeldet und zum Teil sehr bemerkenswerte Äußerungen abgegeben hatten[1]), an diesem 28. November 1309 sich die Kommission gezwungen sieht, die ganze Vorladung auf das folgende Frühjahr, vom Tag nach Mariä Reinigung an (3. Februar 1310) zu vertagen, da, wie die Antworten der Prälaten zeigten, sich diese zum großen Teil nicht bemüßigt gesehen hatten, die Vorladung der päpstlichen Kommission auch wirklich überall, besonders an den Orten, wo Templer interniert waren, ergehen zu lassen. Daß es im folgenden Jahr, von dem bezeichneten Termin an, nicht ebenso erging, wodurch die Kommission gezwungen gewesen wäre, ihr Mandat unverrichteter Dinge zurückzugeben, verdankte sie offenbar nur den Begleitschreiben Philipps des Schönen, wodurch dieser seine Gefängniswärter anwies, den bischöflichen Offizialen in die Gefängnisse der Templer zur Mitteilung der Citation Einlaß zu gewähren, und seinen Beamten Befehl gab, diejenigen Templer, die sich freiwillig zur Verteidigung des Ordens erbieten, unter sicherer Bedeckung, vorsichtig und gesondert, um alle Konspirationen und gegenseitigen Abmachungen zu verhindern, nach Paris zu schicken. Auf dieselbe Anregung hin mußten die mit Oberaufsicht der Templer (zunächst in den Erzbistümern Sens, Rheims und Rouen) beauftragten Ritter Johann von Jamville und Philipp Vohet, Propst von Poitiers, den Gefängniswärtern in Orleans schreiben, der Verlesung der Vorladung und Abführung nach Paris, falls der Bischof von Orleans dies begehre, kein Hindernis in den Weg zu legen[2]).

Offenbar war um diese Zeit Philipps Mißtrauen, mit dem er anfänglich der ganzen Sache gegenübergestanden war und auf welches wohl auch die im Auftrag des königlichen Ritters Wilhelm von Marsilly geschehene Verhaftung einer Anzahl von (7) Männern, die im Auftrag und Dienst von Ordensgenossen aus Hennegau und Flandern nach Paris gekommen waren, um über die Sache hernach Bericht zu erstatten, durch den Prévôt von Paris (Johannes de Plublavey) zurückzuführen ist[3]),

---

[1]) Vgl. über diese nachher: es sind unter ihnen vor allem Molay, Peraud, Gerhard de Caur und Penzard de Gisi hervorzuheben. — [2]) Mich. I, 52–53, Havem. p. 235. — [3]) Vgl. Mich. I, 29–31. Dieselben werden, da sie auf alles Zureden seitens der Kommission erklären, nichts zur Verteidigung des Ordens thun zu wollen, entlassen und dem Prévôt eingeschärft, keinem, der sich zur Verteidigung des Ordens melde, hinderlich zu sein. Nur Peter de Sornay (aus der Diöcese Amiens), der eine Zeit lang dem Orden angehört hatte, aber 14 Tage vor ihrer Verhaftung ausgetreten und flüchtig geworden, um aber nach Paris gekommen war, um seinen Lebensunterhalt zu suchen, wird als ehemaliger Templer dem Bischof von Paris zugewiesen. Derselbe

verschwunden und hatte der Erkenntnis Platz gemacht, daß ihm von seiten
der Kommission keinerlei ernstliche Störung drohe, vielmehr diese not=
wendig sei zur rechtsgültigen Hinausführung der Sache. Zu dieser Ein=
sicht mochten, neben den entsprechenden Versicherungen ihres guten Willens
von seiten der Kommission, aus deren Mitte er den Bischof von Bayeur
von da an fast ganz wieder für sich verwertet, wesentlich mitgewirkt haben
die Berichte seiner Agenten Nogaret und Plasian über die Art, wie es
ihnen während jener 8 Tage im November 1309 gelungen war, in den
Verlauf der Verhöre einzugreifen. Dieses Eingreifen ist, zumal soweit
es die Person des Großmeisters angeht, allerdings im höchsten Grad
beachtenswert, so daß wir einen Augenblick dabei verweilen müssen.

Mittwoch den 26. Nov. 1309 wird, nachdem am 22. Nov. außer
jenen von auswärts gekommenen Templeragenten noch 8 Templer, unter
ihnen als erster ein Johannes von Melot[1], vor der Kommission erschienen
waren, der Großmeister Jakob von Molay durch Johann von Jam=
ville und den Propst von Poitiers vorgeführt. Nachdem er seiner Ver=
wunderung Ausdruck gegeben, daß die Kirche einen durch sie bestätigten
und mit Vorliebe gepflegten Orden so rasch zu vernichten strebe, da sie
doch dem Kaiser Friedrich gegenüber 32 Jahre lang zugesehen habe, bis
sie zu seiner Absetzung geschritten sei, erbietet er sich trotz seiner Lage[2])
und obgleich er der nötigen Kenntnisse wie Besonnenheit ermangle, doch
nach Möglichkeit zur Verteidigung des Ordens, da er sonst für einen ver=
worfenen Feigling gehalten werden könnte, wenn er für den Orden, von
dem er so viel Ehren und Wohlthaten genossen habe, nicht einträte; bittet
aber, da es sein Verlangen sei, daß die Wahrheit vor der ganzen Welt ans
Licht komme, Königen, Baronen und Prälaten, obgleich gegenüber diesen
seine Ordensgenossen häufig allzu rücksichtslos in Verteidigung ihrer Rechte

erscheint später (I, 104 und 135) unter den zur Verteidigung des Ordens bereiten
Templern, im Einklang mit der Versicherung, die er schon hier vor der Kommission
auf Treu und Glauben und bei seiner Seelen Seligkeit abgiebt, nichts Schlechtes vom
Orden gewußt und gehört zu haben.

[1]) Dieser ist unbegreiflicherweise von manchen Geschichtschreibern des Templer=
ordens, so Dupuy und noch Maillard, mit dem Großmeister selbst infolge der Namens=
ähnlichkeit verwechselt worden. Dazu gehörte, wenn man liest, wie dieser Jean de
Melot, aus der Diöcese Besançon, früher 10 Jahre lang Templer, von der Kommission
die er gleich P. de Tornay um Rat und Lebensunterhalt bittet, da er mittellos sei,
als „valde simplex und seiner Sinne nicht recht mächtig" bezeichnet wird, doch eine
ungewöhnliche Oberflächlichkeit, wie sie uns zwar nicht von Dupuy, wohl aber von
Maillard wundernimmt. Dem Delinquenten wird geraten, sich an den Bischof von
Paris zu wenden, dem es zustehe, flüchtige Templer innerhalb der Diöcese Paris sest=
zunehmen. Der werde das nötige verfügen, wie sonst über flüchtige Templer (Mich.
I, 27). — [2]) Er besaß kaum 4 deniers = ca. 1½ Frcs. Vgl. dazu oben p. 262.

gewesen seien, um Rat und Beistand. Die Antwort, welche ihm die Kommission gab in Rücksicht auf die Schwierigkeit der Sache und da er niemand als einen dienenden Bruder bei sich hatte, mit dem er Rats pflegen konnte, lautete: Er möge sich diese Verteidigung wohl überlegen und besonders seine früheren Geständnisse gegen den Orden sich vor Augen halten. Sie seien bereit, ihn zur Verteidigung zuzulassen, wenn er darauf beharre, und ihm einen Aufschub zur weiteren Überlegung zu gewähren, gäben ihm aber zu bedenken, daß in Sachen der Häresie nicht nach der gewöhnlichen gesetzlichen Form, sondern nur summarisch und ohne Zulassung von Rechtsbeiständen verfahren werde. Als ihm nun zur „Erleichterung dieser Überlegung[1])" die Kommissäre die betreffenden apostolischen Briefe mit den Geständnissen, die er angeblich vor den päpstlichen Kardinälen in Chinon gemacht haben sollte, vorlasen, da sah man den Großmeister zweimal das Zeichen des Kreuzes vor seinem Antlitz schlagen, das höchste Erstaunen über den Inhalt des vorgelesenen Protokolls verraten und schließlich in die Worte ausbrechen, daß „wenn die Herren Kommissäre Männer danach wären, er etwas anderes ihnen erwidern würde[2])". Auf die Antwort der Kommission, daß sie nicht dazu da seien, um eine Herausforderung zum Duell anzunehmen, entgegnete der Großmeister, „das habe er nicht gerade gemeint[3])", aber er wünschte, daß die bei Türken und Tataren übliche Sitte auch hier nachgeahmt werden möchte, denn diese schneiden „solch heimtückischen Lügnern[4])" den Kopf ab oder schlitzen sie mitten durch auf. „Und hier", wurde ihm von den Kommissären entgegengehalten, „bricht die Kirche den Stab über diejenigen, die sie als Häretiker erkennt, und überliefert die Verstockten dem weltlichen Gerichtshof."

So weit waren die wechselseitigen Erörterungen gediehen, als plötzlich der uns wohlbekannte königliche Ritter Wilhelm von Plasian eingreift, der hierher gekommen war, wie im Protokoll extra versichert wird, „nicht auf Geheiß der Herren Kommissäre", um mit dem Großmeister zu reden; und nachdem er abseits mit demselben gesprochen und zwar, wie er behauptete, aus Liebe, schon weil sie beide Ritter seien, und weil, wie er sagte, er sich wohl vorzusehen habe, daß er sich nicht ohne Grund

---

[1]) „Ut plene deliberare posset" heißt es Mich. I, 33. — [2]) „Producendo bis signum crucis coram facie sua et in aliis signis pretendebat videbatur se esse valde stupefactum de hiis que continebantur super predicta confessione sua et aliis in litteris apostolicis supradictis, dicens inter alia, quod si dicti domini commissarii fuissent alii quibus liceret hoc audire, ipse diceret aliud". Mich. I, 34. Die Übersetzung ist in der Hauptsache nach Havem. p. 230, dessen Schilderung des Hergangs hier überhaupt unübertrefflich ist, indem er nur wenig kürzt und den Eindruck des Originals wiedergiebt. — [3]) „Quod non intendebat dicere de hoc." — [4]) „Abscindunt caput perversis inventis."

schade oder ins Verderben stürze: so erklärte der Großmeister, er sehe wohl ein, daß wenn er nicht reiflich sich die Sache überlege, er uns Handumdrehen in sein Netz fallen könne, und bittet daher um Aufschub bis zum folgenden Freitag „ad deliberandum super predictis". Dem wird entsprochen mit der Erklärung, daß ihm eine noch längere Frist gewährt würde, falls er wolle.

Diese Überlegung fällt dahin aus[1]), daß der Großmeister an dem festgesetzten Freitag den 28. November unter Hinweis auf seinen Mangel an gelehrter Bildung erklärt, daß er, da der Papst sich den Spruch über ihn und etliche andere Würdenträger vorbehalten habe, sich mit der — umständlich wiederholten — Bitte begnügen wolle, baldmöglichst vor dem h. Vater vorgelassen zu werden. Doch müsse er zur Entlastung seines Gewissens dreierlei erklären: 1. daß er keinen Orden kenne, der mehr für Ausstattung von Kirchen und Kapellen mit Schmuck und Reliquien thue und wo der Gottesdienst eifriger eingehalten werde, außer in Kathedralkirchen; 2. keinen Orden, wo mehr Almosen stattfinden, denn in allen Ordenshäusern werde zufolge einer allgemeinen Regel 3mal wöchentlich Almosen verabreicht; 3. keinen Orden und kein Volk, das für die Verteidigung des christlichen Glaubens williger sein Leben darangesetzt und reichlicher sein Blut vergossen habe und von den Feinden des katholischen Glaubens mehr gefürchtet werde; und wenn der Graf von Artois seinerzeit dem Großmeister gefolgt hätte, wäre weder er noch andere mit ihm umgekommen. Auf die Einrede der Kommission, daß das alles nicht fromme zum Heil der Seelen, wo es an der Grundlage des katholischen Glaubens fehle, setzt Molan sein Glaubensbekenntnis auseinander: daß er durchaus an einen Gott glaube und an die Dreieinigkeit und an das andere, was zum katholischen Glauben gehöre, und daß ein Gott sei und ein Glaube und eine Taufe und eine Kirche, und wenn sich Leib und Seele scheiden, werde sich herausstellen, wer gut und wer böse sei, und jeder die Wahrheit dessen finden, worüber gegenwärtig verhandelt werde.

Wieder greift nun, ein Zeugnis von der wachsamen Oberaufsicht, die der König durch seine Organe ausüben ließ, einer der königlichen Hauptagenten ein und zwar der bekannte Nogaret, Kanzler des Königs seit Niederlegung dieses Amts durch den Erzbischof von Narbonne: dazu gekommen eben in dem Augenblick, wo der Großmeister erklärt hatte, daß er den Orden anderweitig nicht verteidigen wolle. Offenbar um den Eindruck jenes gutkatholischen Bekenntnisses zu verwischen, erinnert er Molan an eine Erzählung in den Chroniken von St. Denis, wonach der Groß-

---

[1]) Mich. I, 42—45.

meister der Templer und andere Ordensobere zur Zeit des Sultans Saladin diesem gehuldigt hätten und dieser selbst auf die Nachricht von einer großen Niederlage der Templer zu jener Zeit öffentlich ihnen die Schuld gegeben habe, weil sie am Laster der Sodomie leiden und ihren Glauben wie ihre Regel gefälscht hätten. Darüber größtes Erstaunen des Großmeisters, der erklärt, niemals von solchen Dingen gehört zu haben; vielmehr wisse er nur, wie er selbst mit anderen Ordensgenossen als Jüngling nach der Sitte der Jugend nach Krieg gedürstet und deshalb mit andern wider den Großmeister Wilhelm von Beaujeu gemurrt habe, weil er den vom König von England abgeschlossenen Waffenstillstand aufrecht erhalten habe; daß er aber später andrer Meinung geworden sei, warum? haben wir bereits im 1. Kapitel[1]) erwähnt. Schließlich bittet er die Kommission und den königlichen Kanzler demütig, dafür Sorge zu tragen, daß er der Messe und andern Gottesdiensten beiwohnen und seine Kapelle und Kapläne haben könne. Wie die Kommission dem Wunsche Gewährung versprach und seine Frömmigkeit lobte, ohne ihr doch Glauben zu schenken, vrgl. vorhin p. 390 Anm. 3.

Die Hauptsache an diesen Auftritten, deren sonstige Bedeutung hinsichtlich der Frage nach den Geständnissen Molays bereits besprochen wurde[2]), ist, daß wir daraus ersehen, auf welche Weise es gelang, den Großmeister einzuschüchtern und zum Rücktritt von seiner beabsichtigten Verteidigung des Ordens und zur Fortsetzung seines bisherigen Schweigens zu vermögen. Und wie dieser Erfolg gegenüber Molay, dessen Tragweite in der damit besiegelten Separation des Großmeisters von seinen, überall auf seinen Wink zu warten gewohnten, Ordensgenossen liegt, hier deutlich auf die Rechnung der beiden Hauptagenten des Königs zu setzen ist, so waren dieselben, im Verein mit den königlichen Gefängniswärtern, wohl auch sonst in gleicher Richtung, Abschreckung von der beabsichtigten Verteidigung, geschäftig, zumal bei den Häuptern des Ordens. Auf diese Thätigkeit möchten wir so auch, wenn nicht die eigentümliche Erklärung des in seiner zweideutigen Haltung sonst genügend gekennzeichneten Visitators Hugo de Peraudo, der am 22. November erscheint, nur um sich die Kommissäre „anzusehen", sie zu bitten, dafür Sorge zu tragen, daß das Ordensgut nicht verschleudert, sondern für das h. Land erhalten werde, im übrigen aber nur vor dem Papste weiter Rede und Antwort stehen will; noch auch die des nicht viel weniger verdächtigen königlichen Steuereinnehmers der Champagne, des oftgenannten Präzeptors von Lagny-Sec, Raoul de Gisi, der gleichfalls nur die päpstlichen Bevollmächtigten kennen lernen will;

---

[1]) Vgl. oben p. 228. — [2]) Im vorigen Kapitel p. 371 f.

wohl aber teilweise die übrigen Erklärungen vom 22.—28. November 1309 zurückführen: so besonders die der am 22. November durch Jamville und Pohet vorgeführten Templer, als deren Wortführer Gerhard de Caur sich aufspielt[1]), und 8 andere, unter denen uns besonders der Koch Peter von Safed, Molays ihm gelassener Diener, auffällt, der zuletzt unter allen sich ausspricht[2]).

Alle diese, außer den bereits besprochenen[3]) noch 18 andere, erklärten in ihrer überwiegenden Mehrheit, den Orden nicht verteidigen, sondern bei ihren früheren Geständnissen verharren zu wollen: die meisten freilich mit der, den letzteren Zusatz bedenklich abschwächenden, Begründung, daß sie zur Verteidigung wegen ihrer Unwissenheit oder auch — öfters noch — wegen ihrer Armut — Nicolaus de Cella und Poncius de Bonoeuvre dazu: wegen ihres Gefängnisses — nicht im stande seien. Am bezeichnendsten ist dieses Motiv, warum man bei den früheren Geständnissen verharren wollte und was es damit für eine Bewandtnis hatte, ausgedrückt von Wilhelm Bocelli, der meinte[4]): er sei ein armer Mensch und gefangen und dazu nicht Kleriker, daher könne er den Orden nicht verteidigen; wenn er außer Gefangenschaft wäre, würde er gerne die Wahrheit sagen, wenn er darum befragt würde; unter den jetzigen Umständen wolle er nichts sagen, sondern bei seinem Geständnis vor dem Bischof von Paris bleiben, solange er in Haft sein werde. Noch deutlicher spricht sich in gewisser Hinsicht Anno de Barbona aus[5]): er sei dreimal gefoltert und ihm dabei Wasser mit Mistbrühe[6]) in den Mund gegossen und dann 9 Wochen lang nur auf Wasser und Brot gesetzt worden; er sei ein armer Mann, der den Orden nicht verteidigen könne, so gerne er wollte, aber als Gefangener könne er es nicht; er habe 3 Jahre lang jenseits des Meers (auf Cypern) dem Großmeister als Kämmerer gedient und wisse weder vom Großmeister noch vom Orden irgend etwas Böses; er wisse nicht, was er thun solle, da ihm der Leib schmerze und die Seele weine und er so viel Böses um den Orden erlitten habe; somit wolle er weder für noch gegen den Orden etwas anderes aussagen, solange er gefangen sei. Auch diese Reserve läßt Joh. de Torteville[7]) fallen mit der Erklärung, welche die Zurückhaltung so vieler Templer motiviert: mit Papst und König wolle er nicht

---

[1]) Wegen ihrer Wichtigkeit und weil sie fast sämtlich später noch öfters auftauchen, seien ihre Namen hier angeführt: es waren außer Gerhard de Caur Ranner de Larchant, Priester Reginald de Tremblan, Theobald de Bafiment, Raoulf de Salicebus und Nicolaus Crelis. — [2]) Vgl. über ihn das Inquisitionsverhör von Paris (Lab. I, Nr. 16, Mich. II, 291). — [3]) Nämlich außer Molay, Peraud und Raoul de Gisi. — [4]) Mich. I, 41. — [5]) Mich. I, 40. — [6]) „cum cucnlo". — [7]) Auch de Aurne sonst: Mich. I, 41 c.

rechten. Auf die Antwort der Kommission, sie seien nicht Partei, sondern wünschten nur die Wahrheit zu ergründen, und seien Kommissäre des Papstes und nicht des Königs, bemerkt er weiter: den Orden verteidigen verstehe er nicht, da er gefangen sei; somit bleibe er bei seinen Aussagen, nur daß er sein durch die Folter erpreßtes Geständnis von Sodomiterei widerrufe, so wie er es schon früher widerrufen habe. Befragt, warum er denn dieses Geständnis gemacht habe, erwidert er, weil er 3 Monate vorher gefoltert worden sei und gefürchtet habe, wieder auf die Folter gesetzt zu werden, während er von jener Folterung ein Jahr lang krank gewesen sei. Vollends gründlich wird diese Thätigkeit hinter den Kulissen dann von dem oft genannten Ponzard de Gisi aufgedeckt, dem wir außer der Nachricht von den 36 allein in Paris der Folter erlegenen Templern und der Beschreibung seiner eigenen Tortur nicht nur jenen merkwürdigen, von Philipp de Voßet eingereichten Denunziationszettel [1]), sondern auch einen andern diese Denunziation gegen den Orden wieder ausgleichenden Zettel verdanken, auf dem er die Namen der hauptsächlichsten „treytour" des Ordens, von Schottmüller mit Glück = maltraiteurs erklärt, aufführt und dafür 4 Hauptfolterer namhaft macht: an ihrer Spitze den Mönch Wilhelm Roberts (offenbar = Imbert), „qui les mitoyet à geine", dann den Esquius de Floyrac von Béziers, Comprior von Montfaucon [2]), ferner den Bernard Peleti, Prior de Maso de Genois, endlich den Ritter Geraues de Boyzol, der nach Gisors gekommen sei, wo Ponzard offenbar seine Hauptpein durchzumachen hatte. (Vrgl. dar. weiter Kap. 2 über die Inquisition.) Besonders beachtenswert ist auch Ponzards Bitte zum Schluß, wegen dieser Erklärungen seine Haft nicht zu verschärfen [3]).

Tritt uns so gleich im Beginn von der Thätigkeit der päpstlichen Kommission Philipps und seiner Agenten Wirksamkeit in mancherlei Gestalt kaum verhüllt entgegen, so fehlt es auch im Fortgang des Verhörs nicht an Spuren, die den fortgesetzten Einfluß dieser Faktoren durch eine schwer ins Gewicht fallende Thätigkeit hinter den Kulissen verraten. So schimmert dieser Hintergrund deutlich genug durch bei den drei Zeugen [4]), die am 22. März 1310 behaupten, von nichts Bösem im Orden zu wissen; zwei Tage darauf aber sich wieder melden lassen, um zu erklären, daß sie „aus Dummheit" gelogen hätten; vielmehr sei dasjenige wahr,

---

[1]) Vgl. eben Kap. 1, p. 242. — [2]) Auch diesen Namen hat Schottm. wohl mit Glück erklärt, indem er darin den Henker der Gerichtsstätte von Paris (Montfaucon) herausfindet. — [3]) Mich. I, 39. Natürlich versprechen die Kommissäre auch dies; ein Versprechen, das Ponzard vor dem Flammentod des Konzils von Sens nicht rettete, zu dessen sichersten Opfern er zu gehören scheint. — [4]) S. Tab. Nr. 157—159.

was sie vor ihren Bischöfen von Verleugnung und Bespeiung gestanden hätten. Den Grund dieses Umschwungs verrät zwar das Protokoll nicht näher: doch wird es dafür genügen an der Erinnerung, daß es Jamville und Vohet waren, die in der Hauptsache die Auswahl der Zeugen gegen den Orden während dieser ganzen Untersuchung vor der Kommission besorgten, indem ihnen die Gefangenen ja so lange Monate und Jahre unmittelbar unterstellt waren. Und eine ganze Reihe von gelegentlichen Bemerkungen der Protokolle offenbaren, daß sie diesen Beruf fortwährend nicht dahin verstanden, zur Neutralität bei dem ganzen Drama verurteilt zu sein[1]). Was für Mittel und Überredungskünste sie dabei anwandten, davon haben wir eine Probe in jenem bereits im vorigen Kapitel erwähnten Zettel, den Johannes de Cochiaco mit anderen Mitgefangenen vor seinem Verhör vor dem Bischof von Orleans in Sens erhalten hat und bei seiner Vorführung den Kommissären übergiebt[2]), wenn auch diese Enthüllung ihrer Machinationen die Herren Aufseher etwas vorsichtiger gemacht haben mag.

Trotzdem daß so auch bei der vom Papst veranstalteten Untersuchung dem Willen des Königs genügendes Gewicht gesichert war und seiner Kommission nichts ferner lag als ein Vorurteil zu Gunsten der Angeklagten, war ihre verhältnismäßige Milde und größere Unparteilichkeit doch hinreichend, um diesen Teil der Untersuchung zu einer Art **Gegenbeweis gegen das bisherige Verfahren** zu gestalten. Der Grund dafür liegt nicht bloß in der Abwesenheit jenes ungeheuren Drucks, der bei den vorhergehenden Verhören auf den Angeklagten lastete und für welchen das eine Wort Inquisition oder Folter alles sagt, sondern zum Teil schon darin, daß wir überhaupt erst von diesem Verhör ein **ehrliches Protokoll** von den Aussagen der Gefangenen besitzen, während, wie uns Kapitel 2 zeigte, in der Inquisitionspraxis, die für die vorhergehenden Partien maßgebend war, die Regel herrschte, nur die „wichtigeren" Aussagen — und darunter konnte ein Inquisitor nur „Geständnisse" verstehen, nicht Proteste — zu Protokoll zu bringen. Also schon daß wir bei diesem Verhör nicht bloß „Geständnisse", sondern **auch Erklärungen für solche Geständnisse und selbst Beschwerden** darüber, wie man jene fertig gebracht habe, urkundlich vor uns haben, giebt den Protokollen der päpstlichen Kommission einen so eigenartigen und unterscheidenden Charakter gegenüber denen der Inquisition. Mehr noch freilich wirkt dazu mit der mit dieser ehrlichen Protokollführung zusammenhängende Wegfall jenes inquisitorischen Drucks, die **relative Ungeniertheit**, mit der die Ge-

---

[1]) Vgl. so besonders Nr. 16, 25—27, 38, 62, 89 und 193. — [2]) Mich. I, 71, vgl. Havem. p. 237.

fangenen ihren Wünschen und Beschwerden endlich den ersehnten Ausdruck geben konnten, zumal in der zweiten Phase des Verhörs, seit durch jenen Erlaß des Königs an seine Seneschalle und Baillis und das dadurch diktierte Schreiben der beiden Oberaufseher an die Gefängniswärter ihres Bezirks die Templer eher sich zu dem Glauben aufschwingen konnten, daß es sich um eine wirkliche unparteiische Untersuchung der Wahrheit handle und auch des Königs Willen dem nicht mehr insgeheim entgegenstehe. Haben wir während jener ersten acht Tage der Untersuchung im November 1309 fast überall, mit wenig Ausnahmen, noch die größte Reserve in den Erklärungen über etwaige Bereitschaft zur Verteidigung des Ordens gefunden, so schwindet diese scheue Zurückhaltung bei den meisten der hier Erstbefragten, als sie vom Februar des folgenden Jahres, dem neuen Termin, an zum zweitenmal vor der Kommission erscheinen, um sich über ihre Absicht auszulassen. So erklären am 18. Febr. 1310 und den folgenden Tagen von jenen 6, die am 22. Nov. befragt worden waren, nicht weniger als 5 mehr oder weniger rückhaltlos[1]) ihre Bereitwilligkeit zur Verteidigung; ebenso von den am 27. Nov. befragten 10 sämtliche[2]) bis auf einen[3]), der nur seine Person verteidigen will, und selbst der vorsichtige Gerhard de Caur schließt sich dieser Erklärung an, wenn auch reserviert und mit der eingehenden, von tieferer Einsicht in die Lage zeugenden, Auseinandersetzung, daß in dem Stand, in dem er sich jetzt befinde, doch alles nichts helfen würde, da er ja so nicht Herr seiner selbst sei; aber wenn man ihn in Freiheit und in seine vorigen Güter wieder einsetzen würde, würde er mit Genehmigung von Papst und König gerne auf dem Wege des Rechts vor den Kommissären vorgehen, so daß der Orden keinerlei Schaden davon hätte. So bleiben, da Ponzard de Gisi auch jetzt wieder zur Verteidigung helfen will nach seinem Vermögen[4]), von jenen obengenannten Erstvorgeführten im Rückstand nur der, uns schon von der Inquisition in Paris her als charakterloser Wicht bekannte, Koch des Großmeisters P. von Safed; der „Receptor Campanie" Raoul de Gisi, der auch jetzt wieder

---

[1]) Raynaud de Tremblay und Theobald de Basiment (I, 77): „si essent extra carcerem et haberent de quo, libenter"; Rayner de Larchant und Naculph de Zalicibus (I, 98): „pro posse suo", während es von Nic. von Troyes einfach heißt: (I, 78): „vult defendere". — [2]) Stephan von Provins, Poncius de Bonoeuvre, Johannes de Cella oder de Serraincourt, Jakob de Bergus oder Verius, Johannes (oder Philipp, wohl aus Versehen) de Villa Serva: „wenn sie außer Gefängnis wären und die Mittel dazu hätten, gerne": Nic. de Cella und Aymo de Barbena: „pro posse suo"; Johannes de Torteville einfach: „vult defendere", Wilhelm Becelle dazu mit dem Bemerken: „wenn er etwas anderes gesagt habe, habe er in seinen Hals hinein gelogen". — [3]) Robert de Mella (oder, wie er das andere Mal heißt, Gaubert de Mallet). Mich. I, 79 f. — [4]) Mich. I, 80.

sich nur zu einer höchst zweideutigen Erklärung¹) aufschwingt; dann Peraud, der sich vollends einfach mit Verweisung auf seine frühere Erklärung begnügt. In ähnlichen Worten, nur daß wir sie offenbar in anderem Sinne verstehen dürfen, verweist der Großmeister auf seine Schlußerklärung vom November 1309 zurück, als er am 2. März 1310 noch einmal der Kommission vorgeführt wird: allen Auseinandersetzungen der Kommission, daß es sich jetzt nicht um seine Person, sondern um den Orden handle, gegenüber wiederholt er immer nur das eine Verlangen, baldmöglichst vor den Papst samt den übrigen Oberen, die dieser sich vorbehalten habe, gestellt zu werden. Antwort der Kommission: es sei recht, sie wollen dafür sorgen. Das ist das letzte, was wir von dem unglücklichen Großmeister erfahren bis zu jenem Schlußeffekt an dem Tage seiner Hinrichtung, wo er als Mann und Held den früheren Mangel an Mut und offenem Hervortreten, zu dem er sich durch des Königs Agenten hatte bereden lassen, in den Flammen sühnt.

Dieselbe Erklärung, das Verlangen, vor Papst und König gestellt zu werden, die er für gute und gerechte Richter halte, wiederholt ein anderer der Ordensoberen, der Ritter Gottfried de Gonaville, Großpräzeptor von Poitou und Aquitanien, und bleibt dabei auch auf wiederholten Zuspruch der Kommission, er könne getrost reden, ohne etwas von üblen Folgen befürchten zu müssen, da sie mit keinerlei Unrecht und Gewaltthätigkeiten sich abgäben, im Gegenteil solche verhindern würden, falls sie anderweitig versucht werden sollten²). Dagegen wird der mit Molay wegen gleicher Festigkeit hingerichtete Großpräzeptor der Normandie, Gottfried de Charnay, der wie Gerhard de Caur am 21. Okt.³) 1307 die Folter einst bestanden hatte, vor der päpstlichen Kommission nicht genannt. Der dritte von den in Chinon verhörten Großpräzeptoren, der von Cypern, Raymbaud de Caron, kommt überhaupt von jenem Verhör an, wo er an der Spitze der Geständnisse figuriert, nicht mehr vor: wahrscheinlich ist derselbe, der schon beim Verhör in Paris als ein 60jähriger Mann bezeichnet wird, in der Zwischenzeit, wohl an den Folgen seiner Behandlung, gestorben⁴).

Benahmen sich somit die Ordensoberen nicht besonders heldenmütig vor der Kommission, was wohl mit ihrer besonderen Bearbeitung von seiten der Agenten des Königs zusammenhing, der mit der Isolierung

---

¹) „Wenn er in Freiheit gesetzt würde, würde er vor die Kommissäre kommen, so oft sie wollen". — ²) „Si inferri deberent", Mich. I, 88. — ³) S. Tab. I Nr. 17, Mich. I, 295. — ⁴) Darauf weist wenigstens das Zeugnis von Robert de Germille, tem 95. Zeugen hin, der ihn als Zeugen bei einer Aufnahme „tunc preceptor Cypri" nennt (Mich. I, 562, vgl. Schottm. I, 562).

dieser Oberen einen verhängnisvollen Erfolg davontrug, so hielt sich dafür das Gros der Ordensangehörigen um so mannhafter. Vor allem wirkte, nachdem einmal dank der Mitwirkung des Königs die Vorladung der Kommission an die entlegensten Orte, wenn auch keineswegs an alle[1]), wo Templer in Haft saßen, gedrungen und überall als ein Hoffnungs=schimmer von den, an der Sache des Ordens schon völlig verzweifelnden, Genossen begrüßt worden war, die Kunde von dem Vorgehen anderer Ordensbrüder und vollends das, trotz jener Einschärfung möglichster Ab=sonderung durch den König nicht ganz zu verhindernde, Zusammensein mit andern gleichgesinnten und zur Verteidigung des Ordens entschlossenen Brüdern, ermutigend und überall die Geister zu neuer Energie im Wider=stand erweckend. Zwar hatte Philipp, wie wir sahen, seinen Beamten möglichste Absonderung zur Vermeidung gegenseitiger Abmachungen dringend empfohlen. Indessen ließ sich diese Vorschrift, wenn ihr auch in der Provinz und unterwegs, wo die Gefangenen mit Ketten geschlossen auf den Wagen dahertransportiert wurden[2]), nachgekommen worden sein mag, in Paris bei der Menge von Gefangenen, die sich in dem bischöflichen Palast, wo die Sitzungen meist abgehalten wurden, oft zusammendrängten, und in den mancherlei Häusern, wo dieselben — meist im Accord, wie es scheint — untergebracht waren, nicht streng durchführen. Immerhin wurde eine wechselseitige Verständigung zwischen den verschiedenen Quar=tieren verhindert, worüber sich die Templer in ihren Erklärungen aus Anlaß der Wahl von Prokuratoren bitter beschweren[3]). Bei dem Verhör vor der Kommission selbst wurde es allemal[4]) so gehalten, daß immer nur je einer um den andern vorgelassen wurde, die übrigen aber während=dessen zusammen in einer Kammer warteten, um nach dem Verhör in eine andere Kammer zu gehen. Mochten sie während dieses gemeinsamen Wartens vor= und nachher nicht ohne Aufsicht sein, so kann doch allen Spuren nach, die auf mancherlei Verabredungen solcher Gruppen unter

---

[1]) So sagt Johann von Montroyal der Erklärung, die er am 3. April 1310 namens der andern verliest, unter andern Beschwerden besonders auch die hinzu, daß viele Templer, die nach Paris zur Verteidigung haben kommen wollen, die Erlaubnis hiezu nicht erhalten haben, indem er dabei namentlich auf die in Montferrand in der Auvergne Eingekerkerten hinweist. Wenn auch die Kommission hier in der Lage ist zu erwidern, die zur Verteidigung Erbötigen seien nach Paris gebracht worden, die andern nicht, und wir in der That einer Anzahl von Zeugen der Auvergne und damit wohl auch aus Montferrand begegnen (s. Nr. 177 und 217 ff.), so ist damit doch die Beschwerde Montroyals noch nicht widerlegt und deutet schon die überaus verschiedene Verteilung der Zeugen nach den verschiedenen Diöcesen auf derartige Ursachen hin. — [2]) S. Proc. Pictav. Schottm. II, 67. — [3]) S. die Erklärung der 18 beim Grafen von Savoyen eingeschlossenen Templer I, 118 und sonst. — [4]) Mich. I, 57.

sich hinweisen[1]), es mit dieser Aufsicht nicht besonders gründlich genommen worden sein, und in jedem Fall wirkte schon der gegenseitige Anblick und die Haltung der Mutigeren unter ihnen auch ohne besondere Worte und Aussprache auf die gewöhnlichen schwächeren Naturen ermutigend und stärkend; um so mehr, je mehr es nur der rein sittliche Stachel war, dem solches Zusammenkommen zu gut kommen mußte, d. h. je mehr es sich für die Templer hierbei nur um furchtloses Bekenntnis der Wahrheit, nicht um künstliche Verabredung einer Unwahrheit handeln konnte. So gewährt es denn einen erhebenden Anblick zu sehen, wie vom 6. Febr. 1310 an (wegen Überschwemmung und rauher Witterung waren auf den 3. Februar noch keine Antworten von den Prälaten und erst wenige Templer in Person eingetroffen) bis zum 13. März[2]) desf. J. Scharen von Verteidigern von allen Teilen Frankreichs, eine Gruppe um die andere, eintreffen, um auf die Frage, ob sie zur Verteidigung des Ordens erbötig seien? zu antworten: die meisten mit einem entschiedenen Ja, etliche mit Zusätzen, die von todesmutiger Begeisterung zeugen ("usque ad mortem"), manche freilich auch ängstlicher und reservierter oder wohl gar mit einem Nein erwidernd. Doch ist letzteres weitaus der seltenere Fall und überwiegend das einfache „vult" oder „volunt defendere". Der Kürze und Übersicht halber stellen wir auch diese Erklärungen tabellarisch zusammen, indem wir besonders hervorzuhebende Antworten anmerkungsweise geben:

Es antworten von

	m. Ja	m. entsch. Zusätzen	rej.	m. Nein
16 am 6. Febr. adducti aus Mâcon[3])	15[4])	0	0	1[5])
33 „ 7. „ [6]) „ „ Diöc. Clermont[7])	33	—	—	—
6 „ 9. „ [8]) „ „ „ Sens	6	—	—	—

[1]) Vgl. dafür unsere Tabellen. — [2]) Bezw. bis zum 27. März, an welchem Tage noch ein Nachschub (von 36 Templern) erscheint. — [3]) D. h. hier wohl aus der Seneschausfie. Es sind von den 16 (dar. 1 Priester) 9 aus der Diöcese Autun, 2 aus Langres, 2 aus Lyon, je 1 aus Mâcon, Le Puy und Toul. — [4]) Davon 2 „pro posse", die 2 ersten mit dem Bemerken, daß dies nicht für schlechte Punkte oder Personen im Orden gelten solle, falls solche vorhanden seien, was aber der erste nicht glaubt, ein dritter bestimmt verneint. — Nur [5]) der Lothringer Gerhard aus Diöcese Toul will den Orden nicht verteidigen, da er sehr schlecht sei und viele schlechte Punkte in ihm. — [6]) An diesem entfernen sich wegen „Berufung zum König" nicht bloß der Erzbischof v. Narbonne, sondern auch die Bischöfe von Bayeux und Mende, ebenso nachher „aus dringenden Ursachen" Matth. v. Neapel, so daß nur der Bischof v. Limoges und die Archidiakonen von Trident und Maguelonne zurückbleiben. — [7]) Vgl. für dies das vorige Kapitel! — [8]) An diesem und dem folgenden Tag fehlen wieder der Erzbischof und der Bischof von Bayeux, am 10. auch der Archidiakon von Trident.

	m. ja	m. entsch. Zusatz.	ref.	m. Nein
12 am 9. Febr. add. aus Diöc. Amiens¹)	12	—	—	—
14 eod. „ „ „ Paris²)	10	—	3	1
18 „ „ „ „ Tours	9³)	—	8⁴)	1⁵)
15 „ „ „ „ S. Martin des Champs⁶)	15⁷)	—	—	—
7 „ 10. Febr. „ „ Diöc. Nimes	7	—	—	—
10 eod. „ „ Diöc. Sens	10⁷)	—	—	—
8 „ „ „ Mont l'héry, D. Paris	8⁸)	—	—	—
37 „ „ „ Tempel in Paris	36⁹)	—	—	1¹⁰)
19 „ „ „ Achy, D. Paris	19¹¹)	—	—	—
4 „ 12. Fbr.¹²)„ „ Corbeil, D. Paris	4¹³)	—	—	—

¹) Diese bitten alle als „gute und gläubige Christen" um die kirchlichen Sakramente. — ²) Von den 10 3 mit dem Zusatz „soviel sie können", ein anderer „soweit es ihn berühre". Als („bedingt" oder) „reserviert" rechnen wir die Erklärung eines 11. (Bernond de Santoni, Serv. aus der Diöc. Soissons): „er wisse im Orden von nichts als Gutem und verstehe nicht, was das heißen solle, verteidigen?", sowie eines 12. und 13., die wenigstens „ihre Person" verteidigen wollen, der letztere mit der Motivierung, daß er im Orden nur Gutes gesehen habe, ihn zu verteidigen aber nicht das Zeug habe, wenn jemand etwas Schlechtes sage oder ein schlechter Mensch sei. Als „Nein" rechnen wir den 14. Reservierteste, Lambert de Cormeilles, der uns hernach auch richtig wieder als Zeuge (Nr. 54) gegen den Orden begegnet und sein Motiv dafür wenigstens durchschimmern läßt, wenn er hier erklärt: er verteidige den Orden nicht, wisse auch nicht wie, da er nicht Kleriker sei; doch wenn ihm etwas Schlimmes auferlegt würde, werde er sich verteidigen, wie er könne und wisse. — ³) Diese „soviel sie können und wissen", zum Teil mit dem Zusatz, „da sie den Orden für gut halten" oder „nichts Schlechtes" in ihm wissen. — ⁴) „Soviel es sie angehe" (dazu Ganfred de Malmont: „und es vernünftigerweise geschehen könne"), darunter wieder 4 mit dem Bemerken, „da sie nichts Schlechtes im Orden wissen". — ⁵) Dieser, Andreas Beri aus Diöc. Brieuc, ist zwar auch zur Verteidigung erbötig, aber nur soweit es ihn angehe, nicht den Orden. — ⁶) Auch dies in oder bei Paris („Parisiensi"). — ⁷) Zugleich mit der Bitte um die kirchlichen Sakramente. — ⁸) Unter ihnen 3 Priester. — ⁹) Unter ihnen der nachher besonders zu nennende Generalprokurator des Ordens, Peter von Bologna. — ¹⁰) Dieser erscheint in Laienkleidung und weigert sich der Verteidigung, da er nur 3 Monate im Orden gewesen sei. — ¹¹) Unter ihnen, die wieder um die kirchlichen Sakramente und daneben um Erleichterung der Haft bitten, befand sich der nachher gleichfalls noch öfter genannte Raynald de Provins, Priester aus der Diöc. Sens. — ¹²) An diesem wie am folgenden Tag sind wieder Narbonne und Baveur abwesend, am 13. Febr. auch der Archidiakon v. Trient; am 14. erscheinen nur die Bischöfe von Mende und Limoges und Herr Matthäus von Neapel; vom 16. an fehlt Narbonne, vom 17. an auch Baveur bis zum 19. Febr. (incl.) — ¹³) Mit Bitte um die kirchlichen Sakramente und Rückgabe der Ordenstracht.

					m. Ja.	m. entsch. Zusah.	rel.	m. Nein
33 am 12. Febr. add.	aus	Chaumont, D. Sens	33¹)	—	—	—
7 „ 13. „	„	„	(ungenannt)	7²)	—	—	—
6 „ „ „	„	„	Coflant, D. Paris	6	—	—	—
11 „ 14.³) „	„	„	D. Beauvais	11¹) (1⁵) „usque ad mortem")
9 „ „ „	„	„	Vitry, D. Châlons	9⁶)	—	—	—
11 „ „ „	„	„	Jvers, D. Sens	11⁷)	—	—	—
28 „ „ „	„	„	Carcassonne (Seneschall)	28⁸)	—	—	—
34 „ „ „	„	„	D. Sens (und sonsther⁹)	34¹⁰)	—	—	—
14 „ 16.³) „	„	„	Dammartin¹¹), D. Meaux	14	—	—	—
4 „ 17.³) „	„	„	D. Auch	4¹²)	—	—	—

¹) Unter ihnen Iberich von Sachsen (ein Ritter aus Magdeburg) und Heinrich der Teutsche aus Mainz („Manganensis"), dieser durch Dolmetscher befragt: sämtliche mit derselben Bitte wie die vorigen. — ²) Als Heimat wird für 3 die Diöc. Langres, je für 1 die Diöc. Amiens, Sens, Troyes und Evreux angegeben. Unter ihnen baten wieder 2 um die kirchlichen Sakramente, der eine, Johannes von Bar s. Aube, mit dem Beifügen, er sei dreimal gefoltert und 12 Wochen lang bei Wasser und Brot gesessen. — ³) S. p. 404 Note 12. — ⁴) Unter ihnen ist der später als 147. Zeuge gegen den Orden auftretende (Mich. II, 61 ff.) Adam de l'Enfer (de Inferno) aus Diöc. Noyon, der seiner Erklärung beifügt „pront sibi fuit traditus et ipse eum recepit". Danach sind wir darauf gefaßt, ihn später einmal über das andere sich selbst widersprechen zu sehen. — ⁵) Joh. de Chames: nach II, 47 („quondam") scheint er das richtig (wohl am 12. Mai) wahr gemacht zu haben. — ⁶) Ihnen wäre noch Johannes de Mauberchim zuzuzählen, der nach dem Zeugnis der Wächter todtkrank hatte zurückbleiben müssen und nur deßhalb nicht vor der Kommission erscheinen kann (nach I, 365 und 556, wo er als „quondam miles" und Präzeptor von Vermandois erwähnt wird, muß er bald darauf gestorben sein). — ⁷) Die Erklärung dieser, die neben der dringenden Bitte um die kirchlichen Sakramente auch die um Erleichterung ihrer Haft aussprechen, ist besonders beachtenswert, schon weil, wie Jakob de Sacy (aus der Diöcese Troyes) berichtet, in ihrer Diöcese 25 Templer der Folter und ihren Leiden erlegen waren. Dem fügt Bertrand de St. Paul (aus der Diöc. Vienne) bei, daß er nie die dem Orden zur Last gelegten Ketzereien gestanden habe noch gestehen werde, weil es nicht wahr sei, und Gott würde ein Wunder thun, wenn der Leib Christi ihnen gereicht würde und ihn zugleich die Geständigen und die Leugnenden empfingen. — ⁸) Von diesen 28 erklärten 6 (die Namen i. Mich. I, 70), daß, was sie vor dem Papst gegen den Orden ausgesagt hatten, erlogen sei und sie es hiemit feierlich zurücknehmen. Vgl. den Prozeß von Poitiers (im vorigen Kapitel), wozu diese Erklärung eine wertvolle Ergänzung bildet. — ⁹) Von den letzten 5 ist die Herkunft aus der Diöc. Sens nicht ausdrücklich bezeugt. — ¹⁰) Hier ist außer dem bereits besprochenen Einschüchterungszettel der Oberaufseher Bobet und Janville, überreicht von Joh. de Cochiaco, zu beachten die öfters (von 14 Templern) ausgesprochene Bitte um den Rat des Großmeisters, die uns in die Ratlosigkeit der Templer infolge der Trennung von ihren Oberen einen Blick thun läßt. — ¹¹) de castro divi Martini Meld. dioc. — ¹²) Darunter 2,

		m. Ja	m. entſch. Zuſatz	rei.	m. Nein
12 am 17. Febr. add. aus Touloufe		12¹)	—	—	—
18 „ „ „ „ „ Crèvecoeur, D. Meaur		18²)	—	—	—
29 „ „ „ „ „ Poitiers		16³)	—	10⁴)	3⁵)
8 „ „ „ „ „ Crepy, D. Senlis		8 (4 „usque ad mortem"⁶)			
23 „ 18. „ „ „ } dem Tempel⁷) in Paris		17	—	13⁸)	8⁹)
15 „ 19. „ „ „					
3 „ 20. „ „ „ dem Tempel in Paris		1¹⁰)	—	1¹¹)	1 ſo viel als Nein¹²)
6 „ 23. „ „ „ Moiſſac, D. Cahors		6	—	—	—
13 „ „ „ „ „ Trappes, D. Paris		12¹³)	—	—	1¹⁴)
21 „ 25. „ „ „ Janville, D. Orléans		21¹⁵)	(2 „usque ad mortem")		
57 „ 26. „ „ „ Gifors, D. Rouen		57	(1 „usque ad mortem"¹⁶)		
13 „ 27. „ „ „ Vernon, D. Rouen		13	—	—	—

die bereits vor dem Papſt geſtanden waren: von ihnen erklärt der Prieſter Joh. de Balle Geloja aus der Diöc. Périgueur, daß er „dort nichts gegen den Orden geſtanden", Ademar de Sparres aber, Ritter aus der Diöc. Tarbes, daß er eben „gelogen" habe.

¹) Bezeichnenderweiſe bitten dieſe außer um die Sakramente beſonders wieder um Erleichterung ihrer Haft. Von ihnen haben wir Bernhard de Vado bereits im 2. Kapitel (p. 261) wegen der beſonders fürchterlichen Folter, deren Beweiſe er der Kommiſſion vorlegt, kennen gelernt. Trotzdem iſt auch er, wie ſämtliche ſeiner Genoſſen, zur Verteidigung bereit. — ²) Mit der Bitte um die Sakramente. — ³) Darunter Joh. v. Hennegau und 2 andere „nach ihrem Können". — ⁴) Einer, Stephan de Lamon, D. Limoges, weigert ſich der Verteidigung, ſolange er in Haft ſei, aber, wenn er frei wäre, „nach ſeinem Können"; ⁹ berufen ſich auf den Großmeiſter und die Oberen überhaupt, denen ſie die Verteidigung überlaſſen, zum Teil weil ſie ſelbſt zu arm dazu ſeien. — ⁵) Zu ihnen iſt gerechnet der (aus dem vorigen Kapitel bekannte) ſchon vor dem Papſt verhörte Aubebert de la Porte, der den Rat des Großmeiſters begehrt, zu deſſen Befehl er ſtehe. Ebenſo iſt ſchon vor dem Papſt geſtanden und will bei dieſer Ausſage bleiben Aymerich Chamerlent aus D. Limoges; direkt der Verteidigung des Ordens weigert ſich nur Joh. le Bergenhaus aus D. Langres, der in Laientracht erſcheint, „da er den Orden ſchon gut 1 Jahr vor der allgemeinen Verhaftung um eines Weibes willen verlaſſen habe". — ⁶) Welcher Zuſatz übrigens 2 von ihnen nicht hindert, ſpäter als Zeugen gegen den Orden aufzutreten, nämlich nicht nur Nic. von Compiègne (Nr. 121), ſondern auch Radulph von Tavernay, falls er identiſch iſt mit Theobald von Tavernay (Nr. 25), was nach Mich. II, 114 kaum zu bezweifeln iſt. Nur ein Dritter, Matheus de Tabula, der nach I, 380 ſchon 1307 vor der Inquiſition in Paris geſtanden hatte, ſpäter aber nicht mehr genannt wird, ſcheint jenes Wort wahr gemacht zu haben. — ⁷) Von dieſen haben wir ſchon vorhin diejenigen beſprochen, die bereits im Nov. 1309 vor der Kommiſſion aufgetreten waren.

Im März haben wir nur noch 3 derartige Erklärungen: einmal am 2. März die Schlußerklärung von Molay und von 4 andern, die in ihrem jetzigen Stand den Orden weder verteidigen können noch wollen[9]; am Freitag den 13. März außer den Erklärungen von Gonaville und Peraud[2]) noch die von 15 Templern aus Bourges, sämtlich bis auf einen zur Verteidigung bereit und die Sakramente begehrend; und endlich am 27. März, nachdem inzwischen bereits mit Verlesung der Anklageakte ein weiterer Schritt geschehen war, noch 32 weitere aus der Diöcese Bourges, die ebenso die kirchlichen Sakramente begehren, und 4 aus der Diöcese Tarbes, sämtlich zur Verteidigung, zum Teil mit Zusätzen[13], erbötig.

Fassen wir alles zusammen, so erscheinen im ganzen vom 6. Febr. bis 27. März 1310 632, mit dem Nachschub vom 2. Mai[4]) und den zwei (p. 410 genannten) zwischen hinein vorgeführten Templern aber insgesamt 663 (oder nach Abzug der 3 Ordensoberen, der beiden Gisi und Gerhards de Caur: 657[5]) Ordensgenossen vor der Kommission. Von diesen erklären sich (601 oder, mit Molay und Ponzard) 603 unbedingt, (35 oder wieder mit Beirechnung von Gonaville und Gerhard de Caur) 37 weitere bedingt[6]) und nur 22 (darunter Peraud und Raoul de Gisi, auch

— [8]) „Wenn sie frei wären". — [9]) 2 davon wollen nur für ihre Person, 6, die sämtlich nur 28 Tage bis ein Vierteljahr im Orden gewesen waren, überhaupt nicht den Orden verteidigen. — [10]) Nämlich Ponzard de Gisi, [11]) Gerhard de Caur, [12]) Raoul de Gisi. — [13]) Manche wieder mit Bitte um die Sakramente. — [14]) Dieser, weil er nur 2 Monate im Orden gewesen sei und daher nichts wissen könne. — [15]) Alle mit der Bitte um die Sakramente. — [16]) „quia volebat salvare animam suam".

[1]) Es sind der Schatzmeister Joh. de Turno; der Almosenpfleger Wilh. de Arteblay; dazu Philipp Agat und Baldnin von St. Just: alle 4 später als Zeugen gegen den Orden auftretend, worauf wir nach dieser Erklärung gefaßt sind. — [2]) S. oben. — [3]) So wollen 2 den Orden als „einen guten gesetzlichen" verteidigen, einer, der Priester Johannes Roberti, erklärt: „daß er viele im Beichtstuhl verhört und nie jene Ketzereien vernommen habe". — [4]) S. p. 426 Anm. 3. — [5]) Lea (III, 292) rechnet bis 2. Mai nur 574 zur Verteidigung erschienene Templer, Havemann, der jedoch überhaupt hier nicht genau sein will, bringt, wenn man nachrechnet, bis 31. März nur 560 Templer insgesamt heraus. Das außerordentliche Überwiegen der nordfranzösischen Diöcesen mag neben den schon in der Statistik p. 94 u. gestreiften Gründen teilweise auch den Schritten der beiden Lothringischen Philipp und Bohet, deren Wirkungskreis zunächst auf die 3 Provinzen Sens, Rheims und Rouen beschränkt war, zuzuschreiben sein. Daneben wirkte gewiß die weite Entfernung und die im Süden besonders kräftig gehandhabte Folter nicht wenig zu jenem Ergebnis mit. Daß das nordfranzösische Element von Haus aus weit überwog, wird aber durch alle diese Erwägungen noch lange nicht umgestoßen.
[6]) Darunter 3 aus Le Mans am 2. Mai vorgeführte, die, „wenn sie in Freiheit gesetzt würden", zur Verteidigung des Ordens gegen jedermann, außer gegen Papst und König, bereit sind.

M. de Passignac¹) gerechnet) weigern sich der Verteidigung oder wollen diese nur für ihre Person übernehmen. Bringt man letztere in Abzug und stellt dann zahlenmäßig diejenigen, die sich vor der Kommission zur Verteidigung meldeten, denen, die sich hernach hier als Zeugen „contra ordinem" gebrauchen ließen, gegenüber, so haben wir 640 gegenüber 209²), somit über dreimal so viel Zeugen für als gegen den Orden. Und dabei ist immer noch zu bedenken, daß von den letzteren viele, gegen die Hälfte³), zuvor als Zeugen für den Orden sich gemeldet hatten, die, auch wenn man sie, um ganz unparteiisch zu sein, hüben wie drüben abzöge, doch nur das Verhältnis noch viel günstiger zu Gunsten der Verteidiger der Ordensunschuld gestalten würden (556 pro gegenüber c. 125 „contra⁴) ordinem").

Wie sehr das Zusammensein den Mut der Templer hob und die sonstige Scheu in Aussprache ihrer natürlichen Empfindungen ihnen benahm, das zeigt dann vollends deutlich die Versammlung im bischöflichen Garten vom 28. März. An diesem Samstag wurde, nachdem auch die letzten aus Tarbes Herbeigeführten sich über ihre Bereitwilligkeit zur Verteidigung erklärt hatten, und nachdem schon 14 Tage zuvor in Abwesenheit des Erzbischofs von Narbonne einer Auswahl von 90⁵) zur Verteidigung erbötigen Templern die Anklagepunkte verlesen worden waren, der ganze Haufe der zur Verteidigung erschienenen⁶), soweit nicht etwa besondere Umstände oder, wie die nachherigen Beschwerden zeigen, einzelne Aufseher am Erscheinen verhinderten⁷), im bischöflichen Garten in Paris versammelt, um die Verlesung der 127 Anklageartikel entgegenzunehmen. Als nun nach der lateinischen Verlesung die Kommission wie 14 Tage

¹) S p. 410. — ²) Da unter den 232 auch 5 nichttemplerische Zeugen sich befinden (Nr. 1, 2, 4, 122 und 202), 1 vor dem Verhör einfach zurückgestellt wird (Nr. 10, wegen seiner Weigerung, über das in Poitiers Verhörte noch einmal befragt zu werden), 17 aber ihre Aussagen zurücknehmen bezw. so zu rechnen sind. — ³) Nach unserer Zählung kommen jedenfalls 84 heraus. Möglich, daß eine noch gründlichere Untersuchung der Namen — dieselben kommen bei Michelet vielfach in sehr verschiedener Form vor, wie schon Schottmüller klagt — noch mehr ergäbe. — ⁴) Diejenigen Geschichtsschreiber des Ordens, die seine Schuld behauptet haben, pflegten meist nur letztere Zeugnisse, die freilich bei Michelet den größeren Raum einnehmen, zu zählen. Von Rechts wegen fällt der Nachdruck auf den ersten Teil dieser Untersuchung, in welchem die Hauptsache diese Erklärungen betr. die Verteidigung sind. Warum der zweite Teil gegen diese Zeugnisse kein Gegengewicht bilden kann, vgl. nachher. — ⁵) Lavocat zählt 89, es sind aber 90, und zwar aus den verschiedensten Diöcesen entnommen, nur Paris war so gut wie gar nicht vertreten. — ⁶) Havemann zählt 544, Lea 548, nach unserer wiederholten Zählung sind es 549. — ⁷) So erklären dies am 6. April 1310 6 bei Godwin von Brabant Einquartierte (trotz ihrer Bereitwilligkeit zur Verteidigung nicht zur Versammlung im Garten beigezogen worden zu sein).

zuvor die Artikel in der Umgangssprache auseinander setzen lassen wollte, da schrien ihnen die Gefangenen entgegen, „man habe genug an der lateinischen Verlesung und es liege ihnen nichts daran, daß solche Schändlichkeiten, die durchweg alle verlogen seien und die man nicht in den Mund nehmen könne, auch noch in der Muttersprache ihnen auseinander gesetzt würden¹)". Da nun, wie der Augenschein lehrte²), mit dem ganzen Haufen vor Tumult, der ein ordentliches Hören unmöglich machte, eine richtige Verhandlung wegen der Verteidigung nicht geführt werden konnte, so machten die Kommissäre den Vorschlag, die Versammlung möge 6 oder 8 oder 10 oder auch mehr **Prokuratoren** aus ihrer Mitte ernennen und ihnen die nötige Vollmacht zur Führung der Verteidigung übertragen.

Um diesen Vorschlag dreht sich nun der Streit und die Verhandlungen der nächsten 14 Tage, indem die wenigsten Templer Lust hatten, darauf einzugehen. Witterte man doch vielfach in dem ganzen Ansinnen nur eine Falle, fürchtete³), und nach den gemachten Erfahrungen nicht ohne Grund, daß dann auf die betreffenden Vertreter mit den bekannten Mitteln eingewirkt und hintendrein doch alles, wozu man sie auf diese Weise bringen würde, den andern und dem Orden zur Last gerechnet werden möchte. Auch war die Frage, wen wählen, bei Leuten, denen ihre monarchisch-hierarchische Verfassung so durchaus zur andern Natur geworden war, durchaus nicht so einfach. Es trat jetzt zu Tage, von wie verhängnisvoller Wirkung für die ganze Ordenssache es war, daß es den königlichen Agenten gelungen war, die Ordensoberen durch Vorspiegelungen einer besonderen Gerechtigkeit für sie von ihren Ordensgenossen zu trennen. Es ist fast rührend zu sehen, mit welcher Hartnäckigkeit und nicht zu bemeisternder Zähigkeit die Templer nach ihrem Großmeister und ihren sonstigen Oberen verlangen und, da ihnen erwidert wird, daß der Großmeister sich damit begnügt habe, vor den Papst gestellt zu werden, wie bitter sie über dieses Verlassen der gemeinsamen Sache von seiten der Oberen sich beklagen. Es ist, wenn man vorher auf so manche Spuren von Disziplinlosigkeit und Parteitreiben im Orden gestoßen ist — Spuren, die wir uns bemüht haben, nicht zu übergehen, sondern möglichst hervorzukehren — in mancher Hinsicht eine Genugthuung, von diesen Berufungen auf die Oberen, die sie haben, und ohne deren Rat oder Geheiß man nichts thun könne, Kenntnis

---

¹ „quod contenti erant de lectura in Latino, et quod non curabant quod tante turpitudines quas asserebant omnino esse falsas et non nominandas vulgariter exponerentur eisdem", Mich. I, 100. — ²) „ut re ipsa apparebat) per tumultum". — ³) Wie hernach Colard von Gereu im Namen einer Anzahl von Templern (der 11. bei Leurage) oben erklärt: Mich. I, 145.

zu nehmen. Man gewinnt den Eindruck, daß doch noch lange nicht alles so morsch und im Auseinanderstreben begriffen war, als man sich jenen Spuren nach die Zustände im Orden vielfach denken könnte.

Abgesehen hievon bieten aber jene Antworten der Templer aus diesem Anlaß auch sonst eine Fülle von Material, um Aufschluß über die Frage, auf welche Weise man die Gefangenen behandelt und auf welche Art die Zeugnisse gegen den Orden zu stande gekommen sind, zu gewinnen: ein Material, das, wie Schottmüller mit Recht bemerkt, bisher erst sehr ungenügend verwertet worden ist, freilich zur gründlichen Ausnützung fast ein eigenes Kapitel erfordert. So enthält gleich die Antwort der großen Versammlung im Garten, die auf Antrag des General-Prokurators Peter von Bologna und des Präzeptors der großen Komturei von Orléans Renaud von Provins, beide Ordenspriester und mit den Rittern Wilhelm von Chambonnet und Bertrand de Sartiges hier wie hernach vor der Kommission auch ferner die Hauptwortführer der Verteidigung, in Form einer schriftlichen Beschwerde auf den Vorschlag der Prokurorenwahl eingereicht wurde, neben der Klage über Vorenthaltung der kirchlichen Sakramente, Wegnahme des Ordensgewands (wenigstens bei vielen) und aller zeitlichen Güter überhaupt einen nachdrücklichen Protest gegen ihre Behandlung in der Gefangenschaft: „vilissime incarcerati et incatenati" würden sie mit den dringendsten Bedürfnissen aufs notdürftigste versehen, den Sterbenden die Sakramente und den Toten die geweihte Erde verweigert. Auch werde keineswegs allen Templern gestattet, zur Verteidigung zu erscheinen, wofür zum Beweis 2, die es wünschten, genannt werden: Matthieu de Clichy, aus Paris, und Ritter Renaud de Bassignac, aus der Diöc. Limoges. Endlich bitten sie, als schlichte und ungelehrte Leute[1]), um den Beistand von Rechtsgelehrten, vor allem aber darum, mit ihren Oberen, dem Großmeister und den Großpräzeptoren, ohne deren Einwilligung sie nichts thun können, Rat wegen der Wahl von Prokuratoren pflegen zu können. Wenn aber der Meister und die Präzeptoren nicht mit ihnen zusammengehen könnten oder wollten, so wollten sie trotzdem thun, was ihre Pflicht sei.

Die Antwort der Kommission war, daß der Großmeister mit den andern Großwürdenträgern „in statu quo erant" auf die Verteidigung verzichtet hätten; die Vorführung der 2 genannten Templer[2]) sollte befohlen werden; im übrigen aber möge man, da wegen des bevorstehenden

---

[1]) „illiterati et simplices". — [2]) Von diesen weigerte sich übrigens Renaud de Bassignac, D. Limoges, der Verteidigung, erscheint vielmehr als (11.) Zeuge „contra ordinem". Der andere, Matthäus de Clagno, D. Tours, erklärt sich zwar erst zur Verteidigung bereit, überläßt sie dann aber später (am 1. April) auch dem Großmeister.

Konzils Eile notwendig sei, mit der Wahl der Prokuratoren nicht säumen. Demgemäß wurde am 31. März der Protokollführer Floriamont Donde bei mit den Notaren beauftragt, die Templer in ihren einzelnen Quartieren aufzusuchen und wegen der Wahl von Prokuratoren sowie hinsichtlich sonstiger Wünsche ihre Erklärungen entgegenzunehmen; jedoch wurde schon jetzt den beiden Oberaufsehern Jamville und Bohet aufgetragen, die 4 Wortführer vom Garten neben 9—12 andern der geeignetsten und ausgezeichnetsten Templer für den folgenden Tag der Kommission vorzuführen; ein Beschluß, durch den jenen 4 bereits thatsächlich die Rolle von Prokuratoren zugewiesen wurde.

Hierauf lief das endgültige Ergebnis der Verhandlungen mit den einzelnen Gruppen denn auch hinaus. Zwar verweigerten die meisten derselben zunächst eine eigentliche Wahl: so gleich die 18 Templer, die bei Wilhelm de la Huce im Viertel „de Marché Palu" einquartiert waren, mit denen man den Anfang machte: diese, weil abgesehen davon, daß sie ohne den Großmeister, dem sie Obödienz schuldig seien, nicht handeln können, man auch die ihnen neulich gegebene Zusage, die 4 Wortführer durch Jamville bei den einzelnen Abteilungen herumführen zu lassen, um mit ihnen zu beraten, nicht erfüllt habe. Besonders gründlich motiviert ist die Erklärung, welche von den 75 Templern, die jetzt noch im Tempel saßen, durch den Mund Peters von Bologna abgegeben wurde: indem sie wieder auf den Großmeister verweisen, ohne dessen Mitwissen man keinen derartigen Beschluß fassen könne, wollen sie von der Wahl von Prokuratoren abstehen, dagegen einzeln für sich vor der Kommission erscheinen und den Orden verteidigen, um die Unwahrheit der von Feinden des Ordens geschmiedeten Anschuldigungen, deren Verlogenheit und Schändlichkeit zu zeichnen die Entrüstung nicht genug Worte finden kann, zu erhärten. Doch bedürfen sie dazu der Freiheit und der Erlaubnis, entweder persönlich auf dem Konzil zu erscheinen oder durch Bevollmächtigte sich vertreten zu lassen. Den Ordensbrüdern, die jene Anklagen als wahr anerkannt hätten, dürfe dies nicht angerechnet werden, da sie durch die Folter oder, auch wenn sie nicht gefoltert worden seien, die Furcht davor so gesprochen hätten, „quia pena unius est multorum metus"[1]); bei manchen hätten auch Versprechungen, Drohungen und sonstige unlautere Mittel dasselbe bewirkt. Alles das sei so klar und offenkundig, daß es durch keinerlei Drehung und Wendung verheimlicht werden könne. Daher bitten sie um Gottes Barmherzigkeit willen, daß ihnen Gerechtigkeit zu teil werde, da sie nun schon so lange Zeit ungebührlich und ungerecht unterdrückt worden

[1]) Mich. I, 116.

seien und noch werden; außerdem bitten sie als gute und gläubige Christen um Darreichung der kirchlichen Sakramente. Dem fügte Peter von Bologna noch für sich bei, als Prokurator des Ordens bei der Kurie werde er sich jederzeit als Vertreter seines Ordens betrachten und denselben nach Kräften verteidigen.

In gleichem Sinn, in der Hauptsache Ablehnung der Wahl von Prokuratoren, erklären sich die 13 Templer, die zu St. Martin des Champs saßen[1]; ebenso die 14 im Hause des Bischofs von Amiens bei der Pforte St. Marcel, deren Sprecher, Renaud de Provins, seine Verantwortung für den folgenden Tag vor der Kommission in Aussicht stellt; sowie die 18 beim Grafen von Savoyen Untergebrachten, die vor allem Vereinigung mit andern zur Verteidigung erbötigen Templern verlangen. Von besonderem Interesse ist das ähnliche Verlangen etlicher andern in demselben Quartier sitzenden Templer, deren Mund der Ritter Raymund Wilhelm de Bonca ist: Vereinigung mit Templern der lingua occitana (Langue d'oc) an einem und demselben Ort. Man sieht, die beiden Hauptdialekte waren offenbar nicht im stande, sich gegenseitig recht verständlich zu machen[2]. Endlich sprechen sich in gleichem Sinn aus 21 Templer im Haus des Bischofs von Beauvais, ebenso viele beim Prior von Cornay, 12 im Hause der Serena (der Witwe Stephans von Burgund) „in vico Cithare" und 7 in einem Gemach der Abtei St. Genovefa eingeschlossene Templer: auch sie wollen nur jeder für sich den Orden verteidigen.

Etwas anders äußert sich Mittwoch den 1. April 1310 das Gros der in der Abtei St. Genovefa internierten Templer, 20 an der Zahl. Nachdem sie sich zuerst darüber beklagt, daß das Versprechen, daß die Oberaufseher Jamville und Volet mit etlichen Brüdern bei den einzelnen Abteilungen zur Ermöglichung von Beratschlagung erscheinen sollten, nicht in Erfüllung gegangen sei und das bisherige Unterlassen einer Prokuratorenwahl damit begründet hatten, so wollten sie nichtsdestoweniger hiermit den Großpräzeptor von Poitou Gottfried de Gonaville, den Ritter Wilhelm de Chambonnet, Präzeptor „de Blandesio", Wilhelm Vleri, Präzeptor

---

[1] Bemerkenswert ist hier auch das Lob, das Molay gespendet wird: „quod credebant Magistrum esse bonum, justum, probum, legalem, et mundum ab erroribus ipsi ordini impositis", von denen sie nie vor ihrer Verhaftung gehört haben: Mich. I, 117. Außerdem ist in der Schede, welche diese Templer hernach schriftlich der Kommission überreichten, indem sie dabei den Rat der (3) Wortführer begehren (Bertrand de Sartiges fehlt dabei), insbesondere noch beachtenswert die Bitte um Erhöhung der zu kleinen Taggelder. — [2] Oder sollte es sich auch hier um Parteiungen handeln? Schwerlich.

von Chantillon, den Präzeptor von Bruriére-Raspit Petrus Maliani, den von Aucéne P. de Longni und den Bruder Elias Aymerich aus der Diöcese Limoges zu Prokuratoren behufs Verständigung mit andern Brüdern bestellt haben. Dabei überreicht Elias Aymerich in seinem und seiner Anhänger Namen einen Zettel, enthaltend ein langes[1]), von ihm verfaßtes Gebet mit viel grammatikalischen Schnitzern, um deren Verbesserung er bittet, in dem er dem dreieinigen Gott und der Jungfrau Maria ihre Not klagt und sie um Hilfe anfleht, ein Gebet, das nicht bloß kirchlich, sondern wahrhaft religiös gehalten ein Beispiel ist für das Wort: „Not lehrt beten". Bemerkenswert ist dabei neben der Anrufung der Jungfrau Maria, die wieder und wieder um Hilfe gebeten wird, vor allem die Berufung auf den h. Bernhard, auch den h. Ludwig von Frankreich, Philipps Ahnherrn, den Gott so besonders gesegnet habe; außerdem wird Gott besonders bei dem Apostel Johannes, dem Schutzpatron des Ordens[2], und dem h. Georg angerufen. Das Ganze trägt den Stempel durchaus echter mittelalterlich-katholischer Frömmigkeit.

Indessen erschien, kaum daß der Protokollführer mit seinen Begleitern wieder bei der Kommission zur Berichterstattung angelangt war, vor dieser eine Vertretung der Templer, bestehend aus 6 Männern (neben den 4 meist genannten Matthäus von Clichy und Robert von Vigier), in deren Namen Ren. de Provins Protest einlegt dagegen, daß ohne den Großmeister und Konvent weiter vorgegangen werde. Daher verlangen sie, daß der Großmeister und die Großpräzeptoren von Francien, Aquitanien, Cypern und der Normandie der Aufsicht der Beamten des Königs — gegen den wie gegen den Papst man nichts gesagt haben wolle[3]) — entzogen und der Kirche zur Überwachung anvertraut werden, da man wisse, daß die Genannten nur durch Furcht, Verführung und falsche Versprechungen abgehalten würden, an der Verteidigung teilzunehmen. Sie bitten um die zur Führung eines ordentlichen Rechtsprozesses, namentlich zur Bezahlung von richtigen Rechtsgelehrten, erforderlichen Mittel; ferner um volle Sicherheit für die Prokuratoren und dagegen um Festnehmung solcher Ordensbrüder, die nach Ablegung des Ordensgewands frei umherwandelten, bis sich ergebe, ob dieselben wahres oder falsches Zeugnis abgelegt hätten. Sodann sollen alle und vor allem Priester, die Templern in ihrer Todesstunde beigestanden und ihre letzte Beichte ver-

---

[1]) Mich. I, 120—127. — [2]) Nebenbei ist die Anrufung dieses Jüngpredigers in dem ganzen Zusammenhang wieder ein Beweis, wie durchaus widersinnig die Behauptung von einer Beförderung der Neigung zur Häresie durch die Vorliebe für dieses Evangelium ist. Das Gegenteil ist wahr. — [3]) Man beachte diese immer wiederkehrende Vorsicht!

nommen hätten, vernommen werden, ob ihr Zeugnis für oder gegen den Orden gelautet habe[1]). Endlich wird gegen das ganze Verfahren potestiert und ein geregeltes Vorgehen verlangt, wobei entweder der Weg der accusatio oder der denunciatio oder der öffentlichen Anklage (officio judicis) einzuschlagen sei. Wolle man den ersteren Weg, so müsse ein Ankläger auftreten und Bürgschaft stellen. Würde man den durch denunciatio wählen, so sei ein solcher nicht anzuhören, weil er vorher den Weg brüderlicher Ermahnung hätte betreten müssen, was er nicht gethan habe. Wenn sie aber ex officio vorgehen wollten, so behalte man sich die Verteidigung im ordentlichen Rechtsgang vor[2]). — Man sieht, der Verfasser (Renaud de Provins) war in dem Rechte seiner Zeit wohl bewandert. Nur aber eben von dem Rechtsweg, um den es sich hier handelte und der im Ketzerprozeß galt, dem Inquisitionsverfahren, hatte er keine Ahnung.

Nachdem hierauf die Kommission auch noch den vorhin erwähnten Zettel der Templer von St. Martin des Champs entgegengenommen hat, so beschließt sie, am übernächsten Tag, Freitag, wiederzukommen, während indes die Protokollführer ihren Gang fortsetzen sollen.

Von den so am Nachmittag dieses Mittwochs und am folgenden Donnerstag vernommenen Abteilungen erklären zuerst im Hause des Abts von Lagny 11 Templer, daß sie zwar ohne den Rat ihrer Oberen nichts thun, aber für den Notfall als Prokuratoren aus ihrer Mitte Joh. Lozon, Peter von Landres, Lorenz von Provins und Bernhard von St. Paul aufstellen wollen. Von ihnen sei keiner weder durch Folter noch durch Versprechungen zu Geständnissen vermocht worden. 2 andre noch an diesem Nachmittag befragte Gruppen (11 im Hause „de Leuragie in vico de Calino" und 47 im Hause Richards „de Spoliis" im Templerviertel) sowie 3 vom folgenden Tag (12 in der Abtei St. Magloir, 10 im Haus des Nicolaus Hondree im Dominikanerviertel und 30 bei Johannes le Grant bei der Brücke St. Eustache) erklärten sich gegen die Wahl von Prokuratoren, bitten aber teilweise um den Rat andrer Brüder und eines Rechtsgelehrten wie um die kirchlichen Sakramente und ein ehrliches Begräbnis in geweihter Erde im Fall des Todes als gute Christen. Ebenso bitten um die kirchlichen Sakramente 7 andere, im letztangegebenen Quartier, die am Samstag trotz ihres Wunsches nicht dabei gewesen, aber zur Verteidigung des Ordens bereit seien.

---

[1]) Ein Beispiel hiefür haben wir an dem 202. Zeugen, dem Dominikaner-Inquisitor Peter de Palude, Baccal. in theol., der zeigt, wie recht die Templer hatten, wenn sie auf solche Zeugnisse verwiesen. — [2]) Mich. I, 126—128.

Als Grund dafür, daß man vor der Wahl von Prokuratoren so sehr zurückschreckte, führen 13 Templer (im Haus von Oorea „versus crucem du Tirol"¹) an, daß ihnen „dafür die Folter zu teil werden würde²). 7 andere bei Robert Anndei „im Schweinemarktviertel", die alle die Verlogenheit jener Artikel und die Unbescholtenheit des Ordens beteuern und diesen, jeder einzeln, zu verteidigen bereit sind, wollen doch keine Prokuratoren ohne die andern wählen, weil diese „ja doch keinen Wert hätten"³). Radulph von Tavernay (de Taverniaco) setzt hinzu, er habe mehrere Brüder in den Orden aufnehmen sehen und jedesmal habe der Aufnehmende gesagt: „Im Namen der h. Dreieinigkeit, des Vaters, Sohnes und des h. Geistes, der seligen Maria und aller Heiligen, nehme ich dich auf." Damit stimmen die andern überein. Wenn sie, von jeder Kammer einer, miteinander vor der Kommission vorgelassen würden, dann würden und könnten sie miteinander über die nötigen Schritte beraten. Andernfalls möchte man doch wenigstens einen von ihnen mit Ren. de Provins reden und mit ihm beraten lassen. Letztere Bitte tragen auch 13 Templer bei Blavot am Thor St. Antoine vor. Diese führen, ein Zeugnis von ihrer Einsicht in die Lage, gegen die Wahl von Prokuratoren außerdem an, daß (abgesehen davon, daß sie ohne den Großmeister eine solche Wahl nicht treffen können) auf der Gegenseite gegen die Templer Papst und König stehen, mit denen sie auf keinen Fall streiten wollen. Zum Schluß bitten sie inständig auf den Knieen mit gerungenen Händen um die kirchlichen Sakramente.

Dieselbe Bitte, um die Sakramente, tragen (in der Nähe gleichfalls am Thor von St. Antoine) bei Wilh. de Marcilly 9 Templer vor, die auch ohne den Großmeister nichts vornehmen wollen, aber den Orden aufs wärmste verteidigen. Ganz ähnlich 7 Templer bei Johannes de Chamin in der Rue de la Porte Baudoyer: sie haben der Kommission nichts zu schreiben, haben nur Gutes im Orden gesehen. In derselben Straße beim Abt de Tironio erklären 8 Templer: sie haben als Laien und einfache Leute keine Prokuratoren aufgestellt, sondern wollen an der Abmachung vom Samstag festhalten. Über Verletzung dieser Abmachung, daß man Peter von Bologna und Renaud von Provins zu ihnen schicken sollte, beschweren sich wieder zwei größere Gruppen: 27 Templer beim Abt von Prullais (in der Straße de la Mortellerie), die dazu um Rückgabe ihrer Ordensgewänder und um einen Kaplan zur Celebrierung der

---

¹) Nach Lavocat p. 264 = Tiroir, in der Rue St. Christophe. — ²) „Quando ponebantur in jainis si procuratores constituere volebant": Mich. I, 134. Wahrscheinlich liegt eine derartige Drohung oder Andeutung der Gefängnisaufseher wieder zu Grund. — ³) „videbatur eis quod non valeret": ibid.

Messe bitten, den sie im Notfall von ihrem geringen Taggeld bestreiten wollen; und 28 bei Joh. Rossian bei der Johanneskirche auf dem Grève=platz: diese neben den kirchlichen Sakramenten zugleich um Ermöglichung der Verständigung untereinander bittend, da sie in zwei Partien in dem=selben Hause eingesperrt seien.

An dem festgesetzten Sitzungstag der Kommission, dem folgenden Freitag (3. April), traten 14 Templer[1]) als Vertreter von 99 andern in 8 Häusern vor die Kommission, der Johannes von Montroyal eine Schrift in französischer Sprache überreichte, die zu den bemerkenswertesten Erklärungen dieses ganzen Prozesses gehört. In derselben wird zuerst die statutenmäßige Aufnahme in den Orden gemäß den Satzungen des römisch=katholischen Glaubens behauptet und dafür zum Beweis auf das überall in der Welt gleiche und zu keiner Zeit veränderte Statuten=buch, die Aussagen der zu andern Orden Übergetretenen und die Geständ=nisse der im Kerker Verstorbenen hingewiesen. Dann wird der streng kirchliche Charakter und Wandel des Ordens und seiner Genossen zu be=denken gegeben, wie er in ihrem regelmäßigen Fasten (zweimal jährlich je 40 Tage), Beichten (in Ermangelung von Ordenspriestern auch bei Welt=geistlichen) und Kommunionempfang (dreimal jährlich), sowie in ihren kirch=lichen Gebäuden, wo überall der Hauptaltar der Jungfrau Maria, der Patronin des Ordens, gehöre, und in ihrer Festfeier, zumal am Karfreitag, zu Tage trete. Dies wie die anständige Abhaltung der Kapitel, meist mit der Predigt eines Bischofs oder eines Dominikaners und Franzis=kaners eröffnet, müßten selbst ausgetretene und abtrünnige Brüder erhärten. Ihre Kapläne, die nach den Satzungen der Kirche lebten und deren Diener seien, hätten sie durch Privileg des Papstes. Ferner wurden die Regel=mäßigkeit und Reichlichkeit der Almosen, das sonntägliche Hören der Messe, die festtäglichen Prozessionen in ihren Kirchen betont, besonders aber auf die harten Bußen, denen sich so mancher abtrünnige Bruder behufs Wieder=aufnahme in den Orden unterworfen und die sich nicht mit wirklicher Schlechtigkeit des Ordens vertragen, verwiesen, sowie auf die Bischöfe und Erzbischöfe, Kämmerer des Papstes und Schatzmeister, Almosenpfleger

---

[1]) Raoul v. Compiègne und Joh. v. Fontaineville für die 11 bei Cerea. Raoul v. Lavernay für die 6 bei Annard; Nik. des Remains und Dominique v. Verdun für die 7 bei Marcillu; Adam de l'Enser für die 8 bei Nic. Ordeas; Joh. de Bal=bellant für die 6 bei Johs. de Chamis; Ritter Wilh. de Foix, Joh. v. Montronal, Ber. Charvière und Johs. de Bellesaye für die 39 bei Nich. de Speliis; Ritter Wilh. v. Sornan für die 12 bei Blavot; Egidius de Barbona und Nic. Versequin für die 10 in der Abtei St. Magloire; somit sind es nur 14, nicht, wie Havem. p. 245 an=giebt, 15. Mich. I, 139—140.

und andere Beamte des Königs, die aus dem Orden hervorgegangen, wie auf die Karmeliter, Minoriten, Trinitarier, Priester und Mönche, die in den Orden eingetreten seien, oder die Prälaten und edlen Männer, die sich in den Orden haben aufnehmen und noch in der letzten Stunde sein Gewand anlegen lassen. Der behaupteten Ketzerei des Ordens wird neben der eifrigen Reliquienverehrung entgegengehalten das Martyrium der Hunderte von Brüdern, die in sarazenischer Gefangenschaft den Tod der Verleugnung vorgezogen, sowie die Tausende (mehr als 20000)[1], die für den Glauben im h. Lande gefallen seien. Endlich erbieten sie sich, ganz im Einklang mit Molays Auftreten vor der Kommission, mit jedermann, außer König und Papst, der den Orden der Schlechtigkeiten zeihe, in die Schranken zu treten. In der mündlichen Erklärung, die Joh. von Montroyal noch hinzufügt und in der er noch um Gestattung eines Rechtsbeistandes, um Zulassung zu den Sakramenten und ein christliches Begräbnis für die Toten bittet, ist besonders instruktiv noch die Behauptung von vielen, die zur Verteidigung des Ordens haben kommen wollen, aber keine Erlaubnis erhalten haben, deren wir schon oben gedachten[2]. — Nach dieser mannhaften Erklärung nimmt es uns nicht wunder[3], Johannes von Montroyal nach seiner zweiten ebenso mutigen Erklärung vom 7. April in der Folge des Konzils von Sens verschwinden zu sehen, ebenso wie Elias Aymerich, den Verfasser jenes rührenden Gebets.

Eine kürzere Schrift ähnlichen Inhalts[1] wurde am selben Tag namens der 11 Templer bei Leuragie durch deren Kustoden Colard von Evreux überreicht, die sich gleich zu Anfang besonders auf die kirchliche Stiftung durch den h. Bernhard und die Bestätigung des Ordens durch den Papst beruft; dann verlangt, man solle doch die Priester, die im Orden den Altardienst versahen und meist aus Weltgeistlichen bestanden, vernehmen. Einem schlechten Orden würde nicht der Vater den Sohn, der Bruder den Bruder, der Oheim den Neffen zugeführt haben, noch so mancher ausgetretene Bruder sich so harter Buße unterzogen haben, um in den Orden zurückkehren zu dürfen. Auch hätten sie nicht so viele Qualen von Fesseln, Folter und langwierigem Kerker bei Wasser und Brot, denen manche von ihnen erlegen seien, erduldet, wenn der Orden nicht rein wäre und sie nicht die Wahrheit aufrecht erhielte, um der Welt einen schlechten Irrtum, der ohne Vernunft sei, zu benehmen. Endlich machen sie mit Nachdruck ihre Kirchlichkeit geltend; der Papst sei ihr Vater

---

[1] Hier liegt wohl die Gesamtzahl der Ritter, die nach der templerischen Tradition Aufnahme in den Orden gefunden hatten, zu Grunde. — [2] S. oben p. 410 u. 414. — [3] Daraní weist Lavocat mit Recht besonders hin (C. XXX). — [4] Mich. I, 145—148.

und die Kirche ihre Mutter. Wie andere bitten sie dazu um den Rat ihrer Brüder Chambonnets, Peters von Bologna, Renauds von Provins, des Präzeptors Goßwin von Flandern, Johannes von Corbie, Wilhelms von Lepleete, von Peter dem Prévôt und von Nikolaus Versequin, und wenn nicht alle, so sollte man doch wenigstens Matthieu de Cresson Essart und André le Mortoyer zu ihnen lassen.

Darauf erhalten die Notare den Auftrag, sich durch Nachfrage zu versichern, daß wirklich jene im Namen der Genannten gesprochen, und ihnen wie den andern anzukündigen, die Kommission könne nicht länger warten, sie möchten einen Vertreter zur Verteidigung des Ordens senden und demselben ihre Weisungen mitgeben. Dies geschieht, indem die Anerkennung jener Vertreter überall bei den betreffenden Abteilungen anstandslos stattfindet, die bei Leurage Untergebrachten aber jene schon oben[1]) angeführte Begründung für ihre Weigerung der Wahl eines Prokurators abgeben, andere neue Erklärungen ihrer Vertreter für nächsten Mittwoch in Aussicht stellen, auch, so die 13 bei Blavot und 26 beim Abt von Prullais, aufs neue um den Rat Peters von Bologna und Renauds von Provins bitten. Letztere erklären zudem, Prokuratoren wollen sie keine ernennen, sondern nur nächsten Mittwoch den Ritter Ancherius von Sivre und P. von Cormeilles vor die Kommission zur schriftlichen Vorlegung ihrer Verteidigung entsenden. In gleicher Weise begehren die 27 bei Joh. Rossiau den Rat von Peter und Renaud, wollen zur Unterhandlung mit ihnen den Ritter Stephan de la Rivière und Heinrich von Onerell ernennen, aber keine Prokuratoren, sondern verlangen den Rat ihrer Oberen, und „wenn man es uns verweigert, so nennen wir uns des Rats und Rechts beraubt und appellieren als ungerechterweise Vergewaltigt an Gott unseren Herrn"[2]).

Von weiteren Quartieren, die noch unbesucht waren, wollen ebenso 23 Templer bei Penne Vagrie („in cimiterio vici de Luenndalle") keine Prokuratoren ernennen, sondern jeder einzelne will vor die Kommission, auf deren Unparteilichkeit sie vertrauen. Dagegen erklären Sonntag[3]) den 5. April 4 Templer bei Wilhelm von Domont, im Fall die andern damit einverstanden seien, ernennen sie Renaud von Provins und Peter von Bologna zu Prokuratoren, bitten aber um den Rat ihrer Oberen, um das Mandat spezifizieren zu können.

Da nun die Notare sahen, daß die Meisten mit Ren. de Provins und Peter von Bologna und etlichen andern zu beraten begehrten, so

---

[1]) Vgl. oben p. 409 Anm. — [2]) Mich. I, 152. — [3]) Also ausnahmsweise auch am Sonntag Fortsetzung der Sache: beweist die große Eile der Kommission.

machten sie dem Bischof von Bayeux davon Mitteilung, der nun endlich den Auftrag giebt, die 4 Hauptwortführer, außer P. von Bologna und Ren. von Provins Chambonnet und Sartiges, in den Häusern zur Beratung herumzuführen, auch den Gefangenen Tinte und Papier zur Niederschrift ihrer Verantwortung zu überreichen. Die Kommission könne nicht länger warten, sondern am Dienstag müsse der Prozeß seinen Fortgang nehmen.

Nun erst kommt die Sache recht in Zug: indem die meisten zwar auch jetzt keine Prokuratoren ernennen wollen, aber sich einverstanden erklären mit dem, was die genannten 4 für den Orden vortragen würden, aber nicht etwa mit dem Gegenteil. Die vom Tempel[1]) begehren dazu noch eine Abschrift von dem, was die Viermänner vortragen würden, die (11) im Clairvauxer Haus verlangen, daß am Dienstag außer den 4 aus ihrer Mitte noch ein 5., Wilhelm von Givresoy, dabei sein soll.

Nachdem die Notare mit diesen Erklärungen[2]) Dienstag den 7. April morgens wieder zu der Kommission zurückgekehrt sind, so erscheinen nun die 4 Wortführer mit 5 anderen (Ritter Wilhelm von Foir, Johannes von Montroyal, Matheus von Cresson Essart, Johannes von St. Leonhard und Wilhelm von Givresoy) vor der Kommission. Peter von Bologna verliest namens seiner Ordensgenossen eine Erklärung, die für die Kenntnis des Verfahrens gegen den Templerorden den Wert einer Urkunde ersten Ranges hat. Die Gefangenen erklären darin, daß sie, unter Verzicht auf die Wahl von Prokuratoren, die ohne Beirat von Meister und Konvent unstatthaft sei, jeder einzeln zur Verteidigung des Ordens bereit seien, mit dem Begehren, auch dem Generalkonzil, und wo immer über den Templerorden verhandelt werde, anwohnen zu dürfen. Mit der Verteidigung des Ordens durch die Viermänner seien sie einverstanden, ohne jedoch durch nachteilige Äußerungen derselben sich gebunden zu fühlen. Ebenso protestieren sie gegen Schlußfolgerungen aus den Aussagen der Gefangenen zu Ungunsten des Ordens, da viele durch Zwang oder Verheißung, Belohnung oder Furcht bestimmt worden seien und noch werden. Sie werden mit dem, was sie in dieser Beziehung zu sagen haben, hervortreten, sobald sie in Freiheit seien. Besonders beachtenswert ist das Verlangen, daß alle, welche aus dem Orden ausgetreten seien und gegen ihn jetzt das Wort führen, in Haft bleiben, bis sich ergebe, ob sie die Wahrheit geredet oder gelogen hätten; daß dem Verhör vor der Kommission kein Dritter anwohne, der auf die Aussagen Einfluß haben

---

[1]) Noch (außer 3 Kranken) 74 an der Zahl. — [2]) Von im ganzen 496 Templern und 31 Quartieren nach unserer Zählung (Mich. I, 155—161).

könne, da alle Gefangenen ein solcher Schreck erfaßt habe, daß man sich, angesichts der Quälereien und Ängstigungen, welche die Wahrhaftigen beständig auszuhalten haben, und der Drohungen, Beschimpfungen und anderer Übel, denen sie täglich ausgesetzt seien, und der Begünstigungen, Annehmlichkeiten und Freiheiten, deren die Lügner genießen, und der großen Verheißungen, die ihnen täglich gemacht werden[1]), in keiner Weise über diejenigen wundern dürfe, die lügen, sondern vielmehr über diejenigen, welche bei der Wahrheit verharren. Um so auffallender sei es, daß man den auf diese Weise bestochenen Lügnern mehr Glauben beimesse als denen, die unter den Qualen der Folter gleichwohl bei der Wahrheit ausgeharrt und die Palme des Märtyrertods davongetragen haben und die um der Wahrheit und rein um des Gewissens willen so vielfache Folterqualen, Ängstigungen, Unglück und Elend erlitten haben und im Kerker noch täglich erleiden. Sie behaupten ferner, daß außerhalb Frankreichs in der ganzen Welt kein Bruder gefunden werde, der diese Lügen vorgebracht habe oder vorbringe, woraus sich zur Genüge die Ursache der in Frankreich vorgebrachten Zeugnisse ergebe. Nachdem sie dann, in ähnlicher Weise wie in Montroyals Erklärung, auf den kirchlichen Charakter und den heiligen Zweck ihres Ordens, zur Verteidigung des h. Landes, und seine fortwährende Reinheit, die durch zahlreiche päpstliche Privilegien bestätigt worden sei, verwiesen und mit allem Nachdruck den Ernst ihres Ordensgelübdes, das überall in der Welt gleich sei und zu allen Zeiten gleich gewesen sei, behauptet haben, protestieren sie gegen alle wider den Orden erhobenen Anschuldigungen, da die Lügen von Neidern des Ordens, die selbst als Häretiker, Verleumder und Verführer der Kirche zu bestrafen seien, ausgehen, die sich mit ausgestoßenen, von allen Seiten herbeigebrachten, Brüdern verständigt haben, während viele der Gefangenen durch Androhungen des Todes wider ihr Gewissen alles das aussagten, was des Königs Satelliten von ihnen wissen wollten: indem der König, von jenen Verleumdern so betrogen, den Papst überall demgemäß informiert habe und so beide durch falsche Verleumdungen verführt worden seien. Ferner werde gegen alles Recht verfahren, indem einmal vor der Verhaftung keinerlei Verdacht wider den Orden vorhanden gewesen sei, wie behauptet werde, sodann weil offenkundig sei, daß sie nicht die nötige Sicherheit genießen, indem sie fortwährend in der Gewalt ihrer den König mit falschen Einflüsterungen irreführenden Feinde seien und, sei es durch diese sei es

---

[1] „videndo tribulaciones et angustias quas continue veridici patiuntur, et minas et contumelias et alia mala que cotidie sustinent, et bona, comoda et delicias ac libertates quas habent falsidici, et magna promissa que sibi cotidie fiunt"; Mich. I, 166.

durch andere, durch Worte, Boten oder Briefe beeinflußt und verhindert werden, ihre von der Folter und der Furcht ausgepreßten erlogenen Geständnisse zurückzunehmen, weil sie sonst kurzweg dem Flammentod überliefert würden. Endlich bitten sie, da die durch die Folter zu ihren Geständnissen Gebrachten diese freudig zurücknehmen würden, wenn nicht die täglich wiederholten Drohungen sie davon zurückhielten, um Gewährung entsprechender Sicherheit während der Untersuchung, daß sie ohne Schrecken zur Wahrheit zurückkehren können [1]).

Die ganze Erklärung, mannhaft und charaktervoll, könnte nicht besser sein. Das Vorgehen gegen den Orden wird in vernichtender Weise gekennzeichnet. Der Abscheu über die schuldgegebenen Artikel und die Entrüstung über diese Verleumdung und solche Lügner findet darin seinen Ausdruck in einer Weise, die sich durch Übersetzung nur schwer wiedergeben läßt [2]). Das ist keine gemachte Sache, sondern die Sprache der Wahrheit, deutlich für den, der sie versteht. Ein schlechtes Gewissen redet so nicht. Dabei ist zu beachten, wie auch hier der König von Frankreich geschont, selbst als von Feinden des Ordens hintergangen hingestellt wird: die Loyalität der Angeklagten verleugnet sich auch jetzt nicht. Von solchen Leuten drohte dem Königtum wahrlich keine Gefahr.

Dieser lateinischen Erklärung schließt sich eine zweite von Montroyal [3]) namens seiner Mitgefangenen abgegebene französische Erklärung an, die hauptsächlich die Rechtlosigkeit des Verfahrens gegen die Templer betont und sich auf die päpstlichen Privilegien und die exemte Stellung des Ordens stützt, womit im Widerspruch stehe, daß die ersten falschen Aussagen durch die Folter und zwar vor weltlichen Richtern gewonnen worden seien, worauf man erst später die Gefangenen den Bischöfen und Inquisitoren als dem geistlichen Gericht überwiesen habe, während die Templer als exemt doch nur vom Papst selbst gerichtet werden könnten. Daher wird das Verlangen gestellt, daß der h. Vater alle diese Geständnisse als auf widerrechtlichem Wege erzwungen einfach kassiere. Daneben wird besonders noch auf ein Beispiel unter dem Papst Bonifacius hingewiesen, wo ein französischer Ritter, P. de Sancie, wegen seiner Vergehen aus dem Orden gestoßen, durch den Papst selber um Wiederzulassung habe bitten lassen und zu diesem Behufe die ganze strenge Buße gerne durchgemacht habe; und ebenso werden wieder die 80 bei Safed gefangenen Templer, die den Tod dem Übertritt vorzogen, nach Gebühr verwertet.

[1]) Mich. I, 165—169. — [2]) Auch Schottm. (I, 331 ff.) ausführliche Wiedergabe giebt den Eindruck des Originals noch lange nicht wieder. Unsere Darstellung ist im Anschluß an Havem. (p. 247) gehalten, mit genauerer Wiedergabe des Originals in den Hauptstellen. — [3]) Mich. I, 169—171.

Die Antwort der Kommission[1]) auf diese Protesterklärungen ist dürftig, wenn auch naheliegend. Dieselbe begnügt sich in der Hauptsache mit dem Hinweis auf ihre Inkompetenz gegenüber der Forderung, in Freiheit gesetzt zu werden, da solche Freigebung ebensowenig von ihr ausgehen könne, als von ihr die Verhaftung der Templer ausgegangen sei. Der Behauptung, daß der Orden nie in schlechtem Rufe gestanden sei, wird einfach die päpstliche Bulle entgegengehalten, die das Gegenteil bezeuge, wie es auch einen Hauptartikel ihrer Untersuchung bilde. Gegen die Berufung auf die Privilegien des Ordens genügte der Hinweis auf die Anklage wegen Häresie, der gegenüber alle Privilegien hinfällig werden. Was den Großmeister betreffe, so habe dieser die Verteidigung des Ordens vor ihnen wiederholt abgelehnt. Vieles andere in den Bitten der Templer entziehe sich ihrer Vollmacht, an die sie sich halten müßten und welcher entsprechend sie nun ohne weiteren Verzug mit dem Verhör, bei welchem die Vier jederzeit das zur Verteidigung Dienliche vorbringen könnten, den Anfang machen wollten.

Demgemäß beginnt am Samstag den 11. April in Anwesenheit sämtlicher Kommissäre außer dem Archidiakonus von Trident und in Gegenwart der 4 Hauptwortführer nach Vereidigung einer Reihe von (24)[2]) Zeugen, worunter 4 nichttemplerische, das Verhör „contra ordinem". Dieses Verhör, von jeher die Hauptinstanz für die behauptete Schuld des Ordens, da ohne dieselbe mit den sonst in Frankreich übrig bleibenden Untersuchungen durch die Bischöfe, Inquisitoren und Beamten des Königs und den außerfranzösischen Ergebnissen auch der enragierteste Verkläger des Ordens nicht wagen würde, den Beweis für dessen Schuld erbracht zu sehen, zerfällt seiner rechtlichen Natur nach in zwei sehr ungleiche Hälften: in die Zeugnisse vom 11. April bis 12. Mai 1310 einerseits (Nr. 1 bis 16) und die vom 13. Mai, bezw. 17. Dezember 1310 bis 26. Mai 1311 (Nr. 17–232) andrerseits[3]).

So ungleich diese beiden Teile sind und so sehr dem Umfang, der Zeit wie der Zahl der Zeugen nach der zweite überwiegt, so fällt doch von Rechts wegen das Hauptgewicht auf die erstere, so viel kleinere Hälfte. Warum? werden wir gleich sehen.

Betrachten wir zuerst die Verhöre der ersten Hälfte (Tab. IX.) mit besonderer Aufmerksamkeit. Der erste, der vorgeführt und mit den folgenden Zeugen noch an demselben 11. April verhört wird, ist der königliche Beamte Raoul de Prêles, advocatus in curia regia. Was der

---

[1]) Mich. I, 171–172. — [2]) Von diesen 24 werden jedoch nur 10 nachher wirklich verhört. Warum? cf. nachher! — [3]) Mich. I, 175–275 und wieder I, 275 bis II, 274.

zu sagen hat, geht durchaus auf Dritte, in der Hauptsache auf den Templer Gervais de Beauvais, Vorsteher des Templerhauses von Laon, zurück, mit dem er vielfach dort zusammengelebt und der ihm öfters von einem Punkt im Orden gesprochen habe, der so geheim sei, daß er lieber den Kopf verlieren möchte, als daß herauskomme, daß er auch nur darüber gesprochen habe, sowie daß es auf den Generalkapiteln einen so merkwürdigen und so sehr als Geheimnis gehüteten Punkt gebe, daß, wenn er selbst oder auch der König von Frankreich diesen Punkt sähen, die Veranstalter des Kapitels ihn ohne Rücksicht auf Furcht oder Strafe von irgendwem womöglich töten würden. Ebenso habe ihm dieser Gervais öfters gesagt, daß er ein kleines Buch über die Statuten seines Ordens besitze, das er wohl zeigen dürfe; aber auch ein anderes noch geheimeres, das er um alles auf der Welt nicht zeigen würde. Das Ganze kennzeichnet sich als Geschwätz eines einfältigen Mannes schon durch dessen Bitte an Raoul, von der dieser weiter berichtet, ihm durch seinen Einfluß bei den Großen seines Ordens die Erlaubnis zur Anwohnung bei Generalkapiteln auszuwirken, weil er nicht zweifle, daß er dann bald Großmeister im Orden würde[1]). Er habe es dann gethan und wirklich dem Gervais dadurch eine große Autorität im Orden verschafft, wie dieser es vorausgesagt. Das ist doch nur eine einfältige Prahlerei, von der man nur nicht weiß, ob man sie mehr auf Rechnung des Gervais oder des Raoul schreiben soll. Von Wichtigkeit aus des letzteren Zeugnis ist nur seine Schlußbemerkung, daß er sonst von dem Inhalt der Artikel vor der Verhaftung nichts gehört habe.

Auf denselben Gervais in Laon gehen auch die Aussagen des zweiten Zeugen, des Nicolaus Symonis Damoiseau, Propst des Klosters Vassat, eines Litteraten, zurück, der außer von jenem geheimnisvollen Buch nichts Bemerkenswertes zu sagen weiß und das Motiv seines Zeugnisses verrät durch die Bemerkung, daß er auch einmal in den Orden habe treten wollen, um ein ihm benachbartes Haus in Besitz zu bekommen, und den Gervais ersucht, ihm dazu behilflich zu sein, worauf dieser aber erwidert habe: „Ha, ha, da hätte er viel zu thun." Offenbar ein ärmlicher Geselle, der sich für diese Abweisung jetzt rächen will.

Von ähnlichem Wert ist die Aussage des dritten weltlichen Zeugen, der uns an der Spitze dieser Verhöre als Nr. 4 am folgenden Montag (13. April) begegnet, des Ritters und königlichen Beamten Guischard de Marziac, Seneschalls von Toulouse. Dieser, allen Spuren zufolge[?] einer der maßlosesten Folterer der Templer in den früheren Stadien des

---

[1]) Offenbar wußten die Oberen des Ordens ganz gut, warum sie solch einfältige Prahlhänse nicht bei den Kapiteln brauchen konnten. — 2) Vgl. das vorhergehende Kapitel.

Prozesses, weiß doch nichts weiter zu berichten, als daß er schon von langer Zeit her, schon vor 40 Jahren, häufig von Rittern und Bürgern von dem schmutzigen Kuß bei der Aufnahme als einem allgemeinen verbreiteten Gerede gehört habe; auch daß sein Freund, Hugo de Marchant, seit seinem Eintritt in den Orden nie mehr fröhlich geworden, ebenso ein anderer junger Templer, ein Jüngling von 16 Jahren, seinem Vater keine Ruhe gelassen habe, bis er ihn den Templerorden mit dem der Hospitaliter habe vertauschen lassen, in dem er gestorben sei. Wer dieser Mitteilung von betrübten Templern, mit denen ja auch Prutz operiert[1]), einiges Gewicht beilegen möchte, den können wir zur Beruhigung darauf verweisen, daß Marziac selbst erklärt, früher jene Verzweiflung eben auf die „asperitates" des Ordens zurückgeführt zu haben. Daß der Großmeister Beaujeu durch seine Beziehungen zum Sultan die Christen ins Unglück gebracht habe, glaube er vollends nicht, schon wegen der von diesem Großmeister in Accon bewiesenen Tapferkeit im Kampf mit den Sarazenen, in dem er ja auch umgekommen sei[2]).

Denselben 13. April war vorher schon (somit als Nr. 3) als erster templerischer Zeuge Johannes de St. Bénoit, Tempelpräzeptor von Isle Bouchard Diöcese Tours, vernommen und zwar in seinem Quartier im bischöflichen Haus bei St. Globoald, weil es hieß, daß dieser zum Zeugen vorgemerkte Templer so krank sei, daß er bald mit dem Tode abgehen werde. Sein Zeugnis, das übrigens außer der Verleugnung des Herrn, wobei er sich nicht erinnerte, ob Jesus oder Christus oder der Gekreuzigte genannt worden sei, und der Bespeiung eines kleinen Kreuzes, die ihm bei seiner Aufnahme vor 40 Jahren vorgekommen seien, ohne daß er später wieder Ähnliches gehört habe, sonst lauter Gutes für den Orden enthält, erweist sich als Aussage eines altersschwachen 60jährigen Greises, den die Folter oder Haft wohl mürbe gemacht hatte, und steht zudem mit der Behauptung, nie wieder etwas Ähnliches vernommen zu haben, im Gegensatz zu der Aussage des neunten Zeugen Gnaufred de Thatan, der von ihm aufgenommen worden zu sein behauptet, nicht nur mit 3maliger Verleugnung Jesu und Bespeiung eines alten hölzernen Kreuzes mit dem Bilde des Gekreuzigten, sondern auch mit Kuß auf die nackte Schulter, die jener als Rezeptor erzwungen habe. Welcher von beiden in diesem Falle lügt, kann uns jedoch nicht zweifelhaft sein, wenn wir lesen, daß auch dieser Zeuge nicht nur nicht mehr weiß, ob es die rechte oder linke Schulter des Rezeptors gewesen sei, sondern auch auf

---

[1]) Geheiml. p. 51 ff. Dort sind es zwar vor allem ähnliche Zeugnisse aus dem englischen Prozeß, die verwertet werden. Zu diesen kommen wir im nächsten Kapitel.
[2]) Warum der 4. weltliche Zeuge, der am 11. April vereidigt werden ist, der Ritter Joh. de Bassegio, nicht zum Verhör kommt, wissen wir nicht.

die Frage nach den Drohworten, mit denen ihn jener Rezeptor zu diesen Dingen gebracht habe, das einemal behauptet, es seien keinerlei Drohungen vorgekommen, dann wieder 2—3mal, es seien solche vorgekommen. Offenbar glaubt dieser Zeuge comme il faut, dessen Qualität die Bezeichnung als „sponte confessus" vor dem Erzbischof von Tours genügend illustriert, auf den inzwischen † Rezeptor alles hineinlügen zu können, und um das um so ungenierter thun zu können, muß auch der einzige Zeuge, der seiner erst vor 6 Jahren erfolgten Aufnahme angewohnt haben soll, in der Zwischenzeit bereits verstorben sein. Von einem solchen Zeugen freuen wir uns, auch für das **Erscheinen des Teufels in Matergestalt** auf den Kapiteln uns auf seine Autorität berufen zu können: in einem Stall in Jsle Bouchard will er von andern dienenden Brüdern davon gehört haben.

Als Leute ganz ähnlichen Kalibers qualifizieren sich auf den ersten Blick die in einem und demselben Lokal untergebrachten Zeugen Nr. 5 bis 7 schon dadurch, daß sie ihres Herzens Meinung mit Wegwerfung des Mantels vor der Kommission einen sichtbaren Ausdruck geben. Die gegenseitige Verabredung in ihren Aussagen sodann muß auch dem blödesten Auge auffallen. Von ihnen charakterisiert sich jener Nr. 6 schon durch seine Erklärung, froh an der Verhaftung des Ordens gewesen zu sein, aber nicht an seiner eigenen Einkerkerung. Offenbar haben wir es hier überall wie in Poitiers[1]) mit feilen Kreaturen zu thun, die im Orden sich unzufrieden fühlten und sich ohne Schwierigkeit als Verräter des Ordens verdingten. Am ostensibelsten verraten sich solche Leute dadurch, daß ihnen auch die Frage nach dem „caput" allemal nicht viel Mühe verursacht: so begegnen wir demselben sowohl bei Nr. 5 als Nr. 7, nur daß Nr. 5, der ein caput von rötlicher Farbe angebetet hat, nicht mehr weiß, aus welchem Stoff es bestanden, Nr. 7, der nur die Schnur mit einem solchen in Berührung gebracht hat, bei seiner Beschreibung uns zwischen Silber, Kupfer oder Gold die Wahl läßt. Der Engländer Nr. 6 erscheint in einem etwas besseren Lichte, widerspricht aber auch so noch dem Zeugnis so ziemlich aller seiner in England verhörten Landsleute.

Das Zeugnis von Nr. 8, der wie schon Nr. 6 und 7 nach Ostern[2]) am 27. und 28. April verhört wird, erklärt zur Genüge die in Mâcon erduldete Folter, die er selbst[3]) als eine ebenso schamlose als grausame beschreibt, indem man ihm Gewichtsteine an die Geschlechtsteile und an

---

[1]) Vgl. die nachherige Bemerkung zu Nr. 10 — [2]) In Abwesenheit des Büchels von Lavour, der trotz seinem Auftrag als Kommissar an dem Provinzialkonzil von Rouen in diesen Wochen teilnimmt (und so auch Mitschuld trägt an dessen Endergebnis ?). — [3]) Mich. I, 218.

andere Glieder bis zum Verhör gehängt habe, was diesen Ritter um so leichter zum Geständnis bringen mochte, als er früher, vor 5 Jahren, schon einmal, in Trier, aus dem Orden ausgetreten war „propter pravitates". Nr. 10, einer der bereits in Poitiers vor dem Papst verhörten Zeugen, wird, weil er über diese Dinge nicht noch einmal verhört sein will, einfach zurückgestellt[1]) und aus demselben oder ähnlichen Gründen, weil sie schon vor dem Papst oder seinen Kardinälen verhört worden waren, am Dienstag den 5. Mai auf die übrigen[2]) der oben vereidigten Zeugen zunächst verzichtet. — Am Samstag zuvor war inzwischen der letzte Nachschub[3]) von zur Verteidigung erbötigen Templern eingetroffen und hatte seine Erklärungen in bejahendem Sinn abgegeben. — Dagegen werden nun 8 neue Zeugen, von denen nur noch 2 die Ordenstracht trugen, vereidigt in Gegenwart der 4 templerischen Wortführer. Diese erklären dabei, sich ihre Verteidigung gegen diese Zeugen vorzubehalten, und bitten um die Namen derselben, da etliche darunter seien, die sie nicht für Ordensgenossen halten oder als solche kennen. Einer von diesen Zeugen, Thomas de Chamino[4]) erklärt, zwar auch neulich im Garten unter den zur Verteidigung des Ordens Erbötigen gewesen, aber seither andern Sinnes geworden zu sein.

Von den 4 Zeugen, die aus dieser Reihe in der 2. Woche des Mai weiter verhört werden, erscheinen die 3 ersten schon dadurch nicht besonders glaubwürdig, daß die Zeugen ihrer Aufnahme allemal gestorben oder ihrem Gedächtnis entschwunden sind. Dieses Mißtrauen wird bei dem ersten derselben, Raymund de Vassignac[5]), nicht abgeschwächt durch dessen naive Versicherung, daß er schon vor dem Erzbischof von Bourges einiges, aber nicht alles und nicht so viel, als vor der Kommission, gestanden habe, nachdem er vorher gefoltert und mehrere Wochen auf Wasser und Brot gesetzt gewesen sei. Umgekehrt gesteht Balduin von St. Just[6]), Ritter-Präzeptor von Ponthieu, daß er bei seinem früheren Verhör durch

---

[1]) Vgl. oben p. 408 Anm. 2. — [2]) Mich. I, 232. Es waren außer dem 4. weltlichen Zeugen noch 14 Templer, deren Namen, weil sie zur Ergänzung jener Lücke im Proc. Pictav. dienen, hier ihren Platz finden mögen (nach Mich. I, 174): Johannes de Civri, D. Sens, und Johannes de Fallegio (der 1. Zeuge von 1307 und Hauptzeuge in Poitiers) „presbiteri", in weltlicher Tracht; Joh. de Crévecoeur, D. Beauvais, im Mantel; Nic. de Capella und Joh. de Vollena, D. Sens, Johs. de Catalona, Arnulph de Marnay, Robert de Laume und Johs. de Valle Bruandi, D. Langres, Heinr. de Landeji, D. Laon; Walter v. Beaune, D. Autun; Joh. de Heneii, D. Beauvais; Wilh. de S^to Zuppleto, D. Meaur, und F. de Mentont, D. Paris, im Bart. — [3]) Bestehend aus 20 aus der Diöc. Périgueur und 9 aus Le Mans, worunter 6 vor dem Bischof dort keinerlei Geständnis gemacht hatten, vorgeführten Templern. — [4]) Dieser erscheint nachher nicht unter den Verhörten. — [5]) Vgl. oben p. 410 Anm. 2. — [6]) Aus einem in den Protokollen als besonders vornehm bezeichneten Geschlecht.

die Dominikaner-Inquisition in Amiens noch mehr gestanden habe als jetzt: für uns ein Grund, auch das Wenige, das er jetzt noch bekennt und was mit seinen sonstigen für den Orden durchaus günstigen Aussagen in scharfem Kontrast steht, auf naheliegende Rücksichten, welche die schon ihre Schatten vorauswerfenden Provinzialkonzilien von Sens und Rouen um so gewichtiger machten, zurückzuführen. Mit der Ansicht dieses Zeugen, der „Kater sei lächerlich", wird jedermann übereinstimmen, und daher die Aussage des folgenden (Nr. 13), des Viehwärters Gillet d'Encrey, um so weniger ernst nehmen, als dieser richtig wieder von dem Kater im Orient einst gehört hat. Verübeln können wir diesem armen, etwas einfältigen Greis seine Aussagen um so weniger, als er nach seiner eigenen Erklärung bereits öfter, nicht bloß vor den Dominikaner-Inquisitoren, sondern auch hernach vor dem Bischof von Paris, mit der Folter Bekanntschaft gemacht hatte.

Letztere wird zwar von dem folgenden Zeugen (Nr. 14) Jakob von Troyes, trotzdem auch er zu verschiedenenmalen schon verhört worden war, erst von dem † Erzbischof von Sens, dann von dem gegenwärtigen Bischof von Orléans, aufs bestimmteste verneint. Dagegen wird sein weitgehendes Geständnis, das sogar wieder ein um Mitternacht erscheinendes Idol und einen Privatdämon Raoul de Gisi's, durch dessen Rat dieser reich und gescheid geworden sei, umfaßt, völlig wertlos schon durch die auch der Kommission auffallende, geschwätzige Verworrenheit seiner Rede. Das wundert uns nicht bei einem Jüngling, der, 24 Jahre alt und 3½ Jahre im Orden, ein Jahr vor der Verhaftung „aus Liebe zu einem Weib" aus dem Orden getreten war, hintendrein aber wieder die Ketzereien des Ordens als Grund dafür anführt, da er dieses Frauenzimmer „ganz gut auch im Orden hätte haben können", und für dessen Gailheit freilich die Verköstigung im Orden nicht gut genug[1]) war. Daß der Kerl auch dumm war, geht schon aus dem Bisherigen hervor, und es bedürfte dazu nicht seiner Behauptung, daß jene Ketzereien im Orden schon seit über 500 Jahren eingeführt seien durch einen von den Sarazenen gefangenen Templer.

Bedürfen schon die bisherigen Zeugnisse keines besonderen Aufwands an Scharfsinn, um sie ihrer Beweiskraft „contra ordinem" zu entkleiden, so gestaltet sich von jetzt an der Sachverhalt noch viel einfacher. Denn nun kommt die große, in unserem Drama entscheidende Woche. Sonntag den 10. Mai erscheinen die 4 die Stelle von Prokuratoren versehenden Wortführer der Templer vor der Kommission: in ihrem Namen legt Peter

---

[1]) „Sicut opportunum fuisset": Mich. I, 258.

von Bologna, da das Gerücht umgehe, daß der Erzbischof von Sens morgen auf einem Provinzialkonzil gegen sie und andere Templer, die sich zur Verteidigung des Ordens erboten hätten, in abschreckender Absicht vorgehen wolle und dadurch die ganze Untersuchung der Kommission völlig gelähmt würde, Appellation ein gegen dieses Vorgehen des Erzbischofs, indem sie sich samt allen übrigen zur Verteidigung erbötigen Templern unter den Schutz des h. Stuhls stellen und den Beistand von Rechtsgelehrten und Unterstützung erbitten, um unter sicherem Geleit vor den Papst geführt zu werden. Zum Schluß wird gebeten, von dieser Appellation sämtliche Erzbischöfe in Kenntnis zu setzen und die an den Erzbischof von Sens noch besonders schriftlich überreicht. Es war ein nötiger und mutiger Schritt, zudem in aller Form Rechtens gehalten, aber umsonst. Die ganze Kläglichkeit der päpstlichen Kommission tritt nun zu Tage: der Erzbischof von Narbonne verläßt schleunigst unter dem Vorgeben, die Messe celebrieren oder hören zu wollen, die Kommission; die andern lassen nach etlicher Beratschlagung den Viermännern sagen, sie wollen nach Besprechung mit Narbonne am Abend ihnen Bescheid sagen.

Dieser lautete dann auch kläglich genug: zwar ihr Mitleid, das sie ihnen doch nicht versagen kann, drückt ihnen die Kommission in aller Form aus, zugleich aber erklärt sie, daß sie **kein Recht habe, sich in das Vorgehen des Erzbischofs von Sens zu legen, da beiderlei Untersuchungen getrennte Dinge seien** und jener ebensogut wie sie selbst seine Vollmacht vom apostolischen Stuhl habe. Sogar die Überreichung der Appellation wird aus diesem Grunde verweigert und die Vier mit dem Trost abgespeist, „man wolle sehen, was zu thun sei, jedenfalls aber ihre Appellation in das Prozeßprotokoll aufnehmen". Nun, Gott sei Dank, haben so wenigstens wir sie.

Trotz dieser gefährlichen Situation nimmt am Montag den 11. Mai der nächstvorhörte Zeuge Humbert von Puy seine sämtlichen, durch dreimalige Folterung von Jamville in Poitiers erzwungenen Aussagen zurück und legt ein in seltenem Grad glaubwürdiges Zeugnis ab, indem er zwar die eigentlichen Anklagepunkte gegen den Orden durchaus zurückweist, sonst aber zugiebt, daß z. B. viele im Orden auf unrechten Erwerb aus seien, wenn auch nicht infolge von Ordensstatut, wie er selbst auch einmal dem Erzpriester von Prullais Diöcese Angulême den Zehnten entwendet habe. Diejenigen, die ausgetreten seien, deren er 3—4 erlebt habe, seien wegen ihrer eigenen Schlechtigkeiten ausgetreten und haben deshalb, wegen ihrer Verbrechen, auch nachher durch das weltliche Gericht den Tod am Galgen gefunden. An Verdacht gegen den Orden habe es zwar auch früher nicht gefehlt, aber von den Anklageartikeln habe er erst seit der Verhaftung gehört.

Anders am gleichen 12. Mai der von demselben Jamville „aliquantulum" gefolterte Johannes Bertaud (od. „Buchand"), der durch den Offizial von Poitiers mit Hilfe von Dominikanern und Franziskanern sich hatte rekonzilieren lassen. Dieser giebt die Hauptpunkte der Anklage, von denen er nur die Sodomiterei in Abrede zieht, zu; indem er aber trotzdem vor der Verhaftung nichts von Verdacht gegen den Orden gehört haben will und auch sonst, im Widerspruch mit jenen Geständnissen, seine Aussagen für den Orden durchaus günstig lauten, verrät er deutlich genug, daß jene Geständnisse ihren „Grund" hatten. Welchen? wird niemand lange mehr fragen. Es war ja der 12. Mai 1310.

Noch während dieses Verhörs wurde die Kommission von dem Beschluß des Provinzialkonzils von Sens, das in Paris tagte, in Kenntnis gesetzt, wonach 54 von denjenigen Templern, die in früheren Stadien des Prozesses geständig gewesen waren und sich dann vor der Kommission zur Verteidigung des Ordens gemeldet hatten, wegen des darin enthaltenen Widerrufs jener Geständnisse als „relapsi" zum Flammentod verurteilt wurden und noch an demselben Tag verbrannt werden sollten. Diese Nachricht versetzte doch auch die Kommission in Bestürzung: eilends entsandte sie den Propst von Poitiers, Philipp de Vohet, mit dem Archidiakon Amisius von Orleans zu dem Erzbischof und seinem Konzil, um Aufschub des Urteils und reifere Erwägung desselben zu erbitten. Die Gründe, welche die Kommission hier selber vorbringt, sind sehr lehrreich: 1. hätten nach der Versicherung des Propstes[1]) und anderer glaubwürdigen Männer viele Templer in ihrer Todesstunde für die Schuldlosigkeit des Ordens Zeugnis abgelegt; 2. komme es der Kommission vor, daß wenn das Urteil vollzogen würde, dadurch ihr eigener Auftrag lahmgelegt würde, indem die vorgeführten Zeugen über die Kunde von der bevorstehenden Hinrichtung ihrer Brüder so erschrocken seien, daß sie sich nicht im vollen Besitz ihrer Sinne zu befinden und zur Ablegung von Zeugnis bei ihrer Untersuchung unfähig schienen. Endlich wird nunmehr der Erzbischof auch von der 2 Tage zuvor eingelegten Berufung der Viermänner in Kenntnis gesetzt.

Vergeblich: Philipp de Marigny war nicht der Mann, auf solche Expektorationen viel Rücksicht zu nehmen, und der ganze gewundene und mehr noch verlegene als bestürzte Ton des Schreibens lehrte ihn vollends, daß er recht hatte, nach diesem Faktor nicht weiter zu fragen, wenn er nur Philipps des Schönen Beifall um so sicherer hatte.

---

[1]) Dieser erscheint hier also noch nicht als der Schlimmste; Jamville scheint jedenfalls schlimmer gewesen zu sein.

Daß dies der Fall war, wüßte jeder, auch wenn uns kein Extrabefehl Philipps vom Frühjahr 1310 an die mit der Untersuchung gegen die einzelnen Templer beschäftigten Erzbischöfe vorläge, da, wo gute Worte bei den Gefangenen nicht verfangen, mit Hilfe der Folter für die gehörige Wirkung zu sorgen¹). In Philipp de Marigny war der König seiner Sache sicher: nicht umsonst hatte er ihn dem Papste eben mit Rücksicht auf dieses bevorstehende, bereits verschobene Provinzialkonzil und „viele für die Ehre Gottes, die Aufrechterhaltung des Glaubens und seiner h. Kirche und anderes Gute wichtige Dinge", die sich dort ereignen könnten und für die es dem bisherigen Bischof von Cambrai trotz seiner Jugend keineswegs an der nötigen Fähigkeit fehle, abgetrotzt²), auf eine Weise, die wir schon früher³) kurz charakterisiert haben. Kaum hatte derselbe — im April 1310 — seine Ernennung zum Erzbischof erhalten, als er nicht säumte, dem königlichen Promotor seinen Dank abzutragen, indem er auf diejenigen Templer, die zu seiner Paris einbegreifenden Provinz gehörten, die Grundsätze der Inquisition in Anwendung bringen, d. h. diejenigen, die bei den verlangten Geständnissen verblieben, der Kirche rekonziliieren und in Freiheit setzen, solche, die von Anfang an geleugnet hatten, zu ewigem Kerker verurteilen⁴), diejenigen aber, die vor der Inquisition und den Bischöfen Geständnisse sich hatten abzwingen lassen, trotzdem aber nun vor der Kommission als Verteidiger erschienen waren, als relapsi⁵) mit dem Scheiterhaufen bestrafen ließ. Das war das Autodafé vom 12. Mai 1310.

Die Wirkung dieses Autodafé⁶) mit seinen 54 Opfern, denen wenige Tage später 4 weitere folgten, und das wenige Wochen nachher vom Provinzialkonzil von Rheims durch Verbrennung von 9 Templern in Senlis, vom Provinzialkonzil von Rouen mit 3 Opfern in Pont de l'Arche, von Pierre de Rochefort, Bischof von Carcassonne, mit „zahlreichen" Opfern⁷), nachgeahmt wurde, war eine sehr zweiseitige: beim

¹) Martene et Durand V, p. 158, f. Havem. p. 260. — ²) Val. II, 176. — ³) S. eben p. 279 und 314. — ⁴) Auch die Zahl dieser kann nicht gering gewesen sein: wenigstens hat Raynouard (p. 107) in der kaiserlichen Bibliothek 69 Papiere betr. die Ausgaben für ebensoviele nicht rekonziliierte Templer, die in Senlis und der Umgegend (Montmeliant, Plailly, Turm von Beauvais, Tiers und Pontoise) untergebracht waren, aufgefunden. — ⁵) Nicht alle Bischöfe in Frankreich acceptierten jedoch diese Inquisitionsdoktrin, daß Widerruf von Geständnissen gleichbedeutend mit Rückfälligkeit sei; so entschied das Provinzialkonzil von Narbonne gegenteilig: Raynouard, p. 106. — ⁶) Von Havem. auf Grund von Villani (Muratori XIII, 430) und Jantfliet (Mart. et Dur. V, p. 159) in unübertrefflicher Weise geschildert, p. 262. — ⁷) Nach Raynouard (p. 120) auf Grund der Kirchengesch. von Carcassonne von P. Bourge (p. 222): die genauere Zahl ist nicht angegeben, sondern nur gesagt, daß unter den

Volk bewirkte die Standhaftigkeit, mit der diese Templer den Holzstoß bestiegen und bis zuletzt den Bitten der Ihrigen, durch Nachgiebigkeit doch das Leben zu retten, widerstanden und die an die Märtyrer der ersten christlichen Zeit erinnernde Art, wie sie unter Anrufung Christi, der Jungfrau Maria und aller Heiligen und unter Versicherungen der Reinheit des Ordens ihr Leben in den Flammen aushauchten, schon vielfach einen Umschwung zu Gunsten des Ordens, so daß die Chronik von St. Denis[1]) berichtet, sie haben das gewöhnliche Volk „in sehr großen Irrtum versetzt". Wichtiger freilich war die Wirkung auf die Gefangenen: welches dieselbe hier war, illustriert am besten der 1. Zeuge des 13. Mai, Aumer de Villers le Duc, der Tags darauf vor die Kommission geführt wurde. Als ihm hier die Artikel verlesen wurden, da „überzog Todesblässe sein Antlitz und indem er beim Heil seiner Seele schwur, die Wahrheit zu sagen, mit der Zusage, daß er widrigenfalls vor den Augen der Delegierten mit Leib und Seele der Hölle verfallen wolle, schlug er an seine Brust, streckte dann beide Hände gegen den Altar aus, stürzte auf die Knie nieder und versicherte, daß alle gegen den Orden erhobenen Anschuldigungen erlogen seien, obwohl er selbst, überwältigt durch die Schmerzen der Folter, die er von den königlichen Rittern G. de Marcilly und Hugo de Cella[2]) erlitten, einige derselben als wahr anerkannt habe. Er selbst habe gestern 54 Ordensbrüder auf Wagen zur Richtstätte fahren sehen und habe gehört, daß sie verbrannt worden seien wegen fortgesetzter Weigerung des Geständnisses; er aber traue sich eine gleiche Stärke und Ausdauer für die Wahrheit nicht zu und beteuere hiemit, daß er auf Befragen vor jedermann eidlich aussagen würde, alle Anschuldigungen seien wahr, und auch, daß er aber den Heiland ans Kreuz geschlagen habe, falls es von ihm verlangt würde; nur bitte und beschwöre er die Herren Kommissäre, seine Worte nicht des Königs Leuten und seinen Wächtern zu hinterbringen, weil er fürchte, daß er dann denselben Tod wie seine obengenannten 54 Ordensgenossen leiden müßte[3])."

Angesichts dieser naturwahren Schilderung der Wirkung, welche das Provinzialkonzil von Sens mit seinem Urteil erzielte, klingt die Antwort des Erzbischofs, die er 5 Tage darauf auf die weitere Beschwerde der

---

Opfern sich der Präzeptor von Carcassonne, Joh. von Cassagnas, befand (einer der Hauptzeugen für das Idol, vgl. das vorige Kapitel).

[1]) Herausgegeben von Paulin, V, p. 187, nach Havem. p. 265. — [2]) Dieser Ritter war erst Zeuge bei der Inquisition von Paris 1307 gewesen (v. Tab. II), um dann seine Erfahrung in der Diöcese Langres zu verwerten (vgl. oben p. 326 Anm. 2). — [3]) Nach der Übersetzung Havemanns, p. 264, auf Grund von Mich. I, 275, nur daß wir an ein paar Stellen das Original noch genauer wiedergaben.

Kommission, daß der Erzbischof einen der Hauptverteidiger des Ordens, R. de Provins, nunmehr in seine Untersuchung einbezogen habe, derselben erteilen ließ: daß er nur seinem Auftrag gemäß die schon vor 2 Jahren gegen Renaud wie andere seiner Ordensbrüder eröffnete Untersuchung zu Ende bringen wolle und er daher nicht wisse, was die Kommission mit ihrer Mitteilung eigentlich wolle, da es nicht seine und seines Provinzialkonzils Absicht sei, die Aufgabe der Kommission in irgend etwas zu hindern, kaum anders wie Hohn [1]). Daß trotzdem die Kommission, der wieder einmal mit dem Erzbischof von Narbonne ihr Haupt und einflußreichstes Mitglied fehlte, nichts weiteres zu erwidern wußte, als daß man, nachdem man mit Rat und Wissen des Erzbischofs jene Mitteilung, die deutlich sei und keinen Zweifel lasse [2]), dem Konzil gemacht habe, in Abwesenheit des Erzbischofs von Narbonne den gewünschten Bescheid nicht erteilen könne, jedoch bemerke, daß die Kommission auf die Nachricht von der beschlossenen Hinrichtung der 54 zur Verteidigung erschienenen Templer den Erzbischof davon habe ab= und zu reiflicherer Erwägung ermahnen lassen und daß der diesbezügliche Auftrag, da der Erzbischof von Sens daran zweifelte, von der Kommission wirklich gegeben und von ihrem Abgesandten richtig ausgerichtet worden sei, zeigt vollends ihre hilflose Lage, in der sie sich dem mächtigen Prälaten des Königs gegenüber befand, in mitleiderregendem Lichte. Da zudem an demselben Tage Renaud von Provins, Chambonnet und Sartiges mit der Klage vor ihr erschienen, daß Peter von Bologna, ohne daß sie wüßten, warum, von ihnen abgesondert worden sei, ihre Bitte aber, den genannten Prokurator, ohne den sie als unerfahrene und einfache Leute, zudem in ihrem Schreck und ihrer Bestürzung, nichts anzufangen wüßten, trotz entsprechenden Auftrags an die beiden Oberaufseher, Peter von Bologna für den folgenden Tag vorzuführen, unerfüllt blieb [3]), vielmehr an diesem Dienstag den 19. Mai statt dessen 43 Templer die Erklärung abgaben, auf die Verteidigung des Ordens unter diesen Umständen verzichten zu wollen: so blieb der Kommission vernünftigerweise nichts anderes übrig, als, da doch niemand weiter mehr sich vor ihr zeigen wollte, — vom 19.—30. Mai ist von keiner Sitzung die Rede — und da das Konzil ohnedem um ein Jahr auf Oktober 1311 weiter hinausgeschoben worden war, ihre Thätigkeit bis auf weiteres, zunächst bis zum 3. Nov. desselben Jahres, zu vertagen.

---

[1]) Oder sollte der Erzbischof Philipp de Marigny wirklich so unbegabt gewesen sein, um im Ernst jene Tragweite nicht zu übersehen? Das wäre noch ärger, ist aber kaum glaublich. — [2]) „dicta significatio clara esset et nullam contineret ambiguitatem": Mich. I, 279. — [3]) Ob der Prokurator freiwillig oder gezwungen „separatus" blieb, ist kaum eine Frage.

Sie hätte dieselbe gänzlich einstellen können. Als sie ihre Thätigkeit wieder aufnimmt und zwar — da am 3. Nov. 1310 nur der Bischof von Mende, Mathäus von Neapel und der Archidiakon von Trient sich einfinden ¹) — erst am 17. Dez. b. J., fehlt es zwar nicht an Zeugen contra ordinem, im Gegenteil, dieselben stehen nun scharenweise zur Verfügung und Jamville und Vohet, welche für die Auswahl zu sorgen hatten, scheinen bei diesem Auftrag wenig Schwierigkeiten mehr gefunden zu haben, aber auch der letzte Schimmer von Unabhängigkeit und Gewährung eines unparteiischen Gehörs, der jene erste Phase der Untersuchung ausgezeichnet hatte, ist dahin. Für ernsthafte Verteidigung des Ordens ist kein Platz mehr. Zwar sind 2 der bisherigen Wortführer, die Ritter Chambonnet und Sartiges, auch jetzt noch zur Weiterführung bereit, aber nicht ohne die beiden andern sachverständigen Kollegen, Renaud de Provins und Peter von Bologna. Wie sie aber hören, daß diese beiden in der Zwischenzeit feierlich auf die Verteidigung verzichtet haben und zu ihren ersten Geständnissen zurückgekehrt sind, Peter von Bologna zudem aus dem Kerker ausgebrochen und entflohen sei, Renaud de Provins aber „seit seiner Degradation durch das Provinzialkonzil von Sens in einem solchen Zustand sich befinde, daß er nicht vorgelassen werden könne" ²), so verzichten sie in richtiger Erkenntnis der veränderten Lage gleichfalls auf die Verteidigung. Die Scheiterhaufen hatten ihre Wirkung gethan und thaten sie auch fernerhin ³), so daß die ganze fernere Untersuchung bis zu ihrem Schluß am 5. Juni 1311 — der auf Andrängen des Königs und nach dem allgemeinen Urteil des Parlaments von Pontoise, an dem auch die päpstlichen Kommissäre teilnahmen, daß die gewonnenen Zeugnisse zahlreich genug seien, um von weiteren Verhören, die doch nichts wesentlich Neues mehr bieten würden, abzusehen, zugleich in Übereinstimmung mit der Ansicht der Kurie,

---

¹) Der Erzbischof von Narbonne und der Bischof von Bayeux waren in Angelegenheiten des Königs (vgl. für letzteren p. 389 Anm. 6) auf Reisen, der Archidiakonus von Maguelonne durch Krankheit verhindert, der Bischof von Limoges aber zwar erschienen, aber alsbald wieder abgetreten, da er aus einem Schreiben des Königs ersah, daß die Fortsetzung des Verhörs vor der nahe bevorstehenden Eröffnung des Parlaments nicht gewünscht werde: Mich. I, 285. — ²) „esse in tali statu quod non est admittendus ad defensionem ordinis predicti, ut pote quia degradatus per concilium provincialis concilii Senonensis": Mich. I, 287. Am 5. März 1311 erscheint er noch einmal, indem er mit 5 anderen zu ewigem Kerker verurteilten Genossen neben Lambert de Cormeilles als Zeuge gegen den Orden vereidigt wird, ohne daß aber einer von ihnen wirklich verhört werden wäre (verzichteten sie auf ein solches Zeugnis?): Mich. II, 3. — ³) Dies gegenüber Prutz, der meint, die lange Pause habe jene Wirkung genügend abgeschwächt. Darauf brauchen wir wohl nichts zu erwidern.

die der bei ihr weilende Bischof von Bayeux vertrat, an diesem Tage erfolgte — vollends nur mehr als eine leere Komödie erscheint. Unter solchen Umständen dürfen wir getrost auf die weitere Analyse der 215 noch übrigen [1]) Zeugnisse verzichten und uns damit begnügen, auf die Tabellen zu verweisen.

Den Beweis für die Wertlosigkeit der meisten jener Zeugnisse im einzelnen herauszufinden, dürfen wir doch wohl dem aufmerksamen Leser derselben überlassen. Daß es an Widersprüchen wie an Übereinstimmungen, die fast noch verräterischer sind als jene, wimmelt, sieht ja jeder auf den ersten Blick. Dabei sind wir uns bewußt, nur auf die am leichtesten zu entdeckenden aufmerksam gemacht zu haben, während eine eingehendere Nachforschung, wozu freilich ein etwas sorgfältigeres Namenregister und eine zuverlässigere Namenschreibung gehörte, als sie Michelet bietet, wohl noch ungleich mehr Gegenbeweise abwerfen müßte. Nur darauf müssen wir hier noch besonders aufmerksam machen, daß zu dem Gegenbeweis allemal nicht nur die Widersprüche mit andern oder mit früheren Aussagen derselben Zeugen gehören, sondern daß derselbe in den meisten Fällen schon durch den Gegensatz des die „Geständnisse" enthaltenden 2. Teils der Aussagen zu deren 1. Teile, indem allemal die Aufnahme in den Orden und die bei und vor derselben gegebenen Warnungen und Versprechungen beschrieben sind, erbracht wird. Dieser Gegenbeweis wiegt um so schwerer, je schärfer mit der auffallenden Verschiedenheit [2]) und verräterischen Mannigfaltigkeit jenes 2. Teils, der „Geständnisse", die Einförmigkeit und Harmonie jenes anderen Teils der Zeugnisse mit der durchaus regel- und statutengemäßen Beschreibung der Aufnahme kontrastiert. Wir haben darauf schon im 1. Teile in dem Kapitel über die Quellen hingewiesen bei Besprechung von Moldenhawers Übersetzung der Protokolle, glauben hier aber zur Illustration wenigstens ein Beispiel geben zu sollen. Wir wählen dafür das bemerkenswerteste und eingehendste dieser templerischen Zeugnisse, das des uns schon bekannten Gerhard de Caux, als Zeuge vor der päpstlichen Kommission an 41. Stelle am 12. Jan. 1311 und den beiden folgenden Tagen verhört.

Nachdem er schon bei seiner Vereidigung am 11. Jan. mit andern 6 zugleich vereidigten Brüdern mit besonderem Nachdruck dagegen protestiert hatte, daß er nicht beabsichtige, mit seinem jetzigen Zeugnis irgendwie von der Aussage, die er vor seinem Diözesanbischof (in diesem Fall dem Bischof

---

[1]) Im ganzen waren es somit 232 Zeugen, wenn man, wie wir, Joh. de Jusvignac (Nr. 10) mitzählt. — [2]) Was diese Verschiedenheiten so auffällig macht, nämlich daß sie sich in bestimmte Gruppen einteilen lassen, die allemal ihre Erklärung in den früheren Verhören finden, haben wir im vorigen Kapitel auseinandergesetzt.

von Paris auf dem Provinzialkonzil von Sens, wo er auch den Ordens=
mantel und Bart hatte fahren lassen), gemacht hatte, abzugehen und daß,
sollte aus Einfalt oder sonst einer Ursache etwas anderes herauskommen, es
nichts gelten solle und er es zurücknehme, schwört er, die „ganze, volle und
reine Wahrheit" bei dieser Untersuchung zu sagen. Was er sodann als solche
Wahrheit von den Ordenspunkten gestanden und auf welch schlaue Weise
er etwaiger Widerlegung vorzubeugen weiß, haben wir in den Tabellen
bereits angedeutet; ebenso, wie er in mancher Hinsicht, wenn auch nicht
viel, damit seinem früheren Geständnis 1307 vor dem Inquisitor wider=
spricht. Nicht wiedergeben konnten wir aber dort die sonstige Art seines
Zeugnisses, durch die er von vornherein für richtige Wertung bezw. Ent=
wertung desselben zu sorgen weiß.

Schon daß er gleich zu Anfang erklärt, er glaube, daß etliche schlechte
Brüder es bei der Aufnahme halten wie bei ihm, und andere gute nicht,
verrät den vorsichtig schlauen Charakter seiner Aussage, die in der Haupt=
sache in der Behauptung von zweierlei Aufnahmen gipfelte. Zuerst wird
die Aufnahme durchaus statutengemäß ausführlich und klar geschildert,
von Havemann als ein Beispiel für solche überhaupt fast wortgetreu
wiedergegeben[1]) bei seiner „Übersicht über die Grundgesetze und Statuten
des Ordens".

Danach traten zu den in einem Gemach neben der Ordenskapelle
harrenden drei Rittern zwei Tempelbrüder, fragten, ob sie gesonnen seien,
der Gemeinschaft der geistlichen und zeitlichen Güter des Tempelordens
teilhaftig zu werden, und fügten, als die Bejahung erfolgt war, hinzu:
Ihr verlangt etwas Großes, denn ihr kennt die **strengen Vorschriften**
des Ordens nicht; ihr seht uns freilich äußerlich wohl gekleidet und wohl
beritten und mit Bedarf reichlich versehen; aber ihr kennt die Härte des
Ordens und seiner Gesetze nicht. Denn wünschet ihr diesseits des Meeres
zu weilen, so werdet ihr jenseits leben müssen, und umgekehrt; wollt ihr
schlafen, so müßt ihr wachen, hungern, wenn euch nach Speise verlangt.
Glaubt ihr das alles zur Ehre Gottes und zum Heil eurer Seelen ertragen
zu können? — Ja, so Gott will! — So sprecht, ob ihr dem **katholischen
Glauben** zugethan seid nach den Vorschriften der römischen Kirche;
ob ihr durch Gelübde einem geistlichen Orden angehört, oder das Band
der Ehe euch fesselt; ob ihr aus ritterlichem Geschlechte seid und ehelich
erzeugt; ob der Kirche Bann auf euch lastet; ob ihr einem Ordensbruder
Geschenk oder Zusage gegeben für die Aufnahme; ob ihr ein heimliches

---

[1]) Havemann p. 107 ff. Wir geben seine Übersetzung wörtlich hier wieder, so
viel als uns für unsern Zweck hieher zu gehören scheint.

Gebrechen an euch tragt, also daß ihr dem Orden in Waffen nicht dienen könnt, und ob ihr verschuldet seid über die eigene Habe hinaus? Nachdem die Aufzunehmenden hierauf eine genügende Antwort erteilt hatten, wurde ihnen von den beiden Tempelrittern aufgegeben, in die Kapelle zu treten und zu Gott, der h. Jungfrau und allen Heiligen zu beten, daß der Eintritt in den Orden ihnen zum Heil der Seele und zur Ehre vor der Welt und ihren Freunden gereichen möge. Hierauf entfernten sich die beiden Tempelritter, um das Kapitel von den erhaltenen Antworten zu benachrichtigen, kehrten nach kurzer Frist zurück, fragten wiederholt, fragten, ob man das Gesagte reiflich erwogen habe und bei der kundgegebenen Absicht verharre, statteten hierüber abermals dem Kapitel Bericht ab, wandten sich dann wiederum zu den drei Rittern und geboten ihnen, die Kopfbedeckung abzulegen und mit gebogenen Knieen und gekreuzten Händen also zu dem Vorsitzer des Kapitels zu sprechen: Herr, wir kommen hier zu dir und den Brüdern, die um dich sind, und bitten um die Gemeinschaft des Ordens und seiner geistigen und zeitlichen Güter und wollen für immer dessen leibeigene Diener sein und den eigenen Willen fahren lassen. Worauf der Vorsitzende erwiderte, es sei ein Großes, um das sie bitten, ihnen nochmals die obigen Punkte vorhielt, und nachdem jene abermals, die Hand auf dem Evangelienbuch, bejahend geantwortet hatten, die Worte sprach: „Vernehmet wohl, was ich sage: ihr gelobt bei Gott und der h. Jungfrau, dem Großmeister und jedem vorgesetzten Ordensbruder unverbrüchlich gehorsam zu sein, Keuschheit zu wahren, die guten Bräuche des Ordens zu halten, ohne anders Eigentum, als was eure Vorgesetzten euch zuteilen, zu leben, nach Vermögen auf die Eroberung des Reiches Jerusalem zu trachten, die anvertrauten Ordensgüter mit Treue zu verwalten, nie bei einer ungerechten Enterbung gegenwärtig zu sein, noch auch den Orden ohne Erlaubnis mit einem andern zu vertauschen." Sobald der Schwur auf diese Gelübde abgelegt war, fuhr der Vorsitzer fort: „Wir nehmen euch, eure Väter und Mütter und zwei oder drei eurer Freunde, die ihr wählen mögt, in die Gemeinschaft der geistigen Güter des Ordens auf; verabreichte hierauf den Mantel, während der Priester den Psalm Ecce quam bonum anhub, hob die Knieenden empor und küßte sie auf den Mund, welches letztere auch von dem Priester und allen Anwesenden geschah. Dann ließ sich der Rezeptor wieder nieder, gebot den Aufgenommenen, sich zu seinen Füßen zu setzen und sprach zu ihnen, sie sollten freudig sein, daß der Herr sie zu einem so edlen Orden geleitet habe, und sich hüten, gegen dessen Gebote zu fehlen. Dann wird der Strafkodex, d. h. die Vergehen, für den man den Orden verliere, sowie die, die mit Verlust des Mantels bestraft werden, auseinandergesetzt, soweit als das Gedächtnis des Vorsitzenden reichte, während man für das Übrige auf Anfragen bei den Brüdern verwiesen wurde: das Ganze durchaus im Einklang mit dem Strafkodex der Statuten, den wir in den Mitteilungen des Instituts für österr. Geschichtsforschung näher dargelegt haben[1]). Dabei werden hervorgehoben für die erste Klasse neben Simonie und Mitteilung der Kapitelsgeheimnisse an nicht anwesende Brüder vor allem Sodomiterei, worauf auch lebenslängliches Gefängnis stehe, und Mangel an kirchlicher Rechtgläubigkeit, für die zweite Klasse aber Verlust des Mantels, vor allem wieder die mancherlei zu „larrecin" gehörigen Vergehen, daneben Liegen beim Weibe oder wenn man mit einem solchen an verdächtigem Orte betroffen wurde. „Hiernach setzte der Rezeptor den Dienst im Orden und die Verpflichtungen in Bezug auf die religiösen Vorschriften auseinander."

Auf diese regelrechte Aufnahme, deren Naturwahrheit über jeden Zweifel erhaben ist, folgt dann aber die zweite mit der Verleugnung und (wenn auch erlassenen) Bespeiung, die zu jener ersten paßt wie die Faust aufs Auge. Wie Gerhard sich aus dieser Schlinge zu ziehen sucht, dadurch, daß er von 4—5 ganz unbekannten Servienten, die er weder vorher noch nachher gesehen habe, sie erfahren haben will; ebenso wie er behauptet, innerhalb 4 Wochen dem Bischof Sicard von Cahors darüber gebeichtet zu haben, der ihn gegen Fasten, das Tragen eines eisernen Panzers über dem Hemde und eine Fahrt über das Meer absolviert habe, ist in der Tabelle angezeigt. Nicht genügend wiedergeben ließ sich aber dort schon die bezeichnende Antwort auf die Frage: warum er denn vor der Verhaftung diese Dinge nicht angezeigt habe und auch nachher sich erst habe foltern lassen: nämlich: erst aus Todesfurcht vor dem Orden, nachher aber, weil er nicht geglaubt habe, daß die Haft so lange dauere und der Prozeß so weit gedeihe; auch hätte man ihm doch nicht geglaubt und er keine Mittel besessen, da sein ältester Bruder mit seinem Willen das ganze Vermögen bekommen habe. Interessant ist dann seine Auseinandersetzung über die Punkte, die der wirklichen Regel thatsächlich zuwider seien: so, daß die Aufgenommenen schon am ersten Tage für Professen gehalten und eidlich verpflichtet werden, den Orden nicht mehr zu verlassen; während schon im ersten oder zweiten Kapitel ihrer Regel vor dem Eintritt Mitteilung der Regel und eine Probezeit vorgeschrieben sei. Auch verstoße das gegen die Bulle „Omne datum optimum", da die Priester und Klerifer ebenso alsbald als Professen und auf dieselbe Weise aufgenommen würden. Ebenso verstoße gegen das Recht der Kirche, daß

---

[1]) Vgl. oben p. 104 ff.

es keinen Rekurs noch Appellation gegen den Orden an die Kurie gebe und der Großmeister nicht die Bestätigung durch den apostolischen Stuhl abzuwarten brauche. Übel sei auch, daß der Großmeister und die Provinzialoberen nicht dulden, daß einzelne im Besitz der Statuten seien, sondern nur die Angesehensten, woraus viel Verdacht entstanden sei. Es sei allgemeine Ansicht im Orden unter den älteren Mitgliedern, daß von dem Eindringen von Gelehrten in den Orden derselbe keinen Gewinn gehabt habe. Bei Aufnahmen, die er selber und Hugo de Peraud vorgenommen, sei nichts Ungebührliches vorgekommen. Die Absolution im Kapitel erzählt er ausführlich, nur daß er hinsichtlich der Absolutionsformel des Kapitelvorsitzenden etwas von der Regel und von Raoul de Gisi, der die Worte richtiger wiedergiebt[1]), differiert. Beichte bei andern als Ordenspriestern sei nur nach eingeholter Erlaubnis statthaft. Almosen und Gastfreundschaft werde in einem Teil der Ordenshäuser richtig eingehalten, in andern nicht. Mit der Heimlichkeit bei Kapiteln sei es richtig. Die Ketzereien, die er gestanden, seien einem Teil im Orden, den Oberen, bekannt, sonst aber nicht allgemein.

Das Ganze ist so gehalten, daß man den Eindruck gewinnt, als ob Gerhard de Caux selber beflissen gewesen sei, durch möglichst eingehende wahrheitsgetreue Aussagen über den Orden jene „Geständnisse" vergessen zu machen und ihrer Beweiskraft zu berauben und, da er dies auf direktem Wege nicht wagte, dies auf indirektem versuchte, indem er sorgte, seine Gesamtaussage so gründlich zu basieren, daß jene andern Dinge völlig in der Luft stehen: wenigstens für den kritisch unbefangenen Beobachter. An solchen fehlte es freilich zu jener Zeit sehr. Um so mehr ist es ein Glück, daß seine und seiner Ordensgenossen Aussagen durch die protokollarische Niederschrift auf unsere Zeit gelangt sind und so ein volles Urteil uns, deren Sinn keinerlei praktisches Vorurteil mehr trüben kann, ermöglicht ist. Welches dieses Urteil sein wird, ist uns nicht zweifelhaft: wir sind überzeugt, daß kein nüchterner Beurteiler, der das ganze Material kennt, so wie es ihm unsere Tabellen ermöglichen, mehr im stande sein wird,

---

[1]) Nach diesem wurde am Schluß des Kapitels, nach den Gebeten für den Papst und die Kirche, durch den Vorsitzenden in Ermanglung eines Priesters oder, wenn ein solcher da war, durch diesen die Absolution von Ordensvergehen ausgesprochen mit den Worten: „Beaus segnurs freres, toutes les choses que vous leyssies à dire pour la honte de la char ou pour la justice de la maysou, tel pardon, comme je vous fayit je vous en fais de bon cuor et de bonne volonte; et Dieu, qui pardona la Maria Magdalene ses pechiez, les vos pardoint, et vos pri que vous priez à Dieu, qu'il me pardon les miens; et notre frere chapelans se levera et fara la solution que Dieu absolle lui et nous": Mich. I, 398.

das Ergebnis dieser Protokolle als Beweis für die Schuld des Ordens anzusehen, wohl aber umgekehrt.

Ist das aber der Fall, was bleibt dann noch übrig von wirklichen Beweisen für die templerische Schuld? Wenig; wie wenig, wird uns erst klar, wenn wir jetzt, ehe wir zu dem Schlußurteil auf dem Konzil von Vienne übergehen, die übrigen Prozesse gegen den Templerorden außerhalb Frankreichs ins Auge fassen[1]).

---

[1]) Zuvor aber sei wenigstens anmerkungsweise noch ein Wort über unsere Tabellen und die Gesichtspunkte, nach welchen dieselben zusammengestellt worden sind, gesagt, wie etliche Winke zu ihrer Verwertung gegeben.

Zunächst über die Namen: hinsichtlich dieser hatten wir die Wahl, ob wir sie in ihrer lateinischen Form, wie sie die Protokolle geben, anführen sollten, oder durchweg französieren. Zu ersterem konnten wir uns nicht entschließen, weil es uns gar zu schülerhaft erschien, da, wo die französische Benennung auf der Hand lag, die unverständlichere lateinische Übersetzung beizubehalten (vgl. z. B. Nr. 15, 52, 78, 118, 138 u. a.). Andererseits haben wir doch auch wieder nicht gewagt, auf gut Glück zu französieren, wo wir nicht mit Hilfe des geographischen Lexikons, von Karten und andern Hilfsmitteln, unserer Sache ganz sicher waren. So haben wir z. B. nicht gewagt, statt (Balduin, Ponzard oder Raoul) de Gisi oder Gisa einfach zu setzen de „Guise", obgleich uns die Zugehörigkeit dieser, in den Protokollen selbst als besonders vornehm bezeichneten, Templer zu dem später so berühmt gewordenen Geschlecht derer von Guise äußerst wahrscheinlich geworden ist (besonders stimmt damit, daß als ihre Heimat die Diözese Laon angegeben ist). Freilich fehlt auf diese Weise eine einheitliche Schreibweise: aber diese fehlt auch so, wenn man nur den Protokollen nachschreibt, da auch dort die Namen, je nach den Protokollführern, bald nach ihrem französischen Laut, bald, wenn auch meist, in lateinischer Form wiedergegeben sind, so daß sie oft sehr verschieden lauten und erst durch eine genauere Vergleichung die Identität sich feststellen läßt.

Über die Rubriken wird nicht viel zu bemerken sein. Ihre Wahl ergiebt sich von selbst durch die Nachforschung nach den für die beabsichtigte Vergleichung untereinander und Erklärung für die Entstehung dieser Aussagen bezeichnendsten Punkten. Für die Kontrolle besonders wichtige Anhaltspunkte sind durch Sperrdruck noch besonders hervorgehoben. Mancherlei Ungleichheiten (so in der Tabellenreihe A) erklären sich durch die Rücksicht auf den Raum. Die Reihenfolge richtet sich in der Hauptsache nach den Protokollen. Deren Schwankungen ließen sich hier natürlich nicht weiter wiedergeben.

Daß die wichtigste Rubrik die siebente ist, welche die vorherigen Phasen der Untersuchung erkennen läßt („vorher verhört bezw. reconciliiert von?"), haben wir schon im vorigen Kapitel bemerkt. Daneben möchten wir noch auf die Rubrik „Stellung zur Templersache", mehr aber noch auf die Unterbringung je nach Quartieren in Paris besonders aufmerksam machen. Wie wichtig diese zur Erklärung der „individuellen Verschiedenheiten" der Aussagen, auf welche man solches Gewicht gelegt hat, ist, darüber belehrt uns ein Blick z. B. auf die Nummern 149—150, 151—153, 163—164, 168—169, 171—173, 175—176, 179—180, 182—183, 184—185, 209—210, 215—216, 223 und 225, 224 und 226, 227 und 228, 230 und 231 genügend.

Bei den Zeugen der Aufnahme mußten wir davon absehen, allemal sämtliche namhaft zu machen, und uns begnügen, nur die für die Kontrolle der Aussagen wertvolleren aufzuzählen. Für eine Gesamtstatistik des Templerpersonals wie ihrer Verbreitung und ihrer Besitzungen innerhalb Frankreichs wäre freilich eine genauere Aufzählung sämtlicher Namen sehr von Wert. Doch würde das über den unmittelbaren Zweck vorliegender Arbeit weit hinausgehen und einer Separatarbeit zufallen, die nicht geringen Aufwand an Mühe und Zeit erfordern würde. Wir haben zu einer solchen keine Lust, möchten sie vielmehr lieber Schottmüller (s. Nachschrift) hinterlassen, der ja ein besonderes Werk über den Prozeß vor der päpstlichen Kommission wie eine umfassendere Statistik über den Templerorden in Aussicht gestellt hat.

Ob sich eine solche Arbeit bei dem geringen Wert, der im Grunde allen diesen Zeugnissen, auch denen vor der päpstlichen Kommission, angesichts ihres Zustandekommens zukommt, je lohnen wird, bezweifeln wir, so mancherlei interessante Bemerkungen noch ans Licht zu fördern wären und so ungern wir auf weitere Ausführung mancher Aussagen verzichtet haben. Was not that angesichts des Kapitals, das von jeher, am letzten von Prutz, aus diesen Zeugnissen geschlagen wurde, und bei der Einseitigkeit der Berufung auf dieselben einerseits, der mangelnden Ausnutzung dieser Protokolle bei ihrem gewaltigen Umfang andererseits, war eine übersichtliche Darbietung des Gesamtmaterials nach den Hauptpunkten. Die entsprechende Verwertung ergiebt sich dann von selbst und überlassen wir dem Leser.

Nachschrift. Leider ist Schottmüller inzwischen gestorben (wie der Telegraph an demselben Tage, 17. Juni 1893, meldet, an dem ich den letzten Punkt unter diese Arbeit gesetzt habe). Wenn ich diesen Verlust gerade jetzt um so aufrichtiger bedauere, je mehr meine Arbeit trotz aller Differenzen zu einer Ehrenrettung Schottmüllers ausgefallen ist, so dürfte andererseits nach dem Tode desjenigen, der sich am eingehendsten mit dem Templerprozeß beschäftigt hat, vorliegende Arbeit um so mehr zur Ausfüllung einer Lücke dienen.

Achtes Kapitel.
Der Prozeß in den andern Ländern.

Dreierlei Gruppen sind hier nach dem Ergebnis zu unterscheiden: 1. Länder mit demselben oder wenigstens einem ähnlichen Ergebnis wie in Frankreich, in denen der Beweis für die Schuld der Templer bis zu einem gewissen Grad durch die Untersuchung erbracht zu werden scheint; 2. Länder, in denen durch die Untersuchung das Gegenteil, die Unschuld des Ordens, festgestellt wird; und 3. solche, die an beiden partizipieren, deren Ergebnis teilweise für die Schuld, teilweise für die Unschuld des Ordens zu sprechen scheint. Merkwürdigerweise richtet sich diese Abstufung je nach dem Grad des französischen und päpstlichen Einflusses, bezw. der durch den päpstlichen Einfluß maßgebend gewordenen Grundsätze, in den betreffenden Ländern. Im allgemeinen gilt der Kanon: je weiter ein Land dem Einfluß Philipps des Schönen und der päpstlichen Maschinerie, die hier durchaus im Einklang mit Philipp arbeitet, entrückt ist, um so weniger kommt heraus bezw. um so mehr von dem Gegenteil eines Schuldbeweises. Je unmittelbarer es dem Könige von Frankreich untersteht oder je unbestrittener der päpstliche Wille in ihm gilt, um so mehr nähert sich das Ergebnis dem in Frankreich. Merkwürdig!

Zu der ersten Gruppe, Ländern mit demselben oder einem ähnlichen Ergebnis, gehören die Nebenländer von Frankreich und, wenigstens in der Hauptsache, Italien. Ersteren zuzurechnen ist in dieser Zeit, obgleich politisch zu Deutschland gehörig, vor allem Lothringen. Dessen Herzog Thiebault stand völlig in französischem Sold und so ahmte er auch die Templerpolitik mit demselben Erfolg nach: „eine große Anzahl von Templern wurde verbrannt und der Herzog sorgte dafür, sich möglichst viel von ihrem Vermögen anzueignen"[1]. Ebenso erwiderte der in einem ähnlichen Verhältnis zum Deutschen Reich und zu Frankreich stehende Herzog Johann von Brabant und Limburg unter dem 9. Nov.

---

[1] Lea III, p. 302, nach Calmet, Hist. Gén. de Lorraine II, 436; vgl. auch den letzten Zeugen vor der päpstlichen Kommission, Mich. II, 367 (Nr. 232).

1307 Philipp dem Schönen im Ton des Lehensmanns, daß er dessen Befehle vollstreckt, die Templer verhaftet und ihre Güter mit Beschlag belegt habe und nun auf weitere Weisungen warte¹).

Gleichfalls politisch noch zum Deutschen Reiche, thatsächlich aber zum französischen Machtbereich, gehörte die Grafschaft Provence mit Forcalquier. Das Haus Anjou, das hier seit dem Jahr 1246 die Erbschaft der Grafen von Provence angetreten hatte, wahrte sich zwar oft genug seine Selbständigkeit gegenüber dem französischen Hauptstamm, zumal wo es galt, den Papst zu stützen oder sich auf diesen zu stützen. Wo aber dieser so im Bund mit dem Könige von Frankreich handelte wie hier, war für Widerspruch, wie er von Eduard von England angeregt wurde, um so weniger Raum. Zudem war seit zwei Jahrzehnten, seit der Parteinahme der Templer bei der sizilianischen Empörung gegen die Franzosen, Karl II. ihr erklärter Feind. So erging dann am 13. Jan. 1308 von Marseille aus eine der französischen ganz ähnliche Instruktion durch Karl II. an seine Beamten, auf den 23. Jan. sämtliche Templer in der Grafschaft zu verhaften. Infolge dessen wurden, abgesehen von den im Ordenshaus von Aix und in dessen Umgegend gefundenen und in den Gefängnissen von Aix untergebrachten, an ihrer Spitze der Großpräzeptor Albert de Blacas, 48 Templer aus den Balleien von Nizza, Grasse, St. Maurice und aus den Häusern von Arles und Avignon in Pertuis und auf dem Schloß Meirargues untergebracht²). Demnach kann, da außerdem nicht wenige Templer ihr Heil bereits in der Flucht gefunden haben sollen, in diesen Gegenden der Orden allerdings nicht gering an Zahl und Besitz gewesen sein. Welches das schließliche Los dieser Gefangenen war, ist nicht ganz sicher. Nach einer Quelle³) sollen sie sämtlich verbrannt worden sein, da keiner unter ihnen auf das Angebot König Karls, unter Eingeständnis der Anklagen auf den Orden zu verzichten und ihr Gelübde abzuschwören, eingegangen sei. Dies kann nicht ganz richtig sein, da, wie Lea bemerkt⁴), ein Dokument von 1318 zeigt, daß Albert von Blacas damals noch mit Zustimmung der Hospitaliter, an welche die Landbesitzungen der Templer gefallen waren, im Genuß der Komturei St. Maurice war. Die Mobilien waren zwischen Papst und König geteilt worden. Im übrigen scheint, der Ausbeute des Archivs von Marseille nach⁵), der König sein Möglichstes gethan zu haben, um bei der Einziehung des Ordensguts nicht zu kurz zu kommen, wobei im Inventar auch wieder ein Statutenbuch figuriert⁶).

---
¹) Notices et extr. XX, 2, 162. — ²) Le Jeune II, 182 ff. — ³) Welcher? können wir nicht angeben; wir folgen Le Jeune II, 184. — ⁴) Lea III, p. 304. — ⁵) Schottm. II, 428. — ⁶) Schottm. II, 425.

In Neapel, dem Hauptlande der Anjou, war man schon vorher, sobald eine Abschrift der Bulle „Pastoralis praeeminentiae solio" vom 21. Nov. 1307, gerichtet an den hier die Stelle des Regenten versehenden Herzog Robert von Calabrien, eingetroffen war, mit Weisungen zur Verhaftung der Templer und Konfiskation ihres Vermögens vorgegangen. Doch liegen uns hier zunächst nur von zwei Ordensangehörigen protokollmäßige Aussagen vor, eine Zahl, die, wenn man auch den templerischen Besitz in diesem Lande infolge der früheren Verfolgungen Kaiser Friedrichs II. wie der nachherigen Antipathie Karls II. von Anjou geringer als anderwärts annehmen darf, doch offenbar in keinem Verhältnis steht zu dem thatsächlichen Gesamtordenskontingent in diesem Lande. Daß wir uns dieses keineswegs so verschwindend denken dürfen, ergiebt sich schon daraus, daß dieser Teil von Italien, in dem das wichtige Ordenshaus von Barletta gelegen war, eine besondere Ordensprovinz, meist wohl zusammen mit Sizilien, bildete mit ihrem eigenen Großpräzeptor, der aber, Obbo von Valdric mit Namen, damals auf Cypern geweilt zu haben scheint[1]). Somit bleibt, da es nicht wahrscheinlich ist, daß alle andern durch die Flucht sich gerettet haben sollten, nur übrig entweder die Annahme von Prutz[2]), daß der größere Teil der Protokolle verloren gegangen sei, oder die von Schottmüller[3]), daß es auch hier gegangen sei wie in Florenz, daß man diejenigen, welche Geständnisse verweigerten, überhaupt nicht ins Protokoll aufgenommen habe. Im Inquisitionsprozeß wäre das keineswegs ein Unikum, sondern nur im Einklang mit den sonstigen Inquisitionsgrundsätzen.

Für diese Annahme würde auch der Umstand sprechen, daß unser Protokoll das Ergebnis einer neuerlichen Untersuchung darstellt, die, wie in andern Ländern da, wo die Erstlingsresultate nicht befriedigten, durch Absendung besonderer päpstlicher Kommissäre veranlaßt wurde. So scheint das Gewicht dieser zwei vorhandenen Aussagen von vornherein auf ein Minimum zusammenzuschrumpfen. Trotzdem dürfen wir über diese nicht ganz weggehen, da sie für die „Übereinstimmung des Prozesses in Italien mit dem von Frankreich" eine wichtige Rolle spielen und so von Prutz noch in seiner „Kulturgeschichte der Kreuzzüge"[4]) auszugsweise verwertet worden sind. Zum Glück hat Schottmüller durch vollständige Veröffentlichung auch dieser Protokolle in seinem urkundlichen Teile[5]) ein anderes Urteil ermöglicht. Schon wenn man hört, wie bei dem Verhör, das am 15. Mai 1310 im Palast der königlichen Burg in Brindisi eröffnet wurde,

---

[1]) Wie Schottmüller auf Grund einer cyprischen Chronik, die einen Obbo von Ballaret oder Billaret nennt, wohl richtig vermutet. — [2]) Entw. p. 216. — [3]) Schottmüller I, 420. — [4]) p. 621—623. — [5]) Schottm. II, 103—139.

der Kommission außer drei päpstlichen Abgesandten[1]) nur der Erzbischof von Brindisi, als einziger Prälat des Landes zugehörte[2]), so kann man sich des Eindrucks kaum erwehren, daß das eigentliche Motiv dafür, daß nur so wenig Zeugnisse in diesem Reiche erzielt wurden, in dem Glauben der Prälaten, in diesem Prozeß gebe es doch keine Lorbeeren zu verdienen, gelegen habe. Das Verhör selbst giebt einem solchen Glauben Recht genug. Und zwar gilt das bei der einen Aussage schon von der Person des Zeugen, des Servienten Johannes de Neritone, der, obgleich als Präzeptor des Tempelhauses von Castrovillari (in Calabrien) bezeichnet, sichtlich recht hat, wenn er zur Entschuldigung[3]), daß er die Mißbräuche abzustellen oder wenigstens anzuzeigen versäumt habe, von sich sagt, daß er „ipse simplex et rusticus et modicum potens in ordine"[4]) gewesen sei. Darnach sind auch seine Aussagen: diese enthalten außer der Verleugnung und „Conculcatio" des Kreuzes nicht bloß auch die sonst so äußerst selten[5]) sich findende „minctio", Anpissung desselben — und zwar durch alle anderen Anwesenden der Reihe nach, nur er selbst habe es nicht gethan, weil ihm der Drang dazu gefehlt habe —, dazu Küsse auf den Mund und auf den bloßen Bauch auf der rechten Seite, sondern auch die Anbetung eines **grauen Katers**[6]), der in einem Kapitel in Barletta erschienen sei. Dies erspart uns, diese Aussage weiter zu verfolgen, die zudem außer der Mitteilung, die er von einem Kaplan gehört habe, von einem Ordensbruder, der für das Verbrechen der Sodomiterei mit Kerker bestraft worden sei, nichts Bemerkenswertes mehr verzeichnet.

Eine bedeutendere Person ist der zweite Zeuge, der Servient **Hugo de Samaya**, Präzeptor des Tempelhauses St. Georg in Brindisi, nach seiner Aufnahme durch (den am 12. Mai 1310 in Paris verbrannten) Morel de Beaune in Fontenay, Diöcese Auxerre, ein Burgunder von Geburt. Was er von einer 6 Jahre darauf in Cypern zu Circhothia, einer Ordensburg in der Nähe von Limisso, durch einen französischen Ritter, Gottfried von Villaperros, in Gemeinschaft mit zehn anderen Ordensbrüdern in nächtlicher Überrumpelung erzwungenen Verleugnung eines Kreuzes, das mit einem Stück Eisen auf den Estrich gezeichnet worden sei, erzählt, steht ebenso mit seiner ersten durchaus anständigen Aufnahme in Wider-

---

[1]) Hiebei ist außer dem Archidiakonus der Diöcese Bourges Arnulph Bataylle und dem päpstlichen Kaplan Berengar de Olargiis aus Narbonne auch der Kanoniker Jakob de Carapella von Santa Maria Maggiore in Rom als solcher gerechnet. — [2]) Der Erzbischof von Neapel entschuldigt sich damit, daß er die Weihe des Bischofs von Monopolis vorzunehmen habe. — [3]) Bei Anklage-Artikel **74—76**. — [4]) Schottmüller II, 130. — [5]) In ganz Frankreich ist uns nur ein einziges Beispiel begegnet, s. Tab. XIX Nr. 206. — [6]) „quidam catus pili grizi seu liardi", Schottm. II, 127.

spruch), als mit seinen übrigen Aussagen, und wird zudem durch das Resultat des cyprischen Prozesses mehr als genügend Lügen gestraft, wo nicht bloß die Angehörigen des Ordens, sondern auch andere Zeugen, Geistliche wie Laien, durchaus zu Gunsten des Ordens aussagen. Insbesondere wird durch die dort auftretenden Minoritenmönche seine Behauptung, daß er jenen ganzen Vorgang wenige Tage nachher einem Minoriten Martin de Ruppella, der nach Circhothia gekommen sei, gebeichtet habe, geradezu in einen Gegenbeweis, d. h. Beweis seiner Lüge, verkehrt, die wir ihm nach den inquisitorischen Mitteln, die der Papst zu dieser Zeit überall nachdrücklich empfahl, gerne verzeihen, um so mehr, da er durch seine übrigen Aussagen um so gründlicher für die Ehrenrettung des Ordens sorgte. Von Belang ist hiervon nur noch, was er zur Erklärung des Idols beibringt. Er sagt da, daß er zwei mit Silber geschmückte Köpfe gesehen habe, von denen der eine, aufbewahrt in der Ordenskirche von Nikosia auf Cypern, der h. Euphemia angehört habe; vom andern wisse er nicht, welchem Heiligen er zugehöre; doch habe er gehört, daß er dem Orden durch einen Abt verpfändet oder zur Aufbewahrung übergeben worden sei und im Schatz des Tempels aufbewahrt werde[1]). Offenbar handelt es sich einfach um Reliquien und das Ganze zeigt wieder, wie sehr man damals im Templerorden auf solchen Besitz Wert legte: ein Beweis für ihren gut kirchlichen Sinn.

Noch auf eine andere Aussage dieses Zeugen hat man Gewicht gelegt, darauf nämlich, daß bei den Worten, welche er den Vorsitzenden am Schluß der Kapitel ganz im Einklang mit Raoul de Gisis Formel sprechen läßt, wieder der Schächer am Kreuz und Maria Magdalena (als Beispiele der göttlichen Vergebung) angeführt werden. Dies hat man in Verbindung gebracht mit der Erklärung eines Zeugen Galcerand de Teus, der mit fünf anderen Zeugen nach Raynouard[2]) in „Lucellia" oder „Sainte Marie" auf Sizilien im April 1310 verhört, jenen Schächer als denjenigen Christus erklärte, der von den Juden ans Kreuz geschlagen wurde dafür, daß er sich, ohne es zu sein, Gott und König der Juden genannt habe. Nachdem er aber etliche Augenblicke vor seinem Tode von Longinus in die Seite gestochen worden, habe er jene Worte bereut und den wahren Gott um Verzeihung gebeten und dieser ihm verziehen. Für uns wird diese, offenbar auf Grund der Anklagen, die man gegen die Katharer richtete, den Templern manchmal abgefragte Erklärung schon damit entkräftet, daß auch dieser Zeuge gleichfalls von einem Kater weiß, der

---

[1]) Schottm. I, 425 weiß, daß es der Kopf des hl. Polykarp gewesen sei. Woher? wissen wir nicht. — [2]) Raynouard, p. 280—284. Für die Verwertung dieses Zeugen durch Prutz vgl. oben p. 43 f.

früher auf den Kapitelversammlungen zu erscheinen gepflegt habe, wie in den „alten Statuten von Damiette" zu lesen sei. Außerdem wird dieser in Katalonien rezipierte Zeuge schon durch seine dortigen Ordensbrüder insgesamt Lügen gestraft.

Bei Lucellia auf Sizilien liegt offenbar eine Verwechslung mit Lucera in Apulien vor, die wir dem Franzosen Raynouard bei der bekannten Schwäche dieses Volks in der Geographie nicht verübeln können. Sicher wird uns diese Vermutung Schottmüllers schon dadurch, daß die beiden anderen Zeugen, die neben dem genannten von Raynouard noch kurz (als der Verleugnung, beim zweiten wieder erst lange nach der Aufnahme erfolgt, geständig) angeführt werden, in der Hauptsache zur Widerlegung des ersten, als Ort ihrer Aufnahme der eine das Haus in Barletta, der andere das in Torre Maggiore nennen, beide Orte in geringer Entfernung von Lucera, das etwa den geographischen Mittelpunkt bildet, gelegen. Allem nach haben wir es somit hier mit dem Verhör der Lucera mit umfassenden Kirchenprovinz Benevent, vielleicht zusammen mit etlichen Nachbarprovinzen, zu thun.

Für Sizilien selbst bleibt uns so nur die Untersuchung von Messina, die nach Raynouard[1]) durch den Erzbischof von Messina und den Bischof von Sora als päpstliche Delegierte in dieser Provinz abgehalten wurde und (in Ermanglung von templerischen Zeugen selbst?) im Verhör von zweiunddreißig nichttemplerischen Zeugen bestand, ohne irgend ein für den Orden belastendes Ergebnis. Vermutlich hatte Friedrich von Aragonien, dem die sizilianische Vesper hier zu seinem staufischen Erbe verholfen hatte, keine Lust, dem Orden, der bei jenem Aufstand sich auf die nationale Seite gestellt hatte, mit Undank zu lohnen, wenn er auch, wie wir aus Lea wissen, seit 1304 der Inquisition auf der Insel Zulaß gewährt hatte[2]).

War so das Resultat jenseits der Straße von Messina ein anderes als in dem Reiche der Anjou, so kam doch deren Grundsätzen nach der entgegengesetzten Richtung eine um so weiter reichende Wirkung zu, indem der jüngste Sohn Karls II., Philipp, als Herzog von Romanien und Achaja, die päpstliche Instruktion in allen Besitzungen der Levante auszuführen Ordre erhielt[3]). Wie weit er dieser Instruktion nachzukommen vermochte, ist uns nicht näher bekannt.

Ausführlichere Berichte, wenigstens über das spätere Verfahren, haben wir aus dem Kirchenstaat[4]). Daß hier, wo der Papst auch

---

[1]) Raynouard, p. 284. — [2]) Dies zur Berichtigung von Lea, der dieses Land kurz abmacht damit, daß er sagt: „Das Nämliche (wie von Neapel) mag für Sizilien gelten." Lea III, p. 305. — [3]) Lea III, p. 304. — [4]) Oder vielmehr eigentlich aus

politisch der höchste Gebieter war, die Ergebnisse womöglich „noch be=
friedigendere" werden mußten, als in Neapel, liegt auf der Hand. So
dürfen wir nicht zweifeln, auch wenn uns keine weiteren Mitteilungen über
die ersten Phasen des Prozesses hier vorliegen, daß die Bulle des
Papstes vom 22. Nov. 1307 mit ihrer Anweisung zur Verhaftung der
Templer keinem Hindernis hier begegnete. Trotzdem ist die Untersuchung
in diesem Land von keinem besonderen Belang, da die Zahl der temple=
rischen Zeugen eine viel zu geringe im Verhältnis zu andern Ländern ist.
Es ist ein fast mitleiderregendes Schauspiel, das die päpstliche Kommission,
die auch hier zur Vorbereitung für das Konzil von Vienne eingerichtet
wurde, und in dem Bischof Giacomo von Sutri und dem Magister Pandolf
di Sabello bestand, mit ihrem Reisen von Ort zu Ort auf der Suche
nach Templern gewährt. Vom 12. Okt. bis 12. Nov. 1309 wartet sie
erst in Rom auf dem Aventin, trotz Aufforderung an jedermann, ver=
geblich, daß jemand erscheine. Im Dezember kommt sie nach Viterbo,
wo nach Erledigung von Förmlichkeiten am 19. Dez. fünf im Kerker in
Viterbo gehaltene Templer auf den 28. Dez. vorgeladen werden. Antwort
derselben vom 22. Dez.: sie wollen nicht. Da diese Weigerung auch auf
erneuten Zuspruch wiederholt wird, zieht die Kommission im Februar nach
Assisi weiter, von da im März nach Gubio, im April nach Aquila und
weiter nach Penne. Erst hier findet man wieder einen Gegenstand der
Untersuchung, indem tags zuvor zwei Templer, die Servienten Ceccus
Nycholai Ragonis de Sancano und Walter aus der Stadt Neapel gefangen
worden waren, die aber beide weder erscheinen noch den Orden verteidigen
wollen und diese Weigerung am folgenden Tag noch dreimal wiederholen:
für die Kommission gerade kein glänzendes Vertrauensvotum. Da man
nun bei Walter nicht sicher war, ob man einen wirklichen Ordensange=
hörigen vor sich habe, so ließ man diesen als entschuldigt gehen, Ceccus
aber wurde inquiriert und erzählte von einem Idol in Gestalt eines auf=
rechtstehenden Knaben, ca. eine Elle hoch, das in der Schatzkammer einer
Komturei in Apulien zur Anbetung gehalten wurde und vor dem die
Kniee zu beugen auch er mit gezückten Schwertern gezwungen worden sei.
Sonst ist in dem konfusen Zeugnis dieses Mannes nur noch bemerkens=
wert, daß er als Zeugen bei seiner durch den Großpräzeptor der Lom=
bardei, Uguccio di Vercelli, in einem Lokale des Lateran erfolgten Auf=
nahme neben einem andern auch den Prokurator des Ordens, Peter von

---

dem Suburbicarbezirk von Rom: Da dieser Prozeß ebenso auf der einen Seite über
den Kirchenstaat hinausgeht, indem er Chieti, Aquila, Penne, das neapolitanische Ab=
ruzzengebiet umfaßt, als er andererseits die Romagna, die zwar zum Kirchenstaat ge=
hörte, aber eine selbständige kirchliche Provinz Ravenna bildet, ausschließt.

Bologna, nennt. Und zwar geschah diese Aufnahme durchaus regelrecht. Die weitere Untersuchung führt uns, ohne den Bischof von Sutri, nach Chieti: hier wird vom 11.—14. Mai 1310 ein weiterer Templer, Andreas Armani de monte Oderisio (aus der Diöcese Chieti) verhört, der zur Zeit des Papstes Bonifacius in Barletta durch den Großpräzeptor von Apulien und den Abruzzen, Petrus de Ultramontanis, regelrecht rezipiert, hernach an einem geheimen Ort zur Verleugnung Christi und aller Heiligen angehalten worden sein will unter Versicherung des Großpräzeptors, Christus sei nicht wahrer Gott, sondern ein falscher Prophet und für seine Verbrechen gekreuzigt und die Hoffnung auf Erlösung durch ihn sei eitel. Außerdem weiß er aber auch noch von einem Idol, einer gleichfalls eine Elle hohen Statur mit drei Köpfen, die er, von den Anwesenden mit gezückten Schwertern bedroht, angebetet habe: für Prutz wieder ein Faktor, wertvoll genug, um in der „Kulturgeschichte der Kreuzzüge"[1]) als weiterer Beleg für sein System zu figurieren; vollends da auch dieser Zeuge zum Schluß versichert, alles „ohne irgend welchen Zwang" ausgesagt zu haben. Für uns bietet mehr Interesse seine Bemerkung, daß er vorher verheiratet gewesen sei und bei seinem Eintritt er wie seine Frau aufeinander verzichtet haben.

Am 23. Mai fängt die Untersuchung wieder vorne an in der Kirche Sta. Maria auf dem Aventin mit weiteren Citationen, die in vernünftigerer Form gehalten sind als die früheren, doch ohne mehr Erfolg. Daher wird am 28. Mai in Viterbo beschlossen, durch die fünf hier noch eingekerkerten Templer sich weiteres Material zu verschaffen. Trotz der nicht weniger als fünfmal auf jedesmalige Einladung hin wiederholten Weigerung, vor den Inquisitoren zu erscheinen oder den Orden zu verteidigen, werden doch von vier von ihnen[2]) Geständnisse beigebracht, mit deren Aufnahme die Inquisitoren vom 7.—19. Juni beschäftigt sind. Ergebnis wieder, nach erfolgter regelrechter Aufnahme, spätere Verleugnung Christi (bei dem Priester Wilhelm von Verdun in einer Schusterwerkstätte durch Drohungen mit gezückten Schwertern, bei Gerhard von Piacenza in einer Kammer und wieder als „pro suis sceleribus crucifixi"), bei drei von ihnen dazu Conculcatio[3]), bei ebensoviel die Bespeiung, bei zwei endlich auch die Anbetung eines Idols, das bei dem Ackerknecht Bivolus[4])

---

[1]) Kulturgesch. der Kreuzzüge, p. 362. — [2]) Der 5. bleibt verschollen. War er auf der Folter geblieben oder trotz aller Mittel zu keinem Geständnis zu bewegen? — [3]) Und zwar bei dem genannten Priester eines Kreuzes von Strohhalmen, das auf die Erde gemacht wird. — [4]) Dieser macht überhaupt die saftigsten Geständnisse unter allen, indem er nicht bloß korrekt Verleugnung, Bespeiung, Conculcatio, sondern auch die 3 Küsse (in ano, ventre nudo und Nabel) und zwar ihm durch den Stellvertreter

(aus der Grafschaft Perugia) ein Menschenantlitz trägt: natürlich bei allen „freiwillig und aus eigenem Antrieb", wie die Inquisitoren aus guten Gründen beisetzen lassen. Merkwürdigerweise widerspricht das letzte Zeugnis, das wir nach fünf weiteren ergebnislosen Stationen der Kommission[1]) aus Palombara (Diöcese Sabina) am 27. Juli von dem (in Penne wegen Zweifel an seiner Zugehörigkeit zum Orden freigelassenen) Servienten Walter Johannis von Neapel erhalten, dem fruchtbarsten jener vier vorhergehenden Zeugnisse, dem des Ackerknechts Vivolus, mit dem zusammen er im Jubeljahr 1300 durch den Großpräzeptor der Lombardei, Uguccio von Vercelli, in Castro Araldi rezipiert worden ist, indem er im Unterschied von jenem behauptet, daß sie nach der Abreise des Großpräzeptors durch den von ihm ernannten Präzeptor Albert de Castro Alquarto aus der Grafschaft Piacenza selbdritt in der Kammer durch Drohungen zu Verleugnung Christi und Bespeiung des Kreuzes angehalten worden seien, und behauptet, daß sie sich gegenseitig After, Bauch und Nabel geküßt haben. Welchem von beiden sollen wir nun glauben? da auch dieser versichert, nur „die Wahrheit freiwillig" ausgesagt zu haben. Was ist demnach das Ergebnis dieser neunmonatlichen Untersuchung in Mittelitalien? Sieben Zeugnisse[2]) auf doppelt so viel Stationen. Und wohl dem, der damit viel anzufangen weiß!

Verwickelter liegen die Verhältnisse in dem noch übrigen Hauptteil der Apenninenhalbinsel, Oberitalien mit Toscana, das bei seiner Geteiltheit in einen Haufen städtischer Republiken und dem, durch den Römerzug Heinrichs VII. neuangefachten, Parteiwesen des festen einheitlichen Willens entbehrt. Demgemäß haben wir anzunehmen, daß es an einem allgemeinen planmäßigen Vorgehen gegen den Orden von Anfang an hier gebrach und mehr auf die Thätigkeit der einzelnen Inquisitoren

---

des Großpräzeptors der Lombardei, Namens Georg, erteilt) und die Erlaubnis zu Sodomiterei rapportiert, und zwar ohne daß Zeugen dabei gewesen seien. Wunderbarerweise hat er jedoch nie einen Kater gesehen, noch unter den Templern je von einem solchen reden hören.
[1]) Vom 3. und 8. Juli in Albano — es findet sich niemand in der Campagna und Maritima —; am 15. und 17. Juli in Velletri — hier stellen sich mangels an templerischen Zeugen 8 Geistliche, die nichts wissen —; am 17. Juli in Segni — auch hier wissen 5 vorgeforderte Laien-Zeugen nichts —; am 20. Juli in Castro-Fajole, Diöcese Tusculum, und am 21. Juli in Tivoli nichts. — [2]) Zugleich ein Beweis, wie spärlich vertreten der Templerorden in diesem ganzen Landstrich war. Darauf weist der Umstand hin, daß nirgends ein eigener Großpräzeptor erwähnt wird, sondern nach der Angabe von Walter von Neapel (Schottm. II, 418) der Großpräzeptor der Lombardei zugleich für Tuscien, das Patrimonium, die Maritima, Mark Ancona, Rom, das Herzogtum Spoleto, die Campagna und Sardinien beauftragt war.

ankam, ob etwas und was geschah. Das erste, von dem man hier weiß, ist eine Anweisung des Inquisitors der Lombardei, Frä Ottone, zur Auslieferung von drei Templern an den Podestà von Casale[1]). In ordentlichen Fluß scheint die Sache erst durch das Eingreifen der auf dieser Halbinsel besonders interessierten Kurie gekommen zu sein, indem für den Verlauf maßgebend jedoch auch dann die Persönlichkeit der Hauptprälaten in diesen Gebieten blieb.

In der westlichen Hälfte wurde 1309 der Erzbischof Giovanni von Pisa zum apostolischen Nuntius in unserer Angelegenheit durch Toscana, die Lombardei, Dalmatien, Istrien — für diese letzteren Gegenden offenbar nur nominell, da hier, im Gebiet der Kirchenprovinz Aquileja, daneben das wichtige Venedig[2]) umfassend, der Orden so gut wie gar nicht vertreten gewesen zu sein scheint — mit dem beträchtlichen Sold von 8 fl. täglich, von dem Templerbesitz zu erheben, angewiesen. Trotz dieses Stimulus scheint jedoch zunächst keineswegs allzuviel erreicht worden zu sein. Wenigstens hält es auch hier der Papst für nötig, im Spätjahr 1311 zur Vorbereitung für das Konzil von Vienne, auf dem man möglichst belastende Aussagen brauchte, ein neues Verhör, natürlich unter Anwendung entsprechender Mittel, anzuordnen, das so schleunig als möglich veranstaltet und dessen „Ergebnisse" bei der Eile der Sache umgehend an die Kurie eingesandt werden sollten. Die Kommission, die mit dieser Untersuchung gegen die einzelnen Personen wie gegen den Orden überhaupt betraut wurde[3]), bestand neben dem Erzbischof von Pisa aus dem Bischof Antonio von Florenz und dem Kanoniker von Verona, Pietro Giudice de Urbe (aus Rom?). Da dieselbe von keinen Zweifeln hinsichtlich der Anwendung der Folter geplagt war, so hielt es nicht schwer, bei den dreizehn Ordensangehörigen, die hier in Florenz von früher her noch inhaftiert waren, teilweise Geständnisse zu erzielen. Sechs von ihnen[4]) legten ein in jeder Hinsicht befriedigendes Zeugnis ab: enthaltend nicht bloß allgemein die Verleugnung, Bespeiung, schmutzigen Küsse und Erlaubnis zur Sodomie, sondern auch den Unglauben an das Sakrament des Altars,

---

[1]) Lea III, p. 307. — [2]) Dieses kann in unserem Prozeß schon deswegen nicht weiter in Betracht kommen, weil es mit dem h. Stuhl zu dieser Zeit wegen Ferrara bekanntlich dermaßen verfeindet war, daß Klemens V. kein Bedenken trug, die gesamte Bevölkerung für vogelfrei zu erklären und in die Sklaverei zu verkaufen. — [3]) Ihre Protokolle sind 1845 durch Bini, neuerdings von Loiseleur im Anhang seiner Arbeit, veröffentlicht worden. — [4]) Egidius, Präzeptor von San Gimignano, Bernhard von Parma, Guido von Ciccica, Diöcese Fiesole, Präzeptor von Caporsoli derselben Diöcese, Nicolaus Reginus, Präzeptor von Groiseto, Lanfranc von Fiorenzuola und Jakob von Vigazzano, Diöcese Piacenza.

die Verehrung des hier besonders ausführlich beschriebenen Idols — und zwar merkwürdigerweise fast bei allen in Bologna[1]) geschehen — und, last not least, bei Nicolaus Reginus, der schon vorher durch die neben der spuitio einhergehenden minctio und conculcatio überhaupt das ausgiebigste Geständnis[2]) abgelegt hat, auch den schwarzen Kater. Letzterer, der wieder die Kühnheit hat, gerade in Bologna zu erscheinen und in dem Kapitel bei seiner Aufnahme, in dem er von den Brüdern angebetet wird, eine ganze Stunde zu verweilen, bis er plötzlich spurlos verschwindet, überhebt uns wohl der Verpflichtung, näher auf diese Zeugnisse einzugehen, obwohl sie von Loiseleur und ihm nach von Prutz für äußerst wertvoll gehalten worden sind und insbesondere durch die Aussagen über das Idol, von dem wiederholt bezeugt ist, daß es „die Erde sprossen" und „die Bäume blühen mache", einen äußerst fruchtbaren Beitrag für die „Geheimlehre" geliefert haben. Auch ohne diese weiteren Anhaltspunkte würde uns genügen die Schlußbemerkung dieses Protokolls[3]), daß die Antworten d. h. Negationen von den sieben anderen Zeugen dem Bericht nicht beigefügt worden seien, da etliche von ihnen zu keiner Zeit irgend welchen Stand oder hervorragenden Rang („prelationem") im Orden bekleidet haben, etliche zu bloßen Dienstleistungen oder ländlichen Arbeiten bestimmt gewesen seien[4]) und etliche wegen ihrer Neuheit im Orden dessen Geheimnisse wahrscheinlich nicht haben wissen können, „obgleich wir sie der Folter und dem peinlichen Verfahren ausgesetzt haben". Natürlich wurden aber die vorliegenden bejahenden Aussagen ohne allen Zwang der Folter u. drgl. Mittel gemacht und bestätigt. So wird wenigstens versichert und — „honny soit qui mal y pense!" — Dies ist das Verhör von Florenz, das für die Übereinstimmung der Prozeßergebnisse von Italien mit denen in Frankreich am meisten als Beweis hat herhalten müssen.

Anders ging es in der östlichen kleineren Hälfte, der Romagna. Hier war das geborene Haupt der Untersuchung der Erzbischof Rainald von Ravenna[5]), dessen Provinz nicht nur die gesamte Romagna, sondern

---

[1]) Vgl. für die so ganz anderen Ergebnisse, die sich an diese Stadt knüpfen, nachher den Prozeß der Provinz Ravenna; dazu den Generalprokurator Peter von Bologna. — [2]) Von wirklichem, und zwar ebenso geographischem als kulturhistorischem Interesse dürfte nur die Bemerkung dieses Zeugen (bei Art. 65—67) sein, daß die den Gehorsam Verweigernden, alle renitente Elemente, entweder mit Tod oder Kerker oder Verbannung in andere ferne Länder, so nach Sardinien, verschickt wurden, damit sie bald umkämen. Also Sardinien galt als Strafplatz. — [3]) Loiseleur, p. 212. — [4]) Obgleich, wie Lea mit Recht hervorhebt, anderswo das meiste belastende Material gerade von solchen Ordensgenossen gewonnen oder verwertet worden war. — [5]) Lea (III, p. 307) tituliert ihn fälschlich als Erzbischof von Bologna; dieses war nur eine gewöhnliche Diöcese, die dem Metropolitanus von Ravenna unterstand.

die ganze Emilia begriff und der daher päpstlicherseits um so weniger umgangen werden konnte, als er, in gleichem Grad durch Reinheit des Wandels als durch kirchliche Strenge ausgezeichnet¹), sich eines unbegrenzten Ansehens weithin erfreute. Um so begieriger dürfen wir auf das Ergebnis in seinem Untersuchungsbezirk sein. Zu diesem gehörte, außer seinem erzbischöflichen Sprengel, auch Ancona. Hier verhörte der Bischof von Fano einen Templer, der die Unschuld des Ordens beteuerte, und 19 andere Zeugen, die ebensowenig belastendes Material lieferten²). Dasselbe Ergebnis hatte die Untersuchung durch den Bischof von Rimini in Cesena mit 2 Templern, von denen der eine beifügt, daß, wären die Anklagen wahr, er den Orden verlassen und bei Prälaten und Inquisitoren verklagt haben würde, da er lieber sein Brot erbettelt hätte, ja lieber gestorben wäre, als mit solchen Leuten zusammen geblieben³). In Bologna wurden die Templer zur kanonischen Reinigung zugelassen und leisteten die von den strengen Inquisitionsgesetzen verlangten Beweise für ihre Unschuld⁴). Danach berief der Erzbischof, nachdem er schon bisher bei seiner Untersuchung in Parma und andern Städten seines Bezirks kein Hehl aus seiner Sympathie für die Angeklagten gemacht hatte⁵), auf Januar 1311 ein Konzil nach Ravenna, mit der Aufforderung an die Inquisitoren, hierher ihr Beweismaterial zu bringen, das ohne Schluß verlief. Anders eine Wiederholung desselben, das auf 1. Juni nach Bologna berufen, aber nach Ravenna verlegt und bis 15. Juni verschoben wurde. Von 6 Suffraganbischöfen besucht, repräsentierte es die imponierendste Kirchenversammlung, die in dieser Angelegenheit in Italien abgehalten wurde. In Gegenwart der Prälaten, sowie zweier Dominikaner und eines Franziskaners, die wie anderwärts als apostolische Ketzerrichter den Sitzungen beiwohnten, stellten 7 vorgeführte Tempelritter jede Beschuldigung in Abrede. Die darauf folgende Beratung des Konzils ergab zwar zuerst die größte Meinungsverschiedenheit, indem die Frage des Erzbischofs, ob die Anwendung der Folter statthaft erscheine, mit Ausnahme der beiden Dominikaner von allen verneint; auf die zweite Frage, ob Freisprechung erfolgen oder den Angeklagten die „purgatio canonica" auferlegt werden solle? für letzteres entschieden wurde. Aber schon in der Sitzung des folgenden Tags, des 18. Juni, wird, da eine solche kanonische Reinigung mit ihrer Forderung einer Anzahl von eidesgültigen Kompurgatoren für die Templer in ihrer damaligen Lage unerfüllbar war, beschlossen,

---

¹) Vgl. Ughelli, Italia sacra, Bd. II, p. 382. — ²) Raynouard, p. 273. — ³) Ebenda, p. 272 f. — ⁴) Havem., p. 327 auf Grund von Muratori IX, p. 880 (Chronicon Parmense). — ⁵) Havem. ist hier wieder unübertrefflich, wenn auch in den Detailangaben nicht ganz genau.

die Schuldigen nach den Gesetzen zu strafen, die Unschuldigen aber von der Untersuchung zu entbinden und in die Gemeinschaft der Kirche ohne weitere Formalitäten wiederaufzunehmen. Als Unschuldige aber sollten gelten alle, die ein Geständnis aus Furcht vor der Folter abgelegt, jedoch später widerrufen, oder aber, die offenkundig den Widerruf nur aus Furcht vor abermaliger Anwendung der Folter nicht gewagt hätten. Betreffend den Orden als Ganzes empfahl das Konzil, daß er erhalten bleiben sollte, falls die Mehrzahl der Mitglieder schuldlos befunden würde; die Schuldigen sollen der Abschwörung und Bestrafung innerhalb des Ordens unterworfen sein; hinsichtlich des Ordensguts aber meinte es, daß dasselbe für den Fall der Unschuld der Mehrzahl den Ordensmitgliedern verbleiben und zu ihren Gunsten verwendet werden solle [1]).

„Kein Wunder, daß Klemens V. über diese Umkehrung aller Inquisitionspraxis aufs höchste entrüstet war und die Verbrennung der auf solche Weise rückfällig Gewordenen anordnete: ohne aber mit diesem Befehl wohl Gehorsam zu finden, wie Bini versichert, daß in Italien kein Templer verbrannt wurde." (Lea III, 308.) Angesichts dieses Schlußergebnisses und dank vor allem der Untersuchung von Ravenna, die einen Lichtpunkt in dem dunklen Gemälde des ganzen Prozesses bildet und den Beweis liefert, daß doch auch in jener Zeit es an Männern von Intelligenz und Charakter nicht ganz fehlte, kann doch nur sehr mit Einschränkung von Übereinstimmung des italienischen Prozeßergebnisses mit dem von Frankreich geredet werden. Und doch ist von allen Ländern diese Übereinstimmung hier immer noch am größten.

Noch weniger kam in dem Italien entgegengesetzten Nachbarlande von Frankreich, in England, heraus, trotz des von Philipp dem Schönen und noch mehr von päpstlicher Seite hier besonders ausgeübten Drucks. Die Schuld Eduard II., des Eidams Philipp des Schönen, war das nicht. Zwar im Anfang widerstrebte dieser der von seinem Schwiegervater ihm, als Kollegen auf dem Throne und zugleich seinem Lehensmann von Guienne, unter dem 16. Okt. 1307 durch Zusendung des Klerikers Bernhard Peleti [2]) anempfohlenen Nachahmung seines Beispiels, indem er

---

[1]) Wie Lea hier noch weiter erzählt, so waren außer den 7 Rittern noch 5 Ordensbrüder vorhanden, die, wahrscheinlich früher Geständige, die Auflage erhielten, sich auf 1. August vor dem Bischof Uberto von Bologna mit 7 Kompurgatoren zu reinigen. Unter diesen war die Reinigung von 2 besonders hervorragend und zweifellos machten alle die Zeremonie glücklich durch. Das Ganze nach Havem. p. 327, Raynouard p. 277, Schottm. I, 413 f., Lea III, 307 f. Hauptquelle für alle ist Harduin, acta conciliorum VII, p. 318 ff. — [2]) Der unter den „traytour" = maltraiteurs der Templer von Pouzard de Gisi bereits erwähnt worden ist. Offenbar hatte er bei den ersten Untersuchungen im Sinne der Inquisition bereits eine hervorragende Geschicklichkeit entfaltet.

nicht nur unter dem 30. Oft. erwiderte¹), weder er noch seine Prälaten und Barone könnten sich mit den schaudererregenden Anschuldigungen gegen den Templerorden, die schlechterdings unglaublich klingen, befreunden, weshalb er den Seneschall seiner französischen Besitzungen in Agen zu weiterer Auskunft persönlich citiert habe, da ja von dorther diese Gerüchte ausgegangen sein sollen; sondern auch in seinem Bestreben, den Orden zu schützen, noch weiter ging und unter dem 4. Dez. 1307 an die Könige von Castilien, Portugal, Aragonien und Neapel schrieb, die Anklagen müßten aus Leidenschaft und neidischer Begierde hervorgehen, weshalb sie nichts ohne reifliche Überlegung thun möchten. Ja 6 Tage darauf wandte er sich in gleichem Sinne an Klemens V. selbst, da er das Gerücht von der Verderbtheit des Ordens um so weniger glauben könne, als derselbe in England stets ein sittenreines Leben geführt habe: eines der besten und um seiner Spontaneïtät willen wertvollsten Zeugnisse, die wir zu Gunsten des Templerordens besitzen. Aber das Schreiben des Papstes mit der Bulle „Pastoralis praeeminentiae solio" vom 22. Nov., das kurz nach dem 10. Dez. eingetroffen sein muß, benahm ihm, wenn nicht den Glauben an die Unschuld des Ordens, so doch jedenfalls angesichts der Aussichtslosigkeit eines solchen die Lust zu weiterem Widerstande, und so ergeht schon unter dem 15. Dez. 1307 die Anweisung zur Verhaftung aller Templer in England auf den 7. Jan. 1308, ein gleicher Befehl für Irland, Schottland und Wales auf den 10. Jan.²) unter dem 20. Dez. „Möglicherweise trug zu dieser plötzlichen Sinnesänderung Eduards bevorstehende Abreise nach Boulogne zur Vermählung mit Philipp des Schönen Tochter Isabella das ihrige bei³)."

Aber wenn auch demgemäß die Verhaftung keiner weiteren Schwierigkeit unterlag, so fehlte doch viel zu dem französischen Vorbilde. Schon daß die Templer in ehrenvoller Haft⁴), nicht im Gefängnis gehalten wurden in Erwartung der päpstlichen Aktion, änderte viel an der Sache. Denn „hier scheint keinerlei Geneigtheit weder auf seiten der Kirche noch des Staats vorhanden gewesen zu sein, die Initiative zu ergreifen⁵)." Das macht, daß das britische Freiheitsgefühl die Gewaltmittel der Inquisition, die auf dem Inselreich überhaupt nur schwer Fuß faßte, ausschloß. So kam hier mehr als sonst auf das päpstliche Eingreifen an. Dieses aber ließ lange auf sich warten, denn erst im September 1309 trafen die, obgleich schon am 12. Aug. 1308 für die Untersuchung hier ernannten,

---

¹) Vgl. Not. et extr. XX, 2, p. 161 f. — ²) Hinsichtlich der Daten s. Schottmüller I, 372. — ³) Lea III, 299. — ⁴) D. h. wenigstens im Anfang. Später muß es auch hierin anders geworden sein: vgl. nachher. — ⁵) Lea III, 299.

päpstlichen Kommissäre¹) Sicard de Lavaur, Kanonikus von Narbonne, und Abt Deodat von Lagny auf dem englischen Boden ein. Hierauf Aussendung von Instruktionen, alle noch nicht verhafteten Templer zu ergreifen und sie zusammen in London, Lincoln und York für die abzuhaltenden Verhöre zu versammeln, und strenger Befehl an die Bischöfe dieser Diöcesen, hierbei zugegen zu sein. Ähnliche Befehle ergingen nach Irland und Schottland, wo von den Inquisitoren ernannte Delegierte das weitere zu besorgen hatten. „Es war offenbar nicht leicht, die Beamten dazu zu vermögen, ihre Schuldigkeit zu thun, denn am 14. Dez. (1309) wurden Weisungen an alle Sheriffs verlangt, die Templer, die in weltlichem Gewand das Land durchstreiften, zu ergreifen, und folgenden März und wieder im Januar 1311 wurde der Sheriff von York gescholten, daß er den in seinem Gewahrsam Gehaltenen gestattete, umherzuwandern. Offenbar waren die Sympathien des Volks auf seiten der Angeschuldigten²).“

So beginnt nun endlich am 20. Okt. 1309 durch die beiden Inquisitoren im Verein mit dem Bischof von London, Radulf von Baldok, die Untersuchung und am 21. Okt. das Verhör der im Tower in London³) untergebrachten Templer, 50⁴) an der Zahl, von denen jedoch nur 47 wirklich verhört, an dem genannten 21. Okt. aber nur 40 vorgeführt wurden⁵): an ihrer Spitze der Großpräzeptor des gesamten Inselreichs, Schottland inbegriffen, Wilhelm de la More. Da von diesen sämtliche Artikel⁶), über die man sie fragte, verneint wurden, so beginnt am folgenden Tag, dem 22. Okt., das Einzelverhör, das, mit Unterbrechung vom 17. Nov. bis 27. Jan. und wieder von da bis zum Schlußtag, bis zum 18. März 1310 dauert und die Zeugnisse von 46⁷) gründlich, etliche

---

¹) Mit einem Sold von 3 fl. täglich, vom Templergut zu erheben. — ²) Lea III, 299. — ³) Wohin jedoch in den letzten Tagen des Jahrs 1309 auf Eduard II. Befehl auch die in Lincoln inhaftierten Templer untergebracht wurden, „ut commodius et efficacius posset procedi ad inquisitionem": Havem. p. 301 nach Rymer III, p. 224. — ⁴) Wilkins Concil. Brit. II, 346: 13 aus der Diöcese London, 14 aus Canterbury, 2 aus Gloucester, 3 aus Dorset-Somerset, 2 aus Surrey, 5 aus Oxford, 7 aus Essex, 4 aus Hereford. — ⁵) Da mehrere andere, die im Tower von London gefangen lagen, wegen Krankheit am genannten Tage zu erscheinen unfähig waren; also nun scheint es mit der Gemütlichkeit der Haft aus gewesen zu sein. — ⁶) Im Unterschied von andern Ländern beträgt die Zahl derselben hier nur 87, indem von den oben (p. 343 ff.) genannten 127 Fragestücken von Art. 77 an die dort noch übrigen 51 Artikel hier in 11 zusammengefaßt sind: eine Bestätigung unserer dort ausgesprochenen Ansicht, daß jene letzte Artikelserie einfach eine Art historisches Referat über den Verlauf der ersten Untersuchung in Frankreich ist. — ⁷) Unter diesen sind vor allem bemerkenswert einmal der 5. Zeuge, Himbert Blanke, der Großpräzeptor von Auvergne; dieser, weil er, eigentlich nach Frankreich gehörig zu den dortigen Groß-

zu wiederholtenmalen, vorgenommenen Templern enthält. Das Gesamt=
ergebnis ist, daß die Unschuld des Ordens von sämtlichen Zeugen auf
übereinstimmende Weise versichert und die in Frankreich allemal im ersten
Teil der Aussagen „licito" oder „honesto modo" beschriebene Aufnahme
als die ausnahmslos die Regel bildende glänzend bestätigt wird. Diese
Aufnahmen, meinte Johannes von Stoke, seien so, daß jedermann hätte
dabei sein dürfen, weswegen Himbert Blanke die Heimlichthuerei dabei
einfach für Dummheit erklärt[1]). So kam lediglich nichts Gravierendes
heraus, als daß, nach Johannes von Stoke, sie ein Probejahr halten und
die Aufnahmen öffentlich geschehen sollten. Das Ganze in schönster Über=
einstimmung mit dem Verhör von Elne einerseits und dem nachher zu
besprechenden Processus Cypricus andrerseits.

Indessen gaben auch hier die päpstlichen Abgesandten, die mit der
Willensmeinung Klemens V. vertraut, Eduard II. immer mehr nach ihrem
Sinne zu lenken wußten, nicht so bald weich. Schon vor Ablauf dieses
ersten Verhörs war auf einem Provinzialkonzil in London am 25. Nov.
1309 beschlossen worden, die Templer in abgesonderte Gefängnisse zu

würdenträgern, einst aber, vor 38 Jahren, im Orient durch Wilhelm von Beaujeu,
den meistbeschrienen Großmeister, rezipiert, ein glänzendes Zeugnis ist für den Unter=
schied, den es ausmachte, nicht, ob man in Frankreich oder im Orient oder in England
rezipiert, sondern ob man in Frankreich oder in England verhört wurde. Damit
stimmt die Erklärung des zweimal verhörten Burgunders Thomas le Chamberleyn:
dieselbe Aufnahme sei diesseits wie jenseits des Meers; unter den
Zeugen seiner Aufnahme ragt, wegen seiner nachherigen Rolle, Stephan von Stapel=
brugge besonders hervor. Neben diesen verdient besondere Beachtung der später (1311)
noch einmal mit ganz anderem Erfolg verhörte Kaplan Johannes von Stoke,
der hier durchaus nicht bloß mit den übrigen Ordensgenossen in England, sondern
auch mit Egidius von Rotange, dem auf Ersuchen der englischen Inquisitoren wegen
Aufnahme des in Frankreich (Ponthieu) rezipierten Johannes von Stoke wiederholt
(Mich. II, 132) befragten Zeugen Nr. 61, in einer den Orden durchaus rechtfertigenden
Weise zusammenstimmt. Von den übrigen mag noch hervorgehoben werden vor allem
Nr. 34, Robert der Schotte, der zweimal die Aufnahme durchgemacht hat, zuerst vor
26 Jahren im Pilgerschloß durch Wilhelm von Beaujeu; hernach sei er aus Leicht=
sinn ausgetreten und 2 Jahre lang außerhalb des Ordens geblieben; als er aber nach
Rom gekommen, sei er auf Rat des päpstlichen Beichtvaters, dem er ge=
beichtet, in den Orden zurückgekehrt „post multam instantiam et magnam
poenitentiam" und habe das Ordensgewand wieder zu Nicosia auf Cypern von Jakob
von Fauceon auf Befehl des Großmeisters erhalten. Bei der ersten wie bei der zweiten
Aufnahme führt er Himbert Blanke neben anderen als Zeugen an. Ein anderer,
Thomas von Sudham, obgleich erst 11 Tage vor der Verhaftung rezipiert, weist die
wiederholte Aufforderung, doch auszutreten, auf das bestimmteste zurück, „obgleich er
genug Vermögen hätte, auch außerhalb des Ordens leben zu können". Und so weiß
auch der vor 2 Jahren ausgetretene Priester Roger von Stowe nichts Nachteiliges.

[1]) Vgl. oben p. 240.

bringen, und wenn auch dadurch, durch strenge Haft, kein Geständnis zu erzielen sei, die Folter, obgleich nur mäßig, anzuordnen, d. h. so, daß dieselbe weder Verstümmelung oder unheilbare Schwächung der Glieder noch heftigen Blutverlust zur Folge habe[1]). Am 15. Dez. 1309 erlangte die Inquisition auf ihre Bitte eine weitere königliche Weisung an die Wächter der Gefangenen, den Inquisitoren und bischöflichen Ordinarien zu gestatten, mit den Leibern der Gefangenen zu thun, was ihnen beliebte „in Gemäßheit des kirchlichen Gesetzes", da — wie Lea bemerkt[2]) — „man durch eine abscheuliche Verkehrtheit der Zeit dazu gekommen war, unter einem kirchlichen Gesetz den schlechtesten der Mißbräuche, vor welchem das weltliche Gesetz noch schauderte, zu verstehen"[3]). Aber entweder die Wächter oder die bischöflichen Beamten machten noch Schwierigkeiten, denn der Befehl mußte am 1. und wieder am 8. März 1310 wiederholt eingeschärft werden, mit Anweisung die Sache zu berichten, falls die vorhergehenden Weisungen zum Teil nicht befolgt worden wären.

Noch wollte alles nichts helfen, obgleich selbst dem Orden nicht angehörende Zeugen aufgerufen und über eine Reihe allgemeinerer Fragstücke[4]) ausgeholt worden waren. Von 17 teils geistlichen teils weltlichen Zeugen, die vom 19. Nov. 1309 an auf diese Weise befragt worden waren, wissen alle bis auf drei nur Gutes. Auch von diesen weiß der eine, M. Gilbert de Bruería, ein Kleriker, nur von ungewöhnlicher Strenge des Ordens gegenüber Vergehungen, die ihn stutzig gemacht habe. Ein zweiter, der Kaplan Radulf, sagt aus, daß er viele Templer um den

---

[1]) „absque mutilatione et debilitatione perpetua alicujus membri et sine violenta sanguinis effusione": Harem. p. 305 nach Monasticum anglic. II, 559. — [2]) Lea III, 300. — [3]) Und da behauptete Loiseleur-Prutz noch, die päpstlichen Kommissionen seien auf Befreiung der Templer ausgegangen! — [4]) Es sind im ganzen 6: 1. Ob man wisse oder glaube, daß die Templer ihre Aufnahme oder die Art derselben zu verheimlichen wünschen? Wenn ja, aus welchem Grund, einem erlaubten oder unerlaubten? Ob man deshalb einmal Verdacht gehabt? einmal die Templer darüber befragt und jene sich geweigert, dieselbe zu enthüllen? 2. Ob die Aufnahmen bei Nacht oder sie jemand auch bei Tage habe aufnehmen sehen? 3. Ob die Kapitel bei Nacht stattfinden? 4. Ob man die Templer irgend welche geheime Veranstaltungen habe treffen sehen, die verdächtig vorgekommen seien? Ob man aus ihren Worten oder Unterhaltungen irgend etwas empfunden habe, was nach Ungläubigkeit schmeckte? Ob sie aus ihren Versammlungen oder ihrem Benehmen entnommen, daß sie Gott fürchteten oder sich kein Gewissen aus unrechtem Gut machten? 5. Ob ihnen irgend welche geheime Aufführungen verdächtig vorgekommen seien und in welcher Hinsicht? 6. Ob und was man von der Verleugnung Christi oder von dem Besitz und der Anbetung eines Jdols wisse? Ob man glaube, daß sie über ein kirchliches Sakrament falsch geurteilt hätten? Wilkins II, 347.

Grund der Heimlichkeit befragt habe, aber sie wollten es ihm nicht sagen: eine Frage, auf welche ein andrer, Wilhelm le Dorturer, einfach die Antwort erhalten hat: „weil es nicht Sitte (modus) sei, daß jemand die Aufnahmen ansehe, als nur Brüder", während ihm ein andermal auf die weitere Frage, wie es dabei zugehe, ihr Bekenntnis in Rollen (das Statutenbuch) gezeigt worden sei, in dem das nähere darüber enthalten sei. Das einzig Schlimme enthält das Zeugnis des Notars Robert le Dorturer, der, nachdem er die erste Frage, nach der Heimlichkeit, bejaht und als Grund dafür angegeben hat, „weil vielleicht etwas Unrechtes dabei vorkam", weiter behauptet, daß Guido von Foresta, eben der Templer, der seinen Verdacht erregt, weil er einmal mit einem Ordensbruder lange in einer Kammer sich eingeschlossen habe, einmal in seiner Kammer den Versuch gemacht habe, Sodomiterei mit ihm zu treiben; doch sei er ihm aus der Hand entwichen und entflohen. Die übrigen, in der Mehrzahl Kleriker, wissen meist nur von der Heimlichkeit zu berichten, erklären sich diese aber „ex honesta causa" (so der Priester Richard von Barton, der neunte Zeuge)[1].

Infolge des ungenügenden Resultats der bisherigen Untersuchung werden am 29. Jan. 1310 24 neue Artikel aufgesetzt, von denen der erste die allgemeine Frage stellt, was man von Verleugnung, dem Idol, der Sodomiterei und den andern in der Bulle enthaltenen Anklageartikeln wisse? Art. 2 fragt nach der Glaubwürdigkeit der templerischen Zeugnisse: ob sie nicht durch Furcht vor ihren Oberen oder dem Orden beeinflußt seien? Art. 3: ob die Aufnahme überall in England, Nr. 4: ob sie überall sonst in der Welt jederzeit identisch sei, so daß, wer eine kenne, auch die aller übrigen Templer kenne?[2] 5. Ob alle Großpräzeptoren, und speziell der von England, ihre Bräuche („observantias") vom Großmeister empfingen und dieselben überall gleich beobachtet würden?[2] 6. Ob die Ritter nicht durch besondere Eide und Rücksichten zur Verheimlichung der Wahrheit bestimmt worden seien, sondern ihre Geständnisse vor Gericht überall von sich selbst aus gemacht haben? 7. Ob man bei diesen freiwilligen Aussagen bleibe? 8. Ob der Großpräzeptor von England oder seine Abgeordneten zum Kapitel in Frankreich seine Vorschriften durch den Großpräzeptor von Frankreich oder den Visitator des Ordens empfangen habe?[2] 9. Ob bei den Kapiteln mit der Glocke oder sonst ein Zeichen zur Berufung gegeben werde und ob dabei alle zu erscheinen gehalten wären? 10. Ob man selbst bei einem solchen gewesen und gethan habe,

---

[1] Wilkins, Conc. Brit. II, p. 349. — [2] Diese Artikel, wie nachher Nr. 20, sind besonders wichtig wegen der von Prutz behaupteten Verschiedenheit der geistig-sittlichen Verfassung des Ordens in den einzelnen Ländern.

was die andern auch)? 11. Ob dabei etwas Ketzerisches, Unerlaubtes und Unsittliches vorkomme? 12. Ob diese Aufnahme und die Absolution im Kapitel nach Ordensstatut oder nach Gewohnheit und Billigung des Ordens und aller einzelnen Brüder erfolge? 13. Ob man der dort erteilten Absolution solche Wirkung, wie es heiße, beimesse? 14. Ob das, was im Buch (der Kirchenlehre?) über die Beichte und Absolution stehe, wahr sei und von den Brüdern gebilligt werde? und ob sie selbst und wie sie sich daran hielten? 15. Ob sie und man allgemein glaube, daß der Großpräzeptor und andere die von den Priestern auferlegte Buße für die Sünden erlassen könne? 16. Ob sie glauben, daß der Großpräzeptor oder Visitator oder andere Laien, Präzeptoren einen wegen Gewaltthätigkeiten gegen einen Bruder erkommunizierten Laien freisprechen könnten? 17. Ob man und allgemein glaube, daß irgend ein Bruder von der Sünde des Meineids jeden dienenden Laien freisprechen könne, indem er ihm im Namen der h. Dreieinigkeit die Diszinplin erteile?[1]) 18. Ob man und allgemein glaube, daß die Absolution durch den Großmeister oder Oberen ohne andere Beichte und Absolution genüge (ausgenommen bei Todsünden, Simonie und Gewaltthätigkeit gegen einen Priester)? 19. Ob man überhaupt glaube, daß der Orden oder seine Priester von der ordnungsmäßig verhängten Exkommunikation entbinden könne? 20. Ob der jetzige Großmeister Molay und der Generalvisitator Peraud in England schon visitiert und Kapitel über ihre Vorschriften gehalten haben? 21. Ob diese Oberen und damit der Orden in Frankreich und sonst sich an die apostolischen Bullen halten? 22. Ob allgemeiner Verdacht gegen sie und ihre heimliche Aufnahme geherrscht habe? oder 23. über den Inhalt der päpstlichen Bullen vorhanden gewesen sei? Endlich 24. ob all das in England und anderwärts so offenkundig und bekannt sei, daß es durch keinerlei Ausflüchte verheimlicht werden könne?

Alle diese Fragen beantworten 34[2]) von den schon einmal verhörten Templern, die aufs neue vorgefordert werden, übereinstimmend günstig für den Orden. Dabei fällt vor allem ins Gewicht die Antwort auf die Fragen 22—23: „vor Bekanntwerden der Anklage sei im Volk keinerlei Verdacht aufgestiegen."

Somit wird noch einmal, am 3. März 1310, eine letzte Serie von fünf neuen Punkten aufgesetzt, die, in ihrem ersten Teile rein statistische Anfragen[3]), wenigstens nach dieser Richtung ein nicht unwichtiges Ergebnis

---

[1]) D. h. ihn geißle. — [2]) Wo sind die übrigen 13? (Einfluß der erschwerten Kerkerhaft? — [3]) Die beiden ersten Fragen heißen: Welche Brüder man habe aufnehmen sehen? und wie viel Brüder man in England oder in der Provinz Canter-

lieferten. Auch diese, von 31 (also wieder 3 weniger) der zuletzt Ver=
hörten und dazu von Wilhelm von Sautre abgefragt lieferten wieder ein
günstiges Resultat¹).

Schon bei den vorhin aufgezählten zweiten Verhörartikeln, den 24,
mußte besonders auffallen die, in nicht weniger als 7 (Art. 12—18) Art
erörterte, Nachfrage nach dem Verhältnis der Absolution der Ordens=
oberen zu der priesterlichen Absolution²). Darüber findet nun am
8. Juni 1310 ein neues Verhör statt, das noch genauer danach fragte:
wie und mit welchen Worten der Großpräzeptor oder sonstige Kapitels=
vorsitzende die Absolution erteilen? Darüber werden am 8. und 9. Juni
1310 Wilhelm de la More, Himbert Blanke und andere, im ganzen
39 Templer, genau ausgeholt. Die Antwort, die Wilhelm de la More,
auf Anstiften des Großpräzeptors Himbert Blanke, noch einmal wieder=
holt und Wort für Wort zu Protokoll giebt, stimmt durchaus mit der von
Raoul de Gisi im französischen Prozeß erteilten Auskunft und zeigt, daß
die von dem Ordensoberen ausgesprochene Absolution von Ordensvergehen
keineswegs mit der priesterlichen Sündenvergebung in der Beichte zusammen=
fiel, wenn sie auch in mancher Hinsicht und oft genug sich nahe mit der=
selben berührte.

---

durch kenne? Die genauen Antworten hierauf mit ihren zum Teil sehr reichlichen
Namenangaben — der Großpräzeptor W. de la More führt allein 39 an, deren Auf=
nahme er angewohnt habe — geben uns nicht bloß über die Verbreitung des Ordens
in England einen trefflichen Anhaltspunkt — danach kann die Zahl sämtlicher Templer
auf dem ganzen Inselreich keinenfalls ein paar Hundert überschritten haben —, sondern
zeigen uns auch die Glaubwürdigkeit dieser englischen Templer im schönsten Lichte:
vollends in ihrem Zusammenhang mit den 3 übrigen Fragen: 3. Ob es bei all diesen
Aufnahmen auf die angegebene Weise zugegangen sei? 4. Ob diese Aussagen für den
ganzen Orden gelten? und 5. warum die Brüder heimlich begraben würden?

¹) Vor allem die Antwort auf die letzte Frage, nach dem Begräbnis der Ordens=
brüder. Dieselbe zeigt mit überwältigender Übereinstimmung auf Grund genau ange=
gebener Vorgänge, daß von Heimlichkeit bei diesen Begräbnissen überhaupt nicht die
Rede sein konnte, sondern dieselbe umgekehrt manchmal unter ziemlicher Teilnahme des
Volks in der Öffentlichkeit stattfand, wie ja auch besondere Heimlichkeit hier vollends
keinen Sinn hatte. Zu beachten beim ganzen ist, wie bei dem immer mehr ins Einzelne
gehenden Verhör das Bestreben hervortritt, wenn sich für England keine Schuldbeweise
erlangen lassen, doch wenigstens für die Richtigkeit der Angaben in Frankreich Ergeb=
nisse zu gewinnen. Umsonst: der Zusammenhang des Ordens ist zu fest. — ²) Ver=
ständlich nur für den, der daran denkt, wie eben während der letzt vorangegangenen
Jahrhunderte die Lehre von der Absolution des Priesters, im Zusammenhang mit der
Transsubstantiationslehre, ausgebildet worden war und welche Rolle sie in den kirch=
lichen und politischen Parteikämpfen der jüngsten Vergangenheit, zumal gegenüber dem
Kaisertum, gespielt hatte.

Trotzdem figuriert unter den nun auf Grund der bisherigen Untersuchung als erwiesen angenommenen Punkten[1]) hauptsächlich Art. 24 bis 29 der Anklageakte, daß der Vorsitzer eines Kapitels, ob auch Laie, von der wegen begangener Sünden auferlegten Buße entbinden könne; doch mit dem Zusatz, daß einige sagten, sie haben geglaubt, se esse privilegiatos (mit Recht, soviel wir sahen); ebenso, daß der Großmeister im Kapitel die Absolution erteile mit den Worten: „Ich absolviere dich oder ich vergebe dir im Namen des Vaters u. s. w.", dies auf Grund von ein bis zwei Zeugen (während dem von den übrigen aufs bestimmteste widersprochen wurde); daß er durch Generalabsolution erlasse die Sünden, die sie nicht gestehen wollen „propter erubescentiam carnis vel timorem justitiae ordinis": wieder ein bis zwei Zeugen. Ferner: daß man glaubte, im Kapitel bekannte Sünden, von denen dort die Absolution erfolgt war, nicht mehr dem Priester beichten zu müssen (wieder offenbar mit Recht!). Ein Hauptnachdruck wird darauf gelegt, ob aus den Aussagen das Resultat sich gewinnen lasse, daß sie Todsünden nur im Kapitel beichten mußten und dem Priester nur läßliche Sünden (hiefür glaubte man fünf Zeugen anführen zu können)? Von weiteren Punkten wurde festgestellt, daß die Aufnahme überall dieselbe sei und heimlich und nur in Gegenwart von Brüdern stattfinde; ebenso, daß die Kapitel und Aufnahmen bei Nacht stattfanden und auf Verletzung des Geheimnisses Strafe stand. Endlich, daß im Widerspruch mit den Statuten das Gelübde sogleich abgelegt wurde (ohne Probezeit) und daß dabei drei Eidschwüre geleistet wurden: 1. nie aus dem Orden zu treten „pro arctiori vel laxiori": 2. nie die Art ihrer Aufnahme kundzugeben und 3. für Bereicherung des Ordens „per fas et nefas" zu sorgen. Letzteres, was durch drei Laienzeugen festgestellt schien (wobei die templerischen Gegenzeugen, obgleich sie sämtlich das Gegenteil versichern, einfach nicht gerechnet wurden), kann man eigentlich als das einzig Ungünstige bezeichnen, das hier „festgestellt" wurde; wenn man nicht auch das Verbot, bei andern als Ordenspriestern zu beichten, wofür man vier Zeugen hatte, hierher rechnen will. Aber wer wollte überhaupt sich auf eine derartige Beweisführung einlassen?

All das, so wichtig es ist zur Kennzeichnung der Gründlichkeit der Untersuchung, mit der gerade hier in England verfahren wurde, konnte doch kaum den Orden erheblich belasten. Um so größeres Gewicht wurde auf die Aussagen einer Anzahl besonderer Zeugen gelegt, die, eingeführt durch die Überschrift: „sequentes testes videntur singulares et inducuntur ad praesumptionem[2])" in der That einen „absonderlichen" Cha-

---

[1]) „Articuli qui videbantur probati et per inquisitores librati cum depositionibus quorundam testium". Wilkins, Conc. Brit. II, 358. — [2]) Ibid. p. 358 f.

rakter tragen. Außer dem Templer Heinrich Tanet aus Irland[1]), welcher von einem Ordensbruder Hugo von Nipurias, der von Tortosa aus zu den Sarazenen übergegangen sei, ebenso von einem Präzeptor auf dem Pilgerschlosse, der bei der Aufnahme vieler Brüder die Verleugnung Christi verlangt habe, jenseits des Meers gehört, auch in Cypern viele Templer gekannt haben will, die weder an das Sakrament des Altars noch an andre Sakramente glaubten, endlich von einem Templer weiß, der ein ehernes Haupt mit einem Doppelangesicht besaß, das auf alle Fragen Antwort geben konnte, aber abgesehen von diesem allwissenden Doppelgesicht verdächtig ist schon dadurch, daß ihm außer Hugo von Nipurias sämtliche Namen entfallen sind, treten hier 74 nicht templerische Zeugen, meist Minoriten, vor uns auf, deren Aussage sich einfach als „Mönchsgeschwätz" charakterisieren läßt. So erzählt Wilhelm de la Forde, Vorsteher der Kirche zu Crofton Diöc. York (Nr. 4): Ihm hab ein verstorbener Augustinerpriester mitgeteilt, daß der verstorbene Templer Patrick de Rippon gebeichtet habe, er habe bei seiner Aufnahme neben Verleugnung und Bespeiung Christi und seines Kruzifixes, dem er dazu mit ausgezogenen Hosen habe weinend den Rücken hinstrecken müssen, eine Art Kalb küssen und anbeten müssen, worauf er mit verbundenen Augen in den Kreis der Brüder geführt und von ihnen geküßt worden sei. Leider hat er jedoch diese Mitteilung erst nach erfolgter Verhaftung der Templer bekommen. Robert von Oteringham, Senior des Minoritenordens, weiß außer den Hosen eines mit dem Rücken gegen den Altar stehenden Templers und außer einem Licht von einem großen Feuer oder Leuchter in der Ordenskapelle, die er durchs Schlüsselloch guckend vor etwa 7 und wieder vor 20 Jahren gesehen habe, von einem Kreuz zu reden, das einmal mit dem Bild Christi auf einem Altar zusammengeworfen gelegen habe. Johannes von Weberal, gleichfalls Minorit, schickt ein Schreiben des Inhalts, daß er neulich in seiner Heimat habe erzählen hören, ein Bruder (Robert von Bayset oder von Nyget) sei einmal über eine Wiese gegangen und habe gerufen: „Weh mir, daß ich geboren bin, daß ich Gott verleugnen und mich an den Teufel halten muß!" und das haben manche (wer?) gehört, freilich der, von dem er es wußte, selber nicht. Auch die Redensart, die einer als in seiner Jugend gäng und gäbe unter den Buben erzählt: „Hütet euch vor dem Kuß der Templer![2])" lernen wir bei dieser Gelegenheit nach ihrem Ursprung[3]) kennen. Noch viel andere schrecklichere Dinge, die von Loiseleur,

---

[1]) Ein Anverwandter des gleichnamigen Großpräzeptors von Irland? (Vgl. nachher den Prozeß in Irland!) Dann wird schon dadurch seine Aussage nicht sonderlich glaubwürdig. — [2]) S. Prutz, Geheiml. p. 34, oben p. 31 angeführt. — [3]) Es ist der 24. Zeuge, Br. Adam von Heton, also gleichfalls ein Mönch.

Prutz und anderen gebührend verwertet worden sind, so weitere Proben von der Verzweiflung, die manche Templer nach ihrer Aufnahme in den Orden geäußert haben sollen, Geschichten von dem Idol, die uns an die abenteuerliche Erzählung des Notars Sici von Vercelli erinnern, übergehen wir, so interessant derartiges Mönchs= und Altweibergeschwätz zur Kennzeichnung mittelalterlichen Aberglaubens sein mag, als für uns belanglos, da die Frage nach der Schuld oder Unschuld des Templerordens davon im Ernst doch nicht berührt werden kann. Es genügt, noch einen Zeugen anzuführen, der als Nr. 21 in aller Naivetät neben den andern aufgeführt wird: es ist dies niemand anders als der — Verdacht, „quod omnes examinati in aliquo dejeraverunt". In der That ein herrlicher Zeuge [1])!

Übrigens dürfen wir uns über derartige an den Haaren herbeigezogene Zeugen nicht weiter wundern bei dem Drängen Klemens V. auf Ergebnisse um jeden Preis, für welche mit der Folter zu sorgen sei. „Am 6. August schrieb er an Eduard II., es sei ihm berichtet worden, daß er die Anwendung der Folter verboten habe als den Gesetzen des Reiches zuwider, und daß die Inquisitoren so machtlos wären, Geständnisse herauszubringen. Durch kein Gesetz noch Brauch könne die Außerachtlassung der für solche Fälle vorgesehenen Kanones gestattet werden, und Eduards Räte und Beamte, die solcher Hinderung der Inquisition sich schuldig gemacht, wären den für solch schwere Beleidigung der Kirche vorgesehenen Strafen verfallen, während der König selbst gewarnt wurde, zu bedenken, ob diese Stellung seiner Ehre und Sicherheit entspräche und ihm Vergebung der Sünde angeboten wurde für den Fall, daß er diesem Benehmen entsagen wolle — vielleicht der verführerischste Ablaßverkauf, von dem wir wissen. Ähnliche Briefe zur selben Zeit wurden an alle Bischöfe von England gesandt, die gescholten wurden, daß sie nicht längst das Hindernis entfernt hätten, wie ihre Pflicht gewesen wäre. So an-

---

[1]) Daneben sei nur noch als ebenso inquisitionsmäßig auf die skrupellose Verwertung der in andern Ländern gewonnenen Ergebnisse hingewiesen, wie des Großpräzeptors Gottfried von Gonaville Geständnis vor der Inquisition in Paris (siehe Tab. A. VI Nr. 120), das, weil er seiner Zeit in London aufgenommen worden war, nun hieher eingesandt und ohne weiteres (an 25. Stelle) als eine Hauptinstanz verwertet wird, um die in Frankreich herausgebrachten Dinge auch als Beweise für England erscheinen zu lassen. (In gleicher Absicht wird aus dem Prozeß des Bischofs von Clermont, betreffend Himbert Blanke, ein Auszug aus der Aussage des Br. Johann v. Dalmatien, von Arthona, eingesandt, der aber nur günstiges berichtet.) Der thatsächliche Erfolg ist doch nur, wieder den engen Zusammenhang zwischen den französischen und englischen Templern klarzumachen und zugleich den Kontrast, die absolute Unvereinbarkeit der in beiden Ländern gewonnenen Ergebnisse zum Bewußtsein zu bringen.

getrieben ordnete Eduard II. am 26. August 1310 aufs neue an, daß den Bischöfen und Inquisitoren gestattet sein sollte, das kirchliche Gesetz in Anwendung zu bringen, und dies wurde wiederholt unter dem 6. und 23. Okt., dem 22. Nov. und 28. April 1311, indem in diesen letzten Fällen das Wort „Folter" direkt gebraucht wird, und in allen der König sorgfältig darauf ausgeht, zu erklären, daß, was er thue, aus Ergebenheit für den h. Stuhl geschehe. 18. Aug. 1311 wurden ähnliche Instruktionen an den Sheriff von York gesandt[1]." Mit solchen Mitteln, die vom Herbst 1310 an offenbar auch in Anwendung gebracht wurden, mußte es gelingen, auch ein paar Templer noch daran zu kriegen. So enthält denn das Protokoll auch des englischen Prozesses, nachdem die Prozesse von Lincoln, York, Irland und Schottland bereits besprochen worden sind, nachtragsweise[2]) noch ein paar templerische Zeugnisse, die, gewissermaßen gerade noch vor Thorschluß, im Juni und Juli 1311 von etlichen flüchtigen Templern gewonnen wurden, die, weil auf der Flucht ergriffen, das Recht gaben, von neuem vorgenommen und nach den inzwischen approbierten Grundsätzen behandelt zu werden. Der erste ist ein überhaupt erst jetzt in die Hände der Inquisitoren gefallener abtrünniger Templer Stephan von Stapelbrugge; von den beiden andern in der Zwischenzeit aus der Haft entwichenen, aber aufs neue beigebrachten Ordensgenossen war der eine, Thomas Tocci, genannt Thoroldeby, früher gleichfalls schon vor der Verhaftung dem Orden abtrünnig geworden, hatte aber, obgleich er deshalb in dem Prozeß von Lincoln ganz besonders gründlich befragt worden war, jede Beschuldigung in Abrede gezogen. Den dritten, den Priester Johannes Stoke, haben wir bereits in der Untersuchung von London in gleicher Richtung als einen ganz besonders entschiedenen Zeugen für die Ordensunschuld kennen gelernt. Nunmehr lassen sich alle drei zum Geständnis der (nach der regelrechten Aufnahme später einmal erfolgten)[3] Verleugnung Christi, teilweise auch der übrigen, in Frankreich herausgebrachten, Punkte herbei, übrigens mit weiteren Details und unter Umständen[4]), die uns der Verpflichtung, auf diese von den Anklägern des Ordens immer wieder in erster Linie angerufenen Zeugnisse weiter einzugehen, entheben. Die Folter spielt hier überall zu deutlich herein.

---

[1]) Nach Lea III, p. 300. — [2]) Wilkins, Conc. Brit. II, 383—387. — [3]) Stephan von Stapelbrugge hilft sich, um dem Widerspruch mit den Zeugen seiner ersten Aufnahme auszuweichen, geradezu mit der Behauptung einer doppelten Aufnahme im Templerorden, einer erlaubten und einer ketzerischen. Dadurch ist er für die Anhänger einer derartigen Lösung des Problems zu einer mit ganz besonderer Vorliebe angerufenen Instanz geworden. — [4]) So gesteht Stephan die Anbetung einer Katze und eines Idols zwar nicht in England, aber im Orient (sch(au) zu, wirft sich aber nach seinem

Das Endergebnis der ganzen, nun über 1½ Jahre dauernden Untersuchung war, daß die Templer auf den im Frühjahr und Sommer 1311 in London und York¹) abgehaltenen Provinzialkonzilien sich dazu herbeiließen, zuzugeben, daß sie wegen Häresie so diffamirt seien, daß sie die gesetzlich verlangte Reinigung nicht leisten könnten²); daß sie deswegen um Verzeihung baten und versprachen, die Buße, die ihnen etwa auferlegt werden möchte, zu leisten. Dazu gaben sich eine Anzahl (am 6. Juli 5 und am 7. Juli 13 Templer) zu einer Art Abschwörung her, indem dabei als erwiesen vorausgesetzt und als schwere Ketzerei³) angesehen wurde, daß sie geglaubt hätten, ein Laienbruder, und vollends nach dem Kapitel, könne andere Brüder von ihren Sünden lossprechen⁴).

Dies ist alles, was in England erlangt wurde. Und angesichts

Bekenntnis auf die Erde und fleht weinend und jammernd um Gnade. Von den 5 Zeugen seiner zweiten ketzerischen Aufnahme sind 3 gestorben, der vierte flüchtig. Thomas Thoroldeby, der von Stephan als 5. Zeuge genannt worden ist, hat vor seiner Aufnahme in den Orden von Freunden gehört, daß der Teufel jedes Jahr einen Templer hole. Instruktiver noch ist, was er über das Motiv seiner Flucht von Lincoln berichtet: „Der Abt von Lagny (Sicard de Faure), der ihn verhörte, habe von ihm **andere Aussagen als die gegebenen verlangt, und als er erwiedert, er wisse nichts anderes zu sagen, falls er nicht Unwahrheiten beimengen wolle, habe er die Hand auf die Brust gelegt und beim Wort Gottes geschworen, er wolle ihn geständig machen, ehe er aus seinen Händen komme".** Und das war einer der päpstlichen Kommissäre.

¹) Auf den Gang des Verfahrens in dieser Provinz, ebenso wie auf die für die Templer von Lincoln in London geführte Untersuchung (mit 20 Templern) lassen wir uns nicht weiter ein, da es für das Ganze nichts weiteres zu Tage fördert, als was die Hauptuntersuchung in London ergeben hat, mit der die beiden andern durchaus im Einklang verlaufen. Belastendes wurde von den 23 Templern, die im Mai 1310 in York verhört wurden, lediglich nichts gewonnen. — ²) Das Bekenntnis dabei lautete: „Ego frater N. fateor, me esse adeo diffamatum super articulis haereticae pravitatis et aliorum errorum, videl. abnegationis Christi et sputionis super crucem et aliorum contentorum in rescripto apostolico, quod me super his purgare non possum" ꝛc. Wilkins II, 391. — ³) „Quod graviter erraverant circa sacramentum poenitentiae": Wilkins II, 390. — ⁴) „Die Concilien wiesen sie sodann abgesondert verschiedenen Klöstern zu, wo sie bestimmte Bußen leisten sollten, bis der hl. Stuhl über das Schicksal des Ordens entscheiden würde. Dies war die Schlußverfügung über die Templer in England. Zu ihrer Unterhaltung wurden in liberaler Weise 4 pence täglich angewiesen, während der Meister von England, Wilhelm de la More, 2 Schilling erhielt, die nach seinem Tode an Himbert Blanke, den Präzeptor von Auvergne, fortgereicht wurden, der so von Glück sagen konnte, daß er in England in Haft gekommen und bewacht worden war. Dies zeigt, daß sie nicht schuldig angesehen wurden, und Walsingham gibt das Zeugnis ab, daß sie in den Klöstern, denen sie zugewiesen waren, ein frommes und in jeder Hinsicht rechtschaffenes Leben führten". Lea III, p. 301.

dessen wagt Prutz von einem „gleichen Resultat in England, wo nicht gefoltert wurde", zu reden!

Für Klemens V. freilich war das in allem Ernste die Meinung, schon weil es sein Wille war, daß die Ergebnisse der anderen Länder mit denen in Frankreich zusammenstimmen müßten. Wie er es angriff, um diese Meinung auch möglichst zu der des Konzils zu machen, das zeigen uns am besten die von Schottmüller im Vatikan aufgefundenen und im zweiten Teil seines Werks[1]) publizierten Excerpte, die von einer päpstlicherseits dazu bestellten Kommission aus den Prozeßprotokollen der einzelnen Länder und so auch von England veranstaltet wurden. Hier sind es neben der Behandlung der pästlichen Bullen als Beweismaterial einfach die drei zuletzt gewonnenen Zeugnisse der mit der Folter für ihre späte Beibringung bestraften Templer, die zusammen mit dem von uns nur in wenigen Proben charakterisierten Mönchsgeschwätz in breiter Weise wiedergegeben und verwertet werden, woneben die Aussagen der übrigen Templer und die ganze sonstige, mit so vieler Peinlichkeit geführte, Untersuchung nicht weiter in Betracht kommt, der stärkste Gegenbeweis gegen die so oft behauptete und selbst von Schottmüller noch zu retten versuchte päpstliche Unparteilichkeit, von der überhaupt nach dem ganzen Verhalten Klemens V. gegenüber der Untersuchung in England nicht weiter die Rede sein kann.

Ähnlich ist das Ergebnis in Irland, wo die Untersuchung von Mitte Februar 1310 an in der Patrickskirche zu Dublin durch Dominikaner geleitet wurde, und in Schottland, wo der Bischof Wilhelm von Andrew sie am 17. Nov. 1309 in der Abtei zum h. Kreuz in Edinburg begann, mit Zugrundelegung derselben Fragen wie in England. Sämtliche 30 Templer, die in Irland, an ihrer Spitze der dortige, übrigens dem von England unterstehende, Großpräzeptor Heinrich Tanet, zu wiederholtenmalen, die peinliche Mühe verratend[2]), die sich die Dominikaner hier gaben, vorgenommen wurden, wiesen alle Anklagen mit Entschiedenheit zurück. Dabei kommen kleine Abweichungen von ihren vorhergehenden Angaben vor, die aber ohne weitere Bedeutung sind und nur die Glaubwürdigkeit des Ganzen erhöhen, indem sie beweisen, wie wenig von Auswendiglernen verabredeter Dinge hier die Rede sein kann. Das Höchste, was hier, von Wilhelm von Kilros[3]) bei seinem dritten Verhör, zugegeben wird, ist, daß der Orden seit langer Zeit in starkem Verdacht stehe, sowohl wegen seiner plötzlichen Erhöhung als wegen seiner Freundschaft mit den Sarazenen, sowie daß er von einem Ordensbruder weiß, der im neuen

---

[1]) Schottm. II, 73—102. — [2]) Ebenso wie die schlechtere Protokollierung, durch den Mangel der genaueren Daten und mancherlei Widersprüche in den Namen und Daten, hier auffallen muß. — [3]) Wilkins II, 377.

Tempel in London getötet worden sei, und von einem andern (dessen Namen er nicht mehr weiß), der wegen Sodomiterei ins Krankenhaus in Killesom gekommen und dort gestorben sei. Von ganz andrer Ergiebigkeit sind auch hier die Aussagen von 41 Minoriten, die mit allem möglichen Mönchsgeschwätz, das sie hier und dort „gehört" und „fest glauben" wollen, aufwarten: so, daß an jedem Freitag das Kreuz mit Füßen getreten werde[1]); daß, wenn ein Templer im Verdacht stehe, den Orden verlassen zu wollen, ein Stein um seinen Hals gehängt und er ins Meer gestürzt werde; daß die Sage gehe, daß bei jedem Kapitel ein Bruder das Leben lassen müsse; daß der Orden schuldig sei an dem Verlust von Accon; daß sie gegenseitig Sodomiterei trieben und sich wüste Küsse gäben u. s. w. Wert haben alle diese Erzählungen nur so viel, daß sie beweisen, mit wie viel unnötigen Dingen die müßige Neugier der Mönchsphantasie schon jener Zeit sich abgegeben hat und wie, wenn man für eine tolle unsinnige Anklage sonst keinen Beweis zu finden vermochte, man zu den Mönchen seine Zuflucht nahm und nicht umsonst.

In Bezug auf Schottland ist das Hauptfaktum, daß hier auffallenderweise nur zwei Templer in Haft gebracht werden konnten: um so bemerkenswerter, als bekanntlich sich gerade an diesen schottischen Zweig die Sage von der Fortpflanzung des Templerordens in der Freimaurerei angeknüpft hat. Eine derartige, doch nur durch die Unwissenheit und Kritiklosigkeit eines unhistorischen Jahrhunderts mögliche, Sage konnte Nahrung empfangen aus der Erklärung, die man frühzeitig für jene geringe Zahl angegeben hat: daß sich die übrigen Ordensangehörigen aus Schrecken vermummt und so der Verfolgung zu entziehen gewußt haben. Aber offenbar war neben der Verworrenheit der Tage, die nach den langjährigen Kämpfen gegen die Vergewaltigungsversuche Eduards I. von England nach dessen Tod (1307) ihren Gipfelpunkt erreichte, bis es dem nationalen Retter David Bruce gelang, sich allgemeine Anerkennung und den Schotten die nationale Unabhängigkeit wieder zu erringen, die Hauptursache, daß der Orden thatsächlich in diesem Lande, bei dessen unfertigen Verhältnissen, nur sehr spärlich vertreten war. Damit stimmt, daß er dann vollends in den übrigen nordischen Reichen, Dänemark, Norwegen und Schweden, wo die Verhältnisse ähnlich lagen, überhaupt keine Mitglieder hatte.

Von jenen zwei Zeugnissen, von denen das bedeutendere das des Präzeptors des Templerhauses zu Blancrodoks, Walter von Clifton, war,

---

[1]) Eine schwächere Schattierung davon ist, daß die Templer, wenn der Leib Christi in die Höhe gehoben werde, die Augen niederschlagen u. dergl.

ist von Wert nicht so sehr die Erläuterung der Vollmacht des Großmeisters in Bezug auf die Absolution, daß derselbe allerdings nach seinen Privilegien solche besitze, nur daß sie sich nicht auf Totschlag und Vergreifung an Priestern erstrecke; noch weniger diejenige über die Heimlichkeiten im Orden, daß solche wohl Verdacht, aber eben grundlosen, erregt haben, als ihre Erklärung über den Zusammenhang, in dem der schottische Zweig mit England und dadurch mit dem Gesamtorden stand. Für diese innige Verbindung der Templer des Inselreichs mit dem französischen Hauptzweig spricht insbesondere die Aussage des zweiten Zeugen, Wilhelms von Middleton, daß innerhalb 7 Jahren der Visitator Hugo von Peraud zweimal nach England und Schottland gekommen sei, um seiner Aufgabe nachzukommen. Daß auch hier die Welt- und Klostergeistlichkeit, insbesondere Dominikaner und Franziskaner (im ganzen 41) geschäftig waren, allerlei ungünstige Volksgeschwätze über den Orden (über seine Ungeistlichkeit, ungerechten Erwerb, Verbot der Beichte außer dem Orden, Schuld am Verlust des h. Landes und noch dümmere Dinge) zusammenzutragen, ohne doch etwas Rechtes zu wissen, kann doch nur diese Kreise selbst, nicht aber den Orden belasten. Sein Schicksal entsprach hier dem in England.

Dem Resultat der britischen Inseln noch am nächsten, d. h. dem Erfolg wenigstens eines Scheines von Beweis, kommt das Ergebnis in Deutschland: freilich ist dieses um eine Schattierung noch schwächer, insofern auch von jenem Scheine hier höchstens partienweise eine Spur sich finden läßt. Wie in Italien, so tritt auch in Deutschland der Mangel einer einheitlichen politischen Gewalt in der Verschiedenheit der Templerbehandlung und so des schließlichen Erfolgs zu Tage, nur daß es hier an unmittelbar gegen den Orden interessierten politischen Gewalten gebricht und daher auch die dem Orden ungünstige Partei des Ganzen das entsprechende Parallelbild in Italien doch nur in schwachem Reflexe wiedergiebt. Im Unterschied von andern Ländern sind die eigentlich politischen Gewalten so gut wie unbeteiligt und treten nur die kirchlichen Mächte, hier freilich mehr als anderswo zugleich politische, auf den Plan, um je nach ihren Sympathien oder Antipathien oder je nach ihrem, persönlichen Interessen mehr oder weniger zugänglichen, Charakter den Verlauf der Sache zu bestimmen. Dabei sind wir jedoch über das Ganze sehr unvollkommen unterrichtet, was doch kein Schade ist, insofern der Templerorden hier verhältnismäßig wenig — in dem ganzen großen Gebiet, soviel wir aus dem vorhandenen Material schließen können, höchstens durch ein paar Hundert Glieder — vertreten gewesen zu sein scheint. Die Ursache davon liegt offenbar darin, daß ihm hier nicht bloß der Johanniterorden von alters her überlegene Konkurrenz machte, sondern, was von diesem

sich nicht angezogen fühlte, seit über einem Jahrhundert in dem Deutsch=
orden, der sich ja seiner inneren Verfassung nach), zumal in militärisch=
hierarchischer Hinsicht, überwiegend nach dem Templerorden gebildet
hatte[1]), einen näher liegenden landsmännischen Ausdruck fand. Was
wir wissen, schließt sich wie in Oberitalien an zwei die entgegengesetzte
Politik, die Gewalt und die Milde, vertretende Prälaten an, Mainz
einerseits, Magdeburg andrerseits.

Burkard von Schrapelau, Erzbischof von **Magdeburg**, vertritt
die erstere, die **gewaltthätige Politik** gegenüber dem Templerorden.
Nach den Chronisten „ein treuloser, ungerechter Mann" ließ er sich am
päpstlichen Hofe, den er im Frühjahr 1308 zur Erlangung des Palliums
besucht hatte, um so leichter für die französisch=päpstliche Art der Templer=
behandlung gewinnen, als er, wie erzählt wird, längst feindselig gegen
sie gesinnt war. So erließ auch er einen dem französischen Vorbild ab=
gelernten und durch ein päpstliches Breve (an ihn und die Bischöfe von
Brandenburg und Merseburg gerichtet) noch besonders empfohlenen Befehl
dahin, alle Templer der 4 Komtureien, die sich in seinem Gebiet befanden[2]),
auf einen Tag zu verhaften und ihre Güter mit Beschlag zu belegen.
Hierüber kam es, da nicht bloß die Ritterschaft des Erzstifts, sondern auch
der Kurfürst Waldemar von Brandenburg und andere Fürsten sich der
Vergewaltigten annahmen, zu langwierigen Streitigkeiten, in deren Verlauf
der Bischof von Halberstadt, der zu dem Sprengel von Mainz gehörte,
sich sogar herausnahm, den Bann über den Erzbischof zu verhängen, den
jedoch Klemens V. eiligst wieder aufhob. Wie Rathmann[3]) berichtet, dem
Wilcke und nach ihm Lea[4]) folgt, hätte sogar der Erzbischof Burkard die
Templer, die in seine Hände fielen, unverzüglich verbrennen lassen. Doch
bezeichnet Havemann[5]), der hier offenbar kritischer verfährt, diese Nachricht,
die mit dem Schlußergebnis sich kaum vereinigen läßt, für irrtümlich.
Verbürgt ist, daß die Templer im Verlauf der Sache sich auf ihrer Burg
zu Beyernaumburg bei Sangerhausen sogar offen gegen den Erzbischof
zur Wehre setzten. Und der Erfolg im großen und ganzen muß auf
ihrer Seite gewesen sein, da noch 1318 die Hospitaliter bei Johann XXII.
sich darüber beklagten, daß die Angehörigen des Templerordens sich zum

---

[1]) Vgl. Perlbach, Die Statuten des deutschen Ordens und unsere Arbeit über die Templerregel in den „Mitteilungen des Instituts für österr. Geschichtsforschung", Band XIV, 2. — [2]) Unter diesen scheint die von Supplingenburg, wo früher die Residenz des Meisters von Deutschland (per Alemanniam et Selavoniam) gewesen war, während der jetzige Großpräzeptor Friedrich von Alvensleben auf dem Schlosse von Lagow bei Zielenzig residierte, die bedeutendste gewesen zu sein. — [3]) Rathmann, Gesch. von Magdeburg II, 218. — [4]) Lea III, 302. — [5]) Havem., p. 333 Anm.

größten Teil noch immer im Genuß ihrer Güter befinden, die in Vienne den Johannitern zugesprochen worden waren. Zu diesen trat übrigens ein nicht geringer Teil der Templer, zumal in den Marken, so der Großpräzeptor Friedrich von Alvensleben, persönlich über. Einen andern Teil der Güter maßten sich zunächst beteiligte ablige Familien, soweit ihre Macht dazu hinreichte, an, wie in Böhmen, wo (nach Pelzel) mehrere Templer unter Verzicht auf den Ordensmantel zur Ehe schritten und sich im Besitz ihrer Höfe behaupteten[1]).

Einen einfacheren und noch günstigeren Verlauf nahm die Sache in Mainz, wo damals in Peter Aichspalter nicht nur ein Kirchenfürst von ungewöhnlicher diplomatischer Geschicklichkeit, sondern überhaupt einer seiner bedeutendsten Prälaten den Primatenstuhl von Deutschland noch inne hatte. Entsprechend dem päpstlichen Dekret vom 12. August 1308 wollte er im Mai 1310 die Sache auf einem Provinzialkonzil in Mainz mit seinen Suffraganen vornehmen, als plötzlich der Wild- und Rheingraf Hugo von Grumbach bei Meisenheim, Komtur des Templerordens[2]), mit einem Gefolge von 20 bewaffneten Rittern inmitten der erschrockenen Geistlichkeit erschien und, da er erfahren habe, daß die Synode auf Befehl des Papstes zur Vernichtung des Templerordens zusammengetreten sei, den man auf Grund von unbewiesenen Vorwürfen entsetzlicher und mehr als heidnischer Schandthaten verdamme, feierlich Appellation einlegte an den künftigen Papst und dessen ganze Geistlichkeit; mit dem Zusatz, daß der allmächtige Gott selber für die Unschuld derer, die an andern Orten trotz ihrer Versicherungen von der Grundlosigkeit der Anklagen den Flammentod erlitten hätten, eingetreten sei, indem die weißen Mäntel mit dem roten Kreuz von der Gewalt der Flammen unversehrt gefunden worden seien[3]). Dieses Auftreten verfehlte seinen Eindruck nicht. Der Erzbischof, um Gefährlicheres zu verhüten, nahm den Protest an und erwiderte, sie könnten ruhig sein, da er bei dem Papst für die gehörige Behandlung Sorge treffen werde. Und so kehrten sie zu ihren Be-

---

[1]) In der Hauptsache nach Havemann und Lea; ausführlicher ist, als Konsistorialrat der Provinz Sachsen, Wilcke, ohne sachlich viel Weiteres und Zuverlässiges zu bieten. — [2]) Andere lassen ihn nur den Bruder des Komturs Friedrich von Salm-Grumbach und selber Stiftsherr in Mainz sein. — [3]) In jedem Fall ein interessantes Zeugnis von dem in der Tradition sich fortpflanzenden Glauben des Volks an die Unschuld der templerischen Opfer. Daß man in jener „trotzigen Haltung" der Templer in Mainz auch ein gravierendes Moment, ein Anzeichen von teilweisem Schuldbewußtsein oder wenigstens der Ansteckungsfähigkeit des deutschen Zweigs zu häretischen Verirrungen hat sehen können (Loiseleur-Prutz), vgl. Geheiml. p. 103, bringen wir nur der Kuriosität halber hier in Erinnerung.

hausungen zurück¹). Zwar ordnete auch hier Klemens V. auf die Kunde von dieser Behandlung die Wiederaufnahme des Verfahrens durch eine Wiederholung des Provinzialkonzils an. Da aber sämtliche Zeugen, neben 37 Templern hier auch 12 nichttemplerische²), lauter Personen von Stand, auf die Unschuld des Ordens bis zum Angebot eines Gottesurteils durch glühendes Eisen schworen, so erfolgte am 1. Juli 1311 in aller Form die Freisprechung der Angeklagten, und daran änderte auch der Zorn des Papstes, der die Sache zu erneuter Behandlung dem Erzbischof von Magdeburg zuwies, bei der Machtlosigkeit dieses Kirchenfürsten gegenüber seinem so viel bedeutenderen Mainzer Kollegen offenbar nichts wesentliches. Ähnlich war das Resultat in Trier, wo Erzbischof Balduin von Luremburg, der Bruder des Kaisers, seinen Sitz dem Erzbischof Peter von Mainz, der freilich seinem Geschlecht selbst mannigfach verpflichtet war, verdankte. Auch hier endete das Verhör (von 17 Zeugen, darunter 3 Templer) mit Freisprechung des Ordens. Was in Köln, dessen Erzbischof Heinrich samt seinen Kollegen von Mainz, Trier und Magdeburg, den Bischöfen von Straßburg und Konstanz und dem Abt von Crubace als Abgesandten des Papstes mit Erledigung dieser Aufgabe betraut worden war, herausgekommen ist, wissen wir nicht. Vermutlich nichts. Darauf deutet wenigstens die spätere Überweisung der Sache auch in dieser Provinz, wie in Mainz und Trier, an Burkard von Magdeburg durch Klemens V. hin, ohne daß wir uns denken können, daß damit etwas erreicht worden wäre. Somit wird man das überwiegende Ergebnis in Deutschland kaum anders als ein Fiasko für die Anklage, nur schwach verhüllt durch einen Schein von teilweisem Erfolg, bezeichnen können.

Endlich fehlt es auch nicht an Ländern, in denen der Prozeß auch nicht einmal den Schein des Schuldbeweises, wäre es auch nur particenweise, ergiebt, sondern durch den ganzen Verlauf, trotz allen Maßregeln, nur das Gegenteil, die Unschuld des Ordens, festgestellt wird. In diese Kategorie dürfen vor allem die Prozesse in dem noch übrigen vierten Nachbarland von Frankreich, auf der spanischen Halbinsel, gerechnet werden. Auch von den Verklägern des Ordens, so Prutz, ist dies anerkannt worden, indem die Theorie von einer verschiedenen Befleckung der einzelnen Ordenszweige mit Häresie aufgestellt und für die iberischen Templer vermutet wurde, daß diese, dank ihrer Abgeschlossenheit und ihren besonderen

---

¹) Nach dem lateinischen Bericht von Serrarius-Manii, auf Grund einer ungedruckten Chronik, den Havem. p. 330 Anm. wiedergiebt. — ²) Havem. zählt 38 Templer und 11 Nichttempler; wir folgen Schottmüller (I, 444), der genauer berichtet, und Lea, die 37 und 12 zählten.

Aufgaben im Kampf gegen die Mauren, auch durch ihr damit zusammenhängendes engeres Verhältnis zum Staate, am meisten von allen Ordenszweigen von den ketzerischen Neigungen noch unberührt gewesen seien. Um so mehr ist die Frage, ob eine derartige Verschiedenheit infolge einer solchen Abgeschlossenheit der einzelnen Zweige des Ordens gegen einander sich mit der Wirklichkeit und dem Wesen des Ordens irgendwie verträgt? Nach den bisher besprochenen Untersuchungen von Frankreich selbst, dann aber besonders von England und daneben auch Italien, ist diese Frage durchweg zu verneinen und wird für den Orden im allgemeinen schon durch die Ergebnisse des Verhörs über Art. 77—96 und wieder Art. 112 bis 113, wo derartige Abweichungen hätten zur Sprache kommen müssen, auf das Bestimmteste widerlegt. Für die spanische Halbinsel kommen noch ganz besondere Momente in Betracht, welche die Annahme einer derartigen Differenz dieses Ordenszweigs von dem Gesamtorden unmöglich machen.

Dies gilt vor allem für denjenigen Teil der Halbinsel, wo der Orden, teilweise infolge des Testaments König Alphons I., am stärksten vertreten gewesen zu sein scheint und dessen Prozeß selbst die interessanteste Partie des Ganzen bildet, für Aragonien-Catalonien. Hier steht der innige Zusammenhang mit den Templern in Frankreich, den uns schon die Aufnahme der Diöcesanuntersuchung von Elne-Roussillon unter Michelets Protokolle des französischen Prozesses vorgebildet hat, schon dadurch fest, daß der Großpräzeptor der Provence, also gerade des gefährlichsten Teils von Frankreich, die Oberaufsicht, eine Art Visitatorengewalt über Aragonien-Catalonien und dessen Großpräzeptor, wenn ein solcher überhaupt besonders ernannt wurde, ausübte. Dies entsprach ganz dem sonstigen Zusammenhang dieses Landes mit Südfrankreich, indem König und Volk von Aragonien, sprachlich und geistig den Provençalen weit näherstehend als diese den Nordfranzosen, zur Zeit der Albigenserkreuzzüge nicht nur den verwandten Grafen von Toulouse gegen Simon von Montforts Nordfranzosen zu Hilfe gekommen waren, wobei die aragonischen Templer wertvolle Hilfe geleistet hatten, sondern auch auf der andern Seite, in der Provence jene Hilfe in noch viel späterer, nur wenig Jahre hinter unseren Ereignissen liegenden, Zeit so sehr in der Erinnerung lebte, daß es gegenüber dem Druck der Inquisition bis zu Gedanken offenen Abfalls von Frankreich und des Anschlusses an einen aragonischen Zweig (den König von Majorca) kommen konnte. Somit läge es nahe, gerade hier noch am meisten inwendige Verwandtschaft mit den häretischen Neigungen der süd-

---

[1]) Vgl. Schottm. I, 58; bewiesen vor allem durch die Untersuchung von Elne (s. auch oben p. 386), bestätigt durch die sonstigen Nachrichten über die Verfassung des Ordens.

französischen Templer, wenn man von solchen reden will, anzunehmen und,
wenn man so wollte, könnte bis zu einem gewissen Grad der Verlauf der
Angelegenheit hier als Zeugnis für eine solche Auffassung in Anspruch
genommen werden. Das Besondere an dem aragonischen Prozeß ist ja, daß es hier bis
zum offenen Aufruhr der Templer gegen die staatliche Gewalt kommt,
sobald diese sich zur Unterdrückung anschickt. Daran dachte man anfänglich
nicht. Zunächst hatte, entsprechend den lebendigen Beziehungen zu diesem
Nachbarland, Philipp der Schöne (unter dem 16. Oft. 1307) sich beeilt,
auch hieher an König Jayme II. die Einladung zu ähnlichem Vorgehen
gegen die Templer ergehen zu lassen mit der entsprechenden Begründung
bezw. Anklage gegen sie. Diese verfing aber so wenig, daß noch am
17. Nov. Jayme wie Eduard II. von England mit warmen Lobsprüchen
auf die Templer seines Reichs erwiderte, deren Verfolgung er ablehnte
ohne einen völlig sicheren Beweis ihrer Schuld oder entsprechende Weisungen
des Papstes. Als aber Philipps Anklage von dem Dominikaner Romanus
de Brugeria bestätigt wurde, der in seinem Schreiben an den König sich
besonders auf die Geständnisse Molays vor der Universität in Paris, bei
denen er selbst zugegen gewesen sei, sich berief und am 1. Dez. Klemens
Bulle vom 22. Nov. einlief, dazu der Inquisitor von Aragonien, Juan
Llotger, in aller Form sein Eingreifen verlangte, so konnte sich Jayme II.
dem Vorgehen gegen den Orden nicht länger entziehen. Bischof Ramon
von Valencia und Erzbischof Ximenes de Luna von Zaragoza, die gerade
am königlichen Hof weilten und die Mahnung des Papstes verstärkten,
wurden zu sorgfältigen Untersuchungen gegen die Templer in ihren Diöcesen
angewiesen und dem Inquisitor Llotger die Ausrottung der Ketzerei ans
Herz gelegt. Da man sich auf Widerstand gefaßt machte, so verfügten
königliche Briefe vom 3. Dez. die unmittelbare Verhaftung aller Mit=
glieder des Ordens und Einziehung ihres Vermögens, und der Inquisitor
erließ öffentliche Bekanntmachungen mit der Vorladung derselben vor den
Dominikanerkonvent in Valencia und dem Verbot an alle Lokalbehörden,
ihnen Beistand zu leisten. Ferner lud der König die Prälaten zu einem
Konzil auf 8. Jan. 1308 behufs Beratschlagung mit dem Inquisitor ein.
Nun folgten eine Anzahl von Verhaftungen einerseits, Versuche einzelner
Ordensgenossen, sich durch Ablegung der Ordenstracht oder Besteigung
von Schiffen, deren Auslaufen aber durch widrige Winde verhindert wurde,
zu entkommen andererseits. Die Hauptmasse der Ritterschaft aber warf
sich, um nicht dem Geschick ihrer französischen Ordensbrüder zu verfallen,
vor welchem sie offenbar keineswegs etwas Besonderes voraus zu haben
glaubten, zu mannhaftem Widerstande entschlossen in ihre Schlösser: Ray=

mund de Guardia, Präzeptor von Mas Dieu, als Stellvertreter des
Großpräzeptors von Aragonien in die Hauptfeste Miravete, andere in die
Festen von Monçon, Ascon, Cantavieja, Castellot, Villel und Chalamera.
Da sie sich weigerten, der Aufforderung vom 20. Jan. 1308, vor dem
Konzil von Tarragona zu erscheinen, Gehorsam zu leisten, so war Jayme
gezwungen, seine ganze Macht aufzubieten, um sie zur Unterwerfung zu
bringen, dabei unterstützt von den weltlichen und geistlichen Großen seines
Reiches, ausgenommen den Grafen von Urgel, den Vicomte von Rocaberti und den Bischof von Gerona, die es mit den Templern hielten,
denen sich zudem eine Anzahl abliger Jünglinge zugesellten. Auf dieser
Seite waren die populären Sympathien, so daß es mit dem Krieg gegen
den Orden nicht recht Ernst werden wollte. Schließlich wurden die Templer
doch nach tapferer Gegenwehr überwältigt, Castellot im November, Miravete, nachdem Guardia ein Ultimatum des Königs mit dem Angebot freien
Abzugs nach ihren Ordenshäusern, wo sie zu je 2—3 interniert sein und
eine anständige Pension bis zur Erledigung des Prozesses erhalten sollten,
zurückgewiesen und statt dessen an Klemens V. einen männlichen Appell
eingelegt hatte mit Aufzählung der vielen Verdienste des Ordens und
besonderer Hinweisung auf die vielen Ordensgenossen, die unter den Sarazenen lieber umgekommen seien, als daß sie ihre Freiheit mit Verleugnung
des Glaubens erkauft hätten, auch sich mit seinen Ordensbrüdern zu einem
ordentlichen Gericht vor dem Papst angeboten hatte, einen Monat später [1])
binnen ebensoviel weiterer Zeit die übrigen Festungen bis auf Monçon
und Chalamera, die bis Juli 1309 aushielten. Inzwischen kam es zum
Zwist zwischen König und Papst, denn Klemens V. ergriff auf einmal
Maßregeln zur Annektierung des Templerguts für sich, Jayme aber ver-
weigerte dessen Auslieferung an die päpstlichen Kommissäre, weil das
Meiste davon von der Krone herstamme und er zudem bedeutende Ausgaben mit der Belagerung der templerischen Festungen gehabt habe;
höchstens einem Konzile würde er sich fügen, aber nur so, daß das Eigentum des Ordens dabei den Rechten und Ansprüchen der Krone unterworfen bliebe. Der Papst mußte an einen Kompromiß denken. In
Briefen vom 5. Jan. 1309 kündigt er an, daß ihm die Templer von
Aragonien und Castilien als gläubige Söhne der Kirche ihre Personen
und Güter für den h. Stuhl angeboten und in jedem Wege Gehorsam

---

[1]) Raymund de Guardia wurde nach erfolgter Übergabe von dem König von
Majorca, in dessen Unterthanenschaft er als Präzeptor von Mas Dieu eigentlich gehörte,
verlangt und anstandslos an diesen ausgeliefert, und ist uns so schon in der Untersuchung von Elne begegnet, als ein Mann, der für die Unschuld des Ordens nachdrücklich eintrat: s. oben p. 384 ff.

versprochen hätten; deshalb sende er seinen Kaplan, den Prior Bertrand
von Cessenon, um sie in Empfang zu nehmen und sie zu Schutz und
Bewachung dem König behufs Bewahrung für den h. Stuhl, wofür der
König sich verbürgen möge, zu übertragen. Ob Jayme dieser Verfügung
hinsichtlich des Eigentums zustimmte, ist nicht deutlich, in Bezug auf die
Personen der Templer nahm er es nicht so genau, und am 14. Juli
ließ er Weisungen an die Wächter ausgehen, sie auf Verlangen dem Inqui=
sitor und den Ordinarien auszuliefern. Die Kommissäre, die Klemens V.
1310 auch hieher als Spezialinquisitoren zur Leitung der Verhöre ent=
sandte, fanden dieselbe Schwierigkeit wie in England: daß die Folter
gesetzlich nicht anerkannt war. Noch 1325 protestieren die Cortes
gegen ihren Gebrauch und das Inquisitionsverfahren überhaupt als den
anerkannten Freiheiten des Landes zuwider, und der König verspricht, daß
diese Methode nur gegen Falschmünzer und auch dann nur gegen Fremde
und Vagabunden angewandt werden solle. Doch thaten die Inquisitoren
ihr Mögliches und auf ihr Ansuchen wies der König unter dem 5. Juli
1310 seine Baillis an, die Gefangenen in Eisen zu schließen und ihre
Haft härter zu machen. Da kam das Konzil von Tarragona da=
zwischen und verlangte, daß sie in sicherem, aber nicht peinlichem Gewahr=
sam gehalten werden sollten in Anbetracht dessen, daß bisher noch nichts
ihre Schuld bewiesen habe und ihr Fall noch unentschieden sei. Dem=
gemäß ordnete der König unter dem 20. Okt. an, daß sie auf ihren
Schlössern gegen das Versprechen, nicht zu entweichen, widrigenfalls sie
als erklärte Häretiker behandelt würden, frei sein sollten. Dies war nicht
der Weg, das gewünschte Beweismaterial zu erlangen. Daher verlangte
Klemens V. am 18. März 1311 auch hier die Folter, wozu Jayme seinen
Arm leihen sollte, da das Verfahren auf die bisherige Weise lediglich
„schweren Verdacht" ergeben habe. Zuerst wurde auch jetzt dieser grausame
Befehl nicht befolgt. Noch im Mai ließen die Templer durch den König
den Erzbischof von Tarragona um Beschleunigung der Entscheidung auf
dem bevorstehenden Konzil bitten, aber noch war man nicht so weit, und
so ordnete der König im August abermals an, sie in Ketten und noch
härtere Haft zu legen. Offenbar ging den päpstlichen Vertretern bei dem
Herannahen des Konzils von Vienne und der Unzulänglichkeit des bis=
herigen Verfahrens zu dem geforderten Beweis allmählich die Geduld
aus. Endlich, noch in letzter Stunde, gab der König dem Andrängen des
Papstes nach: am 29. Sept. erging eine Weisung, die den königlichen
Richter Humbert de Cabdepont bestimmte, dem Gericht zu assistieren, wann
der Urteilsspruch durch die Inquisitoren Petro de Montelus und Juan
Plotger im Verein mit den Bischöfen von Lerida und Vich, die Spezial=

auftrag vom Papste hatten, abgegeben würde. Haben wir auch keine Kenntnis von den Einzelheiten der Untersuchung, so ist doch klar, daß die Folter nunmehr ohne Einschränkung in Anwendung kam, denn ein königliches Schreiben vom 3. Dez. ordnet die Bereitung von Arzneien an für diejenigen Templer, welche dieselben nötig hätten infolge von Krankheit oder Folter. Endlich, im März 1312, verlangte der Erzbischof von Tarragona, daß sie vor sein Provinzialkonzil gebracht werden, das damals in Aussicht stand, und der König stimmte zu, aber es geschah nichts, vermutlich weil das Konzil von Vienne noch tagte; aber nachdem die Aufhebung des Ordens durch Klemens V. proklamiert und das Schicksal der einzelnen Personen den Lokalkonzilien zugewiesen worden war, wurde am 18. Okt. 1312 eines in Tarragona gehalten, das die so lange schwebende Frage entschied. Nach strengem Verhör der Ordensangehörigen wurde am 4. Nov. der Urteilsspruch verlesen, lautend auf gänzliche Freisprechung; sie wurden für „unverdächtig" erklärt und niemand sollte sie diffamieren dürfen. Da die Aufhebung des Ordens eine vollzogene Thatsache war, so war man in einiger Verlegenheit, was mit ihnen machen? Schließlich wurde bestimmt, daß sie bis zu anderweitiger Entscheidung durch den Papst in den Diöcesen, in denen ihr Besitz lag, residieren und aus den eingezogenen Ländereien anständig unterhalten werden sollten. Dieser Beschluß, der Prutz nach der Verurteilung des Ordens in Vienne so auffällig vorkommt, daß er ihn nur durch einen gewissen Gegensatz des aragonischen Königs und Klerus gegen den Papst zu erklären weiß, wurde ausgeführt und beim Übergang ihres Eigentums an die Hospitaliter wurden diese damit belastet. Noch 1319 zeigt eine Liste der von den Hospitalitern damals zahlbaren Pensionen ihre anständige Fürsorge für die Templer gemäß der übernommenen Pflicht[1]).

Weniger Widerstandsfähigkeit gegen die vereinigte Pression durch Philipp den Schönen und den Papst konnte Jayme I. von Majorca besitzen, der Sekundogenitur von Aragonien, welche die balearischen Inseln, die Grafschaften Roussillon und Cerdagne, Montpellier und etliche andere zerstreute Besitzungen umfaßte. Hing doch ihre Behauptung vielfach von der Gnade des mächtigen Nachbars ab. So fand die päpstliche Bulle vom 22. Nov. 1307 mit ihrer Anweisung zur Verhaftung aller Templer in seinen Besitzungen keinerlei Anstand und wurde ohne Verzug ausgeführt. Den ausführlichsten Bericht aus diesem kleinen Königreich haben wir über die Diöcesanuntersuchung von Elne (Roussillon), die wegen der Zugehörig-

---

[1]) In der Hauptsache im Anschluß an Lea III, 310—313, der selbst wieder Allart, Zurita, La Fuente und Aguirre als seine Gewährsmänner anführt.

keit dieses Suffraganbistums zu der Kirchenprovinz Narbonne bereits früher¹) besprochen worden ist, und neben welcher aus den übrigen Teilen des Königreichs nichts weiter bekannt ist. Daß das Ergebnis dieser Untersuchung mit ihren übereinstimmenden Zeugnissen von der Unschuld des Ordens Klemens V. in keiner Weise befriedigte, bedarf nach allem Bisherigen keiner besonderen Versicherung und so wird sich schwerlich bezweifeln lassen, daß die grausamen Weisungen Klemens V. vom März 1311, doch mit der Folter für Geständnisse zu sorgen, Gehorsam fanden, denn, wie Lea bemerkt²), so war Johann von Burgund, Sakristan von Majorca, zum Inquisitor gegen die Templer für Aragonien, Majorca und Navarra ernannt worden, und die nämliche Methode muß in allen diesen drei Königreichen, von denen wir über Navarra³) sonst nichts weiteres wissen, befolgt worden sein. Über die Templer in Roussillon entspann sich dann nach dem Konzil von Vienne noch ein seltsamer Streit zwischen den Erzbischöfen von Narbonne und Tarragona, indem dieser, als päpstlich bestellter Hüter des Templereigentums in Aragonien, Majorca und Navarra auch eine Jurisdiktion über Roussillon zu haben glaubte, gemäß deren er am 15. Okt. 1313 Raymund de Guardia und seine Genossen für absolviert und unschuldig erklärte und unter Gewährung von auskömmlichen Pensionen sie in Mas Dieu weiter leben ließ: während noch im September 1315 der Erzbischof Bernard von Narbonne den Nachfolger des verstorbenen Bischofs Raymund von Elne, Wilhelm, anwies, zu dem von ihm einberufenen Provinzialkonzil alle in seiner Diöcese inhaftierten Templer samt den betreffenden Verhördokumenten zu bringen behufs Verfügung über ihre Personen. Das Ende war, daß, da König Sancho, Jaimes I. († 1311) Sohn und Nachfolger, sich ins Mittel legte, weil Klemens V. die Templer ihm aufgeladen habe und er ohne päpstliche Anweisung sie nicht ausfolgen könne, in jedem Fall sie aber seiner Jurisdiktion unterständen, zu deren Schutz er an den künftigen Papst und sein Konzil appellierte, die Templer ungestört blieben. Eine Aufstellung der 1319 bezahlten Pensionen zeigt, daß von den 25 Templern in Mas Dieu 10 gestorben waren; die übrigen bezogen, nebst einem noch hinzugekommenen Bruder, Pensionen im Gesamtbetrage von 950 Livr. jährlich. Auf der Insel Majorca waren noch 9, die zusammen 362 Livr. 10 Sous be-

---

¹) S. oben p. 384 ff. — ²) Lea III, 315. Derselbe ist für den folgenden Streit, den er nach Allart und Vaissette II, 153 berichtet, Gewährsmann. — ³) Da Philipp des Schönen Sohn, Ludwig der Dicke, hier im Jahr 1307 die Erbschaft des Thrones angetreten hatte, so wird hier die französische Art der Behandlung ohne weitere Beweise vorausgesetzt werden dürfen. Den genaueren Nachweis dürfte vielleicht eine noch ausstehende Untersuchung der Archive von Pampelona ergeben.

zogen. 1329 bezogen noch 9 Templer Pensionen, angewiesen auf die Präzeptorei Mas Dieu, obgleich viele von ihnen in ihre Häuser zurückgekehrt waren, da sie keineswegs auf ihren Residenzplatz beschränkt erscheinen. Raymund de Guardias Name ist bereits verschwunden. 1350 ist nur noch ein einziger Überlebender vorhanden, der Ritter Berenger dez Coll[1]).

Ähnlich, nur daß von einem Widerstand der Templer nicht die Rede ist, war der Verlauf in Castilien. Wie Havemann[2]) und Schottmüller[3]) berichten, wurden die Templer hier durch einen, gemäß Philipps des Schönen Aufforderung erlassenen, Verhaftsbefehl Ferdinands IV. überrascht, während Lea[4]), wohl irrtümlich, meint, daß die Verhaftung erst auf die Bulle ‚Fas. mic.' vom 12. Aug. 1308 hin erfolgt sei. Jedoch dachten weder der Papst noch der König noch einer der beteiligten Prälaten noch die Templer selbst daran, daß der Orden hier vermöge seiner inwendigen Verschiedenheit von dem Hauptstamm eine andere Behandlung beanspruchen könne, sondern lediglich ihren vielfachen Verdiensten um Volk und Reich im Kampf gegen die seit dem letzten Jahrhundert bis auf Granada beschränkten Mauren ist es zuzuschreiben, daß die Verfolgung von seiten der in Gemeinschaft mit dem Dominikanerinquisitor Eymerich de Navas und den Äbten zweier französischen Klöster durch päpstlichen Erlaß vom 31. Juli 1308[5]) mit der Sache betrauten Prälaten, des Erzbischofs Gonzalo von Toledo und der Bischöfe Geraldo von Palencia und Juan von Lissabon, lahm genug betrieben wurde. Erst am 15. April 1310 wurde der Großpräzeptor von Castilien Rodrigo Ibañez und seine Genossen zum Erscheinen vor ihnen behufs Verantwortung über die erhobenen Anklagen nach Medina del Campo auf 27. April citiert. So erschienen an dem genannten Tage der Großpräzeptor und 30 seiner Ritter, um ohne Ausnahme die Unschuld des Ordens zu beteuern, wobei sie nicht nur in peinlich genauer Weise die bis in die kleinste Kleinigkeit den Statuten entsprechende Aufnahme schilderten, sondern der Großpräzeptor Ibañez auch nachdrücklich als seine Überzeugung erklärte, daß „in keiner einzigen der Ordensprovinzen irgend ein Templer die Richtigkeit der Anschuldigungen habe zugeben können, wenn er nicht durch die Folter dazu

---

[1]) Der 5. Zeuge von Elne f. p. 384 Anm. 1 und 5. — [2]) Havem., p. 323, in der Hauptsache nach Campomanes. — [3]) Schottm. I, 449. — [4]) Lea III, 316. Als seine Quellen nennt er Llorente, Mariana, Aquirre, La Fuente und Raynouard (p. 264 ff.). Letzterer gibt als Franzose eine Anordnung, die sich nur durch ziemliche Unkenntnis in geographischer Hinsicht erklärt. Über die noch viel größere Konfusion seines Landsmannes Lavocat in diesem Stück s. oben (Einleitung p. 8. — [5]) Reg. Clem. V. a. III, p. 288 und 298.

vermocht sei" ¹). Dieses Zeugnis fand seine Bestätigung durch eine Reihe nichttemplerischer Zeugen, darunter drei Priester, deren einer versichert, er habe vielen von den Sarazenen verwundeten und unmittelbar darauf verstorbenen Templern die Beichte abgenommen, die immer einen gut katholischen Glauben verraten habe ²). Ein gleiches Ergebnis hatte die durch den Bischof von Lissabon, dessen Diöcese zum Sprengel von San Jago di Compostella gehörte, in Medina Celi mit vier nichttemplerischen und in Orense mit 36 Zeugen, darunter 28 Templern, angestellte Voruntersuchung ³).

Da der Erzbischof von Toledo während dieser Untersuchung oder kurz darauf starb, so ging die Vorstandschaft der päpstlichen Untersuchungskommission an den nächstältesten Kirchenfürsten, den Erzbischof Rodrigo von San Jago di Compostella über, der, ein in der ganzen Kirche hoch angesehener Mann, im Oktober 1310 die Prälaten von Castilien, Leon und Portugal nach Salamanca zu einem Provinzialkonzil behufs Fällung des endgültigen Urteils berief. Dieses lautete dahin, daß die spanische Zunge des Ordens hier von jedem Verdacht rein erklärt und deshalb, jedoch mit Vorbehalt der päpstlichen Entscheidung, von der Anklage freigesprochen wurde. Auch zur Gewährung der von dem Großpräzeptor von Ibañez ausgesprochenen Bitte, dem Orden seine Güter zurückzugeben, die Personen der Templer gegen Beleidigungen zu schützen, da mehrere Templer bereits vom Volke als Ketzer erschlagen worden seien — dieses machte also keineswegs die feine Unterscheidung zwischen französischen und spanischen Templern mit — und sie in die Gemeinschaft der Kirche wieder aufzunehmen, zeigte sich das Konzil geneigt, nur daß es die Rückgabe der Ordensgüter der Entscheidung des Papstes überließ. Bei diesem konnte, wie in ähnlichen Fällen, eine derartige Vereinbarung nur das höchste Mißfallen erregen, ohne daß aber seiner Anordnung vom März des folgenden Jahres, die auch an die Könige von Castilien und Portugal erging, man möge doch nicht thörichterweise das Mittel der Folter versäumen, nachgekommen worden wäre. Wie große Achtung die Angehörigen des Ordens auch nachher wegen ihres musterhaften Lebenswandels genossen, geht aus der Mitteilung von Lea hervor, daß viele sich in die Berge zurückzogen und als Einsiedler ihr Leben beschlossen, deren Leichen nach ihrem Tod, zum Zeugnis der Heiligkeit ihres Märtyrertums, unverletzt blieben.

---

¹) Nach Schottm. I, 449, dessen Darstellung (hauptsächlich auf Penavices sich stützend) wir bei diesem Prozeß neben Havemann besonders bevorzugen, weil sie genauer ist als die der andern, während z. B. Lea (III, 316) infolge seiner Kürze kein deutliches Bild von dem Verlauf giebt. — ²) Rayneuare, p. 265. — ³) Ebenda p. 265 f.

Über das Ordensgut, das auf der spanischen Halbinsel, nicht bloß in Aragonien, sondern auch den andern Reichen, zumal Portugal, größtenteils von den Schenkungen der Fürsten, die bei ihren Kämpfen mit den Mauren den Wert der templerischen Waffen kennen gelernt hatten, herrührte, trafen die drei Könige von Aragonien, Castilien und Portugal schon gegen das Ende des Jahres 1310 das Abkommen, daß sie für den Fall der Aufhebung des Ordens sich dasselbe durch keinerlei Verfügung des apostolischen Stuhls entziehen lassen, sondern zum Nutzen ihrer eigenen Länder sich vorbehalten wollten. Am vollständigsten wurde das in Portugal durchgeführt, wo der Orden immer im engsten Zusammenhang mit der Krone geblieben war[1]) und dessen König Diniz in dankbarer Erinnerung an die Dienste des Ordens im Kampf mit den Sarazenen von Algarbien erst dafür sorgte, daß die Inquisitionskommission in seinem Lande keinerlei Objekte zur Untersuchung in die Hände bekam; hernach aber durch Stiftung eines neuen Ordens, des Christusordens, dem nicht nur die Güter des Templerordens in corpore zugewiesen wurden, sondern in dem auch die Präzeptoren der templerischen Balleien meist ihre Würden einfach beibehielten, eine Fortsetzung des Templerordens in nur wenig verhüllter anderer Gestalt erwirkte. Dieser, 1318 von Johann XXII. bestätigt, in den späteren Wirren aber, die über die spanische Halbinsel hinweggingen, von den Päpsten an sich gezogen, hat in unsern Tagen durch eine bekannte Verleihung, welche die Augen der Welt auf ihn gezogen hat, das Andenken an den Templerorden auf eine merkwürdige Weise erneuert.

In etwas andrer Weise ging in Aragonien 1317 der Orden von Montesa aus dem Templerorden hervor, indem Jayme II. nach Klemens V. Abgang von seinem Nachfolger 1317 die Erlaubnis erwirkte, daß zwar das Ordenseigentum in Aragonien und Catalonien auf die Johanniter übertragen werden, dafür aber dasjenige in der Provinz Valencia samt den dortigen Besitzungen der Hospitaliter (ausgenommen in der Stadt Valencia selbst und deren Umkreis bis auf ½ Meile) dem neuen Orden „Unserer lieben Frau von Montesa" zufallen sollte, der als ein dem Orden von Calatrava affiliierter von diesem seine Mitglieder beziehen und zur Aufgabe haben sollte, die Küsten und Grenzen von Valencia gegen Korsaren und Mauren zu verteidigen.

In Castilien endlich behielt Alonso XI., der nach dem plötzlichen Hingang seines Vaters Ferdinand 1312 die Regierung angetreten hatte, für

---

[1]) Vgl. Prutz, Entwicklung, p. 17—19, auf Grund von Schäfer, Geschichte von Portugal.

die Krone den größten Teil der Templerbesitzungen zurück, wenn auch mit Überlassung eines Teils davon längs der Grenzen an Adel und Städte. Etliches erhielten auch die Orden von Santiago und Calatrava, so daß für die Hospitaliter wenig übrig blieb[1]). So wahrte sich die spanische Halbinsel zu jener Zeit mehr als andere Länder ihre Unabhängigkeit vom Papsttum und damit wenigstens bis zu einem gewissen Grad dem Templerorden sein Recht auf Fortexistenz, das er durch den Beweis seiner Unschuld, der hier in vollem Maße erbracht worden ist, gewonnen hatte.

Bleibt noch übrig ein Prozeß, der, soweit er uns urkundlich vorliegt, womöglich noch glänzender als der auf der spanischen Halbinsel für die Unschuld des Ordens plädiert, der auf Cypern. Dieser darf nicht nach dem äußern Umfang des Gebiets, um das es sich hier handelt, taxiert werden: denn einen so geringen Bruchteil von der katholischen Christenheit dieses Inselkönigreich bildete und so gering es dasteht auch nur im Verhältnis zu den Ländern, die wir bisher durchwandert haben, ein so bedeutendes Gewicht kommt der hiesigen Templerschaft innerhalb des Gesamtordens zu. Bildete doch das cyprische Königreich in damaliger Zeit nicht bloß den letzten bedeutenderen Rest der Kreuzfahrerstaaten im Morgenland überhaupt, sondern stellte aus demselben Grunde die nach der Katastrophe von Accon hierher geflüchtete Templerschaft noch eigentlich allein den morgenländischen und damit den ursprünglichen und echtesten Ordenszweig dar. Hier, nicht in Frankreich, war das Hauptquartier des Ordens, hier der Sitz des in der letzten Periode der Ordensentwicklung zu immer größerer Bedeutung gelangten Ordenskonvents, wofür, wie Schottmüller in seiner Besprechung dieses Prozesses auf Grund seiner urkundlichen Herausgabe des „Processus Cypricus"[2]), eines der Glanzpunkte seiner ganzen Arbeit, gezeigt hat, schon die Zusammensetzung der hiesigen Ordensritterschaft aus sämtlichen Provinzen oder „Zeugen" des Ordens einen schlagenden Beleg bietet[3]). Außerdem sind die hier auf-

---

[1]) Im wesentlichen nach Lea III, p. 332 f. — [2]) Wertvoll vor allem schon wieder wegen der durchaus einseitigen und oberflächlichen Exzerpte, die Prutz davon in seiner „Kulturgeschichte der Kreuzzüge" gegeben hatte. — [3]) Wir können uns nicht versagen, wenigstens anmerkungsweise diese Hauptergebnisse (besprechen teilweise schon im 2. Kapitel des I. Teils) noch einmal hier wiederzugeben. Danach waren vertreten unter einer Gesamtzahl von 76 Zeugen: Francien mit 15, Burgund mit ebensoviel (15), Provence-Auvergne mit 8, Guienne mit 1, England mit 4, Portugal-Kastilien mit 5 (ersteres mit 3, letzteres mit 2), Aragon-Katalonien mit 7, die Lombardei mit 3, Apulien mit 5, Oberdeutschland mit 1 (dem Ritter Balduin de „Moravilier" [= Murrweiler?] in Gudebi(r)c [= Gutenberg im Breisgau] vor 6 Jahren durch Heinrich den Alemannen (vgl. Mich. I, 66 und 110] rezipiert), Niederdeutschland mit 1 (Ritter „Ebenabbus de Assebrejo" = Eberhard von Asseburg?), Ungarn mit 1, Morea mit 5,

tretenden Zeugen denen im französischen Prozeß schon dadurch überlegen, daß wir hier nicht, wie dort zum größten Teile, dem eigentlichen Orden kaum angehörende und so mit seinem Wesen und vollends seinen Statuten vielfach höchst notdürftig bekannte niedere Verwaltungselemente, Bauern, Pächter, Vieh- und Schweinehirten, Bäcker, Schuster und Zimmerleute, sondern lauter militärische Elemente, kurz den Kern des Ordens, vor uns haben, wie denn unter den 76 Verhörten nicht weniger als 47 Ritter, 3 Kleriker und nur 26 Servienten sich befinden, und auch letztere offenbar waffenfähige Elemente [1]). Ganz besonders aber fällt ins Gewicht für die Gesamtwertung dieses cyprischen Untersuchungsresultats der Umstand, daß die Templer infolge ihrer hier bedeutenden Machtstellung — die in jenem Moment freilich infolge der beträchtlichen Begleitung, die Molay auf seiner Reise nach Frankreich mit sich führte, ziemlich geschwächt war — in die politischen Händel der Insel vielfach verwickelt und so auch mit manchen der dortigen Gewalthaber nicht wenig verfeindet waren, wie sie denn gleich zu dem Hause Lusignan, das hier seit 1192 herrscht, meist in gespannten Beziehungen lebten.

Nun war freilich der dermalige Regent Amalrich von Tyrus wesentlich durch die Hilfe der Templer in seine jetzige Machtstellung gekommen und schuldete ihnen so vielfach Dank. Indes scheint er sich nicht allzu viel hieran gekehrt zu haben: sei es, daß er, ähnlich Philipp von Frankreich, überhaupt nicht zu jener Menschenklasse gehörte, deren starke Seite die

---

Armenien mit 1, Cypern mit 4. Außerdem verdienen Hervorhebung die verschiedenen Chargen des Ordens, soweit sie sich als auf der Insel zur Zeit befindlich nachweisen lassen. Die höchste Würde repräsentiert der Ordensmarschall Ayme de Ojiliers (Burgunder?). Nach ihm kommen der „Ritter-Präzeptor" Albertus (mit unlesbarem Familiennamen, rezipiert auf Morea); der Präzeptor der Insel, Jakob de Tonmarin, auch dieser Burgunder (in Dijon durch Molay vor über 15 Jahren rezipiert); der Turcopolier Bartholomeus de Gorbo (dieser Provençale); der Bannerer (oder Trapier) Petrus Bordens von Toulouse (also gleichfalls Provençale); der Konventsschmid Abraham de Castroalbo (aus Cypern). Als gegenwärtig, aber nicht näher wieder erkennbar, werden außerdem genannt der Schatzmeister, der Almosenpfleger und der Untermarschall. Von auswärtigen höheren Offizieren ist besonders zu erwähnen der Meister von Apulien, Odde de Vallaret; außerdem werden genannt 4 Schloßhauptleute (2 aus Burgund, je 1 aus Francien und Apulien).

[1]) Da eine andere Angabe, bei Dustren, von 118 verhafteten Templern redet, stellt Schottin. I, 481 wenigstens anmerkungsweise die Vermutung auf, es könnten vielleicht auch nur die waffenfähigen Brüder zu den Verhören zugelassen und die wirklich „dienenden" davon ausgeschlossen worden sein. Nicht unmöglich, wenn auch nicht gerade wahrscheinlich, da fraglich ist, ob letztere Klasse, die zur Bedienung diente, hier, am Hauptquartier, überhaupt völlig in den Orden aufgenommen (und nicht lieber nur zeitweise gemietet wurde. So war es wenigstens in Palästina gehalten worden.

Dankbarkeit ist — den Eindruck eines sonderlichen Charakters macht er gerade nicht —; sei es, daß er glaubte, dem ausgesprochenen päpstlichen Willen gegenüber sich bei der Schwierigkeit seiner Verhältnisse in einer Zwangslage zu befinden: genug, als die päpstliche Bulle ankam, und zwar erst im Mai 1308[1]), ließ er sich nicht säumig finden in der Vollstreckung derselben. Doch hatte es damit immerhin seine Haken, da die Templer, gewarnt durch die Vorgänge in Frankreich, zuerst wie in Aragonien zur Verteidigung ihrer Stellung, und zwar auf ihrer Hauptburg in Limisso, Miene machten und seine Aufforderung, ihm Pferde und Waffen zu übergeben, selbst aber in Nicosia im erzbischöflichen Palast in ehrenvoller Weise Quartier zu nehmen, mit Vorwürfen, in denen sie an die ihm geleisteten Freundschaftsdienste erinnerten, erwiderten. Auf die umfassenden Vorkehrungen aber, die der Reichsverweser traf, um den päpstlichen Anordnungen Folge zu geben, sahen sie schließlich doch ein, daß sie den kürzeren ziehen würden, waren auch offenbar in ihrer Isolierung von den gewohnten Ordensoberen der Sachlage nicht recht gewachsen. Kurz, der Ordensmarschall Osiliers begab sich am 27. Mai mit dem Ritterpräzeptor, dem Turcopolier, Schatzmeister, Drapier und ca. zehn der angesehensten Brüder an das königliche Hoflager in Nicosia, um sich zur Verfügung zu stellen: hier wurden sie alsbald als Gefangene behandelt, wobei es ohne eine Art Verräterei nicht abgegangen zu sein scheint. Sie wurden, nachdem ihnen Amalrich sämtliche Waffen und Pferde hatte wegnehmen und ein Verzeichnis ihrer Güter, wobei sehr viel Kriegsgerät, aber merkwürdig wenig Geld vorgefunden wurde[2]), hatte aufnehmen lassen, in gesonderte Gefängnisse gesetzt, doch anständigerweise und nicht als Häretiker behandelt, z. B. nicht der Sakramente beraubt. Soweit war also Amalrich doch seiner Verpflichtung gegen sie eingedenk[3]).

Im April 1310 traf dann auch hier eine päpstliche Spezialkommission, bestehend aus dem Abt von Alet[4]) und dem Erzpriester Tommaso von Rieti, ein, um das Verhör gegen die einzelnen Templer und den Orden

---

[1]) Als Grund dafür macht Prutz in der „Entwickelung" gegenüber Schottmüller, der an diese Verspätung nicht recht glauben kann, wohl richtig geltend, daß im Winter überhaupt die Schiffahrt ruhte. — [2]) Dies könnte allerdings die Erzählung von der Mitnahme des Ordensschatzes durch Molay nach Frankreich einigermaßen empfehlen. Von den cyprischen Chronisten selber wurde die Sache damit erklärt, daß die Templer ihre Schätze zuvor heimlich vergraben haben: das erste Beispiel von dem später überall auftretenden Volksglauben an vergrabene Templerschätze. — [3]) Bis hieher in der Hauptsache im Anschluß an den Bericht (bei Pal. II, 104—106) Amalrichs von Cypern an den Papst, den Klemens unter dem 20. Aug. 1308 an Philipp den Schönen mitteilt: eine Hauptquelle für die hiesigen Ereignisse. — [4]) Nicht von Elne, wie Schottm. I, 470 durch falsche Übersetzung des lateinischen Electe schreibt.

zu überwachen. Geleitet wurde dasselbe von den Bischöfen Peter von
Limisso und Balduin von Famagusta, unter Assistenz von 2 Kanonikern,
4 Franziskanern und 4 Dominikanern und dem Schatzmeister von Nicosia,
Hugo de Carmadino. Zu Grunde gelegt wurden nach dem Protokoll die
87 Anklageartikel, die wir schon in England getroffen haben[1]: wenigstens
wurden nur diese den Gefangenen vorgelesen, thatsächlich aber über die
123 Artikel abgefragt. Das Verhör fand im Hause des edlen Ritters
Herrn Balian de Sarono (Soissons) statt und dauerte vom 1. Mai bis
5. Juni 1310, als es plötzlich zu Ende kam, ohne Zweifel infolge der
Ermordung des Regenten Amalrich und der sich daran anschließenden
Bewegung, die wieder seinen Bruder König Heinrich obenauf brachte.
Bis dorthin sind 3 Partieen zu unterscheiden: 1. vom 1.—5. Mai Ver=
hör einer Anzahl von (21) nichttemplerischen Zeugen, lauter Notabilitäten
der Insel, unter ihnen nicht weniger als 16 Ritter und edle Herren, 3 an=
gesehene Kaufleute aus Nicosia, alle drei gebürtige Genuesen, und 2 Äbte
(des Augustiner= und Benediktinerordens); 2. vom 5.—31. Mai das Ver=
hör der 76 Templer; 3. vom 1.—5. Juni (mit Unterschrift vom 19. Juni)
endlich das von (35) Angehörigen der verschiedensten Bevölkerungsklassen,
in der Mehrzahl jedoch wieder aus den herrschenden Ständen: in erster
Linie (nicht weniger als 21) Geistliche oder Religiosen aller Grade (Ka=
noniker, Weltpriester, Ordensleute), darunter der Bischof von Beirut und
sein Archidiakon, Abt und Prior des Klosters vom h. Kreuz, die Prioren
vom h. Georg, der Dominikaner und Hospitaliter in Nicosia; daneben wieder
eine Anzahl Ritter (7), unter ihnen der Mörder Amalrichs (am 5. Juni),
Symon de Monteolivo[2]), und Kaufleute von Famagusta.

Das Ergebnis von allen diesen Zeugen, die doch vielfach politische
Gegner der Templer waren[3]), ist in Übereinstimmung mit dem Zeugnis
der Angeklagten[4]), die bis dahin nicht gefoltert worden sein können, so

---

[1]) Ein weiterer Beleg dafür, daß jene 87 offenbar die ursprüngliche Redaktion
darstellen und die Vermehrung auf 123 (zuletzt 127) der Ausbeute der ersten Unter=
suchung zu verdanken ist. — [2]) Sagt zwei Tage vor seiner Gewaltthat gegen den alten
Freund der Templer sehr günstig über diese aus. — [3]) So gleich die beiden ersten
Zeugen, Philipp und Balduin von Ybelin, aus dem Geschlecht der alten Dynasten von
Beirut, Robert und Renald von Montgisard (Zeuge 11 und 12), Ruppin von Mont=
fort (Zeuge 10), Anser de Bryes (13) u. a. — [4]) Aus diesem heben wir nur hervor
das Zugeständnis des Engländers Hugo de Maly (Nr. 11, Schottm. II, 248—251),
daß der Orden Almosen, auch Gastfreundschaft, zwar reichlich übte, doch nicht gegen
Kranke (wie die Hospitaliter); sodann die Erklärung des Gerüchts von dem Jbol
durch den Kopf der h. Eugenia, den der Orden allerdings besessen habe (so der
Trapier Joh. de Villa und Eberhard v. Asseburg) und endlich die des Ursprungs
der Verketzerungen überhaupt, daß diese eben von denen ausgehen, die

günstig für den Orden, als man es nur immer wünschen und denken kann. Viele wissen nichts als Gutes von dem Orden, manche erklärten die Templer für so gute Christen, als irgendwo zu finden seien. Belian von Montgisard[1]) hat selbst das Statutenbuch der Templer gesehen und in Händen gehabt, aber nichts als „bona, honesta, efficacia, utilia" darin gefunden. Allgemein wurde die Mildthätigkeit des Ordens gerühmt und, nicht zuletzt, der Eifer in Erfüllung ihrer religiösen Pflichten. Der Bischof Robert von Beirut[2]) hat sie in 40 Jahren, in denen er mit den Templern zusammengelebt, stets als gute und gläubige Christen gefunden, die, so oft er ihnen die Kommunion reichte, stets aufs andächtigste dieselbe empfingen. Ebenso äußert sich Laurentius von Beirut, Assise der Kirche in Nicosia, der über 60 Templern die Beichte abgehört hat und in 18 Jahren seiner Bekanntschaft mit ihnen sie immer das Kreuz aufs höchste ehren und verehren sah; auch die Einsetzungsworte beim Sakrament des Altars hat er[3]) wie ein anderer Priester[4]) regelmäßig von den Kaplanen des Ordens gehört. Ritter Reymond de Bentho[5]), der dies bestätigt, erzählt sogar eine wunderbare Hostiengeschichte zum Beweis ihrer Unschuld, die er zur Zeit, da er mit ihrer Bewachung in Chierochitia[6]) betraut war und wegen der Anklagen in den päpstlichen Briefen schweren Verdacht gegen sie gehabt habe, während ihres Gottesdienstes erlebt und die sein Mißtrauen ins Gegenteil verkehrt habe. Als ungünstig könnte man höchstens rechnen, daß der Schatzmeister der Kirche von Paphos, Johann von Paphos, ein Religiose[7]), der einmal als Kanoniker der Kirche von Autheraba einen Span mit ihnen gehabt hat, auf Grund dessen die Frage, ob die Templer fremdes Gut per fas et nefas sich aneignen, bejaht; damit stimmt jedoch nicht ganz, daß er sie in Accon und Tortosa hat reichlich Almosen an Geld, Brot und Fleisch an die Armen verabreichen sehen. Das einzige Üble, was einigermaßen allgemein bejaht wurde, ist der Mangel eines Noviziats und Verdacht infolge der Heim-

---

gerne die Güter des Ordens sich angeeignet hätten (so der Ritter Balduin de Ceri, der in Paris vor über 43 Jahren durch Peter den Normannen, den damaligen Stellvertreter des Präzeptors von Francien, aufgenommen worden war). Außerdem dienen diese Zeugnisse noch dazu, eine Anzahl der Templerzeugnisse in Frankreich über ketzerische Aufnahme u. dgl. wenigstens mittelbar zu widerlegen; unmittelbar aber z. B. Joh. Senaud (Zeuge 176, s. Tab. XVIII).

[1]) Zeuge 18 (Schottm. II, 163, vgl. I, 474). — [2]) Der 8. Zeuge der letzten Reihe, s. Schottm. II, 378. — [3]) Zeuge 10 der 2. Reihe (Schottm. II, 379 f.) — [4]) Der Weltpriester Nikolaus von Vienne, der 14. Zeuge (Schottm. II, 381). — [5]) Zeuge 9 der 1. Reihe (Schottm. II, 157 f.). — [6]) Ein Schloß, in dem sich die Templer zuerst zur Wehre setzen wollten, und sie dann anfänglich interniert waren, in der Nähe von Limisso. — [7]) Zeuge 15, Schottm. II, 382 f.

lichfeit. Doch kann es mit diesem nicht so weit her gewesen sein, hört man, wie der Orden auf Cypern, wo man die Templer am besten kannte, bei Freund und Feind sich der allgemeinen Achtung und Sympathie erfreute. Das Schlimmste, von dem man hört, ist die Aussage des Kaufmanns Andreas Busatus, er habe in Famagusta sagen hören, die Weiber sagen, daß unter den Templern die Rede gehe, die Weiber, mit denen es die Templer noch nicht fleischlich getrieben, seien gar keine rechten Frauenzimmer[1]). Sein Gegenstück hat dieses Zeugnis, das eine ziemliche „Fleischlichkeit", aber zugleich auch eine besondere Beliebtheit der Templerritter bei den „Frauenzimmern" verraten würde, in der Behauptung eines andern Kaufmanns von Famagusta, Perocius[2]), er habe dagegen Teufel aus einer Frau durch einen Ordenskaplan austreiben sehen. Selbst so mißgünstige Leute, wie der Hospitaliterprior und der Prior und Lektor der Dominikaner gewesen sein müssen, wissen sich nur auf den Inhalt der päpstlichen Bullen zu berufen. Darüber herrscht bei allen nur eine Stimme, daß vor dem Eintreffen dieser Bullen kein Mensch an solche Dinge gedacht habe, und der Ritter Johannes der Lombarde, Vicomte von Nicosia, der 1308 mit Überrumpelung der Templer beauftragt gewesen war und selbst noch den Großmeister Wilhelm von Beaujeu in Accon hat bei dem Dominikanerprior Peter von Reggio beichten sehen, bezeugt, daß man deshalb des Großmeisters Molay Geständnisse einfach der „Furcht vor der Folter" zugeschrieben habe. All das war natürlich nicht nach Klemens' Geschmack, und als das Konzil von Vienne herannahte, sandte er deshalb im August 1311 auch hierher Weisungen, die Templer zu foltern, um so Geständnisse zu erhalten[3]).

Über das Ergebnis dieser Weisungen berichtet Schottmüller[4]), daß, da inzwischen König Heinrich, der wesentlich durch die Mitwirkung der Templer vor 5 Jahren seiner Macht beraubt worden war und so sie als seine persönlichen Feinde betrachtete, inzwischen seine Macht wieder erlangt hatte und nicht säumte, dieselbe gegen die Templer auf Grund der päpstlichen Ermahnungen in vollem Umfange anzuwenden, dasselbe kaum hinter dem französischen werde zurückgestanden haben. Die Gefangenen, so der Ordensmarschall Osiliers, sollen größtenteils in unterirdischen Verließen („Grotten") umgekommen sein. Den Rest traf wie anderwärts die Entscheidung des Konzils von Vienne, die hier am 7. Nov. 1313 übermittelt

---

[1]) Schottm. II, 390: „Audivit dici in Famagusta quod mulieres dicebant, quod fratres ordinis dicebant, quod mulieres, cum quibus fratres Templarii carnaliter non egerunt, non erant domicellæ". — [2]) Zeuge 29, Schottm. II, 392 f. — [3]) Dies nach Lea III, 309. — [4]) Schottm. I, 494 f., auf Grund von Bullen.

wurde. „An diesem Tage vereinigte der päpstliche Delegat, der Bischof Peter von Rhodus, die Bischöfe und alle Geistlichen der Insel an dem Sitz des Erzstiftes Nicosia und verlas die Briefe des regierenden Papstes, wonach die Templer ihrer Güter und Mäntel beraubt werden sollten, die Güter aber den Rittern vom Hospital des heiligen Johannes auszuliefern wären" [1]). Dieser Befehl soll in aller Strenge vollführt und den wenigen noch lebenden Mitgliedern des einst so stolzen Konvents das Ordensgewand in feierlicher Versammlung heruntergerissen worden sein. Ihr Besitz fiel an die Johanniter, die zugleich die Verpflichtung zum Unterhalt der beerbten Tempelherren, soviel davon noch übrig waren, übernahmen. Wie sie dieser Verpflichtung hier gerecht geworden sind, darüber fehlen uns weitere Nachrichten.

Wenn also aber auch das schließliche Endgeschick der Templer hier so traurig als irgendwo, kaum besser als in Frankreich, sich gestaltete, so bleibt doch für uns in vollem Bestand das Ergebnis des „Processus Cypricus", und dieses zeigt, daß hier, wo der Orden sein genuines Wesen noch am meisten entfaltet und weiter entwickelt hatte, und die ganze Bevölkerung am vertrautesten, wenn auch nicht immer am freundlichsten, gegen ihn gesinnt war, von den behaupteten häretischen Verirrungen, die hier in höchster Potenz zu erwarten gewesen wären, keine Spur anzutreffen ist.

---

[1]) Ebenda, p. 496.

Neuntes Kapitel.

Konzil von Vienne. Ausgang des Ordens und der Hauptfaktoren. Zusammenfassung und Schluß.

Die Schlußentscheidung fiel auf dem Konzil von Vienne. Eröffnet wurde dasselbe am 16. Okt. 1311, nachdem es erst auf den 1. Okt. 1310 ausgeschrieben, dann aber unter dem 4. April desselben Jahres von Avignon aus um ein Jahr verschoben worden war, weil, wie es hieß, man mit der erforderlichen Vorbereitung noch nicht fertig geworden sei [1]). Worin diese Vorbereitung bestand, nämlich in der Hauptsache darin, daß Klemens mit aller Gewalt sich bemühte, das nötige Beweismaterial für die Schuld des Ordens zusammenzubringen und zu diesem Behufe überallhin, wo man nicht von selber daran dachte, Mahnungen über Mahnungen schickte, doch ja nicht „thörichterweise" das wirksamste Mittel, die Folter, zu versäumen, wo diese aber nicht oder nicht genügend gebraucht wurde, einfach die betreffenden Prozesse kassierte und neue auf jener wirksameren Grundlage und mit wirksameren, skrupelloseren Richtern anordnete, haben wir bereits gesehen und sind dadurch auch unsererseits in eigentümlicher Weise auf die Rolle, welche die Gerechtigkeit auf jener Kirchenversammlung spielen sollte, vorbereitet worden. Diese Erwartung wird durch das Konzil thatsächlich in vollem Maße erfüllt, um nicht zu sagen übertroffen. Niemals im ganzen Mittelalter bis auf die neueste Zeit ist eine Kirchenversammlung gehalten worden, welche diesen Namen „Konzil", worunter wir doch immer den Ausdruck der Gesamtkirche oder wenigstens einer

---

[1]) Die übrigen Vorlagen, welche als Beratungsgegenstände dieser Kirchenversammlung noch genannt werden, Beistand für das h. Land und kirchliche Reformen, zumal des geistlichen Stands, lassen wir bei Seite, können es auch um so getroster, als, wie wir aus Döllinger ersehen, jene Dinge doch nur nominell oder scheinbar von dem Konzil verhandelt oder erledigt wurden, insofern auch hier Klemens kein Bedenken trug, die Beschlüsse des Konzils hintendrein nach seinem Geschmack zu korrigieren, resp. mit Zusätzen zu versehen und sie so als Konzilsbeschlüsse in seine „Clementinen" aufzunehmen, d. h. mit andern Worten: im Namen des Konzils seinen eigenen Willen der Gesamtkirche als neue Rechtsquelle aufzuoktroyieren: s. Döllinger-Friedrich, das Papsttum, Note 179 (p. 424 f.).

Majorität in derselben verstehen, weniger verdient hätte, wo nach dem Willen der Kirche weniger gefragt und ihr einfach der päpstliche Wille und zwar auf künstliche Weise substituiert worden wäre, als dieses Zerrbild einer freien allgemeinen Kirchenversammlung¹). Thatsächlich galt allein der Wille Klemens V. oder vielmehr der Wille Philipp des Schönen, mit dem Klemens um diese Zeit längst seinen eigenen zu verschmelzen gewußt hatte, durch den Papst.

Schon die **Auswahl der Prälaten**, wenigstens der französischen, zeigt klar dieses Verhältnis. Raynouard²) hat im Trésor des Chartes in der Pariser Nationalbibliothek 1812 eine Liste gefunden, welche die Überschrift trägt: „Isti sunt vocandi". Leider hat, wie wir durch Schottmüller³) erfahren, diese Liste seitdem nicht wieder aufgefunden werden können. Auch sonst sind von den noch anfangs dieses Jahrhunderts ziemlich zahlreich vorhandenen Dokumenten hinsichtlich des Templerfalls⁴) nur Fragmente auf uns gekommen, wie es scheint, in der Hauptsache durch die Schuld der Kurie, indem⁵) eine Menge von den 1815 aus Frankreich an den Vatikan zurückgegebenen Akten von den päpstlichen Agenten an Spezereihändler verkauft worden sein sollen⁶). Immerhin giebt jene Notiz einen Fingerzeig, in welcher Richtung jenes weitere Material noch zur Aufklärung beitragen könnte. Natürlich ist damit ja noch nicht bewiesen, daß die Teilnahme an dem Konzil überhaupt von vorneherein lediglich von der Genehmigung Philipp des Schönen abhängig war. Aber jedenfalls ist dadurch sichergestellt, daß der Papst vorher über die Personen der Einzuladenden, vor allem der französischen Prälaten, die ja auf dem Konzil ein vorwiegendes Kontingent bildeten, mit dem französischen Könige konferiert und sich verständigt hat, und bei dem ganzen Verhalten Klemens V. und der Wichtigkeit, welche die Entscheidung des Konzils nach der vorausgegangenen Aktion des Papstes für ihn haben mußte, wonach seine eigene Ehre kaum weniger als die Philipp des Schönen und der Templer selbst von der schließlichen Verurteilung des Ordens abhing, können wir uns das überhaupt kaum anders denken.

Indessen, soviel Gewicht oder, sagen wir besser, Druck auch dem Willen Philipp des Schönen innerhalb Frankreichs und bei den Prälaten

---

¹) So schon Walter von Hemingburgh (London 1849) nach Döllinger-Friedrich ebend. Note 181 (p. 425): „Quod concilium dici non merebatur quia ex capite proprio omnia fecit dominus papa, non respondente neque consentiente sacro concilio". — ²) Raynouard, p. 188. — ³) Schottm. I, 500 Anm. 1. — ⁴) Den Beweis s. Schottm. I, 703 ff. — ⁵) Wie Lea auf Grund der Reg. Clem. V, Proleg. CCXCIII ff. geltend macht. — ⁶) Falls sie nicht schon frühe zum Teil absichtlich vernichtet worden sind, wie Havemann u. a. vermuten.

dieses Landes zukam, so bildeten sie doch nur einen Bruchteil, wenn auch einen bedeutenden, der ökumenischen Kirchenversammlung[1]), und war diese keineswegs geneigt, sich von jenen ohne weiteres ins Schlepptau nehmen zu lassen. Sicher ist, daß die französischen Prälaten, ob man sie auch noch so zahlreich, entsprechend ihrer Willfährigkeit gegen Philipp den Schönen im Templerprozeß, anwesend denkt, nicht einmal numerisch, in keinem Fall aber sachlich das Übergewicht gehabt haben[2]). Dem entsprach der merkwürdige und unerwartete Widerspruch des Konzils gegenüber den Zumutungen, die ihm von seinem Oberhaupte, dem Papst, gestellt wurden, und die Schwierigkeiten, die dieser fand, trotz aller getroffenen Vorkehrungsmaßregeln zu seinem gewünschten Ziele, der Verurteilung des Ordens, zu kommen.

Gleich die erste Forderung, die Klemens V. stellte, war zu ungeheuerlich, als daß eine Versammlung von Prälaten, die auch nur auf den Schein der Würde und des Rechts etwas hielt, je darauf eingehen konnte: es war dies keine andere als die, den Orden u n g e h ö r t z u v e r d a m m e n. Und doch „hatte er ihn durch seine Häupter und Prokuratoren feierlich zum Erscheinen vor dem Konzil eingeladen, und den Kardinal von Palestrina, den er zu ihrem Hüter bestimmt hatte, angewiesen, sie zu diesem Zweck vorzustellen; er hatte eine Kommission organisiert, ausdrücklich um denjenigen, die den Orden zu verteidigen willens wären, ein Ohr zu leihen und ihnen die Möglichkeit zur Ernennung von

---

[1]) Über die Frequenz derselben liegen zwei wesentlich verschiedene Angaben vor: einmal die des Contin. Guil. Nang. (Bouquet, Rec. des Hist. des Gaules XX, p. 604), wonach außer den Kardinälen und den beiden Patriarchen von Alexandrien und Antiochien 114 hohe Prälaten derselben angewohnt haben sollen; dagegen reden spätere Geschichtschreiber, so Villani und Antonin von Florenz von mehr als 300 Prälaten. Uns scheint die erstere Zahl, die schon wegen ihrer Genauigkeit auf eine sichere Quelle hinweist, die wahrscheinlichere in Bezug auf die Zahl der eigentlich Stimmberechtigten, wogegen die letztere die Gesamtzahl derjenigen Kirchenfürsten, die überhaupt vertreten waren, d. h. wenn nicht persönlich, so doch durch Prokuratoren, denen aber kein Stimmrecht zukam, wiedergeben dürfte. — [2]) Das bedeutendste Licht hinsichtlich der Vertretung der einzelnen Nationen verdanken wir der öfters angeführten Entdeckung von Franz Ehrle, „Ein Bruchstück der Akten des Konzils von Vienne" (Archiv für Litteratur und Kirchengeschichte des Mittelalters, Bd. IV, 1888, p. 361—470); nach dem, was er über die G e s c h ä f t s o r d n u n g mitteilt (p. 428 ff.), waren Frankreich durch 10, Spanien durch 5, England durch 1, Irland-Schottland durch 1, Deutschland durch 4, Dänemark durch 1, Italien durch 9 „rotuli" vertreten. Danach würde Frankreich ca. ein Drittel, mit Italien zusammen aber allerdings über die Hälfte, gegen zwei Drittel, der Stimmen zugekommen sein. Letzteres war aber, wie wir wissen, in dieser Frage geteilt. Von Interesse ist auch die Bemerkung von Ehrle, daß der Erzbischof von Sens nicht persönlich dem Konzil angewohnt habe.

Profuratoren zu gewähren; und als Philipps rohe Gewalt diesem Versuch ein Ende gesetzt hatte, hatte er — keinen Protest erlassen. Nun war das Konzil zusammengetreten und die Häupter des Ordens wurden nicht vor es gebracht. Der Gegenstand war zu delikat, um der Masse des Konzils anvertraut zu werden, und so wurde eine zusammengestochterte Berufungsinstanz gebildet aus auserlesenen Prälaten als eine Vertretung der Nationen — Frankreich, Italien, Spanien, Deutschland, Ungarn, England, Irland und Schottland —, um die Sache mit dem Papst und den Kardinälen zu erörtern"[1]. Wie diese Kommission, welche die Angelegenheit für das Konzil zurechtzustellen hatte, ihrer Aufgabe nachkam, dafür haben wir in jenem Ercerpt, der „Deminutio laboris", aus dem englischen Prozeß, das Schottmüller in der vatikanischen Bibliothek aufgefunden und in seinem urkundlichen Teil veröffentlicht hat[2]), ein merkwürdiges Beispiel. Die Willkürlichkeit und Voreingenommenheit jener päpstlichen Auswahlkommission gegen den Orden wird dadurch schlagend illustriert und dasselbe besitzt um so viel mehr Beweiskraft, als, wie wir bereits früher[3]) erwähnt haben, Schottmüller indessen noch weitere derartige Excerpte und sogar Excerpte aus den Excerpten aufgefunden haben soll. Man merkt, Klemens war auch hier sehr sorgfältig in der Wahl seiner Leute, um für das dem Orden „gehörige" Gehör zu sorgen. Wie sehr dieses ganze Versprechen freien Gehörs an den Orden eine reine Phrase, um nicht zu sagen eine plumpe Lüge, gewesen war, trat dann vollends deutlich zu Tage, als auf die nochmalige Vorladung an die Ordensangehörigen, entweder in eigener Person oder durch Profuratoren sich auf dem Konzil vertreten zu lassen und ihre Sache gegenüber der Anklage zu führen, im Nov. 1311 thatsächlich unvermutet erst sieben und nach etlichen Tagen, unentmutigt durch das Geschick ihrer Vorgänger, zwei weitere Templer in der Versammlung der Prälaten in Vienne auftauchten, um, wie sie sagten, im Namen von 1500—2000 Brüdern[4]), die flüchtig in der Umgegend von Lyon umherirrten, die Verteidigung des Ordens zu übernehmen. Was thut Klemens? Statt seinem Versprechen gemäß ihre Verantwortung anzuhören, ließ eilig er sie in Eisen schlagen, verdoppelte die Wachen vor seinem Schlosse und sandte schleunige Botschaft an den König, um ihn zu warnen, gegen den Orden auf seiner Hut zu sein. So groß war der Schrecken, den das Häuflein mutiger und uner-

---

[1]) Lea III, 320. — [2]) Besprochen bereits im englischen Prozeß und oben bei den Quellen, p. 195 f. — [3]) p. 196 Anm. — [4]) Daß diese Zahl eine weit übertriebene ist, ist ohne weiteres klar: sei es, daß die Übertreibung den Templern selbst, die dadurch etwa um so mehr dem Konzil imponieren wollten, zur Last fällt, oder daß sie, was uns wahrscheinlicher ist, eben die vulgäre Schätzung der Gesamtzahl der Ordensritter wiedergiebt.

schrockener Männer dem Papste, der als Hüter des Rechts über sie zu Gericht sitzen wollte, einjagte. Dies war nicht geeignet, den Prälaten die Schande, die ihnen zugemutet wurde, weniger zum Bewußtsein zu bringen. War doch selbst die Mehrheit der Kardinäle und fast alle Deputierten der Synode der Ansicht, daß man dem Orden die Verteidigung gestatten müsse und daß alle bisherigen Beweise nicht zureichten, ihn rechtsgemäß¹) wegen der angeschuldigten Ketzereien zu verurteilen. Andere acceptierten dagegen unter Anführung vieler Argumente, die das Hauptargument verdecken sollten, die päpstliche Meinung, daß dem Orden keine Verteidigung zu gestatten sei, da dies nur Verschleppung der Sache, viel Gezänk und großen Nachteil für das h. Land, dessen Unterstützung bezw. Wiedergewinnung ja gleichfalls auf dem Programm stand und für welches die Güter der Templer verwendet werden sollten, zur Folge haben würde. „Als die Angelegenheit zur Abstimmung kam, fanden sich nur 1 italienischer Bischof²) und 3 Franzosen (die Erzbischöfe von Sens³), Rheims und Rouen, welche die rückfälligen Ketzer verbrannt hatten), die kein Bedenken trugen, sich die Schmach aufzuladen, den Templerorden ungehört zu verdammen. Sie mochten sich wohl besinnen. In Deutschland, Italien und Spanien war durch Provinzialkonzilien feierlich erklärt worden, daß sie nichts Übles am Orden noch an seinen Mitgliedern finden können. In England hatten die Templer nur zugegeben, daß sie wegen Häresie diffamiert seien. Nur in Frankreich war es allein zu einem allgemeinen Geständnis der Schuld" — wir wissen aber auch, wie? — „gekommen. Selbst wenn einzelne schuldig waren, so konnte man sie zu geeigneter Buße verurteilen, und war kein triftiger Grund vorhanden, ohne weitere Anhörung⁴) ein so edles Glied der streitenden Kirche wie den großen Templerorden zu zerstören"⁵).

Vergeblich mühte sich Clemens, den Widerstand des Konzils zu beseitigen. Das Gutachten der ungeheuren Mehrheit der Kommission zu verwerfen, ging nicht an. „Aber es anzunehmen hinderte ihn die Rücksicht auf Frankreich und die Furcht vor seinem Bedränger Philipp dem Schönen," wie Hefele meint⁶); wie wir, im Einklang mit Lea, bereits

---

¹) „absque offenso Dei et juris injuria": Hefele, Konziliengeschichte VI, Buch 41, p. 465; bei diesem Abschnitt besonders verwertet. — ²) Für welchen wir fast auf den Erzbischof von Pisa raten möchten. — ³) Entweder müßte also dieser doch zugegen, wenn auch nur zeitweilig, gewesen sein, oder in solchen Fällen doch auch die Stellvertretung stimmberechtigt gewesen sein. Letzteres scheint, bei der Bestimmtheit, mit der (Ehrle jene Bemerkung giebt, das Wahrscheinlichere. — ⁴) „audientia sive defensio", wie es in der Vita II bei Balnze heißt. — ⁵) Aus Lea III, 320. — ⁶) VI, 465.

bemerkt haben, schon die Rücksicht auf seine eigene, längst viel zu sehr engagierte Ehre. In dieser Not griff er auch jetzt wieder zu seinem alten Auskunftsmittel, dem „Auskunftsmittel der Schwachen"[1]), der Zögerung. Bis Mitte Februar 1312 hatte sich auf diese Weise bereits die Erörterung hinausgezogen, als Philipp, nachdem er wieder einmal eine Versammlung seiner drei Stände und zwar in Lyon, hart genug bei Vienne, gehalten hatte, persönlich wieder auf der Bildfläche erschien und zwar, wie seiner Zeit in Poitiers, begleitet von seinem Bruder Karl von Valois, seinen drei Söhnen und einem Gefolge, zahlreich genug, um die gehörige Pression auf die Prälaten auszuüben. „Seine königliche Anweisung vom 14. März an den Seneschall von Toulouse, eine besondere Auflage auszuschreiben zur Bestreitung der Kosten für die Abgeordneten, welche diese Stadt nach Tours, Poitiers, Lyon und Vienne gesandt hatte, wegen der Glaubens= angelegenheit oder wegen der Templer, zeigt, wie die in Tours begonnene Politik, die Kirche durch Pression von seiten der Laienschaft des König= reichs einzuschüchtern, unbedenklich bis zum Schluß fortgesetzt wurde. Leb= hafte Verhandlungen folgten. Philipp hatte geschickt die Frage wegen Verurteilung des Andenkens des Papstes Bonifacius VIII. wegen Häresie, auf welche er ein Jahr zuvor verzichten zu wollen versprochen hatte, wieder vorgebracht. Es war eine Unmöglichkeit, dies einzuräumen, ohne die Berechtigung der bonifacianischen Kardinäle und von Klemens V. eigener Papstwahl anzugreifen, aber es diente seinem Zweck, ein deutliches Zugeständnis zu erlangen"[2]). Dieser vereinigten Pression war das Kol= legium nicht gewachsen und so kam es zu der Bulle „Vox in excelso", die am 22. März 1312 von Klemens V. in geheimem Konsistorium ver= lesen wurde und in welcher der schon von einem französischen Votum, in dem Traktat[3]) des Bischofs von Mande, eines Mitglieds der bekannten päpstlichen Prozeßkommission, geratene Ausweg, nicht „de jure", sondern „per modum provisionis seu ordinationis apostolicae"[4]) den Orden aufzuheben, eingeschlagen wurde. An Gründen wurde angegeben: „a) weil der Orden wegen Häresie wenigstens sehr übel beleumundet sei, b) weil der Großmeister und viele andere Ordensmitglieder auf Häresie und Laster

---

[1]) Ebend. — [2]) Lea III, 321. — [3]) Schottm. I, 511 teilt denselben nach Jung= mann (die ursprüngliche Quelle ist Bzovius) in extenso mit. — [4]) (Ein modus pro= cedendi, auf den sich 461 Jahre später ein anderer Klemens, der in der Geschichte einen sehr viel besseren Klang hat, der XIV., stützte, als er einen andern „schädlich und unnütz gewordenen" Orden aufhob, den Jesuitenorden. Auch Napoleon I. hat ja nicht lange nachher jene alte Geschichte in seiner Weise wieder aufgewärmt, in= dem er sich bei seinem Vorgehen gegen einen andern Nachfolger Klemens V. Philipp den Schönen zum Muster nahm. „Exempla trahunt."

bezügliche Geständnisse abgelegt hätten, c) weil der Orden bei Prälaten und König sehr verhaßt sei, d) weil kein Rechtschaffener denselben verteidigen wollte," — man weiß ja, wie man solche Verteidigung unmöglich gemacht hatte — „e) weil derselbe für das h. Land, wofür er gestiftet, unnütz geworden sei, f) weil durch eine Aufhebung der Sentenz die Güter des Ordens verloren gehen könnten [1])". Dieser Beschluß, nach dem, wie die Aufhebungsbulle selber zugiebt, der Orden aufgehoben wurde, ohne verurteilt worden zu sein, „da hiezu das bisherige Prozeßergebnis rechtlich nicht hingereicht hätte, lediglich auf dem Weg der Fürsorge und päpstlicher Machtvollkommenheit [2])", wurde in der zweiten allgemeinen Konzilssitzung vom 3. April in Anwesenheit des Königs öffentlich verkündet und von Klemens nach einer schwulstigen Rede über Ps. 1, 5 damit motiviert, daß es so notwendig war, „ne scandalizetur charus filius noster rex Francie" [3]), damit der König von Frankreich kein Ärgernis zu nehmen brauche. Wie wenig geheuer es jedoch hiebei dem Papste selber zu Mute war, wie wenig er sich bewußt war, im Einklang mit der Majorität der Konzilsväter, deren Widerspruch er auch in diesem Augenblick noch fürchtete, zu handeln, geht aus der Bemerkung des bereits citierten Walter von Hemingburgh hervor, daß der Papst zu Beginn der Sitzung, auf der einen Seite den König von Frankreich, auf der andern dessen ältesten Sohn, den König von Navarra, durch einen Kleriker verkünden ließ: „Wenn einer der Konzilsväter, ohne vom Papst besonders dazu aufgefordert zu sein, ein Wort rede, so treffe ihn der große Kirchenbann [4])." Wo bleibt da das Recht, sich auf das Konzil zu berufen, wie der Papst es in seiner Bulle thut („sacro approbante concilio")? Daß es ja diesem vielleicht recht und es im Grunde froh

---

[1]) Aus Hefele VI, p. 466. — [2]) Wie es in der Bulle selber heißt: „licet condemnari non possit" und wieder „non per modum diffinitivae sententiae, cum eam super hoc, secundum inquisitiones et processus super his habitos, non possumus ferre de jure, sed per viam provisionis seu ordinationis apostolicae". — [3]) Nach dem Cont. Guil. Nang. ad a. 1312. Nach Prutz dürften diese Worte nicht dem Papst selber in den Mund gelegt werden, sondern gäben nur die Meinung des Chronisten selber wieder. Für uns macht das wenig Unterschied, da er jedenfalls sachlich damit der „langen Rede kurzen Sinn" am besten getroffen hat. — [4]) Mitgeteilt von Döllinger, Papsttum, im Text p. 90, vollständiger in der Anmerkung p. 425: „In III. sessione sedit dominus papa pro tribunali, et ab uno latere rex Franciae, ab altero rex Navarniae filius ejus, surrexitque quidam clericus et inhibuit sub poena excommunicationis majoris ne aliquis loqueretur verbum in concilio, nisi licentiatus vel requisitus a papa". Wenn Walter von Hemingburgh hier diese Äußerung als in der 3. Sitzung geschehen berichtet, so zählt er als zweite, wie im vorhergehenden ja deutlich gesagt ist, die Abstimmungssitzung der Kommission, die jedoch keine eigentliche öffentliche war.

war, auf diese Art der eigenen Verantwortlichkeit entbunden zu sein, kann wohl sein. Wie Lea meint, „fühlten die einzelnen Mitglieder wohl, daß man mit dem Orden so schmutzig umgegangen war, daß die Politik verlangte, daß die Ungerechtigkeit zu ihrem bittern Ende durchgeführt wurde [1])".

Dieser Beschluß, der in der Bulle selber das Datum vom 22. März, der Sitzung des geheimen Konsistoriums, trägt, erhielt dann seine Sanktion am 2. Mai durch die Ausführungsbulle „Ad providam", in welcher über das Templervermögen verfügt und dasselbe, mit Ausnahme des Besitzes in Castilien, Portugal, Aragon und Majorca [2]), dem Hospitaliterorden überwiesen wurde, dem jedermann ohne Rücksicht auf seinen Stand bei Strafe der Exkommunikation binnen einem Monat alles, was er etwa von templerischem Eigentum sich angeeignet haben oder was in seinem Besitz sich befinden sollte, zurückzugeben gehalten wurde. Ob der Verdacht, den man dafür allgemein gegen die Johanniter hegte, daß sie nämlich den Papst dazu mit schweren Summen bestochen hatten [3]), zu Recht oder Unrecht bestand, mag dahingestellt haben. War ersteres der Fall, so geschah ihnen nur Recht, wenn, wie berichtet wird, der Hospitaliterorden durch diese Erbschaft eher arm als reich geworden ist infolge der zahlreichen Streitigkeiten, die ihm aus diesem Anlaß erwuchsen, und der endlosen Entschädigungsansprüche, welche, nicht am wenigsten in Frankreich, von der Krone für ihre gehabten „Unkosten" an ihn gestellt wurden und die er befriedigen mußte, so daß er schließlich, 1317, noch froh sein konnte, mit der Angelegenheit ins reine zu kommen durch Überlassung aller Ansprüche auf das Einkommen der von der Krone besetzten Güter für 10 Jahre an

---

[1]) III, 322. — [2]) In diesem Königreich ging es etwas anders als bei den andern verwandten Reichen der spanischen Halbinsel, indem die Hospitaliter hier hernach wirklich in den Besitz des templerischen Guts eingesetzt wurden, aber auf dem Umweg über König Sancho, der 1313 es erhält mit dem Auftrag, es an die Hospitaliter weiterzugeben unter der Bedingung, daß sie zu den nämlichen Pflichten, wie früher die Templer, angehalten sein sollten. Doch ersparte dem Hospital diese Bestimmung auch hier keineswegs weitere Händel mit König Sancho. Erst im Februar 1314 wurden die Ländereien auf der Insel Majorca ihnen übergeben unter der Bedingung einer jährlichen Bezahlung von 11 000 Sols und einer Pension von 22 000 Sols für die Rechtsstreitigkeiten, die bis zur Vollendung der Donation abzumachen waren. Aller vorige Gewinn verblieb der Krone. Über das Festland (Roussillon-Cerdagne) sind keine weiteren Dokumente vorhanden. Aber ohne Zweifel waren dort ähnliche Verhandlungen nötig. Und zu all dem hin war die Auszahlung der Pensionen für die Templer aus deren Vermögen eine harte Last auf viele Jahre. So fehlte es auch hier nicht an der bitteren Pille, die dem Hospitaliterorden den Erfolg insgesamt vergällte. Vgl. Lea III, 332. — [3]) Für unwahrscheinlich erscheint uns eine solche Vermutung gerade nicht, angesichts der mehr als zweifelhaften Haltung, welche die Hospitaliter in unserer Angelegenheit die ganze Zeit über eingenommen haben.

Philipp den Langen und so, daß das Mobiliar gänzlich in den Händen des Königs blieb. Wie Philipp der Schöne selber in der Zwischenzeit, solange die Tempelgüter eigentlich in seiner Verwaltung sich befunden hatten, für gehörige Ausnützung derselben besorgt gewesen war, können wir uns denken und wird durch alle Berichte darüber aus seiner Zeit bestätigt. Die beste Kritik darüber lieferte Klemens V. selbst in dem Bericht der französischen Gesandten aus Avignon an König Philipp vom 24. Dez. 1310 über ihre Audienz bei dem Papste: „In articulo vero de administratione bonorum Templi regni vestri, addidit quod scie bat quod omnia perdebantur et dissipabantur et quod bene providerat hoc Pictavis[1]."

Übrigens hatte Klemens V. kaum das Recht, sich viel hierüber aufzuhalten, da von ihm nicht weniger feststeht, daß er nahm, was er konnte. So riß er z. B., um von nähergelegenen Besitzungen, zumal in der Guienne u. a., zu schweigen, die Erbschaft in Morea, wo das Hauptordenshaus zu Andraviba (in Elis) gewesen war, an sich, wie wir aus einem Schreiben in den Regesten Klemens V.[2] ersehen vom 11. Nov. 1310, in dem er seine Administratoren, den Patriarchen von Konstantinopel und den Erzbischof von Patras, anwies, an Gautier de Brienne, den Herzog von Athen, alle Einkünfte, die sie schon gesammelt und im kommenden Jahr noch sammeln würden, auszuleihen. Aber auch andere Leute, große und kleine, geistliche und weltliche Potentaten, Einzelne und Korporationen, zumal Klöster, nicht am wenigsten hier der Dominikanerorden[3]), langten zu, wer gerade Gelegenheit hatte, um sich mit dem Templergut zu bereichern und von dem Hospitalitererbe soviel als möglich zu subtrahieren. Auf etliches hievon haben wir bereits bei Besprechung der Prozesse in den einzelnen Ländern hingewiesen. Näher hierauf einzugehen liegt für uns kein Anlaß vor und würde ein eigenes Kapitel beanspruchen, welches lang würde. Es genügt, den leoninischen Vers anzuführen, mit dem der Tageswitz, wie Bernhard Gui berichtet, diese Seite der Sache zusammenfaßt: „Res est exempli destructa superbia Templi[4]."

Nachdem so die Hauptfrage hinsichtlich des Ordensvermögens erledigt war, wurde auch über die Personen der Templer endgültige Verfügung getroffen. Dies geschah in der dritten und letzten Sitzung des

---

[1] Mitgeteilt von Wenck als Beil. 4 seiner öfters citierten Arbeit „Klemens V. und Heinrich VIII.", p. 172—183 Art. 7 (p. 174). — [2] Reg. Clem. V, 235; vgl. Lea III, 333. — [3] So soll der Dominikanerkonvent Schwäb. Hall, von dem aus später auch Comburg besetzt wurde, ursprünglich den Templern gehört haben. Näheres über die Besitzungen der Templer in Württemberg soll an anderem Ort besprochen werden. — [4] Nach Lea III, 322.

Konzils vom 6. Mai durch die Bulle „Ad certitudinem"¹). In derselben wurden sie einfach den Provinzialkonzilien zur Aburteilung zugeschoben mit Ausnahme der dem h. Stuhl vorbehaltenen Häupter des Ordens. Für die Ausführung im einzelnen sollten die Diöcesanbischöfe sorgen. Alle Flüchtlinge wurden citiert, binnen Jahresfrist vor diesen zum Verhör und Urteilsspruch zu erscheinen, widrigenfalls sie ipso facto der Exkommunikation verfielen, die nach einem weiteren Jahr zur Verurteilung wegen Häresie wurde. Sonst sollte je nach ihrer Stellung im Templerprozeß mit ihnen verfahren werden, so nämlich, daß denjenigen, die von ihren Irrtümern nach der Forderung der Gerechtigkeit freigesprochen würden, von den Gütern des Ordens ein standesgemäßer Unterhalt gereicht würde. Gegen die genannter Irrtümer Geständigen aber sollte in Anbetracht ihres Standes und der Art ihres Geständnisses die Strenge des Rechts durch den Einfluß der Barmherzigkeit gemildert werden. Gegen die Unbußfertigen und Rückfälligen, wo solche erfunden würden, sollte das Recht und Urteil der Kirche — also der strengste modus — beobachtet werden. Gegen diejenigen endlich, die auch nach angestelltem Verhör — d. h. also trotz der Folter — „die Verwicklung in die genannte Ketzerei leugneten, sollte durch eben jene Konzilien beobachtet werden und geschehen, was gerecht wäre und die kanonische Billigkeit riete," — man sieht aus dieser ziemlich undeutlichen Redeweise, wie diese Kategorie der Weisheit der Konzilsväter am meisten Kopfzerbrechen verursachte — „und die einzelnen in den vormaligen Tempelhäusern oder in andern Mönchsklöstern auf Kosten des Ordens untergebracht werden, so jedoch, daß niemals eine größere Anzahl („multi") zugleich in ein Haus oder Kloster gelegt würden²)". „Das Interesse an dem Gegenstand hingegen brachte mancherlei Enteignung des Eigentums zu stande und ein paar Provinzialkonzilien scheinen darüber gehalten worden zu sein außer den bereits erwähnten von Narbonne und Tarragona³). Viele Templer faulten zu Tode in ihren Kerkern; etliche von den ‚Rückfälligen' wurden verbrannt; viele durchwanderten Europa als heimatlose Vagabunden; andere verhielten sich selbst, so gut sie konnten, durch Handwerkerarbeit. In Neapel ordnete, seltsam genug, Johann XXII. 1318 ihre Unterstützung durch Dominikaner und Franziskaner an. Als etliche sich zu verheiraten suchten, so verkündete Johann XXII., daß ihre Gelübde noch bindend seien und ihre Ehe nichtig, indem er so zugestand, daß ihre Aufnahme regelmäßig und fehlerfrei gewesen sei. Ebenso nahm er ihre Rechtgläubigkeit an, als er ihnen den Eintritt in andere Orden

---

¹) Früher fälschlich „considerantes dudum" genannt: Schottm. 1, 528.
²) Nach Bernhard Gui's Vita IV bei Bal. 1, p 76 f. — ³) Vgl. oben den spanischen Prozeß.

erlaubte ¹)". Letzteres geschah, wie wir sahen, besonders in Deutschland. So verriet, wie wir schon bei Besprechung von Bernhard Guis Vita angedeutet haben ²), dieser mit der Inquisition auf so vertrautem Fuß lebende und ihren Grundsätzen im Gegensatz zu seinem Vorgänger prinzipiell zugethane Nachfolger Klemens V., mit dem ein wirklicher Ketzerrichter den Stuhl Petri bestieg, durch sein thatsächliches Benehmen, daß er, gleich so vielen andern hochstehenden streng katholischen Männern, Theologen und Juristen, die Zierden der Kirche waren³), eher an das Gegenteil als an die Schuld des Ordens glaubte. Aber natürlich ließen sich vollzogene Thatsachen nicht mehr ungeschehen machen und es entsprach nicht den päpstlichen Grundsätzen, das Andenken eines Vorgängers, auch wenn man seine Thaten und seine Politik mißbilligte und dies durch Einschlagen des entgegengesetzten Wegs dokumentierte, öffentlich zu diskreditieren⁴).

Nach dem allem blieb nur noch übrig die Verfügung über den **Großmeister** und die andern Ordenshäupter, über die sich Klemens von Anfang an den Urteilsspruch persönlich vorbehalten hatte, ein Vorbehalt, der noch von dem letzten Konzilsbeschluß wiederholt worden war, so daß Molay mit seinen Großoffizieren von dem allgemeinen Urteil ausgenommen wurde. Wie dieser Vorbehalt früher seine Wirkung gethan hatte damit, daß er die Ordensoberen von dem Gros ihrer Untergebenen loslöste und sie dazu verführte, jene im Stich zu lassen, weil man sich selbst besondere Hoffnungen machte, und wie darum immer wieder Molay in den entscheidenden Augenblicken auf diesen Vorbehalt zurückkommt, verlangt, daß mit dem Versprechen, vor den Papst gestellt zu werden, Ernst gemacht werde, und sich tröstet und vertrösten läßt, daß es bald und sicherlich geschehen werde, haben wir in den früheren Phasen des Prozesses genügend gesehen⁵). Inzwischen war Jahr um Jahr vergangen, der Großmeister von einem Ort zum andern und von einem Kerker zum andern gewandert und noch immer war jenes Versprechen nichts als eine Aussicht, deren Erfüllung von Monat zu Monat sich verzögerte und von Tag zu Tag um so sehnlicher als das einfachste und sicherste Rettungsmittel ersehnt

---

¹) Lea III, 324. — ²) Vgl. oben p. 203 Anm. — ³) Wir erwähnen nach Havem. p. 381 nur von den Männern der Kirche den aus dem Dominikanerorden entsprossenen Erzbischof Antonin von Florenz einerseits, von den Rechtsgelehrten des 14. Jahrhunderts aber den berühmten Juristen Alberich von Rosate andererseits. Es blieb überhaupt erst Dupuy vorbehalten, dem Glauben an die Schuld des Ordens zu Gunsten des französischen Königtums einige Anhängerschaft zu erwecken. Weiteres siehe im Kapitel über die Quellen. — ⁴) Dies gegenüber Schottmüller, der die Ausdrucksweise Johanns XXII. von seinem Vorgänger „heiligen Angedenkens" als Beweis in so weitreichendem Sinne verwerten will: so Schottm. I, 582 u. sonst. — ⁵) Vgl. oben p. (320, 329) 370 f., 393 ff.

wurde, je mehr es das einzige und letzte wurde. Was mag in jenen Jahren, seit der Zeit, da der Großmeister zum letztenmal vor uns gestanden ist, in seiner Seele vorgegangen sein: als er erst hören mußte — wenn man ihn so viel wissen ließ — wie ein Haufe um den andern sich zur Verteidigung herzudrängte und laut und immer lauter nach dem Großmeister gerufen, an ihn als ihr Oberhaupt von den Seinigen appelliert wurde; dann mitansehen mußte, wie eine Säule der Hoffnung um die andere schwand und ein Häuflein von Verteidigern des Ordens um das andere auf den Scheiterhaufen geschleppt wurde, deren Hinrichtung ihm sicherlich, schon um das Einschüchterungsverfahren fortzusetzen, nicht vorenthalten wurde, wenn sie auch nur als eine dunkle und dadurch um so peinvollere Kunde in sein Gewahrsam drang! Und wie mag er nach dem Augenblick gelechzt haben, da es ihm vergönnt sein werde, durch ein offenes gründliches Wort vor dem Papste alle die Gewissenslast, die er durch seinen feigen Rückhalt alle die Jahre her auf seine Seele geladen hatte, wegzuwälzen und für die Unschuld des Ordens als sein würdiges Oberhaupt vor dem Papste als dem höchsten Richter ein entscheidendes Zeugnis ablegen zu können! Armer, betrogener Mann! Klemens V. hütete sich wohl, ein Opfer, das er so grimmig enttäuscht, noch einmal persönlich vor die Augen zu bekommen. Er wußte, warum? Die ganze Sache war in einem Maße peinlich für ihn geworden, daß wir es ihm nachfühlen können, wie er trachtete, auch den Gedanken daran los zu werden, und darum wirklich, wie es scheint, es fertig brachte, eine Zeit lang der armen Gefangenen ganz zu vergessen.

Das Konzil von Vienne war längst vergangen, als er endlich, am 22. Dez. 1313, eine Kommission von drei Kardinälen — natürlich wieder drei Hauptfranzosen[1]) wie allemal, wo der Papst in dieser Angelegenheit

---

[1]) Der erste war der Kardinalpriester von St. Sabina, Arnold von Faugières (nach Bal. I, 657, nicht von Farges, wie Schottm. I, 565 angiebt), gebürtig aus der Diöcese Toulouse, hatte sich hier und in Arles seine Sporen verdient, war Kardinal 1310 geworden und im folgenden Jahr mit der Papstkrönung Kaiser Heinrichs VII. betraut worden: scheint so zu den besonderen Vertrauten Klemens V. gehört zu haben; der zweite, Arnold Novelli, Kardinalpriester von St. Prisca, war gleichfalls Südfranzose, nach Bal. I, 660 wahrscheinlich aus der Grafschaft Foix, und hatte sich als Abt von Froidfont, Diöcese Narbonne, Klemens Wohlgefallen zugezogen, so daß er ihn zum Vizekanzler der römischen Kirche 1306, 1310 zum Kardinal ernannte; der dritte, Nikolaus von Fréauville, Kardinalpriester von St. Eusebio, war schon in Lyon nach der Krönung Klemens V. avanciert, vorher Beichtvater Philipp des Schönen und Dominikaner gewesen und ein naher Verwandter Marigny's (s. Bal. I, 636). Man sieht, es waren Vertraute Philipps des Schönen und des Papstes in gleichem Maße. Angesichts alles dessen kann keine Rede sein, wie Schottm. immer will, Klemens V. möglichst von der Mitschuld dieses Ausgangs zu entlasten.

entscheidende Persönlichkeiten zu wählen hatte, — ernannte, um die Unter=
suchung gegen die gefangenen Würdenträger zu Ende zu bringen und sie
je nach deren Erfund entweder zu verurteilen oder zu absolvieren, in
letzterem Falle unter Auferlegung einer entsprechenden Buße und An=
weisung zu einer standesgemäßen Pension vom Ordensvermögen. Die
Kardinäle, denen es kaum mehr Ernst gewesen zu sein scheint als ihrem
Oberhaupte, zogen die Sache wieder eine Weile hin bis zum 19. März
1314. An diesem Tage ließen sie die Ordenshäupter aus dem Kerker, in
dem diese nun nahezu sieben Jahre schmachteten, hervorziehen und auf ein
Schaffot gegenüber der Hauptkirche von Paris, Notredame, bringen, um
in feierlichem Autodafé das Urteil, auf das die Kardinäle in Verbindung
mit dem Erzbischof Marigny von Sens und etlichen anderen Prälaten,
die dazu berufen worden waren, übereingekommen waren, zu empfangen:
lautend nach den schweren Geständnissen, die sie früher gemacht, der Regel
entsprechend auf ewiges Gefängnis. Dieses Urteil wurde von dem Erz=
bischof von Alby in salbungsvoller Rede, in welcher er gegenüber der
Verderbtheit des Ordens den Glaubenseifer des Papstes und die auf=
opfernde Thätigkeit des Königs pries, näher begründet und in seiner
Bedeutung auseinandergesetzt. Offenbar handelte es sich darum, auf das
zahlreich versammelte Volk einen möglichst imponierenden Eindruck von
der Größe der templerischen Verbrechen zu machen, an dem Philipp dem
Schönen, der bei diesem Akt vollends keineswegs mit der Rolle des neutralen
Zuschauers sich begnügte, um so mehr gelegen sein mußte, je mehr der
Glaube an die Schuld des Ordens, wenn er überhaupt eine Zeit lang
dem großen Haufen hatte beigebracht werden können, durch die Ereignisse
der letzten Jahre, erst durch die todesfreudige Haltung der in den Flammen
des Konzils von Sens geopferten Templer und nun vollends durch die
Schwierigkeiten und den Widerspruch, den man in Vienne gefunden hatte,
bedenklich erschüttert worden war. Er sollte die Rechnung ohne den Wirt
gemacht haben. Schon glaubte man die Angelegenheit erledigt, als, zum
Mißmut der Prälaten und zur Verwunderung der Menge, der Großmeister
Molay sich erhob, und „indem er laut um Gehör bat und in feierlicher,
erwartungsvoller Stille Richter und Volk auf ihn blickten, mit fester
Stimme also sprach: „Auf der Schwelle des Todes, wo auch die leiseste
Lüge schwer wiegt, gestehe ich im Angesicht des Himmels und der Erde,
daß ich große Sünde gegen mich und die Meinigen begangen und mich
des bitteren Todes schuldig gemacht habe, weil ich, mein Leben zu retten
und dem Übermaße der Martern zu entgehen, zugleich durch Schmeichel=
worte des Königs und des Papstes verlockt, gegen meinen Orden mich
erhoben habe. Jetzt aber, wiewohl ich weiß, welches Los meiner harrt,

will ich keine neue Lüge zu der alten häufen, und indem ich erkläre, daß der Orden sich stets rechtgläubig und rein von Schandthaten erhalten hat, verzichte ich freudig auf mein Leben ¹)". Eine gleichlautende Erklärung, zur Bekräftigung der Worte des Großmeisters und Verstärkung ihres Eindrucks, gab der Großpräzeptor der Normandie, Gottfried de Charney ²), ab. Es war eine mannhafte, heldenmütige Sühne, mit der die beiden Templerhäupter, ungebrochen durch die bisherigen Leiden, im entscheidenden Augenblicke sterbend wieder gut machten, was sie früher in etlichen schwachen Stunden, aus Menschenfurcht und Liebe zum eigenen Leben und durch falsche Vorspiegelungen von Papst und König getäuscht, versäumt und in jahrelanger Kerkerhaft zu bereuen Zeit gehabt hatten: eine Erklärung, die niemals ihres Eindrucks auf Seelen, die das Zeugnis eines sterbenden Martyriums zu schätzen wissen, verfehlen wird und auch in jener Stunde ihres Eindrucks auf die staunenden Zuhörer nicht verfehlte. Um so größer war die Wut des Königs, als er davon erfuhr: so groß, daß er den Kardinälen, welche hastig die Scene verlassen und die vier Großwürdenträger ³) durch den Prévôt von Paris ins Gefängnis hatten zurückbringen lassen, um am folgenden Tage ihr Schicksal reiflicher in Erwägung zu ziehen, jede weitere Verlegenheit über die Frage, was nun mit solchen Leuten anfangen? ersparte, indem er eiligst seinen Kronrat zusammenkommen und — „in überhitztem Glaubenseifer?" ⁴) — die beiden Widerspruchsgeister als Rückfällige zum Flammentod verurteilen ließ: dies, wie Bernhard Gui, offenbar in tadelndem Sinne, hinzusetzt, „ohne ein anderweitiges kirchliches Urteil darüber abzuwarten, obgleich damals zwei Kardinalpriester in Paris anwesend waren⁵)". Die Hinrichtung wurde noch am nämlichen Abend, dem 11. März 1314, auf einer kleinen Insel der Seine, über welche die hohe wie niedere Jurisdiktion von Rechts wegen den Mönchen

---

¹) Nach Havemann (p. 292), dessen Übersetzung auf Grund von Villani (Murat. XIII, 430) und Zantfliet (Mart. et Durand V, 159) verbessern zu wollen eine unnötige Mühe wäre, da sie schwer zu übertreffen ist. — ²) Nicht der Sohn des Dauphins von Auvergne, Guido Delphini, welcher vielmehr überall in dem Prozeß sich als einen der ärmlichsten und feigsten Gesellen ausweist (f. Tab. I Nr. 4, XI Nr. 47), vgl. Schottm. I, 561. — ³) Warum außer diesen 4 Ordensoberen noch ein 5. Templer, nämlich der in der Bulle „ad certitudinem" genannte Ritter Olivier de Penna, dem allgemeinen Urteil entzogen wurde und ob Schottmüllers Urteil, daß dies der päpstliche Kämmerer gewesen sei, auf dessen (verleumderische) Anklagen gegen den Orden sich Klemens V. wiederholt berufen hat, zutrifft (cf. Schottm I, 563), thut zur die Hauptsache nichts weiter zur Sache. — ⁴) Vgl. oben p. 185. — ⁵) Bal. I, 79. Und mit dem Urteil dieses in dem kirchlichen und zumal inquisitorischen Recht seiner Zeit besser als einer unserer heutigen Kritiker bewanderten Inquisitors ist für uns die Frage: ob das Vorgehen Philipps vom Standpunkt des Rechts aus wirklich ein einwandfreies gewesen ist? erledigt.

von St. Germain des Prés zustand¹) und wo später die Reiterstatue Heinrichs IV. aufgestellt wurde, vollzogen und auch hier bewährten beide Männer durch den Todesmut, den sie bis zum letzten Augenblick unter Beteuerungen der Unschuld und Reinheit des Ordens und Verschmähung der auch jetzt noch gebotenen Gelegenheit zum Widerruf und damit zur Rettung ihres Lebens bewahrten, und durch die inbrünstige Andacht, mit der sie noch sterbend, das Angesicht der schmerzenreichen Mutter Gottes zugewandt, ihre Hände zum Gebet falteten, die Freudigkeit ihres Gewissens und den Ernst ihres gut katholischen Glaubens. So urteilte wenigstens damals das Volk, welches, wie der Erzbischof Antonin von Florenz und Villani erzählen²), einen solchen Eindruck von dem Tode der beiden empfing, daß es sie vielfach als Märtyrer verehrte und in der Nacht nach den Gebeinen und der Asche der Gerichteten gesucht wurde, um sie als Reliquien nach heiligen Stätten zu bringen. Neuere dagegen haben mit der Chronik von St. Denis es fertig gebracht, diese Todesaufopferung besser zu erklären damit, daß — der Teufel sie zu solchem Heldenmut befähigt habe. Nach diesen müßten wir unsere Bewunderung nicht sowohl dem Großmeister Molay und seinem Großpräzeptor von der Normandie, als vielmehr dessen Kollegen Gottfried de Gonaville, Großpräzeptor von Poitou und Guienne, und dem Visitator Hugo de Peraud zuwenden, die vorzogen, auch jetzt mit Schweigen ihr Leben zu erkaufen und hernach elend im Kerker zu Grunde zu gehen³).

Unser Drama erscheint nicht vollständig, wenn wir nicht auch auf das Ende der übrigen Hauptfaktoren der Geschichte, in erster Linie auf das des zunächst verantwortlichen Papstes und des Königs als des eigentlich treibenden Rads, einen Blick werfen. Wird doch erzählt⁴), daß der Großmeister noch sterbend, als schon die Flammen ihn umspielten, ausgerufen habe: „Klemens, ungerechter Richter und grausamer Henker, ich

---

¹) Mit diesen hatte sich der König deswegen nachher noch besonders auseinanderzusetzen, indem er ausdrücklich die Erklärung abgab, daß für ihre Rechte jener Fall kein Präjudiz bilden solle. — ²) Murat. XIII, 430. — ³) Wie Antonin von Florenz erzählt. — ⁴) Und zwar von Le Jeune (Hist. crit. et apolog. II, 315) auf Grund von Mézerai. Ganz ähnlich läßt Geoffroys von Paris Reimchronik, also eine ziemlich zeitgenössische Quelle, Molay sich äußern, während Ferratus von Vicenza (Murat. IX) eine derartige Appellation gegenüber dem Papst einem anderen Templer in den Mund legt. Auch von dem Bischof von Poitiers, an dem Klemens nach seiner Thronbesteigung auf so unedle Weise sich für frühere Streitigkeiten rächte, wird eine ähnliche Citation, die er noch vor seinem Totenbette gethan habe und die hernach eingetroffen sei, erzählt (s. Lea III, 327 Anm.). Alles dies ein Zeugnis, wie durch die Vorgänge seiner Regierung das Volksgemüt sich im Innersten verletzt fühlte und an das Gericht eines höheren Richters appellierte und glaubte.

lade dich vor, innerhalb 40 Tagen vor dem Thron des Allerhöchsten zu erscheinen." Mag diese Erzählung, wie leicht zu denken ist, als ein vaticinium post eventum erklärt und mangels an einer sicheren äußerlichen Beglaubigung in das Reich der Fabel oder der schaffenden Volksphantasie verwiesen werden, für uns hat sie einen hohen Grad von innerer Wahrscheinlichkeit für sich und wir stehen nicht an, in jedem Falle uns auch hier zu dem thatsächlichen Rechte des Wortes zu bekennen: „Vox populi vox Dei".

Kurze Zeit nachher, erzählt die Histoire critique et apologétique [1]), fühlte sich der Papst in Avignon heftig angegriffen, bald von Dyssenterie und häusigem Erbrechen, bald von schmerzhaften Kolikanfällen, die ihn nicht zur Ruhe kommen ließen. In der Hoffnung, daß die Luft seines Heimatlandes ihm etliche Erleichterung seiner Schmerzen schaffen werde, trat er die Reise nach Bordeaux, in einer Sänfte, an. Aber unterwegs, in der Nacht vom 19. auf den 20. April, starb er in Roquemaure an der Rhone, unfern von Carpentras, wo der päpstliche Hof residierte und wohin seine Leiche gebracht wurde. Noch während er mit dem Tode rang, soll er die an dem Orden begangene Gewaltthat bitter bereut haben [2]). Nur auf Plünderung des reichen Gepäcks bedacht, kümmerte sich die aus Gascognern, den Landsleuten Klemens V., bestehende Dienerschaft wenig um die Leiche ihres bisherigen Herrn und Gebieters. In der Nacht geriet die Kirche, in der sie lag, in Flammen, und der untere Teil der Leiche verbrannte vom Unterleib abwärts bis zu den Extremitäten. So wurde sie etliche Monate nachher in Useste bei Villandraut in der Diöcese Bazas, dem Heimatort des Verstorbenen, nach seiner letztwilligen Anordnung beigesetzt. Seine Verwandten, denen er unermeßliche Schätze hinterlassen hatte, errichteten ihm hier ein prächtiges Mausoleum, ruhend auf 8 Jaspissäulen, das aber 1577 der Plünderung und Zerstörung durch Calvinisten anheimfiel: die Asche des Pontifex wurde in die Lüfte zerstreut, der Rest der Gebeine ins Feuer geworfen [3]).

---

[1]) II, 317. Als Quelle wird dort angegeben Ptolemäus von Lucca bei Bagi, Breviarium Rom. Pontificum IV, p. 45. — [2]) Nach der Chronik Peters von Erfurt (Menken III, 325), bei Havemann citiert p. 296. — [3]) Ein unvergänglicheres, aber übleres Monument hat ihm kurz nach seinem Tod und unter dem Eindruck desselben der Kardinal Napoleon Orsini in seinem Schreiben an König Philipp von Frankreich über den Zustand der Kirche nach dem Hingang Klemens V. gesetzt (Bal. II, 290 u.), welches zeigt, wie wenig Freunde Klemens V. hinterließ und wie die Regierung dieses Papstes gerade und sogar in den kirchlichen Kreisen, welche die größte Hoffnung auf ihn gesetzt hatten, mit immer steigenderer Erbitterung als eine Geißel von Gott empfunden und sein Ende als ein Zeichen der göttlichen Gnade, die sich der Kirche wieder erbarme, aufgefaßt wurde.

Nicht weniger auffallend mußte dem erregten Volksgemüt der im gleichen Jahr eintretende Hingang Philipp des Schönen erscheinen. Erst 46 Jahre alt siechte er, nach dem Contin. Guil. Nang.[1]), plötzlich an rätselhafter Krankheit, nach deren Ursache die Ärzte vergeblich forschten, dahin am 29. Nov. 1314. Nur er selbst, erzählt Le Jeune[2]), entdeckte, als er sein Ende herannahen fühlte, seinen Söhnen die Ursache seiner Schmerzen und seiner Niedergeschlagenheit und erklärte, wie er das Gericht Gottes empfinde und die Rechenschaft, welche er über die Behandlung seiner Unterthanen abzulegen habe. Der Contin. Guil. Nang. dagegen berichtet, er sei wegen seiner Standhaftigkeit und seines Todesmuts von andern viel bewundert worden; während er nach Villani[3]) und andern Berichten überhaupt auf ganz andere Weise, plötzlich, ums Leben gekommen sei, indem er auf der Saujagd im Walde von St. Vast vom Pferde gestürzt und jämmerlich zerfleischt in dem Schlosse von Fontainebleau, wohin man ihn gebracht, gestorben sei. Die Wahrscheinlichkeit spricht für die erstere Erzählung. Kurz vor seinem Tode mußte er noch die Schande erleben, daß sämtliche Frauen seiner 3 Söhne, lauter Töchter des Herzogs von Burgund, im Ehebruch erfunden wurden[4]). Wie Villani berichtet, so wurde darin von manchen eine Folge der zu nahen Verwandtschaft gesehen; er selbst mit andern möchte darin vielleicht auch eine Strafe für die Versündigung ihres Vaters gegen Bonifacius VIII., wie der Bischof von Ansiona geweissagt habe, erblicken und vielleicht auch für das, was er gegen die Templer that. Schwerer noch wiegt im Urteil der Nachwelt die Thatsache, daß sein Sohn und Nachfolger, Ludwig X., die Geistlichkeit seines Reichs zum Teil mit Gewalt zwingen mußte, Seelenmessen für seinen verstorbenen Vater zu lesen. Eine solche Unsumme von Haß und Ingrimm hatte seine tyrannische und doch in mancher Hinsicht eines großen Zugs nicht entbehrende Regierung erzeugt und so wenig hielt man ihn vielfach für der Seligkeit wert.

---

[1]) S. Bouquet, XX. Bd., p. 611. — [2]) Hist. crit. et apolog. II, 318 f. — [3]) Murat. XIII, 474. — [4]) Mit dieser Ursache hängt zusammen, daß, obgleich Philipp 3 lebende Söhne hinterließ, sein Mannesstamm doch schon 14 Jahre nach seinem Tode mit dem letzten seiner Söhne, Karl IV., erlosch, und die Krone von Frankreich auf die Descendenz seines Bruders, Karl von Valois, überging: während die Vermählung seiner Tochter Isabella an Eduard II. von England, die er hauptsächlich Klemens V. zu verdanken hatte, die englischen Ansprüche auf die Nachfolge in Frankreich begründete und so jenen jahrhundertlangen französisch-englischen Erbschaftskrieg heraufbeschwor, der Frankreich so ungeheure Wunden schlug und die Monarchie in ihrer Entwicklung auf 150 Jahre hinter den Zustand, auf den sie Philipp der Schöne gebracht, zurückwarf: bis in Ludwig XI. ein Herrscher erstand, in dem das Bild Philipps des Schönen wieder auflebte, der dessen Gedanken und Pläne wiederaufnahm und zu einem dauerhafteren Erfolg brachte.

Noch eines dritten Mannes, der nächst dem Papst und König zu den Hauptfaktoren der Templertragödie gehörte und des letzteren Hauptwerkzeug gegen die Templer war, Ausgang gehört hierher, der des Erzbischofs Philipp de Marigny von Sens. Scheint sich doch in diesem kaum weniger deutlich als in dem der beiden andern Häupter die Nemesis der Vorsehung zu erfüllen. Wir können uns nicht versagen, hier Raynouard das Wort zu geben, der nach Besprechung seines Eingreifens auf dem Provinzialkonzil von Sens fortfährt[1]): „Bebend vor Entrüstung würde ich vor dem Gerichtshof der Nachwelt diesen Philipp de Marigny verklagen und seinen Namen der Schande aussetzen, die er verdient hat; aber die Geschichte der Zeit lehrt mich, daß er selbst bei seinen Lebzeiten der Strafe seines Verbrechens nicht entging. Schuldig der Urheberschaft an einer schreienden Ungerechtigkeit, sah er seine eigene Familie als das Opfer einer ebenso außerordentlichen Ungerechtigkeit.

Sein Bruder Enguerrand de Marigny hatte nach dem Tode Philipp des Schönen die Gunst zu büßen, die er während seiner ganzen Regierung genossen hatte. Angeklagt des Unterschleifs - wurde er, dank seiner Unschuld oder dem Rest seines Kredits, freigesprochen durch Richter, welche dem Einfluß des Hofes widerstanden: da setzte man die besonderen Mittel, die er selbst und sein Bruder gegen die Templer in Anwendung gebracht hatte, in Gebrauch. Enguerrand wurde der Irreligion und Zauberei angeklagt: die Absurdität dieser Anklage machte den Beweis leichter, weder das Ansehen noch die Thränen seines Bruders, des Erzbischofs von Sens, konnten diesen berühmten, in Ungnade gefallenen, Mann retten. Er wurde als Zauberer aufgehängt an dem Galgen von Montfaucon, den er selbst vor Zeiten hatte errichten lassen![2]) Seit der Hinrichtung seines Bruders lebte der Erzbischof von Sens im Schmerz und in der Schande und lebte nicht mehr lange. Ich bescheide mich."

Er hat recht. Wer in all dem nicht die immanente Gerechtigkeit des Seins oder, anders ausgedrückt, ein Gottesgericht erblickt, den — nun den beneiden wir nicht um sein Sehvermögen. Bei Enguerrand de Marigny dürfte übrigens jener Zusammenhang der Dinge deutlich genug vorliegen, indem eben seine Thätigkeit im Templerprozeß vielfach eine mitwirkende Ursache seines Sturzes sein mochte, in dem wütenden Hasse, den er besonders in den Kreisen der Aristokratie, die mit der Vernichtung der Templer am meisten getroffen waren und die mit dem Hingang Philipp des Schönen unter seinem Nachfolger obenauf kamen, sich zugezogen hatte.

[1]) Raynouard, p. 108. — [2]) Auch im Templerprozeß scheint ja der dortige Henker eine Rolle gespielt zu haben; vgl. oben p. 398.

Endlich sei noch einmal erinnert an die Ansicht, die nicht bloß ein so umfassender Gelehrter wie Döllinger, sondern auch ein die Geschichte unter dem Gesichtswinkel des Patriotismus auffassender Franzose wie Lavocat[1]) geäußert hat, daß es schwerlich richtig ist, den Untergang des Templerordens als ein großes Glück, als einen nationalen Erfolg für Frankreich zu betrachten; daß im Gegenteil die französische Nation, von deren Organen im Grunde der Templerorden eines, zwar ein eigentümliches, aber kein bedeutungsloses, bildete, mit seinem Untergang ein wesentliches Stück ihrer Expansionsfähigkeit, wichtige kommerzielle und politische Beziehungen nach Osten aus den Händen gegeben habe, welche den französischen Namen und Einfluß dort fortwährend neu hätten beleben können, nun aber der Nation verloren gingen. So blieb bis zu einem gewissen Grad auch das ganze Volk nicht ungestraft für seinen, wenn auch für die Hauptmasse mehr nur passiven, Anteil an der Ungerechtigkeit, welcher die Unterdrückung des Templerordens zu einer Art nationalen Schuld machte.

*   *   *

Es erübrigt noch, über das **Maß der Verschuldung des Ordens** selbst ein kurzes Wort zu verlieren und damit das eigentliche Facit unserer Untersuchung zu ziehen. Daß uns eine eigentliche Schuld des Templerordens, welche die Untersuchung auf Grund der ihm vorgeworfenen Ketzereien ergeben hätte, ausgeschlossen ist, brauchen wir nicht besonders zu sagen. Aber wir geben gerne zu, daß es einem, auch wenn man von der Unsinnigkeit der ketzerischen Anklage nicht bloß des Gesamtordens, sondern auch seiner einzelnen Zweige noch so sehr überzeugt ist und durch eine eingehende Prüfung des Gesamtmaterials immer stärker überzeugt worden ist, bis zu einem gewissen Grad immer noch rätselhaft erscheinen kann, wie überhaupt eine derartige **Anklage** gegen den Orden zu stande kommen konnte. Wir sagen ausdrücklich: Anklage, nicht Beweis. Daß und wie letzterer zu stande kam, soweit er überhaupt zu stande kam — denn wir müssen immer wieder daran erinnern, daß sogar das Konzil von Vienne nach solcher Vorbereitung nicht wagte, den Orden durch eine rechtskräftige Sentenz zu verurteilen, bezw. daß es selbst der Papst Klemens V., so sehr ihm schließlich alles daran gelegen war, nicht wagte, ernsthaft dem Konzil diesen Vorschlag zu machen —: also wie der **Beweis** bis zu dem erlangten Grade erbracht werden konnte, das ist leicht zu begreifen und dürfte von einem jeden, der unserer Untersuchung gefolgt

---

[1] s. Lavocat, am Schluß des Vorworts.

ist, längst begriffen worden sein. Spielt doch die Folter in diesem Prozeß überall, wo der Beweis erbracht worden ist, eine solche Rolle, daß wir überhaupt sagen dürfen, daß nur dort, wo die Folter gebraucht wurde — worunter wir nicht nur leibliche Qual, sondern überhaupt jedes vor einem wirklichen Rechtsgefühl verwerfliche Zwangsmittel verstehen — überhaupt ein Beweis erbracht wurde. Schon dieser eine Umstand erklärt mehr als genügend das vorhandene Beweismaterial, das zudem, sobald man im einzelnen näher auf den Grund geht, sich überall als äußerst fraglicher Natur darstellt, wenn nicht direkt widerlegt wird. Zu diesen äußeren mittelbaren und unmittelbaren Gegenständen kommen eine solche Fülle von allgemeinen logischen und psychologischen Erwägungen, die wir in unserem ersten Teile haben genügend zu Worte kommen lassen und deren vornehmster der ist, daß im Unterschied von allen wirklichen Ketzern jener Zeit, zumal den Katharern, von denen das Wort seinen Ursprung genommen hat, kein einziger Templer auch wirklich zu jenen Ketzereien als seiner Überzeugung sich bekannt hat, so daß er sie als den Ausdruck seiner höheren Wahrheit mit Hartnäckigkeit festgehalten hätte: daß es nicht der Mühe wert ist, über diese Seite der Sache, die Beweise und was sie wert sind, ein weiteres Wort zu verlieren.

Um so mehr ist die Frage: wie konnte denn überhaupt auch nur eine solche Anklage zu stande kommen? In dieser Hinsicht haben wir, um auf die wirkliche Schuld der Templer zu kommen, gelegentlich der Besprechung der Anklageartikel gezeigt, wie diese in dreierlei Kategorieen zu zerlegen sind: die 1. Kategorie stellen diejenigen Punkte dar, die aus dem Verlauf der Untersuchung gewissermaßen natürlich sich ergaben und für welche daher ohne weiteres der Beweis als erbracht gelten kann; wir möchten sie kurz nennen: Selbstverständlichkeiten. Aber das sind lauter verhältnismäßig harmlose Dinge, wie Tragen einer Schnur auf dem bloßen Leib (als Keuschheitszeichen), Beichte möglichst nur bei Ordenspriestern, Absolution von Ordensvergehungen durch die Oberen, Mangel einer Probezeit für die Novizen, möglichste Bereicherung des Ordens und — last not least — Verdacht infolge der Heimlichthuerei, die den Orden in keiner Weise ernstlich belasten können, zum Teil viel mehr nur das Gegenteil, das zähe Festhalten seiner ursprünglichen Disziplin und Einrichtungen, beweisen. Eine 2. Klasse[1]) hat es mit bedenklicheren Dingen zu thun: es sind die Vorwürfe sittlicher Rohheit, wüster Gewohnheiten u. dgl., gipfelnd in der Anklage auf Sodomiterei, kurz gesagt: Unsittlichkeiten. Auch diese haben wir großenteils als eine

---

[1]) Zwischen beiden Klassen in der Mitte steht eine der am deutlichsten erwiesenen Anklagen, die auf Simonie (vgl. z. B. Tab. XV Nr. 125).

logische Konsequenz der 3. Anklage, auf Ketzerei, begriffen. Denn das war nun einmal das geläufige Urteil, daß Ketzern alle und die schlimmsten Dinge zuzutrauen seien. Indessen haben wir zugestanden, daß manches in diesen Vorwürfen doch begründet sein mochte, so z. B. selbst von dem der Sodomiterei, als einem auch sonst damals nicht ungewöhnlichen Laster. Aber im ganzen gewinnt man auch hier den Eindruck, daß dieses Laster doch unter den Templern eher weniger denn mehr als anderwärts verbreitet war. Mehr weist darauf hin, daß sie es mit den Frauenzimmern keineswegs besonders skrupulös nahmen[1]), so sehr auch bei dem Eintritt vor diesen gewarnt wurde. Auch die schmutzigen Küsse gehören hierher als wenigstens nicht ganz zu bestreiten, sie lassen sich zum Teil auch nicht allzu schwer begreifen als Ausgeburten einer etwas verrohten Soldateska, wo zudem der Hochmut der ritterlichen Elemente, über welchen vielfach geklagt wird, gegenüber den vielen niederen Verwaltungselementen, die mit jenen doch ein Gelübde haben und den Bruderkuß tauschen sollten, zu mancher Verhöhnung dieser Brüderlichkeit geführt haben mag[2]).

Von da scheint es nicht mehr so gar weit bis zu der 3. Kategorie, dem Kern der Anklagen, den Vorwürfen über eigentlich häretische Dinge. Auch hier geben wir zu, daß aus Frivolität manches vorgekommen sein kann: z. B. Bespeiung oder sonstige Mißhandlung des Kreuzes, auffallende frivole Redensarten in der Opposition und im Ärger über die übernommenen religiösen Pflichten, die offenbar vielen sehr lästig fielen. Sogar Lea[3]), mit dessen Urteil wir sonst fast ausnahmslos zusammenstimmen, giebt hier ziemlich viel zu, indem er an Zeugnisse wie die von Joh. d'Aumône[4]), Peter de Chéron[5]), Eudo de Bures[6]) denkt, denen wir keineswegs so viel Vertrauen zu schenken im stande sind. Wenigstens scheinen auf Grund unserer Tabellen[7]) gerade diese eher in geringerem Grade einer näheren Prüfung Stich zu halten als andere. Von diesen unterscheiden sie sich dadurch, daß sie das Ganze mit der Verleugnung und Bespeiung einfach als Scherz hinstellen, deutlich wenigstens die beiden letzten[8]). Diesen könnte man ja, wegen der inneren Wahrscheinlichkeit,

---

[1]) Vgl. z. B. Tab. X Z. 25, der meinte, „man habe genug schöne Frauen haben können", das Geschwätz der Weiber auf Cypern u. a. dgl. — [2]) Vgl. so z. B. Nr. 181 (Tab. XVIII). — [3]) Vgl. Lea III, p. 276 f. — [4]) Mich. I, 588 f., s. Tab. XIV Nr. 104. — [5]) Mich. I, 529 ff.; Tab. XIII Nr. 83. — [6]) Mich. II, 100 ff., Tab. XVII Nr. 165. — [7]) Beiläufig dürfte der Wert solcher Tabellen gerade durch die Anziehung dieser Beispiele durch Lea um so mehr verdeutlicht sein und beweisen, wie auch nach der verdienstvollen Arbeit Leas eine umfassendere Darbietung des Materials, wie unsere Arbeit sie giebt, ihren genügenden Wert behält. — [8]) Joh. d'Aumône wird dazu noch durch eine Reihe anderer Zeugen besonders entkräftet, da er nicht so schlau gewesen ist, wie die zwei andern, seine Zeugen in der Zwischenzeit sterben zu lassen.

noch am meisten Gewicht beilegen, wenn nur nicht auch hier allemal die Zeugen, Servienten, die z. B. nach der erst vor 8 Jahren erfolgten Aufnahme Odbos de Bures nach regelrechtem Vollzug derselben den Neuaufgenommenen zu Verleugnung und Bespeiung eines aus zwei Stricken gemachten Kreuzes hinter dem Altar gebracht haben wollen, als bereits verstorben bezeichnet würden und nicht alle diese drei Zeugen vor Ablegung jenes Zeugnisses wiederholt unter den Verteidigern dieses Ordens genannt worden wären, um nach dem 12. Mai 1310 hiervon abzustehen[1]). So zeigen gerade diese Beispiele, die wir auf Veranlassung durch Lea herausgegriffen haben, wieviel auch da, wo man noch am ehesten glaubt wenigstens einen gewissen Kern in einer Aussage festhalten zu dürfen, übrig bleibt, sobald man der Sache näher auf den Grund geht. Übrigens fällt es Lea deswegen noch lange nicht ein, wegen solcher etwas glaubwürdiger scheinenden Einzelvorgänge den Orden insgesamt irgendwie zu belasten. Nur daß wir glauben, daß man sich auch vor der Belastung der Einzelzeugen noch etwas mehr hüten muß, als dies selbst Lea thut. Denn einmal bleibt doch immer auch hier die Hauptfrage: wie sind diese Zeugnisse zu stande gekommen? Und dann müssen wir immer wieder daran erinnern, daß, sobald man manchen Zeugnissen, weil sie nicht ganz Unwahrscheinliches enthalten, soviel Zutrauen schenken will, mit derselben äußeren Beglaubigung noch viel mehr bewiesen worden ist, auch z. B. das Erscheinen des Teufels in Katergestalt, Auskunft von einem allwissenden Zauberkopf u. drgl. mehr, was sich an den Vorwurf der Anbetung eines Idols oder eines „caput", in dem sich die Anklage auf Häresie am meisten verdichtet, angeschlossen hat. Über dieses letztere brauchen wir wohl nicht lange zu sagen, daß hier vielfach wohl ein einfaches Mißverständnis — wir könnten auch sagen: ein plumper Unverstand — vorliegt, insofern es sich deutlich eben um Reliquien handelte: also ein kirchlicher Aberglaube, der seine eigenen Kinder verurteilte und als Teufelswerk brandmarkte da, wo er sie bei andern Leuten antraf.

Und offenbar dürfen wir überhaupt die allgemeine Quelle aller solcher Anklagen einfach in dem aus dem grauen Heidentum übernommenen populären Aberglauben sehen und in dem von der Inquisition genährten Verdacht der Menge gegen jegliche außergewöhnliche Erscheinung, welcher ja zu dieser Zeit schon als ein gewisses Beweismittel in allem Ernste diente. Da genügte es, etliche allgemeine Anhaltspunkte zu finden, wozu die Templer mit ihrer Heimlich-

---

[1]) Ebenso kehrt diese Auffassung (oder vielmehr Andrede?) bei ein paar anderen Zeugen wieder, am deutlichsten bei Nr. 76 (Joh. von Buffavent).

thuerei einerseits, mit ihrem Hochmut und ihren wirklichen Mißbräuchen andererseits Gelegenheit genug boten, vor allem aber mit ihren inneren Parteistreitigkeiten. Es gab viel mißvergnügte Elemente, auf deren Spuren man überall im Prozeß stößt, die den kleinsten Anhaltspunkt begierig zu einer Schlinge für andere werden sahen und das ihrige dazu verhalfen. Hatte man auch nur etliche solcher einzelnen Vorkommnisse, verhältnismäßige Kleinigkeiten, so lag es den Ketzerrichtern jener Zeit nahe und machte ihnen wenig Mühe mehr, sie in ein System zu verarbeiten, mit den allgemeinen, zu jeder Zeit merkwürdig ähnlichen, Anklagen gegen die Häretiker überhaupt zu bereichern und etwas Lokalfarbe auf Grund ihrer eigenen Erfahrungen hier und dort dazu zu thun und — die Suppe war fertig. Und gerade der unsinnigste Teil, der Vorwurf eigentlicher Ketzerei, lag ihnen um so näher, je mehr das eben dort wirkte, wo mit wirklichen Anklagen nichts auszurichten war, wofür zum Schluß der Ausgang mit Marigny ein so überaus instruktives Beispiel geboten hat. Um den Beweis brauchte man ja in jener Zeit nie verlegen zu sein, vollends nicht gegenüber solchen Leuten, die zum größten Teil so wenig Charakterstärke und Heroismus im Leiden (woran es z. B. bei den eigentlichen Ketzern, zumal den Katharern, nie gebrach) besaßen, als die Templer, die in dieser Hinsicht, auf das Ganze gesehen, nichts weniger als einen erhebenden Anblick gewähren.

Das führt uns auf die Hauptsache, darauf, daß der Orden vielfach, nicht bloß äußerlich, sondern noch mehr inwendig, überlebt war. Auf die mancherlei Beweise hierfür, die wir, wie in seiner Regel, so im Prozeß auf allen Seiten finden, wie z. B. daß von den meisten Angehörigen des Ordens viele seiner Einrichtungen, z. B. die Schnur, gar nicht mehr verstanden wurden, wollen wir nicht weiter zurückkommen. Aber alles dies, zusammen mit jenen äußerlichen Fehlern, Mangel an einem festen Halt, Parteistreitigkeiten u. s. w., hätten ihm nicht den Hals gebrochen, wäre nicht der hervorragendste Fehler sein Mangel an politischem Verständnis gewesen, seine Unfähigkeit, die wirklichen und neuen Bedürfnisse und Mächte der Zeit zu verstehen und sich nach diesen zu richten. Daß das für eine solche Korporation ein außerordentlich bedeutsamer Fehler war, sieht jeder. Aber das ist etwas anderes als eine sittliche Schuld. Daß es ja auch an dieser, im kleinen, wohl kaum gefehlt hat, haben wir gesehen. Aber soweit der Orden eine solche hatte, hat er überreichlich und ungewöhnlich dafür gebüßt.

So ist, wollen wir alles zusammenfassen, zu sagen, daß die Unterdrückung des Templerordens ist und bleibt ein schmachvolles, in keiner Weise zu rechtfertigendes, Unrecht. Deshalb sind wir aber doch weit entfernt, zu leugnen, daß er sein schließliches Geschick in mancher Hinsicht verdient hatte. Noch weiter sind wir davon entfernt, über seinen Untergang irgend etwas wie Bedauern zu empfinden oder ihn als ein Unglück für die Gesamtheit anzusehen. Ja, nicht einmal für sein Martyrium sind wir ungeteilte Begeisterung zu empfinden im stande, insofern es doch nur ein kleiner Teil des Ganzen, Molay voran, gewesen ist, der den Mut dazu gefunden, die Hauptmasse aber sich nichts weniger als rühmlich gehalten hat, sondern einfach den Mitteln ihrer Zeit, zusammengefaßt in dem einen Wort „Folter", erlegen ist. Aber eben weil diese letztere eine so große Rolle beim Untergang der Templer gespielt hat, haben wir nicht das Recht, hintendrein auch noch den Standpunkt des Inquisitors einzunehmen und jenen Untergang als einen ganz rechtmäßigen hinzustellen; sondern, wenn wir ihnen auch nichts weiter schuldig sind, so sind wir ihnen doch eines schuldig und leider noch immer schuldig: das Recht und die **Pflicht unserer und aller Zeit**, das heißt

Gerechtigkeit ihrem Andenken und ihren Leiden.

Namen- und Ortsregister.[1]

Abkürzungen: A. = Anmerkung, Comm. = Commende, Komm. = Kommission, T. = Templer, H. = Haus, GM. = Großmeister, O. = Templerorden, Pr. = Priester, P. = Papst, R. = Ritter, Qu. = Quartier, Vert. = Verteidiger (und Vertreter), D. = Diöcese, Dep. = Departement.

A.

Ablis, Geoffroi d', Inquisitor von Carcassonne, 209 A., 281 f., 342.
Abruzzen 447 f.
Achaja 446.
Achy (Aciis), T.-Gefängnis in b. D. Paris, 404.
Accon, (Verteidigung und Verlust von) 80, 84, 87, 105, 133, 229, 231, 424, 467, 481, 485 f.
„Ad certitudinem", Bulle, 497, 501.
„Ad exstirpanda", Bulle, 254.
Adolf von Nassau, Kaiser, 133.
„Ad omnium fere notitiam", Bulle, 374.
Adour 361 A.
„Ad providam", Bulle, 495.
Ägidius, Erzb. von Bourges, 312 A., 381 A.
Ägypten, 21, 214 A., 229.
Agarni, Wilh., Propst von Aix, 390 A.
Agassa, Bertrand de, königl. R. und Inquisitor, 337.
Agate, Philipp, T.J. vor b. p. Comm., 407 A.

Agde, D. 96, 98.
Agen, 358, D. 95. Bisch. von, 279, 314. Seneschall von, 454.
Aigues-Mortes 339.
Aisne, Dep., 84.
Aix 442, D. 96. Propst Wilh. s. Agarni.
Alais, Schloß bei Nimes, als Gefängnis der T. gebraucht, 339.
Albano 449 A.
Alberich, Chronicon trium fontium, 232 f. auch Rosate.
Albertus, R.Präz. auf Cypern, 482 A.
Albigenser, Albigenserkreuzzüge, 28, 54, 72, 75 ff., 84 f., 89 f., 104, 150 f., 154, 249, 252, 274, 472.
Albrecht, Kaiser, 356.
Alby 209, D. 95.
Alemannus 96 (s. auch Heinrich).
Alet, Abt von, päpstl. Delegat nach Cypern, 483.
Alexander III. P., 38, 44, 84, 121, 122 f. — IV., P., 254.
Alexandrien, Patriarch von, 490 A.
Alsambre, T.H. in Aragonien, 386 A.

---

[1] Von den Namen der Hauptfaktoren, Klemens V. und Philipp des Schönen, ist abgesehen. Die Namen der Hauptländer, so Frankreich, England, hl. Land, sind nur aufgenommen, soweit sie als Templerprovinzen oder als Schauplatz des Prozesses besonders in Betracht kommen; von den Quellen nur die in Kap. 4 des I. Teils nicht besonders besprochenen. Endlich haben wir auf Herbeiziehung der Tabellen verzichtet, wegen des Raums und weil es an den nötigen Verweisungen in den Tabellen selber ja nicht fehlt.

Algarbien 480.
Al-Kamel, Sultan, 215 A.
Alonso XI., K. von Castilien 1312, 480.
Alphons I. von Aragonien 119, 130.
— II. von Aragonien, 84.
Alte vom Berge, der, Häuptling der Assassinen, 21, 226.
Alvensleben, Friedrich von, Großpräzeptor in Deutschland, 469 A. f.
Amalin, Raymund, T.Z. aus Rhodez, 381.
Amalrich, König von Jerusalem, 21, 83.
Amalrich von Tyrus, Regent in Cypern, 482 ff.
Amiens, Verhör von, 427, D. 94, 97, 381, 382 A., 392 A., 403, 405 A.
— Bisch. Wilhelm von, Dr. jur. canon. 381 A.
— sein Haus (bei der Pforte S. Marcel) T.Quartier, 412.
Amisius, Archidiak. von Orléans, 429.
Anagni, Attentat von, 280, 296.
Ancona 449 A., 452.
Anbemaro, Otto be, 153.
Anbraviba, (in Elis), T.Comm., 496.
André le Mortoyer, T.Bert. vor der päpstl. Komm., 418.
Andrew, Bisch. Wilhelm von, 466.
Angers 83, 95. D. 95, 379 A.
Anjou, Landschaft, 85.
Anjou, die, in Neapel-Sizilien, 33, 306, 443.
— in der Provence 442.
Angoulême, D. 95, 428.
Aniciencis dioec. f. Le Puy.
Antheraba, in Cypern, 485.
Antiochien, Patriarch von, 490 A. O.Prov. 81.
Anubei (Annard), Robert, im „Schweinemarktviertel", T.Cu. 415, 416 A.
Apulien, O.Prov., 81, 87, 446, 448, 481 A. f.
Aquila 447.
Aquileja, Kirchenprov., 450.
Aquitanien (O.Prov.) 81, 86, 89, 293, 368.
Aragonien 8 A., 81 f., 84, 90, 98 A., 119, 130, 143, 235, 306, 386, 446, 454, 472 ff., 480 f., 481 A., 495.

Arianismus 18, 62.
Arinthoz, Baronie, 83 A.
Arles 27, 150 f., 442, 499 A.
Armani, Andreas, de Monte Odorisio D. Chieti, T.Z. dort, 448.
Arme von Lyon, 67.
Armenien, O.Prov., 81, 93, 481 A.
Arnaud, Peter, von Bearn, Abt zum heil. Kreuz in Bordeaur, 1305 Marb. 309.
Arnaud, Wilhelm, verbrannt vom Prov.-Konzil von Sens, 339.
Arnold von Faugières (aus D. Toulouse), Karb.Pr. von St. Sabina, 499 A.
Arnold Novelli (aus Foir), Karb.Pr. von St. Prisca, 499 A.
Arras, D. 94, 97.
Arteblay, Johann von, R., Seneschall von Périgord und Cahors, Inquisitor, 337.
— Wilhelm von, f. Herbley.
Arthona f. Dalmatien.
Artois, Landschaft, 119.
— Graf von, 140, 395.
Ascalon 83, 219.
Ascon, T.Comm. in Aragonien, 474.
Assassinen 21, 219, 230.
Asseburg, Eberhard von, T. in Cypern, 481 A., 484 A.
Assisi 447.
Athen, Herzogtum, 496.
Athlit f. Pilgerschloß.
Aucône, T.Comm., 412.
Auch, T. 96, 405. Kirchenprov. 96, 391.
Augier, Amalrich, Verf. v. Vita IV. bei Baluze, 263, 334.
Augny, Gerald d', T.Z., 240 A.
Augustiner 462, 484.
Aumône, Joh. von, T.Z. vor d. päpstl. Komm., 508.
Autun, D. 94, 97, 403 A., 426 A.
Auvergne, O.Prov., 81, 84, 85, 88 ff., 92 A., 93, 95 f., 98, 237, 240, 370 A., 402, 455 A., 465 A., 481 A., 501 A.
Auxerre, Bisch. von, 278, 314, D. 94, 97, 441.
Aventin in Rom, 447 f.
Avignon 205, 290, 374, 389 A., 442, 488, 496, 503. Papsttum von, 254, 277, 289.

33

Aoranches, Bisch. von, 278, 314.
Aycelin, Arbert, Bisch. von Clermont, vorh.
Archidiak. von Chartres, 174, 377.
— Gilles, Erzb. von Narbonne und Kanzler
Phil. des Schönen, 299, 323, 383,
Vorsitzender der päpstl. Komm., 383 f.
403 A. f. 408, 428, 432 f.
Aymerich, Elias, T. aus d. Limoges, Z.
vor d. päpstl. Comm., 413, 417.

B.

Balbel, Rudulf von, Bisch. v. London, 455.
Balduin, König von Jerusalem, 113 f.
Balearen 476.
Balet, Wilhelm von, Archidiak. von Fréjus
und päpstl. Kaplan, 254.
Balian de Saxono (Soissons?), R. in
Cypern, 484.
Baphomet (=Maphomet) 51, 341.
Bar s. Aube, Joh. von, T.Z. vor d. päpstl.
Komm., 405 A.
Barbona, Aymo de, T.Z. vor d. päpstl.
Komm., 397, 400 A.
Barcelona 143.
Barletta, T.H., 239 A., 443 f., 446, 448.
Barnet, Wilhelm von, Bisch. von Bayeur,
278 A.
Barres, Eberhard des, T.GM. 83, 87.
Bartholet, Bartholomäus, T.Z. 239 A.
Barton, Richard von, Pr., Z. in England,
458.
Basimont, Theobald de, T.Z. vor der päpstl.
Komm., 397, 400 A.
Bataylle, Arnulph, Archidiak. der T. Bour-
ges und päpstl. Legat, 444 A.
Bayeur, Bisch. von, 278, 279, 314, 389 ff.,
403 A. f., 419, 425 A., 433; O. und
Verhör von, 95, 336 f.
Bazas, Bisch. von, 336 A., 358, 503.
Bayset (ob. Nyset), Robert von, T. in
England, 462.
Béarn 310.
Beaucaire, Seneschauffie, 339.
Beaujeu, Wilhelm von, T.GM., 53, 80,
87 f., 223, 396, 424, 456 A., 486.
— Imbert und Humbert III. von, 87.
Beaujolais Landschaft, 87.

Beaune (Belna), Walter von, T.Z. in
Poitiers und Paris, 426 A., s. auch
Morel.
Beauféant („baussant"), Ordensbanner
216, 244.
Beauvais, Turm von, 430 A., O. 94, 97,
405, 426 A.; Bisch. von, sein H. als
T.Qu. 412.
— Gervais de, T.Z., 37 A., 53, 423.
Beauvaisis, Landschaft, 85.
Beirut, Bisch. Robert und Archidiak. von,
484 f., Laurentius von B., 485.
Bellefaye, Joh. de, T.Z. und Bert. vor
der päpstl. Komm., 416 A.
Belleperche (Bellapertica), Peter be, Bisch.
von Auxerre, 278 A., 307 A.
Belleville s. Saône, Augustinerabtei, 87.
Benedikt, Benediktinerordensstifter, 114,
Benediktiner 484.
Benedikt XI., P., 122, 128, 296 f.
Benevent, Kirchenprov., ihr Prozeß 446.
Benjamin, Jude, Schriftsteller, 231.
Bentho, Raymond de, R., Z. in Cypern,
485.
Berard (Beraud), Thomas, T.GM. 37,
87, 141.
Berengar de Frédole, 1305 Karb. von
S.S. Nereus und Achilleus, 1309
Karb.Bisch. von Tusculum, 309 f.,
317, 351, 361, 366, 370.
Berengar III. Raimund Graf von Barce-
lona und Markgraf b. Provence 119.
Berenger, Raimond, Johanniter=M., 92 A.
Bergenhaus, Joh. le, T. aus O. Langres,
Z. vor der päpstl. Comm., 406 A.
Bergeron, Raynand, T.Z., 238 A.
Beri, Andreas, T.Z. vor der päpstl. Comm.,
404 A.
Bernhard, heil. (von Clairvaux), 101, 114,
116 ff. 152, 222, 412, 417.
Bernhard von Parma, T.Z. in Florenz,
450 A.
Berry, Landschaft, 95.
Bertand (oder Buchand), Joh., T.Z. in
Poitiers und Paris, 429.
Berthier, Jesuitenpater, 206.
Bertrand von Aquitanien, Franziskaner,
202 A.

Bertrand, Mag., von St. Denis, Bisch. von Orléans, † 1307, 381 A.
Besançon 88, D. 95, 97, 393 A.
„Bethel" 152.
Bettelorden 123, 253, 264.
Beyernaumburg, T.Burg bei Sangerhausen, 469.
Béziers 287, 398, D. 96, 361 A., 362, 382 A. Bischof, 309 A.
Bibars, Sultan, 27, 79, 87.
Bigorre, 246 A. Verhör von, 336 f., 339.
Bini, Bisch. von Lucca, T. Schriftsteller 29, 196, 450 A., 453.
Blacas, Albert de, Gr.Präz. der Provence (Grafschaft), 442.
Blanca von Sizilien, verm. mit Jakob von Aragonien, 143.
Blanche (Blanke), Himbert, Gr.Präz. von Auvergne, 240, 341 A., 370 A., 455 f., 460, 463 A., 465 A.
Blanquefort, Bertrand de, T.GM., 83.
Blancrobots, T.H. in Schottland, 468.
Blavi, Peter, T.Z. in Clermont und Paris, 377 A.
Blavot, T.On. beim Thor St. Antoine, 235 A., 415, 416 A., 418.
Bleda, Peter, T.S. und Z. in Elne, 385.
Bleri, Wilh., Präz. von Chantillon, Z. und Wortführer vor der päpstl. Comm., 413.
Böhmen, O.Prov. 81, 470.
Bogomilen, thracische, 42, 50, 67, 73, 217.
Bollena, Joh. de, T. aus D. Sens, Z. in Poitiers und Paris, 426 A.
Bologna 451 f. Bisch. Uberto und Konzil von, 452 und 453 A.
— Peter von, O.Prokurator, 96 A., 404 A., 410 ff., 415, 418 f., 428 ff., 432 f., 448.
Bonca, Raimund Wilhelm de, T. von Langued'oc. vor der päpstl. Comm., 412.
Bonifacius VIII., P., 134 f., 143, 161 f., 165, 169, 174, 205, 210, 268, 274, 276, 280, 290, 292 f., 295 ff., 300 ff., 306 A., 309, 311, 316, 318 f., 355 f., 377, 289 f., 421, 448, 493, 504.
Bonoeuvre (Bono opere), Poncius de, T.Z vor der päpstl. Komm., 397 und 400 A.

Bordeaux, 83, 293, 309, 312, 316 ff., 358, 503. T. 95. Erzb. von, 293, 297, 391.
Bordens, Petrus, Trapier in Cypern, 482 A.
Bort, Renard de, T.Z. in Clermont und Paris, 376
Boscelli, Wilh., T.Z. vor der päpstl. Komm., 397 und 400 A.
Boulogne, 206 A., 454.
Bourges, D. 95, 266, 407, 444 A. Kirchenprov. 95, 237, 391.
— Erzb. von, 293, 312 A., 354 A., 426.
Boyzol, Geraues de, königl. R. und Inquisitor, 398.
Brabant 97. Hzg. Johann von Brabant und Limburg u. f. Prozeß 441 f.
— Goßwin von, T.On. in Paris, 408 A.
Brandenburg, Mark, 81. Kurfürst Waldemar von, 469. Bisch. und D. 469.
Bremen, Erzbistum, 69 A.
Bretagne 98 A., 246 A., 379. Herzog Johann von, 307.
Brie, Landschaft, 119.
Brienne, Gautier de, Herzog von Athen, 495.
Prieur, D. 95, 98 A. 404 A.
Brindisi, Erzb. von, 444. Prozeß in, 197, 443 ff.
Bruce, David, Befreier von Schottland, 467.
Brügge 84, 309.
Brueria, M. Gilbert de, Z. im engl. Proz. 457.
Brugeria, Romanus de, Dom., schreibt nach Spanien, 473.
Bruriere Raspit, T.Comm., 412.
Buchandi f. Bertaud.
Buchenbach OA. Künzelsau, 85 A.
Buffavent, Joh. von, T.Z. vor der päpstl. Comm., 509 A.
Bullens, Gautier de, T. von Caen, verbrannt vom Konz. von Sens, 339.
Bulgarien 72.
Bures, Eudo de, T.Z. vor der päpstl. Komm. 508 A.
Burgund, Burgunder, 81 ff., 87-91, 93 bis 98, 411, 456 A., 481 A. f., 504.

Burgund, Johann von, Sakristan von Majorca, Inquisitor in Spanien, 477.
— Stephan von, das H. s. Witwe T.Qu., 412.
Burkard von Schrapelau, Erzb. von Magdeburg, 469 ff.
Busatus, Andreas, Kaufm. von Famagusta, Z. in Cypern, 486.
Bussy, Gerhard be, Kanoniker von Agen, 358.
Bust, Joh. Wolby de, Minorit, 48, 216.
Bzovius, T.Schriftsteller, 213.

C.

Cabdepont, Humbert de, königl. Richter in Aragonien, 475.
Caen, Verhör von, 336 ff.
Cahors, T. 95, 362 A., 382 A., 406, Verhör von, 336 f., 339.
— Bisch. Sicard von, 437.
Calabrien 86, 444.
Galatrava, Orden von, 480 f.
Cambrai, T. 94. Bisch. von, 314 (430).
Campagna 254, 449 A.
Cantavieja, T.Feste in Aragonien, 474.
Canterbury, Anselm von, 83.
— Kirchenprov. 459. D. 455 A.
Capella, Karb., s. Petrus de C.
Caporsoli, T.Comm., D. Fiesole 450 A.,
Carapella, Jakob de, Kanoniker von Santa Maria Maggiore in Rom, 444 A.
Carcassonne 41, 281 f., 323, 336. T. 96. Prozeß von, 341 f., 361, 382, 430. Seneschaussie 405.
Carmadino, Hugo de, Schatzm. von Nicosia, 481.
Caron, Raymbaud de, Gr.Präz. von Cypern, 347, 367, 401.
Carpentras 503.
Casale 450.
Cassianhas, Johann, T.Z. in Carcassonne, 341 f., verbrannt 431 A.
Castellot, T.Feste in Aragonien, 474.
Castilien 8 A., 81, 119, 130, 454, 474, 478 ff., 481 A., 495.
Castro, Hugo de, königl. R. und Inquisitor in Bayeur, 338.

Castro albo, Abraham de, Conventsschmid in Cypern, 482 A.
Castro Alquarto (Grafschaft Piacenza), Albert de, T.Präz., 449.
Castro Araldi 449.
Castro Jasole 449 A.
Castrovillari, T.H. in Calabrien, 444.
Catalona, Joh. de, T.Z. in Poitiers und Paris, 426 A.
Catalonien 81 f., 386, 446, 472 ff., 480, 481 A.
Caux (auch Gaus, Causso), Gerhard de, T.R., Z. vor der päpstl. Komm., 235, 242 A., 245, 397, 400 f, 407 A., 434 ff.
Cavella, Nic. be, T.Z. in Poitiers und Paris, 426 A.
Ceccus Nycholai Ragonis de Sançano, T.Z. in Penne, 447.
Cella, Hugo de, königl. R. und Inquisitor in Langres, 431.
Cella, Joh. de, s. Seraincourt.
Cella, Nicol. de, T.Z. vor der päpstl. Komm., 397 und 400 A.
Cellario, Stephan de, T.Z. 240 A.
Cerbagne 476, 495 A.
Ceri, Balduin de, französ. T.R., Z. in Cypern, 484 A.
Cesena, Verhör in, 452.
Cessenon, Bertrand de, Prior, päpstl. Kaplan, 475.
Chalamera, T.Feste in Aragonien, 474.
Châlon, T. 94, 97, 382 A.
Châlons, D. 94, 97, 405.
Chamberleyn, Thomas le, Burgunder, Z. im engl. Proz., 456 A.
Chambonnet, Wilh. de, Präz. de Blandesio, e. der 4 Wortführer der T. vor der päpstl. Komm., 376, 410, 412, 418 f, 432 f.
Chamerlent, Aymerich, T. aus D. Limoges, Z. vor der päpstl. Komm., 406 A.
Chames, Joh. de, T.Z. vor der päpstl. Komm. (verbrannt?), 405 A.
Chamino de, Thomas de, vor der päpstl. Komm., 426.
Champagne 81 f., 83, 87, 94, 97, 119.
Charney, Gottfried de, Gr.Präz. der Normandie, 347, 367, 401, 501.

Charrières, T.H., D. Limoges, 362.
Chartres, 377. D. 94, 97, 379 A.
— Wilhelm von, T.GM., 85.
Charvières, Ber., T.Z. und Bert. vor der päpstl. Komm., 416 A.
Chateau-Thierry 84.
Chaumont 405. Verhör von, 336 ff.
Chéron, Peter de, T.Z. vor der päpstl. Komm., 508.
Chieti 448.
Chinon, Gefangenschaft und Verhör von, 160, 171, 187, 199, 262 A., 367 ff., 394.
Christusorden 55, 480.
Ciccica, Guido von, Präz. von Caporsoli D. Fiesole, T.Z. in Florenz, 450 A.
Circhothia (Chierochitia), O.Comm. in Cypern, 414 f., 485.
Cistercienserorden 32, 86, 138, 237.
Cithare, in vico, Stadtviertel von Paris, 412.
Civitatensis dioec., 96 A.
Clairvaur 83. H. von Cl. in Paris T.Cu., 419.
— Bernhard von, f. Bernhard, heil.
Clemens IV., P., 141, 148, 224, 241, 306. XIV., 493 A.
„Clericis laicos", Bulle, 311.
Clermont 84. D. 95, 88, 403. Bisch. von, 279, 314, 336. Prozeß von, 174, 188, 336, 341 A., 376, 463.
Clichy, Matthieu de (auch de Stagno), T.Z. vor der päpstl. Comm., 410, 413.
Cliston, Walter von, T.Präz. von Blancrobofs, Z. in Schottl., 467.
Clugny, Cluniacenser, 87, 312.
Cochiaco (Conchy?), Joh. de, T.Z. in Sens und vor der päpstl. Komm., 399, 405 A.
Cölestin II., P., 122. V., 311.
Coslant, D. Paris, T.Gefängnis, 405.
Collo, Berengar de, T.A., Z. in Elne, 384, 478.
Colonna, die 297 f., 299. Jakob von, Kard., 297, 300.
— Peter von, Kard., 198, 297, 300, 361, 366.
Coma, Joh. de, T.Pr. und Z. in Elne, 385.

Comburg 496 A.
Commingee, T. 96.
Compiègne, Nicolaus von, T.Z. vor der päpstl. Komm., 406 A.
— Raoul, T.Bert. vor der päpstl. Komm., 416.
Conbers, Peter de, R.Präz. von Cencils, 362.
„Considerantes dudum" 497 A.
Constanciensis dioec. f. Coutances und Konstanz.
Corbeil, T.Gefängnis, D. Paris, 328, 372, 404.
Corbi, Ricardus de, 153.
Corbie, Joh. von, T.Bert. vor der päpstl. Komm., 418.
Corbes, Stadt in Südfrankreich, 209.
Cormeilles, Lambert de, T.Z. vor der päpstl. Komm., 404 A., 433 A.
— P. de, T.Bert. vor der päpstl. Komm., 418.
Cornay, Prior von, f. H. T.Du., 412.
Coulommiers, T.Comm., 119.
Courtenai, Robert de, Erzb. von Rheims, 380.
Courtray, Schlacht bei, 204 A.
Coutances, D. 95.
Craon, Robert de, T.GM., 83.
Crepy, D. Senlis, T.Gefängnis, 406.
Cresson Essart, Matth. von, T.Bert. vor der päpstl. Komm., 418 f.
Gretis, Nicolaus, T.Z. vor der päpstl. Comm., 397. f. von Troves.
Grèvecoeur, D. Meaur, T.Gefängnis, 406.
— Joh. de, T. aus D. Beauvais, Z. in Poitiers und Paris, 426 A.
Croston, D. Yorf, 462.
Grubace, Abt von, päpstl. Delegat nach Deutschland, 471.
Cypern 33, 47, 81, 93 f., 96, 98, 183, 197 ff., 227, 229, 231 f., 252, 316 f., 367, 397, 401, 443 ff., 456, 462, 481 ff., 508 A.

D.

Dänemark 467, 490 A.
Dalmatien 56 A., 81, 450.
— Johann von, aus Arthena, Z. in Clermont, 463 A.

Damaskus 79 A., 84, 230. (Expedition gegen, 20, 21, 147, 226.
Damiette, Damiettiner Statuten, 28, 54, 78 A., 86, 106, 138 f., 215 A., 225 A., 446.
Dammartin, D. Meaux, T.Gefängnis, 405.
Delicieux, Bernard, Franziskaner, 281.
Delphini, Guido (Sohn b. Dauphin von Auvergne) 501 A.
Desmoulins, Roger, Hospit.M., 103.
Deutschland, deutscher O.Zweig und Prozeß, 33, 55, 81, 84, 89, 93, 96, 181, 235, 252, 468 ff., 490 A., 498.
Teutsch=Orden 92 A., 102, 108 A., 129, 146, 215, 228, 231, 287, 469.
Dijon 482 A.
Diniz, K. von Portugal, 480.
Döllinger 14 f., 204, 227, 239, 246, 250, 255, 294, 299 f., 307, 488 f., 494 A., 506.
Tönniges 299.
Dominikaner 46, 192 f., 254, 266, 281, 297, 310, 328 ff., 337 f., 340, 357, 366, 383 f., 414 A., 416, 427, 429, 452 f., 466, 468, 473, 478, 484, 486, 496 f.
Domont, Wilh. von, T.Qu. in Paris, 418.
Doubedei, Floriamont, Protokollführer der päpstl. Komm., 411.
Donmarin, Jakob de, Präz. von Cypern, 482 A.
Donyngton, Joh. von, Minorit, 57.
Dorset, D. 453 A.
Torturer, Robert le und Wilhelm le, J. im engl. Proz., 458.
Trumann 299.
Dublin, Proz. in, 466.
Dubois, Pierre, Vogt von Coutences, Pamphletist, 169, 203, 276, 355.
Duraudus, Wilh., Bisch. von Mende, Mitgl. der päpstl. Komm., 233, 389 f. (s. auch Mende).

E.

Edessa, Fall von, 102.
Edinburg, Proz. in, 466.
Eduard I., K. von England, 290, 310, 321, 467.

Eduard II., K. von England, 166, 178, 442, 453 ff., 463 f., 473, 504 A.
— engl Prinz, 22.
Egid, T.Präz. von San Gimignano, 450 A.
Ejub, Sultan, 86.
Elis 496.
Elne, D. 96, 98. Proz. von, 118 A., 174, 192, 260, 336, 383 ff., 456, 472, 474 A., 476 f.
— Bisch. Raymund von, 383. Wilhelm 477.
Emilia 452.
Encrey, Gillet d', T.Serv., 3. vor der päpstl. Komm., 427.
Enfer, de l' (Inferno), T.Bert. vor der päpstl. Komm., 405 A., 416 A.
England, O.Prov., 81 f., 85, 87, 89, 93, 130, 490 A.
— Proz., engl., 22, 31 A., 35, 44, 48, 51, 56 f., 110, 145, 181 A., 182 f., 194 f., 216, 238 A., 240, 251 f., 256, 259, 343 A., 399, 425, 453—466, 468, 481 A., 491.
Enthusiasten 50, 67.
Effer, D. 455 A.
Etienne, Raymond, T.Z. in Poitiers, 342.
Eucheten s. Enthusiasten.
Eugen III., P. 87, 122. IV., 24.
Euphemia, heil., 445, 484 A.
Eustorgius, Erzb. von Nicosia, 85.
Evreux, D. 95, 98, 405 A.
— Colard von, Custos der T. bei Leuragie, 409 A., 417.
Eymerich, Inquisitor, 254, 256, 478.

F.

„Facicus misericordiam", Bulle, 171 A., 173, 262 A., 343, 358, 367, 370 A. f., 385, 391, 478.
Famagusta 484, 486. Bisch. Balduin von, 484.
Fano, Bisch. von, 452.
Farges, Bernard de, Erzb. von Rouen, Neffe Klemens V., 390 A.
Faucon, Jakob de, T.Präz. in Cypern, 456 A.
Faure, Hugo de, T.Z., 88, 135 A.

Feberici, Nicol., Notar aus Macerata, 364 A.
Ferdinand IV., K. von Castilien, 478, 460.
Ferrara 450.
Ferretus von Vicenza, 232, 234, 297 f., 502 A.
Ferrietus von Langres, Notar, 338.
Fiesole, D. 450 A.
„Flagitiosum scelus", Bulle, 297.
Flandern, Flamländer, flandr. Krieg und Proz., 81 f., 84, 89 A., 94, 97, 119, 273, 300, 307 A., 392.
Florenz 298. Proz. von, 35, 181 A., 182. 196 f., 443, 450 f. Bisch. Antonio von, päpstl. Delegat, 450 f.
— Antonin von, Schriftst., 213, 490 A., 498 A., 502.
Florian (Floirac) Squin von, Bürger aus Béziers, 287, 307 A., 398.
Foix, Wilh. von, T.M. und Berl. vor der päpstl. Komm., 416 A., 419. Grafschaft, 499 A.
Folliac (auch l'Allegio, Fouilley), Joh. de, T.Pr. und Hauptdenunziant, 361, 367, 426.
Fontainebleau, Sterbeort Phil. des Schönen, 504.
Fontaineville, Joh. von, T.Berl. vor der päpstl. Komm., 416 A.
Fontenay, T.Z., T. Aurerre, 444.
Forcalquier 442.
Forde, Wilh. de la, Pfarrer von Crosten, Z. in Engl., 462.
Foresta, Guido von, T. in England, 458.
Fracheto, Girardi de, Chronicon, 206 A.
Franchecomté, Freigrafschaft, 83, 97.
Francien, D.Prov., 81 ff., 96 ff., 128, 461 A., u. a.
Franziskanerorden (Minoriten), 254, 266, 281, 357, 383 f., 416, 429, 445, 452, 462, 467 f., 484, 497.
Frankreich, französ. D.Zweig, 55, 57, 81, 84 ff., 118 ff., 130 f., 228 ff., 234 ff., 262, 336 ff., 403, 420, 458 ff., 463, 468, 472, 490 ff.
Franz, Karb.Diak. von St. Maria in Silice, 298 A.
Frédole s. Berengar.

Fréjus, Archidiak. von, s. Balet.
Freimaurer, Freimaurerei, 1, 3, 57, 214 f. 467.
Friedrich I., Kaiser, 84, II., 15 A., 23, 28, 53, 63, 70, 76, 85 f., 105, 138 f., 158, 225, 226 f., 270, 393, 443.
Friedrich von Österreich, 202 A.
Friedrich von Aragonien, K. von Sizilien, 446.
Froidfont (D. Narbonne), Abt von (siehe Arnold Novelli), 499 A.
Fulco, Inquisitor von Toulouse, 282.
Furno, Joh. de, s. Torteville.

G.

Gaëtani, Karb., 296, 298.
Gaguin, T.Schriftsteller, 223
Garbegnes, T.H. in Catalonien, 386 A.
Garbia (span. Guardia), Raymund de, T.Präz. von Masdieu, 384 f., 474, 477 f.
Garten, bischöfl., in Paris, 242, 408, 410.
Gascogne 98.
Gascogner (s. auch Bascone), 96, 311, 503.
Gaudin (Gaudini), Theobald von, T.GM., 87, 231.
Gautier (=Walter von Spelten) 84.
Gavarnie, bei Bigorre, 246 A.
Gaza, Schlacht bei, 86, 231.
Gazo, Bisch. von Laon, † 1306, 315.
Gencils, T.H. D. Limoges, 361 f.
Gentilis, Karb.Pr. von St. Maria de Montibus, 298 A.
Genuesen 484.
Geoffroi von Paris, Reimchronik, 312 A., 502 A.
Georg, heil., 412. Prior vom heil. Georg in Cypern, 484.
Georg, Stellvertr. des Gr.Präz. der Lombardei, 449 A
Geraldi, Hugo, päpstl. Kaplan und Abgesandter an Phil., 173.
Gerard, Stifter des Hosp.O., 92 A.
Gerhard von Lothringen, T.H. vor der päpstl. Komm., 403 A.
Gerhard II., von Lippe, Erzb. von Bremen, 69 A.

Germille, Robert de, T.3. vor der päpstl. Komm., 401 A.

Gerona 83 A. T.Comm. 386 A. Bisch. von, 474.

Giac, Wilhelm de, Stallmeister Molays, 331, 368 A., 371.

Gifi, Gyft (=Guise?, f. 439 A.): Ponzard de, T.3., 194 A., 242 ff., 245, 246 A., 260 f., 265, 288 A., 335, 380 f., 398, 400, 407 A., 453 A.

— Raoul de, T.3., Präz. von Lagny=Sec und königl. Steuereinnehmer der Champagne, 41, 235 A., 332, 337 A., 396, 400, 407 A., 427, 438, 445, 460.

Gijors, T.Gefängnis, 398, 406.

Giudice, Pietro, de Urbe (Rom?) Kanoniker von Verona, 450.

Givresoy, Wilhelm von, T.Vert. vor der päpstl. Komm., 419.

Gloucester, D. 455 A.

Gnostiker 40.

Gonaville, Gottfried de, Gr.Präz. von Poitou=Guienne, 320 A., 347, 357, 368, 401, 407, 412, 463 A., 502.

Gorbo, Bartholomeus de, Turcopolier in Cypern, 482 A.

Goßwin, Präz. von Flandern, T.Vert. vor der päpstl. Komm., 418.

Got, Bertrand de, Erzb. von Bordeaur, nachh. P. Clemens V, 296, 298 f., 306.

— Gaillard de, Bruder des P., 307.

Grasse, T.Comm., 442.

Grecis, de, 96 A.

Gregor IX., P., 24, 50 A., 69 A., 92 A., 128, 217.

Gregorovius 299.

Gré, Peter des (de Gressibus), Bisch. von Auxerre, vorh. clericus Phil. des Schönen, 278 A.

Grosseto, T.Comm., 450 A.

Grumbach, Friedrich und Hugo von Salm= Grumbach, 470 A.

Gualter, Kard.Pr., 299 A.

Guardia f. Garbia.

Gubio 447.

Guérin, Hosp.M., 85.

Guerrier, Bernhard, T.3. in Elne, 384 A.

Gui, Bernhard, Bisch. von Lobève, vorh. Inquisitor, 201 ff., 206 A., 256 f., 266 A., 291 A., 496 ff., 501.

Guido, Bisch. von Saintes, 377 f.

Guienne 93, 98, 453, 481 A., 496.

Guncelon, Raymond, Troubadour, 27 A.

Gutenberg im Breisgau 481 A.

H.

Habrian IV., P., 122.

Halberstadt, Bisch. von, 469.

Hangeft, Peter von, Baillif von Rouen und Inquisitor, 337.

Heinrich (VII.) von Luremburg, Kaiser, 173, 208, 290, 296, 366, 389 A., 449, 499.

Heinrich, e. deutscher T.Servient, 338 A., 405 A. 481 A.

Heinrich, K. von Cypern, 484, 486.

Hemingburgh, Walter von, 489 A., 494.

Hemingford, Walter von, 374.

Henesi, Joh. de, T. aus D. Beauvais, Z. in Poitiers und Paris, 426 A.

Hennegau, T. von, 392. Joh. von, T.3. vor der päpstl. Comm., 406 A.

Herbley, Wilhelm von, Almosenier Phil. d. Schön. und T.3., 341, 407 A.

Hereford, D. 455 A.

Heton, Adam de, Minorit, Z. im engl. Proz., 31 A., 462 A.

Hittin, Schlacht bei, 78 A., 79 A., 84, 153, 231.

Hoffmann, Fridolin, Gesch. der Inquisition, 250, 281 A.

Houbree (Ordec), Nicolaus, im Dom.= Viertel, T.Qu., 414, 416 A.

Honorius III., P., 137.

Hospitaliter(Johanniter)=Orden, 23 f., 85, 90 f., 103, 108, 121, 138, 140, 143 ff., 184, 211 f., 227, 231 f., 237, 240, 287, 318 f., 358, 424, 442, 468 f., 476, 480, 484, 486 f., 495 f.

Huce, Wilh. de la, im Viertel Marché Palu, T.Qu., 411.

Hugo, Wild= und Rheingraf von Salm= Grumbach, T.Präz., 8, 470.

J.

Jakob, Karb.=Diak. von St. Georg ad velum aureum, 298 A.
Jakob II. (Jayme), König von Aragonien, 143, 181, 473 ff., 480.
— (Jayme I.), K. von Mallorca, 24, 476 f.
Jakobsfurt, Schlacht bei der, 79 A.
Jalès, T.H., 339.
Jamville, Joh. von, Oberaufseher der gefangenen T., 265, 343, 352, 373 A., 375, 389 A., 392 f., 397, 399, 405 A., 407 A., 411 f., 428, 429 A., 433.
Jamville, D. Orléans, T.Gefängnis, 406.
Ibañez, Rodrigo, Gr.Präz. von Castilien, 478 f.
Jerusalem, D.Prov., 81, 121. Patriarch von, 116.
— Reich, 21, 83 f., 102, 125, 215 A., 225, 285, 436.
— Stadt 102 f. D.H. 125.
Jesuitismus, Jesuitenorden, 206, 215, 493 A.
Imbert, Wilhelm, von Paris, Dominikaner, Inquisitor von Frankreich, 163, 192 f., 254, 259, 267, 282, 323 ff., 328 ff., 337 A., 340, 349, 361 A., 366 f., 371, 375, 398.
Inferno, Adam de, T.3. s. Enfer.
Innocenz II., P., 122. III. 23, 25, 29, 53, 122, 147, 158, 219, 224, 241, 271 A., 280.
Insulis, Alanus ab, 67.
Johann von Mantua, Archid. von Trient, Mitgl. der päpstl. Komm., 390, 403 A. f., 422, 433.
— von Montlaur, Archid. von Magnelonne, Mitgl. der päpstl. Komm., 390, 403 A., 433 A.
Johann von Paris, Urheber von Lehrstreitigkeiten, 381 A.
Johann XXII., P., 96 A., 202 f. A., 254, 291, 382, 469, 480, 497 f.
Johannes, h., Apostel, Schutzpatron des Ordens, 412.
Johannes, Karb.Bisch. von Tusculum, 299 A.

Johannes le Grant, bei der Brücke St. Eustache, T.Cu., 414.
Johannes=Kirche, auf dem Grèveplatz, 416.
Johanniter s. Hospitaliter.
Jorio (Jour?), Consolin de, T.3. aus Périgueux, 381.
Irland, irischer Ordenszweig und Proz., 56, 81, 454 f., 462, 464, 466 f., 490.
Isabella, T. Phil. b. Schön. und Gemahlin Eduards II. von Engl., 454, 504 A.
Isle Bouchard, T.H. D. Tours, 424 f.
Ismaëliter 42.
Istrien 450.
Italien, ital. Ordenszweig und Proz., 55, 81, 93, 182, 196 f., 252, 254, 327, 443 ff., 468, 490.
Juden, von Phil. b. Schön. geplündert, 283.
Jura, Departement, 83 A.
Juvignac, Joh. de, T.3. vor der päpstl. Komm., 434 A.

K.

Kanoniker des h. Grabes 149.
Karl II. von Anjou, 442 f.
Karl IV. von Frankreich, S. Phil. des Schön., † 1328, 504 A.
— von Valois, 307, 493, 504 A.
Karmeliter 417.
Kastilien s. Castilien.
Katalonien s. Catalonien.
Katharer 40, 42, 64 ff., 154, 211, 217, 249, 252, 264 A., 445, 510.
Katharina von Valois, Erbin von Konstantinopel, 286, 322, 372.
Kelaoun, Sultan, 80, 87, 228.
„Khlisthi", in Rußland, 69, 217.
Khovaresmier 231.
Killesom in Irland 467.
Kilros, Wilhelm von, T.3. in Irland, 466.
Kirchenstaat, Proz. im, 182, 197, 446 ff.
Klemens s. Clemens.
Köln, Proz. und Erzb. Heinrich von, 471.
Konrabin 306.
Konstantinopel 60, 285 f., 322, 372. Patriarch von, 496.

Konstanz 95 A., 96 A. Bisch. von, 471.
Krantz, Albert, Dek. in Hamburg, T.Schriftsteller, 213.
Kroatien 33, 81.
Künzelsau 85 A.

L.

Lagow, T.Comm. bei Zielenzig, 469 A.
Lagun-See, T.Comm., 396.
Lagny, Abt Deodat von, päpstl. Deleg. in Engl., 435, 465 A.; s. H. als T.Qu., 414.
Lamon, Stephan von, T.Z. vor der päpstl. Comm., 406 A.
Landesi, Heinrich de, T.Z. in Poitiers und Paris, 426 A.
Landres, Peter von, T., Bert. von andern vor der päpstl. Comm., 414.
Landulf, Karb., 198, 361, 370.
Langres, T. 94, 97, 403 A., 405 A., 406 A. Bisch. von, 279, 314, 426 A., 431 A.
Languedoc 87, 89, 209, 282, 286, 412.
Laon 309, 423. T. 94, 97, 426 A., 439 A.
— Peter von, clericus Phil. d. Schön. und so Bisch. von Orléans, 314.
Larchant, Rayner de, T.R. und Z. vor der päpstl. Komm., 397 und 400 A.
Lateran-Konzil von 1215, 32, 123, 158, 266.
Latilly, Pierre, Gesandter Phil. d. Schön. an Clemens V, 388.
Lavaur, Sicard de, Kan. von Narbonne und päpstl. Delegierter in Engl., 455.
Layme, Robert de, T.Z. in Poitiers und Paris, 426 A.
Lectoure, D. 96.
Le Mans, D. und Bisch., 95, 379 A., 407 A., 426 A.
Leon, Königr., 479.
Leplecte, Wilhelm von, T.Bert. vor der päpstl. Komm., 418.
Le Puy, D. 95, 403 A.
Leriba, Bisch. von, päpstl Beauftragter, 475.
Lessing 14.
Leuragie (Lenrage), T.Qu. „in vico de Calino" 117 f., 409 A., 414, 417 f.

Liège, Wilh. de, T.Z., 240 A.
Limburg s. Brabant.
Limisso 444, 483 ff. Bisch. Peter von, 484.
Limoges, D. und Proz., 95, 98, 362, 364 A., 378 A., 379 A., 382 A., 406 A., 410, 413. Bisch. von, 279, 378, 389, 403 A s.
Limousin 88, 95, 98.
Lincoln, Proz. in, 455, 464 f.
Liney, Rabulph de, Inquisitor in Chaumont, 338.
Lisieux, D., 95, 98.
Lissabon, Bisch. Juan von, päpstl. Beauftragter in Castilien, 478 f.
Llorente, „Inquisition in Spanien", 250.
Llotger, Juan, Inquisition von Aragonien, 473, 475.
Lobèbe, Bisch. von, 201 f.
Loire, Fluß, 317.
Lombardei, lombard. Proz., 56, 81, 447, 450 f., 481 A.
— Johannes von der, R., Vicomte von Nicosia, Z. in Cypern, 486.
Lombarden (Banquiers), von Phil. d. Schön. geplündert, 283.
London, 341 A., 455 ff., 465, 467.
Longinus 445.
Longni, Peter de, Präz. von Ancône, Z. vor der päpstl. Comm., 413.
Lorenz, Schriftsteller, 299.
Lothringen, Proz. in, (403 A.), 441.
Lozon, Joh., T.Bert. der bei Lagny vor der päpstl. Comm., 414.
Lucas, Karb.Diak. von St. Maria in via lata, 298 A.
Lucca, Tolomeo von, Verf. von Vita IV. bei Baluze, 201 A., 316, 503 A.
Lucera (Lucellia) in Apulien, Proz. dort, 445 f.
Luciferianer 42—48, 67 ff., 217.
Ludwig d. Baier, Kaiser, 202.
Ludwig VII., K. von Frankr., 83, 120, 125. IX. (d. Heil.), 21, 86 f., 143, 214 A., 230, 272, 412. X., 504. XI., 504 A. XIV., 213, 269 ff., 274.
Ludwig, Landgr. von Hessen, 84 A.
Ludwig d. Dicke, K. von Navarra, 477 A.

Lugubiacum, Priorat bei Poitiers, 321.
Lüttich, D. 95, 97.
Luna, Ximenes de, Erzb. von Zaragoza, 473.
Lusignan, Veit von, Reichsverw. von Jerusalem, 84.
— in Cypern 482.
Luxemburg, Balduin von, Erzb. von Trier, s. Trier. Heinrich VII. Kaiser, siehe Heinrich.
Lyon, 87, 91 A., 235, 300, 306 ff., 311 ff., 319 ff., 491, 493, 499 A. D. 94, 97, 403 A. Kirchenprov. 94, 391.

M.

Macerata 364 A.
Mâcon 87, 343, 403, 425. T. 94, 97, 403 A. Bisch. von, 382.
Mähren 81.
Magdeburg, D. 96 A., 405. Erzb. und Proz. 469 ff.
Magnelonne, D. 96. Archidak. von, siehe Joh. von Montlaur.
Maine 85.
Mainz 469. Konzil von, 55, 470. D. 405 A.
— Erzb. Peter Aichspalter, 470 f.
— (Mangoncia), Konrad von, T.Kaplan, 338 A.
Majorca, Mallorca, Insel und Reich, 209, 282, 306, 472, 474 A., 476 ff., 485.
Maliani, Petrus, T.Präz. von Bruzières-Raspit, Z. vor der päpstl. Comm., 413.
Malle, Gaubert de (=Mella, Robert de), T.Z. vor der päpstl. Comm., 400 A.
Malmont, Gaufred de, T.Z. vor der päpstl. Comm., 404 A.
Maly, Hugo de, engl. T., Z. in Cypern, 484 A.
Mauberchim, Joh. de, T.Präz. von Vermandois, Z. vor der päpstl. Comm., 405 A.
Manfred 15 A.
Manichäer 42, 217.
Mansurah, Schlacht bei, 140.
Mapes, Walter, 145.
Mar, Parseval de, Genuese, 229.

Marburg, Konrad von, 69 A., 157.
Marchant, Hugo de, T.A., 424.
Marché Palu, Stadtviertel von Paris, 411.
Marcilly, Wilhelm de, beim Thor St. Antoine, T.Cu., 415, 416 A.
Maria, heil., Marienbienst, 43, 154, 182, 248, 343, 412, 415 f., 431, 436.
Maria Magdalena, 42—44, 110, 438 A., 445.
Mariana, span. Schriftsteller, 213.
Marienkirche 43.
Marigny, Enguerrand de, Minister Phil. d. Schön., 175 f., 389 A., 505.
— Philipp de, Erzb. von Sens, 175 t., 178, 185, 266, 279, 314, 381, 386, 428 ff., 490 A., 500, 505.
Maritima 449 A.
Marken, Proz. in den, 56 A., 449 A.
Marnay, Arnulph de, T.Z. in Poitiers und Paris, 426 A.
Marseille 119, 200, 442.
Marsilly, Wilh. von, königl. R., 392, 431.
Martin, span. T., 331.
Marziac, Guischard de, Seneich von Toulouse, Z. vor der päpstl. Komm., 423 f.
Mascaroni, Jacob, T.Z. in Flue, 385.
Mas Dieu (Mansi Dei), T.Comm., 383 ff., 474, 477 f.
Matter, Rosso, Karb., s. Orsini.
Matthäus, Bruder von Villani, 205.
— von Neapel, Archid. von Rouen, Mitgl. d. päpstl. Komm, 390, 403 A. f., 433. von Paris, Schriftst., 232.
Maubuisson, Abtei, 322 f., 388.
— Oudard de, königl. R., 339 f.
Mauléon, Schloß, 321.
Mauren 472, 478, 480.
Meaux, D. 94, 405, 406, 426 A.
Medina Celi, Verhör von, 479.
Medina del Campo, Verhör von, 478.
Meirargues, Schloß und T.Gefängnis, 442.
Meisenheim, 470.
Melot, Jean de, T. aus D. Besançon, 393.
Mende, Wilhelm Durandus, Bisch. von, 233. Mitgl. der päpstl. Komm. 389 f., 403 A. f., 433, 493.
Mendicanten s. Bettelorden.

— 524 —

Mercoeur, Beraud de, Agent Phil. des Schön., 307 A.
Merseburg, Bisch., 469.
Mesopotamien 45.
Messina, Proz., 446.
Metz, D. 338.
Middleton, Wilhelm von, T.Z. in Schottland, 468.
Milly, Philipp de, T.GM., 83.
Minoriten s. Franziskaner.
Minucius Felix 213.
Miravete, T.Comm. in Catalonien, 386 A., 474.
Mittelitalien 81, 197, 449.
Moissac, T. Cahors, T.Gefängnis, 406.
Molay, Jakob von, T.GM., aus Burgund, 24, 37, 47, 87 f., 97 f., 129, 135, 145 f., 148, 160, 164, 180 f., 185, 188, 205 A., 228 f., 237 f., 247 f., 262 A., 286 f., 294, 319 ff., 322, 329, 331, 347, 357, 367 f., 370 A., 371 ff., 390 A., 393 ff., 491, 407, 412, 459, 473, 482 f., 498 ff.
Monçon, T.Comm., 119, 386 A., 474.
Monfaucon, Prior von, 287, 307 A., 398. Galgen von, 505.
Monopolis, Bisch. von, 444 A.
Mons = en = Pelève (Mons-in-Pevero), Schlacht bei, 205 A.
Montaigu, Pierre de, T.GM., 85, 89.
Montelus, Petro de, Inquisitor in Aragonien, 475.
Monte alto, Joh. de, T.R. aus Asturac und Z. in Poitiers, 361 A.
Monte olivo, Symon de, Mörder Amalrichs und Z. in Cypern, 484.
Montesa, Orden von, 480.
Montferrand (Auvergne), T.Gefängnis, 402 A.
Montfort, Ruppin von, Z. in Cypern, 484.
— Simon von, Eroberer Südfrankreichs, 472.
Montgisard, Belian, Robert und Renald von, Z. in Cypern, 484 A., 485.
Mont l'héry, D. Paris, T.Gefängnis, 401.
Montmeliant bei Senlis, T.Gefängnis 430 A.

Montont, P. de, T.Z. in Poitiers und Paris, 426 A.
Montpellier, 306, 340 (Jbol), 390 A., 476.
Montpesat, Gauceraud de, T.Z. in Carcassonne, 341 f.
Montroyal, Joh. de, T.Wortführer vor der päpstl. Komm., 79 A., 117, 402 A., 416 f., 419, 421.
More, Wilhelm de la, Gr.Präz. von England, 57, 455, 459 f, 465 A.
Morea (s. auch Romanien), 93, 481 A. f., 496.
Morel (Morelli), Joh. de, T.Präz. von Beaune, verbrannt, 361 A., 363, 444.
Morini s. Thérouanne.
Mossi, Pierre de, T.Z. in Carcassone, 342.
Muhamed und Muhamedanismus (Islam), 11 ff., 27, 51, 58 ff., 79 f., 227, 248.
Murrweiler (Moravilier), Balduin de, R. in Cypern, 481 A.
Musciatto, Bankier von Florenz, 298.

N.

Nancy, D. 96 A.
Naplus 83.
Napoleon I. 14 f., 219, 269, 493 A.
Narbonne 144 A. D. 96, 98, 382 A., 499 A. Kirchenprov. 96, 98 A., 383 f., 391, 477. Konzil 430 A., 497. Erzb. s. Aycelin, Gilles. Bernard (1315), 477.
Narsac, Hugo de, T.Z., 238 A.
Nasr-Eddin 21.
Navarra 130, 477, 494.
Navas, Eymerich de, Inquisitor in Castilien, 478.
Nazaret 43, 110.
Neapel, Königreich, 443 ff., 454. Erzb. von, 444 A.
Neriac, Stephan von, T.Z., 37.
Neritone, Joh. de, T.Serv. und Z. in Brindisi, 444.
Nevers, D. 94, 97. Bisch. von, 266, 381.
Nicolaus von Fréanville, 1305 Karb. von St. Eusebius, vorh. Beichtvater Phil. des Schön., 310, 499 A.
Nicolaus II, P., 133. IV., 24.

Nicosia 85, 148, 229, 456 A., 483 ff., 487.
Nieder-Deutschland, O.Prov. 81, 481 A.
Niederlande, niederländisch, 84.
Nieder-Languedoc 86.
Nimes 306. D. 96, 404. Verhör von, 336 f., 339 f.
Niort, Turm als T.Gefängnis, 343 A.
Ripurias, Hugo von, e. zu den Sarazenen übergegangener T., 462.
Nivella, Johs. de, T.Z., 239 A.
Rizza, T.Comm., 442.
Noffo Dei, Florentiner, 187, 287, 307 A.
Nogaret, Wilhelm von, Hauptagent Phil. d. Schön., 228, 297, 307 A., 323, 328, 372, 393, 395.
Nordfranzosen, Nordfrankreich, 83 ff., 95 f., 246, 407 A., 472.
Normandie, O.Prov., 81, 85, 95, 97, 347, 357, 367, 501.
— Peter von der, Stellvertr. des Gr.Präz. von Francien, 485 A.
Norwegen 467.
Notre-Dame in Paris 262 A., 328, 500.
Noyon, T. 94, 97, 381, 405 A.

O.

Ober-Deutschland, O.Prov., 81, 481 A.
Ober-Italien 72, 81, 197, 202, A., 449 ff., 469.
Ocrea, beim Kreuz von Tiroir (Rue St. Cristophe), T Qu., 415, 416 A
Oeil de Boeuf, Guillaume d', Ordens-Visitator, 23.
Österreich, O.Prov., 81.
Olargiis, Berengar de, aus Narbonne, päpstl. Kaplan, 444 A.
„Omne datum optimum", Bulle (s. auch Alexander III.), 121 f., 126, 223, 245, 437.
Onerell, Heinrich von, T.Bertr. vor der päpstl. Komm., 418.
Onevale, Herr von, Beamter Phil. des Schön., 322.
Orense, Berhör von, 479.
Orleans 392. T. 94, 97, 406. Bisch. 314, 375, 380, 399, 427, den vorherigen s. Bertrand.

Orléanais, Landschaft, 94.
Orsini, Matteo (Rosso), Karb., 296, 299 A.
— Napoleon, Karb., 294, 296, 503 A.
Osiliers, Aymer de, O.Marschall in Cypern, 482 f., 486.
Oteringham, Robert von, Minorit, Z. in Engl., 452.
Othon, „Bruder", 151 f.
Ottone, Frä, Inquisitor der Lombardei, 450.
Oxford, D. 455 A.

P.

Palencia, Bisch. Geraldo von, 478.
Palästina, palästin O.Zweig, 53, 85, 140, 232, 482 A.
Palestrina, Karb. von, s. Petrus de Capella.
Palombara D. Sabina 449.
Palude, Peter de, Dominik., Baccal. in theol., 414 A.
Pamiers, D. 96.
Pampelona, 200, 477.
— Thomas de, T.Z. in Paris vor der Komm., 378 A.
Paneas, Schlacht bei, 231.
Paphos, Johann von, Schatzmeister der Kirche von Paphos, Z. in Cypern, 485.
Parodin, Guillaume, T.Schriftst., 213.
Parbona, Egibius de, T.Z. und Bert. vor der päpstl. Komm., 416 A.
Paris 131, 200, 205 A., 237, 281, 284, 318, 322 f., 327 ff., 382, 392, 402, 429, 501. Bisch. von, 260, 266, 379 f., 391 ff., 397, D. 94, 97, 382 A., 393, 404, 406, 408 A., 426 A., 427, 435. Untersuchung (Verhör) in, 170, 178, 191 f., 232, 260, 320 A., 329 ff., 340 ff., 352, 361 A., 363, 368, 371, 380, 401.
Parma 450 A., 452.
„Pastoralis praeeminentiae solio", Bulle, 353 f., 443, 451.
Patras, Erzb. von, 496.
Patrimonium Petri s. Kirchenstaat.
Paulicianer 40.
Pavens (Payns) Hugo de, O.Stifter, 83, 101, 113 f., 116.

Peiragros (=Perigord?) 86.
Pelagius, Karb.-Legat, 28, 225 A.
Peleti, Bernard, Prior von Maso be Genois, Abgef. Philipps und „treytour", 398, 453.
Penna, Olivio be, T., dem päpstl. Urteil besonders vorbehalten, 501 A.
Penne, Verhör dort, 447, 449.
Penne Bagrie „in cimiterio vici de Lnenmdalle", T.On., 418.
Peraud, Hugo von, O.Visitator und Gr.-Präz. von Francien, 88, 133 f., 163, 287, 332, 340, 347, 354, 368 f., 396, 401, 407, 438, 459, 468, 502.
Périgord, Armand be, T.GM., 86, 89.
— Gräfin von, Geliebte Klemens V.?, 289.
Périgueur, D. 95, 406 A., 426 A. Bisch. von, 266, 381.
Perocins, Kaufm. von Famagusta, Z. in Cypern, 486.
Perpignan 383 f.
Pertuis, T.Gefängnis, 442.
Perugia 296 A., 298 f., 449.
Petrus de Capella, 1305 Karb.Pr. von St. Apollinaris, 1306 Karb.Bisch. von Palestrina, vorh. Bisch. von Toulouse, 309, 352. 357, 365 f., 370, 490.
Philipp (II.) August, K. von Frankreich, 230. III., 132. V., (Lange) 496.
Philipp (S. Karls II. von Anjou) Herzog von Romanien und Achaja, 446.
Piacenza, Gerhard von, T.Z. in Viterbo 448. T. 450.
Picardie, Picarden, 83, 89 A., 94, 97.
Pigazzano (D. Piacenza) Jakob von, T.Z. in Florenz, 450 A.
Pilgerschloß (Athlit, Castrum Peregrinorum) O.Burg, 37, 53, 56, 85, 105, 456 A.
Pisa, Proz. von, 35, 181 A., 450 f. Erzb. Giovanni von, 450 f., 492 A.
Plailly, T.Gefängnis bei Senlis, 430 A.
Plasian, Wilhelm von, Rat Phil. d. Schön., 169, 307 A., 356 f., 373, 393 f.
Pleffiers, Philipp du, T.GM., 85.
Plublaoch, Joh. be, Prévôt von Paris, 392.
Poiffy, Dom.Konvent von, 281, 318. Abt von, 328 A.

Poitiers, Verhandlungen in, 169 f., 304, 316 ff., 351, 356 f., 390, 496. Verhör 170, 187, 197 ff., 233, 262, 339, 242, 358 ff., 379 A., 382 A., 405 A., 408 A., 426. Bisch. und Official von, 266, 294, 429, 502 A. T. 95, 379 A. Seneschall u. Seneschaussie 362, 378 A., 406.
Poitou, O.Prov., 81, 86, 96, 98, 240, 320 A., 347, 357, 368.
Polignac, Vicomtes von, 85.
Polykarp, heil., 445 A.
Pont be l'Arche, 430. Verhör von, 336 f.
Ponthien, Grafsch. und O.Ballei, 8, 97, 119, 426, 456 A.
Pontigny, Matthäus von, Inquisitor in Sicilien, 254.
Pontoise 322, 430 A. Parlament von, 433.
Porte, Aubebert be la (de Porta), T.Z. in Poitiers und Paris, 362, 365, 379 A., 406 A.
— Reginald be la, Bisch. von Limoges f. Limoges.
Portugal, portugies. O.Zweig, 55, 81, 92 A., 119, 130, 181, 454, 479 f., 481 A., 495.
Prämonstratenser 205, 218.
Pratimi, Aymo be, T.Z., 235 A.
Prato, Nicol. be, Karb., 296, 298 f.
Prêles, Raoul be, königl. Advokat, Z. vor der päpstl. Komm., 422 f.
Pressac, Gaillard be, Bisch. von Toulouse, Neffe Klemens V., 382.
Prévôt, Peter le, T.Bertr. vor der päpstl. Komm., 418.
Procelin f. Roncelin.
Provence und Provençalen, 26 f., 54, 63, 71 f., 80 ff., 95 f., 119, 243 (f. auch Südfrankreich) 472, 481 A. f. Proz. in der, 442.
Provins, St. und T.Comm., 119, 131, 236.
— (Pruino) Lorenz be, T.Z. vor der päpstl. Comm., 414.
— (Pruino), Raynald be, T.Procurator, Pr. aus D. Sens, 404 A., 410 ff., 413 ff., 418 f., 432 f.

Provins (Pruino), Stephan de, T.J. vor
 der päpstl. Comm., 400 A.
Prullais, D. Angoulême, Abt von, 428,
 f. H. (Rue de la Mortellerie) T.Ou.,
 415, 418.
Pullanen 19, 83, 92 A., 226 A.
Puy, Humbert de, T.Servient und J. von
 Poitiers, 343 A., in Paris 428.
Puy-Laurens, Wilhelm von, 67.
Pyrénées Orientales, Dep., 383.

R.

Rabanis 299.
Rabastanet, Wilhelm de, königl. R. und
 Inquisitor, 337.
Rabulph, Bisch. von Orléans, 380.
Rabuli, Kapl., J. im engl. Proz., 457.
Raimund V., Gr. von Toulouse, 84.
 VI., 73 A.
Rainald, Erzbisch. von Ravenna, 264.
Ranke 14 f.
Ravenna, Proz. in, 35, 56, 158 f., 181 A.,
 182, 264, 447 A., 451 ff.
— Erzb. Rainald von, 451 f.
Reformation 18, 62, 92.
Reginus, Nicolaus, Präz. von Grosseto,
 T.J. in Florenz, 450 f.
„Regnans in coelis", Bulle, 370 A.
Reggio, Peter von, Dominikanerprior in
 Accon, 486.
Renaud, Matthieu de, T. von Caen, ver-
 brannt vom Konzil von Sens, 339.
Renneville, Proz. von 336 A.
Reuter, „Gesch. der relig. Aufklärung im
 M.A.", 63 f.
Rheims 200. T. 94, 97. Kirchenprov.
 94, 380 f., 391, 407 A. Erzb. von,
 354, 380, 492. Prov.Konzil 430.
Rhodez, T. 95, 381.
Rhodus, Johanniterinsel, 227, 319. Bisch.
 Peter von, 487.
Rhone, Rhonethal, 306, 503.
Richard, Karb.Diak. von St. Eustache,
 299 A.
Richard (Löwenherz), K. von England, 85,
 138.
Richard, „Meister", 151 f.
Richelieu, Karb., 273.

Riderford, Gerhard de, T.GM., 84, 153.
Rieti, Tommaso, Erzpriester von, päpstl.
 Delegat nach Cypern, 483.
Rimini, Bisch. von, 452.
Rivière, Stephan de la, T.Bert. vor der
 päpstl. Komm., 418.
Rippon, Patrik de, T. in Engl., 462.
Robert, Herzog von Calabrien, 443.
Roberti, Joh., T.Pr., J. vor der päpstl.
 Komm., 407 A.
Rocaberti, Vicomte von, 474.
Rochefort, Peter von, Bisch. von Car-
 cassonne, 341 f., 430.
Rochelle, La, 131, 236.
Rom 309, 444 A., 477 ff., 450.
Romagna, Prov. in der, 56, 447 A.,
 451 ff.
Romains, Nik. des, T.Bert. vor der päpstl.
 Komm., 416 A.
Roman, Folquet de, Troubadour, 27.
Romanien (=Morea), O.Prov., 81, 446.
Roncelin (=Procelin), T.M.? 53.
Roquemaure, Sterbeort Klemens V., 503.
Roral, Gilbert, T.GM., 85.
Rosate, Alberich von, Jurist, 216, 498 A.
Rossian (Roselli), Joh., bei der Johannes-
 kirche a. d. Grèveplatz, T.Cu., 416,
 448.
Rotange, Egidius von, franz. T.J., 456 A.
Rouen 200, 322, 325 A. T. 95, 98,
 406. Archib. von, f. Matth. von Neapel.
— Kirchenprov. (und Erzb.) 95, 391,
 407 A., 425, 430, 492.
Roussillon 98 A., 130, 383, 386, 472,
 476 f., 495 A.
Rubei, Raymond, T.J. in Carcassonne, 341.
Rudolf von Habsburg, Kaiser, 133.
Rumercourt, Albert de, T.J., 238 A.
Rupella, Martin de, Minorit, auf Cypern,
 445.
Russland 69, 217.
Rygg f. Banjel.

S.

Sabatier, Arnaud, T.J. in Carcassonne,
 341.
Sabello, Pandolf di, Mag. und päpstl.
 Delegierter, 417.

Sabina, D. 449.
Sablé, Robert de, T.GM., 85.
Sachsen 405 A., 470 A.
Saciensis, Sagiensis dioec., s. Sées.
Sacy, Jakob de, T. aus D. Troyes, Z. vor der päpstl. Komm., 405 A.
Sajeb, Ordensburg, 79, 231, 421.
— Peter von, Koch Molays, 331, 397, 400.
Saint=Amand, Odo von, T.GM., 79 A., 83 f., 103, 152 f., 231.
— Antoine, Thor in Paris, 235 A., 415.
St. Bénoit, Joh. de, T.Präz. von Isle Bouchard, frank., Z. vor der päpstl. Komm., 424 f.
St. Denis, Chronik von, 206 A., 213, 228, 395, 431, 502. Abt von, 281.
Saintes, Bisch. und Verhör von, 266, 377.
St. Germain des Prés, Kloster, 502.
— Gilles, T.Comm., 119, 339.
— Globoald, bischöfl. H. bei, in Paris, T.Qu., 424.
— Jean d'Angély, Zusammenkunst in, 206 A., 299.
— Just, Balduin von (auch de Beauvais), R.Präz. von Ponthieu, T.Z. vor der päpstl. Komm., 407 A., 426.
— Just, Wilhelm von, Seneschall von Beaucaire, 339.
— Magloire, Abtei, T.Qu., 414, 416 A.
— Marcel, Pforte, Stadtteil von Paris, 412.
— Marcial, Gerald de, T.R., Präz. von Charrières, Z. in Poitiers, 362.
— Marie (auf Sicilien?) 445 f.
— Martin des Champs, D. Paris, T.= Gefängnis, 404, 412, 414.
— Maurice, T.Comm., 442.
— Paul, Bertrand de, T. aus D. Vienne, Vert. vor der päpstl. Komm., 405 A. (=Bernard) 414.
— Vast, Wald von, 504.
Saladin, Sultan, 78 f., 84, 102, 125, 153, 228, 231, 398.
Salamanca, Konzil von, 479.
Salicibus (Saulles), Rudolph de, T.Z. vor der päpstl. Komm., 397, 400 A.
Salisbury, Johann von, 138. D. 96 A.

Salm, Wild= und Rheingr. von, s. Hugo und Grumbach.
Salzanum 306 A.
Salzburg, Konzil von, 24, 91 A., 143.
Samaria 83.
Samaya, Hugo de, T.S. und Präz. von Brindisi, Z. dort, 414 f.
Sancho, K. von Majorca (1311), 477, 495 A.
Sancie, P. de, T.R. unter P. Bonifaz., 421.
Sanct Alban, Robert von, engl. T.R., 248 A.
— Genovefa, Abtei in Paris und T.Qu., 412.
— Leonhard, T Vertr. vor der päpstl. Komm., 419.
Sancto Mamerto, Peter von, T.Z., 238 A., 246.
— Suppleto, Wilh. de, Schafhirte, T.Z. in Poitiers, 362 A., 426 A.
Sancto Ypolito, Wilh. de, T.Z. in Elne, 384 A.
St. Victor, Joh. von, Verf. von Vita I bei Val., 77 A., 206 A., 308, 316, 328.
Sangerhausen 469.
San Gimignano, T.H., 450 A.
San Jago di Compostella, Kirchenprov. und Erzb. Rodrigo von, 479.
Santa Maria, in Sizilien (?), 43.
Santiago, Orden von, 481.
Santoni, Bermond de, T.Z. vor der päpstl. Komm., 404 A.
Sapte, Raymund. T.Pr. und Z. in Elne, 385.
Sardinien 449 A., 451 A.
Sartiges, Bertrand de, T.R. aus D. Limoges, e. der 4 Wortführer vor der päpstl. Komm., 376, 410 ff., 419 f., 432 f.
Sautre, Wilhelm von, engl. T., 460.
Savoyen, Graf von, s. H. in Paris als T.Qu., 402 A., 412.
Schotte, Robert der, T.Z. in Engl., 456 A.
Schottland, schott. O.Zweig und Proz, 56 f., 81, 454 f., 464, 466 ff., 490.
Schumacher, „Die Stedinger", 69 f.
Schwäbisch Hall 496 A.

Schweden 467.
Schweinemarktviertel in Paris 415.
Scott, Walter, 246 A.
Sées, D. 95.
Segni 449 A.
Seineinsel 501 f.
Senaud, Joh., T.Z. vor der päpstl. Komm., widerlegt durch Cypern, 485 A.
Senlis 430, D. 94, 406.
Sens 200. Verhör von, 375, 399, 427. D. 94, 97, 261, 403 ff., 426 A. Kirchenprov. 94, 175, 314, 391, 407 A., 490 A. und 492. Konzil von, 176, 179, 263, 339, 380 A., 386, 389 A., 416, 428 ff., 435. Erzb. s. Marigny.
Septembre, Arnald und Bn., T.Z. in Elne, 384.
Seraincourt, Joh. de, (-de Cella), 400 A.
Serena (Witwe Stephans von Burgund), ihr H. T.On., 412.
Sici (ob. Syci), Antonius, Notar aus Vercelli, 53, 391 A., 463.
Sicilien, O.Prov., 81, 86, 254, 443. Proz. 35, 181 A., 445 f.
Sissy, Stephan von, O.Marschall, 141, 225, 241.
Sivre, Ancherius von, T.Bert. vor der päpstl. Komm., 418.
Sivri, Joh. de, T. aus D. Sens, Z. in Poitiers und Paris, 426 A.
Skandinavien 251.
„Skoptsi" in Rußland 69, 217.
Soissons, D. 94, 97, 381, 404 A.
Somerset, D. 455 A.
Sonnac, Wilhelm von, T.G.M., 86, 89, 148.
Sora, Bisch. von, 446.
Sorbonne, Universität in Paris, 162, 170, 328 f., 355.
Sornay, Peter de, T. aus D. Amiens, 392 A.
— Wilhelm de, T.Bert. vor der päpstl. Komm., 416.
Spanien und span. O.Zweig 33, 55, 81, 85, 89, 93, 175, 250 f., 386, 490 A.
— Proz., 8 A., 250 f., 471 ff.
Sparres, Ademar de, T.M. und Z. in Poitiers, 363, 406 A.

Spelten, Walter von, T.G.M., 84.
Spoleto, Herzogtum, 449 A.
Spoliis, Richard de, T.O.n. (im Templer= viertel), 414, 416.
Stagno, Matth. de, s. de Clichy.
Stapelbrugge, Stephan von, T.Z. in Eng= land, 182, 456, 464 f.
Stedinger, 50, 68. 217.
Stephan von Suisy, Archid. von Brügge und Kanzler Phil. des Schön., 1305 Karb.Pr. von St. Cyriac in Thermis, 309, 317, 352 f., 361 f., 365 f., 370.
Stetten, Freiherren von, 85 A.
Stoke, Joh. von, T.Z. in Engl., 456, 464.
Stowe, Roger von, T.Pr., Z. in Engl., 456 A.
Straßburg, Bisch. von, 471.
Suchen, Ludolf von, 87.
Sudham, Thomas von, T.Z. in Engl., 456 A.
Südfrankreich (s. Provence dazu) 132, 149 f., 156, 161, 246 A., 252, 281, 286, 291, 340 ff., 361, 363 A., 381 f., 386, 472.
Suisy s. Stephan.
Supplingenburg, T.Comm., Residenz d. deutsch. Gr.Präz, 469 A.
Surrey, D. 455 A.
Sutri, Bisch. Giacomo von, päpstl. Dele= gierter, 447 ff.
Symonis, Nicolaus, Damcissau, Propst des Kl. Passat, Z. vor der päpstl. Komm., 423.
Syrien 19.

T.

Tabula, Matth. de, 406 A.
Talleyrands 86 A.
Tamarit, Wilhelm de, T.M. und Z. in Elne, 385.
Tanet, Heinrich, Gr.Präz. in Irland, 56, 466.
— Heinrich, T. aus Irland, Z. im engl. Proz., 462.
Tarbes (Tarbensis, Tarvensis), D. 96, 406 A., 407, 408.
Tarragona, Konzil von, 474 ff., 497. Erzb. 475 ff.

Tavernay, Theobald de, T.J. und Vert. vor der päpstl. Komm., 245 A.
— (=Radulph) 406 A., 415, 416 A.
Tempel in Paris 329, 404, 406.
Terratis, Wilhelm de, T.Serv. und J. in Elne, 385.
Terric (Thierry), T.GM.?, 84 f.
Teus, Galeerand de, 43 f., 445.
Thatan, Enausred de, T.J. vor der päpstl. Komm., 424.
Theoderich, Karb.Bisch. von Civitas papalis, 298 A.
Therich (= Dietrich), T. aus Sachsen (Magdeburg), J. vor der päpstl. Komm., 405 A.
Thérouanne, T. 94, 97.
Thiebault, Herzog von Lothringen, 441.
Thomas, Beichtvater des K. von Engl., Karb. von St. Sabina 1305, 310, 365 f.
Thracien 72 f.
Tiroir (de Tirol, Tironio), Abt von, f. H. T.Cu. 262 A., 415.
Tivoli 448 A.
Tocci, Thomas, gen. „Therolocby", abtrünn. T., J. im engl. Proz., 464 f.
Toledo, Erzb. Gonzalo von, 478 f.
Tomar, L.Festung in Portugal, 119.
Toroge (Tourouge), Arnold de, T.GM. 84.
Torrage, Wilhelm de, T.J., 240 A.
Torre Maggiore, T.H. in Apulien, 446.
Torteville, Joh. von, T.J., 331, 397, 400 A.
Tortoja, Insel, 79, 229, 232, 244, 462, 485.
Torravilla, Joh. de, Bailli von Rouen, 322.
Toscana, toskanischer Proz., 41, 43, 56, 197, 449 f.
Toul, T. 95, 403 A.
Toulouse, Stadt und Proz. von, 261, 282, 317, 323, 342, 362, 374, 382, 406. T. 96, 98, 482 A., 499 A. Kirchenprov. (spätere) 96. Grafsch. und Grafen 120, 274, 472. Seneschaussée 423, 493.
Touraine 95, 98.
Tournay, T. 94, 97.
Tours 317. Reichstag von, 169, 304, 355 f., 493. T. 95, 404, 410 A., 424. Kirchenprov. 95, 98 A., 379, 391. Erzb. von, 354, 379, 425.
Tower in London 455.

Trajectensis f. Utrecht.
Tramelai, Bernhard de, T.GM. aus Burgund, † in Ascalon, 84.
Trappes, T. Paris, T.Gefängnis, 406.
Tremplay, Raymund de, T.J. vor der päpstl. Komm., 242 A., 397 A., 400 A.
Trie, Wilhelm von, Bertrauter Phil. d. Schön., Bisch. von Bayeur, 314 f. Mitgl. der päpstl. Komm., 389, 403 A., f. auch Bayeur.
Trient, Archib. von, f. Joh. von Mantua.
Trier 426. Proz. in, 470. D. 96 A. Erzb. Balduin von Luxemburg 471.
Trinitarier 417.
Tripolis, T.Prov., 81.
Trobati, Stephan, von Gabian D. Béziers, T.Serv. und J. in Poitiers, 362.
Troulars, Schloß bei Roussillon, 383.
Troyes 83. Konzil und Regel von, 101, 114, 116 ff., 121, 124, 223. D. 94, 97, 405 A. Verhör von, 336 ff.
Troyes, Jakob von, T.J. vor der päpstl. Komm., 427.
— Nicolaus von (de Trecis), T.J., 397, 400.
Turri (=Latour?), Bartolom. de, T.J. in Elne, 384.
Turno, Joh. de, O.Schatzmeister, 257 A., 407 A.
Tuscien f. Toscana.
Tusculum (f. Berengar de Frédole, D. 449 A.
Tyers, D. Sens, T.Gefängnis, 405, 430 A.
Tyrus, Wilhelm von, 153 u. a.
— Amalrich von, Regent von Cypern, f. Amalrich.

U.

Ultramontanismus, Petrus de (d'Ontremont), Gr.Präz. von Apulien, 448.
Ungarn, O.Prov., 81, 93, 481 A., 491.
Unter=Italien 197 (f. weiter Neapel=Sicilien).
Urban IV., P., 123 A., 141, 254.
Urgel, Graf von, 474.
Usène, Heimatort Klemens V., 503.
Utrecht, T. 96 A.
Uzès, T. 96.

V.

Babo, Bernhard de, T.Pr., Z. vor der päpstl. Komm., 261, 382 A., 406 A.
Baissette, „Histoire de Languedoc", 218, 249, 477 A. u. a.
Bal-des-Ecoliers 219.
Baldric (Ballaret), Oddo de, Gr.Präz. von Neapel-Sicilien, Z. in Cypern, 443, 482.
Balle Bruandi (Bouchandi), Joh. de, T.Z. in Poitiers und Paris, 426 A.
Balle Gelosa, Joh. de, T.Pr., Z. vor der päpstl. Komm., 406 A.
Balencia, T.Comm., 480. Domin.Konvent 473. Bisch. Ramon von, 473.
Balois, s. Karl und Katharina von B.
Banbellant, Joh. de, T.Z. vor der päpstl. Komm., 328 A., Bert. 416 A.
Bascone 83, 86, 89, 301, s. weiter Gascogner.
Bassat, Kloster, 423.
Bassegio, Joh. de, T.R., 424 A.
Bassignac, Raymund de, T.Z. vor der päpstl. Komm., 408, 410, 426.
Belletri 449 A.
Venedig 157, 252, 450.
Venerabilis, Peter, Abt von Clugny, 87.
Vercelli 53, s. weiter Sici, Antonius, Notar von Vercelli.
— Uguccio di, Gr.Präz. der Lombardei, 447 und 449.
„Verdacht", als Zeuge im engl. Proz. angeführt, 463.
Verdun, D. 95.
— Dominique von, T.Vertr. vor der päpstl. Komm., 416 A.
— Wilhelm von, T.Pr., Z. in Viterbo, 448.
Bergus (Berjus), Jakob de, T.Z., 400 A.
Bermandois 405 A.
Bernon, T. Rouen, T.Gefängnis, 406.
Verona 450. Dekret von, 254, 325 A.
Versequin, Nicol., T.Z. und Vert. vor der päpstl. Komm., 416 A.
Bich, Bisch. von, päpstl. Spezialmandat, 475.

Bichiers, Rainald de, T.GM., 86.
Vienne, Konzil von, 117, 183 s., 195, 210, 215, 233, 235, 264, 279, 340, 379, 388, 439, 447, 450, 470, 475 ii., 486, 488 ii., 499 s. D. 96, 98, 405 A.
Vienne, Nicol. von, Weltpr., Z. in Cypern, 485 A.
Vigiers, Robert, T.Z. vor der päpstl. Komm., 381, 413.
Villa, Joh. de, O.Drapier, T.Z. in Cypern, 484 A.
Villandrant, Geburtsort Clemens V., 316 s., 503.
Villaperros, Gottfried von, französ. T.R. in Cypern, 444.
Villaret, Wilhelm von, Hosp.M., 91 A., 319.
Villa-Serva, Joh. (Phil.) de, T.Z. vor der päpstl. Komm., 400 A.
Villel, T.Feste in Aragonien, 474.
Villers, Gerot de, T.Präz., 244.
Villers le Duc, Aymer von, T.Z. vor der päpstl. Komm., 431.
Viterbo 474 s.
Vitry, D. Châlons, Templer-Gefängnis, 405.
Birolus, Ackerknecht (aus D. Perugia) und T.Z. in Viterbo, 448 s.
Bohet, Philipp, Propst von Poitiers und Oberaufseher der gefang. T., 242, 265, 352, 362, 375, 389 A., 392 s., 397 ii., 405 A., 407 A., 411 s., 429 s., 433.
Voltaire 74.
„Vox in excelso" 493.

W.

Waldenser 67, 150, 249, 264 A.
Wales 454.
Walsingham, Schriftst., 213, 465 A.
Walter (Johannis), T.Serv. aus Neapel, Z. 447 s., 449.
Weberal, Joh. von, Minorit, Z. in England, 462.
Wild- und Rheingr. Hugo von Salm, s. Hugo.
Wilhelm d. „Bretone", T.Pr., 219.

Wilhelm von Paris, Bisch., früher Leibarzt Phil. d. Schön., 374 f.
— von Paris, Inquisitor von Frankreich, s. Imbert.
Wilhelm d. Schotte, Abt, 206 A.
Würzburg, Joh. von, 22, 70, 147.

Y.
Yallah 51, 341.
Ybelin, Balduin und Phil. von, aus dem Geschlecht d. Dynasten von Beirut, 3. in Cypern, 484.
York, Proz. von, 455, 464 f. T. 462.

Z.
Zaragoza, T.Comm., 386 A. Erzb. Ximenes de Luna von, 473.
Zielenzig 469 A.
Zurita, T.Schriftst. 213 und 476 ii.

Druckfehler.

p. 87 Zeile 7 von unten lies Kelavun (statt Kalavun).
p. 105 Z. 16 v. oben l. Accen (st. Accou).
p. 178 Z. 10 v. oben l. Eduard II (st. Jakob II).
p. 181 A. 2) l. Sicilien (st. Cicilien).
p. 196 A. 1) l. Bini (st. Brici).
p. 219 Z. 11 v. unten l. Val des Écoliers (st. val).
p. 226 A. 2) l. Friedrich II. (st. V.).
p. 227 Z. 13 v. unten l. Verlauf (st. Verlust).
p. 233 A. 1) l. 663 (st. 590).
p. 262 A. 2) l. Tiroir (st. Tirae).
p. 264 Z. 7 v. oben l. Generalkonzil (st. Generalkapitel).
p. 277 A. 2) l. andern, wie Wenck, (Komma vor und nach Wenk!).
p. 311 Z. 4 v. oben nach offenbar str. das Komma!
p. 364 A. letzte Z. l. Macerata (st. Maceratar).
p. 371 Z. 2 v. oben l. Chinon (st. China).
p. 405 Z. 8 v. oben l. Seneschaussie (st. Seneschall).
p. 405 A. Z. 9 v. unten links setze 8).
p. 407 A. Z. 8 v. unten l. Janville u. Bohet (st. Philipp u. B.).
p. 437 Z. 9 v. oben l. „larrecin" (st. Carrecin).
p. 484 A. Z. 3 v. unten l. Euphemia (st. Eugenia).
p. 493 Z. 6 v. unten l. Mende (st. Mande).
p. 500 Z. 16 v. oben l. Bischof von Alby (st. Erzbischof).

www.ingramcontent.com/pod-product-compliance
Lightning Source LLC
Chambersburg PA
CBHW031942290426

44108CB00011B/644